SCRIPTORVM CLASSICORVM

BIBLIOTHECA OXONIENSIS

OXONII

E TYPOGRAPHEO CLARENDONIANO

PLATONIS OPERA

RECOGNOVIT
BREVIQVE ADNOTATIONE CRITICA INSTRVXIT

IOANNES BURNET

IN VNIVERSITATE ANDREANA LITTERARVM GRAECARVM PROFESSOR
COLLEGII MERTONENSIS OLIM SOCIVS

TOMVS II

TETRALOGIAS III–IV CONTINENS

OXONII

E TYPOGRAPHEO CLARENDONIANO

Oxford University Press, Walton Street, Oxford OX2 6DP

Oxford New York Toronto
Delhi Bombay Calcutta Madras Karachi
Petaling Jaya Singapore Hong Kong Tokyo
Nairobi Dar es Salaam Cape Town
Melbourne Auckland

and associated companies in
Berlin Ibadan

Oxford is a trade mark of Oxford University Press

Published in the United States
by Oxford University Press, New York

ISBN 0–19–814541–1

First published 1901
Nineteenth impression 1991

Printed in Great Britain by
Bookcraft (Bath) Ltd
Midsomer Norton, Avon

PRAEFATIO

In tetralogiis III–IV recognoscendis eandem fere rationem quam in prioribus secutus sum ; cum autem nec Parmenidem nec Philebum ediderit M. Schanz, in illo viam monstravit vir doctus W. W. Waddell, qui Clarkianum (B) et Marcianum (T) in suam editionem cum pulvisculo excussit, in hoc ipse Marcianas lectiones primus in lucem protuli.

Quod ad recensionem attinet, fateor mihi codicum lectiones perpendenti in dies magis probari quae in prioris voluminis praefatione breviter exposui, unam eandemque recensionem omnes quotquot extant libros exhibere, alterius recensionis vestigia tantum apud antiquos scriptores et in codice Vindobonensi (W) inveniri. omnes libros ad unum eundemque archetypum referendos esse, eumque post sextum saeculum exaratum, certissimum est et ab Alphonso Schaeffer, qui acerrime Schanzianas rationes impugnavit, conceditur [1], cui quidem ego ita adsentior ut negem ulla vestigia recensionis in Clarkiano (B) extare, quippe cuius errores calligraphi sint diligentissime litterulas exscribentis, sermonem et doctrinam parum callentis. neque hoc mihi probavit Schaeffer, in libros alterius familiae lectiones ex antiqua recensione inrepsisse, quod in Vindobonensi (W) et adfinibus eius ipse factum esse contendo. scio equidem vel in deterrimis libris optimae notae lectiones passim inveniri, sed plerasque

[1] *Quaestiones Platonicae* (Argentorati m.dccc.xcviii).

v

a viris doctis post renatas litteras inter legendum adscriptas. qui Venetum 189 (Σ) et Coislinianum 155 (Γ), ut his utar, corrigebant, permultas Heindorfi aliorum emendationes praecepere, quibus ut suum cuique tribui debet, ita coniectura non memoria niti eius modi lectiones fatendum est.

Quod mihi obiecit censor benevolentissimus H. Diels, me testimonia antiquiorum scriptorum parum respexisse, id cuius modi sit alio loco exponam, in hoc volumine viro humanissimo, ut par erat, satis facere studui. quamquam non me fugit quam lubrica res sit eius modi testimonia adhibere. licet enim scriptores saepissime ex antiqua recensione veram lectionem servaverint, at certum est codices Procli Olympiodori aliorum ex libris Platonicis interpolatos esse. non satis est igitur eorum testimonia ex optimis editionibus descripsisse : ex ipsorum verbis, si qua fieri possit, lectio quam quisque habuerit eruenda erit. nunc autem si hic illic antiquioris recensionis sinceram memoriam reciperare contigerit, contenti esse debebimus.

IOANNES BURNET.

Scribebam Andreapoli
e collegio S. Salvatoris et D. Leonardi
mense Martio M.DCCCC.I.

In *Convivio* et *Phaedro* lectiones Oxyrhynchitas commemoravi, et in *Convivio* codicis Vindobonensis (W) collationem a viro doctissimo Hermanno Schoene confectam adhibui.

IOANNES BURNET.

Andreapoli
mense Aprili M.CM.X.

DIALOGORVM ORDO

TOMVS I

TETRALOGIA I   ED. STEPH.
    EVTHYPHRO . . . . . . I. pp.   2–16
    APOLOGIA SOCRATIS . . . . I. pp.   17–42
    CRITO . . , ... I. pp.   43–54
    PHAEDO. . . . . . . I. pp.   57–118

TETRALOGIA II
    CRATYLVS . . . . . . I. pp. 383–440
    THEAETETVS. . . . . . I. pp. 142–210
    SOPHISTA . . . . . . I. pp. 216–268
    POLITICVS . . . . . . II. pp. 257–311

TOMVS II

TETRALOGIA III
    PARMENIDES. . . . . . III. pp. 126–166
    PHILEBVS . . . . . . II. pp.   11–67
    SYMPOSIVM . . . . . . III. pp. 172–223
    PHAEDRVS . . . . . . III. pp. 227–279

TETRALOGIA IV
    ALCIBIADES I . . . . . II. pp. 103–135
    ALCIBIADES II . . . . . II. pp. 138–151
    HIPPARCHVS . . . . . . II. pp. 225–232
    AMATORES . . . . . . I. pp. 132–139

DIALOGORVM ORDO

TOMVS III

TETRALOGIA V
  THEAGES . . . . . . I. pp. 121–131
  CHARMIDES . . . . . . II. pp. 153–176
  LACHES . . . . . . II. pp. 178–201
  LYSIS . . . . II. pp. 203–223

TETRALOGIA VI
  EVTHYDEMVS . . . . . I. pp. 271–307
  PROTAGORAS . . . . . . I. pp. 309–362
  GORGIAS . . . . . . I. pp. 447–527
  MENO . . . . . . II. pp. 70–100

TETRALOGIA VII
  HIPPIAS MAIOR . . . . III. pp. 281–304
  HIPPIAS MINOR . . . . I. pp. 363–376
  IO . . . . I. pp. 530–542
  MENEXENVS . . . . . . II. pp. 234–249

TOMVS IV

TETRALOGIA VIII
  CLITOPHO . . . . . III. pp. 406–410
  RESPVBLICA . . . . . II. pp. 327–621
  TIMAEVS . . . . . III. pp. 17–105
  CRITIAS . . . . . III. pp. 106–121

DIALOGORVM ORDO

TOMVS V

TETRALOGIA IX
  MINOS . . . . II. pp. 313-321
  LEGES . . . . II. pp. 624-969
  EPINOMIS . . . . . . II. pp. 973-992
  EPISTVLAE . . . . . . III. pp. 309-363

DEFINITIONES . . . . . . III. pp. 411-416

NOΘEYOMENOI
  DE IVSTO . . . . . . III. pp. 372-375
  DE VIRTVTE . . . . . . III. pp. 376-379
  DEMODOCVS . . . . . . III. pp. 380-386
  SISYPHVS . . . . . . III. pp. 387-391
  ERYXIAS . . . . . . III. pp. 392-406
  AXIOCHVS . . . . . . III. pp. 364-372

SIGLA

B = cod. Bodleianus, MS. E. D. Clarke 39 = Bekkeri 𝔄

T = cod. Venetus Append. Class. 4, cod. 1 = Bekkeri t

W = cod. Vindobonensis 54, suppl. phil. Gr. 7 = Stallbaumii
Vind. 1

C = cod. Crusianus sive Tubingensis = Stallbaumii 𝔗

D = cod. Venetus 185 = Bekkeri Π

G = cod. Venetus Append. Class. 4, cod. 54 = Bekkeri Λ

V = cod. Vindobonensis 109 = Bekkeri Φ

Oxy. = Papyrus Oxyrhynchita (Grenfell et Hunt

V, pp. 243 sqq.)

Recentiores manus librorum B T W litteris b t w significantur

ΠΑΡΜΕΝΙΔΗΣ

ΚΕΦΑΛΟΣ

Ἐπειδὴ Ἀθήναζε οἴκοθεν ἐκ Κλαζομενῶν ἀφικόμεθα, **a**
κατ' ἀγορὰν ἐνετύχομεν Ἀδειμάντῳ τε καὶ Γλαύκωνι· καί
μου λαβόμενος τῆς χειρὸς ὁ Ἀδείμαντος, Χαῖρ', ἔφη, ὦ
Κέφαλε, καὶ εἴ του δέῃ τῶν τῇδε ὧν ἡμεῖς δυνατοί, φράζε.

Ἀλλὰ μὲν δή, εἶπον ἐγώ, πάρειμί γε ἐπ' αὐτὸ τοῦτο, 5
δεησόμενος ὑμῶν.

Λέγοις ἄν, ἔφη, τὴν δέησιν.

Καὶ ἐγὼ εἶπον· Τῷ ἀδελφῷ ὑμῶν τῷ ὁμομητρίῳ τί ἦν **b**
ὄνομα; οὐ γὰρ μέμνημαι. παῖς δέ που ἦν, ὅτε τὸ πρότερον
ἐπεδήμησα δεῦρο ἐκ Κλαζομενῶν· πολὺς δὲ ἤδη χρόνος ἐξ
ἐκείνου. τῷ μὲν γὰρ πατρί, δοκῶ, Πυριλάμπης ὄνομα.

Πάνυ γε, ἔφη. 5

Αὐτῷ δέ γε;

Ἀντιφῶν. ἀλλὰ τί μάλιστα πυνθάνῃ;

Οἵδε, εἶπον ἐγώ, πολῖταί τ' ἐμοί εἰσι, μάλα φιλόσοφοι,
ἀκηκόασί τε ὅτι οὗτος ὁ Ἀντιφῶν Πυθοδώρῳ τινὶ Ζήνωνος
ἑταίρῳ πολλὰ ἐντετύχηκε, καὶ τοὺς λόγους, οὕς ποτε Σω- **c**
κράτης καὶ Ζήνων καὶ Παρμενίδης διελέχθησαν, πολλάκις
ἀκούσας τοῦ Πυθοδώρου ἀπομνημονεύει.

ΠΑΡΜΕΝΕΙΔΗΣ constanter B   **b** 5 ἔφη T Proclus : om. B
b 6 αὐτῷ δέ γε : ἀντιφῶν· B : αὐτῷ δέ γε ἀντιφῶν· T Adimanto tribuens
b 8 τ' ἐμοὶ ci. Stephanus : τέ μοί T : μοί B

1

Ἀληθῆ, ἔφη, λέγεις.

5 Τούτων τοίνυν, εἶπον, δεόμεθα διακοῦσαι.

Ἀλλ' οὐ χαλεπόν, ἔφη· μειράκιον γὰρ ὢν αὐτοὺς εὖ
μάλα διεμελέτησεν, ἐπεὶ νῦν γε κατὰ τὸν πάππον τε καὶ
ὁμώνυμον πρὸς ἱππικῇ τὰ πολλὰ διατρίβει. ἀλλ' εἰ δεῖ,
ἴωμεν παρ' αὐτόν· ἄρτι γὰρ ἐνθένδε οἴκαδε οἴχεται, οἰκεῖ δὲ
10 ἐγγὺς ἐν Μελίτῃ.

127 Ταῦτα εἰπόντες ἐβαδίζομεν, καὶ κατελάβομεν τὸν Ἀν-
τιφῶντα οἴκοι, χαλινόν τινα χαλκεῖ ἐκδιδόντα σκευάσαι·
ἐπειδὴ δὲ ἐκείνου ἀπηλλάγη οἵ τε ἀδελφοὶ ἔλεγον αὐτῷ
ὧν ἕνεκα παρεῖμεν, ἀνεγνώρισέν τέ με ἐκ τῆς προτέρας
5 ἐπιδημίας καί με ἠσπάζετο, καὶ δεομένων ἡμῶν διελθεῖν τοὺς
λόγους, τὸ μὲν πρῶτον ὤκνει—πολὺ γὰρ ἔφη ἔργον εἶναι—
ἔπειτα μέντοι διηγεῖτο. ἔφη δὲ δὴ ὁ Ἀντιφῶν λέγειν τὸν
Πυθόδωρον ὅτι ἀφίκοιντό ποτε εἰς Παναθήναια τὰ μεγάλα
b Ζήνων τε καὶ Παρμενίδης. τὸν μὲν οὖν Παρμενίδην εὖ
μάλα ἤδη πρεσβύτην εἶναι, σφόδρα πολιόν, καλὸν δὲ
κἀγαθὸν τὴν ὄψιν, περὶ ἔτη μάλιστα πέντε καὶ ἑξήκοντα·
Ζήνωνα δὲ ἐγγὺς τῶν τετταράκοντα τότε εἶναι, εὐμήκη
5 δὲ καὶ χαρίεντα ἰδεῖν, καὶ λέγεσθαι αὐτὸν παιδικὰ τοῦ
Παρμενίδου γεγονέναι. καταλύειν δὲ αὐτοὺς ἔφη παρὰ τῷ
c Πυθοδώρῳ ἐκτὸς τείχους ἐν Κεραμεικῷ· οἷ δὴ καὶ ἀφικέσθαι
τόν τε Σωκράτη καὶ ἄλλους τινὰς μετ' αὐτοῦ πολλούς,
ἐπιθυμοῦντας ἀκοῦσαι τῶν τοῦ Ζήνωνος γραμμάτων—τότε
γὰρ αὐτὰ πρῶτον ὑπ' ἐκείνων κομισθῆναι—Σωκράτη δὲ εἶναι
5 τότε σφόδρα νέον. ἀναγιγνώσκειν οὖν αὐτοῖς τὸν Ζήνωνα
αὐτόν, τὸν δὲ Παρμενίδην τυχεῖν ἔξω ὄντα· καὶ εἶναι πάνυ
βραχὺ ἔτι λοιπὸν τῶν λόγων ἀναγιγνωσκομένων, ἡνίκα
d αὐτός τε ἐπεισελθεῖν ἔφη ὁ Πυθόδωρος ἔξωθεν καὶ τὸν
Παρμενίδην μετ' αὐτοῦ καὶ Ἀριστοτέλη τὸν τῶν τριάκοντα

---

c 5 διακοῦσαι B Proclus : ἀκοῦσαι T   c 8 δεῖ] δοκεῖ Heindorf
a 4 παρεῖμεν B : παρείημεν T : παρῆμεν G   a 5 με B : om. T Proclus
a 8 ἀφίκοιντό B : ἀφίκοντό T   b 2 ἤδη T : δὴ B   b 4 τῶν
G : ἐτῶν B T   τετταράκοντα T : τεσσαράκοντα B

γενόμενον, καὶ σμίκρ' ἄττα ἔτι ἐπακοῦσαι τῶν γραμμά-
των· οὐ μὴν αὐτός γε, ἀλλὰ καὶ πρότερον ἀκηκοέναι τοῦ
Ζήνωνος. 5

Τὸν οὖν Σωκράτη ἀκούσαντα πάλιν τε κελεῦσαι τὴν
πρώτην ὑπόθεσιν τοῦ πρώτου λόγου ἀναγνῶναι, καὶ ἀνα-
γνωσθείσης, Πῶς, φάναι, ὦ Ζήνων, τοῦτο λέγεις; εἰ πολλά e
ἐστι τὰ ὄντα, ὡς ἄρα δεῖ αὐτὰ ὅμοιά τε εἶναι καὶ ἀνόμοια,
τοῦτο δὲ δὴ ἀδύνατον· οὔτε γὰρ τὰ ἀνόμοια ὅμοια οὔτε τὰ
ὅμοια ἀνόμοια οἷόν τε εἶναι; οὐχ οὕτω λέγεις;
Οὕτω, φάναι τὸν Ζήνωνα. 5

Οὐκοῦν εἰ ἀδύνατον τά τε ἀνόμοια ὅμοια εἶναι καὶ τὰ
ὅμοια ἀνόμοια, ἀδύνατον δὴ καὶ πολλὰ εἶναι; εἰ γὰρ πολλὰ
εἴη, πάσχοι ἂν τὰ ἀδύνατα. ἆρα τοῦτό ἐστιν ὃ βούλονταί
σου οἱ λόγοι, οὐκ ἄλλο τι ἢ διαμάχεσθαι παρὰ πάντα τὰ
λεγόμενα ὡς οὐ πολλά ἐστι; καὶ τούτου αὐτοῦ οἴει σοι 10
τεκμήριον εἶναι ἕκαστον τῶν λόγων, ὥστε καὶ ἡγῇ τοσαῦτα
τεκμήρια παρέχεσθαι, ὅσουσπερ λόγους γέγραφας, ὡς οὐκ
ἔστι πολλά; οὕτω λέγεις, ἢ ἐγὼ οὐκ ὀρθῶς καταμανθάνω; 128
Οὔκ, ἀλλά, φάναι τὸν Ζήνωνα, καλῶς συνῆκας ὅλον τὸ
γράμμα ὃ βούλεται.

Μανθάνω, εἰπεῖν τὸν Σωκράτη, ὦ Παρμενίδη, ὅτι Ζήνων
ὅδε οὐ μόνον τῇ ἄλλῃ σου φιλίᾳ βούλεται ᾠκειῶσθαι, ἀλλὰ 5
καὶ τῷ συγγράμματι. ταὐτὸν γὰρ γέγραφε τρόπον τινὰ
ὅπερ σύ, μεταβάλλων δὲ ἡμᾶς πειρᾶται ἐξαπατᾶν ὡς ἕτερόν
τι λέγων. σὺ μὲν γὰρ ἐν τοῖς ποιήμασιν ἓν φῂς εἶναι τὸ
πᾶν, καὶ τούτων τεκμήρια παρέχῃ καλῶς τε καὶ εὖ· ὅδε δὲ b
αὖ οὐ πολλά φησιν εἶναι, τεκμήρια δὲ καὶ αὐτὸς πάμπολλα
καὶ παμμεγέθη παρέχεται. τὸ οὖν τὸν μὲν ἓν φάναι, τὸν
δὲ μὴ πολλά, καὶ οὕτως ἑκάτερον λέγειν ὥστε μηδὲν τῶν

e9 σου οἱ B et in ras. T : σοι οἱ G   a5 σου] fort. σοι Hein-
dorf   οἰκειῶσθαι pr. B pr. T (corr. B²t) : οἰκειοῦσθαι al. Proclus
a7 ὅπερ Proclus : ὃνπερ B : ὃ*περ T   μεταβάλλων B : μεταβαλὼν
T Proclus   a8 ἐν φῇς T : ἐν ἔφης B Proclus   b1 τε B : γε T
b2 καὶ T : om. B

5 αὐτῶν εἰρηκέναι δοκεῖν σχεδόν τι λέγοντας ταὐτά, ὑπὲρ
ἡμᾶς τοὺς ἄλλους φαίνεται ὑμῖν τὰ εἰρημένα εἰρῆσθαι.
    Ναί, φάναι τὸν Ζήνωνα, ὦ Σώκρατες. σὺ δ' οὖν τὴν
ἀλήθειαν τοῦ γράμματος οὐ πανταχοῦ ᾔσθησαι. καίτοι
c ὥσπερ γε αἱ Λάκαιναι σκύλακες εὖ μεταθεῖς τε καὶ ἰχνεύεις
τὰ λεχθέντα· ἀλλὰ πρῶτον μέν σε τοῦτο λανθάνει, ὅτι οὐ
παντάπασιν οὕτω σεμνύνεται τὸ γράμμα, ὥστε ἅπερ σὺ
λέγεις διανοηθὲν γραφῆναι, τοὺς ἀνθρώπους δὲ ἐπικρυπτό-
5 μενον ὥς τι μέγα διαπραττόμενον· ἀλλὰ σὺ μὲν εἶπες τῶν
συμβεβηκότων τι, ἔστι δὲ τό γε ἀληθὲς βοήθειά τις ταῦτα
[τὰ γράμματα] τῷ Παρμενίδου λόγῳ πρὸς τοὺς ἐπιχειροῦντας
d αὐτὸν κωμῳδεῖν ὡς εἰ ἕν ἐστι, πολλὰ καὶ γελοῖα συμβαίνει
πάσχειν τῷ λόγῳ καὶ ἐναντία αὐτῷ. ἀντιλέγει δὴ οὖν
τοῦτο τὸ γράμμα πρὸς τοὺς τὰ πολλὰ λέγοντας, καὶ ἀντ-
αποδίδωσι ταὐτὰ καὶ πλείω, τοῦτο βουλόμενον δηλοῦν, ὡς
5 ἔτι γελοιότερα πάσχοι ἂν αὐτῶν ἡ ὑπόθεσις, εἰ πολλά
ἐστιν, ἢ ἡ τοῦ ἓν εἶναι, εἴ τις ἱκανῶς ἐπεξίοι. διὰ τοιαύτην
δὴ φιλονικίαν ὑπὸ νέου ὄντος ἐμοῦ ἐγράφη, καί τις αὐτὸ
ἔκλεψε γραφέν, ὥστε οὐδὲ βουλεύσασθαι ἐξεγένετο εἴτ'
e ἐξοιστέον αὐτὸ εἰς τὸ φῶς εἴτε μή. ταύτῃ οὖν σε λανθάνει,
ὦ Σώκρατες, ὅτι οὐχ ὑπὸ νέου φιλονικίας οἴει αὐτὸ γεγρά-
φθαι, ἀλλ' ὑπὸ πρεσβυτέρου φιλοτιμίας· ἐπεί, ὅπερ γ'
εἶπον, οὐ κακῶς ἀπῄκασας.

5   Ἀλλ' ἀποδέχομαι, φάναι τὸν Σωκράτη, καὶ ἡγοῦμαι ὡς
λέγεις ἔχειν. τόδε δέ μοι εἰπέ· οὐ νομίζεις εἶναι αὐτὸ καθ'
129 αὐτὸ εἶδός τι ὁμοιότητος, καὶ τῷ τοιούτῳ αὖ ἄλλο τι ἐναν-
τίον, ὃ ἔστιν ἀνόμοιον· τούτοιν δὲ δυοῖν ὄντοιν καὶ ἐμὲ καὶ
σὲ· καὶ τἆλλα ἃ δὴ πολλὰ καλοῦμεν μεταλαμβάνειν; καὶ
τὰ μὲν τῆς ὁμοιότητος μεταλαμβάνοντα ὅμοια γίγνεσθαι
5 ταύτῃ τε καὶ κατὰ τοσοῦτον ὅσον ἂν μεταλαμβάνῃ, τὰ δὲ

b 7 δ' οὖν ΒΤ: γοῦν Heindorf   c 7 τὰ γράμματα om. Proclus
d 4 ταὐτὰ Schleiermacher : ταῦτα Β : om. Τ   d 5 εἰ ΒΤ Proclus :
ἢ εἰ vulg.   d 7 νέου ὄντος Β²Τ : νεύοντος pr. Β   e 1 οὖν
Τ Proclus : γ' οὖν Β   a 1 αὖ Β Proclus : om. Τ

4

τῆς ἀνομοιότητος ἀνόμοια, τὰ δὲ ἀμφοτέρων ἀμφότερα; εἰ
δὲ καὶ πάντα ἐναντίων ὄντων ἀμφοτέρων μεταλαμβάνει,
καὶ ἔστι τῷ μετέχειν ἀμφοῖν ὅμοιά τε καὶ ἀνόμοια αὐτὰ
αὑτοῖς, τί θαυμαστόν; εἰ μὲν γὰρ αὐτὰ τὰ ὅμοιά τις ἀπ- b
έφαινεν ἀνόμοια γιγνόμενα ἢ τὰ ἀνόμοια ὅμοια, τέρας ἂν
οἶμαι ἦν· εἰ δὲ τὰ τούτων μετέχοντα ἀμφοτέρων ἀμφότερα
ἀποφαίνει πεπονθότα, οὐδὲν ἔμοιγε, ὦ Ζήνων, ἄτοπον δοκεῖ,
οὐδέ γε εἰ ἓν ἅπαντα ἀποφαίνει τις τῷ μετέχειν τοῦ ἑνὸς 5
καὶ ταὐτὰ ταῦτα πολλὰ τῷ πλήθους αὖ μετέχειν. ἀλλ᾽ εἰ
ὃ ἔστιν ἕν, αὐτὸ τοῦτο πολλὰ ἀποδείξει καὶ αὖ τὰ πολλὰ δὴ
ἕν, τοῦτο ἤδη θαυμάσομαι. καὶ περὶ τῶν ἄλλων ἁπάντων c
ὡσαύτως· εἰ μὲν αὐτὰ τὰ γένη τε καὶ εἴδη ἐν αὑτοῖς ἀπο-
φαίνοι τἀναντία ταῦτα πάθη πάσχοντα, ἄξιον θαυμάζειν·
εἰ δ᾽ ἐμὲ ἕν τις ἀποδείξει ὄντα καὶ πολλά, τί θαυμαστόν,
λέγων, ὅταν μὲν βούληται πολλὰ ἀποφῆναι, ὡς ἕτερα μὲν 5
τὰ ἐπὶ δεξιά μού ἐστιν, ἕτερα δὲ τὰ ἐπ᾽ ἀριστερά, καὶ ἕτερα
μὲν τὰ πρόσθεν, ἕτερα δὲ τὰ ὄπισθεν, καὶ ἄνω καὶ κάτω
ὡσαύτως—πλήθους γὰρ οἶμαι μετέχω—ὅταν δὲ ἕν, ἐρεῖ ὡς
ἑπτὰ ἡμῶν ὄντων εἷς ἐγώ εἰμι ἄνθρωπος μετέχων καὶ τοῦ d
ἑνός· ὥστε ἀληθῆ ἀποφαίνει ἀμφότερα. ἐὰν οὖν τις τοιαῦτα
ἐπιχειρῇ πολλὰ καὶ ἓν ταὐτὸν ἀποφαίνειν, λίθους καὶ ξύλα
καὶ τὰ τοιαῦτα, τὶ φήσομεν αὐτὸν πολλὰ καὶ ἓν ἀποδεικνύναι,
οὐ τὸ ἓν πολλὰ οὐδὲ τὰ πολλὰ ἕν, οὐδέ τι θαυμαστὸν 5
λέγειν, ἀλλ᾽ ἅπερ ἂν πάντες ὁμολογοῖμεν· ἐὰν δέ τις ὧν
νυνδὴ ἐγὼ ἔλεγον πρῶτον μὲν διαιρῆται χωρὶς αὐτὰ καθ᾽
αὑτὰ τὰ εἴδη, οἷον ὁμοιότητά τε καὶ ἀνομοιότητα καὶ πλῆθος
καὶ τὸ ἓν καὶ στάσιν καὶ κίνησιν καὶ πάντα τὰ τοιαῦτα, e
εἶτα ἐν ἑαυτοῖς ταῦτα δυνάμενα συγκεράννυσθαι καὶ δια-
κρίνεσθαι ἀποφαίνῃ, ἀγαίμην ἂν ἔγωγ᾽, ἔφη, θαυμαστῶς, ὦ

b 1 ἀπέφαινεν T : ἀπεφαίνετο B   b 4 δοκεῖ T : δοκεῖ εἶναι B
Proclus   c 4 καὶ πολλὰ ὄντα pr. T   c 5 ἀποφῆναι Simplicius :
ἀποφαίνειν B T Proclus   d 1 ἡμῶν] μὲν Simplicius   ἐγώ om.
Simplicius   d 2 ἀποφαίνει B : ἀποφαίνοι T   d 3 ταὐτὸν scripsi :
ταὐτὸ Simplicius (ταὐτῶ D) : ταὐτὰ B T   d 4 τὶ Simplicius : om. B T
d 6 ὧν B T : ὃ Simplicius   e 1 τὸ om. Simplicius

Ζήνων. ταῦτα δὲ ἀνδρείως μὲν πάνυ ἡγοῦμαι πεπραγμα-
5 τεῦσθαι· πολὺ μεντἂν ὧδε μᾶλλον, ὡς λέγω, ἀγασθείην εἴ
τις ἔχοι τὴν αὐτὴν ταύτην ἀπορίαν ἐν αὐτοῖς τοῖς εἴδεσι
130 παντοδαπῶς πλεκομένην, ὥσπερ ἐν τοῖς ὁρωμένοις διήλθετε,
οὕτως καὶ ἐν τοῖς λογισμῷ λαμβανομένοις ἐπιδεῖξαι.

Λέγοντος δή, ἔφη ὁ Πυθόδωρος, τοῦ Σωκράτους ταῦτα
αὐτὸς μὲν ⟨ἂν⟩ οἴεσθαι ἐφ᾽ ἑκάστου ἄχθεσθαι τόν τε Παρ-
5 μενίδην καὶ τὸν Ζήνωνα, τοὺς δὲ πάνυ τε αὐτῷ προσέχειν
τὸν νοῦν καὶ θαμὰ εἰς ἀλλήλους βλέποντας μειδιᾶν ὡς
ἀγαμένους τὸν Σωκράτη. ὅπερ οὖν καὶ παυσαμένου αὐτοῦ
εἰπεῖν τὸν Παρμενίδην· Ὦ Σώκρατες, φάναι, ὡς ἄξιος εἶ
b ἄγασθαι τῆς ὁρμῆς τῆς ἐπὶ τοὺς λόγους. καί μοι εἰπέ,
αὐτὸς σὺ οὕτω διήρησαι ὡς λέγεις, χωρὶς μὲν εἴδη αὐτὰ
ἄττα, χωρὶς δὲ τὰ τούτων αὖ μετέχοντα; καί τί σοι δοκεῖ
εἶναι αὐτὴ ὁμοιότης χωρὶς ἧς ἡμεῖς ὁμοιότητος ἔχομεν, καὶ
5 ἓν δὴ καὶ πολλὰ καὶ πάντα ὅσα νυνδὴ Ζήνωνος ἤκουες;
Ἔμοιγε, φάναι τὸν Σωκράτη.

Ἦ καὶ τὰ τοιαῦτα, εἰπεῖν τὸν Παρμενίδην, οἷον δικαίου
τι εἶδος αὐτὸ καθ᾽ αὑτὸ καὶ καλοῦ καὶ ἀγαθοῦ καὶ πάντων
αὖ τῶν τοιούτων;
10 Ναί, φάναι.

c Τί δ᾽, ἀνθρώπου εἶδος χωρὶς ἡμῶν καὶ τῶν οἷοι ἡμεῖς ἐσμεν
πάντων, αὐτό τι εἶδος ἀνθρώπου ἢ πυρὸς ἢ καὶ ὕδατος;
Ἐν ἀπορίᾳ, φάναι, πολλάκις δή, ὦ Παρμενίδη, περὶ αὐτῶν
γέγονα, πότερα χρὴ φάναι ὥσπερ περὶ ἐκείνων ἢ ἄλλως.
5 Ἦ καὶ περὶ τῶνδε, ὦ Σώκρατες, ἃ καὶ γελοῖα δόξειεν ἂν
εἶναι, οἷον θρὶξ καὶ πηλὸς καὶ ῥύπος ἢ ἄλλο τι ἀτιμότατόν
τε καὶ φαυλότατον, ἀπορεῖς εἴτε χρὴ φάναι καὶ τούτων
d ἑκάστου εἶδος εἶναι χωρίς, ὃν ἄλλο αὖ ἢ ὧν ⟨τι⟩ ἡμεῖς
μεταχειριζόμεθα, εἴτε καὶ μή;

e 6 ταύτην Τ: om. B   a 4 ἂν addidi   a 5 τε B: γε Τ
b 4 αὕτη ἡ ὁμοιότης B: αὐτοῦ̂ομοιότης Τ   b 7 τοιαῦτα B: τοιάδε Τ
Proclus   τὸν Τ: τόν τε B   c 2 τι B: τὸ Τ   c 6 τι Τ: ὅτι B
d 1 αὖ ἢ ὧν τι scripsi (αὖ τῶν ὢν Heindorf) : αὐτῶν. ἢ ὢν B Τ Proclus

Οὐδαμῶς, φάναι τὸν Σωκράτη, ἀλλὰ ταῦτα μέν γε ἅπερ
ὁρῶμεν, ταῦτα καὶ εἶναι· εἶδος δέ τι αὐτῶν οἰηθῆναι εἶναι
μὴ λίαν ᾖ ἄτοπον. ἤδη μέντοι ποτέ με καὶ ἔθραξε μή τι 5
ᾖ περὶ πάντων ταὐτόν· ἔπειτα ὅταν ταύτῃ στῶ, φεύγων
οἴχομαι, δείσας μή ποτε εἴς τινα βυθὸν φλυαρίας ἐμπεσὼν
διαφθαρῶ· ἐκεῖσε δ᾽ οὖν ἀφικόμενος, εἰς ἃ νυνδὴ ἐλέγομεν
εἴδη ἔχειν, περὶ ἐκεῖνα πραγματευόμενος διατρίβω.

Νέος γὰρ εἶ ἔτι, φάναι τὸν Παρμενίδην, ὦ Σώκρατες, e
καὶ οὔπω σου ἀντείληπται φιλοσοφία ὡς ἔτι ἀντιλήψεται
κατ᾽ ἐμὴν δόξαν, ὅτε οὐδὲν αὐτῶν ἀτιμάσεις· νῦν δὲ ἔτι
πρὸς ἀνθρώπων ἀποβλέπεις δόξας διὰ τὴν ἡλικίαν. τόδε
δ᾽ οὖν μοι εἰπέ. δοκεῖ σοι, ὡς φῄς, εἶναι εἴδη ἄττα, ὧν τάδε 5
τὰ ἄλλα μεταλαμβάνοντα τὰς ἐπωνυμίας αὐτῶν ἴσχειν, οἷον
ὁμοιότητος μὲν μεταλαβόντα ὅμοια, μεγέθους δὲ μεγάλα, 131
κάλλους δὲ καὶ δικαιοσύνης δίκαιά τε καὶ καλὰ γίγνεσθαι;

Πάνυ γε, φάναι τὸν Σωκράτη.

Οὐκοῦν ἤτοι ὅλου τοῦ εἴδους ἢ μέρους ἕκαστον τὸ μετα-
λαμβάνον μεταλαμβάνει; ἢ ἄλλη τις ἂν μετάληψις χωρὶς 5
τούτων γένοιτο;

Καὶ πῶς ἄν; εἶπεν.

Πότερον οὖν δοκεῖ σοι ὅλον τὸ εἶδος ἐν ἑκάστῳ εἶναι
τῶν πολλῶν ἓν ὄν, ἢ πῶς;

Τί γὰρ κωλύει, φάναι τὸν Σωκράτη, ὦ Παρμενίδη, [ἓν 10
εἶναι];

Ἓν ἄρα ὂν καὶ ταὐτὸν ἐν πολλοῖς καὶ χωρὶς οὖσιν ὅλον b
ἅμα ἐνέσται, καὶ οὕτως αὐτὸ αὑτοῦ χωρὶς ἂν εἴη.

Οὐκ ἄν, εἴ γε, φάναι, οἷον [εἰ] ἡμέρα [εἴη] μία καὶ ἡ
αὐτὴ οὖσα πολλαχοῦ ἅμα ἐστὶ καὶ οὐδέν τι μᾶλλον αὐτὴ

d 3 μέν B : om. T   d 6 στῶ T : ἱστῶ B   d 7 τινα βυθὸν B : τινα
ἄβυθον T : τιν᾽ ἄμυθον Aldina : τιν᾽ ἄβυθον Stephanus   φλυαρίας Par.
1836, Procli C D, Synesius Origenes : φλυαρίαν B T   e 3 αὐτὸν pr. B
e 5 δ᾽ οὖν Proclus : οὖν B T   εἶναι εἴδη B Proclus : εἴδη εἶναι T
a 2 δὲ T : τε B   a 10 ἓν εἶναι seclusi : ἐνεῖναι Schleiermacher
b 1 καὶ χωρὶς T : χωρὶς B   b 2 ἐνέσται pr. T : ἓν ἔσται B t
b 3 εἴ γε B Proclus : εἶναι T   εἰ om. Proclus   εἴη secl. Heindorf

5 αὐτῆς χωρίς ἐστιν, εἰ οὕτω καὶ ἕκαστον τῶν εἰδῶν ἓν ἐν
πᾶσιν ἅμα ταὐτὸν εἴη.

Ἡδέως γε, φάναι, ὦ Σώκρατες, ἓν ταὐτὸν ἅμα πολλαχοῦ
ποιεῖς, οἷον εἰ ἱστίῳ καταπετάσας πολλοὺς ἀνθρώπους φαίης
ἓν ἐπὶ πολλοῖς εἶναι ὅλον· ἢ οὐ τὸ τοιοῦτον ἡγῇ λέγειν;

c   Ἴσως, φάναι.

Ἡ οὖν ὅλον ἐφ' ἑκάστῳ τὸ ἱστίον εἴη ἄν, ἢ μέρος αὐτοῦ
ἄλλο ἐπ' ἄλλῳ;

Μέρος.

5 Μεριστὰ ἄρα, φάναι, ὦ Σώκρατες, ἔστιν αὐτὰ τὰ εἴδη,
καὶ τὰ μετέχοντα αὐτῶν μέρους ἂν μετέχοι, καὶ οὐκέτι ἐν
ἑκάστῳ ὅλον, ἀλλὰ μέρος ἑκάστου ἂν εἴη.

Φαίνεται οὕτω γε.

Ἡ οὖν ἐθελήσεις, ὦ Σώκρατες, φάναι τὸ ἓν εἶδος ἡμῖν
10 τῇ ἀληθείᾳ μερίζεσθαι, καὶ ἔτι ἓν ἔσται;

Οὐδαμῶς, εἰπεῖν.

Ὅρα γάρ, φάναι· εἰ αὐτὸ τὸ μέγεθος μεριεῖς καὶ ἕκαστον
d τῶν πολλῶν μεγάλων μεγέθους μέρει σμικροτέρῳ αὐτοῦ τοῦ
μεγέθους μέγα ἔσται, ἆρα οὐκ ἄλογον φανεῖται;

Πάνυ γ', ἔφη.

Τί δέ; τοῦ ἴσου μέρος ἕκαστον σμικρὸν ἀπολαβόν τι
5 ἕξει ᾧ ἐλάττονι ὄντι αὐτοῦ τοῦ ἴσου τὸ ἔχον ἴσον τῳ ἔσται;

Ἀδύνατον.

Ἀλλὰ τοῦ σμικροῦ μέρος τις ἡμῶν ἕξει, τούτου δὲ αὐτοῦ
τὸ σμικρὸν μεῖζον ἔσται ἅτε μέρους ἑαυτοῦ ὄντος, καὶ οὕτω
δὴ αὐτὸ τὸ σμικρὸν μεῖζον ἔσται· ᾧ δ' ἂν προστεθῇ τὸ
e ἀφαιρεθέν, τοῦτο σμικρότερον ἔσται ἀλλ' οὐ μεῖζον ἢ πρίν.

Οὐκ ἂν γένοιτο, φάναι, τοῦτό γε.

Τίνα οὖν τρόπον, εἰπεῖν, ὦ Σώκρατες, τῶν εἰδῶν σοι

---

b 5 ἓν ἐν T: ἐν B   b 7 γε B: ̄γε T   c 7 ἂν εἴη] ᾶν ἐνείη T
c 9 ῇ] εἰ B: ἢ T   d 2 φανεῖται T: φαίνεται B   d 4 μέρος Proclus:
μέρους B: μέροῦς T   d 7 ἀλλὰ ... e 2 τοῦτό γε spuria iudicabant
nonnulli apud Proclum   d 7 αὐτοῦ B T Proclus: αὐτὸ Heindorf:
αὖ Schleiermacher

τὰ ἄλλα μεταλήψεται, μήτε κατὰ μέρη μήτε κατὰ ὅλα
μεταλαμβάνειν δυνάμενα;   5
Οὐ μὰ τὸν Δία, φάναι, οὔ μοι δοκεῖ εὔκολον εἶναι τὸ
τοιοῦτον οὐδαμῶς διορίσασθαι.

Τί δὲ δή; πρὸς τόδε πῶς ἔχεις;
Τὸ ποῖον;
Οἶμαί σε ἐκ τοῦ τοιοῦδε ἓν ἕκαστον εἶδος οἴεσθαι εἶναι· 132
ὅταν πόλλ᾽ ἄττα μεγάλα σοι δόξῃ εἶναι, μία τις ἴσως δοκεῖ
ἰδέα ἡ αὐτὴ εἶναι ἐπὶ πάντα ἰδόντι, ὅθεν ἓν τὸ μέγα ἡγῇ
εἶναι.

Ἀληθῆ λέγεις, φάναι.   5
Τί δ᾽ αὐτὸ τὸ μέγα καὶ τἆλλα τὰ μεγάλα, ἐὰν ὡσαύτως
τῇ ψυχῇ ἐπὶ πάντα ἴδῃς, οὐχὶ ἕν τι αὖ μέγα φανεῖται, ᾧ
ταῦτα πάντα μεγάλα φαίνεσθαι;
Ἔοικεν.

Ἄλλο ἄρα εἶδος μεγέθους ἀναφανήσεται, παρ᾽ αὐτό τε τὸ 10
μέγεθος γεγονὸς καὶ τὰ μετέχοντα αὐτοῦ· καὶ ἐπὶ τούτοις αὖ
πᾶσιν ἕτερον, ᾧ ταῦτα πάντα μεγάλα ἔσται· καὶ οὐκέτι δὴ b
ἓν ἕκαστόν σοι τῶν εἰδῶν ἔσται, ἀλλὰ ἄπειρα τὸ πλῆθος.

Ἀλλά, φάναι, ὦ Παρμενίδη, τὸν Σωκράτη, μὴ τῶν εἰδῶν
ἕκαστον ᾖ τούτων νόημα, καὶ οὐδαμοῦ αὐτῷ προσήκῃ ἐγγί-
γνεσθαι ἄλλοθι ἢ ἐν ψυχαῖς· οὕτω γὰρ ἂν ἕν γε ἕκαστον εἴη 5
καὶ οὐκ ἂν ἔτι πάσχοι ἃ νυνδὴ ἐλέγετο.

Τί οὖν; φάναι, ἓν ἕκαστόν ἐστι τῶν νοημάτων, νόημα δὲ
οὐδενός;
Ἀλλ᾽ ἀδύνατον, εἰπεῖν.   10
Ἀλλὰ τινός;
Ναί.
Ὄντος ἢ. οὐκ ὄντος;   c
Ὄντος.

a 2 σοι δόξῃ B Proclus : δόξῃ σοι T   a 3 ἡ αὐτὴ B Proclus :
αὕτη T   a 7 αὖ T Proclus : αὐτοῦ B   a 8 πάντα B : πάντα
ἀνάγκη T Proclus   b 4 ᾖ τούτων B Proclus : τούτων ᾖ T   προσήκῃ
Proclus : προσήκει B T   b 5 γε B : τε T

Οὐχ ἑνός τινος, ὃ ἐπὶ πᾶσιν ἐκεῖνο τὸ νόημα ἐπὸν νοεῖ, μίαν τινὰ οὖσαν ἰδέαν;

5 Ναί.

Εἶτα οὐκ εἶδος ἔσται τοῦτο τὸ νοούμενον ἓν εἶναι, ἀεὶ ὂν τὸ αὐτὸ ἐπὶ πᾶσιν;

Ἀνάγκη αὖ φαίνεται.

Τί δὲ δή; εἰπεῖν τὸν Παρμενίδην, οὐκ ἀνάγκη ᾗ τἆλλα
10 φῂς τῶν εἰδῶν μετέχειν ἢ δοκεῖ σοι ἐκ νοημάτων ἕκαστον εἶναι καὶ πάντα νοεῖν, ἢ νοήματα ὄντα ἀνόητα εἶναι;

Ἀλλ' οὐδὲ τοῦτο, φάναι, ἔχει λόγον, ἀλλ', ὦ Παρμενίδη,
d μάλιστα ἔμοιγε καταφαίνεται ὧδε ἔχειν· τὰ μὲν εἴδη ταῦτα ὥσπερ παραδείγματα ἑστάναι ἐν τῇ φύσει, τὰ δὲ ἄλλα τούτοις ἐοικέναι καὶ εἶναι ὁμοιώματα, καὶ ἡ μέθεξις αὕτη τοῖς ἄλλοις γίγνεσθαι τῶν εἰδῶν οὐκ ἄλλη τις ἢ εἰκασθῆναι αὐτοῖς.

5 Εἰ οὖν τι, ἔφη, ἔοικεν τῷ εἴδει, οἷόν τε ἐκεῖνο τὸ εἶδος μὴ ὅμοιον εἶναι τῷ εἰκασθέντι, καθ' ὅσον αὐτῷ ἀφωμοιώθη; ἢ ἔστι τις μηχανὴ τὸ ὅμοιον μὴ ὁμοίῳ ὅμοιον εἶναι;

Οὐκ ἔστι.

Τὸ δὲ ὅμοιον τῷ ὁμοίῳ ἆρ' οὐ μεγάλη ἀνάγκη ἑνὸς τοῦ
e αὐτοῦ [εἴδους] μετέχειν;

Ἀνάγκη.

Οὗ δ' ἂν τὰ ὅμοια μετέχοντα ὅμοια ᾖ, οὐκ ἐκεῖνο ἔσται αὐτὸ τὸ εἶδος;

5 Παντάπασι μὲν οὖν.

Οὐκ ἄρα οἷόν τέ τι τῷ εἴδει ὅμοιον εἶναι, οὐδὲ τὸ εἶδος ἄλλῳ· εἰ δὲ μή, παρὰ τὸ εἶδος ἀεὶ ἄλλο ἀναφανήσεται εἶδος,
133 καὶ ἂν ἐκεῖνό τῳ ὅμοιον ᾖ, ἕτερον αὖ, καὶ οὐδέποτε παύσεται ἀεὶ καινὸν εἶδος γιγνόμενον, ἐὰν τὸ εἶδος τῷ ἑαυτοῦ μετέχοντι ὅμοιον γίγνηται.

c 3 ἐπὸν νοεῖ Procli B : ἐπὸν νοεῖν T : εἶπον νοεῖν B   c 9 ἀνάγκη
ᾗ Waddell : ἀνάγκη ᾖ B : ἀνάγκη ᾖ T : ἀνάγκη εἰ Proclus   c 10 δοκεῖ
B T Proclus : δοκεῖν vulg.   d 2 ἐν B T Stobaeus : om. Proclus
d 6 ὅμοιον εἶναι B Proclus : εἶναι ὅμοιον T   e 1 εἴδους secl. Jackson
a 1 ἐκεῖνό τῳ T Proclus : ἐκείνῳ τὸ B (sed ῳ in ras.)   ᾖ] ἦ B T

Ἀληθέστατα λέγεις.

Οὐκ ἄρα ὁμοιότητι τἆλλα τῶν εἰδῶν μεταλαμβάνει, ἀλλά 5
τι ἄλλο δεῖ ζητεῖν ᾧ μεταλαμβάνει.

Ἔοικεν.

Ὁρᾷς οὖν, φάναι, ὦ Σώκρατες, ὅση ἡ ἀπορία ἐάν τις ὡς
εἴδη ὄντα αὐτὰ καθ' αὑτὰ διορίζηται;

Καὶ μάλα. 10

Εὖ τοίνυν ἴσθι, φάναι, ὅτι ὡς ἔπος εἰπεῖν οὐδέπω ἅπτῃ
αὐτῆς ὅση ἐστὶν ἡ ἀπορία, εἰ ἓν εἶδος ἕκαστον τῶν ὄντων b
ἀεί τι ἀφοριζόμενος θήσεις.

Πῶς δή; εἰπεῖν.

Πολλὰ μὲν καὶ ἄλλα, φάναι, μέγιστον δὲ τόδε. εἴ τις
φαίη μηδὲ προσήκειν αὐτὰ γιγνώσκεσθαι ὄντα τοιαῦτα οἷά 5
φαμεν δεῖν εἶναι τὰ εἴδη, τῷ ταῦτα λέγοντι οὐκ ἂν ἔχοι τις
ἐνδείξασθαι ὅτι ψεύδεται, εἰ μὴ πολλῶν μὲν τύχοι ἔμπειρος
ὢν ὁ ἀμφισβητῶν καὶ μὴ ἀφυής, ἐθέλοι δὲ πάνυ πολλὰ καὶ
πόρρωθεν πραγματευομένου τοῦ ἐνδεικνυμένου ἕπεσθαι, ἀλλ'
ἀπίθανος εἴη ὁ ἄγνωστα ἀναγκάζων αὐτὰ εἶναι. c

Πῇ δή, ὦ Παρμενίδη; φάναι τὸν Σωκράτη.

Ὅτι, ὦ Σώκρατες, οἶμαι ἂν καὶ σὲ καὶ ἄλλον, ὅστις
αὐτήν τινα καθ' αὑτὴν ἑκάστου οὐσίαν τίθεται εἶναι, ὁμολο-
γῆσαι ἂν πρῶτον μὲν μηδεμίαν αὐτῶν εἶναι ἐν ἡμῖν. 5

Πῶς γὰρ ἂν αὐτὴ καθ' αὑτὴν ἔτι εἴη; φάναι τὸν Σωκράτη.

Καλῶς λέγεις, εἰπεῖν.

Οὐκοῦν καὶ ὅσαι τῶν ἰδεῶν πρὸς ἀλλήλας εἰσὶν αἵ εἰσιν,
αὐταὶ πρὸς αὑτὰς τὴν οὐσίαν ἔχουσιν, ἀλλ' οὐ πρὸς τὰ παρ'
ἡμῖν εἴτε ὁμοιώματα εἴτε ὅπῃ δή τις αὐτὰ τίθεται, ὧν ἡμεῖς d
μετέχοντες εἶναι ἕκαστα ἐπονομαζόμεθα· τὰ δὲ παρ' ἡμῖν
ταῦτα ὁμώνυμα ὄντα ἐκείνοις αὐτὰ αὖ πρὸς αὑτά ἐστιν
ἀλλ' οὐ πρὸς τὰ εἴδη, καὶ ἑαυτῶν ἀλλ' οὐκ ἐκείνων ὅσα αὖ
ὀνομάζεται οὕτως. 5

a 8 ὡς T Proclus: om. B   b 1 εἰ T Proclus: ἢ B   b 7 μὲν T:
om. B Proclus   c 1 εἴη B Proclus: ἂν εἴη T   ἀναγκάζων αὐτὰ
B Proclus: αὐτὰ ἀναγκάζων T   c 4 ἑκάστου B : αὐτοῦ ἑκάστου T

Πῶς λέγεις; φάναι τὸν Σωκράτη.

Οἷον, φάναι τὸν Παρμενίδην, εἴ τις ἡμῶν του δεσπότης ἢ δοῦλός ἐστιν, οὐκ αὐτοῦ δεσπότου δήπου, ὃ ἔστι δεσπότης, e ἐκείνου δοῦλός ἐστιν, οὐδὲ αὐτοῦ δούλου, ὃ ἔστι δοῦλος, δεσπότης ὁ δεσπότης, ἀλλ' ἄνθρωπος ὢν ἀνθρώπου ἀμφότερα ταῦτ' ἐστίν· αὐτὴ δὲ δεσποτεία αὐτῆς δουλείας ἐστὶν ὅ ἐστι, καὶ δουλεία ὡσαύτως αὐτὴ δουλεία αὐτῆς δεσποτείας, ἀλλ' οὐ 5 τὰ ἐν ἡμῖν πρὸς ἐκεῖνα τὴν δύναμιν ἔχει οὐδὲ ἐκεῖνα πρὸς ἡμᾶς, ἀλλ', ὃ λέγω, αὐτὰ αὑτῶν καὶ πρὸς αὑτὰ ἐκεῖνά τέ ἐστι, καὶ 134 τὰ παρ' ἡμῖν ὡσαύτως πρὸς αὑτά. ἢ οὐ μανθάνεις ὃ λέγω;

Πάνυ γ', εἰπεῖν τὸν Σωκράτη, μανθάνω.

Οὐκοῦν καὶ ἐπιστήμη, φάναι, αὐτὴ μὲν ὃ ἔστι ἐπιστήμη τῆς ὃ ἔστιν ἀλήθεια αὐτῆς ἂν ἐκείνης εἴη ἐπιστήμη;

5 Πάνυ γε.

Ἑκάστη δὲ αὖ τῶν ἐπιστημῶν, ἣ ἔστιν, ἑκάστου τῶν ὄντων, ὃ ἔστιν, εἴη ἂν ἐπιστήμη· ἢ οὔ;

Ναί.

Ἡ δὲ παρ' ἡμῖν ἐπιστήμη οὐ τῆς παρ' ἡμῖν ἂν ἀληθείας 10 εἴη, καὶ αὖ ἑκάστη ἡ παρ' ἡμῖν ἐπιστήμη τῶν παρ' ἡμῖν b ὄντων ἑκάστου ἂν ἐπιστήμη συμβαίνοι εἶναι;

Ἀνάγκη.

Ἀλλὰ μὴν αὐτά γε τὰ εἴδη, ὡς ὁμολογεῖς, οὔτε ἔχομεν οὔτε παρ' ἡμῖν οἷόν τε εἶναι.

5 Οὐ γὰρ οὖν.

Γιγνώσκεται δέ γέ που ὑπ' αὐτοῦ τοῦ εἴδους τοῦ τῆς ἐπιστήμης αὐτὰ τὰ γένη ἃ ἔστιν ἕκαστα;

Ναί.

Ὃ γε ἡμεῖς οὐκ ἔχομεν.

10 Οὐ γάρ.

Οὐκ ἄρα ὑπό γε ἡμῶν γιγνώσκεται τῶν εἰδῶν οὐδέν, ἐπειδὴ αὐτῆς ἐπιστήμης οὐ μετέχομεν.

e 1 ὃ ἐστι T : ἐστι B   a 6 αὖ τῶν B : αὐτῶν T   b 4 οἷόν τε B : οἴονται T

Οὐκ ἔοικεν.

Ἄγνωστον ἄρα ἡμῖν καὶ αὐτὸ τὸ καλὸν ὃ ἔστι καὶ
τὸ ἀγαθὸν καὶ πάντα ἃ δὴ ὡς ἰδέας αὐτὰς οὔσας ὑπολαμβά- c
νομεν.

Κινδυνεύει.

Ὅρα δὴ ἔτι τούτου δεινότερον τόδε.

Τὸ ποῖον; 5

Φαίης ἄν που, εἴπερ ἔστιν αὐτό τι γένος ἐπιστήμης, πολὺ
αὐτὸ ἀκριβέστερον εἶναι ἢ τὴν παρ' ἡμῖν ἐπιστήμην, καὶ
κάλλος καὶ τἆλλα πάντα οὕτω.

Ναί.

Οὐκοῦν εἴπερ τι ἄλλο αὐτῆς ἐπιστήμης μετέχει, οὐκ ἄν τινα 10
μᾶλλον ἢ θεὸν φαίης ἔχειν τὴν ἀκριβεστάτην ἐπιστήμην;

Ἀνάγκη.

Ἆρ' οὖν οἷός τε αὖ ἔσται ὁ θεὸς τὰ παρ' ἡμῖν γιγνώσκειν d
αὐτὴν ἐπιστήμην ἔχων;

Τί γὰρ οὔ;

Ὅτι, ἔφη ὁ Παρμενίδης, ὡμολόγηται ἡμῖν, ὦ Σώκρατες,
μήτε ἐκεῖνα τὰ εἴδη πρὸς τὰ παρ' ἡμῖν τὴν δύναμιν ἔχειν ἣν 5
ἔχει, μήτε τὰ παρ' ἡμῖν πρὸς ἐκεῖνα, ἀλλ' αὐτὰ πρὸς αὑτὰ
ἑκάτερα.

Ὡμολόγηται γάρ.

Οὐκοῦν εἰ παρὰ τῷ θεῷ αὕτη ἐστὶν ἡ ἀκριβεστάτη
δεσποτεία καὶ αὕτη ἡ ἀκριβεστάτη ἐπιστήμη, οὔτ' ἂν ἡ 10
δεσποτεία ἡ ἐκείνων ἡμῶν ποτὲ ἂν δεσπόσειεν, οὔτ' ἂν
ἐπιστήμη ἡμᾶς γνοίη οὐδέ τι ἄλλο τῶν παρ' ἡμῖν, ἀλλὰ e
ὁμοίως ἡμεῖς τε ἐκείνων οὐκ ἄρχομεν τῇ παρ' ἡμῖν ἀρχῇ
οὐδὲ γιγνώσκομεν τοῦ θείου οὐδὲν τῇ ἡμετέρᾳ ἐπιστήμῃ,
ἐκεῖνοί τε αὖ κατὰ τὸν αὐτὸν λόγον οὔτε δεσπόται ἡμῶν
εἰσὶν οὔτε γιγνώσκουσι τὰ ἀνθρώπεια πράγματα θεοὶ 5
ὄντες.

b 14 ἡμῖν B : ἡμῖν ἐστι T Proclus   c 6 που T : ἢ οὗ B   c 10 ἄλλο
B : ἄλλη T   d 11 οὔτ' ἂν T : οὔτ' ἂν ἡ B Proclus

Ἀλλὰ μὴ λίαν, ἔφη, ⟨ᾖ⟩ θαυμαστὸς ὁ λόγος, εἴ τις τὸν
θεὸν ἀποστερήσει τοῦ εἰδέναι.

Ταῦτα μέντοι, ὦ Σώκρατες, ἔφη ὁ Παρμενίδης, καὶ ἔτι
135 ἄλλα πρὸς τούτοις πάνυ πολλὰ ἀναγκαῖον ἔχειν τὰ εἴδη, εἰ
εἰσὶν αὗται αἱ ἰδέαι τῶν ὄντων καὶ ὁριεῖταί τις αὐτό τι
ἕκαστον εἶδος· ὥστε ἀπορεῖν τε τὸν ἀκούοντα καὶ ἀμφισβη-
τεῖν ὡς οὔτε ἔστι ταῦτα, εἴ τε ὅτι μάλιστα εἴη, πολλὴ ἀνάγκη
5 αὐτὰ εἶναι τῇ ἀνθρωπίνῃ φύσει ἄγνωστα, καὶ ταῦτα λέγοντα
δοκεῖν τε τὶ λέγειν καί, ὃ ἄρτι ἐλέγομεν, θαυμαστῶς ὡς
δυσανάπειστον εἶναι. καὶ ἀνδρὸς πάνυ μὲν εὐφυοῦς τοῦ
δυνησομένου μαθεῖν ὡς ἔστι γένος τι ἑκάστου καὶ οὐσία αὐτὴ
b καθ᾽ αὑτήν, ἔτι δὲ θαυμαστοτέρου τοῦ εὑρήσοντος καὶ ἄλλον
δυνησομένου διδάξαι ταῦτα πάντα ἱκανῶς διευκρινησάμενον.

Συγχωρῶ σοι, ἔφη, ὦ Παρμενίδη, ὁ Σωκράτης· πάνυ γάρ
μοι κατὰ νοῦν λέγεις.

5 Ἀλλὰ μέντοι, εἶπεν ὁ Παρμενίδης, εἴ γέ τις δή, ὦ
Σώκρατες, αὖ μὴ ἐάσει εἴδη τῶν ὄντων εἶναι, εἰς πάντα τὰ
νυνδὴ καὶ ἄλλα τοιαῦτα ἀποβλέψας, μηδέ τι ὁριεῖται εἶδος
ἑνὸς ἑκάστου, οὐδὲ ὅποι τρέψει τὴν διάνοιαν ἕξει, μὴ ἐῶν
c ἰδέαν τῶν ὄντων ἑκάστου τὴν αὐτὴν ἀεὶ εἶναι, καὶ οὕτως τὴν
τοῦ διαλέγεσθαι δύναμιν παντάπασι διαφθερεῖ. τοῦ τοιούτου
μὲν οὖν μοι δοκεῖς καὶ μᾶλλον ᾐσθῆσθαι.

Ἀληθῆ λέγεις, φάναι.

5 Τί οὖν ποιήσεις φιλοσοφίας πέρι; πῇ τρέψῃ ἀγνοουμένων
τούτων;

Οὐ πάνυ μοι δοκῶ καθορᾶν ἕν γε τῷ παρόντι.

Πρῲ γάρ, εἰπεῖν, πρὶν γυμνασθῆναι, ὦ Σώκρατες, ὁρί-
ζεσθαι ἐπιχειρεῖς καλόν τέ τι καὶ δίκαιον καὶ ἀγαθὸν καὶ ἐν
d ἕκαστον τῶν εἰδῶν. ἐνενόησα γὰρ καὶ πρῴην σου ἀκούων

e 7 ᾖ add. Heindorf   e 8 ἀποστερήσει Stephanus : ἀποστερήσειε
B T   a 3 ἕκαστον] an ἑκάστου Heindorf   a 7 εὐφυοῦς ⟨δεῖν⟩
Heindorf   b 2 δυνησόμενον pr. T   ταῦτα πάντα B Proclus :
πάντα ταῦτα T   b 5 γέ τις δή B Proclus: δή γέ τις T   b 6 ἐάσῃ
B T   b 7 μὴ δέτι B : μηδ᾽ ὅτι T   c 5 πῇ B T : ποῖ Proclus
c 8 πρῴ B T : πρῴην Proclus (et mox ἐπεχείρεις) : γρ. πρῴην T

διαλεγομένου ἐνθάδε ᾿Αριστοτέλει τῷδε. καλὴ μὲν οὖν καὶ
θεία, εὖ ἴσθι, ἡ ὁρμὴ ἣν ὁρμᾷς ἐπὶ τοὺς λόγους· ἕλκυσον δὲ
σαυτὸν καὶ γύμνασαι μᾶλλον διὰ τῆς δοκούσης ἀχρήστου
εἶναι καὶ καλουμένης ὑπὸ τῶν πολλῶν ἀδολεσχίας. ἕως ἔτι 5
νέος εἶ· εἰ δὲ μή, σὲ διαφεύξεται ἡ ἀλήθεια.

Τίς οὖν ὁ τρόπος, φάναι, ὦ Παρμενίδη, τῆς γυμνασίας;
Οὗτος, εἶπεν, ὅνπερ ἤκουσας Ζήνωνος. πλὴν τοῦτό γέ
σου καὶ πρὸς τοῦτον ἠγάσθην εἰπόντος, ὅτι οὐκ εἴας ἐν τοῖς e
ὁρωμένοις οὐδὲ περὶ ταῦτα τὴν πλάνην ἐπισκοπεῖν, ἀλλὰ περὶ
ἐκεῖνα ἃ μάλιστά τις ἂν λόγῳ λάβοι καὶ εἴδη ἂν ἡγήσαιτο
εἶναι.

Δοκεῖ γάρ μοι, ἔφη, ταύτῃ γε οὐδὲν χαλεπὸν εἶναι καὶ 5
ὅμοια καὶ ἀνόμοια καὶ ἄλλο ὁτιοῦν τὰ ὄντα πάσχοντα
ἀποφαίνειν.

Καὶ καλῶς γ᾽, ἔφη. χρὴ δὲ καὶ τόδε ἔτι πρὸς τούτῳ
ποιεῖν, μὴ μόνον εἰ ἔστιν ἕκαστον ὑποτιθέμενον σκοπεῖν τὰ
συμβαίνοντα ἐκ τῆς ὑποθέσεως, ἀλλὰ καὶ εἰ μὴ ἔστι τὸ αὐτὸ 136
τοῦτο ὑποτίθεσθαι, εἰ βούλει μᾶλλον γυμνασθῆναι.

Πῶς λέγεις; φάναι.

Οἷον, ἔφη, εἰ βούλει, περὶ ταύτης τῆς ὑποθέσεως ἣν
Ζήνων ὑπέθετο, εἰ πολλά ἐστι, τί χρὴ συμβαίνειν καὶ αὐτοῖς 5
τοῖς πολλοῖς πρὸς αὑτὰ καὶ πρὸς τὸ ἓν καὶ τῷ ἑνὶ πρός τε
αὐτὸ καὶ πρὸς τὰ πολλά· καὶ αὖ εἰ μή ἐστι πολλά, πάλιν
σκοπεῖν τί συμβήσεται καὶ τῷ ἑνὶ καὶ τοῖς πολλοῖς καὶ πρὸς
αὑτὰ καὶ πρὸς ἄλληλα· καὶ αὖθις αὖ ἐὰν ὑποθῇ εἰ ἔστιν b
ὁμοιότης ἢ εἰ μὴ ἔστιν, τί ἐφ᾽ ἑκατέρας τῆς ὑποθέσεως
συμβήσεται καὶ αὐτοῖς τοῖς ὑποτεθεῖσιν καὶ τοῖς ἄλλοις καὶ
πρὸς αὑτὰ καὶ πρὸς ἄλληλα. καὶ περὶ ἀνομοίου ὁ αὐτὸς
λόγος καὶ περὶ κινήσεως καὶ περὶ στάσεως καὶ περὶ γενέσεως 5
καὶ φθορᾶς καὶ περὶ αὐτοῦ τοῦ εἶναι καὶ τοῦ μὴ εἶναι· καὶ

---

d 4 γύμνασαι B Proclus : γύμνασον T   d 8 οὗτος T Proclus :
οὕτως B   εἶπεν B T : εἰπεῖν Proclus   e 1 εἴας ἐν T : εἴασεν B
e 3 εἴδη B T Proclus : ἤδη vulg.   a 6 τε T : γε B Proclus
b 1 αὖθις T : αὐτοῖς B

ἑνὶ λόγῳ, περὶ ὅτου ἂν ἀεὶ ὑποθῇ ὡς ὄντος καὶ ὡς οὐκ ὄντος
καὶ ὁτιοῦν ἄλλο πάθος πάσχοντος, δεῖ σκοπεῖν τὰ συμβαί-
c νοντα πρὸς αὐτὸ καὶ πρὸς ἓν ἕκαστον τῶν ἄλλων, ὅτι ἂν
προέλῃ, καὶ πρὸς πλείω καὶ πρὸς σύμπαντα ὡσαύτως· καὶ
τἆλλα αὖ πρὸς αὑτά τε καὶ πρὸς ἄλλο ὅτι ἂν προαιρῇ ἀεί,
ἐάντε ὡς ὂν ὑποθῇ ὃ ὑπετίθεσο, ἄντε ὡς μὴ ὄν, εἰ μέλλεις
5 τελέως γυμνασάμενος κυρίως διόψεσθαι τὸ ἀληθές.
    Ἀμήχανόν γ' ἔφη, λέγεις, ὦ Παρμενίδη, πραγματείαν,
καὶ οὐ σφόδρα μανθάνω. ἀλλά μοι τί οὐ διῆλθες αὐτὸς
ὑποθέμενός τι, ἵνα μᾶλλον καταμάθω;
d   Πολὺ ἔργον, φάναι, ὦ Σώκρατες, προστάττεις ὡς τηλικῷδε.
    Ἀλλὰ σύ, εἰπεῖν τὸν Σωκράτη, Ζήνων, τί οὐ διῆλθες
ἡμῖν;
    Καὶ τὸν Ζήνωνα ἔφη γελάσαντα φάναι· Αὐτοῦ, ὦ
5 Σώκρατες, δεώμεθα Παρμενίδου· μὴ γὰρ οὐ φαῦλον ᾖ ὃ
λέγει. ἢ οὐχ ὁρᾷς ὅσον ἔργον προστάττεις; εἰ μὲν οὖν
πλείους ἦμεν, οὐκ ἂν ἄξιον ἦν δεῖσθαι· ἀπρεπῆ γὰρ τὰ
τοιαῦτα πολλῶν ἐναντίον λέγειν ἄλλως τε καὶ τηλικούτῳ·
e ἀγνοοῦσιν γὰρ οἱ πολλοὶ ὅτι ἄνευ ταύτης τῆς διὰ πάντων
διεξόδου τε καὶ πλάνης ἀδύνατον ἐντυχόντα τῷ ἀληθεῖ νοῦν
σχεῖν. ἐγὼ μὲν οὖν, ὦ Παρμενίδη, Σωκράτει συνδέομαι, ἵνα
καὶ αὐτὸς διακούσω διὰ χρόνου.
5   Ταῦτα δὴ εἰπόντος τοῦ Ζήνωνος, ἔφη ὁ Ἀντιφῶν φάναι
τὸν Πυθόδωρον, αὐτόν τε δεῖσθαι τοῦ Παρμενίδου καὶ τὸν
Ἀριστοτέλη καὶ τοὺς ἄλλους, ἐνδείξασθαι ὃ λέγοι καὶ
μὴ ἄλλως ποιεῖν. τὸν οὖν Παρμενίδην· Ἀνάγκη, φάναι,
πείθεσθαι. καίτοι δοκῶ μοι τὸ τοῦ Ἰβυκείου ἵππου πεπον-
137 θέναι, ᾧ ἐκεῖνος ἀθλητῇ ὄντι καὶ πρεσβυτέρῳ, ὑφ' ἅρματι
μέλλοντι ἀγωνιεῖσθαι καὶ δι' ἐμπειρίαν τρέμοντι τὸ μέλλον,

b 7 ἂν B : οὖν T   c 3 ἂν T : οὖν B   προαιρῇ αἰεὶ B Proclus :
αἰεὶ προαιρῇ T   c 4 ὑπετίθεσο T : ὑποτίθεσθε B   c 5 διόψεσθαι T :
διόψεσθε B   c 6 γ' T : om. B   c 8 τι ἵνα T : τίνα B : τίνα al.
d 5 δεώμεθα T : δεόμεθα B   e 3 σχεῖν T : ἔχειν B Proclus   e 4 δια-
κούσω B Proclus : ἀκούσω T

ἑαυτὸν ἀπεικάζων ἄκων ἔφη καὶ αὐτὸς οὕτω πρεσβύτης ὢν
εἰς τὸν ἔρωτα ἀναγκάζεσθαι ἰέναι· κἀγώ μοι δοκῶ μεμνημένος
μάλα φοβεῖσθαι πῶς χρὴ τηλικόνδε ὄντα διανεῦσαι τοιοῦτόν 5
τε καὶ τοσοῦτον πέλαγος λόγων· ὅμως δὲ δεῖ γὰρ χαρίζεσθαι,
ἐπειδὴ καί, ὃ Ζήνων λέγει, αὐτοί ἐσμεν.   πόθεν οὖν δὴ
ἀρξόμεθα καὶ τί πρῶτον ὑποθησόμεθα; ἢ βούλεσθε, ἐπει- b
δήπερ δοκεῖ πραγματειώδη παιδιὰν παίζειν, ἀπ᾽ ἐμαυτοῦ
ἄρξωμαι καὶ τῆς ἐμαυτοῦ ὑποθέσεως, περὶ τοῦ ἑνὸς αὐτοῦ
ὑποθέμενος, εἴτε ἕν ἐστιν εἴτε μὴ ἕν, τί χρὴ συμβαίνειν;
Πάνυ μὲν οὖν, φάναι τὸν Ζήνωνα. 5

Τίς οὖν, εἰπεῖν, μοὶ ἀποκρινεῖται; ἢ ὁ νεώτατος; ἥκιστα
γὰρ ἂν πολυπραγμονοῖ, καὶ ἃ οἴεται μάλιστα ἂν ἀποκρίνοιτο·
καὶ ἅμα ἐμοὶ ἀνάπαυλα ἂν εἴη ἡ ἐκείνου ἀπόκρισις.

῎Ετοιμός σοι, ὦ Παρμενίδη, φάναι, τοῦτο, τὸν ᾽Αριστο- c
τέλη· ἐμὲ γὰρ λέγεις τὸν νεώτατον λέγων.   ἀλλὰ ἐρώτα ὡς
ἀποκρινουμένου.

Εἶεν δή, φάναι· εἰ ἕν ἐστιν, ἄλλο τι οὐκ ἂν εἴη πολλὰ
τὸ ἕν;—Πῶς γὰρ ἄν;—Οὔτε ἄρα μέρος αὐτοῦ οὔτε ὅλον 5
αὐτὸ δεῖ εἶναι.—Τί δή;—Τὸ μέρος που ὅλου μέρος ἐστίν.—
Ναί.—Τί δὲ τὸ ὅλον; οὐχὶ οὗ ἂν μέρος μηδὲν ἀπῇ ὅλον ἂν
εἴη;—Πάνυ γε.—᾽Αμφοτέρως ἄρα τὸ ἓν ἐκ μερῶν ἂν εἴη,
ὅλον τε ὂν καὶ μέρη ἔχον.—᾽Ανάγκη.—᾽Αμφοτέρως ἂν ἄρα
οὕτως τὸ ἓν πολλὰ εἴη ἀλλ᾽ οὐχ ἕν.—᾽Αληθῆ.—Δεῖ δέ γε d
μὴ πολλὰ ἀλλ᾽ ἓν αὐτὸ εἶναι.—Δεῖ.—Οὔτ᾽ ἄρα ὅλον ἔσται
οὔτε μέρη ἕξει, εἰ ἓν ἔσται τὸ ἕν.—Οὐ γάρ.

Οὐκοῦν εἰ μηδὲν ἔχει μέρος, οὔτ᾽ ἂν ἀρχὴν οὔτε τελευτὴν
οὔτε μέσον ἔχοι· μέρη γὰρ ἂν ἤδη αὐτοῦ τὰ τοιαῦτα εἴη.— 5
᾽Ορθῶς.—Καὶ μὴν τελευτή γε καὶ ἀρχὴ πέρας ἑκάστου.—
Πῶς δ᾽ οὔ;—῎Απειρον ἄρα τὸ ἕν, εἰ μήτε ἀρχὴν μήτε τελευ-
τὴν ἔχει.—῎Απειρον.—Καὶ ἄνευ σχήματος ἄρα· οὔτε γὰρ

a 5 διανεῦσαι Τ : διανύσαι Β   a 6 πέλαγος Stephanus e Ficino
et sic Proclus legisse videtur : πλῆθος ΒΤ   a 7 ὃ Bekker : ὁ ΒΤ
b 1 ἀρξόμεθα Τ (sed o ex ω) Proclus : ἀρξώμεθα Β   c 1 τοῦτο ΒΤ :
τοῦτον vulg.   c 6 ὅλου μέρους Β : μέρος ὅλου Τ   d 4 ἔχει Τ :
ἔχῃ Β   d 8 ἔχει Τ : ἔχῃ Β   γὰρ ΒΤ : γὰρ ἂν vulg.

e στρογγύλου οὔτε εὐθέος μετέχει.—Πῶς;—Στρογγύλον γέ πού
ἐστι τοῦτο οὗ ἂν τὰ ἔσχατα πανταχῇ ἀπὸ τοῦ μέσου ἴσον
ἀπέχῃ.—Ναί.—Καὶ μὴν εὐθύ γε, οὗ ἂν τὸ μέσον ἀμφοῖν
τοῖν ἐσχάτοιν ἐπίπροσθεν ᾖ.—Οὔτως.—Οὐκοῦν μέρη ἂν
5 ἔχοι τὸ ἓν καὶ πολλὰ ἂν εἴη, εἴτε εὐθέος σχήματος εἴτε
περιφεροῦς μετέχοι.—Πάνυ μὲν οὖν.—Οὔτε ἄρα εὐθὺ οὔτε
138 περιφερές ἐστιν, ἐπείπερ οὐδὲ μέρη ἔχει.—Ὀρθῶς.

Καὶ μὴν τοιοῦτόν γε ὂν οὐδαμοῦ ἂν εἴη· οὔτε γὰρ ἐν
ἄλλῳ οὔτε ἐν ἑαυτῷ εἴη.—Πῶς δή;—Ἐν ἄλλῳ μὲν ὂν
κύκλῳ που ἂν περιέχοιτο ὑπ᾽ ἐκείνου ἐν ᾧ ἐνείη, καὶ
5 πολλαχοῦ ἂν αὐτοῦ ἅπτοιτο πολλοῖς· τοῦ δὲ ἑνός τε καὶ
ἀμεροῦς καὶ κύκλου μὴ μετέχοντος ἀδύνατον πολλαχῇ κύκλῳ
ἅπτεσθαι.—Ἀδύνατον.—Ἀλλὰ μὴν αὐτό γε ἐν ἑαυτῷ ὂν
κἂν ἑαυτῷ εἴη περιέχον οὐκ ἄλλο ἢ αὑτό, εἴπερ καὶ ἐν
b ἑαυτῷ εἴη· ἔν τῳ γάρ τι εἶναι μὴ περιέχοντι ἀδύνατον.—
Ἀδύνατον γάρ.—Οὐκοῦν ἕτερον μὲν ἄν τι εἴη αὐτὸ τὸ
περιέχον, ἕτερον δὲ τὸ περιεχόμενον· οὐ γὰρ ὅλον γε ἄμφω
ταὐτὸν ἅμα πείσεται καὶ ποιήσει· καὶ οὕτω τὸ ἓν οὐκ ἂν
5 εἴη ἔτι ἓν ἀλλὰ δύο.—Οὐ γὰρ οὖν.—Οὐκ ἄρα ἐστίν που
τὸ ἕν, μήτε ἐν αὑτῷ μήτε ἐν ἄλλῳ ἐνόν.—Οὐκ ἔστιν.

Ὅρα δή, οὕτως ἔχον εἰ οἷόν τέ ἐστιν ἑστάναι ἢ κινεῖ-
σθαι.—Τί δὴ γὰρ οὔ;—Ὅτι κινούμενόν γε ἢ φέροιτο ἢ
c ἀλλοιοῖτο ἄν· αὗται γὰρ μόναι κινήσεις.—Ναί.—Ἀλλοιού-
μενον δὲ τὸ ἓν ἑαυτοῦ ἀδύνατόν που ἓν ἔτι εἶναι.—Ἀδύ-
νατον.—Οὐκ ἄρα κατ᾽ ἀλλοίωσίν γε κινεῖται.—Οὐ φαίνε-
ται.—Ἀλλ᾽ ἄρα τῷ φέρεσθαι;—Ἴσως.—Καὶ μὴν εἰ φέροιτο
5 τὸ ἕν, ἤτοι ἐν τῷ αὐτῷ ἂν περιφέροιτο κύκλῳ ἢ μεταλ-
λάττοι χώραν ἑτέραν ἐξ ἑτέρας.—Ἀνάγκη.—Οὐκοῦν κύκλῳ
μὲν περιφερόμενον ἐπὶ μέσου βεβηκέναι ἀνάγκη, καὶ τὰ

e1 μετέχει Proclus: μετέχοι BT   e3 ἀπέχῃ Tb : ἂν ἔχῃ pr. B
e4 ᾖ T: εἴη B   a4 ἐνείη Heindorf: ἂν ἐν εἴη B : ἂν εἴη T
a8 ἑαυτῷ B : ἑαυτὸ T Proclus   αὐτό Diels : αὐτό BT Proclus
b1 εἶναι T : εἴη B   b2 αὑτό] αὐτοῦ Schleiermacher   b6 ἐνόν
T: ἐν ὄν B   b7 ἐστιν T: om. B   b8 γε b Proclus al. : τε pr.
BT Stobaeus   c2 που ἓν ἔτι εἶναι B : ἔτι που εἶναι T

περὶ τὸ μέσον φερόμενα ἄλλα μέρη ἔχειν ἑαυτοῦ· ᾧ δὲ
μήτε μέσου μήτε μερῶν προσήκει, τίς μηχανὴ τοῦτο κύκλῳ d
ποτ᾽ ἐπὶ τοῦ μέσου ἐνεχθῆναι;—Οὐδεμία.—Ἀλλὰ δὴ χώραν
ἀμεῖβον ἄλλοτ᾽ ἄλλοθι γίγνεται καὶ οὕτω κινεῖται;—Εἴπερ
γε δή.—Οὐκοῦν εἶναι μέν που ἔν τινι αὐτῷ ἀδύνατον
ἐφάνη;—Ναί.—Ἆρ᾽ οὖν γίγνεσθαι ἔτι ἀδυνατώτερον;— 5
Οὐκ ἐννοῶ ὅπῃ.—Εἰ ἔν τῳ τι γίγνεται, οὐκ ἀνάγκη μήτε
πω ἐν ἐκείνῳ εἶναι ἔτι ἐγγιγνόμενον, μήτ᾽ ἔτι ἔξω ἐκείνου
παντάπασιν, εἴπερ ἤδη ἐγγίγνεται;—Ἀνάγκη.—Εἰ ἄρα τι
ἄλλο πείσεται τοῦτο, ἐκεῖνο ἂν μόνον πάσχοι οὗ μέρη εἴη· e
τὸ μὲν γὰρ ἄν τι αὐτοῦ ἤδη ἐν ἐκείνῳ, τὸ δὲ ἔξω εἴη ἅμα·
τὸ δὲ μὴ ἔχον μέρη οὐχ οἷόν τέ που ἔσται τρόπῳ οὐδενὶ
ὅλον ἅμα μήτε ἐντὸς εἶναί τινος μήτε ἔξω.—Ἀληθῆ.—Οὗ
δὲ μήτε μέρη εἰσὶ μήτε ὅλον τυγχάνει ὄν, οὐ πολὺ ἔτι 5
ἀδυνατώτερον ἐγγίγνεσθαί που, μήτε κατὰ μέρη μήτε κατὰ
ὅλον ἐγγιγνόμενον;—Φαίνεται.—Οὔτ᾽ ἄρα ποι ἰὸν καὶ ἔν
τῳ γιγνόμενον χώραν ἀλλάττει, οὔτ᾽ ἐν τῷ αὐτῷ περιφερό- 139
μενον οὔτε ἀλλοιούμενον.—Οὐκ ἔοικε.—Κατὰ πᾶσαν ἄρα
κίνησιν τὸ ἓν ἀκίνητον.—Ἀκίνητον.—Ἀλλὰ μὴν καὶ εἶναί
γέ φαμεν ἔν τινι αὐτὸ ἀδύνατον.—Φαμὲν γάρ.—Οὐδ᾽ ἄρα
ποτὲ ἐν τῷ αὐτῷ ἐστιν.—Τί δή;—Ὅτι ἤδη ἂν ἐν ἐκείνῳ 5
εἴη ἐν ᾧ τῷ αὐτῷ ἐστιν.—Πάνυ μὲν οὖν.—Ἀλλ᾽ οὔτε ἐν
αὑτῷ οὔτε ἐν ἄλλῳ οἷόν τε ἦν αὐτῷ ἐνεῖναι.—Οὐ γὰρ
οὖν.—Οὐδέποτε ἄρα ἐστὶ τὸ ἓν ἐν τῷ αὐτῷ.—Οὐκ ἔοικεν.—
Ἀλλὰ μὴν τό γε μηδέποτε ἐν τῷ αὐτῷ ὂν οὔτε ἡσυχίαν b
ἄγει οὔθ᾽ ἕστηκεν.—Οὐ γὰρ οἷόν τε.—Τὸ ἓν ἄρα, ὡς ἔοικεν,
οὔτε ἕστηκεν οὔτε κινεῖται.—Οὔκουν δὴ φαίνεταί γε.

Οὐδὲ μὴν ταὐτόν γε οὔτε ἑτέρῳ οὔτε ἑαυτῷ ἔσται, οὐδ᾽
αὖ ἕτερον οὔτε αὑτοῦ οὔτε ἑτέρου ἂν εἴη.—Πῇ δή;—Ἕτερον 5

d 3 ἀμεῖβον T : ἀμείβων B   d 4 αὐτῷ pr. BT : αὐτὸ b vulg.
d 6 μήτε πω B : μηδέπω T   d 7 μήτ᾽ ἔτι Heindorf : μήτέτι BT :
μήτε τι vulg.   d 8 ἤδη T : δὴ B   ἐγγίγνεται T : ἐν γίγνεται B
e 5 εἰσί] ἐστὶ Heindorf   a 6 τῷ αὐτῷ BT Proclus : τὸ αὐτὸ al.
a 7 ἐνεῖναι b : ἐν εἶναι BT   b 1 ὂν T : om. B   b 5 πῇ T : τίνι B

μέν που ἑαυτοῦ ὂν ἑνὸς ἕτερον ἂν εἴη καὶ οὐκ ἂν εἴη ἕν.—
Ἀληθῆ.—Καὶ μὴν ταὐτόν γε ἑτέρῳ ὂν ἐκεῖνο ἂν εἴη, αὐτὸ
c δ' οὐκ ἂν εἴη· ὥστε οὐδ' ἂν οὕτως εἴη ὅπερ ἔστιν, ἕν, ἀλλ'
ἕτερον ἑνός.—Οὐ γὰρ οὖν.—Ταὐτὸν μὲν ἄρα ἑτέρῳ ἢ ἕτερον
ἑαυτοῦ οὐκ ἔσται.—Οὐ γάρ.—Ἕτερον δέ γε ἑτέρου οὐκ
ἔσται, ἕως ἂν ᾖ ἕν· οὐ γὰρ ἑνὶ προσήκει ἑτέρῳ τινὸς
5 εἶναι, ἀλλὰ μόνῳ ἑτέρῳ ἑτέρου, ἄλλῳ δὲ οὐδενί.—Ὀρθῶς.
—Τῷ μὲν ἄρα ἓν εἶναι οὐκ ἔσται ἕτερον· ἢ οἴει;—Οὐ
δῆτα.—Ἀλλὰ μὴν εἰ μὴ τούτῳ, οὐχ ἑαυτῷ ἔσται, εἰ δὲ μὴ
αὑτῷ, οὐδὲ αὐτό· αὐτὸ δὲ μηδαμῇ ὂν ἕτερον οὐδενὸς ἔσται
d ἕτερον.—Ὀρθῶς.—Οὐδὲ μὴν ταὐτόν γε ἑαυτῷ ἔσται.—Πῶς
δ' οὔ;—Οὐχ ἥπερ τοῦ ἑνὸς φύσις, αὕτη δήπου καὶ τοῦ
ταὐτοῦ.—Τί δή;—Ὅτι οὐκ, ἐπειδὰν ταὐτὸν γένηταί τῴ τι,
ἓν γίγνεται.—Ἀλλὰ τί μήν;—Τοῖς πολλοῖς ταὐτὸν γενό-
5 μενον πολλὰ ἀνάγκη γίγνεσθαι ἀλλ' οὐχ ἕν.—Ἀληθῆ.—
Ἀλλ' εἰ τὸ ἓν καὶ τὸ ταὐτὸν μηδαμῇ διαφέρει, ὁπότε τι
ταὐτὸν ἐγίγνετο, ἀεὶ ἂν ἓν ἐγίγνετο, καὶ ὁπότε ἕν, ταὐ-
e τόν.—Πάνυ γε.—Εἰ ἄρα τὸ ἓν ἑαυτῷ ταὐτὸν ἔσται, οὐχ
ἓν ἑαυτῷ ἔσται· καὶ οὕτω ἓν ὂν οὐχ ἓν ἔσται. ἀλλὰ μὴν
τοῦτό γε ἀδύνατον· ἀδύνατον ἄρα καὶ τῷ ἑνὶ ἢ ἑτέρου ἕτερον
εἶναι ἢ ἑαυτῷ ταὐτόν.—Ἀδύνατον.—Οὕτω δὴ ἕτερόν γε
5 ἢ ταὐτὸν τὸ ἓν οὔτ' ἂν αὑτῷ οὔτ' ἂν ἑτέρῳ εἴη.—Οὐ γὰρ
οὖν.

Οὐδὲ μὴν ὅμοιόν τινι ἔσται οὐδ' ἀνόμοιον οὔτε αὑτῷ οὔτε
ἑτέρῳ.—Τί δή;—Ὅτι τὸ ταὐτόν που πεπονθὸς ὅμοιον.—
Ναί.—Τοῦ δέ γε ἑνὸς χωρὶς ἐφάνη τὴν φύσιν τὸ ταὐ-
140 τόν.—Ἐφάνη γάρ.—Ἀλλὰ μὴν εἴ τι πέπονθε χωρὶς τοῦ
ἓν εἶναι τὸ ἕν, πλείω ἂν εἶναι πεπόνθοι ἢ ἕν, τοῦτο δὲ
ἀδύνατον.—Ναί.—Οὐδαμῶς ἔστιν ἄρα ταὐτὸν πεπονθὸς
εἶναι τὸ ἓν οὔτε ἄλλῳ οὔτε ἑαυτῷ.—Οὐ φαίνεται.—Οὐδὲ

c 5 ἑτέρου T Proclus: om. B   c 7 τούτῳ T: οὕτω B
d 1 γε Proclus: om. BT   d 2 αὐτὴ Proclus: αὕτη B: αὐτὴ T
τοῦ ταὐτοῦ T: ταὐτοῦ B   e 4 δὴ] δὴ ἢ Heindorf: δ' ἢ Waddell
e 7 οὔτ' ἑαυτῷ T: οὐτὰν αὑτῷ B

20

ὅμοιον ἄρα δυνατὸν αὐτὸ εἶναι οὔτε ἄλλῳ οὔτε ἑαυτῷ.—Οὐκ 5
ἔοικεν.—Οὐδὲ μὴν ἕτερόν γε πέπονθεν εἶναι τὸ ἕν· καὶ γὰρ
οὕτω πλείω ἂν πεπόνθοι εἶναι ἢ ἕν.—Πλείω γάρ.—Τό γε μὴν
ἕτερον πεπονθὸς ἢ ἑαυτοῦ ἢ ἄλλου ἀνόμοιον ἂν εἴη ἢ ἑαυτῷ
ἢ ἄλλῳ, εἴπερ τὸ ταὐτὸν πεπονθὸς ὅμοιον.—Ὀρθῶς.—Τὸ b
δέ γε ἕν, ὡς ἔοικεν, οὐδαμῶς ἕτερον πεπονθὸς οὐδαμῶς
ἀνόμοιόν ἐστιν οὔτε αὑτῷ οὔτε ἑτέρῳ.—Οὐ γὰρ οὖν.—
Οὔτε ἄρα ὅμοιον οὔτε ἀνόμοιον οὔθ᾽ ἑτέρῳ οὔτε ἑαυτῷ ἂν εἴη
τὸ ἕν.—Οὐ φαίνεται. 5
Καὶ μὴν τοιοῦτόν γε ὂν οὔτε ἴσον οὔτε ἄνισον ἔσται
οὔτε ἑαυτῷ οὔτε ἄλλῳ.—Πῆ;—Ἴσον μὲν ὂν τῶν αὐτῶν
μέτρων ἔσται ἐκείνῳ ᾧ ἂν ἴσον ᾖ.—Ναί.—Μεῖζον δέ που
ἢ ἔλαττον ὄν, οἷς μὲν ἂν σύμμετρον ᾖ, τῶν μὲν ἐλαττόνων c
πλείω μέτρα ἕξει, τῶν δὲ μειζόνων ἐλάττω.—Ναί.—Οἷς δ᾽
ἂν μὴ σύμμετρον, τῶν μὲν σμικροτέρων, τῶν δὲ μειζόνων
μέτρων ἔσται.—Πῶς γὰρ οὔ;—Οὐκοῦν ἀδύνατον τὸ μὴ
μετέχον τοῦ αὐτοῦ ἢ μέτρων τῶν αὐτῶν εἶναι ἢ ἄλλων 5
ὡντινωνοῦν τῶν αὐτῶν;—Ἀδύνατον.—Ἴσον μὲν ἄρα οὔτ᾽
ἂν ἑαυτῷ οὔτε ἄλλῳ εἴη μὴ τῶν αὐτῶν μέτρων ὄν.—Οὔκουν
φαίνεταί γε.—Ἀλλὰ μὴν πλειόνων γε μέτρων ὂν ἢ ἐλατ-
τόνων, ὅσωνπερ μέτρων, τοσούτων καὶ μερῶν ἂν εἴη· καὶ
οὕτω αὖ οὐκέτι ἓν ἔσται ἀλλὰ τοσαῦτα ὅσαπερ καὶ τὰ d
μέτρα.—Ὀρθῶς.—Εἰ δέ γε ἑνὸς μέτρου εἴη, ἴσον ἂν γί-
γνοιτο τῷ μέτρῳ· τοῦτο δὲ ἀδύνατον ἐφάνη, ἴσον τῳ αὐτὸ
εἶναι.—Ἐφάνη γάρ.—Οὔτε ἄρα ἑνὸς μέτρου μετέχον οὔτε
πολλῶν οὔτε ὀλίγων, οὔτε τὸ παράπαν τοῦ αὐτοῦ μετέχον, 5
οὔτε ἑαυτῷ ποτε, ὡς ἔοικεν, ἔσται ἴσον οὔτε ἄλλῳ· οὔτε αὖ
μεῖζον οὐδὲ ἔλαττον οὔτε ἑαυτοῦ οὔτε ἑτέρου.—Παντάπασι
μὲν οὖν οὕτω.
Τί δέ; πρεσβύτερον ἢ νεώτερον ἢ τὴν αὐτὴν ἡλικίαν e
ἔχειν τὸ ἓν δοκεῖ τῳ δυνατὸν εἶναι;—Τί δὴ γὰρ οὔ;—Ὅτι

b7 πῇ; BT: add. δή in marg. t   d3 τῳ] αὐτῷ B : τῷ T
e2 τῳ] τῷ BT

21

που ἡλικίαν μὲν τὴν αὐτὴν ἔχον ἢ αὑτῷ ἢ ἄλλῳ ἰσότητος
χρόνου καὶ ὁμοιότητος μεθέξει, ὧν ἐλέγομεν οὐ μετεῖναι
5 τῷ ἑνί, οὔτε ὁμοιότητος οὔτε ἰσότητος.—Ἐλέγομεν γὰρ
οὖν.—Καὶ μὴν καὶ ὅτι ἀνομοιότητός τε καὶ ἀνισότητος οὐ
μετέχει, καὶ τοῦτο ἐλέγομεν.—Πάνυ μὲν οὖν.—Πῶς οὖν
141 οἷόν τε ἔσται τινὸς ἢ πρεσβύτερον ἢ νεώτερον εἶναι ἢ τὴν
αὐτὴν ἡλικίαν ἔχειν τῳ τοιοῦτον ὄν;—Οὐδαμῶς.—Οὐκ ἄρα
ἂν εἴη νεώτερόν γε οὐδὲ πρεσβύτερον οὐδὲ τὴν αὐτὴν
ἡλικίαν ἔχον τὸ ἓν οὔτε αὑτῷ οὔτε ἄλλῳ.—Οὐ φαίνεται.—
5 Ἆρ᾽ οὖν οὐδὲ ἐν χρόνῳ τὸ παράπαν δύναιτο ἂν εἶναι τὸ ἕν,
εἰ τοιοῦτον εἴη; ἢ οὐκ ἀνάγκη, ἐάν τι ᾖ ἐν χρόνῳ, ἀεὶ
αὐτὸ αὑτοῦ πρεσβύτερον γίγνεσθαι;—Ἀνάγκη.—Οὐκοῦν
τό γε πρεσβύτερον ἀεὶ νεωτέρου πρεσβύτερον;—Τί μήν;
b —Τὸ πρεσβύτερον ἄρα ἑαυτοῦ γιγνόμενον καὶ νεώτερον
ἑαυτοῦ ἅμα γίγνεται, εἴπερ μέλλει ἔχειν ὅτου πρεσβύτερον
γίγνηται.—Πῶς λέγεις;—Ὧδε· διάφορον ἕτερον ἑτέρου
οὐδὲν δεῖ γίγνεσθαι ἤδη ὄντος διαφόρου, ἀλλὰ τοῦ μὲν
5 ἤδη ὄντος ἤδη εἶναι, τοῦ δὲ γεγονότος γεγονέναι, τοῦ δὲ
μέλλοντος μέλλειν, τοῦ δὲ γιγνομένου οὔτε γεγονέναι οὔτε
μέλλειν οὔτε εἶναί πω διάφορον, ἀλλὰ γίγνεσθαι καὶ ἄλλως
c οὐκ εἶναι.—Ἀνάγκη γὰρ δή.—Ἀλλὰ μὴν τό γε πρεσβύτερον
διαφορότης νεωτέρου ἐστὶν καὶ οὐδενὸς ἄλλου.—Ἔστι γάρ.
—Τὸ ἄρα πρεσβύτερον ἑαυτοῦ γιγνόμενον ἀνάγκη καὶ
νεώτερον ἅμα ἑαυτοῦ γίγνεσθαι.—Ἔοικεν.—Ἀλλὰ μὴν καὶ
5 μήτε πλείω ἑαυτοῦ γίγνεσθαι χρόνον μήτε ἐλάττω, ἀλλὰ
τὸν ἴσον χρόνον καὶ γίγνεσθαι ἑαυτῷ καὶ εἶναι καὶ γεγο-
νέναι καὶ μέλλειν ἔσεσθαι.—Ἀνάγκη γὰρ οὖν καὶ ταῦτα.
—Ἀνάγκη ἄρα ἐστίν, ὡς ἔοικεν, ὅσα γε ἐν χρόνῳ ἐστὶν
d καὶ μετέχει τοῦ τοιούτου, ἕκαστον αὐτῶν τὴν αὐτήν τε

e 6 ἀνισότητος T Proclus: ἰσότητος B   a 2 τῳ] τῷ B T   a 3 γε
T : om. B   b 3 γίγνηται scripsi : γίγνεται B T   διάφορον
TW: διαφέρον B Proclus   b 7 διάφορον B : τὸ διάφορον T   c 1 γὰρ
δή Schanz : γὰρ ἂν B : γάρ T   c 5 γίγνεσθαι χρόνον B : χρόνον
γίγνεσθαι T

αὐτὸ αὑτῷ ἡλικίαν ἔχειν καὶ πρεσβύτερόν τε αὑτοῦ ἅμα καὶ
νεώτερον γίγνεσθαι.—Κινδυνεύει.—Ἀλλὰ μὴν τῷ γε ἑνὶ τῶν
τοιούτων παθημάτων οὐδὲν μετῆν.—Οὐ γὰρ μετῆν.—Οὐδὲ
ἄρα χρόνου αὐτῷ μέτεστιν, οὐδ᾽ ἔστιν ἔν τινι χρόνῳ.— 5
Οὔκουν δή, ὥς γε ὁ λόγος αἱρεῖ.

Τί οὖν; τὸ ἦν καὶ τὸ γέγονε καὶ τὸ ἐγίγνετο οὐ χρόνου
μέθεξιν δοκεῖ σημαίνειν τοῦ ποτὲ γεγονότος;—Καὶ μάλα.—
Τί δέ; τὸ ἔσται καὶ τὸ γενήσεται καὶ τὸ γενηθήσεται οὐ e
τοῦ ἔπειτα [τοῦ μέλλοντος];—Ναί.—Τὸ δὲ δὴ ἔστι καὶ
τὸ γίγνεται οὐ τοῦ νῦν παρόντος;—Πάνυ μὲν οὖν.—Εἰ
ἄρα τὸ ἓν μηδαμῇ μηδενὸς μετέχει χρόνου, οὔτε ποτὲ
γέγονεν οὔτ᾽ ἐγίγνετο οὔτ᾽ ἦν ποτέ, οὔτε νῦν γέγονεν οὔτε 5
γίγνεται οὔτε ἔστιν, οὔτ᾽ ἔπειτα γενήσεται οὔτε γενηθή-
σεται οὔτε ἔσται.—Ἀληθέστατα.—Ἔστιν οὖν οὐσίας ὅπως
ἄν τι μετάσχοι ἄλλως ἢ κατὰ τούτων τι;—Οὐκ ἔστιν.—
Οὐδαμῶς ἄρα τὸ ἓν οὐσίας μετέχει.—Οὐκ ἔοικεν.—Οὐδαμῶς
ἄρα ἔστι τὸ ἕν.—Οὐ φαίνεται.—Οὐδ᾽ ἄρα οὕτως ἔστιν 10
ὥστε ἓν εἶναι· εἴη γὰρ ἂν ἤδη ὂν καὶ οὐσίας μετέχον·
ἀλλ᾽ ὡς ἔοικεν, τὸ ἓν οὔτε ἕν ἐστιν οὔτε ἔστιν, εἰ δεῖ τῷ
τοιῷδε λόγῳ πιστεύειν.—Κινδυνεύει.—Ὃ δὲ μὴ ἔστι, 142
τούτῳ τῷ μὴ ὄντι εἴη ἄν τι αὐτῷ ἢ αὐτοῦ;—Καὶ πῶς;
—Οὐδ᾽ ἄρα ὄνομα ἔστιν αὐτῷ οὐδὲ λόγος οὐδέ τις ἐπι-
στήμη οὐδὲ αἴσθησις οὐδὲ δόξα.—Οὐ φαίνεται.—Οὐδ᾽ ὀνο-
μάζεται ἄρα οὐδὲ λέγεται οὐδὲ δοξάζεται οὐδὲ γιγνώσκεται, 5
οὐδέ τι τῶν ὄντων αὐτοῦ αἰσθάνεται.—Οὐκ ἔοικεν.—Ἦ
δυνατὸν οὖν περὶ τὸ ἓν ταῦτα οὕτως ἔχειν;—Οὔκουν ἔμοιγε
δοκεῖ.

Βούλει οὖν ἐπὶ τὴν ὑπόθεσιν πάλιν ἐξ ἀρχῆς ἐπανέλ- b
θωμεν, ἐάν τι ἡμῖν ἐπανιοῦσιν ἀλλοῖον φανῇ;—Πάνυ μὲν

d 6 αἱρεῖ Β Τ : ἐρεῖ apogr. Stud.   e 1 γενηθήσεται] γεγενήσεται
Schleiermacher, at vide Proclum   e 2 τοῦ μέλλοντος seclusi : τοῦ
secl. Heindorf : που G. Hermann   e 11 ὄν] ἐν ὂν legendum susp.
Heindorf   μετέχον] μετέχοι legendum susp Heindorf   a 2 αὐτῷ
Β Τ : ἢ αὐτῷ vulg.   b 2 φανῇ Τ : φανείη Β

οὖν βούλομαι.—Οὐκοῦν ἓν εἰ ἔστιν, φαμέν, τὰ συμβαί-
νοντα περὶ αὐτοῦ, ποῖά ποτε τυγχάνει ὄντα, διομολογητέα
5 ταῦτα· οὐχ οὕτω;—Ναί.—Ὅρα δὴ ἐξ ἀρχῆς. ἓν εἰ ἔστιν,
ἆρα οἷόν τε αὐτὸ εἶναι μέν, οὐσίας δὲ μὴ μετέχειν;—Οὐχ
οἷόν τε.—Οὐκοῦν καὶ ἡ οὐσία τοῦ ἑνὸς εἴη ἂν οὐ ταὐτὸν
οὖσα τῷ ἑνί· οὐ γὰρ ἂν ἐκείνη ἦν ἐκείνου οὐσία, οὐδ' ἂν
c ἐκεῖνο, τὸ ἕν, ἐκείνης μετεῖχεν, ἀλλ' ὅμοιον ἂν ἦν λέγειν ἕν
τε εἶναι καὶ ἓν ἕν. νῦν δὲ οὐχ αὕτη ἐστὶν ἡ ὑπόθεσις,
εἰ ἓν ἕν, τί χρὴ συμβαίνειν, ἀλλ' εἰ ἓν ἔστιν· οὐχ
οὕτω;—Πάνυ μὲν οὖν.—Οὐκοῦν ὡς ἄλλο τι σημαῖνον τὸ
5 ἔστι τοῦ ἕν;—Ἀνάγκη.—Ἆρα οὖν ἄλλο ἢ ὅτι οὐσίας
μετέχει τὸ ἕν, τοῦτ' ἂν εἴη τὸ λεγόμενον, ἐπειδάν τις
συλλήβδην εἴπῃ ὅτι ἓν ἔστιν;—Πάνυ γε.—Πάλιν δὴ λέγω-
μεν, ἓν εἰ ἔστιν, τί συμβήσεται. σκόπει οὖν εἰ οὐκ ἀνάγκη
ταύτην τὴν ὑπόθεσιν τοιοῦτον ὂν τὸ ἓν σημαίνειν, οἷον
d μέρη ἔχειν;—Πῶς;—Ὧδε· εἰ τὸ ἔστι τοῦ ἑνὸς ὄντος
λέγεται καὶ τὸ ἓν τοῦ ὄντος ἑνός, ἔστι δὲ οὐ τὸ αὐτὸ ἥ τε
οὐσία καὶ τὸ ἕν, τοῦ αὐτοῦ δὲ ἐκείνου οὗ ὑπεθέμεθα, τοῦ
ἑνὸς ὄντος, ἆρα οὐκ ἀνάγκη τὸ μὲν ὅλον ἓν ὂν εἶναι αὐτό,
5 τούτου δὲ γίγνεσθαι μόρια τό τε ἓν καὶ τὸ εἶναι;—Ἀνάγκη.
—Πότερον οὖν ἑκάτερον τῶν μορίων τούτων μόριον μόνον
προσεροῦμεν, ἢ τοῦ ὅλου μόριον τό γε μόριον προσρη-
τέον;—Τοῦ ὅλου.—Καὶ ὅλον ἄρα ἐστί, ὃ ἂν ἓν ᾖ, καὶ
μόριον ἔχει.—Πάνυ γε.—Τί οὖν; τῶν μορίων ἑκάτερον
e τούτων τοῦ ἑνὸς ὄντος, τό τε ἓν καὶ τὸ ὄν, ἆρα ἀπολείπεσθον
ἢ τὸ ἓν τοῦ εἶναι μορίου ἢ τὸ ὂν τοῦ ἑνὸς μορίου;—Οὐκ
ἂν εἴη.—Πάλιν ἄρα καὶ τῶν μορίων ἑκάτερον τό τε ἓν

b 4 αὐτοῦ B T : αὐτό Stephanus   b 8 γὰρ ἂν T : γὰρ B   c 3 ἓν
ἕν, τί] ἓν εντι B : ἓν τι T   c 6 τις T : τι B   c 8 εἰ B : om. T
d 2 λέγεται καὶ T : λέγεται καὶ τὸ ἓν τοῦ ὄντος λέγεται καὶ B   οὗ B :
om. T   d 4 αὐτό B T : αὐτοῦ vulg.   d 8 ἂν B : ἐὰν T   ἓν ᾖ T :
ἐνῇ pr. B   d 9 μόριον] μόρια Heindorf   e 2 εἶναι] ὄντος εἶναι
Bekker   μορίου pr. T : μόριον B t Simplicius ; secl. Schleiermacher
μορίου B T Simplicius : μόριον vulg. : secl. Schleiermacher

ἴσχει καὶ τὸ ὄν, καὶ γίγνεται τὸ ἐλάχιστον ἐκ δυοῖν αὖ
μορίοιν τὸ μόριον, καὶ κατὰ τὸν αὐτὸν λόγον οὕτως ἀεί, 5
ὅτιπερ ἂν μόριον γένηται, τούτω τὼ μορίω ἀεὶ ἴσχει· τό
τε γὰρ ἓν τὸ ὂν ἀεὶ ἴσχει καὶ τὸ ὂν τὸ ἕν· ὥστε ἀνάγκη
δύ᾽ ἀεὶ γιγνόμενον μηδέποτε ἓν εἶναι.—Παντάπασι μὲν 143
οὖν.—Οὐκοῦν ἄπειρον ἂν τὸ πλῆθος οὕτω τὸ ἓν ὂν εἴη;—
Ἔοικεν.

Ἴθι δὴ καὶ τῇδε ἔτι.—Πῇ;—Οὐσίας φαμὲν μετέχειν τὸ
ἕν, διὸ ἔστιν;—Ναί.—Καὶ διὰ ταῦτα δὴ τὸ ἓν ὂν πολλὰ 5
ἐφάνη.—Οὕτω.—Τί δέ; αὐτὸ τὸ ἕν, ὃ δή φαμεν οὐσίας
μετέχειν, ἐὰν αὐτὸ τῇ διανοίᾳ μόνον καθ᾽ αὑτὸ λάβωμεν
ἄνευ τούτου οὗ φαμεν μετέχειν, ἆρά γε ἓν μόνον φανή-
σεται ἢ καὶ πολλὰ τὸ αὐτὸ τοῦτο;—Ἕν, οἶμαι ἔγωγε.—
Ἴδωμεν δή· ἄλλο τι ἕτερον μὲν ἀνάγκη τὴν οὐσίαν αὐτοῦ b
εἶναι, ἕτερον δὲ αὐτό, εἴπερ μὴ οὐσία τὸ ἕν, ἀλλ᾽ ὡς ἓν
οὐσίας μετέσχεν.—Ἀνάγκη.—Οὐκοῦν εἰ ἕτερον μὲν ἡ οὐσία,
ἕτερον δὲ τὸ ἕν, οὔτε τῷ ἓν τὸ ἓν τῆς οὐσίας ἕτερον
οὔτε τῷ οὐσία εἶναι ἡ οὐσία τοῦ ἑνὸς ἄλλο, ἀλλὰ τῷ ἑτέρῳ 5
τε καὶ ἄλλῳ ἕτερα ἀλλήλων.—Πάνυ μὲν οὖν.—Ὥστε
οὐ ταὐτόν ἐστιν οὔτε τῷ ἑνὶ οὔτε τῇ οὐσίᾳ τὸ ἕτερον.—
Πῶς γάρ;

Τί οὖν; ἐὰν προελώμεθα αὐτῶν εἴτε βούλει τὴν οὐσίαν c
καὶ τὸ ἕτερον εἴτε τὴν οὐσίαν καὶ τὸ ἓν εἴτε τὸ ἓν καὶ τὸ
ἕτερον, ἆρ᾽ οὐκ ἐν ἑκάστῃ τῇ προαιρέσει προαιρούμεθά τινε
ὣ ὀρθῶς ἔχει καλεῖσθαι ἀμφοτέρω;—Πῶς;—Ὧδε· ἔστιν
οὐσίαν εἰπεῖν;—Ἔστιν.—Καὶ αὖθις εἰπεῖν ἕν;—Καὶ 5
τοῦτο.—Ἆρ᾽ οὖν οὐχ ἑκάτερον αὐτοῖν εἴρηται;—Ναί.—Τί
δ᾽ ὅταν εἴπω οὐσία τε καὶ ἕν, ἆρα οὐκ ἀμφοτέρω;—Πάνυ
γε.—Οὐκοῦν καὶ ἐὰν οὐσία τε καὶ ἕτερον ἢ ἕτερόν τε καὶ
ἕν, καὶ οὕτω πανταχῶς ἐφ᾽ ἑκάστου ἄμφω λέγω;—Ναί.—

e 6 τούτω τῷ μορίῳ B pr. T   a 3 ἔοικεν B : ἔοικέ γε T   a 6 τί
δέ B : τί δή T   b 1 ἴδωμεν] εἴδωμεν B T   b 2 οὐσία B : οὐσίας T
ἓν οὐσίας B T : ἑνὸς οὐσίᾳ vulg.   c 3 τινε ὣ T : τι νέῳ B   c 4 ἀμ-
φοτέρω T : ἀμφότερα B   c 9 ἑκάστου B : ἕκαστον T

d ˁΩ δ᾽ ἂν ἄμφω ὀρθῶς προσαγορεύησθον, ἆρα οἷόν τε ἄμφω
μὲν αὐτὼ εἶναι, δύο δὲ μή;—Οὐχ οἷόν τε.—ˁΩ δ᾽ ἂν δύο
ἦτον, ἔστι τις μηχανὴ μὴ οὐχ ἑκάτερον αὐτοῖν ἓν εἶναι;—
Οὐδεμία.—Τούτων ἄρα ἐπείπερ σύνδυο ἕκαστα συμβαίνει
5 εἶναι, καὶ ἓν ἂν εἴη ἕκαστον.—Φαίνεται.—Εἰ δὲ ἓν ἕκαστον
αὐτῶν ἐστι, συντεθέντος ἑνὸς ὁποιουοῦν ἡτινιοῦν συζυγίᾳ
οὐ τρία γίγνεται τὰ πάντα;—Ναί.—Τρία δὲ οὐ περιττὰ
καὶ δύο ἄρτια;—Πῶς δ᾽ οὔ;—Τί δέ; δυοῖν ὄντοιν οὐκ
e ἀνάγκη εἶναι καὶ δίς, καὶ τριῶν ὄντων τρίς, εἴπερ ὑπάρχει
τῷ τε δύο τὸ δὶς ἓν καὶ τῷ τρία τὸ τρὶς ἕν;—Ἀνάγκη.—
Δυοῖν δὲ ὄντοιν καὶ δὶς οὐκ ἀνάγκη δύο δὶς εἶναι; καὶ
τριῶν καὶ τρὶς οὐκ ἀνάγκη αὖ τρία τρὶς εἶναι;—Πῶς δ᾽
5 οὔ;—Τί δέ; τριῶν ὄντων καὶ δὶς ὄντων καὶ δυοῖν ὄντοιν
καὶ τρὶς ὄντοιν οὐκ ἀνάγκη τε τρία δὶς εἶναι καὶ δύο
τρίς;—Πολλή γε.—Ἄρτιά τε ἄρα ἀρτιάκις ἂν εἴη καὶ
144 περιττὰ περιττάκις καὶ ἄρτια περιττάκις καὶ περιττὰ ἀρτιά-
κις.—Ἔστιν οὕτω.—Εἰ οὖν ταῦτα οὕτως ἔχει, οἴει τινὰ
ἀριθμὸν ὑπολείπεσθαι ὃν οὐκ ἀνάγκη εἶναι;—Οὐδαμῶς
γε.—Εἰ ἄρα ἔστιν ἕν, ἀνάγκη καὶ ἀριθμὸν εἶναι.—Ἀν-
5 άγκη.—Ἀλλὰ μὴν ἀριθμοῦ γε ὄντος πολλὰ ἂν εἴη καὶ
πλῆθος ἄπειρον τῶν ὄντων· ἢ οὐκ ἄπειρος ἀριθμὸς πλήθει
καὶ μετέχων οὐσίας γίγνεται;—Καὶ πάνυ γε.—Οὐκοῦν εἰ
πᾶς ἀριθμὸς οὐσίας μετέχει, καὶ τὸ μόριον ἕκαστον τοῦ
ἀριθμοῦ μετέχοι ἂν αὐτῆς;—Ναί.

b Ἐπὶ πάντα ἄρα πολλὰ ὄντα ἡ οὐσία νενέμηται καὶ
οὐδενὸς ἀποστατεῖ τῶν ὄντων, οὔτε τοῦ σμικροτάτου οὔτε
τοῦ μεγίστου; ἢ τοῦτο μὲν καὶ ἄλογον ἐρέσθαι; πῶς γὰρ ἂν
δὴ οὐσία γε τῶν ὄντων του ἀποστατοῖ;—Οὐδαμῶς.—Κατα-
5 κεκερμάτισται ἄρα ὡς οἷόν τε σμικρότατα καὶ μέγιστα καὶ

---

d 1 ὦB : ὦT   d 2 ὦ]ᾦB : ὦT   d 3 μὴ T : om. B   d 4 σύν-
δυο Stephanus : οὖν δύο B : σὺν δύο T   e 2 τε . . . e 4 αὖ om. pr. T
e 6 τε τρία B : τρία τε T   δυο τρις in marg. b et legit Procl. suppl. :
τρία δις B : δὶς τρία T   a 6 ἄπειρος B : ἄπειροῦ T   a 7 οὐσίας T :
οὐσία B   b 4 δὴ B T : ἡ Stobaeus   του T : τοῦ B   ἀπο-
στατοίη Stobaeus : ἀποστατεῖ B : ἀποστατεῖ T

πανταχῶς ὄντα, καὶ μεμέρισται πάντων μάλιστα, καὶ ἔστι
μέρη ἀπέραντα τῆς οὐσίας.—Ἔχει οὕτω.—Πλεῖστα ἄρα ἐστὶ c
τὰ μέρη αὐτῆς.—Πλεῖστα μέντοι.—Τί οὖν; ἔστι τι αὐτῶν ὃ
ἔστι μὲν μέρος τῆς οὐσίας, οὐδὲν μέντοι μέρος;—Καὶ πῶς
ἄν [τοι] τοῦτο γένοιτο;—Ἀλλ' εἴπερ γε οἶμαι ἔστιν, ἀνάγκη
αὐτὸ ἀεί, ἔωσπερ ἂν ᾖ, ἕν γέ τι εἶναι, μηδὲν δὲ ἀδύνατον.— 5
Ἀνάγκη.—Πρὸς ἅπαντι ἄρα [ἑκάστῳ] τῷ τῆς οὐσίας μέρει
πρόσεστιν τὸ ἕν, οὐκ ἀπολειπόμενον οὔτε σμικροτέρου οὔτε
μείζονος μέρους οὔτε ἄλλου οὐδενός.—Οὕτω.—Ἆρα οὖν ἓν
ὂν πολλαχοῦ ἅμα ὅλον ἐστί; τοῦτο ἄθρει.—Ἀλλ' ἀθρῶ d
καὶ ὁρῶ ὅτι ἀδύνατον.—Μεμερισμένον ἄρα, εἴπερ μὴ ὅλον·
ἄλλως γάρ που οὐδαμῶς ἅμα ἅπασι τοῖς τῆς οὐσίας μέρεσιν
παρέσται ἢ μεμερισμένον.—Ναί.—Καὶ μὴν τό γε μεριστὸν
πολλὴ ἀνάγκη εἶναι τοσαῦτα ὅσαπερ μέρη.—Ἀνάγκη.—Οὐκ 5
ἄρα ἀληθῆ ἄρτι ἐλέγομεν λέγοντες ὡς πλεῖστα μέρη ἡ οὐσία
νενεμημένη εἴη. οὐδὲ γὰρ πλείω τοῦ ἑνὸς νενέμηται, ἀλλ'
ἴσα, ὡς ἔοικε, τῷ ἑνί· οὔτε γὰρ τὸ ὂν τοῦ ἑνὸς ἀπολείπεται e
οὔτε τὸ ἓν τοῦ ὄντος, ἀλλ' ἐξισοῦσθον δύο ὄντε ἀεὶ παρὰ
πάντα.—Παντάπασιν οὕτω φαίνεται.—Τὸ ἓν ἄρα αὐτὸ
κεκερματισμένον ὑπὸ τῆς οὐσίας πολλά τε καὶ ἄπειρα τὸ
πλῆθός ἐστιν.—Φαίνεται.—Οὐ μόνον ἄρα τὸ ὂν ἓν πολλά 5
ἐστιν, ἀλλὰ καὶ αὐτὸ τὸ ἓν ὑπὸ τοῦ ὄντος διανενεμημένον
πολλὰ ἀνάγκη εἶναι.—Παντάπασι μὲν οὖν.

Καὶ μὴν ὅτι γε ὅλου τὰ μόρια μόρια, πεπερασμένον ἂν
εἴη κατὰ τὸ ὅλον τὸ ἕν· ἢ οὐ περιέχεται ὑπὸ τοῦ ὅλου τὰ
μόρια;—Ἀνάγκη.—Ἀλλὰ μὴν τό γε περιέχον πέρας ἂν εἴη.— 145
Πῶς δ' οὔ;—Τὸ ἓν ἄρα ὂν ἕν τέ ἐστί που καὶ πολλά, καὶ
ὅλον καὶ μόρια, καὶ πεπερασμένον καὶ ἄπειρον πλήθει.—
Φαίνεται.—Ἆρ' οὖν οὐκ, ἐπείπερ πεπερασμένον, καὶ ἔσχατα

c 4 τοι τοῦτο BT : τὸ τοιοῦτο ci. Hermann   εἴπερ B : ἐπείπερ T
c 5 ἔωσπερ B : ὥσπερ T   c 6 ἑκάστῳ vel delendum vel ἑκάστοτε
scribendum susp. Stallbaum   d 3 που T : πως B   ἅμα πᾶσι
malit Heindorf   e 5 ὂν ἓν B Procl. suppl. : ἓν T : ἓν ὂν Thomson :
ὂν Stallbaum   a 2 ὂν secl. Heindorf

5 ἔχον;—Ἀνάγκη.—Τί δέ; εἰ ὅλον, οὐ καὶ ἀρχὴν ἂν ἔχοι καὶ
μέσον καὶ τελευτήν; ἢ οἷόν τέ τι ὅλον εἶναι ἄνευ τριῶν
τούτων; κἂν του ἐν ὁτιοῦν αὐτῶν ἀποστατῇ, ἐθελήσει ἔτι
ὅλον εἶναι;—Οὐκ ἐθελήσει.—Καὶ ἀρχὴν δή, ὡς ἔοικεν, καὶ
b τελευτὴν καὶ μέσον ἔχοι ἂν τὸ ἕν.—Ἔχοι.—Ἀλλὰ μὴν τό
γε μέσον ἴσον τῶν ἐσχάτων ἀπέχει· οὐ γὰρ ἂν ἄλλως μέσον
εἴη.—Οὐ γάρ.—Καὶ σχήματος δή τινος, ὡς ἔοικε, τοιοῦτον
ὂν μετέχοι ἂν τὸ ἕν, ἤτοι εὐθέος ἢ στρογγύλου ἤ τινος
5 μεικτοῦ ἐξ ἀμφοῖν.—Μετέχοι γὰρ ἄν.

Ἆρ᾽ οὖν οὕτως ἔχον οὐκ αὐτό τε ἐν ἑαυτῷ ἔσται καὶ ἐν
ἄλλῳ;—Πῶς;—Τῶν μερῶν που ἕκαστον ἐν τῷ ὅλῳ ἐστὶ καὶ
οὐδὲν ἐκτὸς τοῦ ὅλου.—Οὕτω.—Πάντα δὲ τὰ μέρη ὑπὸ τοῦ
c ὅλου περιέχεται;—Ναί.—Καὶ μὴν τά γε πάντα μέρη τὰ
αὐτοῦ τὸ ἕν ἐστι, καὶ οὔτε τι πλέον οὔτε ἔλαττον ἢ πάντα.
—Οὐ γάρ.—Οὐκοῦν καὶ τὸ ὅλον τὸ ἕν ἐστιν;—Πῶς δ᾽ οὔ;—
Εἰ ἄρα πάντα τὰ μέρη ἐν ὅλῳ τυγχάνει ὄντα, ἔστι δὲ τά τε
5 πάντα τὸ ἓν καὶ αὐτὸ τὸ ὅλον, περιέχεται δὲ ὑπὸ τοῦ ὅλου
τὰ πάντα, ὑπὸ τοῦ ἑνὸς ἂν περιέχοιτο τὸ ἕν, καὶ οὕτως ἂν
ἤδη τὸ ἓν αὐτὸ ἐν ἑαυτῷ εἴη.—Φαίνεται.—Ἀλλὰ μέντοι τό
γε ὅλον αὖ οὐκ ἐν τοῖς μέρεσίν ἐστιν, οὔτε ἐν πᾶσιν οὔτε
d ἐν τινί. εἰ γὰρ ἐν πᾶσιν, ἀνάγκη καὶ ἐν ἑνί· ἔν τινι γὰρ
ἑνὶ μὴ ὂν οὐκ ἂν ἔτι που δύναιτο ἔν γε ἅπασιν εἶναι· εἰ δὲ
τοῦτο μὲν τὸ ἓν τῶν ἁπάντων ἐστί, τὸ δὲ ὅλον ἐν τούτῳ
μὴ ἔνι, πῶς ἔτι ἔν γε τοῖς πᾶσιν ἐνέσται;—Οὐδαμῶς.—
5 Οὐδὲ μὴν ἐν τισὶ τῶν μερῶν· εἰ γὰρ ἐν τισὶ τὸ ὅλον εἴη,
τὸ πλέον ἂν ἐν τῷ ἐλάττονι εἴη, ὅ ἐστιν ἀδύνατον.—Ἀδύ-
νατον γάρ.—Μὴ ὂν δ᾽ ἐν πλέοσιν μηδ᾽ ἐν ἑνὶ μηδ᾽ ἐν ἅπασι
τοῖς μέρεσι τὸ ὅλον οὐκ ἀνάγκη ἐν ἑτέρῳ τινὶ εἶναι ἢ μηδαμοῦ
e ἔτι εἶναι;—Ἀνάγκη.—Οὐκοῦν μηδαμοῦ μὲν ὂν οὐδὲν ἂν εἴη,
ὅλον δὲ ὄν, ἐπειδὴ οὐκ ἐν αὑτῷ ἐστιν, ἀνάγκη ἐν ἄλλῳ

a 5 δέ; εἰ] δαί in˙ras. B: δ᾽ εἰ T   οὐ καὶ T : οὐκ B   a 7 του
Schleiermacher : τοῦ B T   b 1 ἔχοι ἂν . . . ἔχοι B : ἔχοι ἂν . . . ἔχει T
c 2 τι T : τὸ B   d 1 τινί] τισί Schleiermacher   d 4 ἔνι corr.
Ven. 189 : ἐνὶ B : ενὶ T   ἐνέσται Par. 1836 : ἐν ἔσται B T

28

εἶναι;—Πάνυ γε.—Ἦι μὲν ἄρα τὸ ἓν ὅλον, ἐν ἄλλῳ ἐστίν·
ἧ δὲ τὰ πάντα μέρη ὄντα τυγχάνει, αὐτὸ ἐν ἑαυτῷ· καὶ
οὕτω τὸ ἓν ἀνάγκη αὐτό τε ἐν ἑαυτῷ εἶναι καὶ ἐν ἑτέρῳ.— 5
Ἀνάγκη.

Οὕτω δὴ πεφυκὸς τὸ ἓν ἆρ᾽ οὐκ ἀνάγκη καὶ κινεῖσθαι
καὶ ἑστάναι;—Πῇ;—Ἕστηκε μέν που, εἴπερ αὐτὸ ἐν ἑαυτῷ
ἐστιν· ἐν γὰρ ἑνὶ ὂν καὶ ἐκ τούτου μὴ μεταβαῖνον ἐν τῷ 146
αὐτῷ ἂν εἴη, ἐν ἑαυτῷ.—Ἔστι γάρ.—Τὸ δέ γε ἐν τῷ αὐτῷ
ἀεὶ ὂν ἑστὸς δήπου ἀνάγκη ἀεὶ εἶναι.—Πάνυ γε.—Τί δέ; τὸ
ἐν ἑτέρῳ ἀεὶ ὂν οὐ τὸ ἐναντίον ἀνάγκη μηδέποτ᾽ ἐν ᾽ταὐτῷ
εἶναι, μηδέποτε δὲ ὂν ἐν τῷ αὐτῷ μηδὲ ἑστάναι, μὴ ἑστὸς 5
δὲ κινεῖσθαι;—Οὕτως.—Ἀνάγκη ἄρα τὸ ἕν, αὐτό τε ἐν
ἑαυτῷ ἀεὶ ὂν καὶ ἐν ἑτέρῳ, ἀεὶ κινεῖσθαί τε καὶ ἑστάναι.
—Φαίνεται.

Καὶ μὴν ταὐτόν γε δεῖ εἶναι αὐτὸ ἑαυτῷ καὶ ἕτερον
ἑαυτοῦ, καὶ τοῖς ἄλλοις ὡσαύτως ταὐτόν τε καὶ ἕτερον εἶναι, b
εἴπερ καὶ τὰ πρόσθεν πέπονθεν.—Πῶς;—Πᾶν που πρὸς
ἅπαν ὧδε ἔχει, ἢ ταὐτόν ἐστιν ἢ ἕτερον· ἢ ἐὰν μὴ ταὐτὸν
ᾖ μηδ᾽ ἕτερον, μέρος ἂν εἴη τούτου πρὸς ὃ οὕτως ἔχει, ἢ ὡς
πρὸς μέρος ὅλον ἂν εἴη.—Φαίνεται.—Ἆρ᾽ οὖν τὸ ἓν αὐτὸ 5
αὑτοῦ μέρος ἐστίν;—Οὐδαμῶς.—Οὐδ᾽ ἄρα ὡς πρὸς μέρος
αὐτὸ αὑτοῦ ὅλον ἂν εἴη, πρὸς ἑαυτὸ μέρος ὄν.—Οὐ γὰρ οἷόν
τε.—Ἀλλ᾽ ἄρα ἕτερόν ἐστιν ἑνὸς τὸ ἕν;—Οὐ δῆτα.—Οὐδ᾽ c
ἄρα ἑαυτοῦ γε ἕτερον ἂν εἴη.—Οὐ μέντοι.—Εἰ οὖν μήτε
ἕτερον μήτε ὅλον μήτε μέρος αὐτὸ πρὸς ἑαυτό ἐστιν, οὐκ
ἀνάγκη ἤδη ταὐτὸν εἶναι αὐτὸ ἑαυτῷ;—Ἀνάγκη.—Τί δέ; τὸ
ἑτέρωθι ὂν αὐτὸ ἑαυτοῦ ἐν τῷ αὐτῷ ὄντος ἑαυτῷ οὐκ ἀνάγκη 5
αὐτὸ ἑαυτοῦ ἕτερον εἶναι, εἴπερ καὶ ἑτέρωθι ἔσται;—Ἔμοιγε
δοκεῖ.—Οὕτω μὴν ἐφάνη ἔχον τὸ ἕν, αὐτό τε ἐν ἑαυτῷ ὂν
ἅμα καὶ ἐν ἑτέρῳ.—Ἐφάνη γάρ.—Ἕτερον ἄρα, ὡς ἔοικεν,
εἴη ταύτῃ ἂν ἑαυτοῦ τὸ ἕν.—Ἔοικεν.—Τί οὖν; εἴ τού τι d
ἕτερόν ἐστιν, οὐχ ἑτέρου ὄντος ἕτερον ἔσται;—Ἀνάγκη.—

a 3 ἑστὸς ΒΤ : ἑστὼς vulg.   b 4 ᾖ Τ : om. Β   c 1 οὐδ᾽
Β : οὐκ Τ   d 1 εἴ τού τι G : εἰ τουτὶ ΒΤ

29

Οὐκοῦν ὅσα μὴ ἕν ἐστιν, ἅπανθ' ἕτερα τοῦ ἑνός, καὶ τὸ ἓν
τῶν μὴ ἕν;—Πῶς δ' οὔ;—Ἕτερον ἄρα ἂν εἴη τὸ ἓν τῶν
5 ἄλλων.—Ἕτερον.—Ὅρα δή· αὐτό τε ταὐτὸν καὶ τὸ ἕτερον
ἆρ' οὐκ ἐναντία ἀλλήλοις;—Πῶς δ' οὔ;—Ἦ οὖν ἐθελήσει
ταὐτὸν ἐν τῷ ἑτέρῳ ἢ τὸ ἕτερον ἐν ταὐτῷ ποτε εἶναι;—Οὐκ
ἐθελήσει.—Εἰ ἄρα τὸ ἕτερον ἐν τῷ αὐτῷ μηδέποτε ἔσται,
οὐδὲν ἔστι τῶν ὄντων ἐν ᾧ ἐστὶν τὸ ἕτερον χρόνον οὐδένα·
e εἰ γὰρ ὁντινοῦν εἴη ἔν τῳ, ἐκεῖνον ἂν τὸν χρόνον ἐν ταὐτῷ
εἴη τὸ ἕτερον. οὐχ οὕτως;—Οὕτως.—Ἐπειδὴ δ' οὐδέποτε
ἐν τῷ αὐτῷ ἐστιν, οὐδέποτε ἔν τινι τῶν ὄντων ἂν εἴη τὸ
ἕτερον.—Ἀληθῆ.—Οὔτ' ἄρα ἐν τοῖς μὴ ἓν οὔτε ἐν τῷ ἑνὶ
5 ἐνείη ἂν τὸ ἕτερον.—Οὐ γὰρ οὖν.—Οὐκ ἄρα τῷ ἑτέρῳ γ' ἂν
εἴη τὸ ἓν τῶν μὴ ἓν οὐδὲ τὰ μὴ ἓν τοῦ ἑνὸς ἕτερα.—Οὐ γάρ.—
Οὐδὲ μὴν ἑαυτοῖς γε ἕτερ' ἂν εἴη ἀλλήλων, μὴ μετέχοντα
147 τοῦ ἑτέρου.—Πῶς γάρ;—Εἰ δὲ μήτε αὐτοῖς ἕτερά ἐστι μήτε
τῷ ἑτέρῳ, οὐ πάντη ἤδη ἂν ἐκφεύγοι τὸ μὴ ἕτερα εἶναι
ἀλλήλων;—Ἐκφεύγοι.—Ἀλλὰ μὴν οὐδὲ τοῦ ἑνός γε μετέχει
τὰ μὴ ἕν· οὐ γὰρ ἂν μὴ ἓν ἦν, ἀλλά πη ἂν ἓν ἦν.—Ἀληθῆ.—
5 Οὐδ' ἂν ἀριθμὸς εἴη ἄρα τὰ μὴ ἕν· οὐδὲ γὰρ ἂν οὕτω μὴ ἓν
ἦν παντάπασιν, ἀριθμόν γε ἔχοντα.—Οὐ γὰρ οὖν.—Τί δέ;
τὰ μὴ ἓν τοῦ ἑνὸς ἄρα μόριά ἐστιν; ἢ κἂν οὕτω μετεῖχε τοῦ
ἑνὸς τὰ μὴ ἕν;—Μετεῖχεν.—Εἰ ἄρα πάντη τὸ μὲν ἕν ἐστι,
b τὰ δὲ μὴ ἕν, οὔτ' ἂν μόριον τῶν μὴ ἓν τὸ ἓν εἴη οὔτε ὅλον
ὡς μορίων· οὔτε αὖ τὰ μὴ ἓν τοῦ ἑνὸς μόρια, οὔτε ὅλα ὡς
μορίῳ τῷ ἑνί.—Οὐ γάρ.—Ἀλλὰ μὴν ἔφαμεν τὰ μήτε μόρια
μήτε ὅλα μήτε ἕτερα ἀλλήλων ταὐτὰ ἔσεσθαι ἀλλήλοις.—
5 Ἔφαμεν γάρ.—Φῶμεν ἄρα καὶ τὸ ἓν πρὸς τὰ μὴ ἓν οὕτως
ἔχον τὸ αὐτὸ εἶναι αὐτοῖς;—Φῶμεν.—Τὸ ἓν ἄρα, ὡς ἔοικεν,
ἕτερόν τε τῶν ἄλλων ἐστὶν καὶ ἑαυτοῦ καὶ ταὐτὸν ἐκείνοις τε
καὶ ἑαυτῷ.—Κινδυνεύει φαίνεσθαι ἐκ γε τοῦ λόγου.

d 7 τὸ B : om. T   e 5 ἐνείη] ἐν εἴη B : εἴη T   a 2 ἤδη ἂν
ἐκφεύγοι B : ἂν ἤδη ἐκφύγοι T   a 4 ἦν ἀλλά B : ἦ ἀλλά T
a 8 πάντη B : παντί T   b 2 μορίων corr. Ven. 189 : μορίου B T :
μόριον vulg.   μόρια T : μορίου B   b 5 τὰ T : τὸ B

Ἆρ᾽ οὖν καὶ ὅμοιόν τε καὶ ἀνόμοιον ἑαυτῷ τε καὶ τοῖς c
ἄλλοις;—Ἴσως.—Ἐπειδὴ γοῦν ἕτερον τῶν ἄλλων ἐφάνη,
καὶ τἆλλά που ἕτερα ἂν ἐκείνου εἴη.—Τί μήν;—Οὐκοῦν
οὕτως ἕτερον τῶν ἄλλων, ὥσπερ καὶ τἆλλα ἐκείνου, καὶ οὔτε
μᾶλλον οὔτε ἧττον;—Τί γὰρ ἄν;—Εἰ ἄρα μήτε μᾶλλον 5
μήτε ἧττον, ὁμοίως.—Ναί.—Οὐκοῦν ᾗ ἕτερον εἶναι πέπονθεν
τῶν ἄλλων καὶ τἆλλα ἐκείνου ὡσαύτως, ταύτῃ ταὐτὸν ἂν
πεπονθότα εἶεν τό τε ἐν τοῖς ἄλλοις καὶ τἆλλα τῷ ἑνί.—
Πῶς λέγεις;—Ὧδε· ἕκαστον τῶν ὀνομάτων οὐκ ἐπί τινι d
καλεῖς;—Ἔγωγε.—Τί οὖν; τὸ αὐτὸ ὄνομα εἴποις ἂν πλεο-
νάκις ἢ ἅπαξ;—Ἔγωγε.—Πότερον οὖν ἐὰν μὲν ἅπαξ εἴπῃς,
ἐκεῖνο προσαγορεύεις οὗπέρ ἐστι τοὔνομα, ἐὰν δὲ πολλάκις,
οὐκ ἐκεῖνο; ἢ ἐάντε ἅπαξ ἐάντε πολλάκις ταὐτὸν ὄνομα 5
φθέγξῃ, πολλὴ ἀνάγκη σε ταὐτὸν καὶ λέγειν ἀεί;—Τί μήν;
—Οὐκοῦν καὶ τὸ ἕτερον ὄνομά ἐστιν ἐπί τινι;—Πάνυ γε.—
Ὅταν ἄρα αὐτὸ φθέγγῃ, ἐάντε ἅπαξ ἐάντε πολλάκις, οὐκ e
ἐπ᾽ ἄλλῳ οὐδὲ ἄλλο τι ὀνομάζεις ἢ ἐκεῖνο οὗπερ ἦν ὄνομα.—
Ἀνάγκη.—Ὅταν δὴ λέγωμεν ὅτι ἕτερον μὲν τἆλλα τοῦ ἑνός,
ἕτερον δὲ τὸ ἓν τῶν ἄλλων, δὶς τὸ ἕτερον εἰπόντες οὐδέν τι
μᾶλλον ἐπ᾽ ἄλλῃ, ἀλλ᾽ ἐπ᾽ ἐκείνῃ τῇ φύσει αὐτὸ ἀεὶ λέγομεν 5
ἧσπερ ἦν τοὔνομα.—Πάνυ μὲν οὖν.—Ἧι ἄρα ἕτερον τῶν
ἄλλων τὸ ἓν καὶ τἆλλα τοῦ ἑνός, κατ᾽ αὐτὸ τὸ ἕτερον πεπον- 148
θέναι οὐκ ἄλλο ἀλλὰ τὸ αὐτὸ ἂν πεπονθὸς εἴη τὸ ἓν τοῖς
ἄλλοις· τὸ δέ που ταὐτὸν πεπονθὸς ὅμοιον· οὐχί;—Ναί.—
Ἧι δὴ τὸ ἓν ἕτερον τῶν ἄλλων πέπονθεν εἶναι, κατ᾽ αὐτὸ
τοῦτο ἅπαν ἅπασιν ὅμοιον ἂν εἴη· ἅπαν γὰρ ἁπάντων ἕτερόν 5
ἐστιν.—Ἔοικεν.—Ἀλλὰ μὴν τό γε ὅμοιον τῷ ἀνομοίῳ
ἐναντίον.—Ναί.—Οὐκοῦν καὶ τὸ ἕτερον τῷ ταὐτῷ.—Καὶ
τοῦτο.—Ἀλλὰ μὴν καὶ τοῦτό γ᾽ ἐφάνη, ὡς ἄρα τὸ ἓν τοῖς

c 5 ἂν B : om. T   θ 2 ἐκεῖνο B : κεῖνο T   θ 6 ᾗ] ἢ B : ᾗ T : εἰ
vulg.   a 1 κατ᾽ αὐτὸ τὸ Thomson : κατὰ ταυτὸ B T : κατὰ τὸ ταὐτὸ
Heindorf : κατὰ ταὐτὸν τὸ Stallbaum : κατά τ᾽ αὖ τὸ Waddell   πεπον-
θέναι B T : πεπονθεν εἶναι in marg. rec. t   a 2 ἐν B T : ἐν vulg.
a 6 ἀλλὰ μὴν B : ἀλλ᾽ ἦν T   τῷ ἀνομοίῳ] τῷ ὁμοίῳ B : τῶν ἀνομοίων T
a 7 ταὐτῷ in marg. T : αὐτῷ B T

b ἄλλοις ταὐτόν.—Ἐφάνη γάρ.—Τοὐναντίον δέ γε πάθος ἐστὶ
τὸ εἶναι ταὐτὸν τοῖς ἄλλοις τῷ ἕτερον εἶναι τῶν ἄλλων.—
Πάνυ γε.—῟Ηι γε μὴν ἕτερον, ὅμοιον ἐφάνη.—Ναί.—῟Ηι
ἄρα ταὐτόν, ἀνόμοιον ἔσται κατὰ τοὐναντίον πάθος τῷ
5 ὁμοιοῦντι πάθει. ὡμοίου δέ που τὸ ἕτερον;—Ναί.—Ἀνο-
μοιώσει ἄρα τὸ ταὐτόν, ἢ οὐκ ἐναντίον ἔσται τῷ ἑτέρῳ—
c ῎Εοικεν.—῞Ομοιον ἄρα καὶ ἀνόμοιον ἔσται τὸ ἐν τοῖς ἄλλοις,
ᾗ μὲν ἕτερον, ὅμοιον, ᾗ δὲ ταὐτόν, ἀνόμοιον.—῎Εχει γὰρ οὖν
δή, ὡς ἔοικεν, καὶ τοιοῦτον λόγον.—Καὶ γὰρ τόνδε ἔχει.—
Τίνα;—῟Ηι ταὐτὸν πέπονθε, μὴ ἀλλοῖον πεπονθέναι, μὴ
5 ἀλλοῖον δὲ πεπονθὸς μὴ ἀνόμοιον, μὴ ἀνόμοιον δὲ ὅμοιον
εἶναι· ᾗ δ' ἄλλο πέπονθεν, ἀλλοῖον, ἀλλοῖον δὲ ὂν ἀνόμοιον
εἶναι.—Ἀληθῆ λέγεις.—Ταὐτόν τε ἄρα ὂν τὸ ἐν τοῖς ἄλλοις
καὶ ὅτι ἕτερόν ἐστι, κατ' ἀμφότερα καὶ κατὰ ἑκάτερον, ὅμοιόν
d τε ἂν εἴη καὶ ἀνόμοιον τοῖς ἄλλοις.—Πάνυ γε.—Οὐκοῦν
καὶ ἑαυτῷ ὡσαύτως, ἐπείπερ ἕτερόν τε ἑαυτοῦ καὶ ταὐτὸν
ἑαυτῷ ἐφάνη, κατ' ἀμφότερα καὶ κατὰ ἑκάτερον ὅμοιόν τε
καὶ ἀνόμοιον φανήσεται;—Ἀνάγκη.

5   Τί δὲ δή; περὶ τοῦ ἅπτεσθαι τὸ ἓν αὑτοῦ καὶ τῶν ἄλλων
καὶ τοῦ μὴ ἅπτεσθαι πέρι πῶς ἔχει, σκόπει.—Σκοπῶ.—Αὐτὸ
γάρ που ἐν ἑαυτῷ ὅλῳ τὸ ἓν ἐφάνη ὄν.—Ὀρθῶς.—Οὐκοῦν
καὶ ἐν τοῖς ἄλλοις τὸ ἕν;—Ναί.—῟Ηι μὲν ἄρα ἐν τοῖς ἄλλοις,
e τῶν ἄλλων ἅπτοιτο ἄν· ᾗ δὲ αὐτὸ ἐν ἑαυτῷ, τῶν μὲν ἄλλων
ἀπείργοιτο ἅπτεσθαι, αὐτὸ δὲ αὑτοῦ ἅπτοιτο ἂν ἐν ἑαυτῷ
ὄν.—Φαίνεται.—Οὕτω μὲν δὴ ἅπτοιτο ἂν τὸ ἓν αὑτοῦ τε
καὶ τῶν ἄλλων.—῎Απτοιτο.—Τί δὲ τῇδε; ἆρ' οὐ πᾶν τὸ
5 μέλλον ἅψεσθαί τινος ἐφεξῆς δεῖ κεῖσθαι ἐκείνῳ οὗ μέλλει
ἅπτεσθαι, ταύτην τὴν ἕδραν κατέχον ἢ ἂν μετ' ἐκείνην ᾖ
[ἕδρα] ᾗ ἂν κέηται, ἅπτεται;—Ἀνάγκη.—Καὶ τὸ ἓν ἄρα
εἰ μέλλει αὐτὸ αὑτοῦ ἅψεσθαι, ἐφεξῆς δεῖ εὐθὺς μετὰ ἑαυτὸ

b 5 ὁμοίου B : ὁμοίου T   b 6 τὸ ταὐτόν T : ταὐτόν B   d 3 καὶ
κατὰ T : καὶ B   e 6 κατέχον T : om. B : add. in marg. b   e 7 ἕδρα
om. Bekker : ἕδραν Heindorf   ᾗ B : ῃ T : fort. ἣν   ἅπτεται] οὗ
ἅψεται Heindorf

32

κεῖσθαι, τὴν ἐχομένην χώραν κατέχον ἐκείνης ἐν ᾗ αὐτό
ἐστιν.—Δεῖ γὰρ οὖν.—Οὐκοῦν δύο μὲν ὂν τὸ ἓν ποιήσειεν 10
ἂν ταῦτα καὶ ἐν δυοῖν χώραιν ἅμα γένοιτο· ἕως δ᾽ ἂν ᾖ ἕν, 149
οὐκ ἐθελήσει;—Οὐ γὰρ οὖν.—Ἡ αὐτὴ ἄρα ἀνάγκη τῷ ἑνὶ
μήτε δύο εἶναι μήτε ἅπτεσθαι αὐτῷ αὑτοῦ.—Ἡ αὐτή.—Ἀλλ᾽
οὐδὲ μὴν τῶν ἄλλων ἅψεται.—Τί δή;—Ὅτι, φαμέν, τὸ
μέλλον ἅψεσθαι χωρὶς ὂν ἐφεξῆς δεῖ ἐκείνῳ εἶναι οὗ μέλλει 5
ἅψεσθαι, τρίτον δὲ αὐτῶν ἐν μέσῳ μηδὲν εἶναι.—Ἀληθῆ.—
Δύο ἄρα δεῖ τὸ ὀλίγιστον εἶναι, εἰ μέλλει ἅψις εἶναι.—Δεῖ.
—Ἐὰν δὲ τοῖν δυοῖν ὅροιν τρίτον προσγένηται ἑξῆς, αὐτὰ
μὲν τρία ἔσται, αἱ δὲ ἅψεις δύο.—Ναί.—Καὶ οὕτω δὴ b
ἀεὶ ἑνὸς προσγιγνομένου μία καὶ ἅψις προσγίγνεται, καὶ
συμβαίνει τὰς ἅψεις τοῦ πλήθους τῶν ἀριθμῶν μιᾷ ἐλάττους
εἶναι. ᾧ γὰρ τὰ πρῶτα δύο ἐπλεονέκτησεν τῶν ἅψεων εἰς
τὸ πλείω εἶναι τὸν ἀριθμὸν ἢ τὰς ἅψεις, τῷ ἴσῳ τούτῳ καὶ 5
ὁ ἔπειτα ἀριθμὸς πᾶς πασῶν τῶν ἅψεων πλεονεκτεῖ· ἤδη
γὰρ τὸ λοιπὸν ἅμα ἕν τε τῷ ἀριθμῷ προσγίγνεται καὶ μία c
ἅψις ταῖς ἅψεσιν.—Ὀρθῶς.—Ὅσα ἄρα ἐστὶν τὰ ὄντα τὸν
ἀριθμόν, ἀεὶ μιᾷ αἱ ἅψεις ἐλάττους εἰσὶν αὐτῶν.—Ἀληθῆ.
—Εἰ δέ γε ἓν μόνον ἐστίν, δυὰς δὲ μὴ ἔστιν, ἅψις οὐκ ἂν
εἴη.—Πῶς γάρ;—Οὔκουν, φαμέν, τὰ ἄλλα τοῦ ἑνὸς οὔτε 5
ἕν ἐστιν οὔτε μετέχει αὐτοῦ, εἴπερ ἄλλα ἐστίν.—Οὐ γάρ.—
Οὐκ ἄρα ἔνεστιν ἀριθμὸς ἐν τοῖς ἄλλοις, ἑνὸς μὴ ἐνόντος ἐν
αὐτοῖς.—Πῶς γάρ;—Οὔτ᾽ ἄρα ἕν ἐστι τὰ ἄλλα οὔτε δύο οὔτε
ἄλλου ἀριθμοῦ ἔχοντα ὄνομα οὐδέν.—Οὔ.—Τὸ ἓν ἄρα μόνον d
ἐστὶν ἕν, καὶ δυὰς οὐκ ἂν εἴη.—Οὐ φαίνεται.—Ἅψις ἄρα
οὐκ ἔστιν δυοῖν μὴ ὄντοιν.—Οὐκ ἔστιν.—Οὔτ᾽ ἄρα τὸ ἓν τῶν
ἄλλων ἅπτεται οὔτε τὰ ἄλλα τοῦ ἑνός, ἐπείπερ ἅψις οὐκ

e 9 ἐν Τ : om. B   e 10 γὰρ οὖν Τ : γὰρ B   ποιήσειεν Τ : ποιήσει
ἐν B   a 5 ἅψεσθαι B : ἅψασθαι Τ   a 6 ἅψεσθαι B : ἅπτεσθαι Τ
a 7 ὀλίγιστον Τ : ὀλιγοστὸν B   a 8 ὅροιν Β Τ Procl. suppl. : ὄντοιν
(om. τοῖν) Heindorf: del. Bekker : ὁμόροιν Turicenses   ἑξῆς Τ : ἐξ ἧς Β
b 3 τῶν ἀριθμῶν Β Τ : τὸν ἀριθμὸν Heindorf   b 4 ἅψεων Τ : ἄλλων Β
c 1 ἕν Β : ἓν Τ   c 7 ἔνεστιν b : ἔν ἐστιν Τ pr. B   ἐνόντος b :
ἐν ὄντος pr. Β : ὄντος Τ   d 2 ἕν secl. Schleiermacher

5 ἔστιν.—Οὐ γὰρ οὖν.—Οὕτω δὴ κατὰ πάντα ταῦτα τὸ ἓν
τῶν τε ἄλλων καὶ ἑαυτοῦ ἅπτεταί τε καὶ οὐχ ἅπτεται.—
Ἔοικεν.

Ἆρ' οὖν καὶ ἴσον ἐστὶ καὶ ἄνισον αὑτῷ τε καὶ τοῖς
ἄλλοις;—Πῶς;—Εἰ μεῖζον εἴη τὸ ἓν ἢ τἆλλα ἢ ἔλαττον,
e ἢ αὖ τὰ ἄλλα τοῦ ἑνὸς μείζω ἢ ἐλάττω, ἆρα οὐκ ἂν τῷ μὲν
ἓν εἶναι τὸ ἓν καὶ τἆλλα ἄλλα τοῦ ἑνὸς οὔτε τι μείζω
οὔτε τι ἐλάττω ἂν εἴη ἀλλήλων αὐταῖς γε ταύταις ταῖς
οὐσίαις; ἀλλ' εἰ μὲν πρὸς τῷ τοιαῦτα εἶναι ἑκάτερα ἰσότητα
5 ἔχοιεν, ἴσα ἂν εἴη πρὸς ἄλληλα· εἰ δὲ τὰ μὲν μέγεθος, τὸ
δὲ σμικρότητα, ἢ καὶ μέγεθος μὲν τὸ ἕν, σμικρότητα δὲ
τἆλλα, ὁποτέρῳ μὲν τῷ εἴδει μέγεθος προσείη, μεῖζον ἂν
εἴη, ᾧ δὲ σμικρότης, ἔλαττον;—Ἀνάγκη.—Οὐκοῦν ἐστόν
γέ τινε τούτω εἴδη, τό τε μέγεθος καὶ ἡ σμικρότης; οὐ γὰρ
10 ἄν που μὴ ὄντε γε ἐναντίω τε ἀλλήλοιν εἴτην καὶ ἐν τοῖς
150 οὖσιν ἐγγιγνοίσθην.—Πῶς γὰρ ἄν;—Εἰ ἄρα ἐν τῷ ἑνὶ
σμικρότης ἐγγίγνεται, ἤτοι ἐν ὅλῳ ἂν ἢ ἐν μέρει αὐτοῦ
ἐνείη.—Ἀνάγκη.—Τί δ' εἰ ἐν ὅλῳ ἐγγίγνοιτο; οὐχὶ ἢ ἐξ
ἴσου ἂν τῷ ἑνὶ δι' ὅλου αὐτοῦ τεταμένη εἴη ἢ περιέχουσα
5 αὐτό;—Δῆλον δή.—Ἆρ' οὖν οὐκ ἐξ ἴσου μὲν οὖσα ἡ σμι-
κρότης τῷ ἑνὶ ἴση ἂν αὐτῷ εἴη, περιέχουσα δὲ μείζων;—
Πῶς δ' οὔ;—Δυνατὸν οὖν σμικρότητα ἴσην τῳ εἶναι ἢ μείζω
τινός, καὶ πράττειν τὰ μεγέθους τε καὶ ἰσότητος, ἀλλὰ
b μὴ τὰ ἑαυτῆς;—Ἀδύνατον.—Ἐν μὲν ὅλῳ ἄρα τῷ ἑνὶ οὐκ
ἂν εἴη σμικρότης, ἀλλ' εἴπερ, ἐν μέρει.—Ναί—Οὐδέ γε ἐν
παντὶ αὖ τῷ μέρει· εἰ δὲ μή, ταὐτὰ ποιήσει ἅπερ πρὸς τὸ
ὅλον· ἴση ἔσται ἢ μείζων τοῦ μέρους ἐν ᾧ ἂν ἀεὶ ἐνῇ.—
5 Ἀνάγκη.—Οὐδενί ποτε ἄρα ἐνέσται τῶν ὄντων σμικρότης,
μήτ' ἐν μέρει μήτ' ἐν ὅλῳ ἐγγιγνομένη· οὐδέ τι ἔσται

d 8 post ἴσον rasura quattuor litterarum in B   e 1 αὖ τἆλλα T :
αὐτὰ ἄλλα B   e 3 ἐλάττω T : ἄλλο, ἐλάττω B   e 5 τὸ δὲ Par. 1810 :
τὰ δὲ B T   e 9 γέ al. : τέ B T   a 5 οὖν B : om. T   μὲν οὖσα T :
μένουσα B   b 2 οὐδέ γε Hermann : οὔτε γε B : οὔτι γε T : οὔτοι γε
Heindorf   b 3 ποιήσει T : ποιήσῃ B   b 5 ἐνέσται T : ἐν ἔσται B

σμικρὸν πλὴν αὐτῆς σμικρότητος.—Οὐκ ἔοικεν.—Οὐδ᾿ ἄρα
μέγεθος ἐνέσται ἐν αὐτῷ· μεῖζον γὰρ ἄν τι εἴη ἄλλο καὶ
πλὴν αὐτοῦ μεγέθους, ἐκεῖνο ἐν ᾧ τὸ μέγεθος ἐνείη, καὶ c
ταῦτα σμικροῦ αὐτῷ οὐκ ὄντος, οὗ ἀνάγκη ὑπερέχειν, ἐάνπερ
ᾖ μέγα· τοῦτο δὲ ἀδύνατον, ἐπειδὴ σμικρότης οὐδαμοῦ ἔνι.—
᾿Αληθῆ.—᾿Αλλὰ μὴν αὐτὸ μέγεθος οὐκ ἄλλου μεῖζον ἢ
αὐτῆς σμικρότητος, οὐδὲ σμικρότης ἄλλου ἔλαττον ἢ αὐτοῦ 5
μεγέθους.—Οὐ γάρ.—Οὔτε ἄρα τὰ ἄλλα μείζω τοῦ ἑνὸς
οὐδὲ ἐλάττω, μήτε μέγεθος μήτε σμικρότητα ἔχοντα, οὔτε
αὐτὼ τούτω πρὸς τὸ ἓν ἔχετον τὴν δύναμιν τὴν τοῦ ὑπερ- d
έχειν καὶ ὑπερέχεσθαι, ἀλλὰ πρὸς ἀλλήλω, οὔτε αὖ τὸ ἓν
τούτοιν οὐδὲ τῶν ἄλλων μεῖζον ἂν οὐδ᾿ ἔλαττον εἴη, μήτε
μέγεθος μήτε σμικρότητα ἔχον.—Οὔκουν φαίνεταί γε.—᾿Αρ᾿
οὖν, εἰ μήτε μεῖζον μήτε ἔλαττον τὸ ἓν τῶν ἄλλων, ἀνάγκη 5
αὐτὸ ἐκείνων μήτε ὑπερέχειν μήτε ὑπερέχεσθαι;—᾿Ανάγκη.
—Οὐκοῦν τό γε μήτε ὑπερέχον μήτε ὑπερεχόμενον πολλὴ
ἀνάγκη ἐξ ἴσου εἶναι, ἐξ ἴσου δὲ ὂν ἴσον εἶναι.—Πῶς γὰρ
οὔ;—Καὶ μὴν καὶ αὐτό γε τὸ ἓν πρὸς ἑαυτὸ οὕτως ἂν ἔχοι· e
μήτε μέγεθος ἐν ἑαυτῷ μήτε σμικρότητα ἔχον οὔτ᾿ ἂν ὑπερ-
έχοιτο οὔτ᾿ ἂν ὑπερέχοι ἑαυτοῦ, ἀλλ᾿ ἐξ ἴσου ὂν ἴσον ἂν εἴη
ἑαυτῷ.—Πάνυ μὲν οὖν.—Τὸ ἓν ἄρα ἑαυτῷ τε καὶ τοῖς
ἄλλοις ἴσον ἂν εἴη.—Φαίνεται.—Καὶ μὴν αὐτό γε ἐν ἑαυτῷ 5
ὂν καὶ περὶ ἑαυτὸ ἂν εἴη ἔξωθεν, καὶ περιέχον μὲν μεῖζον
ἂν ἑαυτοῦ εἴη, περιεχόμενον δὲ ἔλαττον, καὶ οὕτω μεῖζον ἂν 151
καὶ ἔλαττον εἴη αὐτὸ ἑαυτοῦ τὸ ἕν.—Εἴη γὰρ ἄν.—Οὐκοῦν
καὶ τόδε ἀνάγκη, μηδὲν εἶναι ἐκτὸς τοῦ ἑνός τε καὶ τῶν
ἄλλων;—Πῶς γὰρ οὔ;—᾿Αλλὰ μὴν καὶ εἶναί που δεῖ τό γε
ὂν ἀεί.—Ναί.—Οὐκοῦν τό γε ἔν τῳ ὂν ἐν μείζονι ἔσται 5
ἔλαττον ὄν; οὐ γὰρ ἂν ἄλλως ἕτερον ἐν ἑτέρῳ εἴη.—Οὐ
γάρ.—᾿Επειδὴ δὲ οὐδὲν ἕτερον ἔστι χωρὶς τῶν ἄλλων καὶ

b 7 αὐτῆς B : αὐτῆς τῆς T   c 2 αὐτῷ BT : αὐτοῦ vulg.
d 1 αὐτὼ τούτω T : αὐτῷ τούτῳ pr. B   ἔχετον T : ἐχέτω B
d 2 καὶ BT : τε καὶ vulg.   αὖ τὸ ἓν T : αὐτῷ ἓν B   e 3 ἂν εἴη B :
αἰεὶ εἴη T   e 5 γε T : τε B   a 3 τόδε BT : τὸ vulg.   a 5 ἔν
τῳ B : ἐν τῷ pr. T

τοῦ ἑνός, δεῖ δὲ αὐτὰ ἕν τῳ εἶναι, οὐκ ἀνάγκη ἤδη ἐν ἀλλή-
λοις εἶναι, τά τε ἄλλα ἐν τῷ ἑνὶ καὶ τὸ ἓν ἐν τοῖς ἄλλοις,
b ἢ μηδαμοῦ εἶναι;—Φαίνεται.—Ὅτι μὲν ἄρα τὸ ἓν ἐν τοῖς
ἄλλοις ἔνεστι, μείζω ἂν εἴη τὰ ἄλλα τοῦ ἑνός, περιέχοντα
αὐτό, τὸ δὲ ἓν ἔλαττον τῶν ἄλλων, περιεχόμενον· ὅτι δὲ τὰ
ἄλλα ἐν τῷ ἑνί, τὸ ἓν τῶν ἄλλων κατὰ τὸν αὐτὸν λόγον
5 μεῖζον ἂν εἴη, τὰ δὲ ἄλλα τοῦ ἑνὸς ἐλάττω.—Ἔοικεν.—Τὸ
ἓν ἄρα ἴσον τε καὶ μεῖζον καὶ ἔλαττόν ἐστιν αὐτό τε αὑτοῦ
καὶ τῶν ἄλλων.—Φαίνεται.—Καὶ μὴν εἴπερ μεῖζον καὶ ἔλατ-
τον καὶ ἴσον, ἴσων ἂν εἴη μέτρων καὶ πλειόνων καὶ ἐλαττόνων
c αὑτῷ καὶ τοῖς ἄλλοις, ἐπειδὴ δὲ μέτρων, καὶ μερῶν.—Πῶς
δ᾽ οὔ;—Ἴσων μὲν ἄρα μέτρων ὂν καὶ πλειόνων καὶ ἐλατ-
τόνων, καὶ ἀριθμῷ ἔλαττον ἂν καὶ πλέον εἴη αὐτό τε αὑτοῦ
καὶ τῶν ἄλλων καὶ ἴσον αὑτῷ τε καὶ τοῖς ἄλλοις κατὰ
5 ταῦτά.—Πῶς;—Ὧνπερ μεῖζόν ἐστι, πλειόνων που καὶ
μέτρων ἂν εἴη αὐτῶν, ὅσων δὲ μέτρων, καὶ μερῶν· καὶ ὧν
ἔλαττον, ὡσαύτως· καὶ οἷς ἴσον, κατὰ ταῦτά.—Οὕτως.—
Οὐκοῦν ἑαυτοῦ μεῖζον καὶ ἔλαττον ὂν καὶ ἴσον ἴσων ἂν εἴη
d μέτρων καὶ πλειόνων καὶ ἐλαττόνων αὑτῷ, ἐπειδὴ δὲ μέτρων,
καὶ μερῶν;—Πῶς δ᾽ οὔ;—Ἴσων μὲν ἄρα μερῶν ὂν αὑτῷ
ἴσον ἂν τὸ πλῆθος αὑτῷ εἴη, πλειόνων δὲ πλέον, ἐλαττόνων
δὲ ἔλαττον τὸν ἀριθμὸν αὑτοῦ.—Φαίνεται.—Οὐκοῦν καὶ
5 πρὸς τἆλλα ὡσαύτως ἕξει τὸ ἕν; ὅτι μὲν μεῖζον αὐτῶν
φαίνεται, ἀνάγκη πλέον εἶναι καὶ τὸν ἀριθμὸν αὐτῶν· ὅτι
δὲ σμικρότερον, ἔλαττον· ὅτι δὲ ἴσον μεγέθει, ἴσον καὶ τὸ
πλῆθος εἶναι τοῖς ἄλλοις;—Ἀνάγκη.—Οὕτω δὴ αὖ, ὡς
e ἔοικε, τὸ ἓν καὶ ἴσον καὶ πλέον καὶ ἔλαττον τὸν ἀριθμὸν
αὐτό τε αὑτοῦ ἔσται καὶ τῶν ἄλλων.—Ἔσται.

Ἆρ᾽ οὖν καὶ χρόνου μετέχει τὸ ἕν, καὶ ἐστί τε καὶ γί-
γνεται νεώτερόν τε καὶ πρεσβύτερον αὐτό τε ἑαυτοῦ καὶ τῶν
5 ἄλλων, καὶ οὔτε νεώτερον οὔτε πρεσβύτερον οὔτε ἑαυτοῦ
οὔτε τῶν ἄλλων, χρόνου μετέχον;—Πῶς;—Εἶναι μέν που

c 2 μὲν B : om. T   c 7 ταὐτά T : ταῦτα B

36

αὐτῷ ὑπάρχει, εἴπερ ἓν ἔστιν.—Ναί.—Τὸ δὲ εἶναι ἄλλο τί
ἐστιν ἢ μέθεξις οὐσίας μετὰ χρόνου τοῦ παρόντος, ὥσπερ
τὸ ἦν μετὰ τοῦ παρεληλυθότος καὶ αὖ τὸ ἔσται μετὰ τοῦ 152
μέλλοντος οὐσίας ἐστὶ κοινωνία;—Ἔστι γάρ.—Μετέχει μὲν
ἄρα χρόνου, εἴπερ καὶ τοῦ εἶναι.—Πάνυ γε.—Οὐκοῦν πορευο-
μένου τοῦ χρόνου;—Ναί.—Ἀεὶ ἄρα πρεσβύτερον γίγνεται
ἑαυτοῦ, εἴπερ προέρχεται κατὰ χρόνον.—Ἀνάγκη.—Ἆρ' οὖν 5
μεμνήμεθα ὅτι νεωτέρου γιγνομένου τὸ πρεσβύτερον πρεσβύ-
τερον γίγνεται;—Μεμνήμεθα.—Οὐκοῦν ἐπειδὴ πρεσβύτερον
ἑαυτοῦ γίγνεται τὸ ἕν, νεωτέρου ἂν γιγνομένου ἑαυτοῦ πρε-
σβύτερον γίγνοιτο;—Ἀνάγκη.—Γίγνεται μὲν δὴ νεώτερόν b
τε καὶ πρεσβύτερον αὑτοῦ οὕτω.—Ναί.—Ἔστι δὲ πρεσβύ-
τερον ἆρ' οὐχ ὅταν κατὰ τὸν νῦν χρόνον ᾖ γιγνόμενον τὸν
μεταξὺ τοῦ ἦν τε καὶ ἔσται; οὐ γάρ που πορευόμενόν γε
ἐκ τοῦ ποτὲ εἰς τὸ ἔπειτα ὑπερβήσεται τὸ νῦν.—Οὐ γάρ.— 5
Ἆρ' οὖν οὐκ ἐπίσχει τότε τοῦ γίγνεσθαι πρεσβύτερον, ἐπει-
δὰν τῷ νῦν ἐντύχῃ, καὶ οὐ γίγνεται, ἀλλ' ἔστι τότ' ἤδη c
πρεσβύτερον; προϊὸν γὰρ οὐκ ἄν ποτε ληφθείη ὑπὸ τοῦ
νῦν. τὸ γὰρ προϊὸν οὕτως ἔχει ὡς ἀμφοτέρων ἐφάπτεσθαι,
τοῦ τε νῦν καὶ τοῦ ἔπειτα, τοῦ μὲν νῦν ἀφιέμενον, τοῦ δ'
ἔπειτα ἐπιλαμβανόμενον, μεταξὺ ἀμφοτέρων γιγνόμενον, 5
τοῦ τε ἔπειτα καὶ τοῦ νῦν.—Ἀληθῆ.—Εἰ δέ γε ἀνάγκη μὴ
παρελθεῖν τὸ νῦν πᾶν τὸ γιγνόμενον, ἐπειδὰν κατὰ τοῦτο ᾖ,
ἐπίσχει ἀεὶ τοῦ γίγνεσθαι καὶ ἔστι τότε τοῦτο ὅτι ἂν τύχῃ d
γιγνόμενον.—Φαίνεται.—Καὶ τὸ ἓν ἄρα, ὅταν πρεσβύτερον
γιγνόμενον ἐντύχῃ τῷ νῦν, ἐπέσχεν τοῦ γίγνεσθαι καὶ ἔστι
τότε πρεσβύτερον.—Πάνυ μὲν οὖν.—Οὐκοῦν οὗπερ ἐγίγνετο
πρεσβύτερον, τούτου καὶ ἔστιν· ἐγίγνετο δὲ αὑτοῦ;—Ναί. 5
—Ἔστι δὲ τὸ πρεσβύτερον νεωτέρου πρεσβύτερον;—Ἔστιν.
—Καὶ νεώτερον ἄρα τότε αὑτοῦ ἐστι τὸ ἕν, ὅταν πρεσβύ-
τερον γιγνόμενον ἐντύχῃ τῷ νῦν.—Ἀνάγκη.—Τό γε μὴν

a 2 κοινωνία Β Τ: κοινωνίας vulg.   μετέχει Β: μετέχειν Τ
b 2 αὑτοῦ] ἂν του Β: αὑτοῦ* Τ   d 3 τῷ νῦν Τ: τὸ, νῦν Β   d 4 οὗ-
περ Τ: οὗ πέρι Β

37

e νῦν ἀεὶ πάρεστι τῷ ἑνὶ διὰ παντὸς τοῦ εἶναι· ἔστι γὰρ ἀεὶ
νῦν ὅτανπερ ᾖ.—Πῶς γὰρ οὔ;—Ἀεὶ ἄρα ἐστί τε καὶ γίγνεται
πρεσβύτερον ἑαυτοῦ καὶ νεώτερον τὸ ἕν.—Ἔοικεν.—Πλείω δὲ
χρόνον αὐτὸ ἑαυτοῦ ἔστιν ἢ γίγνεται, ἢ τὸν ἴσον;—Τὸν ἴσον.

5 —Ἀλλὰ μὴν τόν γε ἴσον χρόνον ἢ γιγνόμενον ἢ ὂν τὴν
αὐτὴν ἡλικίαν ἔχει.—Πῶς δ᾽ οὔ;—Τὸ δὲ τὴν αὐτὴν ἡλικίαν
ἔχον οὔτε πρεσβύτερον οὔτε νεώτερόν ἐστιν.—Οὐ γάρ.—
Τὸ ἓν ἄρα τὸν ἴσον χρόνον αὐτὸ ἑαυτῷ καὶ γιγνόμενον καὶ
ὂν οὔτε νεώτερον οὔτε πρεσβύτερον ἑαυτοῦ ἐστιν οὐδὲ γίγνε-
10 ται.—Οὔ μοι δοκεῖ.—Τί δέ; τῶν ἄλλων;—Οὐκ ἔχω λέγειν.

153 —Τόδε γε μὴν ἔχεις λέγειν, ὅτι τὰ ἄλλα τοῦ ἑνός, εἴπερ
ἕτερά ἐστιν, ἀλλὰ μὴ ἕτερον, πλείω ἐστὶν ἑνός· ἕτερον μὲν
γὰρ ὂν ἓν ἂν ἦν, ἕτερα δὲ ὄντα πλείω ἑνός ἐστι καὶ πλῆθος
ἂν ἔχοι.—Ἔχοι γὰρ ἄν.—Πλῆθος δὲ ὂν ἀριθμοῦ πλείονος
5 ἂν μετέχοι ἢ τοῦ ἑνός.—Πῶς δ᾽ οὔ;—Τί οὖν; ἀριθμοῦ
φήσομεν τὰ πλείω γίγνεσθαί τε καὶ γεγονέναι πρότερον, ἢ
τὰ ἐλάττω;—Τὰ ἐλάττω.—Τὸ ὀλίγιστον ἄρα πρῶτον· τοῦτο

b δ᾽ ἔστι τὸ ἕν. ἢ γάρ;—Ναί.—Πάντων ἄρα τὸ ἓν πρῶτον
γέγονε τῶν ἀριθμὸν ἐχόντων· ἔχει δὲ καὶ τἆλλα πάντα
ἀριθμόν, εἴπερ ἄλλα καὶ μὴ ἄλλο ἐστίν.—Ἔχει γάρ.—
Πρῶτον δέ γε οἶμαι γεγονὸς πρότερον γέγονε, τὰ δὲ ἄλλα
5 ὕστερον, τὰ δ᾽ ὕστερον γεγονότα νεώτερα τοῦ πρότερον
γεγονότος· καὶ οὕτως ἂν εἴη τἆλλα νεώτερα τοῦ ἑνός, τὸ δὲ
ἓν πρεσβύτερον τῶν ἄλλων.—Εἴη γὰρ ἄν.

Τί δὲ τόδε; ἆρ᾽ ἂν εἴη τὸ ἓν παρὰ φύσιν τὴν αὑτοῦ
c γεγονός, ἢ ἀδύνατον;—Ἀδύνατον.—Ἀλλὰ μὴν μέρη γε ἔχον
ἐφάνη τὸ ἕν, εἰ δὲ μέρη, καὶ ἀρχὴν καὶ τελευτὴν καὶ μέσον.
—Ναί.—Οὐκοῦν πάντων πρῶτον ἀρχὴ γίγνεται, καὶ αὐτοῦ
τοῦ ἑνὸς καὶ ἑκάστου τῶν ἄλλων, καὶ μετὰ τὴν ἀρχὴν καὶ
5 τἆλλα πάντα μέχρι τοῦ τέλους;—Τί μήν;—Καὶ μὴν μόριά
γε φήσομεν ταῦτ᾽ εἶναι πάντα τἆλλα τοῦ ὅλου τε καὶ ἑνός,

e 9 οὐδὲ Heindorf : οὔτε Β Τ   a 7 ὀλίγιστον Τ b : ὀλιγοστὸν pr. Β
Procl. suppl.   b 5 τὰ δ᾽ ὕστερον Β : τὰ δ᾽ ὕστερα Τ   b 6 τἆλλα
delendum ci. Stallbaum

αὐτὸ δὲ ἐκεῖνο ἅμα τῇ τελευτῇ γεγονέναι ἔν τε καὶ ὅλον.—
Φήσομεν γάρ.—Τελευτὴ δέ γε οἶμαι ὕστατον γίγνεται, τούτῳ
δ' ἅμα τὸ ἓν πέφυκε γίγνεσθαι· ὥστ' εἴπερ ἀνάγκη αὐτὸ τὸ d
ἓν μὴ παρὰ φύσιν γίγνεσθαι, ἅμα τελευτῇ ἂν γεγονὸς ὕστατον
ἂν τῶν ἄλλων πεφυκὸς εἴη γίγνεσθαι.—Φαίνεται.—Νεώτερον
ἄρα τῶν ἄλλων τὸ ἕν ἐστι, τὰ δ' ἄλλα τοῦ ἑνὸς πρεσβύτερα.
—Οὕτως αὖ μοι φαίνεται.—Τί δὲ δή; ἀρχὴν ἢ ἄλλο μέρος 5
ὁτιοῦν τοῦ ἑνὸς ἢ ἄλλου ὁτουοῦν, ἐάνπερ μέρος ᾖ ἀλλὰ μὴ
μέρη, οὐκ ἀναγκαῖον ἓν εἶναι, μέρος γε ὄν;—᾿Ανάγκη.—
Οὐκοῦν τὸ ἓν ἅμα τε τῷ πρώτῳ γιγνομένῳ γίγνοιτ' ἂν καὶ
ἅμα τῷ δευτέρῳ, καὶ οὐδενὸς ἀπολείπεται τῶν ἄλλων γιγνο- e
μένων, ὅτιπερ ἂν προσγίγνηται ὁτῳοῦν, ἕως ἂν πρὸς τὸ
ἔσχατον διελθὸν ὅλον ἓν γένηται, οὔτε μέσου οὔτε πρώτου
οὔτε ἐσχάτου οὔτε ἄλλου οὐδενὸς ἀπολειφθὲν ἐν τῇ γενέσει.—
᾿Αληθῆ.—Πᾶσιν ἄρα τοῖς ἄλλοις τὴν αὐτὴν ἡλικίαν ἴσχει τὸ 5
ἕν· ὥστ' εἰ μὴ παρὰ φύσιν πέφυκεν αὐτὸ τὸ ἕν, οὔτε
πρότερον οὔτε ὕστερον τῶν ἄλλων γεγονὸς ἂν εἴη, ἀλλ' ἅμα.
καὶ κατὰ τοῦτον τὸν λόγον τὸ ἓν τῶν ἄλλων οὔτε πρεσβύτερον 154
οὔτε νεώτερον ἂν εἴη, οὐδὲ τἄλλα τοῦ ἑνός· κατὰ δὲ τὸν
πρόσθεν πρεσβύτερόν τε καὶ νεώτερον, καὶ τἄλλα ἐκείνου
ὡσαύτως.—Πάνυ μὲν οὖν.—Ἔστι μὲν δὴ οὕτως ἔχον τε καὶ
γεγονός. ἀλλὰ τί αὖ περὶ τοῦ γίγνεσθαι αὐτὸ πρεσβύτερόν 5
τε καὶ νεώτερον τῶν ἄλλων καὶ τἄλλα τοῦ ἑνός, καὶ μήτε
νεώτερον μήτε πρεσβύτερον γίγνεσθαι; ἆρα ὥσπερ περὶ τοῦ
εἶναι, οὕτω καὶ περὶ τοῦ γίγνεσθαι ἔχει, ἢ ἑτέρως;—Οὐκ
ἔχω λέγειν.—᾿Αλλ' ἐγὼ τοσόνδε γε· εἰ καὶ ἔστιν πρεσβύτερον b
ἕτερον ἑτέρου, γίγνεσθαί γε αὐτὸ πρεσβύτερον ἔτι ἢ ὡς τὸ
πρῶτον εὐθὺς γενόμενον διήνεγκε τῇ ἡλικίᾳ οὐκ ἂν ἔτι
δύναιτο, οὐδ' αὖ τὸ νεώτερον ὂν ἔτι νεώτερον γίγνεσθαι·
ἀνίσοις γὰρ ἴσα προστιθέμενα, χρόνῳ τε καὶ ἄλλῳ ὁτῳοῦν, 5

c 8 δέ γε οἶμαι T: δὲ οἶμαί γε B   d 1 τὸ ἓν post αὐτὸ secl. ci.
Heindorf   d 2 τελευτῇ B T : τῇ τελευτῇ al.   e 3 ἓν γένηται
T : ἐγγένηται B   πρώτου οὔτε ἐσχάτου B : ἐσχάτου οὔτε πρώτου Τ
b 1 εἰ καὶ ἔστιν scripsi : ὅτι εἰ καὶ ἔστιν T : εἰ καὶ ἔστιν ὅτι B
b 2 γε T : τε B   b 4 αὖ τὸ T : αὐτὸ B

ἴσῳ ποιεῖ διαφέρειν ἀεὶ ὅσῳπερ ἂν τὸ πρῶτον διενέγκῃ.—
Πῶς γὰρ οὔ;—Οὐκ ἄρα τό γε ὂν τοῦ [ἑνὸς] ὄντος γίγνοιτ᾽

c ἄν ποτε πρεσβύτερον οὐδὲ νεώτερον, εἴπερ ἴσῳ διαφέρει ἀεὶ
τὴν ἡλικίαν· ἀλλ᾽ ἔστι καὶ γέγονε πρεσβύτερον, τὸ δὲ
νεώτερον, γίγνεται δ᾽ οὔ.—Ἀληθῆ.—Καὶ τὸ ἓν ἄρα ὂν τῶν
ἄλλων ὄντων οὔτε πρεσβύτερόν ποτε οὔτε νεώτερον γίγνεται.

5 —Οὐ γὰρ οὖν.—Ὅρα δὲ εἰ τῇδε πρεσβύτερα καὶ νεώτερα
γίγνεται.—Πῇ δή;—Ἧι τό τε ἓν τῶν ἄλλων ἐφάνη πρε-
σβύτερον καὶ τἆλλα τοῦ ἑνός.—Τί οὖν;—Ὅταν τὸ ἓν τῶν
ἄλλων πρεσβύτερον ᾖ, πλείω που χρόνον γέγονεν ἢ τὰ

d ἄλλα.—Ναί.—Πάλιν δὴ σκόπει· ἐὰν πλέονι καὶ ἐλάττονι
χρόνῳ προστιθῶμεν τὸν ἴσον χρόνον, ἆρα τῷ ἴσῳ μορίῳ
διοίσει τὸ πλέον τοῦ ἐλάττονος ἢ σμικροτέρῳ;—Σμικροτέρῳ.
—Οὐκ ἄρα ἔσται, ὅτιπερ τὸ πρῶτον ἦν πρὸς τἆλλα ἡλικίᾳ

5 διαφέρον τὸ ἕν, τοῦτο καὶ εἰς τὸ ἔπειτα, ἀλλὰ ἴσον λαμβάνον
χρόνον τοῖς ἄλλοις ἔλαττον ἀεὶ τῇ ἡλικίᾳ διοίσει αὐτῶν ἢ
πρότερον· ἢ οὔ;—Ναί.—Οὐκοῦν τό γε ἔλαττον διαφέρον

e ἡλικίᾳ πρός τι ἢ πρότερον νεώτερον γίγνοιτ᾽ ἂν ἢ ἐν τῷ
πρόσθεν πρὸς ἐκεῖνα πρὸς ἃ ἦν πρεσβύτερον πρότερον;—
Νεώτερον.—Εἰ δὲ ἐκεῖνο νεώτερον, οὐκ ἐκεῖνα αὖ τὰ ἄλλα
πρὸς τὸ ἓν πρεσβύτερα ἢ πρότερον;—Πάνυ γε.—Τὸ μὲν

5 νεώτερον ἄρα γεγονὸς πρεσβύτερον γίγνεται πρὸς τὸ πρό-
τερον γεγονός τε καὶ πρεσβύτερον ὄν, ἔστι δὲ οὐδέποτε
πρεσβύτερον, ἀλλὰ γίγνεται ἀεὶ ἐκείνου πρεσβύτερον· ἐκεῖνο
μὲν γὰρ ἐπὶ τὸ νεώτερον ἐπιδίδωσιν, τὸ δ᾽ ἐπὶ τὸ πρεσβύ-

155 τερον. τὸ δ᾽ αὖ πρεσβύτερον τοῦ νεωτέρου νεώτερον γίγνεται
ὡσαύτως. ἰόντε γὰρ αὐτοῖν εἰς τὸ ἐναντίον τὸ ἐναντίον
ἀλλήλοιν γίγνεσθον, τὸ μὲν νεώτερον πρεσβύτερον τοῦ
πρεσβυτέρου, τὸ δὲ πρεσβύτερον νεώτερον τοῦ νεωτέρου·

5 γενέσθαι δὲ οὐκ ἂν οἵω τε εἴτην. εἰ γὰρ γένοιτο, οὐκ
ἂν ἔτι γίγνοιντο, ἀλλ᾽ εἶεν ἄν. νῦν δὲ γίγνονται μὲν

---

b 7 ὂν in ras. B   ἑνὸς secl. Schleiermacher   c 1 οὐδὲ B :
οὔτε T   c 2 τὸ δὲ T : τόδε B   c 3 γίγνεται T : om. B   a 2 τὸ
ἐναντίον bis scripsit T : semel B

πρεσβύτερα ἀλλήλων καὶ νεώτερα· τὸ μὲν ἓν τῶν ἄλλων
νεώτερον γίγνεται, ὅτι πρεσβύτερον ἐφάνη ὂν καὶ πρότερον
γεγονός, τὰ δὲ ἄλλα τοῦ ἑνὸς πρεσβύτερα, ὅτι ὕστερα b
γέγονε. κατὰ δὲ τὸν αὐτὸν λόγον καὶ τἆλλα οὕτω πρὸς
τὸ ἓν ἴσχει, ἐπειδήπερ αὐτοῦ πρεσβύτερα ἐφάνη καὶ πρό-
τερα γεγονότα.—Φαίνεται γὰρ οὖν οὕτως.—Οὐκοῦν ᾗ μὲν
οὐδὲν ἕτερον ἑτέρου πρεσβύτερον γίγνεται οὐδὲ νεώτερον, 5
κατὰ τὸ ἴσῳ ἀριθμῷ ἀλλήλων ἀεὶ διαφέρειν, οὔτε τὸ ἓν
τῶν ἄλλων πρεσβύτερον γίγνοιτ᾽ ἂν οὐδὲ νεώτερον, οὔτε
τἆλλα τοῦ ἑνός· ᾗ δὲ ἄλλῳ ἀεὶ μορίῳ διαφέρειν ἀνάγκη
τὰ πρότερα τῶν ὑστέρων γενόμενα καὶ τὰ ὕστερα τῶν c
προτέρων, ταύτῃ δὴ ἀνάγκη πρεσβύτερά τε καὶ νεώτερα
ἀλλήλων γίγνεσθαι τά τε ἄλλα τοῦ ἑνὸς καὶ τὸ ἓν τῶν
ἄλλων;—Πάνυ μὲν οὖν.—Κατὰ δὴ πάντα ταῦτα τὸ ἓν αὐτό
τε αὑτοῦ καὶ τῶν ἄλλων πρεσβύτερον καὶ νεώτερον ἔστι 5
τε καὶ γίγνεται, καὶ οὔτε πρεσβύτερον οὔτε νεώτερον οὔτ᾽
ἔστιν οὔτε γίγνεται οὔτε αὑτοῦ οὔτε τῶν ἄλλων.—Παν-
τελῶς μὲν οὖν.—Ἐπειδὴ δὲ χρόνου μετέχει τὸ ἓν καὶ τοῦ
πρεσβύτερόν τε καὶ νεώτερον γίγνεσθαι, ἆρ᾽ οὐκ ἀνάγκη καὶ d
τοῦ ποτὲ μετέχειν καὶ τοῦ ἔπειτα καὶ τοῦ νῦν, εἴπερ χρόνου
μετέχει;—Ἀνάγκη.—Ἦν ἄρα τὸ ἓν καὶ ἔστι καὶ ἔσται καὶ
ἐγίγνετο καὶ γίγνεται καὶ γενήσεται.—Τί μήν;—Καὶ εἴη ἄν
τι ἐκείνῳ καὶ ἐκείνου, καὶ ἦν καὶ ἔστιν καὶ ἔσται.—Πάνυ 5
γε.—Καὶ ἐπιστήμη δὴ εἴη ἂν αὐτοῦ καὶ δόξα καὶ αἴσθησις,
εἴπερ καὶ νῦν ἡμεῖς περὶ αὐτοῦ πάντα ταῦτα πράττομεν.—
Ὀρθῶς λέγεις.—Καὶ ὄνομα δὴ καὶ λόγος ἔστιν αὐτῷ, καὶ
ὀνομάζεται καὶ λέγεται· καὶ ὅσαπερ καὶ περὶ τὰ ἄλλα τῶν e
τοιούτων τυγχάνει ὄντα, καὶ περὶ τὸ ἓν ἔστιν.—Παντελῶς
μὲν οὖν ἔχει οὕτως.

Ἔτι δὴ τὸ τρίτον λέγωμεν. τὸ ἓν εἰ ἔστιν οἷον
διεληλύθαμεν, ἆρ᾽ οὐκ ἀνάγκη αὐτό, ἕν τε ὂν καὶ πολλὰ καὶ 5

μήτε ἐν μήτε πολλὰ καὶ μετέχον χρόνου, ὅτι μὲν ἔστιν ἕν,
οὐσίας μετέχειν ποτέ, ὅτι δ᾽ οὐκ ἔστι, μή μετέχειν αὖ ποτε
οὐσίας;—᾽Ανάγκη.—᾽Αρ᾽ οὖν, ὅτε μετέχει, οἷόν τε ἔσται
τότε μὴ μετέχειν, ἢ ὅτε μὴ μετέχει, μετέχειν;—Οὐχ οἷόν
10 τε.—᾽Εν ἄλλῳ ἄρα χρόνῳ μετέχει καὶ ἐν ἄλλῳ οὐ μετέχει·
οὕτω γὰρ ἂν μόνως τοῦ αὐτοῦ μετέχοι τε καὶ οὐ μετέχοι.—
156 ᾽Ορθῶς.—Οὐκοῦν ἔστι καὶ οὗτος χρόνος, ὅτε μεταλαμβάνει
τοῦ εἶναι καὶ ὅτε ἀπαλλάττεται αὐτοῦ; ἢ πῶς οἷόν τε ἔσται
τοτὲ μὲν ἔχειν τὸ αὐτό, τοτὲ δὲ μὴ ἔχειν, ἐὰν μή ποτε καὶ
λαμβάνῃ αὐτὸ καὶ ἀφίῃ;—Οὐδαμῶς.—Τὸ δὴ οὐσίας μετα-
5 λαμβάνειν ἆρά γε οὐ γίγνεσθαι καλεῖς;—᾽Εγωγε.—Τὸ δὲ
ἀπαλλάττεσθαι οὐσίας ἆρα οὐκ ἀπόλλυσθαι;—Καὶ πάνυ γε.
—Τὸ ἓν δή, ὡς ἔοικε, λαμβάνον τε καὶ ἀφιὲν οὐσίαν γίγνεταί
b τε καὶ ἀπόλλυται.—᾽Ανάγκη.—῞Εν δὲ καὶ πολλὰ ὂν καὶ
γιγνόμενον καὶ ἀπολλύμενον ἆρ᾽ οὐχ, ὅταν μὲν γίγνηται ἕν,
τὸ πολλὰ εἶναι ἀπόλλυται, ὅταν δὲ πολλά, τὸ ἓν εἶναι
ἀπόλλυται;—Πάνυ γε.—῞Εν δὲ γιγνόμενον καὶ πολλὰ ἆρ᾽
5 οὐκ ἀνάγκη διακρίνεσθαί τε καὶ συγκρίνεσθαι;—Πολλή γε.—
Καὶ μὴν ἀνόμοιόν γε καὶ ὅμοιον ὅταν γίγνηται, ὁμοιοῦσθαί
τε καὶ ἀνομοιοῦσθαι;—Ναί.—Καὶ ὅταν μεῖζον καὶ ἔλαττον
καὶ ἴσον, αὐξάνεσθαί τε καὶ φθίνειν καὶ ἰσοῦσθαι;—Οὕτως.
c —῞Οταν δὲ κινούμενόν τε ἵστηται καὶ ὅταν ἑστὸς ἐπὶ τὸ
κινεῖσθαι μεταβάλλῃ, δεῖ δήπου αὐτό γε μηδ᾽ ἐν ἑνὶ χρόνῳ
εἶναι.—Πῶς δή;—᾽Εστός τε πρότερον ὕστερον κινεῖσθαι καὶ
πρότερον κινούμενον ὕστερον ἑστάναι, ἄνευ μὲν τοῦ μετα-
5 βάλλειν οὐχ οἷόν τε ἔσται ταῦτα πάσχειν.—Πῶς γάρ;—
Χρόνος δέ γε οὐδεὶς ἔστιν, ἐν ᾧ τι οἷόν τε ἅμα μήτε κινεῖσθαι
μήτε ἑστάναι.—Οὐ γὰρ οὖν.—᾽Αλλ᾽ οὐδὲ μὴν μεταβάλλει
ἄνευ τοῦ μεταβάλλειν.—Οὐκ εἰκός.—Πότ᾽ οὖν μεταβάλλει;
οὔτε γὰρ ἑστὸς ὂν οὔτε κινούμενον μεταβάλλει, οὔτε ἐν
d χρόνῳ ὄν.—Οὐ γὰρ οὖν.—᾽Αρ᾽ οὖν ἔστι τὸ ἄτοπον τοῦτο,

θ 11 οὐ μετέχοι Β : οὐ μετέχει Τ   a 5 γε Τ : om. Β   a 7 γίγνεταί
τε Β : γίγνεται Τ   c 4 μὲν] μὴν Heindorf   c 9 ὂν . . . μετα-
βάλλει Β : ἂν . . . μεταβάλλει Τ : ἂν . . . μεταβάλλοι corr. Par. 1809

ἐν ᾧ τότ᾽ ἂν εἴη, ὅτε μεταβάλλει;—Τὸ ποῖον δή;—Τὸ
ἐξαίφνης. τὸ γὰρ ἐξαίφνης τοιόνδε τι ἔοικε σημαίνειν, ὡς
ἐξ ἐκείνου μεταβάλλον εἰς ἑκάτερον. οὐ γὰρ ἔκ γε τοῦ
ἑστάναι ἑστῶτος ἔτι μεταβάλλει, οὐδ᾽ ἐκ τῆς κινήσεως 5
κινουμένης ἔτι μεταβάλλει· ἀλλὰ ἡ ἐξαίφνης αὕτη φύσις
ἄτοπός τις ἐγκάθηται μεταξὺ τῆς κινήσεώς τε καὶ στάσεως,
ἐν χρόνῳ οὐδενὶ οὖσα, καὶ εἰς ταύτην δὴ καὶ ἐκ ταύτης τό τε e
κινούμενον μεταβάλλει ἐπὶ τὸ ἑστάναι καὶ τὸ ἑστὸς ἐπὶ τὸ
κινεῖσθαι.—Κινδυνεύει.—Καὶ τὸ ἓν δή, εἴπερ ἕστηκέ τε καὶ
κινεῖται, μεταβάλλοι ἂν ἐφ᾽ ἑκάτερα—μόνως γὰρ ἂν οὕτως
ἀμφότερα ποιοῖ—μεταβάλλον δ᾽ ἐξαίφνης μεταβάλλει, καὶ 5
ὅτε μεταβάλλει, ἐν οὐδενὶ χρόνῳ ἂν εἴη, οὐδὲ κινοῖτ᾽ ἂν
τότε, οὐδ᾽ ἂν σταίη.—Οὐ γάρ.—Ἆρ᾽ οὖν οὕτω καὶ πρὸς τὰς
ἄλλας μεταβολὰς ἔχει, ὅταν ἐκ τοῦ εἶναι εἰς τὸ ἀπόλλυσθαι
μεταβάλλῃ ἢ ἐκ τοῦ μὴ εἶναι εἰς τὸ γίγνεσθαι, μεταξύ 157
τινων τότε γίγνεται κινήσεών τε καὶ στάσεων, καὶ οὔτε
ἔστι τότε οὔτε οὐκ ἔστι, οὔτε γίγνεται οὔτε ἀπόλλυται;
—Ἔοικε γοῦν.—Κατὰ δὴ τὸν αὐτὸν λόγον καὶ ἐξ ἑνὸς
ἐπὶ πολλὰ ἰὸν καὶ ἐκ πολλῶν ἐφ᾽ ἓν οὔτε ἕν ἐστιν οὔτε 5
πολλά, οὔτε διακρίνεται οὔτε συγκρίνεται. καὶ ἐξ ὁμοίου
ἐπὶ ἀνόμοιον καὶ ἐξ ἀνομοίου ἐπὶ ὅμοιον ἰὸν οὔτε ὅμοιον
οὔτε ἀνόμοιον, οὔτε ὁμοιούμενον οὔτε ἀνομοιούμενον· καὶ
ἐκ σμικροῦ ἐπὶ μέγα καὶ ἐπὶ ἴσον καὶ εἰς τὰ ἐναντία b
ἰὸν οὔτε σμικρὸν οὔτε μέγα οὔτε ἴσον, οὔτε αὐξανόμενον
οὔτε φθῖνον οὔτε ἰσούμενον εἴη ἄν.—Οὐκ ἔοικε.—Ταῦτα
δὴ τὰ παθήματα πάντ᾽ ἂν πάσχοι τὸ ἕν, εἰ ἔστιν.—Πῶς
δ᾽ οὔ;   5

Τί δὲ τοῖς ἄλλοις προσήκοι ἂν πάσχειν, ἓν εἰ ἔστιν,
ἆρα οὐ σκεπτέον;—Σκεπτέον.—Λέγωμεν δή, ἓν εἰ ἔστι,
τἆλλα τοῦ ἑνὸς τί χρὴ πεπονθέναι;—Λέγωμεν.—Οὐκοῦν

d 3 τοιόνδε B : τοιοῦτον T   d 4 γε B : τε T   e 1 οὐδενὶ T : οὐδ᾽
ἑνὶ B (et mox)   a 1 μεταβάλλῃ B : μεταβαίη pr. T (ut videtur) :
μεταβάλῃ al.   b 4 εἰ ἔστιν] ἓν εἰ ἐστί Heindorf

ἐπείπερ ἄλλα τοῦ ἑνός ἐστιν, οὔτε τὸ ἕν ἐστι τἆλλα· οὐ
c γὰρ ἂν ἄλλα τοῦ ἑνὸς ἦν.—Ὀρθῶς.—Οὐδὲ μὴν στέρεταί
γε παντάπασι τοῦ ἑνὸς τἆλλα, ἀλλὰ μετέχει πη.—Πῇ δή;—
Ὅτι που τὰ ἄλλα τοῦ ἑνὸς μόρια ἔχοντα ἄλλα ἐστίν· εἰ γὰρ
μόρια μὴ ἔχοι, παντελῶς ἂν ἓν εἴη.—Ὀρθῶς.—Μόρια δέ
5 γε, φαμέν, τούτου ἐστὶν ὃ ἂν ὅλον ᾖ.—Φαμὲν γάρ.—Ἀλλὰ
μὴν τό γε ὅλον ἓν ἐκ πολλῶν ἀνάγκη εἶναι, οὗ ἔσται μόρια
τὰ μόρια· ἕκαστον γὰρ τῶν μορίων οὐ πολλῶν μόριον χρὴ
εἶναι, ἀλλὰ ὅλου.—Πῶς τοῦτο;—Εἴ τι πολλῶν μόριον εἴη,
d ἐν οἷς αὐτὸ εἴη, ἑαυτοῦ τε δήπου μόριον ἔσται, ὅ ἐστιν
ἀδύνατον, καὶ τῶν ἄλλων δὴ ἑνὸς ἑκάστου, εἴπερ καὶ πάντων.
ἑνὸς γὰρ μὴ ὂν μόριον, πλὴν τούτου τῶν ἄλλων ἔσται, καὶ
οὕτως ἑνὸς ἑκάστου οὐκ ἔσται μόριον, μὴ ὂν δὲ μόριον ἑκάστου
5 οὐδενὸς τῶν πολλῶν ἔσται. μηδενὸς δὲ ὂν πάντων τούτων
τι εἶναι, ὧν οὐδενὸς οὐδέν ἐστι, καὶ μόριον καὶ ἄλλο ὁτιοῦν
ἀδύνατον [εἶναι].—Φαίνεταί γε δή.—Οὐκ ἄρα τῶν πολλῶν
οὐδὲ πάντων τὸ μόριον μόριον, ἀλλὰ μιᾶς τινος ἰδέας καὶ
e ἑνός τινος ὃ καλοῦμεν ὅλον, ἐξ ἁπάντων ἓν τέλειον γεγονός,
τούτου μόριον ἂν τὸ μόριον εἴη.—Παντάπασι μὲν οὖν.—Εἰ
ἄρα τἆλλα μόρια ἔχει, κἂν τοῦ ὅλου τε καὶ ἑνὸς μετέχοι.—
Πάνυ γε.—Ἓν ἄρα ὅλον τέλειον μόρια ἔχον ἀνάγκη εἶναι
5 τἆλλα τοῦ ἑνός.—Ἀνάγκη.—Καὶ μὴν καὶ περὶ τοῦ μορίου γε
ἑκάστου ὁ αὐτὸς λόγος· καὶ γὰρ τοῦτο ἀνάγκη μετέχειν
158 τοῦ ἑνός. εἰ γὰρ ἕκαστον αὐτῶν μόριόν ἐστι, τό γε ἕκαστον
εἶναι ἓν δήπου σημαίνει, ἀφωρισμένον μὲν τῶν ἄλλων, καθ᾽
αὐτὸ δὲ ὄν, εἴπερ ἕκαστον ἔσται.—Ὀρθῶς.—Μετέχοι δέ γε
ἂν τοῦ ἑνὸς δῆλον ὅτι ἄλλο ὂν ἢ ἕν· οὐ γὰρ ἂν μετεῖχεν,
5 ἀλλ᾽ ἦν ἂν αὐτὸ ἕν. νῦν δὲ ἑνὶ μὲν εἶναι πλὴν αὐτῷ τῷ ἑνὶ
ἀδύνατόν που.—Ἀδύνατον.—Μετέχειν δέ γε τοῦ ἑνὸς ἀνάγκη
τῷ τε ὅλῳ καὶ τῷ μορίῳ. τὸ μὲν γὰρ ἓν ὅλον ἔσται, οὗ

b 9 οὔτε] ⟨οὔτε τἆλλα ἐστὶ τὸ ἓν⟩ οὔτε Buttmann : οὐδὲ Stallbaum
c 2 μετέχει T : μετέχεταί B   c 5 ὃ ἂν T : ἐὰν B   d 6 ὧν T : ὂν B
d 7 εἶναι secl. Heindorf   e 4 ἐν T : ἐὰν B   e 6 τοῦτο B : τούτου T
a 1 γε T : τε B   a 5 αὐτὸ ⟨τὸ⟩ Heindorf   a 6 γε T : om. B

μόρια τὰ μόρια· τὸ δ' αὖ ἕκαστον ἓν μόριον τοῦ ὅλου, ὃ ἂν ᾖ
μόριον ὅλου.—Οὕτως.—Οὐκοῦν ἕτερα ὄντα τοῦ ἑνὸς μεθέξει b
τὰ μετέχοντα αὐτοῦ;—Πῶς δ' οὔ;—Τὰ δ' ἕτερα τοῦ ἑνὸς
πολλά που ἂν εἴη· εἰ γὰρ μήτε ἓν μήτε ἑνὸς πλείω εἴη
τἆλλα τοῦ ἑνός, οὐδὲν ἂν εἴη.—Οὐ γὰρ οὖν.

Ἐπεὶ δέ γε πλείω ἑνός ἐστι τά τε τοῦ ἑνὸς μορίου καὶ τὰ 5
τοῦ ἑνὸς ὅλου μετέχοντα, οὐκ ἀνάγκη ἤδη πλήθει ἄπειρα
εἶναι αὐτά γε ἐκεῖνα τὰ μεταλαμβάνοντα τοῦ ἑνός;—Πῶς;—
Ὧδε ἴδωμεν. ἄλλο τι οὐχ ἓν ὄντα οὐδὲ μετέχοντα τοῦ ἑνὸς
τότε, ὅτε μεταλαμβάνει αὐτοῦ, μεταλαμβάνει;—Δῆλα δή.—
Οὐκοῦν πλήθη ὄντα, ἐν οἷς τὸ ἓν οὐκ ἔνι;—Πλήθη μέντοι. c
—Τί οὖν; εἰ ἐθέλοιμεν τῇ διανοίᾳ τῶν τοιούτων ἀφελεῖν ὡς
οἷοί τέ ἐσμεν ὅτι ὀλίγιστον, οὐκ ἀνάγκη καὶ τὸ ἀφαιρεθὲν
ἐκεῖνο, εἴπερ τοῦ ἑνὸς μὴ μετέχοι, πλῆθος εἶναι καὶ οὐχ ἕν;—
Ἀνάγκη.—Οὐκοῦν οὕτως ἀεὶ σκοποῦντες αὐτὴν καθ' αὑτὴν 5
τὴν ἑτέραν φύσιν τοῦ εἴδους ὅσον ἂν αὐτῆς ἀεὶ ὁρῶμεν ἄπειρον
ἔσται πλήθει;—Παντάπασι μὲν οὖν.—Καὶ μὴν ἐπειδάν γε
ἓν ἕκαστον μόριον μόριον γένηται, πέρας ἤδη ἔχει πρὸς d
ἄλληλα καὶ πρὸς τὸ ὅλον, καὶ τὸ ὅλον πρὸς τὰ μόρια.—
Κομιδῇ μὲν οὖν.—Τοῖς ἄλλοις δὴ τοῦ ἑνὸς συμβαίνει ἐκ μὲν
τοῦ ἑνὸς καὶ ἐξ ἑαυτῶν κοινωνησάντων, ὡς ἔοικεν, ἕτερόν τι
γίγνεσθαι ἐν ἑαυτοῖς, ὃ δὴ πέρας παρέσχε πρὸς ἄλληλα· ἡ 5
δ' ἑαυτῶν φύσις καθ' ἑαυτὰ ἀπειρίαν.—Φαίνεται.—Οὕτω δὴ
τὰ ἄλλα τοῦ ἑνὸς καὶ ὅλα καὶ κατὰ μόρια ἄπειρά τέ ἐστι
καὶ πέρατος μετέχει.—Πάνυ γε.

Οὐκοῦν καὶ ὅμοιά τε καὶ ἀνόμοια ἀλλήλοις τε καὶ ἑαυτοῖς; e
—Πῇ δή;—Ἧι μέν που ἄπειρά ἐστι κατὰ τὴν ἑαυτῶν φύσιν
πάντα, ταὐτὸν πεπονθότα ἂν εἴη ταύτῃ.—Πάνυ γε.—Καὶ μὴν
ᾗ γε ἅπαντα πέρατος μετέχει, καὶ ταύτῃ πάντ' ἂν εἴη ταὐτὸν

a 8 δ] οὖ al. Bekker   b 1 μόριον ὅλου] μορίου vel μορίων ὅλου Schleier-
macher   b 3 ἂν εἴη B : εἴη ἂν T   b 6 ἤδη B : δὴ T   πλήθει
ἄπειρα B : ἄπειρα πλήθει T   b 8 ἴδωμεν] εἰδῶμεν B T   c 3 ὀλί-
γιστον (sic) B (cf. 149 a, 7) : ὀλίγιστον T   c 5 σκοποῦντες pr. T
Damascius: σκοποῦντι B   d 1 μόριον bis B : semel T   d 6 ἀπειρίαν
T : ἀπειρία B   e 2 ᾗ T : εἰ B   e 4 ᾗ T : εἰ B

5 πεπονθότα.—Πῶς δ' οὔ;—Ἧι δέ γε πεπερασμένα τε εἶναι
καὶ ἄπειρα πέπονθεν, ἐναντία πάθη ἀλλήλοις ὄντα ταῦτα τὰ
159 πάθη πέπονθεν.—Ναί.—Τὰ δ' ἐναντία γε ὡς οἷόν τε ἀνο-
μοιότατα.—Τί μήν;—Κατὰ μὲν ἄρα ἑκάτερον τὸ πάθος
ὅμοια ἂν εἴη αὐτά τε αὐτοῖς καὶ ἀλλήλοις, κατὰ δ' ἀμφότερα
ἀμφοτέρως ἐναντιώτατά τε καὶ ἀνομοιότατα.—Κινδυνεύει.—
5 Οὕτω δὴ τὰ ἄλλα αὐτά τε αὐτοῖς καὶ ἀλλήλοις ὅμοιά τε καὶ
ἀνόμοια ἂν εἴη.—Οὕτως.—Καὶ ταὐτὰ δὴ καὶ ἕτερα ἀλλήλων,
καὶ κινούμενα καὶ ἑστῶτα, καὶ πάντα τὰ ἐναντία πάθη οὐκέτι
χαλεπῶς εὑρήσομεν πεπονθότα τἆλλα τοῦ ἑνός, ἐπείπερ καὶ
b ταῦτα ἐφάνη πεπονθότα.—Ὀρθῶς λέγεις.

Οὐκοῦν, εἰ ταῦτα μὲν ἤδη ἐῶμεν ὡς φανερά, ἐπισκοποῖμεν
δὲ πάλιν ἓν εἰ ἔστιν, ἆρα καὶ οὐχ οὕτως ἔχει τὰ ἄλλα τοῦ
ἑνὸς ἢ οὕτω μόνον;—Πάνυ μὲν οὖν.—Λέγωμεν δὴ ἐξ ἀρχῆς
5 ἓν εἰ ἔστι, τί χρὴ τὰ ἄλλα τοῦ ἑνὸς πεπονθέναι.—Λέγωμεν
γάρ.—Ἆρ' οὖν οὐ χωρὶς μὲν τὸ ἓν τῶν ἄλλων, χωρὶς δὲ
τἆλλα τοῦ ἑνὸς εἶναι;—Τί δή;—Ὅτι που οὐκ ἔστι παρὰ
ταῦτα ἕτερον, ὃ ἄλλο μέν ἐστι τοῦ ἑνός, ἄλλο δὲ τῶν ἄλλων·
c πάντα γὰρ εἴρηται, ὅταν ῥηθῇ τό τε ἓν καὶ τἆλλα.—Πάντα
γάρ.—Οὐκ ἄρα ἔτ' ἔστιν ἕτερον τούτων, ἐν ᾧ τό τε ἓν ἂν
εἴη τῷ αὐτῷ καὶ τἆλλα.—Οὐ γάρ.—Οὐδέποτε ἄρα ἐν ταὐτῷ
ἐστι τὸ ἓν καὶ τἆλλα.—Οὐκ ἔοικεν.—Χωρὶς ἄρα;—Ναί.—
5 Οὐδὲ μὴν μόριά γε ἔχειν φαμὲν τὸ ὡς ἀληθῶς ἕν.—Πῶς
γάρ;—Οὔτ' ἄρα ὅλον εἴη ἂν τὸ ἓν ἐν τοῖς ἄλλοις οὔτε μόρια
αὐτοῦ, εἰ χωρίς τέ ἐστι τῶν ἄλλων καὶ μόρια μὴ ἔχει.—Πῶς
d γάρ;—Οὐδενὶ ἄρα τρόπῳ μετέχοι ἂν τἆλλα τοῦ ἑνός, μήτε
κατὰ μόριόν τι αὐτοῦ μήτε κατὰ ὅλον μετέχοντα.—Οὐκ
ἔοικεν.—Οὐδαμῇ ἄρα ἓν τἆλλά ἐστιν, οὐδ' ἔχει ἐν ἑαυτοῖς
ἓν οὐδέν.—Οὐ γὰρ οὖν.—Οὐδ' ἄρα πολλά ἐστι τἆλλα· ἓν

θ 5 η T : εἰ B   a 1 πέπονθεν. ναί. B : πεπονθέναι T   a 5 τὰ
ἄλλα αὐτά τε B : τἆλλα ταῦτά τε T   b 2 οὐκοῦν] fort. τί οὖν Heindorf
εἰ BT : om. al.   ἐῶμεν] ἐῶμεν BT   ἐπισκοποῖμεν BT : ἐπισκοπῶμεν al.
b 7 εἶναι B : om. T   c 7 ἔχει] ἔχῃ BT   d 1 γάρ B : γὰρ οὔ T

γὰρ ἂν ἦν ἕκαστον αὐτῶν μόριον τοῦ ὅλου, εἰ πολλὰ ἦν· 5
νῦν δὲ οὔτε ἓν οὔτε πολλὰ οὔτε ὅλον οὔτε μόριά ἐστι τἆλλα
τοῦ ἑνός, ἐπειδὴ αὐτοῦ οὐδαμῇ μετέχει.—Ὀρθῶς.—Οὐδ᾽ ἄρα
δύο οὐδὲ τρία οὔτε αὐτά ἐστι τὰ ἄλλα οὔτε ἔνεστιν ἐν αὐτοῖς,
εἴπερ τοῦ ἑνὸς πανταχῇ στέρεται.—Οὕτως.   e

Οὐδὲ ὅμοια ἄρα καὶ ἀνόμοια οὔτε αὐτά ἐστι τῷ ἑνὶ τὰ
ἄλλα, οὔτε ἔνεστιν ἐν αὐτοῖς ὁμοιότης καὶ ἀνομοιότης· εἰ
γὰρ ὅμοια καὶ ἀνόμοια αὐτὰ εἴη ἢ ἔχοι ἐν ἑαυτοῖς ὁμοιότητα
καὶ ἀνομοιότητα, δύο που εἴδη ἐναντία ἀλλήλοις ἔχοι ἂν ἐν 5
ἑαυτοῖς τὰ ἄλλα τοῦ ἑνός.—Φαίνεται.—Ἦν δέ γε ἀδύνατον
δυοῖν τινοῖν μετέχειν ἃ μηδ᾽ ἑνὸς μετέχοι.—Ἀδύνατον.—
Οὔτ᾽ ἄρα ὅμοια οὔτ᾽ ἀνόμοιά ἐστιν οὔτ᾽ ἀμφότερα τἆλλα.
ὅμοια μὲν γὰρ ἂν ὄντα ἢ ἀνόμοια ἑνὸς ἂν τοῦ ἑτέρου εἴδους 160
μετέχοι, ἀμφότερα δὲ ὄντα δυοῖν τοῖν ἐναντίοιν· ταῦτα δὲ
ἀδύνατον ἐφάνη.—Ἀληθῆ.

Οὐδ᾽ ἄρα τὰ αὐτὰ οὐδ᾽ ἕτερα, οὐδὲ κινούμενα οὐδὲ ἑστῶτα,
οὐδὲ γιγνόμενα οὐδὲ ἀπολλύμενα, οὐδὲ μείζω οὐδὲ ἐλάττω 5
οὐδὲ ἴσα· οὐδὲ ἄλλο οὐδὲν πέπονθε τῶν τοιούτων· εἰ γάρ
τι τοιοῦτον πεπονθέναι ὑπομένει τὰ ἄλλα, καὶ ἑνὸς καὶ δυοῖν
καὶ τριῶν καὶ περιττοῦ καὶ ἀρτίου μεθέξει, ὧν αὐτοῖς ἀδύνατον
ἐφάνη μετέχειν τοῦ ἑνός γε πάντῃ πάντως στερομένοις.—   b
Ἀληθέστατα.—Οὕτω δὴ ἓν εἰ ἔστιν, πάντα τέ ἐστι τὸ ἓν
καὶ οὐδὲ ἕν ἐστι καὶ πρὸς ἑαυτὸ καὶ πρὸς τὰ ἄλλα ὡσαύτως.
—Παντελῶς μὲν οὖν.

Εἶεν· εἰ δὲ δὴ μὴ ἔστι τὸ ἕν, τί χρὴ συμβαίνειν ἆρ᾽ οὐ 5
σκεπτέον μετὰ τοῦτο;—Σκεπτέον γάρ.—Τίς οὖν ἂν εἴη αὕτη
ἡ ὑπόθεσις, εἰ ἓν μὴ ἔστιν; ἆρά τι διαφέρει τῆσδε, εἰ μὴ
ἓν μὴ ἔστιν;—Διαφέρει μέντοι.—Διαφέρει μόνον, ἢ καὶ πᾶν
τοὐναντίον ἐστὶν εἰπεῖν εἰ μὴ ἓν μὴ ἔστι τοῦ εἰ ἓν μὴ   c

d 8 ἔνεστιν] ἔν ἐστιν B T   e 3 ἔνεστιν B : ἔν ἐστιν T   e 4 ἢ B :
ἢ T   a 1 γὰρ ἂν T : γὰρ B   a 3 ἀδύνατον T : ἀδύνατα B   b 3 οὐδὲ
ἕν T : οὐδέν B   τὰ ἄλλα] τἆλλα, καὶ τἆλλα Heindorf   b 6 τοῦτο
T : ταῦτα B

ἔστιν;—Πᾶν τοὐναντίον.—Τί δ' εἴ τις λέγοι εἰ μέγεθος
μὴ ἔστιν ἢ σμικρότης μὴ ἔστιν ἤ τι ἄλλο τῶν τοιούτων,
ἆρα ἐφ' ἑκάστου ἂν δηλοῖ ὅτι ἕτερόν τι λέγοι τὸ μὴ ὄν;—
5 Πάνυ γε.—Οὐκοῦν καὶ νῦν δηλοῖ ὅτι ἕτερον λέγει τῶν ἄλλων
τὸ μὴ ὄν, ὅταν εἴπῃ ἓν εἰ μὴ ἔστι, καὶ ἴσμεν ὃ λέγει;—
Ἴσμεν.—Πρῶτον μὲν ἄρα γνωστόν τι λέγει, ἔπειτα ἕτερον
τῶν ἄλλων, ὅταν εἴπῃ ἕν, εἴτε τὸ εἶναι αὐτῷ προσθεὶς εἴτε
d τὸ μὴ εἶναι· οὐδὲν ⟨γὰρ⟩ ἧττον γιγνώσκεται, τί τὸ λεγόμενον
μὴ εἶναι, καὶ ὅτι διάφορον τῶν ἄλλων. ἢ οὔ;—Ἀνάγκη.—
Ὧδε ἄρα λεκτέον ἐξ ἀρχῆς, ἓν εἰ μὴ ἔστι, τί χρὴ εἶναι.
πρῶτον μὲν οὖν αὐτῷ τοῦτο ὑπάρχειν δεῖ, ὡς ἔοικεν, εἶναι
5 αὐτοῦ ἐπιστήμην, ἢ μηδὲ ὅτι λέγεται γιγνώσκεσθαι, ὅταν τις
εἴπῃ ἓν εἰ μὴ ἔστιν.—Ἀληθῆ.—Οὐκοῦν καὶ τὰ ἄλλα ἕτερα
αὐτοῦ εἶναι, ἢ μηδὲ ἐκεῖνο ἕτερον τῶν ἄλλων λέγεσθαι;—
Πάνυ γε.—Καὶ ἑτεροιότης ἄρα ἐστὶν αὐτῷ πρὸς τῇ ἐπιστήμῃ.
e οὐ γὰρ τὴν τῶν ἄλλων ἑτεροιότητα λέγει, ὅταν τὸ ἓν ἕτερον
τῶν ἄλλων λέγῃ, ἀλλὰ τὴν ἐκείνου.—Φαίνεται.—Καὶ μὴν
τοῦ γε ἐκείνου καὶ τοῦ τινὸς καὶ τούτου καὶ τούτῳ καὶ τούτων
καὶ πάντων τῶν τοιούτων μετέχει τὸ μὴ ὂν ἕν· οὐ γὰρ ἂν
5 τὸ ἓν ἐλέγετο οὐδ' ἂν τοῦ ἑνὸς ἕτερα, οὐδ' ἐκείνῳ ἄν τι ἦν
οὐδ' ἐκείνου, οὐδ' ἄν τι ἐλέγετο, εἰ μήτε τοῦ τινὸς αὐτῷ μετῆν
μήτε τῶν ἄλλων τούτων.—Ὀρθῶς.—Εἶναι μὲν δὴ τῷ ἑνὶ
οὐχ οἷόν τε, εἴπερ γε μὴ ἔστι, μετέχειν δὲ πολλῶν οὐδὲν
161 κωλύει, ἀλλὰ καὶ ἀνάγκη, εἴπερ τό γε ἓν ἐκεῖνο καὶ μὴ ἄλλο
μὴ ἔστιν. εἰ μέντοι μήτε τὸ ἓν μήτ' ἐκεῖνο μὴ ἔσται, ἀλλὰ
περὶ ἄλλου του ὁ λόγος, οὐδὲ φθέγγεσθαι δεῖ οὐδέν· εἰ δὲ τὸ
ἓν ἐκεῖνο καὶ μὴ ἄλλο ὑπόκειται μὴ εἶναι, καὶ τοῦ ἐκείνου
5 καὶ ἄλλων πολλῶν ἀνάγκη αὐτῷ μετεῖναι.—Καὶ πάνυ γε.

Καὶ ἀνομοιότης ἄρα ἐστὶν αὐτῷ πρὸς τὰ ἄλλα· τὰ γὰρ
ἄλλα τοῦ ἑνὸς ἕτερα ὄντα ἑτεροῖα καὶ εἴη ἄν.—Ναί.—Τὰ

c 3 τι ἄλλο B : ἄλλο τι T   c 4 λέγοι B : λέγει T   c 5 λέγει
T : λέγοι B   d 1 οὐδέν ... d 2 εἶναι T : om. B (add. in marg. b)
γὰρ apogr. : om. Tb   e 4 ἕν B : om. T   a 2 μὴ ἔσται B :
μήτ' ἔσται T   a 6 ἐστὶν αὐτῷ B : αὐτῷ ἐστιν T

48

δ' ἑτεροῖα οὐκ ἀλλοῖα;—Πῶς δ' οὔ;—Τὰ δ' ἀλλοῖα οὐκ
ἀνόμοια;—Ἀνόμοια μὲν οὖν.—Οὐκοῦν εἴπερ τῷ ἑνὶ ἀνόμοιά b
ἐστι, δῆλον ὅτι ἀνομοίῳ τά γε ἀνόμοια ἀνόμοια ἂν εἴη.—
Δῆλον.—Εἴη δὴ ἂν καὶ τῷ ἑνὶ ἀνομοιότης, πρὸς ἣν τὰ
ἄλλα ἀνόμοια αὐτῷ ἐστιν.—Ἔοικεν.—Εἰ δὲ δὴ τῶν ἄλλων
ἀνομοιότης ἔστιν αὐτῷ, ἆρ' οὐκ ἀνάγκη ἑαυτοῦ ὁμοιότητα 5
αὐτῷ εἶναι;—Πῶς;—Εἰ ἑνὸς ἀνομοιότης ἔστι τῷ ἑνί, οὐκ
ἄν που περὶ τοῦ τοιούτου ὁ λόγος εἴη οἵου τοῦ ἑνός, οὐδ' ἂν
ἡ ὑπόθεσις εἴη περὶ ἑνός, ἀλλὰ περὶ ἄλλου ἢ ἑνός.—Πάνυ
γε.—Οὐ δεῖ δέ γε.—Οὐ δῆτα.—Δεῖ ἄρα ὁμοιότητα τῷ ἑνὶ c
αὐτοῦ ἑαυτῷ εἶναι.—Δεῖ.

Καὶ μὴν οὐδ' αὖ ἴσον γ' ἐστὶ τοῖς ἄλλοις· εἰ γὰρ εἴη
ἴσον, εἴη τε ἂν ἤδη καὶ ὅμοιον ἂν εἴη αὐτοῖς κατὰ τὴν
ἰσότητα. ταῦτα δ' ἀμφότερα ἀδύνατα, εἴπερ μὴ ἔστιν ἕν.— 5
Ἀδύνατα.—Ἐπειδὴ δὲ οὐκ ἔστι τοῖς ἄλλοις ἴσον, ἆρα οὐκ
ἀνάγκη καὶ τἆλλα ἐκείνῳ μὴ ἴσα εἶναι;—Ἀνάγκη.—Τὰ δὲ
μὴ ἴσα οὐκ ἄνισα;—Ναί.—Τὰ δὲ ἄνισα οὐ τῷ ἀνίσῳ
ἄνισα;—Πῶς δ' οὔ;—Καὶ ἀνισότητος δὴ μετέχει τὸ ἕν,
πρὸς ἣν τἆλλα αὐτῷ ἐστιν ἄνισα;—Μετέχει.—Ἀλλὰ μέντοι d
ἀνισότητός γε ἐστὶ μέγεθός τε καὶ σμικρότης.—Ἔστι γάρ.
—Ἔστιν ἄρα καὶ μέγεθός τε καὶ σμικρότης τῷ τοιούτῳ
ἑνί;—Κινδυνεύει.—Μέγεθος μὴν καὶ σμικρότης ἀεὶ ἀφέ-
στατον ἀλλήλοιν.—Πάνυ γε.—Μεταξὺ ἄρα τι αὐτοῖν ἀεί 5
ἐστιν.—Ἔστιν.—Ἔχεις οὖν τι ἄλλο εἰπεῖν μεταξὺ αὐτοῖν
ἢ ἰσότητα;—Οὔκ, ἀλλὰ τοῦτο.—Ὅτῳ ἄρα ἔστι μέγεθος καὶ
σμικρότης, ἔστι καὶ ἰσότης αὐτῷ μεταξὺ τούτοιν οὖσα.—
Φαίνεται.—Τῷ δὴ ἑνὶ μὴ ὄντι, ὡς ἔοικε, καὶ ἰσότητος ἂν e
μετείη καὶ μεγέθους καὶ σμικρότητος.—Ἔοικεν.

Καὶ μὴν καὶ οὐσίας γε δεῖ αὐτὸ μετέχειν πῃ.—Πῶς
δή;—Ἔχειν αὐτὸ δεῖ οὕτως ὡς λέγομεν· εἰ γὰρ μὴ οὕτως ἔχει,

b 4 εἰ T : ἡ B   c 2 εἶναι T : om. B   c 3 γ' T : om. B   d 6 fort.
αὐτοῦ ⟨ὂν⟩ Heindorf   e 1 δὴ Par. 1810 Heindorf e Ficino : δὲ B T
e 2 μετείη T : μετίη B   e 3 καὶ μὴν καὶ B : καὶ μὴν T   e 4 ἔχει]
ἔχῃ B T : ἔχοι Coisl.

49

5 οὐκ ἂν ἀληθῆ λέγοιμεν ἡμεῖς λέγοντες τὸ ἓν μὴ εἶναι· εἰ
δὲ ἀληθῆ, δῆλον ὅτι ὄντα αὐτὰ λέγομεν. ἢ οὐχ οὕτως;—
Οὕτω μὲν οὖν.—Ἐπειδὴ δέ φαμεν ἀληθῆ λέγειν, ἀνάγκη
162 ἡμῖν φάναι καὶ ὄντα λέγειν.—Ἀνάγκη.—Ἔστιν ἄρα, ὡς
ἔοικε, τὸ ἓν οὐκ ὄν· εἰ γὰρ μὴ ἔσται μὴ ὄν, ἀλλά πῃ τοῦ
εἶναι ἀνήσει πρὸς τὸ μὴ εἶναι, εὐθὺς ἔσται ὄν.—Παντάπασι
μὲν οὖν.—Δεῖ ἄρα αὐτὸ δεσμὸν ἔχειν τοῦ μὴ εἶναι τὸ εἶναι
5 μὴ ὄν, εἰ μέλλει μὴ εἶναι, ὁμοίως ὥσπερ τὸ ὂν τὸ μὴ ὂν
ἔχειν μὴ εἶναι, ἵνα τελέως αὖ [εἶναι] ᾖ· οὕτως γὰρ ἂν τό τε
ὂν μάλιστ᾽ ἂν εἴη καὶ τὸ μὴ ὂν οὐκ ἂν εἴη, μετέχοντα τὸ
μὲν ὂν οὐσίας τοῦ εἶναι ὄν, μὴ οὐσίας δὲ τοῦ ⟨μὴ⟩ εἶναι μὴ
b ὄν, εἰ μέλλει τελέως εἶναι, τὸ δὲ μὴ ὂν μὴ οὐσίας μὲν τοῦ μὴ
εἶναι [μὴ] ὄν, οὐσίας δὲ τοῦ εἶναι μὴ ὄν, εἰ καὶ τὸ μὴ ὂν αὖ
τελέως μὴ ἔσται.—Ἀληθέστατα.—Οὐκοῦν ἐπείπερ τῷ τε
ὄντι τοῦ μὴ εἶναι καὶ τῷ μὴ ὄντι τοῦ εἶναι μέτεστι, καὶ τῷ
5 ἑνί, ἐπειδὴ οὐκ ἔστι, τοῦ εἶναι ἀνάγκη μετεῖναι εἰς τὸ μὴ
εἶναι.—Ἀνάγκη.—Καὶ οὐσία δὴ φαίνεται τῷ ἑνί, εἰ μὴ
ἔστιν.—Φαίνεται.—Καὶ μὴ οὐσία ἄρα, εἴπερ μὴ ἔστιν.—
Πῶς δ᾽ οὔ;

Οἷόν τε οὖν τὸ ἔχον πως μὴ ἔχειν οὕτω, μὴ μεταβάλλον
10 ἐκ ταύτης τῆς ἕξεως;—Οὐχ οἷόν τε.—Πᾶν ἄρα τὸ τοιοῦτον
c μεταβολὴν σημαίνει, ὃ ἂν οὕτω τε καὶ μὴ οὕτως ἔχῃ.—
Πῶς δ᾽ οὔ;—Μεταβολὴ δὲ κίνησις· ἢ τί φήσομεν;—Κίνη-
σις.—Οὐκοῦν τὸ ἓν ὄν τε καὶ οὐκ ὂν ἐφάνη;—Ναί.—Οὕτως
ἄρα καὶ οὐχ οὕτως ἔχον φαίνεται.—Ἔοικεν.—Καὶ κινού-
5 μενον ἄρα τὸ οὐκ ὂν ἓν πέφανται, ἐπείπερ καὶ μεταβολὴν
ἐκ τοῦ εἶναι ἐπὶ τὸ μὴ εἶναι ἔχον.—Κινδυνεύει.—Ἀλλὰ μὴν
εἰ μηδαμοῦ γέ ἐστι τῶν ὄντων, ὡς οὐκ ἔστιν εἴπερ μὴ ἔστιν,
οὐδ᾽ ἂν μεθίσταιτο ποθέν ποι.—Πῶς γάρ;—Οὐκ ἄρα τῷ γε
d μεταβαίνειν κινοῖτ᾽ ἄν.—Οὐ γάρ.—Οὐδὲ μὴν ἐν τῷ αὐτῷ

a 2 τοῦ πῃ Procl. suppl. : τῆς τοῦ B : τι τοῦ B² T   a 6 εἶναι seclu-
dendum vel ὂν scribendum ci. Shorey   a 8 μὲν ὂν B : μὲν T
μὴ add. Shorey   b 2 μὴ secl. Shorey   b 9 πως T : πω B   c 5 ἓν
πέφανται] ἐμπέφανται B : ἐὖνπέφανται T   c 7 γέ] τέ B T   c 8 μεθί-
σταιτό T : μηθ᾽ ἵσταιτό B   τῷ T : τὸ B

ἂν στρέφοιτο· ταὐτοῦ γὰρ οὐδαμοῦ ἅπτεται. ὃν γὰρ ἐστὶ
τὸ ταὐτόν· τὸ δὲ μὴ ὂν ἔν τῳ τῶν ὄντων ἀδύνατον εἶναι.—
'Αδύνατον γάρ.—Οὐκ ἄρα τὸ ἕν γε μὴ ὂν στρέφεσθαι ἂν
δύναιτο ἐν ἐκείνῳ ἐν ᾧ μὴ ἔστιν.—Οὐ γὰρ οὖν.—Οὐδὲ μὴν 5
ἀλλοιοῦταί που τὸ ἐν ἑαυτοῦ, οὔτε τὸ ὂν οὔτε τὸ μὴ ὄν·
οὐ γὰρ ἂν ἦν ὁ λόγος ἔτι περὶ τοῦ ἑνός, εἴπερ ἠλλοιοῦτο
αὐτὸ ἑαυτοῦ, ἀλλὰ περὶ ἄλλου τινός.—'Ορθῶς.—Εἰ δὲ μήτ'
ἀλλοιοῦται μήτε ἐν ταὐτῷ στρέφεται μήτε μεταβαίνει, ἆρ'
ἄν πῃ ἔτι κινοῖτο;—Πῶς γάρ;—Τό γε μὴν ἀκίνητον ἀνάγκη e
ἡσυχίαν ἄγειν, τὸ δὲ ἡσυχάζον ἑστάναι.—'Ανάγκη.—Τὸ ἓν
ἄρα, ὡς ἔοικεν, οὐκ ὂν ἔστηκέ τε καὶ κινεῖται.—Ἔοικεν.—
Καὶ μὴν εἴπερ γε κινεῖται, μεγάλη ἀνάγκη αὐτῷ ἀλλοιοῦ-
σθαι· ὅπῃ γὰρ ἄν τι κινηθῇ, κατὰ τοσοῦτον οὐκέθ' ὡσαύτως 163
ἔχει ὡς εἶχεν, ἀλλ' ἑτέρως.—Οὕτως.—Κινούμενον δὴ τὸ ἓν
καὶ ἀλλοιοῦται.—Ναί.—Καὶ μὴν μηδαμῇ γε κινούμενον
οὐδαμῇ ἂν ἀλλοιοῖτο.—Οὐ γάρ.—Ἧι μὲν ἄρα κινεῖται τὸ
οὐκ ὂν ἕν, ἀλλοιοῦται· ᾗ δὲ μὴ κινεῖται, οὐκ ἀλλοιοῦται.— 5
Οὐ γάρ.—Τὸ ἓν ἄρα μὴ ὂν ἀλλοιοῦταί τε καὶ οὐκ ἀλλοι-
οῦται.—Φαίνεται.—Τὸ δ' ἀλλοιούμενον ἆρ' οὐκ ἀνάγκη
γίγνεσθαι μὲν ἕτερον ἢ πρότερον, ἀπόλλυσθαι δὲ ἐκ τῆς
προτέρας ἕξεως· τὸ δὲ μὴ ἀλλοιούμενον μήτε γίγνεσθαι b
μήτε ἀπόλλυσθαι;—'Ανάγκη.—Καὶ τὸ ἓν ἄρα μὴ ὂν ἀλλοιού-
μενον μὲν γίγνεταί τε καὶ ἀπόλλυται, μὴ ἀλλοιούμενον δὲ
οὔτε γίγνεται οὔτε ἀπόλλυται· καὶ οὕτω τὸ ἓν μὴ ὂν γίγνεταί
τε καὶ ἀπόλλυται, καὶ οὔτε γίγνεται οὔτ' ἀπόλλυται.—Οὐ 5
γὰρ οὖν.

Αὖθις δὴ ἐπὶ τὴν ἀρχὴν ἴωμεν πάλιν ὀψόμενοι εἰ ταὐτὰ
ἡμῖν φανεῖται ἅπερ καὶ νῦν ἢ ἕτερα.—'Αλλὰ χρή.—Οὐκοῦν
ἓν εἰ μὴ ἔστι, φαμέν, τί χρὴ περὶ αὐτοῦ συμβαίνειν;— c
Ναί.—Τὸ δὲ μὴ ἔστιν ὅταν λέγωμεν, ἆρα μή τι ἄλλο

a 2 εἶχεν Τ: ἔχει Β   δὴ Heindorf e Ficino: δὲ ΒΤ   a 4 ἂν Τ:
om. Β   ᾗ Τ: εἰ Β   a 5 ᾗ Τ: εἰ Β   b 4 οὔτε γίγνεται Τ: οὐ
γίγνεται Β   b 6 γὰρ οὖν Β: γάρ Τ   c 2 τι ἄλλο Β: ἄλλο τι Τ

51

σημαίνει ἢ οὐσίας ἀπουσίαν τούτῳ ᾧ ἂν φῶμεν μὴ εἶναι;—
Οὐδὲν ἄλλο.—Πότερον οὖν, ὅταν φῶμεν μὴ εἶναί τι, πῶς
5 οὐκ εἶναί φαμεν αὐτό, πῶς δὲ εἶναι; ἢ τοῦτο τὸ μὴ ἔστι
λεγόμενον ἁπλῶς σημαίνει ὅτι οὐδαμῶς οὐδαμῇ ἔστιν οὐδέ
πῃ μετέχει οὐσίας τό γε μὴ ὄν;—Ἁπλούστατα μὲν οὖν.—
Οὔτε ἄρα εἶναι δύναιτο ἂν τὸ μὴ ὂν οὔτε ἄλλως οὐδαμῶς
d οὐσίας μετέχειν.—Οὐ γάρ.—Τὸ δὲ γίγνεσθαι καὶ τὸ ἀπόλ-
λυσθαι μή τι ἄλλο ἦν ἢ τὸ μὲν οὐσίας μεταλαμβάνειν, τὸ
δ' ἀπολλύναι οὐσίαν;—Οὐδὲν ἄλλο.—Ὧι δέ γε μηδὲν
τούτου μέτεστιν, οὔτ' ἂν λαμβάνοι οὔτ' ἀπολλύοι αὐτό.—
5 Πῶς γάρ;—Τῷ ἑνὶ ἄρα, ἐπειδὴ οὐδαμῇ ἔστιν, οὔτε ἑκτέον
οὔτε ἀπαλλακτέον οὔτε μεταληπτέον οὐσίας οὐδαμῶς.—
Εἰκός.—Οὔτε ἄρα ἀπόλλυται τὸ μὴ ὂν ἓν οὔτε γίγνεται,
ἐπείπερ οὐδαμῇ μετέχει οὐσίας.—Οὐ φαίνεται.—Οὐδ' ἄρ'
e ἀλλοιοῦται οὐδαμῇ· ἤδη γὰρ ἂν γίγνοιτό τε καὶ ἀπολλύοιτο
τοῦτο πάσχον.—Ἀληθῆ.—Εἰ δὲ μὴ ἀλλοιοῦται, οὐκ ἀνάγκη
μηδὲ κινεῖσθαι;—Ἀνάγκη.—Οὐδὲ μὴν ἑστάναι φήσομεν τὸ
μηδαμοῦ ὄν· τὸ γὰρ ἑστὸς ἐν τῷ αὐτῷ τινι δεῖ ἀεὶ εἶναι.—
5 Τῷ αὐτῷ· πῶς γὰρ οὔ;—Οὕτω δὴ αὖ τὸ μὴ ὂν μήτε ποτέ
ἑστάναι μήτε κινεῖσθαι λέγωμεν.—Μὴ γὰρ οὖν.—Ἀλλὰ
μὴν οὐδ' ἔστι γε αὐτῷ τι τῶν ὄντων· ἤδη γὰρ ἂν τούτου
164 μετέχον [ὄντος] οὐσίας μετέχοι.—Δῆλον.—Οὔτε ἄρα μέγεθος
οὔτε σμικρότης οὔτε ἰσότης αὐτῷ ἔστιν.—Οὐ γάρ.—Οὐδὲ
μὴν ὁμοιότης γε οὐδὲ ἑτεροιότης οὔτε πρὸς αὐτὸ οὔτε πρὸς
τἆλλα εἴη ἂν αὐτῷ.—Οὐ φαίνεται.—Τί δέ; τἆλλα ἔσθ'
5 ὅπως ἂν εἴη αὐτῷ, εἰ μηδὲν αὐτῷ δεῖ εἶναι;—Οὐκ ἔστιν.—
Οὔτε ἄρα ὅμοια οὔτε ἀνόμοια οὔτε ταὐτὰ οὔθ' ἕτερά ἐστιν
αὐτῷ τὰ ἄλλα.—Οὐ γάρ.—Τί δέ; τὸ ἐκείνου ἢ τὸ ἐκείνῳ
ἢ τὸ τὶ ἢ τὸ τοῦτο ἢ τὸ τούτου ἢ ἄλλου ἢ ἄλλῳ ἢ ποτὲ ἢ

c3 ᾧ B : ὃ T   c8 εἶναι T: om. B   d2 ἦν Heindorf:
ἢ BT   d4 ἂν λαμβάνοι T: ἀναλαμβάνοι B   e4 δεῖ ἀεὶ BT:
ἀεὶ δεῖ vulg.   e5 τῷ αὐτῷ· BT (alteri tribuit B): τὸ αὐτό. al.
e7 τούτου B: τοῦτο T: τον al. Heindorf   a1 ὄντος seclusi
τοῦ ὄντος Stallbaum   a3 γε B: τε T   οὐδὲ T: οὔτε B   a4 τἆλλα
εἴη T: ἄλλα εἴη B

ἔπειτα ἢ νῦν ἢ ἐπιστήμη ἢ δόξα ἢ αἴσθησις ἢ λόγος ἢ b
ὄνομα ἢ ἄλλο ὁτιοῦν τῶν ὄντων περὶ τὸ μὴ ὂν ἔσται;—Οὐκ
ἔσται.—Οὕτω δὴ ἓν οὐκ ὂν οὐκ ἔχει πως οὐδαμῇ.—Οὔκουν
δὴ ἔοικέν γε οὐδαμῇ ἔχειν.

Ἔτι δὴ λέγωμεν, ἓν εἰ μὴ ἔστι, τἆλλα τί χρὴ πε- 5
πονθέναι.—Λέγωμεν γάρ.—Ἄλλα μέν που δεῖ αὐτὰ εἶναι·
εἰ γὰρ μηδὲ ἄλλα ἐστίν, οὐκ ἂν περὶ τῶν ἄλλων λέγοιτο.—
Οὕτω.—Εἰ δὲ περὶ τῶν ἄλλων ὁ λόγος, τά γε ἄλλα ἕτερά
ἐστιν. ἢ οὐκ ἐπὶ τῷ αὐτῷ καλεῖς τό τε ἄλλο καὶ τὸ
ἕτερον;—Ἔγωγε.—Ἕτερον δέ γέ πού φαμεν τὸ ἕτερον εἶναι c
ἑτέρου, καὶ τὸ ἄλλο δὴ ἄλλο εἶναι ἄλλου;—Ναί.—Καὶ τοῖς
ἄλλοις ἄρα, εἰ μέλλει ἄλλα εἶναι, ἔστι τι οὗ ἄλλα ἔσται.—
Ἀνάγκη.—Τί δὴ οὖν ἂν εἴη; τοῦ μὲν γὰρ ἑνὸς οὐκ ἔσται
ἄλλα, μὴ ὄντος γε.—Οὐ γάρ.—Ἀλλήλων ἄρα ἐστί· τοῦτο 5
γὰρ αὐτοῖς ἔτι λείπεται, ἢ μηδενὸς εἶναι ἄλλοις.—Ὀρθῶς.
—Κατὰ πλήθη ἄρα ἕκαστα ἀλλήλων ἄλλα ἐστί· κατὰ ἓν
γὰρ οὐκ ἂν οἷά τε εἴη, μὴ ὄντος ἑνός. ἀλλ' ἕκαστος, ὡς
ἔοικεν, ὁ ὄγκος αὐτῶν ἄπειρός ἐστι πλήθει, κἂν τὸ σμικρό- d
τατον δοκοῦν εἶναι λάβῃ τις, ὥσπερ ὄναρ ἐν ὕπνῳ φαίνεται
ἐξαίφνης ἀντὶ ἑνὸς δόξαντος εἶναι πολλὰ καὶ ἀντὶ σμικρο-
τάτου παμμέγεθες πρὸς τὰ κερματιζόμενα ἐξ αὐτοῦ.—Ὀρθό-
τατα.—Τοιούτων δὴ ὄγκων ἄλλα ἀλλήλων ἂν εἴη τἆλλα, 5
εἰ ἑνὸς μὴ ὄντος ἄλλα ἐστίν.—Κομιδῇ μὲν οὖν.—Οὐκοῦν
πολλοὶ ὄγκοι ἔσονται, εἷς ἕκαστος φαινόμενος, ὢν δὲ οὔ,
εἴπερ ἓν μὴ ἔσται;—Οὕτω.—Καὶ ἀριθμὸς δὲ εἶναι αὐτῶν
δόξει, εἴπερ καὶ ἓν ἕκαστον, πολλῶν ὄντων.—Πάνυ γε.— e
Καὶ τὰ μὲν δὴ ἄρτια, τὰ δὲ περιττὰ ἐν αὐτοῖς ὄντα οὐκ
ἀληθῶς φαίνεται, εἴπερ ἓν μὴ ἔσται.—Οὐ γὰρ οὖν.—Καὶ
μὴν καὶ σμικρότατόν γε, φαμέν, δόξει ἐν αὐτοῖς ἐνεῖναι·

b 5 τί Β: om. T   b 6 ἄλλα μέν που T: ἀλλὰ μὴν ποὖ Β   c 1 τὸ
T: om. Β   c 6 ἢ T: εἰ Β   d 8 οὕτω T: om. Β   e 1 δόξει
T: δόξειεν Β   e 3 φαίνεται] φανεῖται Thomson   e 4. δόξει ἐν
Heindorf: δόξειεν Β T   ἐνεῖναι] ἓν εἶναι Β: εἶναι T

5 φαίνεται δὲ τοῦτο πολλὰ καὶ μεγάλα πρὸς ἕκαστον τῶν
165 πολλῶν ὡς σμικρῶν ὄντων.—Πῶς δ᾽ οὔ;—Καὶ ἴσος μὴν
τοῖς πολλοῖς καὶ σμικροῖς ἕκαστος ὄγκος δοξασθήσεται
εἶναι· οὐ γὰρ ἂν μετέβαινεν ἐκ μείζονος εἰς ἔλαττον φαινό-
μενος, πρὶν εἰς τὸ μεταξὺ δόξειεν ἐλθεῖν, τοῦτο δ᾽ εἴη ἂν
5 φάντασμα ἰσότητος.—Εἰκός.—Οὐκοῦν καὶ πρὸς ἄλλον ὄγκον
πέρας ἔχων, αὐτός γε πρὸς αὑτὸν οὔτε ἀρχὴν οὔτε πέρας
οὔτε μέσον ἔχων;—Πῇ δή;—Ὅτι ἀεὶ αὐτῶν ὅταν τίς τι
λάβῃ τῇ διανοίᾳ ὥς τι τούτων ὄν, πρό τε τῆς ἀρχῆς ἄλλη
b ἀεὶ φαίνεται ἀρχή, μετά τε τὴν τελευτὴν ἑτέρα ὑπολειπομένη
τελευτή, ἔν τε τῷ μέσῳ ἄλλα μεσαίτερα τοῦ μέσου, σμικρό-
τερα δέ, διὰ τὸ μὴ δύνασθαι ἑνὸς αὐτῶν ἑκάστου λαμβά-
νεσθαι, ἅτε οὐκ ὄντος τοῦ ἑνός.—Ἀληθέστατα.—Θρύπτεσθαι
5 δὴ οἶμαι κερματιζόμενον ἀνάγκη πᾶν τὸ ὄν, ὃ ἄν τις λάβῃ
τῇ διανοίᾳ· ὄγκος γάρ που ἄνευ ἑνὸς ἀεὶ λαμβάνοιτ᾽ ἄν.—
Πάνυ μὲν οὖν.—Οὐκοῦν τό γε τοιοῦτον πόρρωθεν μὲν
c ὁρῶντι καὶ ἀμβλὺ ἓν φαίνεσθαι ἀνάγκη, ἐγγύθεν δὲ καὶ ὀξὺ
νοοῦντι πλήθει ἄπειρον ἓν ἕκαστον φανῆναι, εἴπερ στέρεται
τοῦ ἑνὸς μὴ ὄντος;—Ἀναγκαιότατον μὲν οὖν.—Οὕτω δὴ
ἄπειρά τε καὶ πέρας ἔχοντα καὶ ἓν καὶ πολλὰ ἕκαστα τἆλλα
5 δεῖ φαίνεσθαι, ἓν εἰ μὴ ἔστιν, τἆλλα δὲ τοῦ ἑνός.—Δεῖ
γάρ.—Οὐκοῦν καὶ ὅμοιά τε καὶ ἀνόμοια δόξει εἶναι;—Πῇ
δή;—Οἷον ἐσκιαγραφημένα ἀποστάντι μὲν ἓν πάντα φαινό-
μενα ταὐτὸν φαίνεσθαι πεπονθέναι καὶ ὅμοια εἶναι.—Πάνυ
d γε.—Προσελθόντι δέ γε πολλὰ καὶ ἕτερα καὶ τῷ τοῦ ἑτέρου
φαντάσματι ἑτεροῖα καὶ ἀνόμοια ἑαυτοῖς.—Οὕτω.—Καὶ
ὁμοίους δὴ καὶ ἀνομοίους τοὺς ὄγκους αὐτούς τε αὑτοῖς
ἀνάγκη φαίνεσθαι καὶ ἀλλήλοις.—Πάνυ μὲν οὖν.—Οὐκοῦν
5 καὶ τοὺς αὐτοὺς καὶ ἑτέρους ἀλλήλων, καὶ ἁπτομένους καὶ

a 2 σμικροῖς T : σμικρὸς B   a 4 δόξειεν T : δόξειν B   a 6 γε
Hermann : τε BT   a 7 τι T: om. B   b 2 μεσαίτερα T : μεσαίτερα
τὰ B   b 3 δέ T :⁰ om. B   b 5 δὴ B : δὲ T   b 6 αἰεὶ T : om. B
b 7 πόρρωθεν μὲν B : πόρρωθεν T   c 1 ἓν φαίνεσθαι b : ἐμφαίνεσθαι
T pr. B   ὀξὺ νοοῦντι T : ὀξύνοντι B Procl. suppl.   c 5 δεῖ φαίνεσθαι
T : δὴ φαίνεσθαι B   τἆλλα corr. Ven. 189 : ἄλλα B : ἀλλὰ T

χωρὶς ἑαυτῶν, καὶ κινουμένους πάσας κινήσεις καὶ ἑστῶτας
πάντῃ, καὶ γιγνομένους καὶ ἀπολλυμένους καὶ μηδέτερα, καὶ
πάντα που τὰ τοιαῦτα, ἃ διελθεῖν εὐπετὲς ἤδη ἡμῖν, εἰ ἑνὸς
μὴ ὄντος πολλὰ ἔστιν.—Ἀληθέστατα μὲν οὖν.   e

Ἔτι δὴ ἅπαξ ἐλθόντες πάλιν ἐπὶ τὴν ἀρχὴν εἴπωμεν, ἓν
εἰ μὴ ἔστι, τἆλλα δὲ τοῦ ἑνός, τί χρὴ εἶναι.—Εἴπωμεν
γὰρ οὖν.—Οὐκοῦν ἓν μὲν οὐκ ἔσται τἆλλα.—Πῶς γάρ;—
Οὐδὲ μὴν πολλά γε· ἐν γὰρ πολλοῖς οὖσιν ἐνείη ἂν καὶ ἕν. 5
εἰ γὰρ μηδὲν αὐτῶν ἐστὶν ἕν, ἅπαντα οὐδέν ἐστιν, ὥστε
οὐδ᾽ ἂν πολλὰ εἴη.—Ἀληθῆ.—Μὴ ἐνόντος δὲ ἑνὸς ἐν τοῖς
ἄλλοις, οὔτε πολλὰ οὔτε ἕν ἐστι τἆλλα.—Οὐ γάρ.—Οὐδέ
γε φαίνεται ἐν οὐδὲ πολλά.—Τί δή;—Ὅτι τἆλλα τῶν μὴ 166
ὄντων οὐδενὶ οὐδαμῇ οὐδαμῶς οὐδεμίαν κοινωνίαν ἔχει, οὐδέ
τι τῶν μὴ ὄντων παρὰ τῶν ἄλλων τῷ ἐστιν· οὐδὲν γὰρ
μέρος ἐστὶ τοῖς μὴ οὖσιν.—Ἀληθῆ.—Οὐδ᾽ ἄρα δόξα τοῦ
μὴ ὄντος παρὰ τοῖς ἄλλοις ἐστὶν οὐδέ τι φάντασμα, οὐδὲ 5
δοξάζεται οὐδαμῇ οὐδαμῶς τὸ μὴ ὂν ἐπὶ τῶν ἄλλων.—Οὐ
γὰρ οὖν.—Ἓν ἄρα εἰ μὴ ἔστιν, οὐδὲ δοξάζεταί τι τῶν
ἄλλων ἓν εἶναι οὐδὲ πολλά· ἄνευ γὰρ ἑνὸς πολλὰ δοξάσαι b
ἀδύνατον.—Ἀδύνατον γάρ.—Ἓν ἄρα εἰ μὴ ἔστι, τἆλλα οὔτε
ἔστιν οὔτε δοξάζεται ἐν οὐδὲ πολλά.—Οὐκ ἔοικεν.—Οὐδ᾽ ἄρα
ὅμοια οὐδὲ ἀνόμοια.—Οὐ γάρ.—Οὐδὲ μὴν τὰ αὐτά γε οὐδ᾽
ἕτερα, οὐδὲ ἁπτόμενα οὐδὲ χωρίς, οὐδὲ ἄλλα ὅσα ἐν τοῖς πρό- 5
σθεν διήλθομεν ὡς φαινόμενα αὐτά, τούτων οὔτε τι ἔστιν οὔτε
φαίνεται τἆλλα, ἓν εἰ μὴ ἔστιν.—Ἀληθῆ.—Οὐκοῦν καὶ
συλλήβδην εἰ εἴποιμεν, ἓν εἰ μὴ ἔστιν, οὐδέν ἐστιν, ὀρθῶς c
ἂν εἴποιμεν;—Παντάπασι μὲν οὖν.—Εἰρήσθω τοίνυν τοῦτό
τε καὶ ὅτι, ὡς ἔοικεν, ἓν εἴτ᾽ ἔστιν εἴτε μὴ ἔστιν, αὐτό τε καὶ
τἆλλα καὶ πρὸς αὑτὰ καὶ πρὸς ἄλληλα πάντα πάντως ἐστί τε
καὶ οὐκ ἔστι καὶ φαίνεταί τε καὶ οὐ φαίνεται.—Ἀληθέστατα. 5

d 7 πάντῃ B : πανταχῇ T   d 8 ἤδη ἡμῖν B : ἡμῖν ἤδη T   e 2 πάλιν
B : om. T   e 3 τἆλλα B : ἄλλα T   e 5 ἐνείη] ἐν εἴη B : εἴη T
a 2 οὐδέ τι T : οὐδ᾽ ἔτι B   a 6 ἐπὶ Schleiermacher : ὑπὸ B T
a 7 οὐδὲ B : οὔτε T   b 5 ἄλλα B : τἆλλα T

ΦΙΛΗΒΟΣ

ΣΩΚΡΑΤΗΣ ΠΡΩΤΑΡΧΟΣ ΦΙΛΗΒΟΣ

ΣΩ. Ὅρα δή, Πρώταρχε, τίνα λόγον μέλλεις παρὰ Φιλή- a
βου δέχεσθαι νυνὶ καὶ πρὸς τίνα τὸν παρ' ἡμῖν ἀμφισβητεῖν,
ἐὰν μή σοι κατὰ νοῦν ᾖ λεγόμενος. βούλει συγκεφαλαιω- b
σώμεθα ἑκάτερον;

ΠΡΩ. Πάνυ μὲν οὖν.

ΣΩ. Φίληβος μὲν τοίνυν ἀγαθὸν εἶναί φησι τὸ χαίρειν
πᾶσι ζῴοις καὶ τὴν ἡδονὴν καὶ τέρψιν, καὶ ὅσα τοῦ γένους 5
ἐστὶ τούτου σύμφωνα· τὸ δὲ παρ' ἡμῶν ἀμφισβήτημά ἐστι
μὴ ταῦτα, ἀλλὰ τὸ φρονεῖν καὶ τὸ νοεῖν καὶ μεμνῆσθαι καὶ
τὰ τούτων αὖ συγγενῆ, δόξαν τε ὀρθὴν καὶ ἀληθεῖς λογισμούς,
τῆς γε ἡδονῆς ἀμείνω καὶ λῴω γίγνεσθαι σύμπασιν ὅσαπερ
αὐτῶν δυνατὰ μεταλαβεῖν· δυνατοῖς δὲ μετασχεῖν ὠφελιμώ- c
τατον ἁπάντων εἶναι πᾶσι τοῖς οὖσί τε καὶ ἐσομένοις. μῶν
οὐχ οὕτω πως λέγομεν, ὦ Φίληβε, ἑκάτεροι;

ΦΙ. Πάντων μὲν οὖν μάλιστα, ὦ Σώκρατες.

ΣΩ. Δέχῃ δὴ τοῦτον τὸν νῦν διδόμενον, ὦ Πρώταρχε, 5
λόγον;

ΠΡΩ. Ἀνάγκη δέχεσθαι· Φίληβος γὰρ ἡμῖν ὁ καλὸς
ἀπείρηκεν.

a 2 νυνὶ B : νῦν T   τὸν Schleiermacher : τῶν B T   b 1 ἐὰν B :
ἂν T   b 7 μεμνῆσθαι T : τὸ μεμνῆσθαι B

57

ΣΩ. Δεῖ δὴ περὶ αὐτῶν τρόπῳ παντὶ τἀληθές πῃ περαν-
10 θῆναι;

d   ΠΡΩ. Δεῖ γὰρ οὖν.

ΣΩ. Ἴθι δή, πρὸς τούτοις διομολογησώμεθα καὶ τόδε.

ΠΡΩ. Τὸ ποῖον;

ΣΩ. Ὡς νῦν ἡμῶν ἑκάτερος ἕξιν ψυχῆς καὶ διάθεσιν
5 ἀποφαίνειν τινὰ ἐπιχειρήσει τὴν δυναμένην ἀνθρώποις πᾶσι
τὸν βίον εὐδαίμονα παρέχειν. ἆρ' οὐχ οὕτως;

ΠΡΩ. Οὕτω μὲν οὖν.

ΣΩ. Οὐκοῦν ὑμεῖς μὲν τὴν τοῦ χαίρειν, ἡμεῖς δ' αὖ τὴν
τοῦ φρονεῖν;

10   ΠΡΩ. Ἔστι ταῦτα.

ΣΩ. Τί δ' ἂν ἄλλη τις κρείττων τούτων φανῇ; μῶν οὐκ,
e ἂν μὲν ἡδονῇ μᾶλλον φαίνηται συγγενής, ἡττώμεθα μὲν
ἀμφότεροι τοῦ ταῦτα ἔχοντος βεβαίως βίου, κρατεῖ δὲ ὁ τῆς
12 ἡδονῆς τὸν τῆς φρονήσεως;

ΠΡΩ. Ναί.

ΣΩ. Ἂν δέ γε φρονήσει, νικᾷ μὲν φρόνησις τὴν ἡδονήν,
ἡ δὲ ἡττᾶται; ταῦθ' οὕτως ὁμολογούμενά φατε, ἢ πῶς;

5   ΠΡΩ. Ἐμοὶ γοῦν δοκεῖ.

ΣΩ. Τί δὲ Φιλήβῳ; τί φῄς;

ΦΙ. Ἐμοὶ μὲν πάντως νικᾶν ἡδονὴ δοκεῖ καὶ δόξει· σὺ δέ,
Πρώταρχε, αὐτὸς γνώσῃ.

ΠΡΩ. Παραδούς, ὦ Φίληβε, ἡμῖν τὸν λόγον οὐκ ἂν
10 ἔτι κύριος εἴης τῆς πρὸς Σωκράτη ὁμολογίας ἢ καὶ τοὐ-
ναντίον.

b   ΦΙ. Ἀληθῆ λέγεις· ἀλλὰ γὰρ ἀφοσιοῦμαι καὶ μαρτύρομαι
νῦν αὐτὴν τὴν θεόν.

ΠΡΩ. Καὶ ἡμεῖς σοι τούτων γε αὐτῶν συμμάρτυρες ἂν
εἶμεν, ὡς ταῦτα ἔλεγες ἃ λέγεις. ἀλλὰ δὴ τὰ μετὰ ταῦτα

---

d 4 ἡμῶν B : αὐτῶν T   e 1 ἡδονῇ] ἡδονὴ B T   a 3 γε B T :
om. al.   a 4 ὁμολογούμενα T : ὁμολογοῦμεν & B   a 7 δέ B :
δ' ὦ T   a 9 φίληβε T : φίληβος B   b 3 γε B T : om. vulg.
b 4 εἶμεν corr. Ven. 189 : ἦμεν B T

ἑξῆς, ὦ Σώκρατες, ὅμως καὶ μετὰ Φιλήβου ἑκόντος ἢ ὅπως 5
ἂν ἐθέλῃ πειρώμεθα περαίνειν.

ΣΩ. Πειρατέον, ἀπ' αὐτῆς δὴ τῆς θεοῦ, ἣν ὅδε Ἀφροδίτην
μὲν λέγεσθαί φησι, τὸ δ' ἀληθέστατον αὐτῆς ὄνομα Ἡδονὴν
εἶναι.

ΠΡΩ. Ὀρθότατα.   10

ΣΩ. Τὸ δ' ἐμὸν δέος, ὦ Πρώταρχε, ἀεὶ πρὸς τὰ τῶν θεῶν c
ὀνόματα οὐκ ἔστι κατ' ἄνθρωπον, ἀλλὰ πέρα τοῦ μεγίστου
φόβου. καὶ νῦν τὴν μὲν Ἀφροδίτην, ὅπῃ ἐκείνῃ φίλον,
ταύτῃ προσαγορεύω· τὴν δὲ ἡδονὴν οἶδα ὡς ἔστι ποικίλον,
καὶ ὅπερ εἶπον, ἀπ' ἐκείνης ἡμᾶς ἀρχομένους ἐνθυμεῖσθαι δεῖ 5
καὶ σκοπεῖν ἥντινα φύσιν ἔχει. ἔστι γάρ, ἀκούειν μὲν οὕτως
ἁπλῶς, ἕν τι, μορφὰς δὲ δήπου παντοίας εἴληφε καί τινα
τρόπον ἀνομοίους ἀλλήλαις. ἰδὲ γάρ· ἥδεσθαι μέν φαμεν
τὸν ἀκολασταίνοντα ἄνθρωπον, ἥδεσθαι δὲ καὶ τὸν σωφρο-   d
νοῦντα αὐτῷ τῷ σωφρονεῖν· ἥδεσθαι δ' αὖ καὶ τὸν ἀνοηταί-
νοντα καὶ ἀνοήτων δοξῶν καὶ ἐλπίδων μεστόν, ἥδεσθαι δ' αὖ
τὸν φρονοῦντα αὐτῷ τῷ φρονεῖν· καὶ τούτων τῶν ἡδονῶν
ἑκατέρας πῶς ἄν τις ὁμοίας ἀλλήλαις εἶναι λέγων οὐκ ἀνόητος 5
φαίνοιτο ἐνδίκως;

ΠΡΩ. Εἰσὶ μὲν γὰρ ἀπ' ἐναντίων, ὦ Σώκρατες, αὗται
πραγμάτων, οὐ μὴν αὐταί γε ἀλλήλαις ἐναντίαι. πῶς γὰρ
ἡδονῇ γε ἡδονὴ [μὴ] οὐχ ὁμοιότατον ἂν εἴη, τοῦτο αὐτὸ ἑαυτῷ, e
πάντων χρημάτων;

ΣΩ. Καὶ γὰρ χρῶμα, ὦ δαιμόνιε, χρώματι· κατά γε αὐτὸ
τοῦτο οὐδὲν διοίσει τὸ χρῶμα εἶναι πᾶν, τό γε μὴν μέλαν
τῷ λευκῷ πάντες γιγνώσκομεν ὡς πρὸς τῷ διάφορον εἶναι 5
καὶ ἐναντιώτατον ὂν τυγχάνει. καὶ δὴ καὶ σχῆμα σχήματι

b 7 δὴ T : δὲ B   c 6 ἔχει B T : ἔσχεν G   d 1 ἄνθρωπον
om. Galenus   d 2 δ' αὖ T Alexander Aphrodisiensis : δὲ B
d 3 δ' αὖ B : δ' αὖ καὶ T   d 4 φρονοῦντα ... φρονεῖν T : σωφρονοῦντα
... σωφρονεῖν B   d 8 αὐταί T : αὗταί B   e 1 ἡδονῇ γε ἡδονὴ
scripsi : ἡδονὴν γε ἡδονῇ B : ἡδονῇ γε ἡδονῇ T   μὴ secl. Badham
τοῦτο αὐτὸ] τὸ γ' αὐτὸ ci. Stallbaum   e 3 χρώματι B T : χρώματος
al. Ast   e 4 οὐθὲν T   πᾶν B T : τὸ πᾶν vulg. Galenus

59

κατὰ ταὐτόν· γένει μέν ἐστι πᾶν ἕν, τὰ δὲ μέρη τοῖς μέρεσιν
13 αὐτοῦ τὰ μὲν ἐναντιώτατα ἀλλήλοις, τὰ δὲ διαφορότητ' ἔχοντα
μυρίαν που τυγχάνει, καὶ πολλὰ ἕτερα οὕτως ἔχονθ' εὑρή-
σομεν. ὥστε τούτῳ γε τῷ λόγῳ μὴ πίστευε, τῷ πάντα τὰ
ἐναντιώτατα ἓν ποιοῦντι. φοβοῦμαι δὲ μή τινας ἡδονὰς
5 ἡδοναῖς εὑρήσομεν ἐναντίας.

ΠΡΩ. Ἴσως· ἀλλὰ τί τοῦθ' ἡμῶν βλάψει τὸν λόγον;

ΣΩ. Ὅτι προσαγορεύεις αὐτὰ ἀνόμοια ὄντα ἑτέρῳ, φή-
σομεν, ὀνόματι· λέγεις γὰρ ἀγαθὰ πάντ' εἶναι τὰ ἡδέα. τὸ
μὲν οὖν μὴ οὐχὶ ἡδέα εἶναι τὰ ἡδέα λόγος οὐδεὶς ἀμφισβητεῖ·
b κακὰ δ' ὄντα αὐτῶν τὰ πολλὰ καὶ ἀγαθὰ δέ, ὡς ἡμεῖς φαμέν,
ὅμως πάντα σὺ προσαγορεύεις ἀγαθὰ αὐτά, ὁμολογῶν ἀνόμοια
εἶναι, τῷ λόγῳ εἴ τίς σε προσαναγκάζοι. τί οὖν δὴ ταὐτὸν
ἐν ταῖς κακαῖς ὁμοίως καὶ ἐν ἀγαθαῖς ἐνὸν πάσας ἡδονὰς
5 ἀγαθὸν εἶναι προσαγορεύεις;

ΠΡΩ. Πῶς λέγεις, ὦ Σώκρατες; οἴει γάρ τινα συγχωρή-
σεσθαι, θέμενον ἡδονὴν εἶναι τἀγαθόν, εἶτα ἀνέξεσθαί σου
c λέγοντος τὰς μὲν εἶναί τινας ἀγαθὰς ἡδονάς, τὰς δέ τινας
ἑτέρας αὐτῶν κακάς;

ΣΩ. Ἀλλ' οὖν ἀνομοίους γε φήσεις αὐτὰς ἀλλήλαις εἶναι
καί τινας ἐναντίας.

5 ΠΡΩ. Οὔτι καθ' ὅσον γε ἡδοναί.

ΣΩ. Πάλιν εἰς τὸν αὐτὸν φερόμεθα λόγον, ὦ Πρώταρχε,
οὐδ' ἄρα ἡδονὴν ἡδονῆς διάφορον, ἀλλὰ πάσας ὁμοίας εἶναι
φήσομεν, καὶ τὰ παραδείγματα ἡμᾶς τὰ νυνδὴ λεχθέντα
οὐδὲν τιτρώσκει, πεισόμεθα δὲ καὶ ἐροῦμεν ἅπερ οἱ πάντων
d φαυλότατοί τε καὶ περὶ λόγους ἅμα νέοι.

ΠΡΩ. Τὰ ποῖα δὴ λέγεις;

a 5 εὑρήσομ' ἐναντίας Β : εὑρήσομεν ἐναντίαις pr. Τ   a 6 ἡμῶν
ΒΤ : ἡμῖν vulg.   a 9 οὐχὶ Τ : οὐχ Β   b 2 ὅμως] ὁμοίως Her-
mann   πάντα Τ : om. Β   ⟨ἂν⟩ ἀνόμοια Hermann   b 3 προσ-
αναγκάζει Jackson   b 4 ἐνὸν] ἐνορῶν Thompson : ἐννοῶν Apelt
c 1 ἡδονάς ΒΤ : om. al.   c 7 ἡδονὴν ΤG : ἡδονὴ Β   εἶναι ΒΤ :
om. G   c 8 τὰ νῦν δὴ Β : δὴ τὰ νῦν Τ   c 9 οὐδέν τι τρώσει
Jackson   πεισόμεθα Badham : πειρόμεθα Β : πειρασόμεθα Τ

ΣΩ. Ὅτι σε μιμούμενος ἐγὼ καὶ ἀμυνόμενος ἐὰν τολμῶ
λέγειν ὡς τὸ ἀνομοιότατόν ἐστι τῷ ἀνομοιοτάτῳ πάντων
ὁμοιότατον, ἕξω τὰ αὐτὰ σοὶ λέγειν, καὶ φανούμεθά γε 5
νεώτεροι τοῦ δέοντος, καὶ ὁ λόγος ἡμῖν ἐκπεσὼν οἰχήσεται.
πάλιν οὖν αὐτὸν ἀνακρουώμεθα, καὶ τάχ᾽ ἂν ἰόντες εἰς τὰς
ὁμοίας ἴσως ἄν πως ἀλλήλοις συγχωρήσαιμεν.

ΠΡΩ. Λέγε πῶς; e

ΣΩ. Ἐμὲ θὲς ὑπὸ σοῦ πάλιν ἐρωτώμενον, ὦ Πρώταρχε.

ΠΡΩ. Τὸ ποῖον δή;

ΣΩ. Φρόνησίς τε καὶ ἐπιστήμη καὶ νοῦς καὶ πάνθ᾽ ὁπόσα
δὴ κατ᾽ ἀρχὰς ἐγὼ θέμενος εἶπον ἀγαθά, διερωτώμενος ὅτι 5
ποτ᾽ ἐστὶν ἀγαθόν, ἆρ᾽ οὐ ταὐτὸν πείσονται τοῦτο ὅπερ ὁ σὸς
λόγος;

ΠΡΩ. Πῶς;

ΣΩ. Πολλαί τε αἱ συνάπασαι ἐπιστῆμαι δόξουσιν εἶναι
καὶ ἀνόμοιοί τινες αὐτῶν ἀλλήλαις· εἰ δὲ καὶ ἐναντίαι πη 10
γίγνονταί τινες, ἆρα ἄξιος ἂν εἴην τοῦ διαλέγεσθαι νῦν, εἰ 14
φοβηθεὶς τοῦτο αὐτὸ μηδεμίαν ἀνόμοιον φαίην ἐπιστήμην
ἐπιστήμῃ γίγνεσθαι, κἄπειθ᾽ ἡμῖν οὕτως ὁ λόγος ὥσπερ
μῦθος ἀπολόμενος οἴχοιτο, αὐτοὶ δὲ σῳζοίμεθα ἐπί τινος
ἀλογίας; 5

ΠΡΩ. Ἀλλ᾽ οὐ μὴν δεῖ τοῦτο γενέσθαι, πλὴν τοῦ σωθῆναι.
τό γε μήν μοι ἴσον τοῦ σοῦ τε καὶ ἐμοῦ λόγου ἀρέσκει·
πολλαὶ μὲν ἡδοναὶ καὶ ἀνόμοιοι γιγνέσθων, πολλαὶ δὲ
ἐπιστῆμαι καὶ διάφοροι.

ΣΩ. Τὴν τοίνυν διαφορότητα, ὦ Πρώταρχε, [τοῦ ἀγαθοῦ] b
τοῦ τ᾽ ἐμοῦ καὶ τοῦ σοῦ μὴ ἀποκρυπτόμενοι, κατατιθέντες δὲ
εἰς τὸ μέσον, τολμῶμεν, ἄν πη ἐλεγχόμενοι μηνύσωσι πότερον

---

d 6 ἡμῖν ἐκπεσὼν B : ἐκπεσὼν ἡμῖν T   d 7 ἂν ἰόντες Ven. 189 :
ἀνιόντες BT   e 5 ἀγαθά BT : ἀγαθόν per errorem Bekker
e 6 ἐστὶν ἀγαθόν B : ἐστὶ τἀγαθόν T   e 10 ἀνόμοιοί T : ἀνόμοιαί B
a 2 μὴ δὲ μίαν B : μηδὲ μίαν T   ἀνόμοιον BT : ἂν ἀνόμοιον vulg.
a 3 οὕτως B : οὗτος T   a 6 δεῖ T G : δεῖν B   a 8 γιγνέσθων]
γίγνεσθον BT   b 1 τοῦ ἀγαθοῦ seclusi auctore Bury   b 3 ἐλεγχό-
μενοι BT : ἐλεγχομένῳ Grouius : ἐλεγχόμεναι Stallbaum

ἡδονὴν τἀγαθὸν δεῖ λέγειν ἢ φρόνησιν ἤ τι τρίτον ἄλλο εἶναι.
5 νῦν γὰρ οὐ δήπου πρός γε αὐτὸ τοῦτο φιλονικοῦμεν, ὅπως
ἁγὼ τίθεμαι, ταῦτ᾽ ἔσται τὰ νικῶντα, ἢ ταῦθ᾽ ἃ σύ, τῷ δ᾽
ἀληθεστάτῳ δεῖ που συμμαχεῖν ἡμᾶς ἄμφω.

ΠΡΩ. Δεῖ γὰρ οὖν.

c   ΣΩ. Τοῦτον τοίνυν τὸν λόγον ἔτι μᾶλλον δι᾽ ὁμολογίας
βεβαιωσώμεθα.

ΠΡΩ. Τὸν ποῖον δή;

ΣΩ. Τὸν πᾶσι παρέχοντα ἀνθρώποις πράγματα ἑκούσί τε
5 καὶ ἄκουσιν ἐνίοις καὶ ἐνίοτε.

ΠΡΩ. Λέγε σαφέστερον.

ΣΩ. Τὸν νυνδὴ παραπεσόντα λέγω, φύσει πως πεφυκότα
θαυμαστόν. ἐν γὰρ δὴ τὰ πολλὰ εἶναι καὶ τὸ ἐν πολλὰ
θαυμαστὸν λεχθέν, καὶ ῥᾴδιον ἀμφισβητῆσαι τῷ τούτων
10 ὁποτερονοῦν τιθεμένῳ.

ΠΡΩ. Ἆρ᾽ οὖν λέγεις ὅταν τις ἐμὲ φῇ Πρώταρχον ἕνα
d γεγονότα φύσει πολλοὺς εἶναι πάλιν τοὺς ἐμὲ καὶ ἐναντίους
ἀλλήλοις, μέγαν καὶ σμικρὸν τιθέμενος καὶ βαρὺν καὶ κοῦφον
τὸν αὐτὸν καὶ ἄλλα μυρία;

ΣΩ. Σὺ μέν, ὦ Πρώταρχε, εἴρηκας τὰ δεδημευμένα τῶν
5 θαυμαστῶν περὶ τὸ ἐν καὶ πολλά, συγκεχωρημένα δὲ ὡς ἔπος
εἰπεῖν ὑπὸ πάντων ἤδη μὴ δεῖν τῶν τοιούτων ἅπτεσθαι,
παιδαριώδη καὶ ῥᾴδια καὶ σφόδρα τοῖς λόγοις ἐμπόδια
ὑπολαμβανόντων γίγνεσθαι, ἐπεὶ μηδὲ τὰ τοιάδε, ὅταν τις
e ἑκάστου τὰ μέλη τε καὶ ἅμα μέρη διελὼν τῷ λόγῳ, πάντα
ταῦτα τὸ ἐν ἐκεῖνο εἶναι διομολογησάμενος, ἐλέγχῃ κατα-
γελῶν ὅτι τέρατα διηνάγκασται φάναι, τό τε ἐν ὡς πολλά ἐστι
καὶ ἄπειρα, καὶ τὰ πολλὰ ὡς ἐν μόνον.

5   ΠΡΩ. Σὺ δὲ δὴ ποῖα, ὦ Σώκρατες, ἕτερα λέγεις, ἃ μήπω
συγκεχωρημένα δεδήμευται περὶ τὸν αὐτὸν τοῦτον λόγον;

b 4 τι T : om. B   b 5 τοῦτο corr. Coisl. : τοῦτο ὃ B T   b 6 ἁγὼ]
ἀγω B : ἃ ᾽γὼ T   b 7 δεῖ B : δή pr. T G   c 9 ἀμφισβητῆσαι
B : ἂν ἀμφισβητῆσαι T   d 2 τιθέμενος B : τιθεμένους T   e 1 ἅμα
B T : ἄλλα Badham

ΣΩ. Ὁπόταν, ὦ παῖ, τὸ ἐν μὴ τῶν γιγνομένων τε καὶ 15
ἀπολλυμένων τις τιθῆται, καθάπερ ἀρτίως ἡμεῖς εἴπομεν.
ἐνταυθοῖ μὲν γὰρ καὶ τὸ τοιοῦτον ἕν, ὅπερ εἴπομεν νυνδή,
συγκεχώρηται τὸ μὴ δεῖν ἐλέγχειν· ὅταν δέ τις ἕνα ἄνθρωπον
ἐπιχειρῇ τίθεσθαι καὶ βοῦν ἕνα καὶ τὸ καλὸν ἓν καὶ τὸ ἀγαθὸν 5
ἕν, περὶ τούτων τῶν ἑνάδων καὶ τῶν τοιούτων ἡ πολλὴ
σπουδὴ μετὰ διαιρέσεως ἀμφισβήτησις γίγνεται.

ΠΡΩ. Πῶς;

ΣΩ. Πρῶτον μὲν εἴ τινας δεῖ τοιαύτας εἶναι μονάδας b
ὑπολαμβάνειν ἀληθῶς οὔσας· εἶτα πῶς αὖ ταύτας, μίαν
ἑκάστην οὖσαν ἀεὶ τὴν αὐτὴν καὶ μήτε γένεσιν μήτε ὄλεθρον
προσδεχομένην, ὅμως εἶναι βεβαιότατα μίαν ταύτην; μετὰ
δὲ τοῦτ' ἐν τοῖς γιγνομένοις αὖ καὶ ἀπείροις εἴτε διεσπα- 5
σμένην καὶ πολλὰ γεγονυῖαν θετέον, εἴθ' ὅλην αὐτὴν αὑτῆς
χωρίς, ὃ δὴ πάντων ἀδυνατώτατον φαίνοιτ' ἄν, ταὐτὸν καὶ
ἐν ἅμα ἐν ἑνί τε καὶ πολλοῖς γίγνεσθαι. ταῦτ' ἔστι τὰ
περὶ τὰ τοιαῦτα ἓν καὶ πολλά, ἀλλ' οὐκ ἐκεῖνα, ὦ Πρώταρχε, c
ἁπάσης ἀπορίας αἴτια μὴ καλῶς ὁμολογηθέντα καὶ εὐπορίας
[ἂν] αὖ καλῶς.

ΠΡΩ. Οὐκοῦν χρὴ τοῦθ' ἡμᾶς, ὦ Σώκρατες, ἐν τῷ νῦν
πρῶτον διαπονήσασθαι; 5

ΣΩ. Ὡς γοῦν ἐγὼ φαίην ἄν.

ΠΡΩ. Καὶ πάντας τοίνυν ἡμᾶς ὑπόλαβε συγχωρεῖν σοι
τούσδε τὰ τοιαῦτα· Φίληβον δ' ἴσως κράτιστον ἐν τῷ νῦν
ἐπερωτῶντα μὴ κινεῖν εὖ κείμενον.

ΣΩ. Εἶεν· πόθεν οὖν τις ταύτης ἄρξηται πολλῆς οὔσης d
καὶ παντοίας περὶ τὰ ἀμφισβητούμενα μάχης; ἆρ' ἐνθένδε;

ΠΡΩ. Πόθεν;

ΣΩ. Φαμέν που ταὐτὸν ἓν καὶ πολλὰ ὑπὸ λόγων γιγνό-

---

a 3 νῦν δὴ Τ : νῦν δεῖν Β   a 7 σπουδὴ secl. Badham : σπουδῇ
R. G. Bury : που δὴ J. B. Bury : που ἤδη Apelt   b 4 post προσ-
δεχομένην lacunam statuit Hoffmann   ὅμως] ὅλως Badham : ὄντως
Susemihl   μίαν] fort. μὲν Zeller   c 3 δ' αν secl. Badham   c 4 τοῦθ'
Β : που τοῦθ' Τ   d 1 οὖν Β : οὖν ἄν Τ   d 2 ἐνθένδε ποθεν
Socrati tribuunt Β Τ   d 4 που Β Τ : ποι vulg.

5 μενα περιτρέχειν πάντη καθ᾽ ἕκαστον τῶν λεγομένων ἀεί,
καὶ πάλαι καὶ νῦν. καὶ τοῦτο οὔτε μὴ παύσηταί ποτε οὔτε
ἤρξατο νῦν, ἀλλ᾽ ἔστι τὸ τοιοῦτον, ὡς ἐμοὶ φαίνεται, τῶν
λόγων αὐτῶν ἀθάνατόν τι καὶ ἀγήρων πάθος ἐν ἡμῖν· ὁ δὲ
πρῶτον αὐτοῦ γευσάμενος ἑκάστοτε τῶν νέων, ἡσθεὶς ὥς
e τινα σοφίας ηὑρηκὼς θησαυρόν, ὑφ᾽ ἡδονῆς ἐνθουσιᾷ τε καὶ
πάντα κινεῖ λόγον ἄσμενος, τοτὲ μὲν ἐπὶ θάτερα κυκλῶν καὶ
συμφύρων εἰς ἕν, τοτὲ δὲ πάλιν ἀνειλίττων καὶ διαμερίζων,
εἰς ἀπορίαν αὑτὸν μὲν πρῶτον καὶ μάλιστα καταβάλλων,
5 δεύτερον δ᾽ ἀεὶ τὸν ἐχόμενον, ἄντε νεώτερος ἄντε πρεσβύτερος
ἄντε ἧλιξ ὢν τυγχάνῃ, φειδόμενος οὔτε πατρὸς οὔτε μητρὸς
16 οὔτε ἄλλου τῶν ἀκουόντων οὐδενός, ὀλίγου δὲ καὶ τῶν ἄλλων
ζῴων, οὐ μόνον τῶν ἀνθρώπων, ἐπεὶ βαρβάρων γε οὐδενὸς
ἂν φείσαιτο, εἴπερ μόνον ἑρμηνέα ποθὲν ἔχοι.

ΠΡΩ. Ἆρ᾽, ὦ Σώκρατες, οὐχ ὁρᾷς ἡμῶν τὸ πλῆθος, ὅτι
5 νέοι πάντες ἐσμέν, καὶ οὐ φοβῇ μή σοι μετὰ Φιλήβου
συνεπιθώμεθα, ἐὰν ἡμᾶς λοιδορῇς; ὅμως δὲ μανθάνομεν γὰρ
ὃ λέγεις, εἴ τις τρόπος ἔστι καὶ μηχανὴ τὴν μὲν τοιαύτην
ταραχὴν ἡμῖν ἔξω τοῦ λόγου εὐμενῶς πως ἀπελθεῖν, ὁδὸν δέ
b τινα καλλίω ταύτης ἐπὶ τὸν λόγον ἀνευρεῖν, σύ τε προθυμοῦ
τοῦτο καὶ ἡμεῖς συνακολουθήσομεν εἰς δύναμιν· οὐ γὰρ
σμικρὸς ὁ παρὼν λόγος, ὦ Σώκρατες.

ΣΩ. Οὐ γὰρ οὖν, ὦ παῖδες, ὥς φησιν ὑμᾶς προσαγο-
5 ρεύων Φίληβος. οὐ μὴν ἔστι καλλίων ὁδὸς οὐδ᾽ ἂν γένοιτο
ἧς ἐγὼ ἐραστὴς μέν εἰμι ἀεί, πολλάκις δέ με ἤδη διαφυ-
γοῦσα ἔρημον καὶ ἄπορον κατέστησεν.

ΠΡΩ. Τίς αὕτη; λεγέσθω μόνον.

c ΣΩ. Ἣν δηλῶσαι μὲν οὐ πάνυ χαλεπόν, χρῆσθαι δὲ
παγχάλεπον· πάντα γὰρ ὅσα τέχνης ἐχόμενα ἀνηυρέθη
πώποτε διὰ ταύτης φανερὰ γέγονε. σκόπει δὲ ἣν λέγω.

d 7 ἔστι Τ : ἐπὶ Β   d 8 ἄγηρων (sic) Β   e 3 ἀνειλίττων Β :
ἀνελίττων Τ   a 3 μόνον ἑρμηνέα ΒΤ: ἑρμηνέα μόνον vulg.
b 5 γένοιτο Β : γίγνοιτο Τ   b 6 ἧς] ⟨ἦ⟩ ἧς Madvig   c 1 χρῆ-
σθαι Τ : χρῆναι Β   c 2 ἀνευρεθῇ Β : ἂν εὑρεθῇ Τ

ΠΡΩ. Λέγε μόνον.

ΣΩ. Θεῶν μὲν εἰς ἀνθρώπους δόσις, ὥς γε καταφαίνεται 5
ἐμοί, ποθὲν ἐκ θεῶν ἐρρίφη διά τινος Προμηθέως ἅμα
φανοτάτῳ τινὶ πυρί· καὶ οἱ μὲν παλαιοί, κρείττονες ἡμῶν
καὶ ἐγγυτέρω θεῶν οἰκοῦντες, ταύτην φήμην παρέδοσαν,
ὡς ἐξ ἑνὸς μὲν καὶ πολλῶν ὄντων τῶν ἀεὶ λεγομένων εἶναι,
πέρας δὲ καὶ ἀπειρίαν ἐν αὐτοῖς σύμφυτον ἐχόντων. δεῖν 10
οὖν ἡμᾶς τούτων οὕτω διακεκοσμημένων ἀεὶ μίαν ἰδέαν περὶ d
παντὸς ἑκάστοτε θεμένους ζητεῖν—εὑρήσειν γὰρ ἐνοῦσαν—
ἐὰν οὖν μεταλάβωμεν, μετὰ μίαν δύο, εἴ πως εἰσί, σκοπεῖν,
εἰ δὲ μή, τρεῖς ἤ τινα ἄλλον ἀριθμόν, καὶ τῶν ἐν ἐκείνων
ἕκαστον πάλιν ὡσαύτως, μέχριπερ ἂν τὸ κατ' ἀρχὰς ἓν μὴ 5
ὅτι ἓν καὶ πολλὰ καὶ ἄπειρά ἐστι μόνον ἴδῃ τις, ἀλλὰ καὶ
ὁπόσα· τὴν δὲ τοῦ ἀπείρου ἰδέαν πρὸς τὸ πλῆθος μὴ προσ-
φέρειν πρὶν ἄν τις τὸν ἀριθμὸν αὐτοῦ πάντα κατίδῃ τὸν
μεταξὺ τοῦ ἀπείρου τε καὶ τοῦ ἑνός, τότε δ' ἤδη τὸ ἓν e
ἕκαστον τῶν πάντων εἰς τὸ ἄπειρον μεθέντα χαίρειν ἐᾶν.
οἱ μὲν οὖν θεοί, ὅπερ εἶπον, οὕτως ἡμῖν παρέδοσαν σκοπεῖν
καὶ μανθάνειν καὶ διδάσκειν ἀλλήλους· οἱ δὲ νῦν τῶν ἀν-
θρώπων ꞈσοφοὶ ἓν μέν, ὅπως ἂν τύχωσι, καὶ πολλὰ θᾶττον 17
καὶ βραδύτερον ποιοῦσι τοῦ δέοντος, μετὰ δὲ τὸ ἓν ἄπειρα
εὐθύς, τὰ δὲ μέσα αὐτοὺς ἐκφεύγει—οἷς διακεχώρισται τό τε
διαλεκτικῶς πάλιν καὶ τὸ ἐριστικῶς ἡμᾶς ποιεῖσθαι πρὸς
ἀλλήλους τοὺς λόγους.   5

ΠΡΩ. Τὰ μέν πως, ὦ Σώκρατες, δοκῶ σου μανθάνειν,
τὰ δὲ ἔτι σαφέστερον δέομαι ἃ λέγεις ἀκοῦσαι.

ΣΩ. Σαφὲς μήν, ὦ Πρώταρχε, ἐστὶν ἐν τοῖς γράμ-

c 7 φανοτάτῳ Τ (sed o in ras.) : φανοτάτῳ Β   κρείττονες ⟨ὄντες⟩
Badham   c 8 φήμην Β : φήμη Τ   c 9 καὶ Τ : καὶ ἐκ Β
d 2 ζητεῖν Τ : ζητῶν Β   ἐνοῦσαν Τ : ἐνοῦσαν Β   d 3 μετα-
λάβωμεν Β Τ : καταλάβωμεν Stephanus : λάβωμεν Badham   d 4 ἓν
ἐκείνων] ἐν ἐκείνῳ Ast   d 7 προσφέρειν Τ b : προφέρειν Β   e 1 δ'
ἤδη Τ : δὴ δεῖ Β   a 1 καὶ πολλὰ secl. olim Stallbaum : τὰ πολλὰ
Dindorf   a 2 βραδύτερον] βραχύτερον Badham   τὸ] τὰ Jackson
a 4 ἐριστικῶς Τ : ὁριστικῶς Β   a 7 σαφέστερον δέομαι Β : δέομαι
σαφέστερον Τ   a 8 γράμμασιν Β : γράμμασιν Τ : πράγμασιν G

μασιν ὃ λέγω, καὶ λάμβαν' αὐτὸ ἐν τούτοις οἷσπερ καὶ
b πεπαίδευσαι.

ΠΡΩ. Πῶς;

ΣΩ. Φωνὴ μὲν ἡμῖν ἐστί που μία διὰ τοῦ στόματος
ἰοῦσα, καὶ ἄπειρος αὖ πλήθει, πάντων τε καὶ ἑκάστου.

5 ΠΡΩ. Τί μήν;

ΣΩ. Καὶ οὐδὲν ἑτέρῳ γε τούτων ἐσμέν πω σοφοί, οὔτε
ὅτι τὸ ἄπειρον αὐτῆς ἴσμεν οὔθ' ὅτι τὸ ἕν· ἀλλ' ὅτι πόσα
τ' ἐστὶ καὶ ὁποῖα, τοῦτό ἐστι τὸ γραμματικὸν ἕκαστον
ποιοῦν ἡμῶν.

10 ΠΡΩ. Ἀληθέστατα.

ΣΩ. Καὶ μὴν καὶ τὸ μουσικὸν ὃ τυγχάνει ποιοῦν, τοῦτ'
ἔστι ταὐτόν.

ΠΡΩ. Πῶς;

c ΣΩ. Φωνὴ μέν που καὶ τὸ κατ' ἐκείνην τὴν τέχνην ἐστὶ
μία ἐν αὐτῇ.

ΠΡΩ. Πῶς δ' οὔ;

ΣΩ. Δύο δὲ θῶμεν βαρὺ καὶ ὀξύ, καὶ τρίτον ὁμότονον.
5 ἢ πῶς;

ΠΡΩ. Οὕτως.

ΣΩ. Ἀλλ' οὔπω σοφὸς ἂν εἴης τὴν μουσικὴν εἰδὼς
ταῦτα μόνα, μὴ δὲ εἰδὼς ὥς γ' ἔπος εἰπεῖν εἰς ταῦτα
οὐδενὸς ἄξιος ἔσῃ.

10 ΠΡΩ. Οὐ γὰρ οὖν.

ΣΩ. Ἀλλ', ὦ φίλε, ἐπειδὰν λάβῃς τὰ διαστήματα ὁπόσα
ἐστὶ τὸν ἀριθμὸν τῆς φωνῆς ὀξύτητός τε πέρι καὶ βαρύτητος,
d καὶ ὁποῖα, καὶ τοὺς ὅρους τῶν διαστημάτων, καὶ τὰ ἐκ τού-
των ὅσα συστήματα γέγονεν—ἃ κατιδόντες οἱ πρόσθεν παρ-
έδοσαν ἡμῖν τοῖς ἑπομένοις ἐκείνοις καλεῖν αὐτὰ ἁρμονίας,
ἔν τε ταῖς κινήσεσιν αὖ τοῦ σώματος ἕτερα τοιαῦτα ἐνόντα

b 3 ἡμῖν T : om. B   b 4 ἄπειρος B : ἀπείρους T   b 6 οὐδὲν
T : οὐδ' ἐν B   c 1 καὶ τὸ T : om. B : καὶ Hermann   c 8 μόνα
B T : om. G   δὲ εἰδὼς B : εἰδὼς δὲ T

πάθη γιγνόμενα, ἃ δὴ δι' ἀριθμῶν μετρηθέντα δεῖν αὖ φασι 5
ῥυθμοὺς καὶ μέτρα ἐπονομάζειν, καὶ ἅμα ἐννοεῖν ὡς οὕτω
δεῖ περὶ παντὸς ἑνὸς καὶ πολλῶν σκοπεῖν—ὅταν γὰρ αὐτά
τε λάβῃς οὕτω, τότε ἐγένου σοφός, ὅταν τε ἄλλο τῶν ἐν e
ὁτιοῦν ταύτῃ σκοπούμενος ἕλῃς, οὕτως ἔμφρων περὶ τοῦτο
γέγονας· τὸ δ' ἄπειρόν σε ἑκάστων καὶ ἐν ἑκάστοις πλῆθος
ἄπειρον ἑκάστοτε ποιεῖ τοῦ φρονεῖν καὶ οὐκ ἐλλόγιμον οὐδ'
ἐνάριθμον, ἅτ' οὐκ εἰς ἀριθμὸν οὐδένα ἐν οὐδενὶ πώποτε 5
ἀπιδόντα.

ΠΡΩ. Κάλλιστα, ὦ Φίληβε, ἔμοιγε τὰ νῦν λεγόμενα
εἰρηκέναι φαίνεται Σωκράτης.

ΦΙ. Κἀμοὶ ταῦτά γε αὐτά· ἀλλὰ τί δή ποτε πρὸς ἡμᾶς ὁ 18
λόγος οὗτος νῦν εἴρηται καὶ τί ποτε βουλόμενος;

ΣΩ. Ὀρθῶς μέντοι τοῦθ' ἡμᾶς, ὦ Πρώταρχε, ἠρώτηκε
Φίληβος.

ΠΡΩ. Πάνυ μὲν οὖν, καὶ ἀποκρίνου γε αὐτῷ. 5

ΣΩ. Δράσω ταῦτα διελθὼν σμικρὸν ἔτι περὶ αὐτῶν τού-
των. ὥσπερ γὰρ ἓν ὁτιοῦν εἴ τίς ποτε λάβοι, τοῦτον, ὥς
φαμεν, οὐκ ἐπ' ἀπείρου φύσιν δεῖ βλέπειν εὐθὺς ἀλλ' ἐπί
τινα ἀριθμόν, οὕτω καὶ τὸ ἐναντίον ὅταν τις τὸ ἄπειρον
ἀναγκασθῇ πρῶτον λαμβάνειν, μὴ ἐπὶ τὸ ἓν εὐθύς, ἀλλ' [ἐπ'] b
ἀριθμὸν αὖ τινα πλῆθος ἕκαστον ἔχοντά τι κατανοεῖν, τελευ-
τᾶν τε ἐκ πάντων εἰς ἕν. πάλιν δὲ ἐν τοῖς γράμμασι τὸ
νῦν λεγόμενον λάβωμεν.

ΠΡΩ. Πῶς; 5

ΣΩ. Ἐπειδὴ φωνὴν ἄπειρον κατενόησεν εἴτε τις θεὸς
εἴτε καὶ θεῖος ἄνθρωπος—ὡς λόγος ἐν Αἰγύπτῳ Θεῦθ τινα

---

d 5 πάθη] μάθῃς Poste   αὖ B : αὐτὰ T   d 6 ῥυθμοὺς T : ἀριθ-
μοὺς B   ἅμα T : ἄλλα B   d 7 αὐτά pr. T G . ταῦτά B t   e 1 ὅταν
τε B : ὅταν δὲ T   ἐν B : ὄντων T : ὄντων ἐν Wohlrab   e 2 ἕλῃς]
ἔχῃς Adam   τοῦτο T : τούτων B   e 4 οὐδ' ἐνάριθμον T : οὐδέν'
ἀριθμὸν B   a 1 κἀμοὶ Badham : καὶ μοὶ B : καὶ ἐμοὶ T   a 3 τοῦθ'
T : ταῦθ' B   a 7 εἴ T : ἐν εἴ B   a 8 φύσιν δεῖ B T : δεῖ φύσιν
vulg.   b 1 τὸ ἓν B T : τὰ ἓν G   ἐπ' secl. Liebhold   b 2 κατα-
νοεῖν] κατὰ νοῦν Apelt   b 7 θεῦθ T : θεύθ B : in G lacuna

τοῦτον γενέσθαι λέγων, ὃς πρῶτος τὰ φωνήεντα ἐν τῷ
ἀπείρῳ κατενόησεν οὐχ ἓν ὄντα ἀλλὰ πλείω, καὶ πάλιν
c ἕτερα φωνῆς μὲν οὔ, φθόγγου δὲ μετέχοντά τινος, ἀριθμὸν
δέ τινα καὶ τούτων εἶναι, τρίτον δὲ εἶδος γραμμάτων διε-
στήσατο τὰ νῦν λεγόμενα ἄφωνα ἡμῖν· τὸ μετὰ τοῦτο διῄρει
τά τε ἄφθογγα καὶ ἄφωνα μέχρι ἑνὸς ἑκάστου, καὶ τὰ φωνή-
5 εντα καὶ τὰ μέσα κατὰ τὸν αὐτὸν τρόπον, ἕως ἀριθμὸν αὐτῶν
λαβὼν ἑνί τε ἑκάστῳ καὶ σύμπασι στοιχεῖον ἐπωνόμασε·
καθορῶν δὲ ὡς οὐδεὶς ἡμῶν οὐδ' ἂν ἓν αὐτὸ καθ' αὑτὸ ἄνευ
πάντων αὐτῶν μάθοι, τοῦτον τὸν δεσμὸν αὖ λογισάμενος ὡς
d ὄντα ἕνα καὶ πάντα ταῦτα ἕν πως ποιοῦντα μίαν ἐπ' αὐτοῖς
ὡς οὖσαν γραμματικὴν τέχνην ἐπεφθέγξατο προσειπών.

ΦΙ. Ταῦτ' ἔτι σαφέστερον ἐκείνων αὐτά γε πρὸς ἄλληλα,
ὦ Πρώταρχε, ἔμαθον· τὸ δ' αὐτό μοι τοῦ λόγου νῦν τε καὶ
5 σμικρὸν ἔμπροσθεν ἐλλείπεται.

ΣΩ. Μῶν, ὦ Φίληβε, τὸ τί πρὸς ἔπος αὖ ταῦτ' ἐστίν;

ΦΙ. Ναί, τοῦτ' ἔστιν ὃ πάλαι ζητοῦμεν ἐγώ τε καὶ
Πρώταρχος.

ΣΩ. Ἦ μὴν ἐπ' αὐτῷ γε ἤδη γεγονότες ζητεῖτε, ὡς φής,
e πάλαι.

ΦΙ. Πῶς;

ΣΩ. Ἆρ' οὐ περὶ φρονήσεως ἦν καὶ ἡδονῆς ἡμῖν ἐξ
ἀρχῆς ὁ λόγος, ὁπότερον αὐτοῖν αἱρετέον;

5 ΦΙ. Πῶς γὰρ οὔ;

ΣΩ. Καὶ μὴν ἕν γε ἑκάτερον αὐτοῖν εἶναί φαμεν.

ΦΙ. Πάνυ μὲν οὖν.

ΣΩ. Τοῦτ' αὐτὸ τοίνυν ἡμᾶς ὁ πρόσθεν λόγος ἀπαιτεῖ,
πῶς ἔστιν ἓν καὶ πολλὰ αὐτῶν ἑκάτερον, καὶ πῶς μὴ ἄπειρα
19 εὐθύς, ἀλλά τινά ποτε ἀριθμὸν ἑκάτερον ἔμπροσθεν κέκτηται
τοῦ ἄπειρα αὐτῶν ἕκαστα γεγονέναι;

b 8 ὃς T : ὡς B   c 5 ἀριθμὸν αὐτῶν B T : αὐτῶν ἀριθμὸν vulg.
c 8 τοῦτο B T : τοῦτον δὲ G   d 1 πάντα τὰ ταῦτα B : ταῦτα πάντα T
d 4 τε ὑ: γε B   d 9 ζητεῖτε B : ἐζητεῖτε T   a 2 αὐτῶν T :
αὐτὸν B

68

ΠΡΩ. Οὐκ εἰς φαῦλόν γε ἐρώτημα, ὦ Φίληβε, οὐκ οἶδ᾽
ὅντινα τρόπον κύκλῳ πως περιαγαγὼν ἡμᾶς ἐμβέβληκε
Σωκράτης. καὶ σκόπει δὴ πότερος ἡμῶν ἀποκρινεῖται τὸ 5
νῦν ἐρωτώμενον. ἴσως δὴ γελοῖον τὸ ἐμὲ τοῦ λόγου διά-
δοχον παντελῶς ὑποστάντα διὰ τὸ μὴ δύνασθαι τὸ νῦν
ἐρωτηθὲν ἀποκρίνασθαί σοι πάλιν τοῦτο προστάττειν· γελοιό-
τερον δ᾽ οἶμαι πολὺ τὸ μηδέτερον ἡμῶν δύνασθαι. σκόπει b
δὴ τί δράσομεν. εἴδη γάρ μοι δοκεῖ νῦν ἐρωτᾶν ἡδονῆς
ἡμᾶς Σωκράτης εἴτε ἔστιν εἴτε μή, καὶ ὁπόσα ἐστὶ καὶ ὁποῖα·
τῆς τ᾽ αὖ φρονήσεως πέρι κατὰ ταὐτὰ ὡσαύτως.

ΣΩ. Ἀληθέστατα λέγεις, ὦ παῖ Καλλίου· μὴ γὰρ δυνά- 5
μενοι τοῦτο κατὰ παντὸς ἑνὸς καὶ ὁμοίου καὶ ταὐτοῦ δρᾶν
καὶ τοῦ ἐναντίου, ὡς ὁ παρελθὼν λόγος ἐμήνυσεν, οὐδεὶς εἰς
οὐδὲν οὐδενὸς ἂν ἡμῶν οὐδέποτε γένοιτο ἄξιος.

ΠΡΩ. Σχεδὸν ἔοικεν οὕτως, ὦ Σώκρατες, ἔχειν. ἀλλὰ c
καλὸν μὲν τὸ σύμπαντα γιγνώσκειν τῷ σώφρονι, δεύτερος
δ᾽ εἶναι πλοῦς δοκεῖ μὴ λανθάνειν αὐτὸν αὑτόν. τί δή μοι
τοῦτο εἴρηται τὰ νῦν; ἐγώ σοι φράσω. σὺ τήνδε ἡμῖν τὴν
συνουσίαν, ὦ Σώκρατες, ἐπέδωκας πᾶσι καὶ σεαυτὸν πρὸς 5
τὸ διελέσθαι τί τῶν ἀνθρωπίνων κτημάτων ἄριστον. Φιλή-
βου γὰρ εἰπόντος ἡδονὴν καὶ τέρψιν καὶ χαρὰν καὶ πάνθ᾽
ὁπόσα τοιαῦτ᾽ ἐστί, σὺ πρὸς αὐτὰ ἀντεῖπες ὡς οὐ ταῦτα
ἀλλ᾽ ἐκεῖνά ἐστιν ἃ πολλάκις ἡμᾶς αὐτοὺς ἀναμιμνῄσκομεν d
ἑκόντες, ὀρθῶς δρῶντες, ἵν᾽ ἐν μνήμῃ παρακείμενα ἑκάτερα
βασανίζηται. φῂς δ᾽, ὡς ἔοικε, σὺ τὸ προσρηθησόμενον
ὀρθῶς ἄμεινον ἡδονῆς γε ἀγαθὸν εἶναι νοῦν, ἐπιστήμην,
σύνεσιν, τέχνην καὶ πάντα αὖ τὰ τούτων συγγενῆ, ⟨ἃ⟩ κτᾶσθαι 5
δεῖν ἀλλ᾽ οὐχὶ ἐκεῖνα. τούτων δὴ μετ᾽ ἀμφισβητήσεως
ἑκατέρων λεχθέντων ἡμεῖς σοι μετὰ παιδιᾶς ἠπειλήσαμεν
ὡς οὐκ ἀφήσομεν οἴκαδέ σε πρὶν ἂν τούτων τῶν λόγων e

---

b2 ἡδονῆς T : ἡδονὴν B   c1 ἔχειν BT : οὕτως ἔχειν G
c3 αὐτὸν αὑτόν T : αὑτόν B : αὐτόν Hermann   d5 ἃ Ven. 189 :
om. BT   d6 δεῖν B : δεῖ T   ἀμφισβητήσεως B : ἀμφισβητή-
σεων T   d7 παιδιᾶς T : παιδείας pr. B

πέρας ἱκανὸν γένηταί τι διορισθέντων, σὺ δὲ συνεχώρησας καὶ
ἔδωκας εἰς ταῦθ᾽ ἡμῖν σαυτόν, ἡμεῖς δὲ δὴ λέγομεν, καθάπερ
οἱ παῖδες, ὅτι τῶν ὀρθῶς δοθέντων ἀφαίρεσις οὐκ ἔστι· παῦσαι
5 δὴ τὸν τρόπον ἡμῖν ἀπαντῶν τοῦτον ἐπὶ τὰ νῦν λεγόμενα.

ΣΩ. Τίνα λέγεις;

20 ΠΡΩ. Εἰς ἀπορίαν ἐμβάλλων καὶ ἀνερωτῶν ὧν μὴ δυναί-
μεθ᾽ ἂν ἱκανὴν ἀπόκρισιν ἐν τῷ παρόντι διδόναι σοι. μὴ
γὰρ οἰώμεθα τέλος ἡμῖν εἶναι τῶν νῦν τὴν πάντων ἡμῶν
ἀπορίαν, ἀλλ᾽ εἰ δρᾶν τοῦθ᾽ ἡμεῖς ἀδυνατοῦμεν, σοὶ δραστέον·
5 ὑπέσχου γάρ. βουλεύου δὴ πρὸς ταῦτα αὐτὸς πότερον ἡδονῆς
εἴδη σοι καὶ ἐπιστήμης διαιρετέον ἢ καὶ ἐατέον, εἴ πῃ καθ᾽
ἕτερόν τινα τρόπον οἷός τ᾽ εἶ καὶ βούλει δηλῶσαί πως ἄλλως
τὰ νῦν ἀμφισβητούμενα παρ᾽ ἡμῖν.

b ΣΩ. Δεινὸν μὲν τοίνυν ἔτι προσδοκᾶν οὐδὲν δεῖ τὸν ἐμέ,
ἐπειδὴ τοῦθ᾽ οὕτως εἶπες· τὸ γὰρ εἰ βούλει ῥηθὲν λύει πάντα
φόβον ἑκάστων πέρι. πρὸς δὲ αὖ τοῖς μνήμην τινὰ δοκεῖ
τίς μοι δεδωκέναι θεῶν ἡμῖν.

5 ΠΡΩ. Πῶς δὴ καὶ τίνων;

ΣΩ. Λόγων ποτέ τινων πάλαι ἀκούσας ὄναρ ἢ καὶ
ἐγρηγορὼς νῦν ἐννοῶ περί τε ἡδονῆς καὶ φρονήσεως, ὡς
οὐδέτερον αὐτοῖν ἐστι τἀγαθόν, ἀλλὰ ἄλλο τι τρίτον, ἕτερον
μὲν τούτων, ἄμεινον δὲ ἀμφοῖν. καίτοι τοῦτό γε ἂν ἐναρ-
c γῶς ἡμῖν φανῇ νῦν, ἀπήλλακται μὲν ἡδονὴ τοῦ νικᾶν· τὸ
γὰρ ἀγαθὸν οὐκ ἂν ἔτι ταὐτὸν αὐτῇ γίγνοιτο. ἢ πῶς;

ΠΡΩ. Οὕτως.

ΣΩ. Τῶν δέ γε εἰς τὴν διαίρεσιν εἰδῶν ἡδονῆς οὐδὲν ἔτι
5 προσδεησόμεθα κατ᾽ ἐμὴν δόξαν. προϊὸν δ᾽ ἔτι σαφέστερον
δείξει.

---

e 2 δὲ T: δὴ B   e 5 ἀπαντῶν τοῦτον B: ἀπάντων τούτων pr. T G
a 4 ἀλλ᾽ εἰ T: ἀλλὴ B   b 1 δεῖ τὸν] δεῖτον B T   b 3 αὖ τοῖς B:
αὐτοῖς T (αὖ τούτοις t)   b 8 ἐστὶ τἀγαθόν B: ἐστὶν ἀγαθόν T   τι
B t: om. pr. T   b 9 καίτοι τοῦτό γε ἂν Badham: καὶ τοιοῦτό γε ἂν
B: καί τοι οὗτω γε ἂν in marg. B²: καίτοι τοῦτο ἐὰν T   c 2 γίγνοιτο
B: γίγνεται T G: γίγνηται vulg.   c 5 προϊὸν B T: προϊὼν (et mox
δείξει ὁ λόγος) vulg.: προϊόντι Badham

ΠΡΩ. Κάλλιστ᾽ εἰπὼν οὕτω καὶ διαπέραινε.

ΣΩ. Μίκρ᾽ ἄττα τοίνυν ἔμπροσθεν ἔτι διομολογησώμεθα.

ΠΡΩ. Τὰ ποῖα;

ΣΩ. Τὴν τἀγαθοῦ μοῖραν πότερον ἀνάγκη τέλεον ἢ μὴ d
τέλεον εἶναι;

ΠΡΩ. Πάντων δήπου τελεώτατον, ὦ Σώκρατες.

ΣΩ. Τί δέ; ἱκανὸν τἀγαθόν;

ΠΡΩ. Πῶς γὰρ οὔ; καὶ πάντων γε εἰς τοῦτο διαφέρειν 5
τῶν ὄντων.

ΣΩ. Τόδε γε μήν, ὡς οἶμαι, περὶ αὐτοῦ ἀναγκαιότατον
εἶναι λέγειν, ὡς πᾶν τὸ γιγνῶσκον αὐτὸ θηρεύει καὶ ἐφίεται
βουλόμενον ἑλεῖν καὶ περὶ αὐτὸ κτήσασθαι, καὶ τῶν ἄλλων
οὐδὲν φροντίζει πλὴν τῶν ἀποτελουμένων ἅμα ἀγαθοῖς. 10

ΠΡΩ. Οὐκ ἔστι τούτοις ἀντειπεῖν.

ΣΩ. Σκοπῶμεν δὴ καὶ κρίνωμεν τόν τε ἡδονῆς καὶ τὸν e
φρονήσεως βίον ἰδόντες χωρίς.

ΠΡΩ. Πῶς εἶπες;

ΣΩ. Μήτε ἐν τῷ τῆς ἡδονῆς ἐνέστω φρόνησις μήτ᾽ ἐν
τῷ τῆς φρονήσεως ἡδονή. δεῖ γάρ, εἴπερ πότερον αὐτῶν 5
ἔστ᾽ ἀγαθόν, μηδὲν μηδενὸς ἔτι προσδεῖσθαι· δεόμενον δ᾽
ἂν φανῇ πότερον, οὐκ ἔστι που τοῦτ᾽ ἔτι τὸ ὄντως ἡμῖν 21
ἀγαθόν.

ΠΡΩ. Πῶς γὰρ ἄν;

ΣΩ. Οὐκοῦν ἐν σοὶ πειρώμεθα βασανίζοντες ταῦτα;

ΠΡΩ. Πάνυ μὲν οὖν. 5

ΣΩ. Ἀποκρίνου δή.

ΠΡΩ. Λέγε.

ΣΩ. Δέξαι᾽ ἄν, Πρώταρχε, σὺ ζῆν τὸν βίον ἅπαντα
ἡδόμενος ἡδονὰς τὰς μεγίστας;

d 5 διαφέρειν ΒΤ: διαφέρει vulg.   d 9 αὐτὸ] αὐτὸ ΒΤ
e 5 πότερον Β: πρότερον Τ   e 6 ἔστ᾽ ἀγαθόν Τ: ἐστὶ ταγαθόν Β
μηδὲν μηδενὸς ΒΤ: μηδενὸς μηδὲν vulg.   ἔτι Τ: τι Β   a 1 πότερον
ΒΤ: ὁπότερον vulg.   a 8 δέξαι ΒΤ: δέξαιο vulg.   πρώταρχε
σὺ Β: σοι πρώταρχε Τ G

10 ΠΡΩ. Τί δ᾿ οὔ;

ΣΩ. Ἀρ᾿ οὖν ἔτι τινὸς ἄν σοι προσδεῖν ἡγοῖο, εἰ τοῦτ᾿ ἔχεις παντελῶς;

ΠΡΩ. Οὐδαμῶς.

ΣΩ. Ὅρα δή, τοῦ φρονεῖν καὶ τοῦ νοεῖν καὶ λογίζεσθαι
b τὰ δέοντα καὶ ὅσα τούτων ἀδελφά, μῶν μὴ δέοι᾿ ἄν τι;

ΠΡΩ. Καὶ τί; πάντα γὰρ ἔχοιμ᾿ ἄν που τὸ χαίρειν ἔχων.

ΣΩ. Οὐκοῦν οὕτω ζῶν ἀεὶ μὲν διὰ βίου ταῖς μεγίσταις ἡδοναῖς χαίροις ἄν;

5 ΠΡΩ. Τί δ᾿ οὔ;

ΣΩ. Νοῦν δέ γε καὶ μνήμην καὶ ἐπιστήμην καὶ δόξαν μὴ κεκτημένος ἀληθῆ, πρῶτον μὲν τοῦτο αὐτό, εἰ χαίρεις ἢ μὴ χαίρεις, ἀνάγκη δήπου σε ἀγνοεῖν, κενόν γε ὄντα πάσης φρονήσεως;

10 ΠΡΩ. Ἀνάγκη.

c ΣΩ. Καὶ μὴν ὡσαύτως μνήμην μὴ κεκτημένον ἀνάγκη δήπου μηδ᾿ ὅτι ποτὲ ἔχαιρες μεμνῆσθαι, τῆς τ᾿ ἐν τῷ παρα-χρῆμα ἡδονῆς προσπιπτούσης μηδ᾿ ἡντινοῦν μνήμην ὑπο-μένειν· δόξαν δ᾿ αὖ μὴ κεκτημένον ἀληθῆ μὴ δοξάζειν χαίρειν
5 χαίροντα, λογισμοῦ δὲ στερόμενον μηδ᾿ εἰς τὸν ἔπειτα χρό-νον ὡς χαιρήσεις δυνατὸν εἶναι λογίζεσθαι, ζῆν δὲ οὐκ ἀνθρώπου βίον, ἀλλά τινος πλεύμονος ἢ τῶν ὅσα θαλάττια μετ᾿ ὀστρείνων ἔμψυχά ἐστι σωμάτων. ἔστι ταῦτα, ἢ παρὰ
d ταῦτα ἔχομεν ἄλλα διανοηθῆναι;

ΠΡΩ. Καὶ πῶς;

ΣΩ. Ἀρ᾿ οὖν αἱρετὸς ἡμῖν βίος ὁ τοιοῦτος;

ΠΡΩ. Εἰς ἀφασίαν παντάπασί με, ὦ Σώκρατες, οὗτος ὁ
5 λόγος ἐμβέβληκε τὰ νῦν.

a 12 ἔχεις Β Τ : ἔχοις al.   a 14 τοῦ νοεῖν Β : νοεῖν Τ   b 1 μὴ δέοι᾿ ἄν Klitsch : μηδὲ ὁρᾶν Β Τ   b 7 εἰ Τ : εἴη Β : om. G
c 2 μηδ᾿] μηθ᾿ Stallbaum   c 3 μηδ᾿ ἥντιν᾿ οὖν μνήμην Β : μνήμην μηθ᾿ ἥντιν᾿ οὖν Τ   c 4 χαίρειν] μὴ δὲ suprascr. b : μηδὲ χαίρειν al.
c 8 ὀστρεΐνων Β Τ : ὀστρείων vulg.   d 1 ἔχομεν ἄλλα scripsi : ἐχόμενα ἄλλως Β : ἔχομεν ἄλλως πως Τ

ΣΩ. Μήπω τοίνυν μαλθακιζώμεθα, τὸν δὲ τοῦ νοῦ
μεταλαβόντες αὖ βίον ἴδωμεν.

ΠΡΩ. Τὸν ποῖον δὴ λέγεις;

ΣΩ. Εἴ τις δέξαιτ' ἂν αὖ ζῆν ἡμῶν φρόνησιν μὲν καὶ
νοῦν καὶ ἐπιστήμην καὶ μνήμην πᾶσαν πάντων κεκτημένος, 10
ἡδονῆς δὲ μετέχων μήτε μέγα μήτε σμικρόν, μηδ' αὖ λύπης, e
ἀλλὰ τὸ παράπαν ἀπαθὴς πάντων τῶν τοιούτων.

ΠΡΩ. Οὐδέτερος ὁ βίος, ὦ Σώκρατες, ἔμοιγε τούτων
αἱρετός, οὐδ' ἄλλῳ μή ποτε, ὡς ἐγῷμαι, φανῇ.

ΣΩ. Τί δ' ὁ συναμφότερος, ὦ Πρώταρχε, ἐξ ἀμφοῖν 22
συμμειχθεὶς κοινὸς γενόμενος;

ΠΡΩ. Ἡδονῆς λέγεις καὶ νοῦ καὶ φρονήσεως;

ΣΩ. Οὕτω καὶ τῶν τοιούτων [λέγω] ἔγωγε.

ΠΡΩ. Πᾶς δήπου τοῦτόν γε αἱρήσεται πρότερον ἢ 'κεί- 5
νων ὁποτερονοῦν, καὶ πρὸς τούτοις [γε] οὐχ ὁ μέν, ὁ δ' οὔ.

ΣΩ. Μανθάνομεν οὖν ὅτι νῦν ἡμῖν ἐστι τὸ συμβαῖνον
ἐν τοῖς παροῦσι λόγοις;

ΠΡΩ. Πάνυ μὲν οὖν, ὅτι γε τρεῖς μὲν βίοι προυτέθησαν,
τοῖν δυοῖν δ' οὐδέτερος ἱκανὸς οὐδὲ αἱρετὸς οὔτε ἀνθρώπων b
οὔτε ζῴων οὐδενί.

ΣΩ. Μῶν οὖν οὐκ ἤδη τούτων γε πέρι δῆλον ὡς οὐ-
δέτερος αὐτοῖν εἶχε τἀγαθόν; ἦν γὰρ ἂν ἱκανὸς καὶ τέλεος
καὶ πᾶσι φυτοῖς καὶ ζῴοις αἱρετός, οἷσπερ δυνατὸν ἦν οὕτως 5
ἀεὶ διὰ βίου ζῆν· εἰ δέ τις ἄλλα ἡρεῖθ' ἡμῶν, παρὰ φύσιν
ἂν τὴν τοῦ ἀληθῶς αἱρετοῦ ἐλάμβανεν ἄκων ἐξ ἀγνοίας ἤ
τινος ἀνάγκης οὐκ εὐδαίμονος.

ΠΡΩ. Ἔοικε γοῦν ταῦθ' οὕτως ἔχειν.

ΣΩ. Ὡς μὲν τοίνυν τήν γε Φιλήβου θεὸν οὐ δεῖ δια- c
νοεῖσθαι ταὐτὸν καὶ τἀγαθόν, ἱκανῶς εἰρῆσθαί μοι δοκεῖ.

d 6 νοῦ T : νῦν B   d 8 τὸν T : om. B   e 2 πάντων ⟨ὧν⟩
Badham   a 1 τί δ' T : τόδ' B   a 4 τῶν τοιούτων B : τὸν τοιοῦτον T
λέγω seclusi : ἔγωγε om. B T : add. in marg. B   a 5 πρότερον T b :
πρότερον B   a 6 κείνων T : ἐκείνων B   a 6 τούτοις γε B : τούτοις T
a 7 ὅτι T : ἔτι B   a 9 γε T : om. B   b 1 οὐδέτερος T : οὐδέ-
τεροι B   b 4 αὐτοῖν T : αὐτῶν B   b 7 ἀληθῶς B : ἀληθοῦς T

ΦΙ. Οὐδὲ γὰρ ὁ σὸς νοῦς, ὦ Σώκρατες, ἔστι τἀγαθόν, ἀλλ᾽ ἕξει που ταῦτα ἐγκλήματα.

5 ΣΩ. Τάχ᾽ ἄν, ὦ Φίληβε, ὅ γ᾽ ἐμός· οὐ μέντοι τόν γε ἀληθινὸν ἅμα καὶ θεῖον οἶμαι νοῦν, ἀλλ᾽ ἄλλως πως ἔχειν. τῶν μὲν οὖν νικητηρίων πρὸς τὸν κοινὸν βίον οὐκ ἀμφισβητῶ πω ὑπὲρ νοῦ, τῶν δὲ δὴ δευτερείων ὁρᾶν καὶ σκοπεῖν χρὴ πέρι

d τί δράσομεν· τάχα γὰρ ἂν τοῦ κοινοῦ τούτου βίου αἰτιώμεθ᾽ ἂν ἑκάτερος ὁ μὲν τὸν νοῦν αἴτιον, ὁ δ᾽ ἡδονὴν εἶναι, καὶ οὕτω τὸ μὲν ἀγαθὸν τούτων ἀμφοτέρων οὐδέτερον ἂν εἴη, τάχα δ᾽ ἂν αἴτιόν τις ὑπολάβοι πότερον αὐτῶν εἶναι. τούτου δὴ

5 πέρι καὶ μᾶλλον ἔτι πρὸς Φίληβον διαμαχοίμην ἂν ὡς ἐν τῷ μεικτῷ τούτῳ βίῳ, ὅτι ποτ᾽ ἔστι τοῦτο ὃ λαβὼν ὁ βίος οὗτος γέγονεν αἱρετὸς ἅμα καὶ ἀγαθός, οὐχ ἡδονὴ ἀλλὰ νοῦς τούτῳ συγγενέστερον καὶ ὁμοιότερόν ἐστι, καὶ κατὰ τοῦτον

e τὸν λόγον οὔτ᾽ ἂν τῶν πρωτείων οὐδ᾽ αὖ τῶν δευτερείων ἡδονῇ μετὸν ἀληθῶς ἄν ποτε λέγοιτο· πορρωτέρω δ᾽ ἐστὶ τῶν τριτείων, εἴ τι τῷ ἐμῷ νῷ δεῖ πιστεύειν ἡμᾶς τὰ νῦν.

ΠΡΩ. Ἀλλὰ μήν, ὦ Σώκρατες, ἔμοιγε δοκεῖ νῦν μὲν

5 ἡδονή σοι πεπτωκέναι καθαπερεὶ πληγεῖσα ὑπὸ τῶν νυνδὴ λόγων· τῶν γὰρ νικητηρίων πέρι μαχομένη κεῖται. τὸν δὲ

23 νοῦν, ὡς ἔοικε, λεκτέον ὡς ἐμφρόνως οὐκ ἀντεποιεῖτο τῶν νικητηρίων· τὰ γὰρ αὑτ᾽ ἔπαθεν ἄν. τῶν δὲ δὴ δευτερείων στερηθεῖσα ἡδονὴ παντάπασιν ἄν τινα καὶ ἀτιμίαν σχοίη πρὸς τῶν αὑτῆς ἐραστῶν· οὐδὲ γὰρ ἐκείνοις ἔτ᾽ ἂν ὁμοίως

5 φαίνοιτο καλή.

ΣΩ. Τί οὖν; οὐκ ἄμεινον αὐτὴν ἐᾶν ἤδη καὶ μὴ τὴν ἀκριβεστάτην αὐτῇ προσφέροντα βάσανον καὶ ἐξελέγχοντα λυπεῖν;

ΠΡΩ. Οὐδὲν λέγεις, ὦ Σώκρατες.

b ΣΩ. Ἆρ᾽ ὅτι τὸ ἀδύνατον εἶπον, λυπεῖν ἡδονήν;

---

c 4 ταῦτα B : ταῦτα τὰ T   d 3 οὐδέτερον T : οὐδετέρων B
d 4 πότερον B T : ὁπότερον vulg.   e 1 οὔτ᾽ ἂν B : οὔτ᾽ αὖ T   οὐδ᾽
αὖ T : οὐδ᾽ ἂν B   e 4 μὲν T : om. B   e 6 μαχομένη B t : μαχου-
μένη T G

ΠΡΩ. Οὐ μόνον γε ἀλλ᾽ ὅτι καὶ ἀγνοεῖς ὡς οὐδείς πώ
σε ἡμῶν μεθήσει πρὶν ἂν εἰς τέλος ἐπεξέλθῃς τούτων τῷ
λόγῳ.

ΣΩ. Βαβαῖ ἄρα, ὦ Πρώταρχε, συχνοῦ μὲν λόγου τοῦ 5
λοιποῦ, σχεδὸν δὲ οὐδὲ ῥᾳδίου πάνυ τι νῦν. καὶ γὰρ δὴ
φαίνεται δεῖν ἄλλης μηχανῆς, ἐπὶ τὰ δευτερεῖα ὑπὲρ νοῦ
πορευόμενον οἷον βέλη ἔχειν ἕτερα τῶν ἔμπροσθεν λόγων·
ἔστι δὲ ἴσως ἔνια καὶ ταὐτά. οὐκοῦν χρή;

ΠΡΩ. Πῶς γὰρ οὔ;   10

ΣΩ. Τὴν δέ γε ἀρχὴν αὐτοῦ διευλαβεῖσθαι πειρώμεθα c
τιθέμενοι.

ΠΡΩ. Ποίαν δὴ λέγεις;

ΣΩ. Πάντα τὰ νῦν ὄντα ἐν τῷ παντὶ διχῇ διαλάβωμεν,
μᾶλλον δ᾽, εἰ βούλει, τριχῇ.   5

ΠΡΩ. Καθ᾽ ὅτι, φράζοις ἄν;

ΣΩ. Λάβωμεν ἄττα τῶν νυνδὴ λόγων.

ΠΡΩ. Ποῖα;

ΣΩ. Τὸν θεὸν ἐλέγομέν που τὸ μὲν ἄπειρον δεῖξαι τῶν
ὄντων, τὸ δὲ πέρας;   10

ΠΡΩ. Πάνυ μὲν οὖν.

ΣΩ. Τούτω δὴ τῶν εἰδῶν τὰ δύο τιθώμεθα, τὸ δὲ τρίτον
ἐξ ἀμφοῖν τούτοιν ἕν τι συμμισγόμενον. εἰμὶ δ᾽, ὡς ἔοικεν, d
ἐγὼ γελοῖός τις ἄνθρωπος κατ᾽ εἴδη διιστὰς καὶ συναριθμού-
μενος.

ΠΡΩ. Τί φῄς, ὦγαθέ;

ΣΩ. Τετάρτου μοι γένους αὖ προσδεῖν φαίνεται.   5

ΠΡΩ. Λέγε τίνος.

ΣΩ. Τῆς συμμείξεως τούτων πρὸς ἄλληλα τὴν αἰτίαν ὅρα,
καὶ τίθει μοι πρὸς τρισὶν ἐκείνοις τέταρτον τοῦτο.

---

b 6 ῥᾳδίου e ῥᾴδιον fecit pr. T : ῥᾴδιον B   b 9 ἔστι] ἔσται Jackson
ταῦτα B T   c 1 διευλαβεῖσθαι B T : εὐλαβεῖσθαι G   c 5 μᾶλλον ...
c 7 λάβωμεν om. B : add. in marg.   B³   c 12 τούτω Stallbaum : τούτων
B T   d 2 τις ἄνθρωπος Badham : τις ἱκανὸς B : τις ἱκανῶς T : τις καὶ
ἄνους Apelt   κατ᾽ T : τά τ᾽ B   d 5 φαίνεται T : om. B

ΠΡΩ. Μῶν οὖν σοι καὶ πέμπτου προσδεήσει διάκρισίν
10 τινος δυναμένου;

ΣΩ. Τάχ' ἄν· οὐ μὴν οἶμαί γε ἐν τῷ νῦν· ἂν δέ τι δέῃ,
e συγγνώσῃ πού μοι σὺ μεταδιώκοντι πέμπτον [βίον].

ΠΡΩ. Τί μήν;

ΣΩ. Πρῶτον μὲν δὴ τῶν τεττάρων τὰ τρία διελόμενοι,
τὰ δύο τούτων πειρώμεθα, πολλὰ ἑκάτερον ἐσχισμένον καὶ
5 διεσπασμένον ἰδόντες, εἰς ἓν πάλιν ἑκάτερον συναγαγόντες,
νοῆσαι πῇ ποτε ἦν αὐτῶν ἓν καὶ πολλὰ ἑκάτερον.

ΠΡΩ. Εἴ μοι σαφέστερον ἔτι περὶ αὐτῶν εἴποις, τάχ' ἂν
ἐποίμην.

24 ΣΩ. Λέγω τοίνυν τὰ δύο ἃ προτίθεμαι ταῦτ' εἶναι ἅπερ
νυνδή, τὸ μὲν ἄπειρον, τὸ δὲ πέρας ἔχον· ὅτι δὲ τρόπον
τινὰ τὸ ἄπειρον πόλλ' ἐστί, πειράσομαι φράζειν. τὸ δὲ πέρας
ἔχον ἡμᾶς περιμενέτω.

5 ΠΡΩ. Μένει.

ΣΩ. Σκέψαι δή. χαλεπὸν μὲν γὰρ καὶ ἀμφισβητήσιμον
ὃ κελεύω σε σκοπεῖν, ὅμως δὲ σκόπει. θερμοτέρου καὶ
ψυχροτέρου πέρι πρῶτον ὅρα πέρας εἴ ποτέ τι νοήσαις ἄν, ἢ
τὸ μᾶλλόν τε καὶ ἧττον ἐν αὐτοῖς οἰκοῦν⟨τε⟩ τοῖς γένεσιν,
b ἔωσπερ ἂν ἐνοικῆτον, τέλος οὐκ ἂν ἐπιτρεψαίτην γίγνεσθαι·
γενομένης γὰρ τελευτῆς καὶ αὐτὼ τετελευτήκατον.

ΠΡΩ. Ἀληθέστατα λέγεις.

ΣΩ. Ἀεὶ δέ γε, φαμέν, ἔν τε τῷ θερμοτέρῳ καὶ ψυχροτέρῳ
5 τὸ μᾶλλόν τε καὶ ἧττον ἔνι.

ΠΡΩ. Καὶ μάλα.

ΣΩ. Ἀεὶ τοίνυν ὁ λόγος ἡμῖν σημαίνει τούτω μὴ τέλος
ἔχειν· ἀτελῆ δ' ὄντε δήπου παντάπασιν ἀπείρω γίγνεσθον.

ΠΡΩ. Καὶ σφόδρα γε, ὦ Σώκρατες.

e 1 σὺ μεταδιώκοντι T : συμμεταδιώκοντι B   βίον secl. Schütz :
βίᾳ Apelt   e 5 συνάγοντες T   a 1 ταῦτ' scripsi : ταῦτ' B T
a 9 οἰκοῦντε rec. Coisl. : οἰκοῦν B T   b 1 ἐνοικῆτον B T : ἐνοικεῖτον
vulg.   οὐκ ἂν T : om. B (add. in marg. b)   b 4 ψυχροτέρῳ B :
τῷ ψυχροτέρῳ T   b 7 ἡμῖν σημαίνει T : σημαίνει B : σημαίνει ἡμῖν
vulg.   b 8 ἀτελῆ δ' ὄντε T : ἄτε δῆλόν τε B

ΦΙΛΗΒΟΣ

ΣΩ. Ἀλλ᾽ εὖ γε, ὦ φίλε Πρώταρχε, ὑπέλαβες καὶ 10
ἀνέμνησας ὅτι καὶ τὸ σφόδρα τοῦτο, ὃ σὺ νῦν ἐφθέγξω, c
καὶ τό γε ἠρέμα τὴν αὐτὴν δύναμιν ἔχετον τῷ μᾶλλόν τε καὶ
ἧττον· ὅπου γὰρ ἂν ἐνῆτον, οὐκ ἐᾶτον εἶναι ποσὸν ἕκαστον,
ἀλλ᾽ ἀεὶ σφοδρότερον ἡσυχαιτέρου καὶ τοὐναντίον ἑκάσταις
πράξεσιν ἐμποιοῦντε τὸ πλέον καὶ τὸ ἔλαττον ἀπεργάζεσθον, 5
τὸ δὲ ποσὸν ἀφανίζετον. ὃ γὰρ ἐλέχθη νυνδή, μὴ ἀφανί-
σαντε τὸ ποσόν, ἀλλ᾽ ἐάσαντε αὐτό τε καὶ τὸ μέτριον ἐν τῇ
τοῦ μᾶλλον καὶ ἧττον καὶ σφόδρα καὶ ἠρέμα ἕδρᾳ ἐγγενέσθαι, d
αὐτὰ ἔρρει ταῦτα ἐκ τῆς αὐτῶν χώρας ἐν ᾗ ἐνῆν. οὐ γὰρ
ἔτι θερμότερον οὐδὲ ψυχρότερον εἴτην ἂν λαβόντε τὸ ποσόν·
προχωρεῖ γὰρ καὶ οὐ μένει τό τε θερμότερον ἀεὶ καὶ τὸ
ψυχρότερον ὡσαύτως, τὸ δὲ ποσὸν ἔστη καὶ προϊὸν ἐπαύσατο. 5
κατὰ δὴ τοῦτον τὸν λόγον ἄπειρον γίγνοιτ᾽ ἂν τὸ θερμότερον
καὶ τοὐναντίον ἅμα.

ΠΡΩ. Φαίνεται γοῦν, ὦ Σώκρατες· ἔστι δ᾽, ὅπερ εἶπες,
οὐ ῥᾴδια ταῦτα συνέπεσθαι. τὸ δὲ εἰς αὖθίς τε καὶ αὖθις
ἴσως λεχθέντα τόν τε ἐρωτῶντα καὶ τὸν ἐρωτώμενον ἱκανῶς e
ἂν συμφωνοῦντας ἀποφήναιεν.

ΣΩ. Ἀλλ᾽ εὖ μὲν λέγεις καὶ πειρατέον οὕτω ποιεῖν.
νῦν μέντοι ἄθρει τῆς τοῦ ἀπείρου φύσεως εἰ τοῦτο δεξόμεθα
σημεῖον, ἵνα μὴ πάντ᾽ ἐπεξιόντες μηκύνωμεν. 5

ΠΡΩ. Τὸ ποῖον δὴ λέγεις;

ΣΩ. Ὁπόσ᾽ ἂν ἡμῖν φαίνηται μᾶλλόν τε καὶ ἧττον γιγνό-
μενα καὶ τὸ σφόδρα καὶ ἠρέμα δεχόμενα καὶ τὸ λίαν καὶ ὅσα
τοιαῦτα πάντα, εἰς τὸ τοῦ ἀπείρου γένος ὡς εἰς ἓν δεῖ πάντα 25
ταῦτα τιθέναι, κατὰ τὸν ἔμπροσθεν λόγον ὃν ἔφαμεν ὅσα
διέσπασται καὶ διέσχισται συναγαγόντας χρῆναι κατὰ δύναμιν
μίαν ἐπισημαίνεσθαί τινα φύσιν, εἰ μέμνησαι.

ΠΡΩ. Μέμνημαι. 5

ΣΩ. Οὐκοῦν τὰ μὴ δεχόμενα ταῦτα, τούτων δὲ τὰ ἐναντία

c 2 μᾶλλόν τε Β Τ : τε μᾶλλον vulg.   c 3 ἂν Β Τ : om. vulg.
d 3 εἴτην Τ : ἔστην Β (η suprascr. rec. b) : ἤτην vulg.: ἤστην Vat.
e 2 ἀποφήναιεν Β Τ : ἀποφήνειεν vulg.   a 1 γένος Τ : γένους Β

πάντα δεχόμενα, πρῶτον μὲν τὸ ἴσον καὶ ἰσότητα, μετὰ δὲ τὸ
ἴσον τὸ διπλάσιον καὶ πᾶν ὅτιπερ ἂν πρὸς ἀριθμὸν ἀριθμὸς
b ἢ μέτρον ἢ πρὸς μέτρον, ταῦτα σύμπαντα εἰς τὸ πέρας
ἀπολογιζόμενοι καλῶς ἂν δοκοῖμεν δρᾶν τοῦτο. ἢ πῶς σὺ
φῄς;

ΠΡΩ. Κάλλιστά γε, ὦ Σώκρατες.

5 ΣΩ. Εἶεν· τὸ δὲ τρίτον τὸ μεικτὸν ἐκ τούτοιν ἀμφοῖν
τίνα ἰδέαν φήσομεν ἔχειν;

ΠΡΩ. Σὺ καὶ ἐμοὶ φράσεις, ὡς οἶμαι.

ΣΩ. Θεὸς μὲν οὖν, ἄνπερ γε ἐμαῖς εὐχαῖς ἐπήκοος
γίγνηταί τις θεῶν.

10 ΠΡΩ. Εὔχου δὴ καὶ σκόπει.

ΣΩ. Σκοπῶ· καί μοι δοκεῖ τις, ὦ Πρώταρχε, αὐτῶν φίλος
ἡμῖν νυνδὴ γεγονέναι.

c ΠΡΩ. Πῶς λέγεις τοῦτο καὶ τίνι τεκμηρίῳ χρῇ;

ΣΩ. Φράσω δῆλον ὅτι· σὺ δέ μοι συνακολούθησον τῷ
λόγῳ.

ΠΡΩ. Λέγε μόνον.

5 ΣΩ. Θερμότερον ἐφθεγγόμεθα νυνδή πού τι καὶ ψυχρό-
τερον. ἢ γάρ;

ΠΡΩ. Ναί.

ΣΩ. Πρόσθες δὴ ξηρότερον καὶ ὑγρότερον αὐτοῖς καὶ
πλέον καὶ ἔλαττον καὶ θᾶττον καὶ βραδύτερον καὶ μεῖζον
10 καὶ σμικρότερον καὶ ὁπόσα ἐν τῷ πρόσθεν τῆς τὸ μᾶλλόν
τε καὶ ἧττον δεχομένης ἐτίθεμεν εἰς ἓν φύσεως.

d ΠΡΩ. Τῆς τοῦ ἀπείρου λέγεις;

ΣΩ. Ναί. συμμείγνυ δέ γε εἰς αὐτὴν τὸ μετὰ ταῦτα τὴν
αὖ τοῦ πέρατος γένναν.

ΠΡΩ. Ποίαν;

5 ΣΩ. Ἣν καὶ νυνδή, δέον ἡμᾶς καθάπερ τὴν τοῦ ἀπείρου
συνηγάγομεν εἰς ἕν, οὕτω καὶ τὴν τοῦ περατοειδοῦς συνα-

γαγεῖν, οὐ συνηγάγομεν. ἀλλ' ἴσως καὶ νῦν ταὐτὸν δράσει,
⟨εἰ⟩ τούτων ἀμφοτέρων συναγομένων καταφανὴς κἀκείνη
γενήσεται.

ΠΡΩ. Ποίαν καὶ πῶς λέγεις;   10

ΣΩ. Τὴν τοῦ ἴσου καὶ διπλασίου, καὶ ὁπόση παύει πρὸς
ἄλληλα τἀναντία διαφόρως ἔχοντα, σύμμετρα δὲ καὶ σύμφωνα e
ἐνθεῖσα ἀριθμὸν ἀπεργάζεται.

ΠΡΩ. Μανθάνω· φαίνῃ γάρ μοι λέγειν μειγνὺς ταῦτα
γενέσεις τινὰς ἐφ' ἑκάστων αὐτῶν συμβαίνειν.

ΣΩ. 'Ορθῶς γὰρ φαίνομαι.   5

ΠΡΩ. Λέγε τοίνυν.

ΣΩ. 'Αρα οὐκ ἐν μὲν νόσοις ἡ τούτων ὀρθὴ κοινωνία τὴν
ὑγιείας φύσιν ἐγέννησεν;

ΠΡΩ. Παντάπασι μὲν οὖν.   26

ΣΩ. 'Εν δὲ ὀξεῖ καὶ βαρεῖ καὶ ταχεῖ καὶ βραδεῖ, ἀπείροις
οὖσιν, ἆρ' οὐ ταὐτὰ [ἐγγιγνόμενα] ταῦτα· ἅμα πέρας τε
ἀπηργάσατο καὶ μουσικὴν σύμπασαν τελεώτατα συνεστήσατο;

ΠΡΩ. Κάλλιστά γε.   5

ΣΩ. Καὶ μὴν ἔν γε χειμῶσιν καὶ πνίγεσιν ἐγγενομένη
τὸ μὲν πολὺ λίαν καὶ ἄπειρον ἀφείλετο, τὸ δὲ ἔμμετρον καὶ
ἅμα σύμμετρον ἀπηργάσατο.

ΠΡΩ. Τί μήν;

ΣΩ. Οὐκοῦν ἐκ τούτων ὧραί τε καὶ ὅσα καλὰ πάντα b
ἡμῖν γέγονε, τῶν τε ἀπείρων καὶ τῶν πέρας ἐχόντων
συμμειχθέντων;

ΠΡΩ. Πῶς δ' οὔ;

ΣΩ. Καὶ ἄλλα γε δὴ μυρία ἐπιλείπω λέγων, οἷον μεθ' 5
ὑγιείας κάλλος καὶ ἰσχύν, καὶ ἐν ψυχαῖς αὖ πάμπολλα ἕτερα

d 7 ἀλλ' ... d 9 γενήσεται post e 2 ἀπεργάζεται transp. Jackson
d 7 δράσει ⟨εἰ⟩ Vahlen : δράσει Β Τ : δρᾷς εἰ Apelt   d 8 συναγομέ-
νων] συμμισγομένων Jackson   κἀκείνη Τ : κἀκείνης Β   d 10 ποίαν
Β Τ : ποῖ vulg.   e 3 μιγνὺς Β Τ : μιγνῦσι Klitsch   e 4 ἐφ' Τ : ἀφ' Β
αὐτῶν Τ : om. Β   a 3 ταὐτὰ (τοῦτο fuit) ... ταῦτα Β : ταῦτα ... τὰ
αὐτὰ Τ   ἐγγιγνόμενα seclusi   a 5 κάλλιστά Β Τ G : μάλιστά
vulg.   a 6 ἐγγενομένη Τ G : ἐγγενόμενα Β   a 7 λίαν Τ : λεῖον Β
b 5 γε Τ : om. Β

καὶ πάγκαλα. ὕβριν γάρ που καὶ σύμπασαν πάντων πονη-
ρίαν αὕτη κατιδοῦσα ἡ θεός, ὦ καλὲ Φίληβε, πέρας οὔτε
ἡδονῶν οὐδὲν οὔτε πλησμονῶν ἐνὸν ἐν αὐτοῖς, νόμον καὶ
10 τάξιν πέρας ἔχοντ᾽ ἔθετο· καὶ σὺ μὲν ἀποκναῖσαι φῂς
c αὐτήν, ἐγὼ δὲ τοὐναντίον ἀποσῶσαι λέγω. σοὶ δέ, ὦ
Πρώταρχε, πῶς φαίνεται;

ΠΡΩ. Καὶ μάλα, ὦ Σώκρατες, ἔμοιγε κατὰ νοῦν.

ΣΩ. Οὐκοῦν τὰ μὲν δὴ τρία ταῦτα εἴρηκα, εἰ συννοεῖς.

5 ΠΡΩ. Ἀλλ᾽ οἶμαι κατανοεῖν· ἐν μὲν γάρ μοι δοκεῖς τὸ
ι ̓πειρον λέγειν, ἐν δὲ καὶ δεύτερον τὸ πέρας ἐν τοῖς οὖσι·
τρίτον δὲ οὐ σφόδρα κατέχω τί βούλει φράζειν.

ΣΩ. Τὸ γὰρ πλῆθός σε, ὦ θαυμάσιε, ἐξέπληξε τῆς τοῦ
τρίτου γενέσεως· καίτοι πολλά γε καὶ τὸ ἄπειρον παρέ-
d σχετο γένη, ὅμως δ᾽ ἐπισφραγισθέντα τῷ τοῦ μᾶλλον καὶ
ἐναντίου γένει ἐν ἐφάνη.

ΠΡΩ. Ἀληθῆ.

ΣΩ. Καὶ μὴν τό γε πέρας οὔτε πολλὰ εἶχεν, οὔτ᾽
5 ἐδυσκολαίνομεν ὡς οὐκ ἦν ἐν φύσει.

ΠΡΩ. Πῶς γὰρ ἄν;

ΣΩ. Οὐδαμῶς. ἀλλὰ τρίτον φάθι με λέγειν, ἐν τούτο
τιθέντα τὸ τούτων ἔκγονον ἅπαν, γένεσιν εἰς οὐσίαν ἐκ
τῶν μετὰ τοῦ πέρατος ἀπειργασμένων μέτρων.

10 ΠΡΩ. Ἔμαθον.

e ΣΩ. Ἀλλὰ δὴ πρὸς τρισὶ τέταρτόν τι τότε ἔφαμεν εἶναι
γένος σκεπτέον· κοινὴ δ᾽ ἡ σκέψις. ὅρα γὰρ εἴ σοι δοκεῖ
ἀναγκαῖον εἶναι πάντα τὰ γιγνόμενα διά τινα αἰτίαν
γίγνεσθαι.

b 8 οὔτε ἡδονῶν οὐδὲν B : οὐδὲν οὔτε ἡδονῶν T   b 10 ἔχοντ᾽ T :
ἐχόντων B   ἀποκναῖσαι φῂς vir doctus in Kidd. Misc. Porson
p. 265 : ἀποκναῖ ἔφης Par. 1811 : ἀποκναῖς ἔφης B T : ἀποκν . . . ἔφης
G : ἀποκνᾶν ἔφης corr. E vulg.   c 4 δὴ B : om. T   c 6 λέγειν
T : λέγων B   d 4 οὔτε B T : ὅτε Apelt : οὔτε ⟨ὡς⟩ Schütz : οὔτε
⟨ὅτι⟩ Bury   οὔτε B T : οὐκ Apelt   d 5 ἐν T : ἐν B   d 7 ἐν
τοῦτο T : ἔν τι τούτων B   d 8 ἔκγονον T : ἔγγονον B   e 1 ⟨τοῖς⟩
τρισὶ Badham   τότε T G : τόγε B : ποτε t vulg.

ΠΡΩ. Ἔμοιγε· πῶς γὰρ ἂν χωρὶς τούτου γίγνοιτο; 5

ΣΩ. Οὐκοῦν ἡ τοῦ ποιοῦντος φύσις οὐδὲν πλὴν ὀνόματι τῆς αἰτίας διαφέρει, τὸ δὲ ποιοῦν καὶ τὸ αἴτιον ὀρθῶς ἂν εἴη λεγόμενον ἕν;

ΠΡΩ. Ὀρθῶς.

ΣΩ. Καὶ μὴν τό γε ποιούμενον αὖ καὶ τὸ γιγνόμενον 27 οὐδὲν πλὴν ὀνόματι, καθάπερ τὸ νυνδή, διαφέρον εὑρήσομεν. ἢ πῶς;

ΠΡΩ. Οὕτως.

ΣΩ. Ἆρ' οὖν ἡγεῖται μὲν τὸ ποιοῦν ἀεὶ κατὰ φύσιν, τὸ 5 δὲ ποιούμενον ἐπακολουθεῖ γιγνόμενον ἐκείνῳ;

ΠΡΩ. Πάνυ γε.

ΣΩ. Ἄλλο ἄρα καὶ οὐ ταὐτὸν αἰτία τ' ἐστὶ καὶ τὸ δουλεῦον εἰς γένεσιν αἰτίᾳ.

ΠΡΩ. Τί μήν; 10

ΣΩ. Οὐκοῦν τὰ μὲν γιγνόμενα καὶ ἐξ ὧν γίγνεται πάντα τὰ τρία παρέσχετο ἡμῖν γένη;

ΠΡΩ. Καὶ μάλα.

ΣΩ. Τὸ δὲ δὴ πάντα ταῦτα δημιουργοῦν λέγομεν τέταρτον, b τὴν αἰτίαν, ὡς ἱκανῶς ἕτερον ἐκείνων δεδηλωμένον;

ΠΡΩ. Ἕτερον γὰρ οὖν.

ΣΩ. Ὀρθῶς μὴν ἔχει, διωρισμένων τῶν τεττάρων, ἑνὸς ἑκάστου μνήμης ἕνεκα ἐφεξῆς αὐτὰ καταριθμήσασθαι. 5

ΠΡΩ. Τί μήν;

ΣΩ. Πρῶτον μὲν τοίνυν ἄπειρον λέγω, δεύτερον δὲ πέρας, ἔπειτ' ἐκ τούτων τρίτον μεικτὴν καὶ γεγενημένην οὐσίαν· τὴν δὲ τῆς μείξεως αἰτίαν καὶ γενέσεως τετάρτην λέγων ἆρα μὴ πλημμελοίην ἄν τι; c

ΠΡΩ. Καὶ πῶς;

θ5 τούτου Β : τούτων Τ : τούτων τι Paley   a6 ἐπακολουθεῖ Τ :
ἀκολουθεῖ Β   a11 ἐξ ὧν Τ : ἔξω Β   b1 λέγομεν Β : λέγω-
μεν Τ   b2 δεδηλωμένον Τ : δεδηλωμένων Β   b3 ἕτερον Β :
λέγωμεν Τ : λέγομεν G   b7 δὲ Β : om. pr. Τ   c1 λέγων
ΒΤG : λέγω vulg.   ἆρα μὴ Τ : ἆρα Β

ΣΩ. Φέρε δή, τὸ μετὰ τοῦθ' ἡμῖν τίς ὁ λόγος, καὶ τί
ποτε βουληθέντες εἰς ταῦτα ἀφικόμεθα; ἆρ' οὐ τόδε ἦν;
5 δευτερεῖα ἐζητοῦμεν πότερον ἡδονῆς γίγνοιτ' ἂν ἢ φρονήσεως.
οὐχ οὕτως ἦν;

ΠΡΩ. Οὕτω μὲν οὖν.

ΣΩ. Ἆρ' οὖν ἴσως νῦν, ἐπειδὴ ταῦτα οὕτω διειλόμεθα,
κάλλιον ἂν καὶ τὴν κρίσιν ἐπιτελεσαίμεθα πρώτου πέρι καὶ
10 δευτέρου, περὶ ὧν δὴ τὸ πρῶτον ἠμφεσβητήσαμεν;

ΠΡΩ. Ἴσως.

d ΣΩ. Ἴθι δή· νικῶντα μὲν ἔθεμέν που τὸν μεικτὸν βίον
ἡδονῆς τε καὶ φρονήσεως. ἦν οὕτως;

ΠΡΩ. Ἦν.

ΣΩ. Οὐκοῦν τοῦτον μὲν τὸν βίον ὁρῶμέν που τίς τέ
5 ἐστι καὶ ὁποίου γένους;

ΠΡΩ. Πῶς γὰρ οὔ;

ΣΩ. Καὶ μέρος γ' αὐτὸν φήσομεν εἶναι τοῦ τρίτου οἶμαι
γένους· οὐ γὰρ [ὁ] δυοῖν τινοῖν ἐστι [μικτὸς ἐκεῖνος] ἀλλὰ
συμπάντων τῶν ἀπείρων ὑπὸ τοῦ πέρατος δεδεμένων, ὥστε
10 ὀρθῶς ὁ νικηφόρος οὗτος βίος μέρος ἐκείνου γίγνοιτ' ἄν.

ΠΡΩ. Ὀρθότατα μὲν οὖν.

e ΣΩ. Εἶεν· τί δὲ ὁ σός, ὦ Φίληβε, ἡδὺς καὶ ἄμεικτος
ὤν; ἐν τίνι γένει τῶν εἰρημένων λεγόμενος ὀρθῶς ἄν ποτε
λέγοιτο; ὧδε δ' ἀπόκριναί μοι πρὶν ἀποφήνασθαι.

ΦΙ. Λέγε μόνον.

5 ΣΩ. Ἡδονὴ καὶ λύπη πέρας ἔχετον, ἢ τῶν τὸ μᾶλλόν
τε καὶ ἧττον δεχομένων ἐστόν;

ΦΙ. Ναί, τῶν τὸ μᾶλλον, ὦ Σώκρατες· οὐ γὰρ ἂν ἡδονὴ

c 8 ἴσως ci. Stallbaum : ὡς Β Τ   c 9 κάλλιον ἂν Β : καλλίονα ἂν
Τ : καλλίονα ἂν ἴσως vulg.   d 1 μὲν Β : om. Τ   d 4 τέ Β : om. Τ
d 7 γ' αὐτὸν φήσομεν Τ : ταυτὸν ἐφήσαμεν Β   d 8 ὁ Τ : om. Β :
ὁ . . . μικτὸς ἐκεῖνος seclusi auctore Jackson   μικτὸν ἐκεῖνο Schütz
τινοῖν Τ : τινυν Β   ἀλλὰ Β : ἀλλ' ὁ Τ   d 9 τῶν Β : om. Τ
d 10 ὀρθῶς Τ : ὀρθὸς Β   e 1 καὶ ἄμικτος Τ : καὶ μικτὸς Β   e 3 ἀπό-
κριναί μοι Τ : ἀποκρίνομαί μοι Β   e 6 ἐστόν Β : ἐστίν Τ   e 7 ναί·
τῶν τὸ Τ : ναί· τὸν τὸ Β

πᾶν ἀγαθὸν ἦν, εἰ μὴ ἄπειρον ἐτύγχανε πεφυκὸς καὶ πλήθει
καὶ τῷ μᾶλλον.

ΣΩ. Οὐδέ γ' ἄν, ὦ Φίληβε, λύπη πᾶν κακόν· ὥστ' ἄλλο 28
τι νῷν σκεπτέον ἢ τὴν τοῦ ἀπείρου φύσιν ὡς παρέχεταί τι
μέρος ταῖς ἡδοναῖς ἀγαθοῦ. τούτῳ δή σοι τῶν ἀπεράντων
γε γένους ἔστων· φρόνησιν δὲ καὶ ἐπιστήμην καὶ νοῦν εἰς
τί ποτε τῶν προειρημένων, ὦ Πρώταρχέ τε καὶ Φίληβε, νῦν 5
θέντες οὐκ ἂν ἀσεβοῖμεν; οὐ γάρ μοι δοκεῖ σμικρὸς ἡμῖν
εἶναι ὁ κίνδυνος κατορθώσασι καὶ μὴ περὶ τὸ νῦν ἐρωτώμενον.

ΦΙ. Σεμνύνεις γάρ, ὦ Σώκρατες, τὸν σεαυτοῦ θεόν.   b

ΣΩ. Καὶ γὰρ σύ, ὦ ἑταῖρε, τὴν σαυτοῦ· τὸ δ' ἐρωτώμενον
ὅμως ἡμῖν λεκτέον.

ΠΡΩ. Ὀρθῶς τοι λέγει Σωκράτης, ὦ Φίληβε, καὶ αὐτῷ
πειστέον.   5

ΦΙ. Οὐκοῦν ὑπὲρ ἐμοῦ σύ, Πρώταρχε, προῄρησαι λέγειν;

ΠΡΩ. Πάνυ γε· νῦν μέντοι σχεδὸν ἀπορῶ, καὶ δέομαί
γε, ὦ Σώκρατες, αὐτόν σε ἡμῖν γενέσθαι προφήτην, ἵνα
μηδὲν ἡμεῖς σοι περὶ τὸν ἀγωνιστὴν ἐξαμαρτάνοντες παρὰ
μέλος φθεγξώμεθά τι.   10

ΣΩ. Πειστέον, ὦ Πρώταρχε· οὐδὲ γὰρ χαλεπὸν οὐδὲν c
ἐπιτάττεις. ἀλλ' ὄντως σε ἐγώ, καθάπερ εἶπε Φίληβος,
σεμνύνων ἐν τῷ παίζειν ἐθορύβησα, νοῦν καὶ ἐπιστήμην
ἐρόμενος ὁποίου γένους εἶεν;

ΠΡΩ. Παντάπασί γε, ὦ Σώκρατες.   5

ΣΩ. Ἀλλὰ μὴν ῥᾴδιον· πάντες γὰρ συμφωνοῦσιν οἱ
σοφοί, ἑαυτοὺς ὄντως σεμνύνοντες, ὡς νοῦς ἐστι βασιλεὺς ἡμῖν
οὐρανοῦ τε καὶ γῆς. καὶ ἴσως εὖ λέγουσι. διὰ μακροτέρων
δ', εἰ βούλει, τὴν σκέψιν αὐτοῦ τοῦ γένους ποιησώμεθα.

e 8 πανάγαθον et mox a 1 πάγκακον ci. Bekker   e 9 τῷ T : τὸ B
a 1 οὐδέ γ' T : οὐδὲ B   a 2 ὡς] ὃ corr. Par. 1814 : φ Paley
a 3 τούτῳ scripsi : τούτων B T : τοῦτο corr. Ven. 189   a 4 γε γένους
scripsi : γεγονὸς B T   ἔστων scripsi : ἔστω B T   a 7 εἶναι ὁ
κίνδυνος κατορθώσασι B : ὁ κίνδυνος εἶναι καὶ κατορθώσασι T   b 4 ὣ
Φίληβε T : om. B   b 7 νῦν μέντοι T : μὲν τοίνυν B   b 8 σε T :
γε B   c 7 ὄντως B T G : οὕτω vulg.   c 8 τε B : om. T

d ΠΡΩ. Λέγ' ὅπως βούλει, μηδὲν μῆκος ἡμῖν ὑπολογιζό-
μενος, ὦ Σώκρατες, ὡς οὐκ ἀπεχθησόμενος.
ΣΩ. Καλῶς εἶπες. ἀρξώμεθα δέ πως ὧδε ἐπανερωτῶντες.
ΠΡΩ. Πῶς;

5 ΣΩ. Πότερον, ὦ Πρώταρχε, τὰ σύμπαντα καὶ τόδε τὸ
καλούμενον ὅλον ἐπιτροπεύειν φῶμεν τὴν τοῦ ἀλόγου καὶ
εἰκῇ δύναμιν καὶ τὸ ὅπῃ ἔτυχεν, ἢ τἀναντία, καθάπερ οἱ
πρόσθεν ἡμῶν ἔλεγον, νοῦν καὶ φρόνησίν τινα θαυμαστὴν
συντάττουσαν διακυβερνᾶν;

e ΠΡΩ. Οὐδὲν τῶν αὐτῶν, ὦ θαυμάσιε Σώκρατες· ὁ
μὲν γὰρ σὺ νῦν λέγεις, οὐδὲ ὅσιον εἶναί μοι φαίνεται. τὸ
δὲ νοῦν πάντα διακοσμεῖν αὐτὰ φάναι καὶ τῆς ὄψεως τοῦ
κόσμου καὶ ἡλίου καὶ σελήνης καὶ ἀστέρων καὶ πάσης τῆς
5 περιφορᾶς ἄξιον, καὶ οὐκ ἄλλως ἔγωγ' ἄν ποτε περὶ αὐτῶν
εἴποιμι οὐδ' ἂν δοξάσαιμι.

ΣΩ. Βούλει δῆτά τι καὶ ἡμεῖς τοῖς ἔμπροσθεν ὁμολογού-
29 μενον συμφήσωμεν ὡς ταῦθ' οὕτως ἔχει, καὶ μὴ μόνον
οἰώμεθα δεῖν τἀλλότρια ἄνευ κινδύνου λέγειν, ἀλλὰ καὶ
συγκινδυνεύωμεν καὶ μετέχωμεν τοῦ ψόγου, ὅταν ἀνὴρ δεινὸς
φῇ ταῦτα μὴ οὕτως ἀλλ' ἀτάκτως ἔχειν;

5 ΠΡΩ. Πῶς γὰρ οὐκ ἂν βουλοίμην;
ΣΩ. Ἴθι δή, τὸν ἐπιόντα περὶ τούτων νῦν ἡμῖν λόγον
ἄθρει.
ΠΡΩ. Λέγε μόνον.
ΣΩ. Τὰ περὶ τὴν τῶν σωμάτων φύσιν ἁπάντων τῶν
10 ζῴων, πῦρ καὶ ὕδωρ καὶ πνεῦμα καθορῶμέν που καὶ γῆν
καθάπερ οἱ χειμαζόμενοι, φασίν, ἐνόντα ἐν τῇ συστάσει.
b ΠΡΩ. Καὶ μάλα· χειμαζόμεθα γὰρ ὄντως ὑπ' ἀπορίας
ἐν τοῖς νῦν λόγοις.

d 5 πότερον Τ : πρότερον Β   τὸ Β : om. Τ Eus.   d 7 τὸ ΒΤ :
om. G : τὰ vulg.   e 1 οὐδὲν τῶν αὐτῶν Β Τ Eus. : οὐ δεῖ τῶν ἐναντίων
Apelt   e 2 νῦν λέγεις Τ G : νῦν δὴ λέγεις Β : λέγεις νῦν vulg.
e 4 ἀστέρων Β : ἄστρων Τ   e 7 δῆτά τι Β : δῆτα Τ   ὁμολογούμενον
Β Τ : ὁμολογουμένοις vulg. : ὡμολογημένοις Theodoretus   a 1 ταῦθ'
Β Τ : τοῦθ' G

ΣΩ. Φέρε δή, περὶ ἑκάστου τῶι παρ' ἡμῖν λαβὲ τὸ
τοιόνδε.

ΠΡΩ. Ποῖον;   5

ΣΩ. Ὅτι μικρόν τε τούτων ἕκαστον παρ' ἡμῖν ἔνεστι
καὶ φαῦλον καὶ οὐδαμῇ οὐδαμῶς εἰλικρινὲς ὂν καὶ τὴν
δύναμιν οὐκ ἀξίαν τῆς φύσεως ἔχον. ἐν ἑνὶ δὲ λαβὼν περὶ
πάντων νόει ταὐτόν. οἷον πῦρ ἔστι μέν που παρ' ἡμῖν,
ἔστι δ' ἐν τῷ παντί.   10

ΠΡΩ. Τί μήν;

ΣΩ. Οὐκοῦν σμικρὸν μέν τι τὸ παρ' ἡμῖν καὶ ἀσθενὲς c
καὶ φαῦλον, τὸ δ' ἐν τῷ παντὶ πλήθει τε θαυμαστὸν καὶ
κάλλει καὶ πάσῃ δυνάμει τῇ περὶ τὸ πῦρ οὔσῃ.

ΠΡΩ. Καὶ μάλ' ἀληθὲς ὃ λέγεις.

ΣΩ. Τί δέ; τρέφεται καὶ γίγνεται ἐκ τούτου καὶ αὔξεται 5
τὸ τοῦ παντὸς πῦρ ὑπὸ τοῦ παρ' ἡμῖν πυρός, ἢ τοὐναντίον
ὑπ' ἐκείνου τό τ' ἐμὸν καὶ τὸ σὸν καὶ τὸ τῶν ἄλλων ζῴων
ἅπαντ' ἴσχει ταῦτα;

ΠΡΩ. Τοῦτο μὲν οὐδ' ἀποκρίσεως ἄξιον ἐρωτᾷς.

ΣΩ. Ὀρθῶς· ταὐτὰ γὰρ ἐρεῖς οἶμαι περί τε τῆς ἐν τοῖς d
ζῴοις γῆς τῆς ἐνθάδε καὶ τῆς ἐν τῷ παντί, καὶ τῶν ἄλλων δὴ
πάντων ὅσων ἠρώτησα ὀλίγον ἔμπροσθεν. οὕτως ἀποκρινῇ;

ΠΡΩ. Τίς γὰρ ἀποκρινόμενος ἄλλως ὑγιαίνων ἄν ποτε
φανείη;   5

ΣΩ. Σχεδὸν οὐδ' ὁστισοῦν· ἀλλὰ τὸ μετὰ τοῦτο ἑξῆς
ἕπου. πάντα γὰρ ἡμεῖς ταῦτα τὰ νυνδὴ λεχθέντα ἆρ' οὐκ
εἰς ἓν συγκείμενα ἰδόντες ἐπωνομάσαμεν σῶμα;

ΠΡΩ. Τί μήν;

ΣΩ. Ταὐτὸν δὴ λαβὲ καὶ περὶ τοῦδε ὃν κόσμον λέγομεν· e
[διὰ] τὸν αὐτὸν γὰρ τρόπον ἂν εἴη που σῶμα, σύνθετον ὂν
ἐκ τῶν αὐτῶν.

---

b 6 παρ' secl. Klitsch   ἔνεστι] fort. μέν ἐστι   b 9 ἔστι μέν
T Eus. : μέν ἐστι B   c 5 αὔξεται Jackson: ἄρχεται B T   d 1 γὰρ
B Eusebius : γ' ἂν T : γ' αὖ Ast e Ficino (quoque)   d 3 πάντων
B : om. T Eus.   e 2 διὰ secl. Badham

ΠΡΩ. Ὀρθότατα λέγεις.

5 ΣΩ. Πότερον οὖν ἐκ τούτου τοῦ σώματος ὅλως τὸ παρ᾽ ἡμῖν σῶμα ἢ ἐκ τοῦ παρ᾽ ἡμῖν τοῦτο τρέφεταί τε καὶ ὅσα νυνδὴ περὶ αὐτῶν εἴπομεν εἴληφέν τε καὶ ἔχει;

ΠΡΩ. Καὶ τοῦθ᾽ ἕτερον, ὦ Σώκρατες, οὐκ ἄξιον ἐρωτήσεως.

30 ΣΩ. Τί δέ; τόδε ἆρα ἄξιον; ἢ πῶς ἐρεῖς;

ΠΡΩ. Λέγε τὸ ποῖον.

ΣΩ. Τὸ παρ᾽ ἡμῖν σῶμα ἆρ᾽ οὐ ψυχὴν φήσομεν ἔχειν;

ΠΡΩ. Δῆλον ὅτι φήσομεν.

5 ΣΩ. Πόθεν, ὦ φίλε Πρώταρχε, λαβόν, εἴπερ μὴ τό γε τοῦ παντὸς σῶμα ἔμψυχον ὂν ἐτύγχανε, ταὐτά γε ἔχον τούτῳ καὶ ἔτι πάντῃ καλλίονα;

ΠΡΩ. Δῆλον ὡς οὐδαμόθεν ἄλλοθεν, ὦ Σώκρατες.

ΣΩ. Οὐ γάρ που δοκοῦμέν γε, ὦ Πρώταρχε, τὰ τέτταρα 10 ἐκεῖνα, πέρας καὶ ἄπειρον καὶ κοινὸν καὶ τὸ τῆς αἰτίας γένος b ἐν ἅπασι τέταρτον ἐνόν, τοῦτο ἐν μὲν τοῖς παρ᾽ ἡμῖν ψυχήν τε παρέχον καὶ σωμασκίαν ἐμποιοῦν καὶ πταίσαντος σώματος ἰατρικὴν καὶ ἐν ἄλλοις ἄλλα συντιθὲν καὶ ἀκούμενον πᾶσαν καὶ παντοίαν σοφίαν ἐπικαλεῖσθαι, τῶν δ᾽ αὐτῶν τούτων 5 ὄντων ἐν ὅλῳ τε οὐρανῷ καὶ κατὰ μεγάλα μέρη, καὶ προσέτι καλῶν καὶ εἰλικρινῶν, ἐν τούτοις δ᾽ οὐκ ἄρα μεμηχανῆσθαι τὴν τῶν καλλίστων καὶ τιμιωτάτων φύσιν.

c ΠΡΩ. Ἀλλ᾽ οὐδαμῶς τοῦτό γ᾽ ἂν λόγον ἔχοι.

ΣΩ. Οὐκοῦν εἰ μὴ τοῦτο, μετ᾽ ἐκείνου τοῦ λόγου ἂν ἑπόμενοι βέλτιον λέγοιμεν ὡς ἔστιν, ἃ πολλάκις εἰρήκαμεν, ἄπειρόν τε ἐν τῷ παντὶ πολύ, καὶ πέρας ἱκανόν, καί τις 5 ἐπ᾽ αὐτοῖς αἰτία οὐ φαύλη, κοσμοῦσά τε καὶ συντάττουσα ἐνιαυτούς τε καὶ ὥρας καὶ μῆνας, σοφία καὶ νοῦς λεγομένη δικαιότατ᾽ ἄν.

e 7 ἔχει T Eus. : ἴσχει B   a 1 ἆρα T : ἆρα B   a 6 ὂν T Eus. :
ἐὸν B   a 7 πάντῃ B T : om. vulg.   a 10 πέρας T : om. B
b 2 παρέχον] παρέχειν Beare   σωμασκίαν Eus. : σῶμα σκιὰν B T
b 3 συντιθὲν B : συντεθὲν T G   b 7 τὴν T Eus. : διὰ B

ΠΡΩ. Δικαιότατα δῆτα.

ΣΩ. Σοφία μὴν καὶ νοῦς ἄνευ ψυχῆς οὐκ ἄν ποτε
γενοίσθην. 10

ΠΡΩ. Οὐ γὰρ οὖν.

ΣΩ. Οὐκοῦν ἐν μὲν τῇ τοῦ Διὸς ἐρεῖς φύσει βασιλικὴν d
μὲν ψυχήν, βασιλικὸν δὲ νοῦν ἐγγίγνεσθαι διὰ τὴν τῆς
αἰτίας δύναμιν, ἐν δ᾽ ἄλλοις ἄλλα καλά, καθ᾽ ὅτι φίλον
ἑκάστοις λέγεσθαι.

ΠΡΩ. Μάλα γε. 5

ΣΩ. Τοῦτον δὴ τὸν λόγον ἡμᾶς μή τι μάτην δόξῃς, ὦ
Πρώταρχε, εἰρηκέναι, ἀλλ᾽ ἔστι τοῖς μὲν πάλαι ἀποφηνα-
μένοις ὡς ἀεὶ τοῦ παντὸς νοῦς ἄρχει σύμμαχος ἐκείνοις.

ΠΡΩ. Ἔστι γὰρ οὖν.

ΣΩ. Τῇ δέ γε ἐμῇ ζητήσει πεπορικὼς ἀπόκρισιν, ὅτι νοῦς 10
ἐστὶ γένους τῆς τοῦ πάντων αἰτίου λεχθέντος [τῶν τετ- e
τάρων, [ὧν] ἦν ἡμῖν ἐν τοῦτο]. ἔχεις γὰρ δήπου νῦν ἡμῶν
ἤδη τὴν ἀπόκρισιν.

ΠΡΩ. Ἔχω καὶ μάλα ἱκανῶς· καίτοι με ἀποκρινάμενος
ἔλαθες. 5

ΣΩ. Ἀνάπαυλα γάρ, ὦ Πρώταρχε, τῆς σπουδῆς γίγνεται
ἐνίοτε ἡ παιδιά.

ΠΡΩ. Καλῶς εἶπες.

ΣΩ. Νῦν δήπου, ὦ ἑταῖρε, οὗ μὲν γένους ἐστὶ καὶ τίνα 31
ποτὲ δύναμιν κέκτηται, σχεδὸν ἐπιεικῶς ἡμῖν τὰ νῦν
δεδήλωται.

ΠΡΩ. Πάνυ μὲν οὖν.

ΣΩ. Καὶ μὴν ἡδονῆς γε ὡσαύτως πάλαι τὸ γένος ἐφάνη. 5

ΠΡΩ. Καὶ μάλα.

---

d 3 καθότι T Eus. : καθὸ B   e 1 γένους τῆς B : γενούστης T Por-
phyrius Proclus Olympiodorus Hesychius Suidas schol.   τῆς secl.
Bekker   τῶν τεττάρων ... τοῦτο secl. Badham   e 2 ὧν om.
B T : add. in marg. G : ⟨δ᾽⟩ ἦν Stallbaum   e 6 τῆς
σπουδῆς, ὦ Πρώταρχε vulg.   e 8 καλῶς T : καὶ καλῶς B : ναί,
καλῶς Hermann   a 1 νῦν δή που T : νῦν δὴ νοῦς B : νοῦς δήπου
Bekker   οὗ T : οὐ B

ΣΩ. Μεμνώμεθα δὴ καὶ ταῦτα περὶ ἀμφοῖν, ὅτι νοῦς μὲν αἰτίας ἦν συγγενὴς καὶ τούτου σχεδὸν τοῦ γένους, ἡδονὴ δὲ ἄπειρός τε αὐτὴ καὶ τοῦ μήτε ἀρχὴν μήτε μέσα μήτε τέλος 10 ἐν αὐτῷ ἀφ' ἑαυτοῦ ἔχοντος μηδὲ ἕξοντός ποτε γένους.

b ΠΡΩ. Μεμνησόμεθα· πῶς γὰρ οὔ;

ΣΩ. Δεῖ δὴ τὸ μετὰ τοῦτο, ἐν ᾧ τέ ἐστιν ἑκάτερον αὐτοῖν καὶ διὰ τί πάθος γίγνεσθον ὁπόταν γίγνησθον ἰδεῖν ἡμᾶς. πρῶτον τὴν ἡδονήν· ὥσπερ τὸ γένος αὐτῆς πρότερον 5 ἐβασανίσαμεν, οὕτω καὶ ταῦτα πρότερα. λύπης δὲ αὖ χωρὶς τὴν ἡδονὴν οὐκ ἄν ποτε δυναίμεθα ἱκανῶς βασανίσαι.

ΠΡΩ. Ἀλλ' εἰ ταύτῃ χρὴ πορεύεσθαι, ταύτῃ πορευώμεθα.

ΣΩ. Ἆρ' οὖν σοὶ καθάπερ ἐμοὶ φαίνεται τῆς γενέσεως αὐτῶν πέρι;

c ΠΡΩ. Τὸ ποῖον;

ΣΩ. Ἐν τῷ κοινῷ μοι γένει ἅμα φαίνεσθον λύπη τε καὶ ἡδονὴ γίγνεσθαι κατὰ φύσιν.

ΠΡΩ. Κοινὸν δέ γε, ὦ φίλε Σώκρατες, ὑπομίμνησκε 5 ἡμᾶς τί ποτε τῶν προειρημένων βούλει δηλοῦν.

ΣΩ. Ἔσται ταῦτ' εἰς δύναμιν, ὦ θαυμάσιε.

ΠΡΩ. Καλῶς εἶπες.

ΣΩ. Κοινὸν τοίνυν ὑπακούωμεν ὃ δὴ τῶν τεττάρων τρίτον ἐλέγομεν.

10 ΠΡΩ. Ὃ μετὰ τὸ ἄπειρον καὶ πέρας ἔλεγες, ἐν ᾧ καὶ ὑγίειαν, οἶμαι δὲ καὶ ἁρμονίαν, ἐτίθεσο;

d ΣΩ. Κάλλιστ' εἶπες. τὸν νοῦν δὲ ὅτι μάλιστ' ἤδη πρόσεχε.

ΠΡΩ. Λέγε μόνον.

ΣΩ. Λέγω τοίνυν τῆς ἁρμονίας μὲν λυομένης ἡμῖν ἐν 5 τοῖς ζῴοις ἅμα λύσιν τῆς φύσεως καὶ γένεσιν ἀλγηδόνων ἐν τῷ τότε γίγνεσθαι χρόνῳ.

---

a 9 αὐτὴ T : αὕτη B   a 10 ἐν αὐτῷ ἀφ' ἑαυτοῦ B T : ἀφ' ἑαυτοῦ ἐν ἑαυτῷ vulg.   b 3 πάθος T : πλῆθος B   γίγνησθον B : γίγνεσθον T   c 11 ἐτίθεσο : κάλλιστ' T : ἐτίθεις ὃ κάλλιστ' B

ΠΡΩ. Πάνυ λέγεις εἰκός.

ΣΩ. Πάλιν δὲ ἁρμοττομένης τε καὶ εἰς τὴν αὑτῆς φύσιν ἀπιούσης ἡδονὴν γίγνεσθαι λεκτέον, εἰ δεῖ δι᾽ ὀλίγων περὶ μεγίστων ὅτι τάχιστα ῥηθῆναι.   10

ΠΡΩ. Οἶμαι μέν σε ὀρθῶς λέγειν, ὦ Σώκρατες, ἐμφανέ- e στερον δὲ ἔτι ταὐτὰ ταῦτα πειρώμεθα λέγειν.

ΣΩ. Οὐκοῦν τὰ δημόσιά που καὶ περιφανῆ ῥᾷστον συννοεῖν;

ΠΡΩ. ·Ποῖα;   5

ΣΩ. Πείνη μέν που λύσις καὶ λύπη;

ΠΡΩ. Ναί.

ΣΩ. Ἐδωδὴ δέ, πλήρωσις γιγνομένη πάλιν, ἡδονή;

ΠΡΩ. Ναί.

ΣΩ. Δίψος δ᾽ αὖ φθορὰ καὶ λύπη [καὶ λύσις], ἡ δὲ τοῦ 10
ὑγροῦ πάλιν τὸ ξηρανθὲν πληροῦσα δύναμις ἡδονή· διά- 32
κρισις δέ γ᾽ αὖ καὶ διάλυσις ἡ παρὰ φύσιν, τοῦ πνίγους
πάθη, λύπη, κατὰ φύσιν δὲ πάλιν ἀπόδοσίς τε καὶ ψῦξις
ἡδονή.

ΠΡΩ. Πάνυ μὲν οὖν.   5

ΣΩ. Καὶ ῥίγους ἡ μὲν παρὰ φύσιν τοῦ ζῴου τῆς ὑγρό-
τητος πῆξις λύπη· πάλιν δ᾽ εἰς ταὐτὸν ἀπιόντων καὶ δια-
κρινομένων ἡ κατὰ φύσιν ὁδὸς ἡδονή. καὶ ἑνὶ λόγῳ σκόπει
εἴ σοι μέτριος ὁ λόγος ὃς ἂν φῇ τὸ ἐκ τῆς ἀπείρου καὶ
πέρατος κατὰ φύσιν ἔμψυχον γεγονὸς εἶδος, ὅπερ ἔλεγον ἐν b
τῷ πρόσθεν, ὅταν μὲν τοῦτο φθείρηται, τὴν μὲν φθορὰν
λύπην εἶναι, τὴν δ᾽ εἰς τὴν αὑτῶν οὐσίαν ὁδόν, ταύτην δὲ
αὖ πάλιν τὴν ἀναχώρησιν πάντων ἡδονήν.

---

d 8 αὑτῆς Β Τ : αὑτὴν Stobaeus   d 10 ὅτι τάχιστα περὶ μεγί-
στων Stobaeus   e 2 ταυτὰ Β : τὰ αὐτὰ Τ : om. Stobaeus   e 6 πείνη
Β Stobaeus : πείνη Τ   e 8 ἐδωδὴ Β Stobaeus : ἐδωδῇ Τ
e 10 καὶ λύσις Τ Stobaeus : secl. Schleiermacher : καὶ λῦσις Β : καὶ
αὖσις ci. Bury   a 2 γ᾽ Β Τ : τε G : τ᾽ Stobaeus   ἡ om. Sto-
baeus   a 3 δὲ Stobaeus : δὴ Β Τ : δ᾽ ἡ Heusde   a 9 τῆς
Β Τ Stobaeus : τοῦ Stallbaum   b 1 ἐν τῷ πρόσθεν ἔλεγον Stobaeus
b 2 μὲν om. Stobaeus   b 3 αὑτῶν Τ : αὐτῶν Β Stobaeus

5 ΠΡΩ. Ἔστω· δοκεῖ γάρ μοι τύπον γέ τινα ἔχειν.

ΣΩ. Τοῦτο μὲν τοίνυν ἓν εἶδος τιθώμεθα λύπης τε καὶ ἡδονῆς ἐν τούτοις τοῖς πάθεσιν ἑκατέροις;

ΠΡΩ. Κείσθω.

ΣΩ. Τίθει τοίνυν αὐτῆς τῆς ψυχῆς κατὰ τὸ τούτων τῶν c παθημάτων προσδόκημα τὸ μὲν πρὸ τῶν ἡδέων ἐλπιζόμενον ἡδὺ καὶ θαρραλέον, τὸ δὲ πρὸ τῶν λυπηρῶν φοβερὸν καὶ ἀλγεινόν.

ΠΡΩ. Ἔστι γὰρ οὖν τοῦθ᾽ ἡδονῆς καὶ λύπης ἕτερον εἶδος, τὸ χωρὶς τοῦ σώματος αὐτῆς τῆς ψυχῆς διὰ προσδοκίας 5 γιγνόμενον.

ΣΩ. Ὀρθῶς ὑπέλαβες. ἐν γὰρ τούτοις οἶμαι, κατά γε τὴν ἐμὴν δόξαν, εἰλικρινέσιν τε ἑκατέροις γιγνομένοις, ὡς δοκεῖ, καὶ ἀμείκτοις λύπης τε καὶ ἡδονῆς, ἐμφανὲς ἔσεσθαι d τὸ περὶ τὴν ἡδονήν, πότερον ὅλον ἐστὶ τὸ γένος ἀσπαστόν, ἢ τοῦτο μὲν ἑτέρῳ τινὶ τῶν προειρημένων δοτέον ἡμῖν γενῶν, ἡδονῇ δὲ καὶ λύπῃ, καθάπερ θερμῷ καὶ ψυχρῷ καὶ πᾶσι τοῖς τοιούτοις, τοτὲ μὲν ἀσπαστέον αὐτά, τοτὲ δὲ οὐκ ἀσπαστέον, 5 ὡς ἀγαθὰ μὲν οὐκ ὄντα, ἐνίοτε δὲ καὶ ἔνια δεχόμενα τὴν τῶν ἀγαθῶν ἔστιν ὅτε φύσιν.

ΠΡΩ. Ὀρθότατα λέγεις, ὅτι ταύτῃ πῃ δεῖ διαπορηθῆναι τὸ νῦν μεταδιωκόμενον.

ΣΩ. Πρῶτον μὲν τοίνυν τόδε συνίδωμεν· [ὡς] εἴπερ e ὄντως ἔστι τὸ λεγόμενον, διαφθειρομένων μὲν αὐτῶν ἀλγηδών, ἀνασῳζομένων δὲ ἡδονή, τῶν μήτε διαφθειρομένων μήτε ἀνασῳζομένων ἐννοήσωμεν πέρι, τίνα ποτὲ ἕξιν δεῖ τότε ἐν ἑκάστοις εἶναι τοῖς ζῴοις, ὅταν οὕτως ἴσχῃ. σφόδρα 5 δὲ προσέχων τὸν νοῦν εἰπέ· ἆρα οὐ πᾶσα ἀνάγκη πᾶν ἐν τῷ τότε χρόνῳ ζῷον μήτε τι λυπεῖσθαι μήτε ἥδεσθαι μήτε μέγα μήτε σμικρόν;

c 2 λυπηρῶν T : λυπῶν B Stobaeus   c 4 προσδοκίας B T Stobaeus : προσδοκίαν vulg.   d 2 τινὶ T : om. B   d 3 δὲ B : τε T d 4 τότε δὲ T : τὸ τί δε B   d 6 ὅτε] ὅπῃ Badham   d 7 διαπορηθῆναι Solomon : διαπορευθῆναι B T : διαθηρευθῆναι Stephanus d 9 ὡς secl. Badham   e 1 ἀλγηδών· ἀνασῳζομένων T : ἀλγηδὼν ἀν· διασῳζομένων B

ΠΡΩ. Ἀνάγκη μὲν οὖν.

ΣΩ. Οὐκοῦν ἔστι τις τρίτη ἡμῶν ἡ τοιαύτη διάθεσις
παρά τε τὴν τοῦ χαίροντος καὶ παρὰ τὴν τοῦ λυπουμένου; 33

ΠΡΩ. Τί μήν;

ΣΩ. Ἄγε δὴ τοίνυν, ταύτης προθυμοῦ μεμνῆσθαι. πρὸς
γὰρ τὴν τῆς ἡδονῆς κρίσιν οὐ σμικρὸν μεμνῆσθαι ταύτην
ἔσθ' ἡμῖν ἢ μή. βραχὺ δέ τι περὶ αὐτῆς, εἰ βούλει, 5
διαπεράνωμεν.

ΠΡΩ. Λέγε ποῖον.

ΣΩ. [Τῷ] τὸν τοῦ φρονεῖν [ἑλομένῳ] βίον οἶσθ' ὡς
τοῦτον τὸν τρόπον οὐδὲν ἀποκωλύει ζῆν.

ΠΡΩ. Τὸν τοῦ μὴ χαίρειν μηδὲ λυπεῖσθαι λέγεις;   b

ΣΩ. Ἐρρήθη γάρ που τότε ἐν τῇ παραβολῇ τῶν βίων
μηδὲν δεῖν μήτε μέγα μήτε σμικρὸν χαίρειν τῷ τὸν τοῦ
νοεῖν καὶ φρονεῖν βίον ἑλομένῳ.

ΠΡΩ. Καὶ μάλα οὕτως ἐρρήθη.   5

ΣΩ. Οὐκοῦν οὕτως ἂν ἐκείνῳ γε ὑπάρχοι· καὶ ἴσως
οὐδὲν ἄτοπον εἰ πάντων τῶν βίων ἐστὶ θειότατος.

ΠΡΩ. Οὔκουν εἰκός γε οὔτε χαίρειν θεοὺς οὔτε τὸ
ἐναντίον.

ΣΩ. Πάνυ μὲν οὖν οὐκ εἰκός· ἄσχημον γοῦν αὐτῶν 10
ἑκάτερον γιγνόμενόν ἐστιν. ἀλλὰ δὴ τοῦτο μὲν ἔτι καὶ εἰς
αὖθις ἐπισκεψόμεθα, ἐὰν πρὸς λόγον τι ᾖ, καὶ τῷ νῷ πρὸς c
τὰ δευτερεῖα, ἐὰν μὴ πρὸς τὰ πρωτεῖα δυνώμεθα προσθεῖναι,
προσθήσομεν.

ΠΡΩ. Ὀρθότατα λέγεις.

ΣΩ. Καὶ μὴν τό γε ἕτερον εἶδος τῶν ἡδονῶν, ὃ τῆς 5
ψυχῆς αὐτῆς ἔφαμεν εἶναι, διὰ μνήμης πᾶν ἐστι γεγονός.

ΠΡΩ. Πῶς;

ΣΩ. Μνήμην, ὡς ἔοικεν, ὅτι ποτ' ἔστιν πρότερον ἀνα-

e 9 ἡμῶν B T : ἡμῖν al.   a 4 ταύτην B T : ταύτης recc. Bekker
a 8 τῷ et mox ἑλομένῳ secl. Badham   b 3 μέγα B : μέγαν T G
b 5 ἐρρήθη T   b 6 οὕτως B T : οὗτος al.   b 8 θεοὺς T : τοὺς
θεοὺς B   c 1 ἐπισκεψόμεθα Bekker : ἐπισκεψώμεθα B T

91

ληπτέον, καὶ κινδυνεύει πάλιν ἔτι πρότερον αἴσθησιν μνήμης,
10 εἰ μέλλει τὰ περὶ ταῦθ᾽ ἡμῖν κατὰ τρόπον φανερά πῃ
γενήσεσθαι.

d ΠΡΩ. Πῶς φῄς;

ΣΩ. Θὲς τῶν περὶ τὸ σῶμα ἡμῶν ἑκάστοτε παθημάτων
τὰ μὲν ἐν τῷ σώματι κατασβεννύμενα πρὶν ἐπὶ τὴν ψυχὴν
διεξελθεῖν ἀπαθῆ ἐκείνην ἐάσαντα, τὰ δὲ δι᾽ ἀμφοῖν ἰόντα
5 καί τινα ὥσπερ σεισμὸν ἐντιθέντα ἴδιόν τε καὶ κοινὸν
ἑκατέρῳ.

ΠΡΩ. Κείσθω.

ΣΩ. Τὰ μὲν δὴ μὴ δι᾽ ἀμφοῖν ἰόντα ἐὰν τὴν ψυχὴν
ἡμῶν φῶμεν λανθάνειν, τὰ δὲ δι᾽ ἀμφοῖν μὴ λανθάνειν, ἆρ᾽
10 ὀρθότατα ἐροῦμεν;

e ΠΡΩ. Πῶς γὰρ οὔ;

ΣΩ. Τὸ τοίνυν λεληθέναι μηδαμῶς ὑπολάβῃς ὡς λέγω
λήθης ἐνταῦθά που γένεσιν· ἔστι γὰρ λήθη μνήμης ἔξοδος,
ἡ δ᾽ ἐν τῷ λεγομένῳ νῦν οὔπω γέγονε. τοῦ δὴ μήτε ὄντος
5 μήτε γεγονότος πω γίγνεσθαι φάναι τινὰ ἀποβολὴν ἄτοπον.
ἦ γάρ;

ΠΡΩ. Τί μήν;

ΣΩ. Τὰ τοίνυν ὀνόματα μετάβαλε μόνον.

ΠΡΩ. Πῶς;

10 ΣΩ. Ἀντὶ μὲν τοῦ λεληθέναι τὴν ψυχήν, ὅταν ἀπαθὴς
αὕτη γίγνηται τῶν σεισμῶν τῶν τοῦ σώματος, ἣν νῦν λήθην
34 καλεῖς ἀναισθησίαν ἐπονόμασον.

ΠΡΩ. Ἔμαθον.

ΣΩ. Τὸ δ᾽ ἐν ἑνὶ πάθει τὴν ψυχὴν καὶ τὸ σῶμα κοινῇ
γιγνόμενον κοινῇ καὶ κινεῖσθαι, ταύτην δ᾽ αὖ τὴν κίνησιν
5 ὀνομάζων αἴσθησιν οὐκ ἀπὸ τρόπου φθέγγοι᾽ ἄν.

c 10 τὰ περὶ B : περὶ T : om. Stobaeus   d 2 τῶν T Stobaeus :
τὸν B   d 4 δι᾽ T Stobaeus : om. B   d 8 δὴ B T : om. Stobaeus
μὴ om. G   e 4 τοῦ δὴ B : τοῦ * T : τοῦ δου D : οὐδ᾽ οὐ Stobaeus
e 5 πω Stobaeus : πῶς B : πως T   e 10 μὲν om. Stobaeus   a 3 τὸ
B T G Stobaeus : τῷ vulg.   a 4 δ᾽ αὖ B T : δὴ Stobaeus   a 5 ἀπὸ
T Stobaeus : ἄπο B

ΠΡΩ. Ἀληθέστατα λέγεις.

ΣΩ. Οὐκοῦν ἤδη μανθάνομεν ὃ βουλύμεθα καλεῖν τὴν αἴσθησιν;

ΠΡΩ. Τί μήν;

ΣΩ. Σωτηρίαν τοίνυν αἰσθήσεως τὴν μνήμην λέγων 10 ὀρθῶς ἄν τις λέγοι κατά γε τὴν ἐμὴν δόξαν.

ΠΡΩ. Ὀρθῶς γὰρ οὖν. b

ΣΩ. Μνήμης δὲ ἀνάμνησιν ἆρ' οὐ διαφέρουσαν λέγομεν;

ΠΡΩ. Ἴσως.

ΣΩ. Ἆρ' οὖν οὐ τόδε;

ΠΡΩ. Τὸ ποῖον; 5

ΣΩ. Ὅταν ἃ μετὰ τοῦ σώματος ἔπασχέν ποθ' ἡ ψυχή, ταῦτ' ἄνευ τοῦ σώματος αὐτὴ ἐν ἑαυτῇ ὅτι μάλιστα ἀναλαμβάνῃ, τότε ἀναμιμνῄσκεσθαί που λέγομεν. ἢ γάρ;

ΠΡΩ. Πάνυ μὲν οὖν.

ΣΩ. Καὶ μὴν καὶ ὅταν ἀπολέσασα μνήμην εἴτ' αἰσθή- 10 σεως εἴτ' αὖ μαθήματος αὖθις ταύτην ἀναπολήσῃ πάλιν αὐτὴ ἐν ἑαυτῇ, καὶ ταῦτα σύμπαντα ἀναμνήσεις [καὶ μνήμας] c που λέγομεν.

ΠΡΩ. Ὀρθῶς λέγεις.

ΣΩ. Οὗ δὴ χάριν ἅπαντ' εἴρηται ταῦτ', ἔστι τόδε.

ΠΡΩ. Τὸ ποῖον; 5

ΣΩ. Ἵνα πῃ τὴν ψυχῆς ἡδονὴν χωρὶς σώματος ὅτι μάλιστα καὶ ἐναργέστατα λάβοιμεν, καὶ ἅμα ἐπιθυμίαν· διὰ γὰρ τούτων πως ταῦτα ἀμφότερα ἔοικεν δηλοῦσθαι.

ΠΡΩ. Λέγωμεν τοίνυν, ὦ Σώκρατες, ἤδη τὸ μετὰ ταῦτα.

ΣΩ. Πολλά γε περὶ γένεσιν ἡδονῆς καὶ πᾶσαν [τὴν] 10 μορφὴν αὐτῆς ἀναγκαῖον, ὡς ἔοικε, λέγοντας σκοπεῖν. καὶ d γὰρ νῦν πρότερον ἔτι φαίνεται ληπτέον ἐπιθυμίαν εἶναι τί ποτ' ἔστι καὶ ποῦ γίγνεται.

b 2 λέγομεν T : λέγωμεν B   b 6 πόθ' ἡ T : πάθη B : πάθη ἡ Turr.
c 1 καὶ μνήμας secl. Gloël   c 6 πῃ Schütz : δὴ Grouius : ἤδη
Hermann : μὴ B T   ψυχῆς T : τῆς ψυχῆς B   c 8 πως T :
πῶς B   c 10 τὴν secl. Badham   d 1 αὐτῆς T : αὐτὴν B

ΠΡΩ. Σκοπῶμεν τοίνυν· οὐδὲν γὰρ ἀπολοῦμεν.

5 ΣΩ. Ἀπολοῦμεν μὲν οὖν [καὶ] ταῦτά γε, ὦ Πρώταρχε·
εὑρόντες ὃ νῦν ζητοῦμεν, ἀπολοῦμεν τὴν περὶ αὐτὰ ταῦτα
ἀπορίαν.

ΠΡΩ. Ὀρθῶς ἠμύνω· τὸ δ᾽ ἐφεξῆς τούτοις πειρώμεθα
λέγειν.

10 ΣΩ. Οὐκοῦν νυνδὴ πείνην τε καὶ δίψος καὶ πολλὰ ἕτερα
e τοιαῦτα ἔφαμεν εἶναί τινας ἐπιθυμίας;

ΠΡΩ. Σφόδρα γε.

ΣΩ. Πρὸς τί ποτε ἄρα ταὐτὸν βλέψαντες οὕτω πολὺ
διαφέροντα ταῦθ᾽ ἑνὶ προσαγορεύομεν ὀνόματι;

5 ΠΡΩ. Μὰ Δί᾽ οὐ ῥᾴδιον ἴσως εἰπεῖν, ὦ Σώκρατες, ἀλλ᾽
ὅμως λεκτέον.

ΣΩ. Ἐκεῖθεν δὴ ἐκ τῶν αὐτῶν πάλιν ἀναλάβωμεν.

ΠΡΩ. Πόθεν δή;

ΣΩ. Διψῇ γέ που λέγομεν ἑκάστοτέ τι;

10 ΠΡΩ. Πῶς δ᾽ οὔ;

ΣΩ. Τοῦτο δέ γ᾽ ἐστὶ κενοῦται;

ΠΡΩ. Τί μήν;

ΣΩ. Ἆρ᾽ οὖν τὸ δίψος ἐστὶν ἐπιθυμία;

ΠΡΩ. Ναί, πώματός γε.

35 ΣΩ. Πώματος, ἢ πληρώσεως πώματος;

ΠΡΩ. Οἶμαι μὲν πληρώσεως.

ΣΩ. Ὁ κενούμενος ἡμῶν ἄρα, ὡς ἔοικεν, ἐπιθυμεῖ τῶν
ἐναντίων ἢ πάσχει· κενούμενος γὰρ ἐρᾷ πληροῦσθαι.

5 ΠΡΩ. Σαφέστατά γε.

ΣΩ. Τί οὖν; ὁ τὸ πρῶτον κενούμενος ἔστιν ὁπόθεν εἴτ᾽
αἰσθήσει πληρώσεως ἐφάπτοιτ᾽ ἂν εἴτε μνήμη, τούτου ὃ
μήτ᾽ ἐν τῷ νῦν χρόνῳ πάσχει μήτ᾽ ἐν τῷ πρόσθεν πώποτε
ἔπαθεν;

d 5 μὲν B : om. T   καὶ secl. Badham   d 6 ἀπολοῦμεν B :
om. T   e 7 ἐκ τῶν αὐτῶν πάλιν B : πάλιν ἐκ τῶν αὐτῶν T
e 9 διψῇ T : δίψῃ B : διψῆν vulg.   γέ που B : που T   ἑκάστοτέ τι T :
ἑκάστου ἔτι B : ἑκάστοτέ τις al.   e 14 πώματος BT : πόματος vulg.

ΠΡΩ. Καὶ πῶς; 10

ΣΩ. Ἀλλὰ μὴν ὅ γε ἐπιθυμῶν τινὸς ἐπιθυμεῖ, φαμέν. b

ΠΡΩ. Πῶς γὰρ οὔ;

ΣΩ. Οὐκ ἄρα ὅ γε πάσχει, τούτου ἐπιθυμεῖ. διψῇ γάρ, τοῦτο δὲ κένωσις· ὁ δ' ἐπιθυμεῖ πληρώσεως.

ΠΡΩ. Ναί. 5

ΣΩ. Πληρώσεώς γ' ἄρα πῄ τι τῶν τοῦ διψῶντος ἂν ἐφάπτοιτο.

ΠΡΩ. Ἀναγκαῖον.

ΣΩ. Τὸ μὲν δὴ σῶμα ἀδύνατον· κενοῦται γάρ που.

ΠΡΩ. Ναί. 10

ΣΩ. Τὴν ψυχὴν ἄρα τῆς πληρώσεως ἐφάπτεσθαι λοιπόν, τῇ μνήμῃ δῆλον ὅτι· τῷ γὰρ ἂν ἔτ' ἄλλῳ ἐφάψαιτο; c

ΠΡΩ. Σχεδὸν οὐδενί.

ΣΩ. Μανθάνομεν οὖν ὃ συμβέβηχ' ἡμῖν ἐκ τούτων τῶν λόγων;

ΠΡΩ. Τὸ ποῖον; 5

ΣΩ. Σώματος ἐπιθυμίαν οὔ φησιν ἡμῖν οὗτος ὁ λόγος γίγνεσθαι.

ΠΡΩ. Πῶς;

ΣΩ. Ὅτι τοῖς ἐκείνου παθήμασιν ἐναντίαν ἀεὶ παντὸς ζῴου μηνύει τὴν ἐπιχείρησιν. 10

ΠΡΩ. Καὶ μάλα.

ΣΩ. Ἡ δ' ὁρμή γε ἐπὶ τοὐναντίον ἄγουσα ἢ τὰ παθήματα δηλοῖ που μνήμην οὖσαν τῶν τοῖς παθήμασιν ἐναντίων.

ΠΡΩ. Πάνυ γε. 15

ΣΩ. Τὴν ἄρα ἐπάγουσαν ἐπὶ τὰ ἐπιθυμούμενα ἀποδείξας d μνήμην ὁ λόγος ψυχῆς σύμπασαν τήν τε ὁρμὴν καὶ ἐπιθυμίαν καὶ τὴν ἀρχὴν τοῦ ζῴου παντὸς ἀπέφηνεν.

ΠΡΩ. Ὀρθότατα.

b 6 γ' ἄρα B : ἄρα T   c 1 τῷ B T (τίνι in marg. t) : τῷ τίνι
vulg.   ἔτ' B : om. T   c 3 οὖν B : γοῦν T

95

5 ΣΩ. Διψῆν ἄρα ἡμῶν τὸ σῶμα ἢ πεινῆν ἤ τι τῶν τοιούτων πάσχειν οὐδαμῇ ὁ λόγος αἱρεῖ.

ΠΡΩ. Ἀληθέστατα.

ΣΩ. Ἔτι δὴ καὶ τόδε περὶ ταὐτὰ ταῦτα κατανοήσωμεν. βίου γὰρ εἶδός τί μοι φαίνεται βούλεσθαι δηλοῦν ὁ λόγος 10 ἡμῖν ἐν τούτοις αὐτοῖς.

e ΠΡΩ. Ἐν τίσι καὶ ποίου πέρι βίου φράζεις;

ΣΩ. Ἐν τῷ πληροῦσθαι καὶ κενοῦσθαι καὶ πᾶσιν ὅσα περὶ σωτηρίαν τέ ἐστι τῶν ζῴων καὶ τὴν φθοράν, καὶ εἴ τις τούτων ἐν ἑκατέρῳ γιγνόμενος ἡμῶν ἀλγεῖ, τοτὲ δὲ χαίρει 5 κατὰ τὰς μεταβολάς.

ΠΡΩ. Ἔστι ταῦτα.

ΣΩ. Τί δ᾽ ὅταν ἐν μέσῳ τούτων γίγνηται;

ΠΡΩ. Πῶς ἐν μέσῳ;

ΣΩ. Διὰ μὲν τὸ πάθος ἀλγῇ, μεμνῆται δὲ τῶν ἡδέων ⟨ὧν⟩ 10 γενομένων παύοιτ᾽ ἂν τῆς ἀλγηδόνος, πληρῶται δὲ μήπω· τί 36 τότε; φῶμεν ἢ μὴ φῶμεν αὐτὸν ἐν μέσῳ τῶν παθημάτων εἶναι;

ΠΡΩ. Φῶμεν μὲν οὖν.

ΣΩ. Πότερον ἀλγοῦνθ᾽ ὅλως ἢ χαίροντα;

ΠΡΩ. Μὰ Δί᾽, ἀλλὰ διπλῇ τινὶ λύπῃ λυπούμενον, κατὰ 5 μὲν τὸ σῶμα ἐν τῷ παθήματι, κατὰ δὲ τὴν ψυχὴν προσδοκίας τινὶ πόθῳ.

ΣΩ. Πῶς, ὦ Πρώταρχε, τὸ διπλοῦν τῆς λύπης εἶπες; ἆρ᾽ οὐκ ἔστι μὲν ὅτε τις ἡμῶν κενούμενος ἐν ἐλπίδι φανερᾷ τοῦ b πληρωθήσεσθαι καθέστηκε, τοτὲ δὲ τοὐναντίον ἀνελπίστως ἔχει;

ΠΡΩ. Καὶ μάλα γε.

ΣΩ. Μῶν οὖν οὐχὶ ἐλπίζων μὲν πληρωθήσεσθαι τῷ 5 μεμνῆσθαι δοκεῖ σοι χαίρειν, ἅμα δὲ κενούμενος ἐν τούτοις [τοῖς χρόνοις] ἀλγεῖν;

---

d 5 διψῆν . . . πεινῆν Τ: δίψην . . . πείνην Β   ἡμῶν τὸ σῶμα Β: τὸ σῶμα ἡμῶν Τ   θ 1 πέρι βίου Β: βίου πέρι Τ   e 4 τοτὲ Stallbaum: τότε Β Τ   θ 9 ἀλγῇ Β: ἀλγεῖ Τ   ὧν add. corr. Ven. 189: om. Β Τ   θ 10 πληρῶται Β: πεπλήρωται Τ   b 6 τοῖς χρόνοις secl. Badham

ΠΡΩ. Ἀνάγκη.

ΣΩ. Τότε ἄρ' ἄνθρωπος καὶ τἆλλα ζῷα λυπεῖταί τε ἅμα καὶ χαίρει.

ΠΡΩ. Κινδυνεύει.   10

ΣΩ. Τί δ' ὅταν ἀνελπίστως ἔχῃ κενούμενος τεύξεσθαι πληρώσεως; ἆρ' οὐ τότε τὸ διπλοῦν γίγνοιτ' ἂν περὶ τὰς λύπας πάθος, ὃ σὺ νυνδὴ κατιδὼν ᾠήθης ἁπλῶς εἶναι διπλοῦν;   c

ΠΡΩ. Ἀληθέστατα, ὦ Σώκρατες.

ΣΩ. Ταύτῃ δὴ τῇ σκέψει τούτων τῶν παθημάτων τόδε χρησώμεθα.

ΠΡΩ. Τὸ ποῖον;   5

ΣΩ. Πότερον ἀληθεῖς ταύτας τὰς λύπας τε καὶ ἡδονὰς ἢ ψευδεῖς εἶναι λέξομεν; ἢ τὰς μέν τινας ἀληθεῖς, τὰς δ' οὔ;

ΠΡΩ. Πῶς δ', ὦ Σώκρατες, ἂν εἶεν ψευδεῖς ἡδοναὶ ἢ λῦπαι;

ΣΩ. Πῶς δέ, ὦ Πρώταρχε, φόβοι ἂν ἀληθεῖς ἢ ψευδεῖς, 10 ἢ προσδοκίαι ἀληθεῖς ἢ μή, ἢ δόξαι ἀληθεῖς ἢ ψευδεῖς;

ΠΡΩ. Δόξας μὲν ἔγωγ' ἄν που συγχωροίην, τὰ δ' ἕτερα d ταῦτ' οὐκ ἄν.

ΣΩ. Πῶς φῄς; λόγον μέντοι τινὰ κινδυνεύομεν οὐ πάνυ σμικρὸν ἐπεγείρειν.

ΠΡΩ. Ἀληθῆ λέγεις.   5

ΣΩ. Ἀλλ' εἰ πρὸς τὰ παρεληλυθότα, ὦ παῖ 'κείνου τἀνδρός, προσήκοντα, τοῦτο σκεπτέον.

ΠΡΩ. Ἴσως τοῦτό γε.

ΣΩ. Χαίρειν τοίνυν δεῖ λέγειν τοῖς ἄλλοις μήκεσιν ἢ καὶ ὁτῳοῦν τῶν παρὰ τὸ προσῆκον λεγομένων.   10

ΠΡΩ. Ὀρθῶς.

ΣΩ. Λέγε δή μοι· θαῦμα γάρ μέ γε ἔχει διὰ τέλους ἀεὶ e

b 13 νῦν δὴ Β Τ: νῦν vulg.   c 6 τὰς Τ b: om. B   c 8 δ' Τ:
om. B   ἢ Τ: αἱ B   d 6 κείνου τἀνδρός Β: κείνου τοῦ ἀνδρός Τ
e 1 γάρ μέ γε Β: γὰρ ἐμέ γ' Τ

περὶ τὰ αὐτὰ ἃ νυνδὴ προυθέμεθα ἀπορήματα. πῶς δὴ φῄς;
ψευδεῖς, αἱ δ᾽ ἀληθεῖς οὐκ εἰσὶν ἡδοναί;

ΠΡΩ. Πῶς γὰρ ἄν;

5   ΣΩ. Οὔτε δὴ ὄναρ οὔθ᾽ ὕπαρ, ὡς φῄς, [ἐστιν] οὔτ᾽ ἐν
μανίαις οὔτ᾽ ἐν παραφροσύναις οὐδεὶς ἔσθ᾽ ὅστις ποτὲ δοκεῖ
μὲν χαίρειν, χαίρει δὲ οὐδαμῶς, οὐδ᾽ αὖ δοκεῖ μὲν λυπεῖσθαι,
λυπεῖται δ᾽ οὔ.

ΠΡΩ. Πάνθ᾽ οὕτω ταῦτα, ὦ Σώκρατες, ἔχειν πάντες
10 ὑπειλήφαμεν.

ΣΩ. Ἆρ᾽ οὖν ὀρθῶς; ἢ σκεπτέον εἴτ᾽ ὀρθῶς εἴτε μὴ
ταῦτα λέγεται;

ΠΡΩ. Σκεπτέον, ὥς γ᾽ ἐγὼ φαίην ἄν.

37 ΣΩ. Διορισώμεθα δὴ σαφέστερον ἔτι τὸ νυνδὴ λεγόμενον
ἡδονῆς τε πέρι καὶ δόξης. ἔστιν γάρ πού τι δοξάζειν
ἡμῖν;

ΠΡΩ. Ναί.

5   ΣΩ. Καὶ ἥδεσθαι;

ΠΡΩ. Ναί.

ΣΩ. Καὶ μὴν καὶ τὸ δοξαζόμενόν ἐστί τι;

ΠΡΩ. Πῶς δ᾽ οὔ;

ΣΩ. Καὶ τό γε ᾧ τὸ ἡδόμενον ἥδεται;

10 ΠΡΩ. Καὶ πάνυ γε.

ΣΩ. Οὐκοῦν τὸ δοξάζον, ἄντε ὀρθῶς ἄντε μὴ ὀρθῶς
δοξάζῃ, τό γε δοξάζειν ὄντως οὐδέποτε ἀπόλλυσιν.

b   ΠΡΩ. Πῶς γὰρ ἄν;

ΣΩ. Οὐκοῦν καὶ τὸ ἡδόμενον, ἄντε ὀρθῶς ἄντε μὴ ὀρθῶς
ἥδηται, τό γε ὄντως ἥδεσθαι δῆλον ὡς οὐδέποτ᾽ ἀπολεῖ.

ΠΡΩ. Ναί, καὶ τοῦθ᾽ οὕτως ἔχει.

5   ΣΩ. Ὅτῳ ποτὲ οὖν δὴ τρόπῳ δόξα ψευδής τε καὶ ἀληθὴς

e 2 τὰ αὐτὰ⌐ ταῦτα Badham   πῶς δὴ φῄς; alteri dant B T : Socrati
continuavit Badham   e 5 ἐστιν secl. Stallbaum   e 6 παρα-
φροσύναις e πάσαις ἀφροσύναις fecit B : πάσαις ἀφροσύναις T   e 13 ὥς
γ᾽ T : ὡς B   a 2 τι T : om. B   a 7 τι T : periit in B   a 9 ᾧ
T : ὡς B   τὸ : periit in B   a 12 δοξάζῃ T : δοξάσῃ B   b 4 τοῦθ᾽
B : ταῦθ᾽ T   b 5 ὅτῳ B T : τῷ t vulg.   δὴ B T : om. vulg.

ἡμῖν φιλεῖ γίγνεσθαι, τὸ δὲ τῆς ἡδονῆς μόνον ἀληθές,
δοξάζειν δ' ὄντως καὶ χαίρειν ἀμφότερα ὁμοίως εἴληχεν
⟨σκεπτέον⟩.

ΠΡΩ. Σκεπτέον.

ΣΩ. Ἆρ' ὅτι δόξῃ μὲν ἐπιγίγνεσθον ψεῦδός τε καὶ 10
ἀληθές, καὶ ἐγένετο οὐ μόνον δόξα διὰ ταῦτα ἀλλὰ καὶ ποιά c
τις ἑκατέρα, σκεπτέον φῂς τοῦτ' εἶναι;

ΠΡΩ. Ναί.

ΣΩ. Πρὸς δέ γε τούτοις, εἰ καὶ τὸ παράπαν ἡμῖν τὰ μέν
ἐστι ποί' ἄττα, ἡδονὴ δὲ καὶ λύπη μόνον ἅπερ ἐστί, ποιώ τινε 5
δὲ οὐ γίγνεσθον, καὶ ταῦθ' ἡμῖν διομολογητέον.

ΠΡΩ. Δῆλον.

ΣΩ. 'Αλλ' οὐδὲν τοῦτό γε χαλεπὸν ἰδεῖν, ὅτι καὶ ποιώ
τινε· πάλαι γὰρ εἴπομεν ὅτι μεγάλαι τε καὶ σμικραὶ καὶ
σφόδρα ἑκάτεραι γίγνονται, λῦπαί τε καὶ ἡδοναί. 10

ΠΡΩ. Παντάπασι μὲν οὖν. d

ΣΩ. Ἂν δέ γε πονηρία τούτων, ὦ Πρώταρχε, προσγίγνηταί
τινι, πονηρὰν μὲν φήσομεν οὕτω γίγνεσθαι δόξαν, πονηρὰν
δὲ καὶ ἡδονήν;

ΠΡΩ. 'Αλλὰ τί μήν, ὦ Σώκρατες; 5

ΣΩ. Τί δ', ἂν ὀρθότης ἢ τοὐναντίον ὀρθότητι τινὶ τούτων
προσγίγνηται; μῶν οὐκ ὀρθὴν μὲν δόξαν ἐροῦμεν, ἂν ὀρθότητα
ἴσχῃ, ταὐτὸν δὲ ἡδονήν;

ΠΡΩ. 'Αναγκαῖον.

ΣΩ. Ἂν δέ γε ἁμαρτανόμενον τὸ δοξαζόμενον ᾖ, τὴν δόξαν e
τότε ἁμαρτάνουσάν γε οὐκ ὀρθὴν ὁμολογητέον οὐδ' ὀρθῶς
δοξάζουσαν;

ΠΡΩ. Πῶς γὰρ ἄν;

ΣΩ. Τί δ', ἂν αὖ λύπην ἤ τινα ἡδονὴν περὶ τὸ ἐφ' ᾧ 5

b 7 εἴληχε Stallbaum : εἴληφεν B T   b 8 σκεπτέον add. Baiter
b 10 ἆρ' ὅτι T : ἆρά τι B   c 1 ποια B : ὁποία T   c 5 δὲ B :
τε T   ποιω τίνε t : ποιῶν τινε pr. T : ποιων· τινε B   c 8 ποιώ
τινέ B T   c 10 σφόδρα] σφοδραὶ καὶ ἡσυχαίτεραι Cornarius e Ficino
e 5 ᾧ T : ὃ B

λυπεῖται ἢ τοὐναντίον ἁμαρτάνουσαν ἐφορῶμεν· ὀρθὴν ἢ
χρηστὴν ἤ τι τῶν καλῶν ὀνομάτων αὐτῇ προσθήσομεν;

ΠΡΩ. Ἀλλ' οὐχ οἷόν τε, εἴπερ ἁμαρτήσεταί γε
ἡδονή.

10 ΣΩ. Καὶ μὴν ἔοικέν γε ἡδονὴ πολλάκις οὐ μετὰ δόξης
ὀρθῆς ἀλλὰ μετὰ ψεύδους ἡμῖν γίγνεσθαι.

ΠΡΩ. Πῶς γὰρ οὔ; καὶ τὴν μὲν δόξαν γε, ὦ Σώκρατες,
38 ἐν τῷ τοιούτῳ καὶ τότε λέγομεν ψευδῆ, τὴν δ' ἡδονὴν αὐτὴν
οὐδεὶς ἄν ποτε προσείποι ψευδῆ.

ΣΩ. Ἀλλὰ προθύμως ἀμύνεις τῷ τῆς ἡδονῆς, ὦ Πρώταρχε,
λόγῳ τὰ νῦν.

5 ΠΡΩ. Οὐδέν γε, ἀλλ' ἅπερ ἀκούω λέγω.

ΣΩ. Διαφέρει δ' ἡμῖν οὐδέν, ὦ ἑταῖρε, ἡ μετὰ δόξης τε
ὀρθῆς καὶ μετ' ἐπιστήμης ἡδονὴ τῆς μετὰ τοῦ ψεύδους καὶ
ἀγνοίας πολλάκις ἑκάστοις ἡμῶν ἐγγιγνομένης;

b ΠΡΩ. Εἰκὸς γοῦν μὴ σμικρὸν διαφέρειν.

ΣΩ. Τῆς δὴ διαφορᾶς αὐτοῖν ἐπὶ θεωρίαν ἔλθωμεν.

ΠΡΩ. Ἄγ' ὅπῃ σοι φαίνεται.

ΣΩ. Τῇδε δὴ ἄγω.

5 ΠΡΩ. Πῇ;

ΣΩ. Δόξα, φαμέν, ἡμῖν ἔστι μὲν ψευδής, ἔστι δὲ καὶ
ἀληθής;

ΠΡΩ. Ἔστιν.

ΣΩ. Ἕπεται μὴν ταύταις, ὃ νυνδὴ ἐλέγομεν, ἡδονὴ καὶ
10 λύπη πολλάκις, ἀληθεῖ καὶ ψευδεῖ δόξῃ λέγω.

ΠΡΩ. Πάνυ γε.

ΣΩ. Οὐκοῦν ἐκ μνήμης τε καὶ αἰσθήσεως δόξα ἡμῖν καὶ
τὸ διαδοξάζειν ἐγχειρεῖν γίγνεθ' ἑκάστοτε;

c ΠΡΩ. Καὶ μάλα.

e 6 ᾖ T : μὴ B   ἐφορῶμεν] φωρῶμεν Badham   e 7 ᾖ τι] ᾖ τί Stall-
baum   a 1 λέγομεν Stallbaum : ἐλέγομεν BT   ἡδονὴν T : ἡδομένην B
a 3 τῷ T : τὸ B   a 8 ἀγνοίας Cornarius : ἀνοίας BT   b 4 τῇδε
T : τῆδε B : πῆ δὲ vulg.   b 9 ἡδονή . . . λύπη T : ἡδονῇ . . . λύπῃ B
b 13 ἐγχειρεῖν BT : ἐγχωρεῖν corr. Ven. 184 vulg. (τὸ δι' ὃ δοξάζειν
ἐγχωρεῖ Apelt)   γίγνεθ' Vat. : γίγνεσθ' B : γίγνεται T

ΣΩ. Ἆρ' οὖν ἡμᾶς ὧδε περὶ ταῦτα ἀναγκαῖον ἡγούμεθ'
ἴσχειν;

ΠΡΩ. Πῶς;

ΣΩ. Πολλάκις ἰδόντι τινὶ πόρρωθεν μὴ πάνυ σαφῶς τὰ 5
καθορώμενα συμβαίνειν βούλεσθαι κρίνειν φαίης ἂν ταῦθ'
ἅπερ ὁρᾷ;

ΠΡΩ. Φαίην ἄν.

ΣΩ. Οὐκοῦν τὸ μετὰ τοῦτο αὐτὸς αὑτὸν οὗτος ἀνέροιτ' ἂν
ὧδε;   10

ΠΡΩ. Πῶς;

ΣΩ. Τί ποτ' ἆρ' ἔστι τὸ παρὰ τὴν πέτραν τοῦθ' ἑστάναι
φανταζόμενον ὑπό τινι δένδρῳ; ταῦτ' εἰπεῖν ἄν τις πρὸς   d
ἑαυτὸν δοκεῖ σοι, τοιαῦτ' ἄττα κατιδὼν φαντασθέντα αὑτῷ
ποτε;

ΠΡΩ. Τί μήν;

ΣΩ. Ἆρ' οὖν μετὰ ταῦτα ὁ τοιοῦτος ὡς ἀποκρινόμενος 5
ἂν πρὸς αὑτὸν εἴποι τοῦτο, ὡς ἔστιν ἄνθρωπος, ἐπιτυχῶς
εἰπών;

ΠΡΩ. Καὶ πάνυ γε.

ΣΩ. Καὶ παρενεχθείς γ' αὖ τάχ' ἂν ὡς ἔστι τινῶν
ποιμένων ἔργον τὸ καθορώμενον ἄγαλμα προσείποι.   10

ΠΡΩ. Μάλα γε.

ΣΩ. Κἂν μέν τίς γ' αὐτῷ παρῇ, τά τε πρὸς αὐτὸν ῥηθέντα e
ἐντείνας εἰς φωνὴν πρὸς τὸν παρόντα αὐτὰ ταῦτ' ἂν πάλιν
φθέγξαιτο, καὶ λόγος δὴ γέγονεν οὕτως ὃ τότε δόξαν
ἐκαλοῦμεν;

ΠΡΩ. Τί μήν;   5

ΣΩ. Ἂν δ' ἄρα μόνος ᾖ τοῦτο ταὐτὸν πρὸς αὑτὸν διανοού-
μενος, ἐνίοτε καὶ πλείω χρόνον ἔχων ἐν αὑτῷ πορεύεται.

---

c 9 αὐτὸς αὑτὸν T : αὐτὸ σαυτὸν B   οὗτος ἀνέροιτ' ἂν T : οὕτως ἂν
ἔροιτ' ἂν B   d 2 δοκεῖ σοι Coisl. : δοκῇ σοι T : δοκήσοι B   d 6 τοῦτο
T : om. B   ἐπιτυχῶς T : ἐπιτυχ' ὥς B   e 1 μέν T : om. B
e 2 πάλιν T : πάλαι ϑ B   e 3 οὕτως B t : οὗτος pr. T   e 6 ἂν δ'
T : ἀλλ' B   αὐτὸν] αὑτὸν T : αὐτὸ B

ΠΡΩ. Πάνυ μὲν οὖν.

ΣΩ. Τί οὖν; ἆρα σοὶ φαίνεται τὸ περὶ τούτων ὅπερ
10 ἐμοί;

ΠΡΩ. Τὸ ποῖον;

ΣΩ. Δοκεῖ μοι τότε ἡμῶν ἡ ψυχὴ βιβλίῳ τινὶ προσεοι-
κέναι.

ΠΡΩ. Πῶς;

39 ΣΩ. Ἡ μνήμη ταῖς αἰσθήσεσι συμπίπτουσα εἰς ταὐτὸν
κἀκεῖνα ἃ περὶ ταῦτ' ἐστὶ τὰ παθήματα φαίνονταί μοι
σχεδὸν οἷον γράφειν ἡμῶν ἐν ταῖς ψυχαῖς τότε λόγους· καὶ
ὅταν μὲν ἀληθῆ γράφῃ [τοῦτο τὸ πάθημα], δόξα τε ἀληθὴς
5 καὶ λόγοι ἀπ' αὐτοῦ συμβαίνουσιν ἀληθεῖς ἐν ἡμῖν γιγνό-
μενοι· ψευδῆ δ' ὅταν ὁ τοιοῦτος παρ' ἡμῖν γραμματεὺς
γράψῃ, τἀναντία τοῖς ἀληθέσιν ἀπέβη.

b ΠΡΩ. Πάνυ μὲν οὖν δοκεῖ μοι, καὶ ἀποδέχομαι τὰ ῥηθέντα
οὕτως.

ΣΩ. Ἀποδέχου δὴ καὶ ἕτερον δημιουργὸν ἡμῶν ἐν ταῖς
ψυχαῖς ἐν τῷ τότε χρόνῳ γιγνόμενον.

5 ΠΡΩ. Τίνα;

ΣΩ. Ζωγράφον, ὃς μετὰ τὸν γραμματιστὴν τῶν λεγο-
μένων εἰκόνας ἐν τῇ ψυχῇ τούτων γράφει.

ΠΡΩ. Πῶς δὴ τοῦτον αὖ καὶ πότε λέγομεν;

ΣΩ. Ὅταν ἀπ' ὄψεως ἤ τινος ἄλλης αἰσθήσεως τὰ τότε
10 δοξαζόμενα καὶ λεγόμενα ἀπαγαγών τις τὰς τῶν δοξασθέντων
c καὶ λεχθέντων εἰκόνας ἐν αὑτῷ ὁρᾷ πως. ἢ τοῦτο οὐκ ἔστι
γιγνόμενον παρ' ἡμῖν;

ΠΡΩ. Σφόδρα μὲν οὖν.

ΣΩ. Οὐκοῦν αἱ μὲν τῶν ἀληθῶν δοξῶν καὶ λόγων εἰκόνες
5 ἀληθεῖς, αἱ δὲ τῶν ψευδῶν ψευδεῖς;

ΠΡΩ. Παντάπασιν.

---

e 9 περὶ τούτων T : περὶ τούτων γιγνόμενον B : περὶ τούτον γιγνό-
μενον Apelt   e 12 μοι T : om. B   a 4 τοῦτο τὸ πάθημα secl.
Badham   a 7 γράφῃ T : γράψῃ B : γραφῇ Apelt   b 8 λέγομεν
B : λέγωμεν T

ΣΩ. Εἰ δὴ ταῦτ' ὀρθῶς εἰρήκαμεν, ἔτι καὶ τόδε ἐπὶ
τούτοις σκεψώμεθα.

ΠΡΩ. Τὸ ποῖον;

ΣΩ. Εἰ περὶ μὲν τῶν ὄντων καὶ τῶν γεγονότων ταῦτα 10
ἡμῖν οὕτω πάσχειν ἀναγκαῖον, περὶ δὲ τῶν μελλόντων οὔ;

ΠΡΩ. Περὶ ἁπάντων μὲν οὖν τῶν χρόνων ὡσαύτως.

ΣΩ. Οὐκοῦν αἵ γε διὰ τῆς ψυχῆς αὐτῆς ἡδοναὶ καὶ λῦπαι d
ἐλέχθησαν ἐν τοῖς πρόσθεν ὡς πρὸ τῶν διὰ τοῦ σώματος
ἡδονῶν καὶ λυπῶν προγίγνοιντ' ἄν, ὥσθ' ἡμῖν συμβαίνει τὸ
προχαίρειν τε καὶ προλυπεῖσθαι περὶ τὸν μέλλοντα χρόνον
εἶναι γιγνόμενον;   5

ΠΡΩ. Ἀληθέστατα.

ΣΩ. Πότερον οὖν τὰ γράμματά τε καὶ ζωγραφήματα, ἃ
σμικρῷ πρότερον ἐτίθεμεν ἐν ἡμῖν γίγνεσθαι, περὶ μὲν τὸν
γεγονότα καὶ τὸν παρόντα χρόνον ἐστίν, περὶ δὲ τὸν μέλλοντα e
οὐκ ἔστιν;

ΠΡΩ. Σφόδρα γε.

ΣΩ. Ἆρα σφόδρα λέγεις, ὅτι πάντ' ἐστὶ ταῦτα ἐλπίδες
εἰς τὸν ἔπειτα χρόνον οὖσαι, ἡμεῖς δ' αὖ διὰ παντὸς τοῦ 5
βίου ἀεὶ γέμομεν ἐλπίδων;

ΠΡΩ. Παντάπασι μὲν οὖν.

ΣΩ. Ἄγε δή, πρὸς τοῖς νῦν εἰρημένοις καὶ τόδε ἀπόκριναι.

ΠΡΩ. Τὸ ποῖον;

ΣΩ. Δίκαιος ἀνὴρ καὶ εὐσεβὴς καὶ ἀγαθὸς πάντως ἆρ' 10
οὐ θεοφιλής ἐστιν;

ΠΡΩ. Τί μήν;

ΣΩ. Τί δέ; ἄδικός τε καὶ παντάπασι κακὸς ἆρ' οὐ
τοὐναντίον ἐκείνῳ;   40

ΠΡΩ. Πῶς δ' οὔ;

ΣΩ. Πολλῶν μὴν ἐλπίδων, ὡς ἐλέγομεν ἄρτι, πᾶς
ἄνθρωπος γέμει;

---

d 1 αὐτῆς BT: om. vulg.   d 2 πρόσθεν T: πρόσθεν ἢ πρόσθεν
B: ἔμπροσθεν Coisl.   d 3 προγίγνοιντ' recc.: προγίγνοιτ' BT
d 4 προλυπεῖσθαι T: τὸ προλυπεῖσθαι B   a 4 γέμει T: γέ μο. B

5 ΠΡΩ. Τί δ' οὔ;

ΣΩ. Λόγοι μήν εἰσιν ἐν ἑκάστοις ἡμῶν, ἃς ἐλπίδας ὀνομάζομεν;

ΠΡΩ. Ναί.

ΣΩ. Καὶ δὴ καὶ τὰ φαντάσματα ἐζωγραφημένα· καί
10 τις ὁρᾷ πολλάκις ἑαυτῷ χρυσὸν γιγνόμενον ἄφθονον καὶ ἐπ'
αὐτῷ πολλὰς ἡδονάς· καὶ δὴ καὶ ἐνεζωγραφημένον αὐτὸν
ἐφ' αὑτῷ χαίροντα σφόδρα καθορᾷ.

b ΠΡΩ. Τί δ' οὔ;

ΣΩ. Τούτων οὖν πότερα φῶμεν τοῖς μὲν ἀγαθοῖς ὡς τὸ
πολὺ τὰ γεγραμμένα παρατίθεσθαι ἀληθῆ διὰ τὸ θεοφιλεῖς
εἶναι, τοῖς δὲ κακοῖς ὡς αὖ ⟨τὸ⟩ πολὺ τοὐναντίον, ἢ μὴ φῶμεν;
5 ΠΡΩ. Καὶ μάλα φατέον.

ΣΩ. Οὐκοῦν καὶ τοῖς κακοῖς ἡδοναί γε οὐδὲν ἧττον
πάρεισιν ἐζωγραφημέναι, ψευδεῖς δὲ αὗταί που.

ΠΡΩ. Τί μήν;

c ΣΩ. Ψευδέσιν ἄρα ἡδοναῖς τὰ πολλὰ οἱ πονηροὶ χαίρουσιν,
οἱ δ' ἀγαθοὶ τῶν ἀνθρώπων ἀληθέσιν.

ΠΡΩ. Ἀναγκαιότατα λέγεις.

ΣΩ. Εἰσὶν δὴ κατὰ τοὺς νῦν λόγους ψευδεῖς ἐν ταῖς τῶν
5 ἀνθρώπων ψυχαῖς ἡδοναί, μεμιμημέναι μέντοι τὰς ἀληθεῖς
ἐπὶ τὰ γελοιότερα, καὶ λῦπαι δὲ ὡσαύτως.

ΠΡΩ. Εἰσίν.

ΣΩ. Οὐκοῦν ἦν δοξάζειν μὲν ὄντως ἀεὶ τῷ τὸ παράπαν
δοξάζοντι, μὴ ἐπ' οὖσι δὲ μηδ' ἐπὶ γεγονόσι μηδὲ ἐπ'
10 ἐσομένοις ἐνίοτε.

ΠΡΩ. Πάνυ γε.

d ΣΩ. Καὶ ταῦτά γε ἦν οἶμαι τὰ ἀπεργαζόμενα δόξαν
ψευδῆ τότε καὶ τὸ ψευδῶς δοξάζειν. ἦ γάρ;

---

a 9 φαντάσματα ⟨τὰ⟩ Bury   a 10 ἑαυτῷ T : ἑαυτῇ B   a 11 ἐνε-
ζωγραφημένον B : ἐζωγραφημένον T   a 12 χαίροντα T : χαίρον-
τας B   b 2 τὸ T : οὐ B   b 4 αὖ B T : αὖ ⟨τὸ⟩ Stallbaum
c 8 ὄντως B : οὕτως T   c 9 ἐποῦσι pr. B T et mox ἐπιγεγονόσι,
ἐπεσομένοις

ΠΡΩ. Ναί.

ΣΩ. Τί οὖν; οὐκ ἀνταποδοτέον ταῖς λύπαις τε καὶ
ἡδοναῖς τὴν τούτων ἀντίστροφον ἕξιν ἐν ἐκείνοις;   5

ΠΡΩ. Πῶς;

ΣΩ. Ὡς ἦν μὲν χαίρειν ὄντως ἀεὶ τῷ τὸ παράπαν ὁπωσ-
οῦν καὶ εἰκῇ χαίροντι, μὴ μέντοι ἐπὶ τοῖς οὖσι μηδ᾽ ἐπὶ
τοῖς γεγονόσιν ἐνίοτε, πολλάκις δὲ καὶ ἴσως πλειστάκις ἐπὶ
τοῖς μηδὲ μέλλουσί ποτε γενήσεσθαι.   10

ΠΡΩ. Καὶ ταῦθ᾽ οὕτως ἀναγκαῖον, ὦ Σώκρατες, ἔχειν.   e

ΣΩ. Οὐκοῦν ὁ αὐτὸς λόγος ἂν εἴη περὶ φόβων τε καὶ
θυμῶν καὶ πάντων τῶν τοιούτων, ὡς ἔστι καὶ ψευδῆ πάντα
τὰ τοιαῦτα ἐνίοτε;

ΠΡΩ. Πάνυ μὲν οὖν.   5

ΣΩ. Τί δέ; πονηρὰς δόξας καὶ χρηστὰς ἄλλως ἢ
ψευδεῖς γιγνομένας ἔχομεν εἰπεῖν;

ΠΡΩ. Οὐκ ἄλλως.

ΣΩ. Οὐδ᾽ ἡδονάς γ᾽ οἶμαι κατανοοῦμεν ὡς ἄλλον τινὰ
τρόπον εἰσὶν πονηραὶ πλὴν τῷ ψευδεῖς εἶναι.   10

ΠΡΩ. Πάνυ μὲν οὖν τοὐναντίον, ὦ Σώκρατες, εἴρηκας. 41
σχεδὸν γὰρ τῷ ψεύδει μὲν οὐ πάνυ πονηρὰς ἄν τις λύπας
τε καὶ ἡδονὰς θείη, μεγάλῃ δὲ ἄλλῃ καὶ πολλῇ συμπιπτούσας
πονηρίᾳ.

ΣΩ. Τὰς μὲν τοίνυν πονηρὰς ἡδονὰς καὶ διὰ πονηρίαν   5
οὔσας τοιαύτας ὀλίγον ὕστερον ἐροῦμεν, ἂν ἔτι δοκῇ νῷν·
τὰς δὲ ψευδεῖς κατ᾽ ἄλλον τρόπον ἐν ἡμῖν πολλὰς καὶ πολ-
λάκις ἐνούσας τε καὶ ἐγγιγνομένας λεκτέον. τούτῳ γὰρ   b
ἴσως χρησόμεθα πρὸς τὰς κρίσεις.

ΠΡΩ. Πῶς γὰρ οὔκ; εἴπερ γε εἰσίν.

ΣΩ. Ἀλλ᾽, ὦ Πρώταρχε, εἰσὶν κατά γε τὴν ἐμήν.

e 1 ἀναγκαῖον ὦ Σώκρατες Β Τ : ὦ Σώκρατες ἀναγκαῖον vulg.   e 6 καὶ
χρηστὰς olim secl. Stallbaum : κὰχρήστους Apelt   e 9 γ᾽ Β : δ᾽ Τ
e 10 εἶναι Β : γ᾽ εἶναι Τ   a 1 πάνυ] πᾶν Badham   ⟨ἢ⟩ εἴρηκας
Paley   a 2 ψεύδει Β Τ : ψευδεῖ Badham   a 3 τε Τ : om. Β
δὲ Τ : δὲ καὶ Β   a 6 ὕστερον ἐροῦμεν Τ : ὑστεροῦμεν Β   ἔτι Β Τ :
om. al.   b 3 γε Τ : om. Β

5 τοῦτο δὲ τὸ δόγμα ἕως ἂν κέηται παρ᾽ ἡμῖν, ἀδύνατον
ἀνέλεγκτον δήπου γίγνεσθαι.

ΠΡΩ. Καλῶς.

ΣΩ. Περιιστώμεθα δὴ καθάπερ ἀθληταὶ πρὸς τοῦτον αὖ
τὸν λόγον.

10 ΠΡΩ. Ἴωμεν.

ΣΩ. Ἀλλὰ μὴν εἴπομεν, εἴπερ μεμνήμεθα, ὀλίγον ἐν
c τοῖς πρόσθεν, ὡς ὅταν αἱ λεγόμεναι ἐπιθυμίαι ἐν ἡμῖν ὦσι,
δίχα ἄρα τότε τὸ σῶμα καὶ χωρὶς τῆς ψυχῆς τοῖς παθήμασι
διείληπται.

ΠΡΩ. Μεμνήμεθα καὶ προερρήθη ταῦτα.

5 ΣΩ. Οὐκοῦν τὸ μὲν ἐπιθυμοῦν ἦν ἡ ψυχὴ τῶν τοῦ
σώματος ἐναντίων ἕξεων, τὸ δὲ τὴν ἀλγηδόνα ἤ τινα διὰ
πάθος ἡδονὴν τὸ σῶμα ἦν τὸ παρεχόμενον;

ΠΡΩ. Ἦν γὰρ οὖν.

ΣΩ. Συλλογίζου δὴ τὸ γιγνόμενον ἐν τούτοις.

10 ΠΡΩ. Λέγε.

d ΣΩ. Γίγνεται τοίνυν, ὁπόταν ᾖ ταῦτα, ἅμα παρακεῖσθαι
λύπας τε καὶ ἡδονάς, καὶ τούτων αἰσθήσεις ἅμα παρ᾽
ἀλλήλας ἐναντίων οὐσῶν γίγνεσθαι, ὃ καὶ νυνδὴ ἐφάνη.

ΠΡΩ. Φαίνεται γοῦν.

5 ΣΩ. Οὐκοῦν καὶ τόδε εἴρηται καὶ συνωμολογημένον ἡμῖν
ἔμπροσθε κεῖται;

ΠΡΩ. Τὸ ποῖον;

ΣΩ. Ὡς τὸ μᾶλλόν τε καὶ ἧττον ἄμφω τούτω δέχεσθον,
λύπη τε καὶ ἡδονή, καὶ ὅτι τῶν ἀπείρων εἴτην.

10 ΠΡΩ. Εἴρηται. τί μήν;

ΣΩ. Τίς οὖν μηχανὴ ταῦτ᾽ ὀρθῶς κρίνεσθαι;

e ΠΡΩ. Πῇ δὴ καὶ πῶς;

b 8 περιιστώμεθα B : προσιστώμεθα T   c 1 πρόσθεν B : ἔμπροσθεν
T   ὡς ὅταν B : ἕως ὅταν T : ἕως vulg.   c 5 τῶν T b : τὴν B
c 6 τὸ δὲ T b : τοὺς B   c 7 πάθος T b : πλῆθος B   παρεχόμενον
B : παραδεχόμενον T   d 5 οὐκοῦν T : om. B   d 9 εἴτην B T :
ἤτην vulg.   d 11 τίς] τὶς Stallbaum   e 1 πῇ] ποία Heindorf

ΣΩ. Εἰ τὸ βούλημα ἡμῖν τῆς κρίσεως τούτων ἐν τοιού-
τοις τισὶ διαγνῶναι βούλεται ἑκάστοτε τίς τούτων πρὸς
ἀλλήλας μείζων καὶ τίς ἐλάττων καὶ τίς μᾶλλον καὶ τίς
σφοδροτέρα, λύπη τε πρὸς ἡδονὴν καὶ λύπη πρὸς λύπην καὶ 5
ἡδονὴ πρὸς ἡδονήν.

ΠΡΩ. Ἀλλ᾽ ἔστι ταῦτά τε τοιαῦτα καὶ ἡ βούλησις τῆς
κρίσεως αὕτη.

ΣΩ. Τί οὖν; ἐν μὲν ὄψει τὸ πόρρωθεν καὶ ἐγγύθεν ὁρᾶν
τὰ μεγέθη τὴν ἀλήθειαν ἀφανίζει καὶ ψευδῆ ποιεῖ δοξάζειν, 42
ἐν λύπαις δ᾽ ἄρα καὶ ἡδοναῖς οὐκ ἔστι ταὐτὸν τοῦτο
γιγνόμενον;

ΠΡΩ. Πολὺ μὲν οὖν μᾶλλον, ὦ Σώκρατες.

ΣΩ. Ἐναντίον δὴ τὸ νῦν τῷ σμικρὸν ἔμπροσθε γέγονεν. 5

ΠΡΩ. Τὸ ποῖον λέγεις;

ΣΩ. Τότε μὲν αἱ δόξαι ψευδεῖς τε καὶ ἀληθεῖς αὗται
γιγνόμεναι τὰς λύπας τε καὶ ἡδονὰς ἅμα τοῦ παρ᾽ αὐταῖς
παθήματος ἀνεπίμπλασαν.

ΠΡΩ. Ἀληθέστατα. b

ΣΩ. Νῦν δέ γε αὐταὶ διὰ τὸ πόρρωθέν τε καὶ ἐγγύθεν
ἑκάστοτε μεταβαλλόμεναι θεωρεῖσθαι, καὶ ἅμα τιθέμεναι
παρ᾽ ἀλλήλας, αἱ μὲν ἡδοναὶ παρὰ τὸ λυπηρὸν μείζους φαί-
νονται καὶ σφοδρότεραι, λῦπαι δ᾽ αὖ διὰ τὸ παρ᾽ ἡδονὰς 5
τοὐναντίον ἐκείναις.

ΠΡΩ. Ἀνάγκη γίγνεσθαι τὰ τοιαῦτα διὰ ταῦτα.

ΣΩ. Οὐκοῦν ὅσῳ μείζους τῶν οὐσῶν ἑκάτεραι καὶ ἐλάτ-
τους φαίνονται, τοῦτο ἀποτεμόμενος ἑκατέρων τὸ φαινόμενον
ἀλλ᾽ οὐκ ὄν, οὔτε αὐτὸ ὀρθῶς φαινόμενον ἐρεῖς, οὐδ᾽ αὖ c
ποτε τὸ ἐπὶ τούτῳ μέρος τῆς ἡδονῆς καὶ λύπης γιγνόμενον
ὀρθόν τε καὶ ἀληθὲς τολμήσεις λέγειν.

e 2 εἶ] ἔστι Apelt (post τισί distinguens)   e 9 ἐν μὲν Τ : ἐσμὲν
Β   a 1 ποιεῖ Τ : ποιεῖν Β   a 5 τῷ Β t : τὸ Τ G   a 7 αὗται
Β : αὖτε Τ : αὐταὶ al.   a 8 καὶ ἡδονὰς ἅμα Β : ἅμα καὶ ἡδονὰς Τ
αὐταῖς Β Τ : αὐτοὺς Coisl.   b 2 αὐταὶ] αὗται Β Τ   b 9 ἑκατέρων
Schleiermacher : ἑκάτερον Β Τ   c 2 τούτῳ Β Τ : τοῦτο vulg.
c 3 τολμήσεις Τ : τολμήσειε Β

ΠΡΩ. Οὐ γὰρ οὖν.

5 ΣΩ. Τούτων τοίνυν ἐξῆς ὀψόμεθα ἐὰν τῇδε ἀπαντῶμεν ἡδονὰς καὶ λύπας ψευδεῖς ἔτι μᾶλλον ἢ ταύτας φαινομένας τε καὶ οὔσας ἐν τοῖς ζῴοις.

ΠΡΩ. Ποίας δὴ καὶ πῶς λέγεις;

ΣΩ. Εἴρηταί που πολλάκις ὅτι τῆς φύσεως ἑκάστων 10 διαφθειρομένης μὲν συγκρίσεσι καὶ διακρίσεσι καὶ πλη-
d ρώσεσι καὶ κενώσεσι καί τισιν αὔξαις καὶ φθίσεσι λῦπαί τε καὶ ἀλγηδόνες καὶ ὀδύναι καὶ πάνθ᾽ ὁπόσα τοιαῦτ᾽ ὀνόματα ἔχει συμβαίνει γιγνόμενα.

ΠΡΩ. Ναί, ταῦτα εἴρηται πολλάκις.

5 ΣΩ. Εἰς δέ γε τὴν αὑτῶν φύσιν ὅταν καθιστῆται, ταύτην αὖ τὴν κατάστασιν ἡδονὴν ἀπεδεξάμεθα παρ᾽ ἡμῶν αὐτῶν.

ΠΡΩ. Ὀρθῶς.

ΣΩ. Τί δ᾽ ὅταν περὶ τὸ σῶμα μηδὲν τούτων γιγνόμενον 10 ἡμῶν ᾖ;

ΠΡΩ. Πότε δὲ τοῦτ᾽ ἂν γένοιτο, ὦ Σώκρατες;

e ΣΩ. Οὐδὲν πρὸς λόγον ἐστίν, ὦ Πρώταρχε, ὃ σὺ νῦν ἤρου τὸ ἐρώτημα.

ΠΡΩ. Τί δή;

ΣΩ. Διότι τὴν ἐμὴν ἐρώτησιν οὐ κωλύεις με διερέσθαι 5 σε πάλιν.

ΠΡΩ. Ποίαν;

ΣΩ. Εἰ δ᾽ οὖν μὴ γίγνοιτο, ὦ Πρώταρχε, φήσω, τὸ τοιοῦτον, τί ποτε ἀναγκαῖον ἐξ αὐτοῦ συμβαίνειν ἡμῖν;

ΠΡΩ. Μὴ κινουμένου τοῦ σώματος ἐφ᾽ ἑκάτερα φῄς; 10 ΣΩ. Οὕτως.

ΠΡΩ. Δῆλον δὴ τοῦτό γε, ὦ Σώκρατες, ὡς οὔτε ἡδονὴ γίγνοιτ᾽ ἂν ἐν τῷ τοιούτῳ ποτὲ οὔτ᾽ ἄν τις λύπη.

43 ΣΩ. Κάλλιστ᾽ εἶπες. ἀλλὰ γὰρ οἶμαι τόδε λέγεις, ὡς

---

c 5 ἐξῆς T : ἐξ ἧς B   ὀψόμεθα B T : ὀψώμεθα vulg.   c 10 καὶ
διακρίσεσι T : om. B   e 1 ἐστίν B T : om. vulg.   θ 4 κωλύεις
με scripsi : κωλύει ἐμὲ B : κωλύσεις με T

ἀεί τι τούτων ἀναγκαῖον ἡμῖν συμβαίνειν, ὡς οἱ σοφοί
φασιν· ἀεὶ γὰρ ἅπαντα ἄνω τε καὶ κάτω ῥεῖ.

ΠΡΩ. Λέγουσι γὰρ οὖν, καὶ δοκοῦσί γε οὐ φαύλως
λέγειν.   5

ΣΩ. Πῶς γὰρ ἄν, μὴ φαῦλοί γε ὄντες; ἀλλὰ γὰρ ὑπεκ-
στῆναι τὸν λόγον ἐπιφερόμενον τοῦτον βούλομαι. τῇδ᾽ οὖν
διανοοῦμαι φεύγειν, καὶ σύ μοι σύμφευγε.

ΠΡΩ. Λέγε ὅπῃ.

ΣΩ. Ταῦτα μὲν τοίνυν οὕτως ἔστω, φῶμεν πρὸς τούτους·   10
σὺ δ᾽ ἀπόκριναι πότερον ἀεὶ πάντα, ὁπόσα πάσχει τι τῶν   b
ἐμψύχων, ταῦτ᾽ αἰσθάνεται τὸ πάσχον, καὶ οὔτ᾽ αὐξανόμενοι
λανθάνομεν ἡμᾶς αὐτοὺς οὔτε τι τῶν τοιούτων οὐδὲν
πάσχοντες, ἢ πᾶν τοὐναντίον.

ΠΡΩ. Ἅπαν δήπου τοὐναντίον· ὀλίγου γὰρ τά γε   5
τοιαῦτα λέληθε πάνθ᾽ ἡμᾶς.

ΣΩ. Οὐ τοίνυν καλῶς ἡμῖν εἴρηται τὸ νυνδὴ ῥηθέν, ὡς
αἱ μεταβολαὶ κάτω τε καὶ ἄνω γιγνόμεναι λύπας τε καὶ
ἡδονὰς ἀπεργάζονται.

ΠΡΩ. Τί μήν;   10

ΣΩ. Ὧδ᾽ ἔσται κάλλιον καὶ ἀνεπιληπτότερον τὸ λεγό-   c
μενον.

ΠΡΩ. Πῶς;

ΣΩ. Ὡς αἱ μὲν μεγάλαι μεταβολαὶ λύπας τε καὶ ἡδονὰς
ποιοῦσιν ἡμῖν, αἱ δ᾽ αὖ μέτριαί τε καὶ σμικραὶ τὸ παράπαν   5
οὐδέτερα τούτων.

ΠΡΩ. Ὀρθότερον οὕτως ἢ ᾽κείνως, ὦ Σώκρατες.

ΣΩ. Οὐκοῦν εἰ ταῦτα οὕτω, πάλιν ὁ νυνδὴ ῥηθεὶς βίος
ἂν ἥκοι.

ΠΡΩ. Ποῖος;   10

ΣΩ. Ὃν ἄλυπόν τε καὶ ἄνευ χαρμονῶν ἔφαμεν εἶναι.

---

a 3 ῥεῖ] ῥεῖν ci. Paley   a 10 τούτους Τ : τούτοις Β   b 1 ὁπόσα
ΒΤ : ὅσα vulg.   b 5 ἅπαν δή που τοὐναντίον add. in marg. Τ : om.
ΒΤ : post b 6 ἡμᾶς add. vulg.   c 4 ὡς Β : om. Τ   c 9 ἂν
ἥκοι Τ : ἀνήκοι Β

ΠΡΩ. Ἀληθέστατα λέγεις.

ΣΩ. Ἐκ δὴ τούτων τιθῶμεν τριττοὺς ἡμῖν βίους, ἕνα
d μὲν ἡδύν, τὸν δ᾽ αὖ λυπηρόν, τὸν δ᾽ ἕνα μηδέτερα. ἢ πῶς
ἂν φαίης σὺ περὶ τούτων;

ΠΡΩ. Οὐκ ἄλλως ἔγωγε ἢ ταύτῃ, τρεῖς εἶναι τοὺς βίους.

ΣΩ. Οὐκοῦν οὐκ ἂν εἴη τὸ μὴ λυπεῖσθαί ποτε ταὐτὸν τῷ
5 χαίρειν;

ΠΡΩ. Πῶς γὰρ ἄν;

ΣΩ. Ὁπόταν οὖν ἀκούσῃς ὡς ἥδιστον πάντων ἐστὶν
ἀλύπως διατελεῖν τὸν βίον ἅπαντα, τί τόθ᾽ ὑπολαμβάνεις
λέγειν τὸν τοιοῦτον;

10 ΠΡΩ. Ἡδὺ λέγειν φαίνεται ἔμοιγε οὗτος τὸ μὴ λυπεῖσθαι.

e ΣΩ. Τριῶν ὄντων οὖν ἡμῖν, ὧντινων βούλει, τίθει, καλ-
λίοσιν ἵνα ὀνόμασι χρώμεθα, τὸ μὲν χρυσόν, τὸ δ᾽ ἄργυρον,
τρίτον δὲ τὸ μηδέτερα τούτων.

ΠΡΩ. Κεῖται.

5 ΣΩ. Τὸ δὴ μηδέτερα τούτων ἔσθ᾽ ἡμῖν ὅπως θάτερα
γένοιτο ἄν, χρυσὸς ἢ ἄργυρος;

ΠΡΩ. Καὶ πῶς ἄν;

ΣΩ. Οὐδ᾽ ἄρα ὁ μέσος βίος ἡδὺς ἢ λυπηρὸς λεγόμενος
ὀρθῶς ἄν ποτε οὔτ᾽ εἰ δοξάζοι τις, δοξάζοιτο, οὔτ᾽ εἰ λέγοι,
10 λεχθείη, κατά γε τὸν ὀρθὸν λόγον.

ΠΡΩ. Πῶς γὰρ ἄν;

44 ΣΩ. Ἀλλὰ μήν, ὦ ἑταῖρε, λεγόντων γε ταῦτα καὶ
δοξαζόντων αἰσθανόμεθα.

ΠΡΩ. Καὶ μάλα.

ΣΩ. Πότερον οὖν καὶ χαίρειν οἴονται τότε ὅταν μὴ
5 λυπῶνται;

ΠΡΩ. Φασὶ γοῦν.

---

d 3 οὐκ ἄλλως Τ: οὐ καλῶς Β   ἢ Τ: om. Β   d 4 λυπεῖσθαι
Τ: λυπῆσαι Β   d 7 ἀκούσῃς ὡς Τ: ἀκούσῃ ἴσως Β   d 8 ἀλύπως
διατελεῖν Β: διατελεῖν ἀλύπως Τ   e 1 ὄντων οὖν Β Τ: οὖν ὄντων
al.   e 3 τὸ μηδέτερα Τ: μηδέτερα Β   e 5 δὴ Β Τ: δὲ vulg.
e 9 δοξάζοι Β Τ: δοξάζει vulg.   a 4 καὶ Β Τ (sed punctis notavit t)

ΣΩ. Οὐκοῦν οἴονται τότε χαίρειν· οὐ γὰρ ἂν ἔλεγόν που.

ΠΡΩ. Κινδυνεύει.

ΣΩ. Ψευδῆ γε μὴν δοξάζουσι περὶ τοῦ χαίρειν, εἴπερ
χωρὶς τοῦ μὴ λυπεῖσθαι καὶ τοῦ χαίρειν ἡ φύσις ἑκατέρου.   10

ΠΡΩ. Καὶ μὴν χωρίς γε ἦν.

ΣΩ. Πότερον οὖν αἱρώμεθα παρ' ἡμῖν ταῦτ' εἶναι, καθάπερ
ἄρτι, τρία, ἢ δύο μόνα, λύπην μὲν κακὸν τοῖς ἀνθρώποις,   b
τὴν δ' ἀπαλλαγὴν τῶν λυπῶν, αὐτὸ τοῦτο ἀγαθὸν ὄν, ἡδὺ
προσαγορεύεσθαι;

ΠΡΩ. Πῶς δὴ νῦν τοῦτο, ὦ Σώκρατες, ἐρωτώμεθα ὑφ'
ἡμῶν αὐτῶν; οὐ γὰρ μανθάνω.   5

ΣΩ. Ὄντως γὰρ τοὺς πολεμίους Φιλήβου τοῦδε, ὦ Πρώ-
ταρχε, οὐ μανθάνεις;

ΠΡΩ. Λέγεις δὲ αὐτοὺς τίνας;

ΣΩ. Καὶ μάλα δεινοὺς λεγομένους τὰ περὶ φύσιν, οἳ τὸ
παράπαν ἡδονὰς οὔ φασιν εἶναι.   10

ΠΡΩ. Τί μήν;

ΣΩ. Λυπῶν ταύτας εἶναι πάσας ἀποφυγάς, ἃς νῦν οἱ περὶ   c
Φίληβον ἡδονὰς ἐπονομάζουσιν.

ΠΡΩ. Τούτοις οὖν ἡμᾶς πότερα πείθεσθαι συμβουλεύεις,
ἢ πῶς, ὦ Σώκρατες;

ΣΩ. Οὔκ, ἀλλ' ὥσπερ μάντεσι προσχρῆσθαί τισι, μαν-   5
τευομένοις οὐ τέχνῃ ἀλλά τινι δυσχερείᾳ φύσεως οὐκ ἀγεννοῦς
λίαν μεμισηκότων τὴν τῆς ἡδονῆς δύναμιν καὶ νενομικότων
οὐδὲν ὑγιές, ὥστε καὶ αὐτὸ τοῦτο αὐτῆς τὸ ἐπαγωγὸν γοήτευμα,
οὐχ ἡδονήν, εἶναι. τούτοις μὲν οὖν ταῦτα ἂν προσχρήσαιο,   d
σκεψάμενος ἔτι καὶ τὰ ἄλλα αὐτῶν δυσχεράσματα· μετὰ δὲ
ταῦτα αἵ γέ μοι δοκοῦσιν ἡδοναὶ ἀληθεῖς εἶναι πεύσῃ, ἵνα
ἐξ ἀμφοῖν τοῖν λόγοιν σκεψάμενοι τὴν δύναμιν αὐτῆς παρα-
θώμεθα πρὸς τὴν κρίσιν.   5

ΠΡΩ. Ὀρθῶς λέγεις.

a 9 γε μὴν B : μὲν T (μὴν t)   b 9 οἱ τὸ παράπαν T : ὄναρ ἅπαν
B (γρ. οἱ τὸ παράπα* B³)   d 1 οὐχ T : ἀλλ' οὐχ B   ἡδονήν recc. :
ἡδονή B T   d 3 αἱ . . . δοκοῦσιν B T : ἂν . . . δοκῶσιν vulg.

ΣΩ. Μεταδιώκωμεν δὴ τούτους, ὥσπερ συμμάχους, κατὰ
τὸ τῆς δυσχερείας αὐτῶν ἴχνος. οἶμαι γὰρ τοιόνδε τι λέγειν
αὐτούς, ἀρχομένους ποθὲν ἄνωθεν, ὡς εἰ βουληθεῖμεν ὁτουοῦν
e εἴδους τὴν φύσιν ἰδεῖν, οἷον τὴν τοῦ σκληροῦ, πότερον εἰς τὰ
σκληρότατα ἀποβλέποντες οὕτως ἂν μᾶλλον συννοήσαιμεν
ἢ πρὸς τὰ πολλοστὰ σκληρότητι; δεῖ δή σε, ὦ Πρώταρχε,
καθάπερ ἐμοί, καὶ τούτοις τοῖς δυσχερέσιν ἀποκρίνεσθαι.

5 ΠΡΩ. Πάνυ μὲν οὖν, καὶ λέγω γε αὐτοῖς ὅτι πρὸς τὰ
πρῶτα μεγέθει.

ΣΩ. Οὐκοῦν εἰ καὶ τὸ τῆς ἡδονῆς γένος ἰδεῖν ἥντινά
ποτ' ἔχει φύσιν βουληθεῖμεν, οὐκ εἰς τὰς πολλοστὰς ἡδονὰς
45 ἀποβλεπτέον, ἀλλ' εἰς τὰς ἀκροτάτας καὶ σφοδροτάτας
λεγομένας.

ΠΡΩ. Πᾶς ἄν σοι ταύτῃ συγχωροίη τὰ νῦν.

ΣΩ. Ἆρ' οὖν, αἱ πρόχειροί γε αἵπερ καὶ μέγισται τῶν
5 ἡδονῶν, ὃ λέγομεν πολλάκις, αἱ περὶ τὸ σῶμά εἰσιν αὗται;

ΠΡΩ. Πῶς γὰρ οὔ;

ΣΩ. Πότερον οὖν καὶ μείζους εἰσὶ καὶ γίγνονται περὶ τοὺς
κάμνοντας ἐν ταῖς νόσοις ἢ περὶ ὑγιαίνοντας; εὐλαβηθῶμεν
δὲ μὴ προπετῶς ἀποκρινόμενοι πταίσωμέν πῃ. τάχα γὰρ
b ἴσως φαῖμεν ἂν περὶ ὑγιαίνοντας.

ΠΡΩ. Εἰκός γε.

ΣΩ. Τί δ'; οὐχ αὗται τῶν ἡδονῶν ὑπερβάλλουσιν, ὧν ἂν
καὶ ἐπιθυμίαι μέγισται προγίγνωνται;

5 ΠΡΩ. Τοῦτο μὲν ἀληθές.

ΣΩ. Ἀλλ' οὐχ οἱ πυρέττοντες καὶ ἐν τοιούτοις νοσήμασιν
ἐχόμενοι μᾶλλον διψῶσι καὶ ῥιγοῦσι καὶ πάντα ὁπόσα διὰ
τοῦ σώματος εἰώθασι πάσχειν, μᾶλλόν τ' ἐνδείᾳ συγγίγνονται

e 4 δυσχερέσιν T: δυσχεραίνουσιν B   e 5 ὅτι T: om. B
e 6 μεγέθει B T: μεγέθη vulg.   a 4 γε T: om. B   αἵπερ] εἴπερ
Madvig   a 7 καὶ μείζους T: μείζους B   a 8 ὑγιαίνοντας B: τοὺς
ὑγιαίνοντας T   a 9 πῃ B: πῇ; T (alteri tribuens) vulg.   τάχα
γὰρ T: τὰ γὰρ B   b 4 προγίγνωνται Stephanus: προσγίγνονται B T
b 6 ἀλλ' οὐχ B T: ἆρ' οὖν οὐχὶ vulg.   οἱ B: compendium T: ὅτι
apographa   b 8 τ' B: δὲ T

καὶ ἀποπληρουμένων μείζους ἡδονὰς ἴσχουσιν; ἢ τοῦτο οὐ
φήσομεν ἀληθὲς εἶναι;   10
ΠΡΩ. Πάνυ μὲν οὖν νῦν ῥηθὲν φαίνεται.

ΣΩ. Τί οὖν; ὀρθῶς ἂν φαινοίμεθα λέγοντες ὡς εἴ τις c
τὰς μεγίστας ἡδονὰς ἰδεῖν βούλοιτο, οὐκ εἰς ὑγίειαν ἀλλ᾽ εἰς
νόσον ἰόντας δεῖ σκοπεῖν; ὅρα δὲ μή με ἡγῇ διανοούμενον
ἐρωτᾶν σε εἰ πλείω χαίρουσιν οἱ σφόδρα νοσοῦντες τῶν
ὑγιαινόντων, ἀλλ᾽ οἷον μέγεθός με ζητεῖν ἡδονῆς, καὶ τὸ 5
σφόδρα περὶ τοῦ τοιούτου ποῦ ποτε γίγνεται ἑκάστοτε.
νοῆσαι γὰρ δεῖ φαμεν ἥντινα φύσιν ἔχει καὶ τίνα λέγουσιν
οἱ φάσκοντες μηδ᾽ εἶναι τὸ παράπαν αὐτήν.
ΠΡΩ. Ἀλλὰ σχεδὸν ἕπομαι τῷ λόγῳ σου.   d

ΣΩ. Τάχα, ὦ Πρώταρχε, οὐχ ἧττον δείξεις. ἀπόκριναι
γάρ· ἐν ὕβρει μείζους ἡδονάς—οὐ πλείους λέγω, τῷ σφόδρα
δὲ καὶ τῷ μᾶλλον ὑπερεχούσας—ὁρᾷς ἢ ἐν τῷ σώφρονι βίῳ;
λέγε δὲ προσέχων τὸν νοῦν.   5

ΠΡΩ. Ἀλλ᾽ ἔμαθον ὃ λέγεις, καὶ πολὺ τὸ διαφέρον
ὁρῶ. τοὺς μὲν γὰρ σώφρονάς πού καὶ ὁ παροιμιαζόμενος
ἐπίσχει λόγος ἑκάστοτε, ὁ τὸ "μηδὲν ἄγαν" παρακελευό- e
μενος, ᾧ πείθονται· τὸ δὲ τῶν ἀφρόνων τε καὶ ὑβριστῶν
μέχρι μανίας ἡ σφοδρὰ ἡδονὴ κατέχουσα περιβοήτους
ἀπεργάζεται.

ΣΩ. Καλῶς· καὶ εἴ γε τοῦθ᾽ οὕτως ἔχει, δῆλον ὡς ἔν 5
τινι πονηρίᾳ ψυχῆς καὶ τοῦ σώματος, ἀλλ᾽ οὐκ ἐν ἀρετῇ
μέγισται μὲν ἡδοναί, μέγισται δὲ καὶ λῦπαι γίγνονται.
ΠΡΩ. Πάνυ μὲν οὖν.

ΣΩ. Οὐκοῦν τούτων τινὰς προελόμενον δεῖ σκοπεῖσθαι
τίνα ποτὲ τρόπον ἐχούσας ἐλέγομεν αὐτὰς εἶναι μεγίστας.   10

b 11 οὖν νῦν B : οὖν T   c 3 ἡγῇ] ἡγεῖ B T   c 7 δεῖ T :
δεῖν B   d 2 δείξεις] δείξει Heindorf   ἀπόκριναι Schleier-
macher : ἀποκρινεῖ B T   d 6 διαφέρον B : διάφορον T   d 7 ὁ
B T : om. vulg.   e 2 πείθονται T : πείθοντε B   e 3 ἤ T : εἰ B
e 5 τοῦθ᾽ T : ταῦθ᾽ B   ἐν B T : om. vulg.   e 10 ἐλέγομεν B :
λέγομεν T

46 ΠΡΩ. Ἀνάγκη.

ΣΩ. Σκόπει δὴ τὰς τῶν τοιῶνδε νοσημάτων ἡδονάς, τίνα ποτὲ ἔχουσι τρόπον.

ΠΡΩ. Ποίων;

5 ΣΩ. Τὰς τῶν ἀσχημόνων, ἃς οὓς εἴπομεν δυσχερεῖς μισοῦσι παντελῶς.

ΠΡΩ. Ποίας;

ΣΩ. Οἷον τὰς τῆς ψώρας ἰάσεις τῷ τρίβειν καὶ ὅσα τοιαῦτα, οὐκ ἄλλης δεόμενα φαρμάξεως· τοῦτο γὰρ δὴ τὸ
10 πάθος ἡμῖν, ὦ πρὸς θεῶν, τί ποτε φῶμεν ἐγγίγνεσθαι; πότερον ἡδονὴν ἢ λύπην;

ΠΡΩ. Σύμμεικτον τοῦτό γ' ἄρ', ὦ Σώκρατες, ἔοικε γίγνεσθαί τι κακόν.

b ΣΩ. Οὐ μὲν δὴ Φιλήβου γε ἕνεκα παρεθέμην τὸν λόγον· ἀλλ' ἄνευ τούτων, ὦ Πρώταρχε, τῶν ἡδονῶν καὶ τῶν ταύταις ἑπομένων, ἂν μὴ κατοφθῶσι, σχεδὸν οὐκ ἄν ποτε δυναίμεθα διακρίνασθαι τὸ νῦν ζητούμενον.

5 ΠΡΩ. Οὐκοῦν ἰτέον ἐπὶ τὰς τούτων συγγενεῖς.

ΣΩ. Τὰς ἐν τῇ μείξει κοινωνούσας λέγεις;

ΠΡΩ. Πάνυ μὲν οὖν.

ΣΩ. Εἰσὶ τοίνυν μείξεις αἱ μὲν κατὰ τὸ σῶμα ἐν αὐτοῖς
c τοῖς σώμασιν, αἱ δ' αὐτῆς τῆς ψυχῆς ἐν τῇ ψυχῇ· τὰς δ' αὖ τῆς ψυχῆς καὶ τοῦ σώματος ἀνευρήσομεν λύπας ἡδοναῖς μειχθείσας τοτὲ μὲν ἡδονὰς τὰ συναμφότερα, τοτὲ δὲ λύπας ἐπικαλουμένας.

5 ΠΡΩ. Πῶς;

ΣΩ. Ὁπόταν ἐν τῇ καταστάσει τις ἢ τῇ διαφθορᾷ τἀναντία ἅμα πάθη πάσχῃ, ποτὲ ῥιγῶν θέρηται καὶ θερμαινόμενος ἐνίοτε ψύχηται, ζητῶν οἶμαι τὸ μὲν ἔχειν, τοῦ δὲ ἀπαλλάτ- τεσθαι, τὸ δὴ λεγόμενον πικρῷ γλυκὺ μεμειγμένον, μετὰ

a 5 οὓς T: om. B   a 12 σύμμικτον B T: ἔμμικτον vulg.   γ' ἄρ' B: γε T   b 2 ταύταις T: ταύτης B   c 1 αὐτῆς τῆς T: αὖ τῆς B   αὖ τῆς B: αὐτῆς T   c 7 ποτὲ ῥιγῶν T (sed add. signis transpositionis): ποτὲ ῥιγῶν ποτὲ B

δυσαπαλλακτίας παρόν, ἀγανάκτησιν καὶ ὕστερον σύντασιν d
ἀγρίαν ποιεῖ.

ΠΡΩ. Καὶ μάλα ἀληθὲς τὸ νῦν λεγόμενον.

ΣΩ. Οὐκοῦν αἱ τοιαῦται μείξεις αἱ μὲν ἐξ ἴσων εἰσὶ
λυπῶν τε καὶ ἡδονῶν, αἱ δ᾽ ἐκ τῶν ἑτέρων πλειόνων; 5

ΠΡΩ. Πῶς γὰρ οὔ;

ΣΩ. Λέγε δὴ τὰς μέν, ὅταν πλείους λῦπαι τῶν ἡδονῶν
γίγνωνται—τὰς τῆς ψώρας λεγομένας νυνδὴ ταύτας εἶναι
καὶ τὰς τῶν γαργαλισμῶν—ὁπόταν ⟨ἐν τοῖς⟩ ἐντὸς τὸ ζέον
ᾖ καὶ τὸ φλεγμαῖνον, τῇ τρίψει δὲ καὶ τῇ κνήσει μὴ ἐφικνῆταί 10
τις, τὸ δ᾽ ἐπιπολῆς μόνον διαχέῃ, τοτὲ φέροντες εἰς πῦρ αὐτὰ e
καὶ εἰς τοὐναντίον πυρίαις μεταβάλλοντες ἐνίοτε ἀμηχάνους
ἡδονάς, τοτὲ δὲ τοὐναντίον τοῖς ἐντὸς πρὸς τὰ τῶν ἔξω, λύπας
ἡδοναῖς συγκερασθείσας, εἰς ὁπότερ᾽ ἂν ῥέψῃ, παρέσχοντο
τῷ τὰ συγκεκριμένα βίᾳ διαχεῖν ἢ τὰ διακεκριμένα συγχεῖν 5
—[καὶ] ὁμοῦ λύπας ἡδοναῖς παρατιθέναι. 47

ΠΡΩ. Ἀληθέστατα.

ΣΩ. Οὐκοῦν ὁπόταν αὖ πλείων ἡδονὴ κατὰ ⟨τὰ⟩ τοιαῦτα
πάντα συμμειχθῇ, τὸ μὲν ὑπομεμειγμένον τῆς λύπης γαρ-
γαλίζει τε καὶ ἠρέμα ἀγανακτεῖν ποιεῖ, τὸ δ᾽ αὖ τῆς ἡδονῆς
πολὺ πλέον ἐγκεχυμένον συντείνει τε καὶ ἐνίοτε πηδᾶν ποιεῖ, 5
καὶ παντοῖα μὲν χρώματα, παντοῖα δὲ σχήματα, παντοῖα δὲ
πνεύματα ἀπεργαζόμενον πᾶσαν ἔκπληξιν καὶ βοὰς μετὰ
ἀφροσύνης ἐνεργάζεται;

ΠΡΩ. Μάλα γε. b

ΣΩ. Καὶ λέγειν τε, ὦ ἑταῖρε, αὐτόν τε περὶ ἑαυτοῦ ποιεῖ

d 1 ὕστερον T: om. B   σύντασιν B t: ξύστασιν T   d 3 νῦν
B: νῦν δὴ T   d 9 ἐν τοῖς addidi   d 10 κνήσει Heusde : κινήσει
B T   ἐφικνῆται T : ἐφικνεῖται B   e 1 τὸ δ᾽ ἐπὶ πολῆς B T : τὰ δ᾽
ἐπιπολῆς Schütz   e 2 πυρίαις scripsi : ἀπορίαις B T   e 3 πρὸς
τὰ τῶν Wohlrab : προστάτ των B : πρὸς τὰς τῶν T   a 1 καὶ
seclusi   a 3 τὰ add. Par. 1809 : om. B T   a 5 αὖ τῆς B T :
αὐτῆς vulg.   a 6 πλέον T : πλείων B   ἐγκεχυμένον B T : ἐκκεχυ-
μένον vulg.   a 8 ἀπεργαζόμενον Buttmann : ἀπεργαζόμενα B T
a 9 ἐνεργάζεται T : ἀπεργάζεται B   b 2 λέγειν τε T : λέγειν γε B

καὶ ἄλλον ὡς ταύταις ταῖς ἡδοναῖς τερπόμενος οἷον ἀποθνῄ-
σκει· καὶ ταύτας γε δὴ παντάπασιν ἀεὶ μεταδιώκει τοσούτῳ
5 μᾶλλον ὅσῳ ἂν ἀκολαστότερός τε καὶ ἀφρονέστερος ὢν
τυγχάνῃ, καὶ καλεῖ δὴ μεγίστας ταύτας, καὶ τὸν ἐν αὐταῖς
ὅτι μάλιστ᾿ ἀεὶ ζῶντα εὐδαιμονέστατον καταριθμεῖται.

ΠΡΩ. Πάντα, ὦ Σώκρατες, τὰ συμβαίνοντα πρὸς τῶν
πολλῶν ἀνθρώπων εἰς δόξαν διεπέρανας.

c ΣΩ. Περί γε τῶν ἡδονῶν, ὦ Πρώταρχε, τῶν ἐν τοῖς
κοινοῖς παθήμασιν αὐτοῦ τοῦ σώματος τῶν ἐπιπολῆς τε καὶ
ἐντὸς κερασθέντων· περὶ δέ γ᾿ ὧν ψυχὴ σώματι τἀναντία
συμβάλλεται, λύπην τε ἅμα πρὸς ἡδονὴν καὶ ἡδονὴν πρὸς
5 λύπην, ὥστ᾿ εἰς μίαν ἀμφότερα κρᾶσιν ἰέναι, ταῦτα ἔμπροσθε
μὲν διήλθομεν, ὡς, ὁπόταν [αὖ] κενῶται, πληρώσεως ἐπιθυμεῖ,
καὶ ἐλπίζων μὲν χαίρει, κενούμενος δὲ ἀλγεῖ, ταῦτα δὲ τότε
d μὲν οὐκ ἐμαρτυράμεθα, νῦν δὲ λέγομεν ὡς ψυχῆς πρὸς σῶμα
διαφερομένης ἐν πᾶσι τούτοις πλήθει ἀμηχάνοις οὖσι μεῖξις
μία λύπης τε καὶ ἡδονῆς συμπίπτει γενομένη.

ΠΡΩ. Κινδυνεύεις ὀρθότατα λέγειν.

5 ΣΩ. Ἔτι τοίνυν ἡμῖν τῶν μείξεων λύπης τε καὶ ἡδονῆς
λοιπὴ μία.

ΠΡΩ. Ποία, φής;

ΣΩ. Ἣν αὐτὴν τὴν ψυχὴν αὐτῇ πολλάκις λαμβάνειν
σύγκρασιν ἔφαμεν.

10 ΠΡΩ. Πῶς οὖν δὴ τοῦτ᾿ αὐτὸ λέγομεν;

e ΣΩ. Ὀργὴν καὶ φόβον καὶ πόθον καὶ θρῆνον καὶ ἔρωτα
καὶ ζῆλον καὶ φθόνον καὶ ὅσα τοιαῦτα, ἆρ᾿ οὐκ αὐτῆς τῆς
ψυχῆς τίθεσαι ταύτας λύπας τινάς;

b 3 καὶ ἄλλον T : καὶ περὶ ἄλλον B γρ. t   b 5 ἂν T : om. B
b 6 αὐταῖς T : ταύταις B   b 7 μάλιστ᾿ αἰεὶ T : μάλιστα εἰ B
b 9 εἰς δόξαν secluserim   c 3 δέ γ᾿ ὧν Badham : δὲ τῶν B T   ψυχῇ
scripsi : ἐν ψυχῇ B T   c 6 αὖ secl. Wohlrab   κενῶται B t :
κεκένωται T   c 7 ταῦτα δὲ T : ταῦτα δὴ B   d 3 γιγνομένη
Badham   d 6 λοιπὴ T : λύπη pr. B (ut videtur)   d 9 σύγκρασιν
B T : σύγκρισιν vulg.   ἔφαμεν] φαμέν Bury   d 10 αὐτὸ] αἱ
Ast

ΠΡΩ. Ἔγωγε.

ΣΩ. Οὐκοῦν αὐτὰς ἡδονῶν μεστὰς εὑρήσομεν ἀμηχάνων; 5
ἢ δεόμεθα ὑπομιμνῄσκεσθαι [τὸ ⟨ἐν⟩ τοῖς θυμοῖς καὶ ταῖς
ὀργαῖς,] τὸ

ὅς τ' ἐφέηκε πολύφρονά περ χαλεπῆναι
ὅς τε πολὺ γλυκίων μέλιτος καταλειβομένοιο,

καὶ τὰς ἐν τοῖς θρήνοις καὶ πόθοις ἡδονὰς ἐν λύπαις οὔσας 48
ἀναμεμειγμένας;

ΠΡΩ. Οὔκ, ἀλλ' οὕτω ταῦτά γε καὶ οὐκ ἄλλως ἂν
συμβαίνοι γιγνόμενα.

ΣΩ. Καὶ μὴν καὶ τάς γε τραγικὰς θεωρήσεις, ὅταν ἅμα 5
χαίροντες κλάωσι, μέμνησαι;

ΠΡΩ. Τί δ' οὔ;

ΣΩ. Τὴν δ' ἐν ταῖς κωμῳδίαις διάθεσιν ἡμῶν τῆς ψυχῆς,
ἆρ' οἶσθ' ὡς ἔστι κἂν τούτοις μεῖξις λύπης τε καὶ ἡδονῆς;

ΠΡΩ. Οὐ πάνυ κατανοῶ. 10

ΣΩ. Παντάπασι γὰρ οὐ ῥᾴδιον, ὦ Πρώταρχε, ἐν τούτῳ b
συννοεῖν τὸ τοιοῦτον ἑκάστοτε πάθος.

ΠΡΩ. Οὔκουν ὥς γ' ἔοικεν ἐμοί.

ΣΩ. Λάβωμέν γε μὴν αὐτὸ τοσούτῳ μᾶλλον ὅσῳ σκοτει-
νότερόν ἐστιν, ἵνα καὶ ἐν ἄλλοις ῥᾷον καταμαθεῖν τις οἷός τ' 5
ᾖ μεῖξιν λύπης τε καὶ ἡδονῆς.

ΠΡΩ. Λέγοις ἄν.

ΣΩ. Τό τοι νυνδὴ ῥηθὲν ὄνομα φθόνου πότερα λύπην
τινὰ ψυχῆς θήσεις, ἢ πῶς;

ΠΡΩ. Οὕτως. 10

ΣΩ. Ἀλλὰ μὴν ὁ φθονῶν γε ἐπὶ κακοῖς τοῖς τῶν πέλας
ἡδόμενος ἀναφανήσεται.

ΠΡΩ. Σφόδρα γε. c

e 6 τὸ ὥστ' ἐφέηκεν τοῖς θυμοῖς καὶ ταῖς ὀργαῖς τὸ πολύφρονά περ χαλε-
πῆναι BT : verba transposuit Stephanus : τοῖς . . . τὸ del. Fischer:
ἐν addidi e 8, 9 ὅς τε Homerus (Il. xviii. 109): ὥστε BT
a 1 πόθοις Par. 1812 in marg.: πότοις BT b 5 ῥᾷον B: ῥᾴδιον T

ΣΩ. Κακὸν μὴν ἄγνοια καὶ ἣν δὴ λέγομεν ἀβελτέραν ἕξιν.

ΠΡΩ. Τί μήν;

ΣΩ. Ἐκ δὴ τούτων ἰδὲ τὸ γελοῖον ἥντινα φύσιν ἔχει.

5 ΠΡΩ. Λέγε μόνον.

ΣΩ. Ἔστιν δὴ πονηρία μέν τις τὸ κεφάλαιον, ἕξεώς τινος ἐπίκλην λεγομένη· τῆς δ' αὖ πάσης πονηρίας ἐστὶ τοὐναντίον πάθος ἔχον ἢ τὸ λεγόμενον ὑπὸ τῶν ἐν Δελφοῖς γραμμάτων.

10 ΠΡΩ. Τὸ " γνῶθι σαυτὸν " λέγεις, ὦ Σώκρατες;

d ΣΩ. Ἔγωγε. τοὐναντίον μὴν ἐκείνῳ δῆλον ὅτι τὸ μηδαμῇ γιγνώσκειν αὑτὸν λεγόμενον ὑπὸ τοῦ γράμματος ἂν εἴη.

ΠΡΩ. Τί μήν;

ΣΩ. Ὦ Πρώταρχε, πειρῶ δὲ αὐτὸ τοῦτο τριχῇ τέμνειν.

5 ΠΡΩ. Πῇ φῄς; οὐ γὰρ μὴ δυνατὸς ὦ.

ΣΩ. Λέγεις δὴ δεῖν ἐμὲ τοῦτο διελέσθαι τὰ νῦν;

ΠΡΩ. Λέγω, καὶ δέομαί γε πρὸς τῷ λέγειν.

ΣΩ. Ἆρ' οὖν οὐ τῶν ἀγνοούντων αὑτοὺς κατὰ τρία ἀνάγκη τοῦτο τὸ πάθος πάσχειν ἕκαστον;

10 ΠΡΩ. Πῶς;

e ΣΩ. Πρῶτον μὲν κατὰ χρήματα, δοξάζειν εἶναι πλουσιώτερον ἢ κατὰ τὴν αὑτῶν οὐσίαν.

ΠΡΩ. Πολλοὶ γοῦν εἰσὶν τὸ τοιοῦτον πάθος ἔχοντες.

ΣΩ. Πλείους δέ γε οἳ μείζους καὶ καλλίους αὑτοὺς δοξά-
5 ζουσι, καὶ πάντα ὅσα κατὰ τὸ σῶμα εἶναι διαφερόντως τῆς οὔσης αὐτοῖς ἀληθείας.

ΠΡΩ. Πάνυ γε.

ΣΩ. Πολὺ δὲ πλεῖστοί γε οἶμαι περὶ τὸ τρίτον εἶδος τὸ τῶν ἐν ταῖς ψυχαῖς διημαρτήκασιν, ἀρετῇ δοξάζοντες
10 βελτίους ἑαυτούς, οὐκ ὄντες.

c 2 ἄγνοια Cornarius : ἄνοια B T   ἀβελτέραν] ἀβελτερίαν Jackson
c 4 δὴ T : δὲ B   d 4 δὲ B Stobaeus : δὴ T   d 7 λέγω B T
Stobaeus : om. vulg.   e 3 τὸ B T : om. Stobaeus   e 6 αὐτοῖς
B T Stobaeus : αὐτῆς vulg.   e 8 τὸ τῶν ἐν ταῖς ψυχαῖς Badham :
τούτων ἐν ταῖς ψυχαῖς B Stobaeus : ἐν ταῖς ψυχαῖς τούτων T   e 9 ἀρετῇ
Stobaeus : ἀρετῆς B T : ἀρετὴν al.

ΠΡΩ. Σφόδρα μὲν οὖν.

ΣΩ. Τῶν ἀρετῶν δ᾽ ἆρ᾽ οὐ σοφίας πέρι τὸ πλῆθος πάντως 49
ἀντεχόμενον μεστὸν ἐρίδων καὶ δοξοσοφίας ἐστὶ ψευδοῦς;

ΠΡΩ. Πῶς δ᾽ οὔ;

ΣΩ. Κακὸν μὲν δὴ πᾶν ἄν τις τὸ τοιοῦτον εἰπὼν ὀρθῶς
ἂν εἴποι πάθος. 5

ΠΡΩ. Σφόδρα γε.

ΣΩ. Τοῦτο τοίνυν ἔτι διαιρετέον, ὦ Πρώταρχε, δίχα, εἰ
μέλλομεν τὸν παιδικὸν ἰδόντες φθόνον ἄτοπον ἡδονῆς καὶ
λύπης ὄψεσθαι μεῖξιν. πῶς οὖν τέμνομεν δίχα, λέγεις;
πάντες ὁπόσοι ταύτην τὴν ψευδῆ δόξαν περὶ ἑαυτῶν ἀ- b
νοήτως δοξάζουσι, καθάπερ ἁπάντων ἀνθρώπων, καὶ τούτων
ἀναγκαιότατον ἕπεσθαι τοῖς μὲν ῥώμην αὐτῶν καὶ δύναμιν,
τοῖς δὲ οἶμαι τοὐναντίον.

ΠΡΩ. Ἀνάγκη. 5

ΣΩ. Ταύτῃ τοίνυν δίελε, καὶ ὅσοι μὲν αὐτῶν εἰσι μετ᾽
ἀσθενείας τοιοῦτοι καὶ ἀδύνατοι καταγελώμενοι τιμωρεῖσθαι,
γελοίους τούτους φάσκων εἶναι τἀληθῆ φθέγξῃ· τοὺς δὲ
δυνατοὺς τιμωρεῖσθαι καὶ ἰσχυροὺς φοβεροὺς καὶ ἐχθροὺς
προσαγορεύων ὀρθότατον τούτων σαυτῷ λόγον ἀποδώσεις. c
ἄγνοια γὰρ ἡ μὲν τῶν ἰσχυρῶν ἐχθρά τε καὶ αἰσχρά—
βλαβερὰ γὰρ καὶ τοῖς πέλας αὐτή τε καὶ ὅσαι εἰκόνες
αὐτῆς εἰσιν—ἡ δ᾽ ἀσθενὴς ἡμῖν τὴν τῶν γελοίων εἴληχε
τάξιν τε καὶ φύσιν. 5

ΠΡΩ. Ὀρθότατα λέγεις. ἀλλὰ γὰρ ἡ τῶν ἡδονῶν καὶ
λυπῶν μεῖξις ἐν τούτοις οὔπω μοι καταφανής.

a 1 πάντως BT: πᾶν Stobaeus   a 2 ψεύδους (sic) BT: καὶ
ψεύδους vulg.   a 9 πῶς . . . λέγεις Socrati continuat T (post
λέγεις add. καί supra versum t): Protarcho dat B   τέμνομεν BT:
τέμνωμεν vulg.   b 1 πάντες κ.τ.έ. eidem continuat Stallbaum:
alteri dant BT   b 2 τούτων T: τοῦτον B   b 9 καὶ ἰσχυροὺς
φοβεροὺς Vahlen: φοβεροὺς καὶ ἰσχυροὺς BT: φοβεροὺς καὶ αἰσχροὺς
Schütz   c 1 τούτων B: τοῦτον T: τοῦτο vulg.   c 2 ἄγνοια
Cornarius: ἄνοια BT   c 3 αὐτή Heusde: αὕτη BT   c 4 αὐτῆς
B: ταύτης T   c 5 τάξιν γε (sic) καὶ B: om. T   c 7 οὔπω T:
πῶ B

ΣΩ. Τὴν τοίνυν τοῦ φθόνου λαβὲ δύναμιν πρῶτον.

ΠΡΩ. Λέγε μόνον.

d   ΣΩ. Λύπη τις ἄδικός ἐστί που καὶ ἡδονή;

ΠΡΩ. Τοῦτο μὲν ἀνάγκη.

ΣΩ. Οὐκοῦν ἐπὶ μὲν τοῖς τῶν ἐχθρῶν κακοῖς οὔτ' ἄδικον οὔτε φθονερόν ἐστι τὸ χαίρειν;

5   ΠΡΩ. Τί μήν;

ΣΩ. Τὰ δέ γε τῶν φίλων ὁρῶντας ἔστιν ὅτε κακὰ μὴ λυπεῖσθαι, χαίρειν δέ, ἆρα οὐκ ἄδικόν ἐστιν;

ΠΡΩ. Πῶς δ' οὔ;

ΣΩ. Οὐκοῦν τὴν ἄγνοιαν εἴπομεν ὅτι κακὸν πᾶσιν;

10   ΠΡΩ. Ὀρθῶς.

ΣΩ. Τὴν οὖν τῶν φίλων δοξοσοφίαν καὶ δοξοκαλίαν καὶ
e ὅσα νυνδὴ διήλθομεν, ἐν τρισὶν λέγοντες εἴδεσιν γίγνεσθαι, γελοῖα μὲν ὁπόσα ἀσθενῆ, μισητὰ δ' ὁπόσα ἐρρωμένα, ⟨φῶμεν⟩ ἢ μὴ φῶμεν ὅπερ εἶπον ἄρτι, τὴν τῶν φίλων ἕξιν ταύτην ὅταν ἔχῃ τις τὴν ἀβλαβῆ τοῖς ἄλλοις, γελοίαν εἶναι;

5   ΠΡΩ. Πάνυ γε.

ΣΩ. Κακὸν δ' οὐχ ὁμολογοῦμεν αὐτὴν ἄγνοιάν γε οὖσαν εἶναι;

ΠΡΩ. Σφόδρα γε.

ΣΩ. Χαίρομεν δὲ ἢ λυπούμεθα, ὅταν ἐπ' αὐτῇ γελῶμεν;

50   ΠΡΩ. Δῆλον ὅτι χαίρομεν.

ΣΩ. Ἡδονὴν δὲ ἐπὶ τοῖς τῶν φίλων κακοῖς, οὐ φθόνον ἔφαμεν εἶναι τὸν τοῦτ' ἀπεργαζόμενον;

ΠΡΩ. Ἀνάγκη.

5   ΣΩ. Γελῶντας ἄρα ἡμᾶς ἐπὶ τοῖς τῶν φίλων γελοίοις φησὶν ὁ λόγος, κεραννύντας ἡδονὴν αὖ φθόνῳ, λύπῃ τὴν

c 8 λαβὲ δύναμιν Β Τ : δύναμιν λαβὲ vulg.   d ι που Β: om. Τ
d 6 δέ Β Τ : om. vulg.   d 9 ἄγνοιαν Cornarius : ἄνοιαν Β Τ
d 11 τὴν Β Τ : τί vulg.   e ι νῦν δὴ Β: νῦν Τ   e 2 ὁπόσα
Β Τ : ὁπόσα μὴ vulg.   φῶμεν add. corr. Ven. 189   e 6 ἄγνοιαν
Cornarius : ἄνοιαν Β Τ   γε Τ : om. Β   e 7 εἶναι Β et (compendio) Τ : om. vulg.   a 3 ἔφαμεν Β Τ : φαμὲν Stallbaum   a 6 αὖ
Β: om. Τ

ἡδονὴν συγκεραννύναι· τὸν γὰρ φθόνον ὡμολογῆσθαι λύπην
ψυχῆς ἡμῖν πάλαι, τὸ δὲ γελᾶν ἡδονήν, ἅμα γίγνεσθαι δὲ
τούτω ἐν τούτοις τοῖς χρόνοις.

ΠΡΩ. Ἀληθῆ.   10

ΣΩ. Μηνύει δὴ νῦν ὁ λόγος ἡμῖν ἐν θρήνοις τε καὶ ἐν   b
τραγῳδίαις ⟨καὶ κωμῳδίαις⟩, μὴ τοῖς δράμασι μόνον ἀλλὰ
καὶ τῇ τοῦ βίου συμπάσῃ τραγῳδίᾳ καὶ κωμῳδίᾳ, λύπας
ἡδοναῖς ἅμα κεράννυσθαι, καὶ ἐν ἄλλοις δὴ μυρίοις.

ΠΡΩ. Ἀδύνατον μὴ ὁμολογεῖν ταῦτα, ὦ Σώκρατες, εἰ   5
καί τις φιλονικοῖ πάνυ πρὸς τἀναντία.

ΣΩ. Ὀργὴν μὴν καὶ πόθον καὶ θρῆνον καὶ φόβον καὶ
ἔρωτα καὶ ζῆλον καὶ φθόνον προυθέμεθα καὶ ὁπόσα τοιαῦτα,   c
ἐν οἷς ἔφαμεν εὑρήσειν μειγνύμενα τὰ νῦν πολλάκις
λεγόμενα. ἦ γάρ;

ΠΡΩ. Ναί.

ΣΩ. Μανθάνομεν οὖν ὅτι θρήνου πέρι καὶ φθόνου καὶ   5
ὀργῆς πάντα ἐστὶ τὰ νυνδὴ διαπερανθέντα;

ΠΡΩ. Πῶς γὰρ οὐ μανθάνομεν;

ΣΩ. Οὐκοῦν πολλὰ ἔτι τὰ λοιπά;

ΠΡΩ. Καὶ πάνυ γε.

ΣΩ. Διὰ δὴ τί μάλισθ᾽ ὑπολαμβάνεις με δεῖξαί σοι τὴν   10
ἐν τῇ κωμῳδίᾳ μεῖξιν; ἆρ᾽ οὐ πίστεως χάριν, ὅτι τήν γε ἐν
τοῖς φόβοις καὶ ἔρωσι καὶ τοῖς ἄλλοις ῥᾴδιον κρᾶσιν ἐπι-   d
δεῖξαι· λαβόντα δὲ τοῦτο παρὰ σαυτῷ ἀφεῖναί με μηκέτι
ἐπ᾽ ἐκεῖνα ἰόντα δεῖν μηκύνειν τοὺς λόγους, ἀλλ᾽ ἁπλῶς
λαβεῖν τοῦτο, ὅτι καὶ σῶμα ἄνευ ψυχῆς καὶ ψυχὴ ἄνευ
σώματος καὶ κοινῇ μετ᾽ ἀλλήλων ἐν τοῖς παθήμασι μεστά   5
ἐστι συγκεκραμένης ἡδονῆς λύπαις; νῦν οὖν λέγε πότερα
ἀφίης με ἢ μέσας ποιήσεις νύκτας; εἰπὼν δὲ σμικρὰ οἶμαί

a 8 ψυχῆς T : τῆς ψυχῆς B   γίγνεσθαι δὲ B : δὲ γίγνεσθαι T
a 9 τούτω Badham : τοῦτο B T   b 1 δὴ B T : δὲ vulg.   b 2 καὶ
κωμῳδίαις add. Hermann   ἀλλὰ καὶ T : ἀλλα B   b 4 ἡδοναῖς
B : ἡδονὰς T   b 6 πάνυ B T : πάντῃ vulg.   c 2 ἔφαμεν T :
φαμὲν B   d 2 σαυτῷ T : ταυτῷ B   d 6 συγκεκραμένης B t
Stobaeus : συγκεκερασμένης T   d 7 ἀφίης T : ἀφείης B

121

σου τεύξεσθαι μεθεῖναί με· τούτων γὰρ ἁπάντων αὔριον
e ἐθελήσω σοι λόγον δοῦναι, τὰ νῦν δὲ ἐπὶ τὰ λοιπὰ βούλομαι
στέλλεσθαι πρὸς τὴν κρίσιν ἣν Φίληβος ἐπιτάττει.

ΠΡΩ. Καλῶς εἶπες, ὦ Σώκρατες· ἀλλ᾽ ὅσα λοιπὰ ἡμῖν
διέξελθε ὅπῃ σοι φίλον.

5 ΣΩ. Κατὰ φύσιν τοίνυν μετὰ τὰς μειχθείσας ἡδονὰς ὑπὸ
δή τινος ἀνάγκης ἐπὶ τὰς ἀμείκτους πορευοίμεθ᾽ ἂν ἐν τῷ
μέρει.

51 ΠΡΩ. Κάλλιστ᾽ εἶπες.

ΣΩ. Ἐγὼ δὴ πειράσομαι μεταβαλὼν σημαίνειν ἡμῖν
αὐτάς. τοῖς γὰρ φάσκουσι λυπῶν εἶναι παῦλαν πάσας τὰς
ἡδονὰς οὐ πάνυ πως πείθομαι, ἀλλ᾽ ὅπερ εἶπον, μάρτυσι
5 καταχρῶμαι πρὸς τὸ τινὰς ἡδονὰς εἶναι δοκούσας, οὔσας δ᾽
οὐδαμῶς, καὶ μεγάλας ἑτέρας τινὰς ἅμα καὶ πολλὰς φαντα-
σθείσας, εἶναι δ᾽ αὐτὰς συμπεφυρμένας ὁμοῦ λύπαις τε καὶ
ἀναπαύσεσιν ὀδυνῶν τῶν μεγίστων περί τε σώματος καὶ
ψυχῆς ἀπορίας.

b ΠΡΩ. Ἀληθεῖς δ᾽ αὖ τίνας, ὦ Σώκρατες, ὑπολαμβάνων
ὀρθῶς τις διανοοῖτ᾽ ἄν;

ΣΩ. Τὰς περί τε τὰ καλὰ λεγόμενα χρώματα καὶ περὶ
τὰ σχήματα καὶ τῶν ὀσμῶν τὰς πλείστας καὶ τὰς τῶν
5 φθόγγων καὶ ὅσα τὰς ἐνδείας ἀναισθήτους ἔχοντα καὶ
ἀλύπους τὰς πληρώσεις αἰσθητὰς καὶ ἡδείας [καθαρὰς
λυπῶν] παραδίδωσιν.

ΠΡΩ. Πῶς δὴ ταῦτα, ὦ Σώκρατες, αὖ λέγομεν οὕτω;

ΣΩ. Πάνυ μὲν οὖν οὐκ εὐθὺς δῆλά ἐστιν ἃ λέγω, πει-
c ρατέον μὴν δηλοῦν. σχημάτων τε γὰρ κάλλος οὐχ ὅπερ
ἂν ὑπολάβοιεν οἱ πολλοὶ πειρῶμαι νῦν λέγειν, ἢ ζῴων ἤ
τινων ζωγραφημάτων, ἀλλ᾽ εὐθύ τι λέγω, φησὶν ὁ λόγος,

a 2 μεταβαλὼν BT: μεταλαβὼν t   ἡμῖν BT: ὑμῖν vulg.
a 5 πρὸς B: compendium T: ἐπὶ Coisl.   τὸ T: τε B   a 8 σώ-
ματος T: σῶμα B   b 2 τις T: om. B   b 6 καθαρὰς λυπῶν
secl. Badham   b 9 οὖν secl. Badham   c 1 κάλλος (compend.)
T: καλῶς B: κάλλους vulg.   c 2 ἢ ζῴων B: οἷον ζῴων T

καὶ περιφερὲς καὶ ἀπὸ τούτων δὴ τά τε τοῖς τόρνοις γιγνό-
μενα ἐπίπεδά τε καὶ στερεὰ καὶ τὰ τοῖς κανόσι καὶ γωνίαις, 5
εἴ μου μανθάνεις. ταῦτα γὰρ οὐκ εἶναι πρός τι καλὰ λέγω,
καθάπερ ἄλλα, ἀλλ᾽ ἀεὶ καλὰ καθ᾽ αὑτὰ πεφυκέναι καί τινας
ἡδονὰς οἰκείας ἔχειν, οὐδὲν ταῖς τῶν κνήσεων προσφερεῖς· d
καὶ χρώματα δὴ τοῦτον τὸν τύπον ἔχοντα [καλὰ καὶ ἡδονάς]
ἀλλ᾽ ἆρα μανθάνομεν, ἢ πῶς;

ΠΡΩ. Πειρῶμαι μέν, ὦ Σώκρατες· πειράθητι δὲ καὶ σὺ
σαφέστερον ἔτι λέγειν. 5

ΣΩ. Λέγω δὴ ἠχὰς τῶν φθόγγων τὰς λείας καὶ λαμ-
πράς, τὰς ἕν τι καθαρὸν ἱείσας μέλος, οὐ πρὸς ἕτερον καλὰς
ἀλλ᾽ αὐτὰς καθ᾽ αὑτὰς εἶναι, καὶ τούτων συμφύτους ἡδονὰς
ἑπομένας.

ΠΡΩ. Ἔστι γὰρ οὖν καὶ τοῦτο. 10

ΣΩ. Τὸ δὲ περὶ τὰς ὀσμὰς ἧττον μὲν τούτων θεῖον γένος e
ἡδονῶν· τὸ δὲ μὴ συμμεμεῖχθαι ἐν αὐταῖς ἀναγκαίους λύπας,
καὶ ὅπη τοῦτο καὶ ἐν ὅτῳ τυγχάνει γεγονὸς ἡμῖν, τοῦτ᾽
ἐκείνοις τίθημι ἀντίστροφον ἅπαν. ἀλλ᾽, εἰ κατανοεῖς,
ταῦτα εἴδη δύο ⟨ὂν⟩ λέγομεν ἡδονῶν. 5

ΠΡΩ. Κατανοῶ.

ΣΩ. Ἔτι δὴ τοίνυν τούτοις προσθῶμεν τὰς περὶ τὰ
μαθήματα ἡδονάς, εἰ ἄρα δοκοῦσιν ἡμῖν αὗται πείνας μὲν μὴ 52
ἔχειν τοῦ μανθάνειν μηδὲ διὰ μαθημάτων πείνην ἀλγηδόνας
ἐξ ἀρχῆς γιγνομένας.

ΠΡΩ. Ἀλλ᾽ οὕτω συνδοκεῖ.

ΣΩ. Τί δέ; μαθημάτων πληρωθεῖσιν ἐὰν ὕστερον ἀπο- 5
βολαὶ διὰ τῆς λήθης γίγνωνται, καθορᾷς τινας ἐν αὐταῖς
ἀλγηδόνας;

d 1 κνήσεων Heusde : κινήσεων Β Τ   d 2 δὴ Β Τ : δήπου vulg.
καλὰ καὶ ἡδονάς secl. Stallbaum   d 6 ἠχὰς ci. Bury: τὰς Β Τ
τὰς λείας Τ : ταλειας Β   d 7 ἱείσας (sic) Τ : ἱούσας (sic) Β   καλὰς
Τ : om. Β   e 1 τούτων Β Τ : om. vulg.   e 2 ἀναγκαίους Β Τ :
ἀναγκαίας vulg.   e 4 ἐκείνοις Β Τ : ἐκείνης vulg.   e 5 ὂν
λέγομεν Jackson : λεγομένων Β Τ   a 3 γιγνομένας Τ : γενομένας Β
a 5 πληρωθεῖσιν Schütz : πληρωθεισῶν Β Τ

ΠΡΩ. Οὔ τι φύσει γε, ἀλλ' ἔν τισι λογισμοῖς τοῦ
b παθήματος, ὅταν τις στερηθεὶς λυπηθῇ διὰ τὴν χρείαν.

ΣΩ. Καὶ μήν, ὦ μακάριε, νῦν γε ἡμεῖς αὐτὰ τὰ τῆς
φύσεως μόνον παθήματα χωρὶς τοῦ λογισμοῦ διαπεραίνομεν.

ΠΡΩ. Ἀληθῆ τοίνυν λέγεις ὅτι χωρὶς λύπης ἡμῖν λήθη
5 γίγνεται ἑκάστοτε ἐν τοῖς μαθήμασιν.

ΣΩ. Ταύτας τοίνυν τὰς τῶν μαθημάτων ἡδονὰς ἀμείκτους
τε εἶναι λύπαις ῥητέον καὶ οὐδαμῶς τῶν πολλῶν ἀνθρώπων
ἀλλὰ τῶν σφόδρα ὀλίγων.

ΠΡΩ. Πῶς γὰρ οὐ ῥητέον;

c ΣΩ. Οὐκοῦν ὅτε μετρίως ἤδη διακεκρίμεθα χωρὶς τάς
τε καθαρὰς ἡδονὰς καὶ τὰς σχεδὸν ἀκαθάρτους ὀρθῶς ἂν
λεχθείσας, προσθῶμεν τῷ λόγῳ ταῖς μὲν σφοδραῖς ἡδοναῖς
ἀμετρίαν, ταῖς δὲ μὴ τοὐναντίον ἐμμετρίαν· καὶ ⟨τὰς⟩ τὸ
5 μέγα καὶ τὸ σφοδρὸν αὖ ⟨δεχομένας⟩, καὶ πολλάκις καὶ
ὀλιγάκις γιγνομένας τοιαύτας, τῆς τοῦ ἀπείρου γε ἐκείνου
καὶ ἧττον καὶ μᾶλλον διά τε σώματος καὶ ψυχῆς φερομένου
d [προσ]θῶμεν αὐτὰς εἶναι γένους, τὰς δὲ μὴ τῶν ἐμμέτρων.

ΠΡΩ. Ὀρθότατα λέγεις, ὦ Σώκρατες.

ΣΩ. Ἔτι τοίνυν πρὸς τούτοις μετὰ ταῦτα τόδε αὐτῶν
διαθεατέον.

5 ΠΡΩ. Τὸ ποῖον;

ΣΩ. Τί ποτε χρὴ φάναι πρὸς ἀλήθειαν εἶναι; τὸ καθαρόν
τε καὶ εἰλικρινὲς ἢ τὸ σφόδρα τε καὶ τὸ πολὺ καὶ τὸ μέγα
καὶ τὸ ἰταμόν;

ΠΡΩ. Τί ποτ' ἄρα, ὦ Σώκρατες, ἐρωτᾷς βουλόμενος;

10 ΣΩ. Μηδέν, ὦ Πρώταρχε, ἐπιλείπειν ἐλέγχων ἡδονῆς

b 1 παθήματος G t : μαθήματος B T   b 2 τὰ B T : καὶ τὰ vulg.
b 4 λήθη T : ἀληθῆ B   b 5 γίγνεται T : γίνεσθ' B   b 7 λύ-
παις B T : λύπης G   c 2 ἂν T : om. B   c 4 τὰς add. Stall-
baum   c 5 δεχομένας add. Stallbaum e Ficino   c 6 τῆς B T :
secl. Stallbaum auctore Stephano   γε B t : τε T : τέ γ' vulg.
d 1 προσ secl. Stallbaum   αὐτὰς corr. Ven. 189 : αὐταῖς B T
τὰς T : ταῖς B   μὴ T : om. B   d 4 διαθεατέον corr. Ven. 189 :
διαθετέον B T   d 8 ἰταμόν scripsi : ἱκανόν B T : fort. μανικόν
Apelt

124

τε καὶ ἐπιστήμης, εἰ τὸ μὲν ἄρ' αὐτῶν ἑκατέρου καθαρόν e
ἐστι, τὸ δ' οὐ καθαρόν, ἵνα καθαρὸν ἑκάτερον ἰὸν εἰς τὴν
κρίσιν ἐμοὶ καὶ σοὶ καὶ συνάπασι τοῖσδε ῥᾴω παρέχῃ τὴν
κρίσιν.

ΠΡΩ. Ὀρθότατα.   5

ΣΩ. Ἴθι δή, περὶ πάντων, ὅσα καθαρὰ γένη λέγομεν,
οὑτωσὶ διανοηθῶμεν· προελόμενοι πρῶτον αὐτῶν ἕν τι
σκοπῶμεν.

ΠΡΩ. Τί οὖν προελώμεθα;   53

ΣΩ. Τὸ λευκὸν ἐν τοῖς πρῶτον, εἰ βούλει, θεασώμεθα
γένος.

ΠΡΩ. Πάνυ μὲν οὖν.

ΣΩ. Πῶς οὖν ἂν λευκοῦ καὶ τίς καθαρότης ἡμῖν εἴη;   5
πότερα τὸ μέγιστόν τε καὶ πλεῖστον ἢ τὸ ἀκρατέστατον, ἐν
ᾧ χρώματος μηδεμία μοῖρα ἄλλη μηδενὸς ἐνείη;

ΠΡΩ. Δῆλον ὅτι τὸ μάλιστ' εἰλικρινὲς ὄν.

ΣΩ. Ὀρθῶς. ἆρ' οὖν οὐ τοῦτο ἀληθέστατον, ὦ Πρώ-
ταρχε, καὶ ἅμα δὴ κάλλιστον τῶν λευκῶν πάντων θήσομεν, b
ἀλλ' οὐ τὸ πλεῖστον οὐδὲ τὸ μέγιστον;

ΠΡΩ. Ὀρθότατά γε.

ΣΩ. Σμικρὸν ἄρα καθαρὸν λευκὸν μεμειγμένου πολλοῦ
λευκοῦ λευκότερον ἅμα καὶ κάλλιον καὶ ἀληθέστερον ἐὰν 5
φῶμεν γίγνεσθαι, παντάπασιν ἐροῦμεν ὀρθῶς.

ΠΡΩ. Ὀρθότατα μὲν οὖν.

ΣΩ. Τί οὖν; οὐ δήπου πολλῶν δεησόμεθα παραδειγμά-
των τοιούτων ἐπὶ τὸν τῆς ἡδονῆς πέρι λόγον, ἀλλ' ἀρκεῖ
νοεῖν ἡμῖν αὐτόθεν ὡς ἄρα καὶ σύμπασα ἡδονὴ σμικρὰ 10
μεγάλης καὶ ὀλίγη πολλῆς, καθαρὰ λύπης, ἡδίων καὶ c
ἀληθεστέρα καὶ καλλίων γίγνοιτ' ἄν.

θ2 ἰὼν Τ: ἰὼν Β   θ3 ῥαίω Β: ῥαίως Τ   θ7 ἔν τι Τ: ἐν
τίσι Β   θ8 σκοπῶμεν ΒΤ: διασκοπῶμεν vulg.   a2 πρῶτον
Β: πρώτοις Τ   a5 ἂν Β: αὖ Τ   a6 ἀκρατέστατον ΒΤ:
ἀκρότατον (sic) marg. t   a7 ἄλλη Τ: ἀλλὰ ἢ Β: ἄλλου Badham
ἐνείη Β: ἂν εἴη Τ   a9 οὐ Β: om. Τ   b5 λευκοῦ Τ: καθα-
ροῦ Β

ΠΡΩ. Σφόδρα μὲν οὖν, καὶ τό γε παράδειγμα ἱκανόν.

ΣΩ. Τί δὲ τὸ τοιόνδε; ἆρα περὶ ἡδονῆς οὐκ ἀκηκόαμεν
5 ὡς ἀεὶ γένεσίς ἐστιν, οὐσία δὲ οὐκ ἔστι τὸ παράπαν ἡδονῆς;
κομψοὶ γὰρ δή τινες αὖ τοῦτον τὸν λόγον ἐπιχειροῦσι
μηνύειν ἡμῖν, οἷς δεῖ χάριν ἔχειν.

ΠΡΩ. Τί δή;

ΣΩ. Διαπερανοῦμαί σοι τοῦτ᾽ αὐτὸ ἐπανερωτῶν, ὦ
d Πρώταρχε φίλε.

ΠΡΩ. Λέγε καὶ ἐρώτα μόνον.

ΣΩ. Ἐστὸν δή τινε δύο, τὸ μὲν αὐτὸ καθ᾽ αὑτό, τὸ δ᾽
ἀεὶ ἐφιέμενον ἄλλου.

5 ΠΡΩ. Πῶς τούτω καὶ τίνε λέγεις;

ΣΩ. Τὸ μὲν σεμνότατον ἀεὶ πεφυκός, τὸ δ᾽ ἐλλιπὲς
ἐκείνου.

ΠΡΩ. Λέγ᾽ ἔτι σαφέστερον.

ΣΩ. Παιδικά που καλὰ καὶ ἀγαθὰ τεθεωρήκαμεν ἅμα
10 καὶ ἐραστὰς ἀνδρείους αὐτῶν.

ΠΡΩ. Σφόδρα γε.

ΣΩ. Τούτοις τοίνυν ἐοικότα δυοῖν οὖσι δύο ἄλλα ζήτει
e κατὰ πάνθ᾽ ὅσα λέγομεν εἶναι.

ΠΡΩ. Τὸ τρίτον ἔτ᾽ ἐρῶ; λέγε σαφέστερον, ὦ Σώκρατες,
ὅτι λέγεις.

ΣΩ. Οὐδέν τι ποικίλον, ὦ Πρώταρχε· ἀλλ᾽ ὁ λόγος
5 ἐρεσχηλεῖ νῷν, λέγει δ᾽ ὅτι τὸ μὲν ἕνεκά του τῶν ὄντων
ἔστ᾽ ἀεί, τὸ δ᾽ οὗ χάριν ἑκάστοτε τὸ τινὸς ἕνεκα γιγνόμενον
ἀεὶ γίγνεται.

ΠΡΩ. Μόγις ἔμαθον διὰ τὸ πολλάκις λεχθῆναι.

ΣΩ. Τάχα δ᾽ ἴσως, ὦ παῖ, μᾶλλον μαθησόμεθα προ-
54 ελθόντος τοῦ λόγου.

ΠΡΩ. Τί γὰρ οὔ;

---

c 7 δεῖ B : δὴ T   c 9 τοῦτ᾽ αὐτὸ T : τοῦτο B   d 5 τούτῳ
ex τούτω (sic) T : τοῦτο B   d 8 λέγ᾽ ἔτι B : λέγε τί T   e 2 τὸ
τρίτον ἔτ᾽ ἐρῶ Badham : τὸ τρίτον ἑτέρῳ B T Socrati continuantes
e 5 τοῦ τῶν T : τούτων B   e 6 οὗ T : οὐ B

ΣΩ. Δύο δὴ τάδε ἕτερα λάβωμεν.

ΠΡΩ. Ποῖα;

ΣΩ. ῝Εν μέν τι γένεσιν πάντων, τὴν δὲ οὐσίαν ἕτερον ἕν. 5

ΠΡΩ. Δύο ἀποδέχομαί σου ταῦτα, οὐσίαν καὶ γένεσιν.

ΣΩ. Ὀρθότατα. πότερον οὖν τούτων ἕνεκα ποτέρου, τὴν γένεσιν οὐσίας ἕνεκα φῶμεν ἢ τὴν οὐσίαν εἶναι γενέσεως ἕνεκα;

ΠΡΩ. Τοῦτο ὃ προσαγορεύεται οὐσία εἰ γενέσεως ἕνεκα 10 τοῦτ' ἔστιν ὅπερ ἐστί, νῦν πυνθάνῃ;

ΣΩ. Φαίνομαι.

ΠΡΩ. Πρὸς θεῶν ἆρ' [ἂν] ἐπανερωτᾷς με τοιόνδε τι; b λέγ', ὦ Πρώταρχε, μοί, πότερα πλοίων ναυπηγίαν ἕνεκα φῂς γίγνεσθαι μᾶλλον ἢ πλοῖα ἕνεκα ναυπηγίας, καὶ πάνθ' ὁπόσα τοιαῦτ' ἐστίν;

ΣΩ. Λέγω τοῦτ' αὐτό, ὦ Πρώταρχε. 5

ΠΡΩ. Τί οὖν οὐκ αὐτὸς ἀπεκρίνω σαυτῷ, ὦ Σώκρατες;

ΣΩ. Οὐδὲν ὅτι οὔ· σὺ μέντοι τοῦ λόγου συμμέτεχε.

ΠΡΩ. Πάνυ μὲν οὖν.

ΣΩ. Φημὶ δὴ γενέσεως μὲν ἕνεκα φάρμακά τε καὶ πάντα c ὄργανα καὶ πᾶσαν ὕλην παρατίθεσθαι πᾶσιν, ἑκάστην δὲ γένεσιν ἄλλην ἄλλης οὐσίας τινὸς ἑκάστης ἕνεκα γίγνεσθαι, σύμπασαν δὲ γένεσιν οὐσίας ἕνεκα γίγνεσθαι συμπάσης.

ΠΡΩ. Σαφέστατα μὲν οὖν. 5

ΣΩ. Οὐκοῦν ἡδονή γε, εἴπερ γένεσίς ἐστιν, ἕνεκά τινος οὐσίας ἐξ ἀνάγκης γίγνοιτ' ἄν.

ΠΡΩ. Τί μήν;

ΣΩ. Τό γε μὴν οὗ ἕνεκα τὸ ἕνεκά του γιγνόμενον ἀεὶ γίγνοιτ' ἄν, ἐν τῇ τοῦ ἀγαθοῦ μοίρᾳ ἐκεῖνό ἐστι· τὸ δὲ 10 τινὸς ἕνεκα γιγνόμενον εἰς ἄλλην, ὦ ἄριστε, μοῖραν θετέον.

b 1 ἂν ΒΤ : secl. Badham   ἐπανερωτᾷς Β : ἐπερωτᾷς Τ   τοιόνδε
. . . b 4 ἐστίν Protarcho dedit Badham, Socrati dant ΒΤ vulg.
b 2 λέγ' ὦ Badham : λέγω ὦ ΒΤ   μοί ΒΤ : σοι vulg.   b 3 ἕνεκα
ante ναυπηγίας ΒΤ : om. al.   b 7 συμμέτεχε Β : μέτεχε Τ   b 9 μὲν
Τ : ἐμ' Β   c 3 γίγνεσθαι . . . c 4 ἕνεκα Τ : om. Β   c 4 ξυμπάσης
Τ : ξυμπάσῃ Β   c 9 τὸ ἕνεκά Β t : τῷ ἕνεκα Τ

ΠΡΩ. Ἀναγκαιότατον.

d   ΣΩ. Ἆρ' οὖν ἡδονή γε εἴπερ γένεσίς ἐστιν, εἰς ἄλλην
ἢ τὴν τοῦ ἀγαθοῦ μοῖραν αὐτὴν τιθέντες ὀρθῶς θήσομεν;

ΠΡΩ. Ὀρθότατα μὲν οὖν.

ΣΩ. Οὐκοῦν ὅπερ ἀρχόμενος εἶπον τούτου τοῦ λόγου, τῷ
5 μηνύσαντι τῆς ἡδονῆς πέρι τὸ γένεσιν μέν, οὐσίαν δὲ μηδ'
ἡντινοῦν αὐτῆς εἶναι, χάριν ἔχειν δεῖ· δῆλον γὰρ ὅτι οὗτος
τῶν φασκόντων ἡδονὴν ἀγαθὸν εἶναι καταγελᾷ.

ΠΡΩ. Σφόδρα γε.

e   ΣΩ. Καὶ μὴν αὐτὸς οὗτος ἑκάστοτε καὶ τῶν ἐν ταῖς
γενέσεσιν ἀποτελουμένων καταγελάσεται.

ΠΡΩ. Πῶς δὴ καὶ ποίων λέγεις;

ΣΩ. Τῶν ὅσοι ἐξιώμενοι ἢ πείνην ἢ δίψαν ἤ τι τῶν
5 τοιούτων, ὅσα γένεσις ἐξιᾶται, χαίρουσι διὰ τὴν γένεσιν ἅτε
ἡδονῆς οὔσης αὐτῆς, καί φασι ζῆν οὐκ ἂν δέξασθαι μὴ
διψῶντές τε καὶ πεινῶντες καὶ τἆλλα ἅ τις ἂν εἴποι πάντα
τὰ ἑπόμενα τοῖς τοιούτοις παθήμασι μὴ πάσχοντες.

55   ΠΡΩ. Ἐοίκασι γοῦν.

ΣΩ. Οὐκοῦν τῷ γίγνεσθαί γε τοὐναντίον ἅπαντες τὸ
φθείρεσθαι φαῖμεν ἄν.

ΠΡΩ. Ἀναγκαῖον.

5   ΣΩ. Τὴν δὴ φθορὰν καὶ γένεσιν αἱροῖτ' ἄν τις τοῦθ'
αἱρούμενος, ἀλλ' οὐ τὸν τρίτον ἐκεῖνον βίον, τὸν ἐν ᾧ μήτε
χαίρειν μήτε λυπεῖσθαι, φρονεῖν δ' ἦν [δυνατὸν] ὡς οἷόν τε
καθαρώτατα.

ΠΡΩ. Πολλή τις, ὡς ἔοικεν, ὦ Σώκρατες, ἀλογία συμ-
10 βαίνει γίγνεσθαι, ἐάν τις τὴν ἡδονὴν ὡς ἀγαθὸν ἡμῖν
τιθῆται.

ΣΩ. Πολλή, ἐπεὶ καὶ τῇδε ἔτι λέγωμεν.

ΠΡΩ. Πῇ;

d 6 ἔχειν δεῖ T : ἔχειν δεῖν B : δεῖ ἔχειν vulg.   d 7 καταγελᾷ
B T : γρ. καταγελάσεται t   e 1 αὐτὸς scripsi : αὐτὸς B T : ὁ αὐτὸς
Bekker   e 4 ἢ πείνην T : πείνην B   a 2 τῷ T : τὸ B   γε
T : om. B   a 5 τις B : ὁ T   a 7 δυνατὸν secl. Bekker

ΣΩ. Πῶς οὐκ ἄλογόν ἐστι μηδὲν ἀγαθὸν εἶναι μηδὲ b
καλὸν μήτε ἐν σώμασι μήτ' ἐν πολλοῖς ἄλλοις πλὴν ἐν
ψυχῇ, καὶ ἐνταῦθα ἡδονὴν μόνον, ἀνδρείαν δὲ ἢ σωφροσύνην
ἢ νοῦν ἤ τι τῶν ἄλλων ὅσα ἀγαθὰ εἴληχε ψυχή, μηδὲν
τοιοῦτον εἶναι; πρὸς τούτοις δὲ ἔτι τὸν μὴ χαίροντα, ἀλγοῦντα 5
δέ, ἀναγκάζεσθαι φάναι κακὸν εἶναι τότε ὅταν ἀλγῇ, κἂν ᾖ
ἄριστος πάντων, καὶ τὸν χαίροντα αὖ, ὅσῳ μᾶλλον χαίρει,
τότε ὅταν χαίρῃ, τοσούτῳ διαφέρειν πρὸς ἀρετήν.   c

ΠΡΩ. Πάντ' ἐστὶ ταῦτα, ὦ Σώκρατες, ὡς δυνατὸν
ἀλογώτατα.

ΣΩ. Μὴ τοίνυν ἡδονῆς μὲν πάντως ἐξέτασιν πᾶσαν ἐπι-
χειρῶμεν ποιήσασθαι, νοῦ δὲ καὶ ἐπιστήμης οἷον φειδόμενοι 5
σφόδρα φανῶμεν· γενναίως δέ, εἴ πή τι σαθρὸν ἔχει, πᾶν
περικρούωμεν, ὡς ὅτι καθαρώτατόν ἐστ' αὐτῶν φύσει, τοῦτο
κατιδόντες εἰς τὴν κρίσιν χρώμεθα τὴν κοινὴν τοῖς τε τούτων
καὶ τοῖς τῆς ἡδονῆς μέρεσιν ἀληθεστάτοις.

ΠΡΩ. Ὀρθῶς.   10

ΣΩ. Οὐκοῦν ἡμῖν τὸ μὲν οἶμαι δημιουργικόν ἐστι τῆς d
περὶ τὰ μαθήματα ἐπιστήμης, τὸ δὲ περὶ παιδείαν καὶ
τροφήν. ἢ πῶς;

ΠΡΩ. Οὕτως.

ΣΩ. Ἐν δὴ ταῖς χειροτεχνικαῖς διανοηθῶμεν πρῶτα εἰ 5
τὸ μὲν ἐπιστήμης αὐτῶν μᾶλλον ἐχόμενον, τὸ δ' ἧττον ἔνι,
καὶ δεῖ τὰ μὲν ὡς καθαρώτατα νομίζειν, τὰ δ' ὡς ἀκαθαρ-
τότερα.

ΠΡΩ. Οὐκοῦν χρή.

ΣΩ. Τὰς τοίνυν ἡγεμονικὰς διαληπτέον ἑκάστων αὐτῶν 10
χωρίς;

c 1 τοσούτῳ B T : τοσοῦτον vulg.   c 4 μὲν πάντως B : μέντοι T
c 6 ἔχει] ἠχεῖ Wyttenbach   c 7 ὡς Apelt : ἕως B T   c 8 κρίσιν]
κρᾶσιν Schleiermacher   τοῖς τε t : τῆς τε B T (sed mox καὶ τοῖς B T)
d 2 καὶ B : ἢ T   d 6 τὸ ... ἔνι B T : τὸ ... ἐστί Schleiermacher :
τῷ ... ἔνι Baiter   d 7 δεῖ T : δὴ B   ἀκαθαρτότερα B T :
ἀκαθαρτότατα vulg.

ΠΡΩ. Ποίας καὶ πῶς;

e ΣΩ. Οἷον πασῶν που τεχνῶν ἄν τις ἀριθμητικὴν χωρίζῃ
καὶ μετρητικὴν καὶ στατικήν, ὡς ἔπος εἰπεῖν φαῦλον τὸ
καταλειπόμενον ἑκάστης ἂν γίγνοιτο.

ΠΡΩ. Φαῦλον μὲν δή.

5 ΣΩ. Τὸ γοῦν μετὰ ταῦτ᾽ εἰκάζειν λείποιτ᾽ ἂν καὶ τὰς
αἰσθήσεις καταμελετᾶν ἐμπειρίᾳ καί τινι τριβῇ, ταῖς τῆς
στοχαστικῆς προσχρωμένους δυνάμεσιν ἃς πολλοὶ τέχνας
56 ἐπονομάζουσι, μελέτῃ καὶ πόνῳ τὴν ῥώμην ἀπειργασμένας.

ΠΡΩ. Ἀναγκαιότατα λέγεις.

ΣΩ. Οὐκοῦν μεστὴ μέν που μουσικὴ πρῶτον, τὸ σύμ-
φωνον ἁρμόττουσα οὐ μέτρῳ ἀλλὰ μελέτης στοχασμῷ, καὶ
5 σύμπασα αὐτῆς αὐλητική, τὸ μέτρον ἑκάστης χορδῆς τῷ
στοχάζεσθαι φερομένης θηρεύουσα, ὥστε πολὺ μεμειγμένον
ἔχειν τὸ μὴ σαφές, σμικρὸν δὲ τὸ βέβαιον.

ΠΡΩ. Ἀληθέστατα.

b ΣΩ. Καὶ μὴν ἰατρικήν τε καὶ γεωργίαν καὶ κυβερνητικὴν
καὶ στρατηγικὴν ὡσαύτως εὑρήσομεν ἐχούσας.

ΠΡΩ. Καὶ πάνυ γε.

ΣΩ. Τεκτονικὴν δέ γε οἶμαι πλείστοις μέτροις τε καὶ
5 ὀργάνοις χρωμένην τὰ πολλὴν ἀκρίβειαν αὐτῇ πορίζοντα
τεχνικωτέραν τῶν πολλῶν ἐπιστημῶν παρέχεται.

ΠΡΩ. Πῇ;

ΣΩ. Κατά τε ναυπηγίαν καὶ κατ᾽ οἰκοδομίαν καὶ ἐν
πολλοῖς ἄλλοις τῆς ξυλουργικῆς. κανόνι γὰρ οἶμαι καὶ
c τόρνῳ χρῆται καὶ διαβήτῃ καὶ στάθμῃ καί τινι προσαγωγίῳ
κεκομψευμένῳ.

ΠΡΩ. Καὶ πάνυ γε, ὦ Σώκρατες, ὀρθῶς λέγεις.

ΣΩ. Θῶμεν τοίνυν διχῇ τὰς λεγομένας τέχνας, τὰς μὲν

θ 4 μὲν δή ΒΤ : μέντοι vulg.   a 1 ἀπειργασμένας ΒΤ : ἀπειργα-
σμένους vulg.   a 5 αὐτῆς post a 3 που transponendum ci. Bury
καὶ κιθαριστική post αὐλητική add. corr Ven. 189 (*eius pulsandi facultas*
Ficinus : αὖ πληκτική Heusde)   c 1 προσαγωγίῳ rec. t Hesychius
Suidas : προσαγωγείῳ Β : προαγωγίῳ Τ

μουσικῇ συνεπομένας ἐν τοῖς ἔργοις ἐλάττονος ἀκριβείας 5
μετισχούσας, τὰς δὲ τεκτονικῇ πλείονος.

ΠΡΩ. Κείσθω.

ΣΩ. Τούτων δὲ ταύτας ἀκριβεστάτας εἶναι τέχνας, ἃς
νυνδὴ πρώτας εἴπομεν.

ΠΡΩ. Ἀριθμητικὴν φαίνῃ μοι λέγειν καὶ ὅσας μετὰ 10
ταύτης τέχνας ἐφθέγξω νυνδή.

ΣΩ. Πάνυ μὲν οὖν. ἀλλ᾽, ὦ Πρώταρχε, ἆρ᾽ οὐ διττὰς d
αὖ καὶ ταύτας λεκτέον; ἢ πῶς;

ΠΡΩ. Ποίας δὴ λέγεις;

ΣΩ. Ἀριθμητικὴν πρῶτον ἆρ᾽ οὐκ ἄλλην μέν τινα
τὴν τῶν πολλῶν φατέον, ἄλλην δ᾽ αὖ τὴν τῶν φιλοσο- 5
φούντων;

ΠΡΩ. Πῇ ποτε διορισάμενος οὖν ἄλλην, τὴν δὲ ἄλλην
θείη τις ἂν ἀριθμητικήν;

ΣΩ. Οὐ σμικρὸς ὅρος, ὦ Πρώταρχε. οἱ μὲν γάρ που
μονάδας ἀνίσους καταριθμοῦνται τῶν περὶ ἀριθμόν, οἶον 10
στρατόπεδα δύο καὶ βοῦς δύο καὶ δύο τὰ σμικρότατα ἢ καὶ
τὰ πάντων μέγιστα· οἱ δ᾽ οὐκ ἄν ποτε αὐτοῖς συνακολουθή- e
σειαν, εἰ μὴ μονάδα μονάδος ἑκάστης τῶν μυρίων μηδεμίαν
ἄλλην ἄλλης διαφέρουσάν τις θήσει.

ΠΡΩ. Καὶ μάλα εὖ λέγεις οὐ σμικρὰν διαφορὰν τῶν
περὶ ἀριθμὸν τευταζόντων, ὥστε λόγον ἔχειν δύ᾽ αὐτὰς 5
εἶναι.

ΣΩ. Τί δέ; λογιστικὴ καὶ μετρητικὴ ⟨ἡ⟩ κατὰ τεκτονικὴν
καὶ κατ᾽ ἐμπορικὴν τῆς κατὰ φιλοσοφίαν γεωμετρίας τε ι.αὶ
λογισμῶν καταμελετωμένων—πότερον ὡς μία ἑκατέρα λεκτέον 57
ἢ δύο τιθῶμεν;

ΠΡΩ. Τῇ πρόσθεν ἑπόμενος ἔγωγ᾽ ἂν δύο κατὰ τὴν ἐμὴν
ψῆφον τιθείην ἑκατέραν τούτων.

c 6 τὰς Τ : τὰ Β   c 8 ἃς Τ : om. Β   c 9 νῦν δὴ Β : δὴ νῦν
Τ   εἴπομεν Τ : εἴποιμεν Β   e 2 μυρίων Β : μορίων Τ   e 3 τις
Τ : τι Β   e 4 εὖ Β Τ : γ᾽ εὖ Vat.   e 7 ἢ add. corr. Ven. 189 :
om. Β Τ   a 3 τῇ Β Τ : τῆς Coisl. : τοῖς Bekker

5 ΣΩ. Ὀρθῶς. οὗ δ᾽ ἕνεκα ταῦτα προηνεγκάμεθα εἰς τὸ
μέσον, ἆρα ἐννοεῖς;

ΠΡΩ. Ἴσως, ἀλλὰ σὲ βουλοίμην ἂν ἀποφήνασθαι τὸ
νῦν ἐρωτώμενον.

ΣΩ. Δοκεῖ τοίνυν ἔμοιγε οὗτος ὁ λόγος, οὐχ ἧττον ἢ
10 ὅτε λέγειν αὐτὸν ἠρχόμεθα, ταῖς ἡδοναῖς ζητῶν ἀντίστρο-
φον ἐνταῦθα προβεβληκέναι σκοπῶν ἆρά ἐστί τις ἑτέρας
b ἄλλη καθαρωτέρα ἐπιστήμης ἐπιστήμη, καθάπερ ἡδονῆς
ἡδονή.

ΠΡΩ. Καὶ μάλα σαφὲς τοῦτό γε, ὅτι ταῦθ᾽ ἕνεκα τούτων
ἐπικεχείρηκεν.

5 ΣΩ. Τί οὖν; ἆρ᾽ οὐκ ἐν μὲν τοῖς ἔμπροσθεν ἐπ᾽ ἄλλοις
ἄλλην τέχνην οὖσαν ἀνηυρήκειν σαφεστέραν καὶ ἀσαφεστέραν
ἄλλην ἄλλης;

ΠΡΩ. Πάνυ μὲν οὖν.

ΣΩ. Ἐν τούτοις δὲ ἆρ᾽ οὔ τινα τέχνην ὡς ὁμώνυμον
10 φθεγξάμενος, εἰς δόξαν καταστήσας ὡς μιᾶς, πάλιν ὡς
c δυοῖν ἐπανερωτᾷ τούτοιν αὐτοῖν τὸ σαφὲς καὶ τὸ καθαρὸν
περὶ ταῦτα πότερον ἢ τῶν φιλοσοφούντων ἢ μὴ φιλοσο-
φούντων ἀκριβέστερον ἔχει;

ΠΡΩ. Καὶ μάλα δοκεῖ μοι τοῦτο διερωτᾶν.

5 ΣΩ. Τίν᾽ οὖν, ὦ Πρώταρχε, αὐτῷ δίδομεν ἀπόκρισιν;

ΠΡΩ. Ὦ Σώκρατες, εἰς θαυμαστὸν διαφορᾶς μέγεθος
εἰς σαφήνειαν προεληλύθαμεν ἐπιστημῶν.

ΣΩ. Οὐκοῦν ἀποκρινούμεθα ῥᾷον;

ΠΡΩ. Τί μήν; καὶ εἰρήσθω γε ὅτι πολὺ μὲν αὗται τῶν
10 ἄλλων τεχνῶν διαφέρουσι, τούτων δ᾽ αὐτῶν αἱ περὶ τὴν

a 5 προηνεγκάμεθα Τ : προσηνεγκάμεθα Β   a 7 τὸ Τ : τὸν Β
a 11 προβεβληκέναι] προβεβηκέναι Schleiermacher   σκοπῶν] σκοπεῖν
corr. Ven. 189 : σκοπὸν Apelt   b 5 ἄλλοις Β Τ : ἄλλης vulg.
b 6 ἀνηυρήκειν scripsi (ἀνηυρήκει corr. Ven. 189) : ἀνευρίσκειν Β Τ :
ἀνευρίσκει Schütz   καὶ Β Τ : οὖσαν καὶ vulg.   b 10 μιᾶς] μιᾶς ⟨οὔσης⟩
Stallbaum : μίαν Badham   c 1 δυοῖν ⟨ὄντοιν⟩ Badham   αὐτοῖν]
fort. ὄντοιν Stallbaum   c 2 περὶ Β Τ : τὸ περὶ Ven. 189 : τε περὶ
vulg.   ἤ Τ : ἢ Β   c 5 δίδομεν Β : διδῶμεν Τ   c 8 ἀπο-
κρινούμεθα Τ : ἀποκρίνου καθὰ Β

132

τῶν ὄντως φιλοσοφούντων ὁρμὴν ἀμήχανον ἀκριβείᾳ καὶ d
ἀληθείᾳ περὶ μέτρα τε καὶ ἀριθμοὺς διαφέρουσιν.

ΣΩ. Ἔστω ταῦτα κατὰ σέ, καὶ σοὶ δὴ πιστεύοντες θαρ-
ροῦντες ἀποκρινόμεθα τοῖς δεινοῖς περὶ λόγων ὁλκήν—

ΠΡΩ. Τὸ ποῖον; 5

ΣΩ. Ὡς εἰσὶ δύο ἀριθμητικαὶ καὶ δύο μετρητικαὶ καὶ
ταύταις ἄλλαι τοιαῦται συνεπόμεναι συχναί, τὴν διδυμότητα
ἔχουσαι ταύτην, ὀνόματος δὲ ἑνὸς κεκοινωμέναι.

ΠΡΩ. Διδῶμεν τύχῃ ἀγαθῇ τούτοις οὓς φῂς δεινοὺς e
εἶναι ταύτην τὴν ἀπόκρισιν, ὦ Σώκρατες.

ΣΩ. Ταύτας οὖν λέγομεν ἐπιστήμας ἀκριβεῖς μάλιστ'
εἶναι;

ΠΡΩ. Πάνυ μὲν οὖν. 5

ΣΩ. Ἀλλ' ἡμᾶς, ὦ Πρώταρχε, ἀναίνοιτ' ἂν ἡ τοῦ
διαλέγεσθαι δύναμις, εἴ τινα πρὸ αὐτῆς ἄλλην κρίναιμεν.

ΠΡΩ. Τίνα δὲ ταύτην αὖ δεῖ λέγειν;

ΣΩ. Δῆλον ὅτι πᾶς ἂν τήν γε νῦν λεγομένην γνοίη· 58
τὴν γὰρ περὶ τὸ ὂν καὶ τὸ ὄντως καὶ τὸ κατὰ ταὐτὸν
ἀεὶ πεφυκὸς πάντως ἔγωγε οἶμαι ἡγεῖσθαι σύμπαντας
ὅσοις νοῦ καὶ σμικρὸν προσήρτηται μακρῷ ἀληθεστάτην
εἶναι γνῶσιν. σὺ δὲ τί; πῶς τοῦτο, ὦ Πρώταρχε, δια- 5
κρίνοις ἄν;

ΠΡΩ. Ἤκουον μὲν ἔγωγε, ὦ Σώκρατες, ἑκάστοτε Γορ-
γίου πολλάκις ὡς ἡ τοῦ πείθειν πολὺ διαφέροι πασῶν τεχνῶν
—πάντα γὰρ ὑφ' αὑτῇ δοῦλα δι' ἑκόντων ἀλλ' οὐ διὰ βίας b
ποιοῖτο, καὶ μακρῷ ἀρίστη πασῶν εἴη τῶν τεχνῶν—νῦν δ'
οὔτε σοὶ οὔτε δὴ ἐκείνῳ βουλοίμην ἂν ἐναντία τίθεσθαι.

d 1 ὄντως secludendum ci. Stallbaum   καὶ T : τε καὶ B   d 2 μέτρα
B : τὰ μέτρα T   d 4 ἀποκρινόμεθα B T : ἀποκρινώμεθα Stephanus
ὁλκήν B T : γρ. ἀκοήν t   d 6 καὶ δύο μετρητικαὶ ταύταις B : καὶ
ταύταις T   d 7 ἄλλαι B T : ἄλλαι δύο vulg.   d 8 δὲ B : om. T
κεκοινωμέναι B T : κεκοινωνημέναι vulg.   a 1 ὅτι ἡ Thompson : ὅτι ἡ
B : ὅτι ἡ T   πᾶς ἂν Madvig : πᾶσαν B T   a 4 προσήρτηται T
Stobaeus : προσήρτηται B   a 5 post τί distinxit Hermann   τοῦτο
B T : om. vulg.   a 8 διαφέροι B : διαφέρει T   b 2 ἀρίστη
πασῶν B : πασῶν ἀρίστη T

ΣΩ. " Τὰ ὅπλα " μοι δοκεῖς βουληθεὶς εἰπεῖν αἰσχυνθεὶς
5 ἀπολιπεῖν.

ΠΡΩ. Ἔστω νῦν ταῦτα ταύτῃ ὅπῃ σοι δοκεῖ.

ΣΩ. Ἆρ᾽ οὖν αἴτιος ἐγὼ τοῦ μὴ καλῶς ὑπολαβεῖν σε;

ΠΡΩ. Τὸ ποῖον;

ΣΩ. Οὐκ, ὦ φίλε Πρώταρχε, τοῦτο ἔγωγε ἐζήτουν πω,
c τίς τέχνη ἢ τίς ἐπιστήμη πασῶν διαφέρει τῷ μεγίστῃ καὶ
ἀρίστῃ καὶ πλεῖστα ὠφελοῦσα ἡμᾶς, ἀλλὰ τίς ποτε τὸ
σαφὲς καὶ τἀκριβὲς καὶ τὸ ἀληθέστατον ἐπισκοπεῖ, κἂν εἰ
σμικρὰ καὶ σμικρὰ ὀνινᾶσα, τοῦτ᾽ ἔστιν ὃ νῦν δὴ ζητοῦμεν.
5 ἀλλ᾽ ὅρα—οὐδὲ γὰρ ἀπεχθήσῃ Γοργίᾳ, τῇ μὲν ἐκείνου
ὑπάρχειν τέχνῃ διδοὺς πρὸς χρείαν τοῖς ἀνθρώποις κρατεῖν,
ᾗ δ᾽ εἶπον ἐγὼ νῦν πραγματείᾳ, καθάπερ τοῦ λευκοῦ πέρι
τότε ἔλεγον, κἂν εἰ σμικρόν, καθαρὸν δ᾽ εἴη, τοῦ πολλοῦ
d καὶ μὴ τοιούτου διαφέρειν, τούτῳ γ᾽ αὐτῷ τῷ ἀληθεστάτῳ,
καὶ νῦν δὴ σφόδρα διανοηθέντες καὶ ἱκανῶς διαλογισάμενοι,
μήτ᾽ εἴς τινας ὠφελίας ἐπιστημῶν βλέψαντες μήτε τινὰς
εὐδοκιμίας, ἀλλ᾽ εἴ τις πέφυκε τῆς ψυχῆς ἡμῶν δύναμις
5 ἐρᾶν τε τοῦ ἀληθοῦς καὶ πάντα ἕνεκα τούτου πράττειν,
ταύτην εἴπωμεν διεξερευνησάμενοι—τὸ καθαρὸν νοῦ τε καὶ
φρονήσεως εἰ ταύτην μάλιστα ἐκ τῶν εἰκότων ἐκτῆσθαι
φαῖμεν ἂν ἤ τινα ἑτέραν ταύτης κυριωτέραν ἡμῖν ζητητέον.

e ΠΡΩ. Ἀλλὰ σκοπῶ, καὶ χαλεπὸν οἶμαι συγχωρῆσαί
τινα ἄλλην ἐπιστήμην ἢ τέχνην τῆς ἀληθείας ἀντέχεσθαι
μᾶλλον ἢ ταύτην.

ΣΩ. Ἆρ᾽ οὖν ἐννοήσας τὸ τοιόνδε εἴρηκας ὃ λέγεις νῦν,
5 ὡς αἱ πολλαὶ τέχναι, καὶ ὅσοι περὶ ταῦτα πεπόνηνται,

c 1 ἢ T : om. B   c 2 ἀρίστῃ ⟨εἶναι⟩ corr. Ven. 189   c 3 εἰ
BT : ἢ Cornarius   c 4 ὀνινᾶσα Bekker : ὀνήνασα B : ὀνίνασα T :
ὀνήσασα t   c 6 ὑπάρχειν] ὑπερέχειν Badham (post ἀνθρώποις
distinguens)   κρατεῖν. ᾗ δ᾽ BT : κρατεῖν δ᾽ ᾗ Badham   c 7 ἐγὼ
νῦν B : νῦν ἐγὼ T.   d 2 νῦν δὴ B : δὴ νῦν T (sed add. signis trans-
positionis)   d 4 ἀλλ᾽ εἴ τις T : ἄλλῃ τις B t   d 6 διεξερευνη-
σάμενοι T : διερευνησάμενοι B   d 7 ἐκτῆσθαι B : κεκτῆσθαι T
e 5 ὅσοι Ast : ὅσαι BT   ταῦτα] τὰ ἐνταῦθα Schleiermacher : ταύτας
Badham

πρῶτον μὲν δόξαις χρῶνται καὶ τὰ περὶ δόξαν ζητοῦσι 59
συντεταμένως; εἴ τε καὶ περὶ φύσεως ἡγεῖταί τις ζητεῖν,
οἶσθ' ὅτι τὰ περὶ τὸν κόσμον τόνδε, ὅπῃ τε γέγονεν καὶ
ὅπῃ πάσχει τι καὶ ὅπῃ ποιεῖ, ταῦτα ζητεῖ διὰ βίου; φαῖμεν
ἂν ταῦτα, ἢ πῶς;   5

ΠΡΩ. Οὕτως.

ΣΩ. Οὐκοῦν οὐ περὶ τὰ ὄντα ἀεί, περὶ δὲ τὰ γιγνόμενα
καὶ γενησόμενα καὶ γεγονότα ἡμῶν ὁ τοιοῦτος ἀνῄρηται
τὸν πόνον;

ΠΡΩ. Ἀληθέστατα.   10

ΣΩ. Τούτων οὖν τι σαφὲς ἂν φαῖμεν τῇ ἀκριβεστάτῃ
ἀληθείᾳ γίγνεσθαι, ὧν μήτε ἔσχε μηδὲν πώποτε κατὰ ταὐτὰ b
μήθ' ἕξει μήτε εἰς τὸ νῦν παρὸν ἔχει;

ΠΡΩ. Καὶ πῶς;

ΣΩ. Περὶ οὖν τὰ μὴ κεκτημένα βεβαιότητα μηδ' ἡντινοῦν
πῶς ἄν ποτε βέβαιον γίγνοιθ' ἡμῖν καὶ ὁτιοῦν;   5

ΠΡΩ. Οἶμαι μὲν οὐδαμῶς.

ΣΩ. Οὐδ' ἄρα νοῦς οὐδέ τις ἐπιστήμη περὶ αὐτά ἐστιν
τὸ ἀληθέστατον ἔχουσα.

ΠΡΩ. Οὔκουν εἰκός γε.

ΣΩ. Τὸν μὲν δὴ σὲ καὶ ἐμὲ καὶ Γοργίαν καὶ Φίληβον 10
χρὴ συχνὰ χαίρειν ἐᾶν, τόδε δὲ διαμαρτύρασθαι τῷ λόγῳ.

ΠΡΩ. Τὸ ποῖον;   c

ΣΩ. Ὡς ἢ περὶ ἐκεῖνα ἔσθ' ἡμῖν τό τε βέβαιον καὶ τὸ
καθαρὸν καὶ ἀληθὲς καὶ ὃ δὴ λέγομεν εἰλικρινές, περὶ τὰ
ἀεὶ κατὰ τὰ αὐτὰ ὡσαύτως ἀμεικτότατα ἔχοντα, ἢ [δεύτερος]
ἐκείνων ὅτι μάλιστά ἐστι συγγενές· τὰ δ' ἄλλα πάντα 5
δεύτερά τε καὶ ὕστερα λεκτέον.

a1 δόξαν B : δόξας T   a2 συντεταμένως corr. Ven. 189 : συν-
τεταγμένως B : ξυντεταγμένως T   εἴ τε] εἰ δὲ Schleiermacher
a3 τε B : om. T   a4 πάσχει B : πάσχῃ T   a11 οὖν BT :
om. al.   b1 ταὐτὰ T : ταῦτα B   b11 τόδε δὲ T : το δε B
c2 ἢ Stephanus : ἡ BT   c3 ἀληθὲς T : τὸ ἀληθὲς B   c4 τὰ
B : τὸ T (sed mox ἔχοντα) : τὸ vulg. (et mox ἔχον)   δεύτερος secl.
Hermann : δευτέρως corr. Ven. 189   c5 τὰ δ' ἄλλα T : ἀλλὰ B

ΠΡΩ. Ἀληθέστατα λέγεις.

ΣΩ. Τὰ δὴ τῶν ὀνομάτων περὶ τὰ τοιαῦτα κάλλιστα ἆρ' οὐ τοῖς καλλίστοις δικαιότατον ἀπονέμειν;

10 ΠΡΩ. Εἰκός γε.

d ΣΩ. Οὐκοῦν νοῦς ἐστι καὶ φρόνησις ἅ γ' ἄν τις τιμήσειε μάλιστα ὀνόματα;

ΠΡΩ. Ναί.

ΣΩ. Ταῦτ' ἄρα ἐν ταῖς περὶ τὸ ὂν ὄντως ἐννοίαις ἐστὶν 5 ἀπηκριβωμένα ὀρθῶς κείμενα καλεῖσθαι.

ΠΡΩ. Πάνυ μὲν οὖν.

ΣΩ. Καὶ μὴν ἅ γε εἰς τὴν κρίσιν ἐγὼ τότε παρεσχόμην οὐκ ἄλλ' ἐστὶν ἢ ταῦτα τὰ ὀνόματα.

ΠΡΩ. Τί μήν, ὦ Σώκρατες;

10 ΣΩ. Εἶεν. τὸ μὲν δὴ φρονήσεώς τε καὶ ἡδονῆς πέρι e πρὸς τὴν ἀλλήλων μεῖξιν εἴ τις φαίη καθαπερεὶ δημιουργοῖς ἡμῖν ἐξ ὧν ἢ ἐν οἷς δεῖ δημιουργεῖν τι παρακεῖσθαι, καλῶς ἂν τῷ λόγῳ ἀπεικάζοι.

ΠΡΩ. Καὶ μάλα.

5 ΣΩ. Τὸ δὴ μετὰ ταῦτα ἆρ' οὐ μειγνύναι ἐπιχειρητέον;

ΠΡΩ. Τί μήν;

ΣΩ. Οὐκοῦν τάδε προειποῦσι καὶ ἀναμνήσασιν ἡμᾶς αὐτοὺς ὀρθότερον ἂν ἔχοι;

ΠΡΩ. Τὰ ποῖα;

10 ΣΩ. Ἃ καὶ πρότερον ἐμνήσθημεν· εὖ δ' ἡ παροιμία 60 δοκεῖ ἔχειν, τὸ καὶ δὶς καὶ τρὶς τό γε καλῶς ἔχον ἐπαναπολεῖν τῷ λόγῳ δεῖν.

ΠΡΩ. Τί μήν;

ΣΩ. Φέρε δὴ πρὸς Διός· οἶμαι γὰρ οὑτωσί πως τὰ τότε 5 λεχθέντα ῥηθῆναι.

ΠΡΩ. Πῶς;

ΣΩ. Φίληβός φησι τὴν ἡδονὴν σκοπὸν ὀρθὸν πᾶσι

d 10 δὴ T : δὴ γὰρ B   e 2 δεῖ B : δὴ T   e 10 δ' ἡ T : δὴ B
a 1 καὶ δὶς B T : δὶς vulg.   a 4 οὑτωσί T : οὕτω B

136

ζῴοις γεγονέναι καὶ δεῖν πάντας τούτου στοχάζεσθαι, καὶ
δὴ καὶ τἀγαθὸν τοῦτ᾽ αὐτὸ εἶναι σύμπασι, καὶ δύο ὀνόματα,
ἀγαθὸν καὶ ἡδύ, ἑνί τινι καὶ φύσει μιᾷ τούτω ὀρθῶς 10
τεθέντ᾽ ἔχειν· Σωκράτης δ᾽ ἐν μὲν οὔ φησι τοῦτ᾽ εἶναι, δύο b
δὲ καθάπερ τὰ ὀνόματα, καὶ τό τε ἀγαθὸν καὶ ἡδὺ διάφορον
ἀλλήλων φύσιν ἔχειν, μᾶλλον δὲ μέτοχον εἶναι τῆς τοῦ
ἀγαθοῦ μοίρας τὴν φρόνησιν ἢ τὴν ἡδονήν. οὐ ταῦτ᾽ ἔστιν
τε καὶ ἦν τὰ τότε λεγόμενα, ὦ Πρώταρχε; 5

ΠΡΩ. Σφόδρα μὲν οὖν.

ΣΩ. Οὐκοῦν καὶ τόδε καὶ τότε καὶ νῦν ἡμῖν ἂν συν-
ομολογοῖτο;

ΠΡΩ. Τὸ ποῖον;

ΣΩ. Τὴν τἀγαθοῦ διαφέρειν φύσιν τῇδε τῶν ἄλλων. 10

ΠΡΩ. Τίνι; c

ΣΩ. Ὧι παρείη τοῦτ᾽ ἀεὶ τῶν ζῴων διὰ τέλους πάντως
καὶ πάντῃ, μηδενὸς ἑτέρου ποτὲ ἔτι προσδεῖσθαι, τὸ δὲ
ἱκανὸν τελεώτατον ἔχειν. οὐχ οὕτως;

ΠΡΩ. Οὕτω μὲν οὖν. 5

ΣΩ. Οὐκοῦν τῷ λόγῳ ἐπειράθημεν χωρὶς ἑκάτερον ἑκα-
τέρου θέντες εἰς τὸν βίον ἑκάστων, ἄμεικτον μὲν ἡδονὴν
φρονήσει, φρόνησιν δὲ ὡσαύτως ἡδονῆς μηδὲ τὸ σμικρότατον
ἔχουσαν;

ΠΡΩ. Ἦν ταῦτα. 10

ΣΩ. Μῶν οὖν ἡμῖν αὐτῶν τότε πότερον ἱκανὸν ἔδοξεν
εἶναί τῳ; d

ΠΡΩ. Καὶ πῶς;

ΣΩ. Εἰ δέ γε παρηνέχθημέν τι τότε, νῦν ὁστισοῦν
ἐπαναλαβὼν ὀρθότερον εἰπάτω, μνήμην καὶ φρόνησιν καὶ
ἐπιστήμην καὶ ἀληθῆ δόξαν τῆς αὐτῆς ἰδέας τιθέμενος 5

a 10 τούτω ὀρθῶς τεθέντ᾽ Heindorf : τοῦτο ὀρθῶς τεθέν ΒΤ   b 1 ἐν
Badham : πρῶτον ΒΤ   b 2 τό τε ΒΤ : τότε τὸ t   καὶ Τ : καὶ
τὸ Β   b 3 μέτοχον Β : μετέχον Τ   b 7 καὶ τότε Τ : τότε Β
b 10 τῷδε Τ : τόδε Β   τῶν ΒΤ : μᾶλλον τῶν vulg.   c 8 ὡσαύτως
ἡδονῆς Β : ἡδονῆς ὡσαύτως Τ   d 4 φρόνησιν καὶ ἐπιστήμην Β : ἐπι-
στήμην καὶ φρόνησιν Τ

καὶ σκοπῶν εἴ τις ἄνευ τούτων δέξαιτ' ἂν οἱ καὶ ὁτιοῦν
εἶναι ἢ καὶ γίγνεσθαι, μὴ ὅτι δή γε ἡδονὴν εἴθ' ὡς πλείστην
εἴθ' ὡς σφοδροτάτην, ἣν μήτε ἀληθῶς δοξάζοι χαίρειν μήτε
τὸ παράπαν γιγνώσκοι τί ποτε πέπονθε πάθος μήτ' αὖ
e μνήμην τοῦ πάθους μηδ' ὁντινοῦν χρόνον ἔχοι. ταὐτὰ δὲ
λεγέτω καὶ περὶ φρονήσεως, εἴ τις ἄνευ πάσης ἡδονῆς καὶ
τῆς βραχυτάτης δέξαιτ' ἂν φρόνησιν ἔχειν μᾶλλον ἢ μετά
τινων ἡδονῶν ἢ πάσας ἡδονὰς χωρὶς φρονήσεως μᾶλλον ἢ
5 μετὰ φρονήσεως αὖ τινος.

ΠΡΩ. Οὐκ ἔστιν, ὦ Σώκρατες, ἀλλ' οὐδὲν δεῖ ταῦτά γε
πολλάκις ἐπερωτᾶν.

61 ΣΩ. Οὐκοῦν τό γε τέλεον καὶ πᾶσιν αἱρετὸν καὶ τὸ
παντάπασιν ἀγαθὸν οὐδέτερον ἂν τούτων εἴη;

ΠΡΩ. Πῶς γὰρ ἄν;

ΣΩ. Τὸ τοίνυν ἀγαθὸν ἤτοι σαφῶς ἢ καί τινα τύπον αὐτοῦ
5 ληπτέον, ἵν', ὅπερ ἐλέγομεν, δευτερεῖα ὅτῳ δώσομεν ἔχωμεν.

ΠΡΩ. Ὀρθότατα λέγεις.

ΣΩ. Οὐκοῦν ὁδὸν μέν τινα ἐπὶ τἀγαθὸν εἰλήφαμεν;

ΠΡΩ. Τίνα;

ΣΩ. Καθάπερ εἴ τίς τινα ἄνθρωπον ζητῶν τὴν οἴκησιν
b πρῶτον ὀρθῶς ἵν' οἰκεῖ πύθοιτο αὐτοῦ, μέγα τι. δήπου πρὸς
τὴν εὕρεσιν ἂν ἔχοι τοῦ ζητουμένου.

ΠΡΩ. Πῶς δ' οὔ;

ΣΩ. Καὶ νῦν δή τις λόγος ἐμήνυσεν ἡμῖν, ὥσπερ καὶ
5 κατ' ἀρχάς, μὴ ζητεῖν ἐν τῷ ἀμείκτῳ βίῳ τἀγαθὸν ἀλλ' ἐν
τῷ μεικτῷ.

ΠΡΩ. Πάνυ γε.

ΣΩ. Ἐλπὶς μὴν πλείων ἐν τῷ μειχθέντι καλῶς τὸ
ζητούμενον ἔσεσθαι φανερώτερον ἢ ἐν τῷ μή;

d 7 ἢ καὶ Τ : ἢ Β   d 8 ἣν Τ : ην Β : ἢ vulg. : εἰ Bekker e Ficino
δοξάζοι Τ : δοξάζειν Β   e 2 λεγέτω Vahlen : λέγω Β : λέγε Τ   εἴ
τις Τ : ἥτις Β   e 6 γε Τ : τε Β   a 3 πῶς γὰρ ἄν Β t : om. pr. T
a 5 ἐλέγομεν Τ : λέγομεν Β   b 1 οἰκεῖ Τ : οἰκῇ Β   πύθοιτο Τ :
πείθοιτο Β   b 2 ἂν ἔχοι Τ : ἀνέχοι Β

ΠΡΩ. Πολύ γε.   10

ΣΩ. Τοῖς δὴ θεοῖς, ὦ Πρώταρχε, εὐχόμενοι κεραννύωμεν,
εἴτε Διόνυσος εἴτε Ἥφαιστος εἴθ᾿ ὅστις θεῶν ταύτην τὴν c
τιμὴν εἴληχε τῆς συγκράσεως.

ΠΡΩ. Πάνυ μὲν οὖν.

ΣΩ. Καὶ μὴν καθάπερ ἡμῖν οἰνοχόοις τισὶ παρεστᾶσι
κρῆναι—μέλιτος μὲν ἂν ἀπεικάζοι τις τὴν τῆς ἡδονῆς, 5
τὴν δὲ τῆς φρονήσεως νηφαντικὴν καὶ ἄοινον αὐστηροῦ
καὶ ὑγιεινοῦ τινος ὕδατος—ἃς προθυμητέον ὡς κάλλιστα
συμμειγνύναι.

ΠΡΩ. Πῶς γὰρ οὔ;

ΣΩ. Φέρε δὴ πρότερον· ἆρα πᾶσαν ἡδονὴν πάσῃ φρονήσει d
μειγνύντες τοῦ καλῶς ἂν μάλιστα ἐπιτύχοιμεν;

ΠΡΩ. Ἴσως.

ΣΩ. Ἀλλ᾿ οὐκ ἀσφαλές. ᾗ δὲ ἀκινδυνότερον ἂν
μειγνύοιμεν, δόξαν μοι δοκῶ τινα ἀποφήνασθαι ἄν.   5

ΠΡΩ. Λέγε τίνα.

ΣΩ. Ἦν ἡμῖν ἡδονή τε ἀληθῶς, ὡς οἰόμεθα, μᾶλλον
ἑτέρας ἄλλη καὶ δὴ καὶ τέχνη τέχνης ἀκριβεστέρα;

ΠΡΩ. Πῶς γὰρ οὔ;

ΣΩ. Καὶ ἐπιστήμη δὴ ἐπιστήμης διάφορος, ἡ μὲν ἐπὶ 10
τὰ γιγνόμενα καὶ ἀπολλύμενα ἀποβλέπουσα, ἡ δ᾿ ἐπὶ τὰ e
μήτε γιγνόμενα μήτε ἀπολλύμενα, κατὰ ταὐτὰ δὲ καὶ
ὡσαύτως ὄντα ἀεί. ταύτην εἰς τὸ ἀληθὲς ἐπισκοπούμενοι
ἡγησάμεθα ἐκείνης ἀληθεστέραν εἶναι.

ΠΡΩ. Πάνυ μὲν οὖν ὀρθῶς.   5

ΣΩ. Οὐκοῦν εἰ τἀληθέστατα τμήματα ἑκατέρας ἴδοιμεν
πρῶτον συμμείξαντες, ἆρα ἱκανὰ ταῦτα συγκεκραμένα τὸν
ἀγαπητότατον βίον ἀπεργασάμενα παρέχειν ἡμῖν, ἤ τινος
ἔτι προσδεόμεθα καὶ τῶν μὴ τοιούτων;

b 11 κεραννύωμεν T Athenaeus : κεραννύομεν B   c 4 παρεστᾶσι
B T Athenaeus : παρεστῶσι vulg.   c 5 μέλιτος B T : καὶ μέλιτος
Athenaeus   c 7 ἃς T Athenaeus : om. B   d 7 μᾶλλον T : om. B
d 8 δὴ καὶ B T : δὴ vulg.   e 4 ἀληθεστέραν T : ἀσφαλεστέραν B

62 ΠΡΩ. Ἐμοὶ γοῦν δοκεῖ δρᾶν οὕτως.

ΣΩ. Ἔστω δή τις ἡμῖν φρονῶν ἄνθρωπος αὐτῆς περὶ δικαιοσύνης ὅτι ἔστιν, καὶ λόγον ἔχων ἑπόμενον τῷ νοεῖν, καὶ δὴ καὶ περὶ τῶν ἄλλων πάντων τῶν ὄντων ὡσαύτως
5 διανοούμενος.

ΠΡΩ. Ἔστω γὰρ οὖν.

ΣΩ. Ἀρ' οὖν οὗτος ἱκανῶς ἐπιστήμης ἕξει, κύκλου μὲν καὶ σφαίρας αὐτῆς τῆς θείας τὸν λόγον ἔχων, τὴν δὲ ἀνθρωπίνην ταύτην σφαῖραν καὶ τοὺς κύκλους τούτους ἀγνοῶν,
b καὶ χρώμενος ἐν οἰκοδομίᾳ καὶ τοῖς ἄλλοις ὁμοίως κανόσι καὶ τοῖς κύκλοις;

ΠΡΩ. Γελοίαν διάθεσιν ἡμῶν, ὦ Σώκρατες, ἐν ταῖς θείαις οὖσαν μόνον ἐπιστήμαις λέγομεν.

5 ΣΩ. Πῶς φῄς; ἢ τοῦ ψευδοῦς κανόνος ἅμα καὶ τοῦ κύκλου τὴν οὐ βέβαιον οὐδὲ καθαρὰν τέχνην ἐμβλητέον κοινῇ καὶ συγκρατέον;

ΠΡΩ. Ἀναγκαῖον γάρ, εἰ μέλλει τις ἡμῶν καὶ τὴν ὁδὸν ἑκάστοτε ἐξευρήσειν οἴκαδε.

c ΣΩ. Ἦ καὶ μουσικήν, ἢν ὀλίγον ἔμπροσθεν ἔφαμεν στοχάσεώς τε καὶ μιμήσεως μεστὴν οὖσαν καθαρότητος ἐνδεῖν;

ΠΡΩ. Ἀναγκαῖον φαίνεται ἔμοιγε, εἴπερ γε ἡμῶν ὁ βίος ἔσται καὶ ὁπωσοῦν ποτε βίος.

5 ΣΩ. Βούλει δῆτα, ὥσπερ θυρωρὸς ὑπ' ὄχλου τις ὠθούμενος καὶ βιαζόμενος, ἡττηθεὶς ἀναπετάσας τὰς θύρας ἀφῶ πάσας τὰς ἐπιστήμας εἰσρεῖν καὶ μείγνυσθαι ὁμοῦ καθαρᾷ τὴν ἐνδεεστέραν;

d ΠΡΩ. Οὔκουν ἔγωγε οἶδα, ὦ Σώκρατες, ὅτι τις ἂν βλάπτοιτο πάσας λαβὼν τὰς ἄλλας ἐπιστήμας, ἔχων τὰς πρώτας.

ΣΩ. Μεθιῶ δὴ τὰς συμπάσας ῥεῖν εἰς τὴν τῆς Ὁμήρου
5 καὶ μάλα ποιητικῆς μισγαγκείας ὑποδοχήν;

---

a 4 πάντων B: ἀπάντων T   a 9 ταύτην T: ταύτην τὴν B
b 2 καὶ τοῖς] καινοῖς καὶ Wohlrab   c 5 τις B: τινὸς T   c 7 πάσας
τὰς T: πάσας B   d 4 δὴ T: δὲ B   d 5 ποιητικῆς T: ποιητικῶς B

ΠΡΩ. Πάνυ μὲν οὖν.

ΣΩ. Μεθεῖνται· καὶ πάλιν ἐπὶ τὴν τῶν ἡδονῶν πηγὴν
ἰτέον. ὡς γὰρ διενοήθημεν αὐτὰς μειγνύναι, τὰ τῶν ἀληθῶν
μόρια πρῶτον, οὐκ ἐξεγένεθ᾽ ἡμῖν, ἀλλὰ διὰ τὸ πᾶσαν
ἀγαπᾶν ἐπιστήμην εἰς ταὐτὸν μεθεῖμεν ἀθρόας καὶ πρόσθεν 10
τῶν ἡδονῶν.   e

ΠΡΩ. Ἀληθέστατα λέγεις.

ΣΩ. Ὥρα δὴ βουλεύεσθαι νῷν καὶ περὶ τῶν ἡδονῶν,
πότερα καὶ ταύτας πάσας ἀθρόας ἀφετέον ἢ καὶ τούτων
πρώτας μεθετέον ἡμῖν ὅσαι ἀληθεῖς.   5

ΠΡΩ. Πολύ τι διαφέρει πρός γε ἀσφάλειαν πρώτας τὰς
ἀληθεῖς ἀφεῖναι.

ΣΩ. Μεθείσθων δή. τί δὲ μετὰ ταῦτα; ἆρ᾽ οὐκ εἰ μέν
τινες ἀναγκαῖαι, καθάπερ ἐκεῖ, συμμεικτέον καὶ ταύτας;

ΠΡΩ. Τί δ᾽ οὔ; τάς γε ἀναγκαίας δήπουθεν.   10

ΣΩ. Εἰ δέ γε καί, καθάπερ τὰς τέχνας πάσας ἀβλαβές 63
τε καὶ ὠφέλιμον ἦν ἐπίστασθαι διὰ βίου, καὶ νῦν δὴ ταὐτὰ
λέγομεν περὶ τῶν ἡδονῶν, εἴπερ πάσας ἡδονὰς ἥδεσθαι διὰ
βίου συμφέρον τε ἡμῖν ἐστι καὶ ἀβλαβὲς ἅπασι, πάσας
συγκρατέον.   5

ΠΡΩ. Πῶς οὖν δὴ περὶ αὐτῶν τούτων λέγωμεν; καὶ πῶς
ποιῶμεν;

ΣΩ. Οὐχ ἡμᾶς, ὦ Πρώταρχε, διερωτᾶν χρή, τὰς ἡδονὰς
δὲ αὐτὰς καὶ τὰς φρονήσεις διαπυνθανομένους τὸ τοιόνδε
ἀλλήλων πέρι.   10

ΠΡΩ. Τὸ ποῖον;   b

ΣΩ. "Ὦ φίλαι, εἴτε ἡδονὰς ὑμᾶς χρὴ προσαγορεύειν

d 7 μεθεῖνται Τ : μεθεῖντε Β   d 8 αὐτὰς ΒΤ : αὐτὰ Apelt
d 9 ἐξεγένεθ᾽ Stallbaum : ἐξεγενήθη ΒΤ   e 3 ὥρα Τ : ὦσα Β
e 4 ἀφετέον Τ : σαφέστερον Β   e 6 τι Β : γε Τ   e 8 μεθείσθων
Τ : μεθείσθω Β   δὲ Τ : δὴ Β   e 9 τινες Τ : τινὸς Β   ἐκεῖ Β :
ἐκεῖναι Τ (sed ναι punctis notatum)   a 1 τὰς ex αἱ fecit Τ : αἱ τὰς
Β   a 3 λέγομεν corr. Ven. 189 : λέγωμεν ΒΤ   a 6 λέγωμεν
Ven. 189 : λέγομεν ΒΤ   b 2 φίλαι corr. Ven. 189 : φίλε ΒΤ
ὑμᾶς rec. t : ἡμᾶς ΒΤ

εἴτε ἄλλῳ ὁτῳοῦν ὀνόματι, μῶν οὐκ ἂν δέξαισθε οἰκεῖν μετὰ
φρονήσεως πάσης ἢ χωρὶς τοῦ φρονεῖν;" οἶμαι μὲν πρὸς
5 ταῦτα τόδ᾽ αὐτὰς ἀναγκαιότατον εἶναι λέγειν.

ΠΡΩ. Τὸ ποῖον;

ΣΩ. Ὅτι καθάπερ ἔμπροσθεν ἐρρήθη, "Τὸ μόνον καὶ
ἔρημον εἰλικρινὲς εἶναί τι γένος οὔτε πάνυ τι δυνατὸν οὔτ᾽
c ὠφέλιμον· πάντων γε μὴν ἡγούμεθα γενῶν ἄριστον ἐν ἀνθ᾽
ἑνὸς συνοικεῖν ἡμῖν τὸ τοῦ γιγνώσκειν τἆλλά τε πάντα καὶ
[αὖ τὴν] αὐτὴν ἡμῶν τελέως εἰς δύναμιν ἑκάστην."

ΠΡΩ. "Καὶ καλῶς γε εἰρήκατε τὰ νῦν," φήσομεν.

5 ΣΩ. Ὀρθῶς. πάλιν τοίνυν μετὰ τοῦτο τὴν φρόνησιν καὶ
τὸν νοῦν ἀνερωτητέον· "Ἆρ᾽ ἡδονῶν τι προσδεῖσθε ἐν τῇ
συγκράσει;" φαῖμεν ἂν αὖ τὸν νοῦν τε καὶ τὴν φρόνησιν
ἀνερωτῶντες. "Ποίων," φαῖεν ἂν ἴσως, "ἡδονῶν;"

ΠΡΩ. Εἰκός.

d ΣΩ. Ὁ δέ γ᾽ ἡμέτερος λόγος μετὰ τοῦτ᾽ ἐστὶν ὅδε.
"Πρὸς ταῖς ἀληθέσιν ἐκείναις ἡδοναῖς," φήσομεν, "ἆρ᾽ ἔτι
προσδεῖσθ᾽ ὑμῖν τὰς μεγίστας ἡδονὰς συνοίκους εἶναι καὶ
τὰς σφοδροτάτας;" "Καὶ πῶς, ὦ Σώκρατες," ἴσως φαῖεν
5 ἄν, "αἵ γ᾽ ἐμποδίσματά τε μυρία ἡμῖν ἔχουσι, τὰς ψυχὰς ἐν
αἷς οἰκοῦμεν ταράττουσαι διὰ μανίας [ἡδονάς], καὶ γίγνεσθαί
e τε ἡμᾶς τὴν ἀρχὴν οὐκ ἐῶσι, τά τε γιγνόμενα ἡμῶν τέκνα ὡς
τὸ πολύ, δι᾽ ἀμέλειαν λήθην ἐμποιοῦσαι, παντάπασι διαφθεί-
ρουσιν; ἀλλ᾽ ἅς τε ἡδονὰς ἀληθεῖς καὶ καθαρὰς [ἃς] εἶπες,
σχεδὸν οἰκείας ἡμῖν νόμιζε, καὶ πρὸς ταύταις τὰς μεθ᾽ ὑγιείας
5 καὶ τοῦ σωφρονεῖν, καὶ δὴ καὶ συμπάσης ἀρετῆς ὁπόσαι
καθάπερ θεοῦ ὀπαδοὶ γιγνόμεναι αὐτῇ συνακολουθοῦσι πάντῃ,

---

b 3 ὀνόματι. μῶν B : ὄνομα τιμῶν T   δέξαισθε corr. Vat. : δέξασθαι
T (sed ι erasum) : δέξεσθαι B   c 3 αὖ τὴν T : τὴν B : secl. Wohlrab
c 6 προσδεῖσθε] προσδεῖσθαι B T   c 7 φαῖμεν T : φαμὲν B   c 8 ποῖον
T : ποῖον B   φαῖεν B T : φαῖμεν vulg.   d 4 ἴσως T : om. B
d 6 μανίας scripsi : μανικὰς ἡδονάς B T : μανικὰς ἐπιθυμίας ci. Stallbaum
e 3 ἀλλ᾽ ἅς (secluso mox ἃς) Hermann : ἄλλας B : ἄλλας T   τε
B T : γε Hermann   εἶπες T : εἶπε B   e 4 ταύταις B T : ταύτας
vulg.   e 6 πάντῃ T : παντὶ B

ταύτας μείγνυ· τὰς δ' ἀεὶ μετ' ἀφροσύνης καὶ τῆς ἄλλης
κακίας ἐπομένας πολλή που ἀλογία τῷ νῷ μειγνύναι τὸν
βουλόμενον ὅτι καλλίστην ἰδόντα καὶ ἀστασιαστοτάτην μεῖξιν
καὶ κρᾶσιν, ἐν ταύτῃ μαθεῖν πειρᾶσθαι τί ποτε ἔν τ' ἀνθρώπῳ 64
καὶ τῷ παντὶ πέφυκεν ἀγαθὸν καὶ τίνα ἰδέαν αὐτὴν εἶναί
ποτε μαντευτέον." ἆρ' οὐκ ἐμφρόνως ταῦτα καὶ ἐχόντως
ἑαυτὸν τὸν νοῦν φήσομεν ὑπέρ τε αὐτοῦ καὶ μνήμης καὶ
δόξης ὀρθῆς ἀποκρίνασθαι τὰ νῦν ῥηθέντα; 5
ΠΡΩ. Παντάπασι μὲν οὖν.
ΣΩ. Ἀλλὰ μὴν καὶ τόδε γε ἀναγκαῖον, καὶ οὐκ ἄλλως ἄν
ποτε γένοιτο οὐδ' ἂν ἕν.
ΠΡΩ. Τὸ ποῖον; b
ΣΩ. Ὧι μὴ μείξομεν ἀλήθειαν, οὐκ ἄν ποτε τοῦτο
ἀληθῶς γίγνοιτο οὐδ' ἂν γενόμενον εἴη.
ΠΡΩ. Πῶς γὰρ ἄν;
ΣΩ. Οὐδαμῶς. ἀλλ' εἴ τινος ἔτι προσδεῖ τῇ συγκράσει 5
ταύτῃ, λέγετε σὺ καὶ Φίληβος. ἐμοὶ μὲν γὰρ καθαπερεὶ
κόσμος τις ἀσώματος ἄρξων καλῶς ἐμψύχου σώματος ὁ νῦν
λόγος ἀπειργάσθαι φαίνεται.
ΠΡΩ. Καὶ ἐμοὶ τοίνυν, ὦ Σώκρατες, οὕτω λέγε δεδόχθαι.
ΣΩ. Ἆρ' οὖν ἐπὶ μὲν τοῖς τοῦ ἀγαθοῦ νῦν ἤδη προθύροις c
[καὶ] τῆς οἰκήσεως ἐφεστάναι [τῆς τοῦ τοιούτου] λέγοντες
ἴσως ὀρθῶς ἄν τινα τρόπον φαῖμεν;
ΠΡΩ. Ἐμοὶ γοῦν δοκεῖ.
ΣΩ. Τί δῆτα ἐν τῇ συμμείξει τιμιώτατον ἅμα καὶ μάλιστ' 5
αἴτιον εἶναι δόξειεν ἂν ἡμῖν τοῦ πᾶσιν γεγονέναι προσφιλῆ
τὴν τοιαύτην διάθεσιν; τοῦτο γὰρ ἰδόντες μετὰ τοῦτ' ἐπι-
σκεψόμεθα εἴθ' ἡδονῇ εἴτε τῷ νῷ προσφυέστερον καὶ
οἰκειότερον ἐν τῷ παντὶ συνέστηκεν.

e 7 ταύτας BT : ταύτης t   μίγνυ· τὰς Heusde : μιγνύντας BT
a 1 ἐν ταύτῃ μαθεῖν B : μαθεῖν ἐν ταύτῃ T   a 3 ἐχόντως T : ἔχοντος
B   b 2 μίξομεν T : μίξωμεν Bt   b 2 ἂν T : οἂν B   b 6 καὶ
T : τε καὶ B   b 7 ἄρξων . . . σώματος B : om. T   c 2 καὶ et mox
τῆς τοῦ τοιούτου secl. Badham   c 3 ὀρθῶς B : ὀρθὸν T   φαῖμεν T :
φαμέν B   c 7 ἐπισκεψόμεθα B : ἐπισκεψώμεθα T   c 8 ἡδονῇ T : ἡδονὴ
B   τῷ νῷ BT : νῷ vulg.   προσφυέστερον Heusde : προσφυές τε BT

d   ΠΡΩ. Ὀρθῶς· τοῦτο γὰρ εἰς τὴν κρίσιν ἡμῖν ἐστι
συμφορώτατον.

ΣΩ. Καὶ μὴν καὶ συμπάσης γε μείξεως οὐ χαλεπὸν ἰδεῖν
τὴν αἰτίαν, δι' ἢν ἢ παντὸς ἀξία γίγνεται ἡτισοῦν ἢ τὸ
5 παράπαν οὐδενός.

ΠΡΩ. Πῶς λέγεις;

ΣΩ. Οὐδείς που τοῦτο ἀνθρώπων ἀγνοεῖ.

ΠΡΩ. Τὸ ποῖον;

ΣΩ. Ὅτι μέτρου καὶ τῆς συμμέτρου φύσεως μὴ τυ-
10 χοῦσα ἡτισοῦν καὶ ὁπωσοῦν σύγκρασις πᾶσα ἐξ ἀνάγκης
ἀπόλλυσι τά τε κεραννύμενα καὶ πρώτην αὑτήν· οὐδὲ
e   γὰρ κρᾶσις ἀλλά τις ἄκρατος συμπεφορημένη ἀληθῶς
ἡ τοιαύτη γίγνεται ἑκάστοτε ὄντως τοῖς κεκτημένοις συμ-
φορά.

ΠΡΩ. Ἀληθέστατα.

5   ΣΩ. Νῦν δὴ καταπέφευγεν ἡμῖν ἡ τοῦ ἀγαθοῦ δύναμις
εἰς τὴν τοῦ καλοῦ φύσιν· μετριότης γὰρ καὶ συμμετρία
κάλλος δήπου καὶ ἀρετὴ πανταχοῦ συμβαίνει γίγνεσθαι.

ΠΡΩ. Πάνυ μὲν οὖν.

ΣΩ. Καὶ μὴν ἀλήθειάν γε ἔφαμεν αὐτοῖς ἐν τῇ κράσει
10 μεμεῖχθαι.

ΠΡΩ. Πάνυ γε.

65   ΣΩ. Οὐκοῦν εἰ μὴ μιᾷ δυνάμεθα ἰδέᾳ τὸ ἀγαθὸν θηρεῦσαι,
σὺν τρισὶ λαβόντες, κάλλει καὶ συμμετρίᾳ καὶ ἀληθείᾳ,
λέγωμεν ὡς τοῦτο οἷον ἓν ὀρθότατ' ἂν αἰτιασαίμεθ' ἂν τῶν
ἐν τῇ συμμείξει, καὶ διὰ τοῦτο ὡς ἀγαθὸν ὂν τοιαύτην αὐτὴν
5 γεγονέναι.

ΠΡΩ. Ὀρθότατα μὲν οὖν.

ΣΩ. Ἤδη τοίνυν, ὦ Πρώταρχε, ἱκανὸς ἡμῖν γένοιτ' ἂν
ὁστισοῦν κριτὴς ἡδονῆς τε πέρι καὶ φρονήσεως, ὁπότερον

---

d 3 καὶ μὴν καὶ B: καὶ μὴν T   d 4 ἢ T: ἡ B   παντὸς T:
πάντως B   d 7 του B: πω T   d 9 μέτρου B T: μέτρον vulg.
e 1 συμπεφυρμένη Liebhold   e 5 ἡμῖν B: ἡμᾶς T   e 9 αὐτοῖς T:
ἑαυτοῖς B   a 1 θηρεῦσαι B γρ. t: θησαυρίσαι T

αὐτοῖν τοῦ ἀρίστου συγγενέστερόν τε καὶ τιμιώτερον ἐν b
ἀνθρώποις τέ ἐστι καὶ θεοῖς.

ΠΡΩ. Δῆλον μέν, ὅμως δ' οὖν τῷ λόγῳ ἐπεξελθεῖν
βέλτιον.

ΣΩ. Καθ' ἓν ἕκαστον τοίνυν τῶν τριῶν πρὸς τὴν ἡδονὴν 5
καὶ τὸν νοῦν κρίνωμεν· δεῖ γὰρ ἰδεῖν ποτέρῳ ⟨ὡς⟩ μᾶλλον
συγγενὲς ἕκαστον αὐτῶν ἀπονεμοῦμεν.

ΠΡΩ. Κάλλους καὶ ἀληθείας καὶ μετριότητος πέρι
λέγεις;

ΣΩ. Ναί. πρῶτον δέ γε ἀληθείας λαβοῦ, ὦ Πρώταρχε· 1c
καὶ λαβόμενος βλέψας εἰς τρία, νοῦν καὶ ἀλήθειαν καὶ c
ἡδονήν, πολὺν ἐπισχὼν χρόνον ἀπόκριναι σαυτῷ πότερον
ἡδονὴ συγγενέστερον ἢ νοῦς ἀληθείᾳ.

ΠΡΩ. Τί δὲ χρόνου δεῖ; πολὺ γὰρ οἶμαι διαφέρετον.
ἡδονὴ μὲν γὰρ ἁπάντων ἀλαζονίστατον, ὡς δὲ λόγος, καὶ ἐν 5
ταῖς ἡδοναῖς ταῖς περὶ τἀφροδίσια, αἳ δὴ μέγισται δοκοῦσιν
εἶναι, καὶ τὸ ἐπιορκεῖν συγγνώμην εἴληφε παρὰ θεῶν, ὡς
καθάπερ παίδων τῶν ἡδονῶν νοῦν οὐδὲ τὸν ὀλίγιστον κεκτη- d
μένων· νοῦς δὲ ἤτοι ταὐτὸν καὶ ἀλήθειά ἐστιν ἢ πάντων
ὁμοιότατόν τε καὶ ἀληθέστατον.

ΣΩ. Οὐκοῦν τὸ μετὰ τοῦτο τὴν μετριότητα ὡσαύτως
σκέψαι, πότερον ἡδονὴ φρονήσεως ἢ φρόνησις ἡδονῆς πλείω 5
κέκτηται;

ΠΡΩ. Εὔσκεπτόν γε καὶ ταύτην σκέψιν προβέβληκας·
οἶμαι γὰρ ἡδονῆς μὲν καὶ περιχαρείας οὐδὲν τῶν ὄντων
πεφυκὸς ἀμετρώτερον εὑρεῖν ἄν τινα, νοῦ δὲ καὶ ἐπιστήμ|ς
ἐμμετρώτερον οὐδ' ἂν ἕν ποτε. 10

---

b 3 οὖν BT : αὖ vulg.   ἐπεξελθεῖν T : ἐπελθεῖν B   b 6 ὡς
addidi auctore Badham   b 10 λαβοῦ BT : εὖ λαβοῦ vel εὐλαβοῦ
Stobaeus : σὺ λαβοῦ Bücheler   c 5 ἀλαζονίστατον B Athenaeus
Eustathius : ἀλαζονέστατον T Stobaeus Eusebius   d 1 τῶν
BT : om. Stobaeus   ἡδονῶν BT : ἡδομένων Eusebius Athenaei E
d 4 ὡσαύτως B Stobaeus : ὡς οὕτως T   d 9, 10 ἀμετρώτερον . . .
ἐμμετρώτερον BT : ἀμετρότερον . . . ἐμμετρότερον Stobaeus Eusebius
vulg.

e   ΣΩ. Καλῶς εἴρηκας. ὅμως δ' ἔτι λέγε τὸ τρίτον. νοῦς
ἡμῖν κάλλους μετείληφε πλεῖον ἢ τὸ τῆς ἡδονῆς γένος, ὥστε
εἶναι καλλίω νοῦν ἡδονῆς, ἢ τοὐναντίον;

     ΠΡΩ. 'Αλλ' οὖν φρόνησιν μὲν καὶ νοῦν, ὦ Σώκρατες,
5 οὐδεὶς πώποτε οὔθ' ὕπαρ οὔτ' ὄναρ αἰσχρὸν οὔτε εἶδεν οὔτε
ἐπενόησεν οὐδαμῇ οὐδαμῶς οὔτε γιγνόμενον οὔτε ὄντα οὔτε
ἐσόμενον.

     ΣΩ. 'Ορθῶς.

     ΠΡΩ. 'Ηδονὰς δέ γέ που, καὶ ταῦτα σχεδὸν τὰς μεγίστας,
10 ὅταν ἴδωμεν ἡδόμενον ὁντινοῦν, ἢ τὸ γελοῖον ἐπ' αὐταῖς ἢ τὸ
66 πάντων αἴσχιστον ἑπόμενον ὁρῶντες αὐτοί τε αἰσχυνόμεθα
καὶ ἀφανίζοντες κρύπτομεν ὅτι μάλιστα, νυκτὶ πάντα τὰ
τοιαῦτα διδόντες, ὡς φῶς οὐ δέον ὁρᾶν αὐτά.

     ΣΩ. Πάντῃ δὴ φήσεις, ὦ Πρώταρχε, ὑπό τε ἀγγέλων
5 πέμπων καὶ παροῦσι φράζων, ὡς ἡδονὴ κτῆμα οὐκ ἔστι
πρῶτον οὐδ' αὖ δεύτερον, ἀλλὰ πρῶτον μέν πῃ περὶ μέτρον
καὶ τὸ μέτριον καὶ καίριον καὶ πάντα ὁπόσα χρὴ τοιαῦτα
νομίζειν, τὴν †ἀίδιον ᾑρῆσθαι.

     ΠΡΩ. Φαίνεται γοῦν ἐκ τῶν νῦν λεγομένων.

b   ΣΩ. Δεύτερον μὴν περὶ τὸ σύμμετρον καὶ καλὸν καὶ
τὸ τέλεον καὶ ἱκανὸν καὶ πάνθ' ὁπόσα τῆς γενεᾶς αὖ ταύτης
ἐστίν.

     ΠΡΩ. 'Έοικε γοῦν.

5   ΣΩ. Τὸ τοίνυν τρίτον, ὡς ἡ ἐμὴ μαντεία, νοῦν καὶ
φρόνησιν τιθεὶς οὐκ ἂν μέγα τι τῆς ἀληθείας παρεξέλθοις.

     ΠΡΩ. 'Ίσως.

e 2 γένος Β Τ : μέρος t   e 4 ἀλλ' Stallbaum : ἆρ' Τ Stobaeus :
ἆρ' Β   οὖν Τ Stobaeus : οὖν ἢ Β   e 6 ἐπενόησεν Β Τ : ὑπενόησεν
Stobaeus   οὐδαμῇ Β Τ Stobaeus : οὐδαμοῦ Eusebius   e 9 δέ γέ
που Β Τ : δέ που Stobaeus : δέ γε δή που Eusebius   ταῦτα Β Τ : ταύ-
τας vulg. Stobaeus Eusebius   a 7 χρὴ τοιαῦτα Β Eusebius : τοιαῦτα
χρὴ Τ Stobaeus   a 8 ἀίδιον] fort. μίαν vel πρώτην ἰδέαν   ᾑρῆσθαι
Stobaeus : ᾑρῆσθαι Β : εἰρῆσθαι φάσιν Τ : εἰρῆσθαι φύσιν vulg. : ᾐρῆσθαι
φύσιν Badham   a 9 γοῦν Β Τ Stobaeus : οὖν vulg.   b 2 γενεᾶς
Β Τ : γενέσεως Stobaeus   αὖ ταύτης Β Τ Stobaeus : ταύτης αὖ
vulg.

ΣΩ. Ἆρ' οὖν οὐ τέταρτα, ἃ τῆς ψυχῆς αὐτῆς ἔθεμεν,
ἐπιστήμας τε καὶ τέχνας καὶ δόξας ὀρθὰς λεχθείσας, ταῦτ'
εἶναι τὰ πρὸς τοῖς τρισὶ τέταρτα, εἴπερ τοῦ ἀγαθοῦ γέ ἐστι c
μᾶλλον [ἢ] τῆς ἡδονῆς συγγενῆ;

ΠΡΩ. Τάχ' ἄν.

ΣΩ. Πέμπτας τοίνυν, ἃς ἡδονὰς ἔθεμεν ἀλύπους ὁρισά-
μενοι, καθαρὰς ἐπονομάσαντες τῆς ψυχῆς αὐτῆς, ἐπιστήμαις, 5
τὰς δὲ αἰσθήσεσιν ἑπομένας;

ΠΡΩ. Ἴσως.

ΣΩ. "Ἕκτῃ δ' ἐν γενεᾷ," φησὶν Ὀρφεύς, "καταπαύ-
σατε κόσμον ἀοιδῆς·" ἀτὰρ κινδυνεύει καὶ ὁ ἡμέτερος
λόγος ἐν ἕκτῃ καταπεπαυμένος εἶναι κρίσει. τὸ δὴ μετὰ 10
ταῦθ' ἡμῖν οὐδὲν λοιπὸν πλὴν ὥσπερ κεφαλὴν ἀποδοῦναι d
τοῖς εἰρημένοις.

ΠΡΩ. Οὐκοῦν χρή.

ΣΩ. Ἴθι δή, τὸ τρίτον τῷ σωτῆρι τὸν αὐτὸν διαμαρτυρά-
μενοι λόγον ἐπεξέλθωμεν.   5

ΠΡΩ. Ποῖον δή;

ΣΩ. Φίληβος τἀγαθὸν ἐτίθετο ἡμῖν ἡδονὴν εἶναι πᾶσαν
καὶ παντελῆ.

ΠΡΩ. Τὸ τρίτον, ὦ Σώκρατες, ὡς ἔοικας, ἔλεγες ἀρτίως
τὸν ἐξ ἀρχῆς ἐπαναλαβεῖν δεῖν λόγον.   10

ΣΩ. Ναί, τὸ δέ γε μετὰ τοῦτο ἀκούωμεν. ἐγὼ γὰρ δὴ e
κατιδὼν ἅπερ νυνδὴ διελήλυθα, καὶ δυσχεράνας τὸν Φιλήβου
λόγον οὐ μόνον ἀλλὰ καὶ ἄλλων πολλάκις μυρίων, εἶπον ὡς
ἡδονῆς γε νοῦς εἴη μακρῷ βέλτιόν τε καὶ ἄμεινον τῷ τῶν
ἀνθρώπων βίῳ.   5

ΠΡΩ. Ἦν ταῦτα.

b 8 ἆρ' οὖν οὐ τέταρτα T : ἆρ' οὐ τέταρτα B : ἆρ' οὖν οὐδ' Jackson
αὐτῆς ἔθεμεν B Stobaeus : ἔθεμεν αὐτῆς T   c 1 τέταρτα T Sto-
baeus : τέτταρα B   γε T : om. B   c 2 ἢ secl. Stallbaum
c 5 ἐπιστήμαις corr. Ven. 189 : ἐπιστήμας B T   c 6 τὰς Bad-
ham : ταῖς B T Stobaeus   ἑπομένας T Stobaeus : ἑπόμεναι B
e 2 νῦν δὴ B : νῦν T Eusebius : νυνὶ vulg.   διελήλυθα T : δυσχεράνας
διελήλυθα B   e 4 εἴη B : εἴη ἂν T   μακρῷ T : μακρὸς B

ΣΩ. Ὑποπτεύων δέ γε καὶ ἄλλα εἶναι πολλὰ εἶπον ὡς
εἰ φανείη τι τούτοιν ἀμφοῖν βέλτιον, ὑπὲρ τῶν δευτερείων
νῷ πρὸς ἡδονὴν συνδιαμαχοίμην, ἡδονὴ δὲ καὶ δευτερείων
10 στερήσοιτο.

67 ΠΡΩ. Εἶπες γὰρ οὖν.

ΣΩ. Καὶ μετὰ ταῦτά γε πάντων ἱκανώτατα τούτοιν οὐδέ-
τερον ἱκανὸν ἐφάνη.

ΠΡΩ. Ἀληθέστατα.

5 ΣΩ. Οὐκοῦν παντάπασιν ἐν τούτῳ τῷ λόγῳ καὶ νοῦς
ἀπήλλακτο καὶ ἡδονὴ μή τοι τἀγαθόν γε αὐτὸ μηδ' ἕτερον
αὐτοῖν εἶναι, στερομένοιν αὐταρκείας καὶ τῆς τοῦ ἱκανοῦ καὶ
τελέου δυνάμεως;

ΠΡΩ. Ὀρθότατα.

10 ΣΩ. Φανέντος δέ γε ἄλλου τρίτου κρείττονος τούτοιν
ἑκατέρου, μυρίῳ γ' αὖ νοῦς ἡδονῆς οἰκειότερον καὶ προσφυέ-
στερον πέφανται νῦν τῇ τοῦ νικῶντος ἰδέᾳ.

ΠΡΩ. Πῶς γὰρ οὔ;

ΣΩ. Οὐκοῦν πέμπτον κατὰ τὴν κρίσιν, ἣν νῦν ὁ λόγος
15 ἀπεφήνατο, γίγνοιτ' ἂν ἡ τῆς ἡδονῆς δύναμις.

ΠΡΩ. Ἔοικεν.

b ΣΩ. Πρῶτον δέ γε οὐδ' ἂν οἱ πάντες βόες τε καὶ ἵπποι
καὶ τἄλλα σύμπαντα θηρία φῶσι τῷ τὸ χαίρειν διώκειν·
οἷς πιστεύοντες, ὥσπερ μάντεις ὄρνισιν, οἱ πολλοὶ κρίνουσι
τὰς ἡδονὰς εἰς τὸ ζῆν ἡμῖν εὖ κρατίστας εἶναι, καὶ τοὺς
5 θηρίων ἔρωτας οἴονται κυρίους εἶναι μάρτυρας μᾶλλον ἢ
τοὺς τῶν ἐν μούσῃ φιλοσόφῳ μεμαντευμένων ἑκάστοτε
λόγων.

ΠΡΩ. Ἀληθέστατα, ὦ Σώκρατες, εἰρῆσθαί σοι νῦν ἤδη
φαμὲν ἅπαντες.

e 8 τι B : τὸ T   τούτοιν T : τούτων B   a 2 ἱκανώτατα T :
ἱκανώτατον B   τούτοιν T : τούτων B   οὐδέτερον T : οὐ δεύτερον B
a 3 ἐφάνη BT : ἀνεφάνη Eusebius   a 7 στερομένοιν corr. Ven.
189 : στερομένων BT   a 10 τούτοιν T : τούτων B   a 11 γ'
αὖ T : αὖ B   b 1 οὐδ' BT Porphyrius : οὐκ vulg. Eusebius
b 5 ἔρωτας t : ἐρῶντας BT   b 7 λόγων T : λόγον B

ΣΩ. Οὐκοῦν καὶ ἀφίετέ με;   10

ΠΡΩ. Σμικρὸν ἔτι τὸ λοιπόν, ὦ Σώκρατες· οὐ γὰρ
δήπου σύ γε ἀπερεῖς πρότερος ἡμῶν, ὑπομνήσω δέ σε τὰ
λειπόμενα.

b 11 τὸ λοιπόν B : λοιπόν T   b 12 ἀπερεῖς T : ἀπορεῖς B :
ἀπαίρεις corr. d : ἀπωρεῖς vulg.

ΣΥΜΠΟΣΙΟΝ

ΑΠΟΛΛΟΔΩΡΟΣ   ΕΤΑΙΡΟΣ

ΑΠΟΛ. Δοκῶ μοι περὶ ὧν πυνθάνεσθε οὐκ ἀμελέτητος **a**
εἶναι. καὶ γὰρ ἐτύγχανον πρῴην εἰς ἄστυ οἴκοθεν ἀνιὼν Φαλη-
ρόθεν· τῶν οὖν γνωρίμων τις ὄπισθεν κατιδών με πόρρωθεν
ἐκάλεσε, καὶ παίζων ἅμα τῇ κλήσει, "Ὦ Φαληρεύς," ἔφη,
"οὗτος Ἀπολλόδωρος, οὐ περιμένεις;" Κἀγὼ ἐπιστὰς περι- 5
έμεινα. Καὶ ὅς, "Ἀπολλόδωρε," ἔφη, " καὶ μὴν καὶ ἔναγχός
σε ἐζήτουν βουλόμενος διαπυθέσθαι τὴν Ἀγάθωνος συνουσίαν
καὶ Σωκράτους καὶ Ἀλκιβιάδου καὶ τῶν ἄλλων τῶν τότε ἐν **b**
τῷ συνδείπνῳ παραγενομένων, περὶ τῶν ἐρωτικῶν λόγων
τίνες ἦσαν· ἄλλος γάρ τίς μοι διηγεῖτο ἀκηκοὼς Φοίνικος
τοῦ Φιλίππου, ἔφη δὲ καὶ σὲ εἰδέναι. ἀλλὰ γὰρ οὐδὲν εἶχε
σαφὲς λέγειν. σὺ οὖν μοι διήγησαι· δικαιότατος γὰρ εἶ 5
τοὺς τοῦ ἑταίρου λόγους ἀπαγγέλλειν. πρότερον δέ μοι,"
ἦ δ' ὅς, " εἰπέ, σὺ αὐτὸς παρεγένου τῇ συνουσίᾳ ταύτῃ ἢ οὔ;"
Κἀγὼ εἶπον ὅτι "Παντάπασιν ἔοικέ σοι οὐδὲν διηγεῖσθαι
σαφὲς ὁ διηγούμενος, εἰ νεωστὶ ἡγῇ τὴν συνουσίαν γεγονέναι **c**
ταύτην ἣν ἐρωτᾷς, ὥστε καὶ ἐμὲ παραγενέσθαι." "Ἐγώ γε

a 1 οὐκ BTW : νῦν οὐκ Methodius al.   a 4 ὦ BTW : ὁ al.
a 5 Ἀπολλόδωρος secl. Badham   περιμένεις TW : περιμενεις B : περι-
μενεῖς al.   b 2 συνδείπνῳ B Methodius : συνδειπνεῖν Τ : συνδείπνῳ̃ν
W   c 2 καὶ ἐμὲ BTW : κἀμὲ Athenaeus   ἐγώ γε δή, ἔφη scripsi :
ἔγωγε δή BTW : ἐγὼ γὰρ ἔφη(ν) Athenaeus : ἔγωγ', ἔφη Badham

δή," ἔφη. "Πόθεν, ἦν δ' ἐγώ, ὦ Γλαύκων; οὐκ οἶσθ' ὅτι
πολλῶν ἐτῶν 'Αγάθων ἐνθάδε οὐκ ἐπιδεδήμηκεν, ἀφ' οὗ δ'
5 ἐγὼ Σωκράτει συνδιατρίβω καὶ ἐπιμελὲς πεποίημαι ἑκάστης
ἡμέρας εἰδέναι ὅτι ἂν λέγῃ ἢ πράττῃ, οὐδέπω τρία ἔτη ἐστίν;
173 πρὸ τοῦ δὲ περιτρέχων ὅπῃ τύχοιμι καὶ οἰόμενος τὶ ποιεῖν
ἀθλιώτερος ἢ ὁτουοῦν, οὐχ ἧττον ἢ σὺ νυνί, οἰόμενος δεῖν
πάντα μᾶλλον πράττειν ἢ φιλοσοφεῖν." Καὶ ὅς, "Μὴ
σκῶπτ'," ἔφη, "ἀλλ' εἰπέ μοι πότε ἐγένετο ἡ συνουσία
5 αὕτη." Κἀγὼ εἶπον ὅτι "Παίδων ὄντων ἡμῶν ἔτι, ὅτε τῇ πρώτῃ
τραγῳδίᾳ ἐνίκησεν 'Αγάθων, τῇ ὑστεραίᾳ ἢ ᾗ τὰ ἐπινίκια
ἔθυεν αὐτός τε καὶ οἱ χορευταί." "Πάνυ," ἔφη, "ἄρα πάλαι,
ὡς ἔοικεν. ἀλλὰ τίς σοι διηγεῖτο; ἢ αὐτὸς Σωκράτης;"
b "Οὐ μὰ τὸν Δία," ἦν δ' ἐγώ, "ἀλλ' ὅσπερ Φοίνικι. 'Αριστό-
δημος ἦν τις, Κυδαθηναιεύς, σμικρός, ἀνυπόδητος ἀεί· παρ-
εγεγόνει δ' ἐν τῇ συνουσίᾳ, Σωκράτους ἐραστὴς ὢν ἐν τοῖς
μάλιστα τῶν τότε, ὡς ἐμοὶ δοκεῖ. οὐ μέντοι ἀλλὰ καὶ
5 Σωκράτη γε ἔνια ἤδη ἀνηρόμην ὧν ἐκείνου ἤκουσα, καί μοι
ὡμολόγει καθάπερ ἐκεῖνος διηγεῖτο." "Τί οὖν," ἔφη, "οὐ
διηγήσω μοι; πάντως δὲ ἡ ὁδὸς ἡ εἰς ἄστυ ἐπιτηδεία
πορευομένοις καὶ λέγειν καὶ ἀκούειν."

Οὕτω δὴ ἰόντες ἅμα τοὺς λόγους περὶ αὐτῶν ἐποιούμεθα,
c ὥστε, ὅπερ ἀρχόμενος εἶπον, οὐκ ἀμελετήτως ἔχω. εἰ οὖν
δεῖ καὶ ὑμῖν διηγήσασθαι, ταῦτα χρὴ ποιεῖν. καὶ γὰρ ἔγωγε
καὶ ἄλλως, ὅταν μέν τινας περὶ φιλοσοφίας λόγους ἢ αὐτὸς
ποιῶμαι ἢ ἄλλων ἀκούω, χωρὶς τοῦ οἴεσθαι ὠφελεῖσθαι
5 ὑπερφυῶς ὡς χαίρω· ὅταν δὲ ἄλλους τινάς, ἄλλως τε καὶ
τοὺς ὑμετέρους τοὺς τῶν πλουσίων καὶ χρηματιστικῶν, αὐτός
τε ἄχθομαι ὑμᾶς τε τοὺς ἑταίρους ἐλεῶ, ὅτι οἴεσθε τὶ ποιεῖν
d οὐδὲν ποιοῦντες. καὶ ἴσως αὖ ὑμεῖς ἐμὲ ἡγεῖσθε κακοδαίμονα

c 4 ἐνθάδε om. Athenaeus   a 2 ᾖ Tb : ἦν pr. B : ἢ W t   νυνί B :
νῦν TW   a 5 πρώτῃ om. Athenaeus   a 6 ᾗ ᾖ TW : ἡ B : ἢ Schanz
a 8 τίς B : τί TW   b 1 ἄλλοσπερ BTW   b 2 παραγεγόνει BTW
b 4 καὶ BW : om. T   b 6 διηγήσω BT : διηγήσῃ W : διηγῇ σὺ vulg.
b 7 ἡ εἰς BT : εἰς W   d 1 ἐμὲ ἡγεῖσθαι BT : ἡγεῖσθε ἐμὲ W

εἶναι, καὶ οἴομαι ὑμᾶς ἀληθῆ οἴεσθαι· ἐγὼ μέντοι ὑμᾶς οὐκ
οἴομαι ἀλλ᾽ εὖ οἶδα.

ΕΤΑΙ. Ἀεὶ ὅμοιος εἶ, ὦ Ἀπολλόδωρε· ἀεὶ γὰρ σαυτόν
τε κακηγορεῖς καὶ τοὺς ἄλλους, καὶ δοκεῖς μοι ἀτεχνῶς 5
πάντας ἀθλίους ἡγεῖσθαι πλὴν Σωκράτους, ἀπὸ σαυτοῦ
ἀρξάμενος. καὶ ὁπόθεν ποτὲ ταύτην τὴν ἐπωνυμίαν ἔλαβες
τὸ μαλακὸς καλεῖσθαι, οὐκ οἶδα ἔγωγε· ἐν μὲν γὰρ τοῖς
λόγοις ἀεὶ τοιοῦτος εἶ, σαυτῷ τε καὶ τοῖς ἄλλοις ἀγριαίνεις
πλὴν Σωκράτους. 10

ΑΠΟΛ. Ὦ φίλτατε, καὶ δῆλόν γε δὴ ὅτι οὕτω δια- e
νοούμενος καὶ περὶ ἐμαυτοῦ καὶ περὶ ὑμῶν μαίνομαι καὶ
παραπαίω;

ΕΤΑΙ. Οὐκ ἄξιον περὶ τούτων, Ἀπολλόδωρε, νῦν ἐρίζειν·
ἀλλ᾽ ὅπερ ἐδεόμεθά σου, μὴ ἄλλως ποιήσῃς, ἀλλὰ διήγησαι 5
τίνες ἦσαν οἱ λόγοι.

ΑΠΟΛ. Ἦσαν τοίνυν ἐκεῖνοι τοιοίδε τινές—μᾶλλον δ᾽
ἐξ ἀρχῆς ὑμῖν ὡς ἐκεῖνος διηγεῖτο καὶ ἐγὼ πειράσομαι 174
διηγήσασθαι.

Ἔφη γάρ οἱ Σωκράτη ἐντυχεῖν λελουμένον τε καὶ τὰς
βλαύτας ὑποδεδεμένον, ἃ ἐκεῖνος ὀλιγάκις ἐποίει· καὶ ἐρέσθαι
αὐτὸν ὅποι ἴοι οὕτω καλὸς γεγενημένος. 5

Καὶ τὸν εἰπεῖν ὅτι Ἐπὶ δεῖπνον εἰς Ἀγάθωνος. χθὲς γὰρ
αὐτὸν διέφυγον τοῖς ἐπινικίοις, φοβηθεὶς τὸν ὄχλον· ὡμο-
λόγησα δ᾽ εἰς τήμερον παρέσεσθαι. ταῦτα δὴ ἐκαλλωπι-
σάμην, ἵνα καλὸς παρὰ καλὸν ἴω. ἀλλὰ σύ, ἦ δ᾽ ὅς, πῶς
ἔχεις πρὸς τὸ ἐθέλειν ἂν ἰέναι ἄκλητος ἐπὶ δεῖπνον; b

Κἀγώ, ἔφη, εἶπον ὅτι Οὕτως ὅπως ἂν σὺ κελεύῃς.

Ἕπου τοίνυν, ἔφη, ἵνα καὶ τὴν παροιμίαν διαφθείρωμεν
μεταβαλόντες, ὡς ἄρα καὶ Ἀγάθων᾽ ἐπὶ δαῖτας ἴασιν

d 8 μαλακὸς B : μαλͮακὸς TW   γὰρ] γε Badham   a 5 ὅποι BT :
ὅπη W   b 1 ἐθέλειν ἂν secl. Cobet   ἂν ἰέναι Stephanus : ἀνιέναι
BTW   b 4 μεταβαλόντες TW : μεταβάλλοντες B Athenaeus
Ἀγάθων᾽ Lachmann : ἀγαθῶν BTW

153

5 αὐτόματοι ἀγαθοί. Ὅμηρος μὲν γὰρ κινδυνεύει οὐ μόνον
διαφθεῖραι ἀλλὰ καὶ ὑβρίσαι εἰς ταύτην τὴν παροιμίαν·
ποιήσας γὰρ τὸν Ἀγαμέμνονα διαφερόντως ἀγαθὸν ἄνδρα
c τὰ πολεμικά, τὸν δὲ Μενέλεων "μαλθακὸν αἰχμητήν,"
θυσίαν ποιουμένου καὶ ἑστιῶντος τοῦ Ἀγαμέμνονος ἄκλητον
ἐποίησεν ἐλθόντα τὸν Μενέλεων ἐπὶ τὴν θοίνην, χείρω ὄντα
ἐπὶ τὴν τοῦ ἀμείνονος.

5 Ταῦτ᾽ ἀκούσας εἰπεῖν ἔφη Ἴσως μέντοι κινδυνεύσω καὶ
ἐγὼ οὐχ ὡς σὺ λέγεις, ὦ Σώκρατες, ἀλλὰ καθ᾽ Ὅμηρον
φαῦλος ὢν ἐπὶ σοφοῦ ἀνδρὸς ἰέναι θοίνην ἄκλητος. ὅρα οὖν
ἄγων με τί ἀπολογήσῃ, ὡς ἐγὼ μὲν οὐχ ὁμολογήσω ἄκλητος
d ἥκειν, ἀλλ᾽ ὑπὸ σοῦ κεκλημένος.

"Σύν τε δύ᾽," ἔφη, "ἐρχομένω πρὸ ὁδοῦ" βουλευσόμεθα
ὅτι ἐροῦμεν. ἀλλ᾽ ἴωμεν.

Τοιαῦτ᾽ ἄττα σφᾶς ἔφη διαλεχθέντας ἰέναι. τὸν οὖν
5 Σωκράτη ἑαυτῷ πως προσέχοντα τὸν νοῦν κατὰ τὴν ὁδὸν
πορεύεσθαι ὑπολειπόμενον, καὶ περιμένοντος οὗ κελεύειν
προϊέναι εἰς τὸ πρόσθεν. ἐπειδὴ δὲ γενέσθαι ἐπὶ τῇ οἰκίᾳ
e τῇ Ἀγάθωνος, ἀνεῳγμένην καταλαμβάνειν τὴν θύραν, καί τι
ἔφη αὐτόθι γελοῖον παθεῖν. οἷ μὲν γὰρ εὐθὺς παῖδά τινα
τῶν ἔνδοθεν ἀπαντήσαντα ἄγειν οὗ κατέκειντο οἱ ἄλλοι, καὶ
καταλαμβάνειν ἤδη μέλλοντας δειπνεῖν· εὐθὺς δ᾽ οὖν ὡς
5 ἰδεῖν τὸν Ἀγάθωνα, Ὦ, φάναι, Ἀριστόδημε, εἰς καλὸν ἥκεις
ὅπως συνδειπνήσῃς· εἰ δ᾽ ἄλλου τινὸς ἕνεκα ἦλθες, εἰς αὖθις
ἀναβαλοῦ, ὡς καὶ χθὲς ζητῶν σε ἵνα καλέσαιμι, οὐχ οἷός τ᾽
ἦ ἰδεῖν. ἀλλὰ Σωκράτη ἡμῖν πῶς οὐκ ἄγεις;

Καὶ ἐγώ, ἔφη, μεταστρεφόμενος οὐδαμοῦ ὁρῶ Σωκράτη

c 7, 8 ὅρα... τί Badham (vide Ficinus): ἄρα... τι B: ἄρα... τι T:
ἄρ᾽...τί W   d 2 πρὸ ὁδοῦ BTW: πρὸ ὁ τοῦ Homerus K 224
d 3 ἀλλὰ ἴωμεν TW: ἀλλ ἐῶμεν B   d 6 πορευόμενον ὑπολείπεσθαι
Rohde   d 7 δὲ] δὲ ἑ Cobet: δ᾽ ἑ Baiter   e 2 οἷ Photius b: οἱ
BT: τὸν W   e 3 τῶν ἔνδοθεν Porson: τῶν ἔνδον Photius: ἔνδοθεν
BTW   e 5 ᾷ TW: ᾧ B   e 6 συνδειπνήσῃς BTW: συνδειπνή-
σεις Laur. xiv. 85   e 7 τ᾽ ἦ TW: τε B   e 9 ἔφη B: ἔφην TW
οὐδαμοῦ B: οὐδαμῇ TW

ἑπόμενον· εἶπον οὖν ὅτι καὶ αὐτὸς μετὰ Σωκράτους ἥκοιμι, 10
κληθεὶς ὑπ' ἐκείνου δεῦρ' ἐπὶ δεῖπνον.

Καλῶς γ', ἔφη, ποιῶν σύ· ἀλλὰ ποῦ ἔστιν οὗτος;
Ὄπισθεν ἐμοῦ ἄρτι εἰσῄει· ἀλλὰ θαυμάζω καὶ αὐτὸς ποῦ 175
ἂν εἴη.

Οὐ σκέψῃ, ἔφη, παῖ, φάναι τὸν Ἀγάθωνα, καὶ εἰσάξεις
Σωκράτη; σὺ δ', ἦ δ' ὅς, Ἀριστόδημε, παρ' Ἐρυξίμαχον
κατακλίνου.   5

Καὶ ὃ μὲν ἔφη ἀπονίζειν τὸν παῖδα ἵνα κατακέοιτο· ἄλλον
δέ τινα τῶν παίδων ἥκειν ἀγγέλλοντα ὅτι " Σωκράτης οὗτος
ἀναχωρήσας ἐν τῷ τῶν γειτόνων προθύρῳ ἔστηκεν, κἀμοῦ
καλοῦντος οὐκ ἐθέλει εἰσιέναι."

Ἄτοπόν γ', ἔφη, λέγεις· οὔκουν καλεῖς αὐτὸν καὶ μὴ 10
ἀφήσεις;

Καὶ ὃς ἔφη εἰπεῖν Μηδαμῶς, ἀλλ' ἐᾶτε αὐτόν. ἔθος γάρ b
τι τοῦτ' ἔχει· ἐνίοτε ἀποστὰς ὅποι ἂν τύχῃ ἔστηκεν. ἥξει
δ' αὐτίκα, ὡς ἐγὼ οἶμαι. μὴ οὖν κινεῖτε, ἀλλ' ἐᾶτε.

Ἀλλ' οὕτω χρὴ ποιεῖν, εἰ σοὶ δοκεῖ, ἔφη φάναι τὸν
Ἀγάθωνα. ἀλλ' ἡμᾶς, ὦ παῖδες, τοὺς ἄλλους ἑστιᾶτε. 5
πάντως παρατίθετε ὅτι ἂν βούλησθε, ἐπειδάν τις ὑμῖν μὴ
ἐφεστήκῃ—ὃ ἐγὼ οὐδεπώποτε ἐποίησα—νῦν οὖν, νομίζοντες
καὶ ἐμὲ ὑφ' ὑμῶν κεκλῆσθαι ἐπὶ δεῖπνον καὶ τούσδε τοὺς
ἄλλους, θεραπεύετε, ἵν' ὑμᾶς ἐπαινῶμεν.   c

Μετὰ ταῦτα ἔφη σφᾶς μὲν δειπνεῖν, τὸν δὲ Σωκράτη
οὐκ εἰσιέναι. τὸν οὖν Ἀγάθωνα πολλάκις κελεύειν μετα-
πέμψασθαι τὸν Σωκράτη, ἓ δὲ οὐκ ἐᾶν. ἥκειν οὖν αὐτὸν εὺ

e 10 ἥκοιμι B² T W : ἥκοι μη B   e 12 γ' T W : om. B   a 6 ἓ μὲν
Bast (ἓ Stephanus) : ἐμὲ B T W   ἔφη B : ἔφην T W   a 8 κἀμοῦ
W : καὶ οὗ B T   a 10 καλεῖς B T : καλοῖς W in marg. T : κάλει
rec. b   αὐτὸν] αὖθις Herwerden   a 11 ἀφήσεις B W : ἀφήσῃς T
b 2 τοῦτ' B : τοῦτο T : τοιοῦτον W   b 4 ἔφη T W : om. B
b 6 πάντες W (sed ω s. v.)   ἐπειδάν τις . . . μὴ B T : ἐπεί τις . . . οὐ
μὴ L. Schmidt : ἐπεὶ οὐ δή τις . . . μὴ Hug : ἐπεὶ δή τις . . . οὐ μὴ
Schanz : fort. ἐπειδὰν αὐτὸς . . . μὴ   b 7 ἐφεστήκῃ T : ἀφεστήκῃ
W : ἐφεστήκει B   c 4 ἓ δὲ B : ἓ δε W : ***δὲ T (τὸν δὲ fuisse
videtur) : αὐτὸν δὲ vulg. : ἓ δὲ ci. Bekker   οὐκ ἐᾶν B W : οὐκαν T
οὖν om. W

5 πολὺν χρόνον ὡς εἰώθει διατρίψαντα, ἀλλὰ μάλιστα σφᾶς
μεσοῦν δειπνοῦντας. τὸν οὖν Ἀγάθωνα—τυγχάνειν γὰρ
ἔσχατον κατακείμενον μόνον—Δεῦρ᾽, ἔφη φάναι, Σώκρατες,
παρ᾽ ἐμὲ κατάκεισο, ἵνα καὶ τοῦ σοφοῦ ἁπτόμενός σου
d ἀπολαύσω, ὅ σοι προσέστη ἐν τοῖς προθύροις. δῆλον γὰρ
ὅτι ηὗρες αὐτὸ καὶ ἔχεις· οὐ γὰρ ἂν προαπέστης.

Καὶ τὸν Σωκράτη καθίζεσθαι καὶ εἰπεῖν ὅτι Εὖ ἂν ἔχοι,
φάναι, ὦ Ἀγάθων, εἰ τοιοῦτον εἴη ἡ σοφία ὥστ᾽ ἐκ τοῦ πληρε-
5 στέρου εἰς τὸ κενώτερον ῥεῖν ἡμῶν, ἐὰν ἁπτώμεθα ἀλλήλων,
ὥσπερ τὸ ἐν ταῖς κύλιξιν ὕδωρ τὸ διὰ τοῦ ἐρίου ῥέον ἐκ τῆς
πληρεστέρας εἰς τὴν κενωτέραν. εἰ γὰρ οὕτως ἔχει καὶ ἡ
e σοφία, πολλοῦ τιμῶμαι τὴν παρὰ σοὶ κατάκλισιν· οἶμαι γάρ
με παρὰ σοῦ πολλῆς καὶ καλῆς σοφίας πληρωθήσεσθαι. ἡ μὲν
γὰρ ἐμὴ φαύλη τις ἂν εἴη, ἢ καὶ ἀμφισβητήσιμος ὥσπερ ὄναρ
οὖσα, ἡ δὲ σὴ λαμπρά τε καὶ πολλὴν ἐπίδοσιν ἔχουσα, ἥ γε
5 παρὰ σοῦ νέου ὄντος οὕτω σφόδρα ἐξέλαμψεν καὶ ἐκφανὴς
ἐγένετο πρῴην ἐν μάρτυσι τῶν Ἑλλήνων πλέον ἢ τρισμυρίοις.

Ὑβριστὴς εἶ, ἔφη, ὦ Σώκρατες, ὁ Ἀγάθων. καὶ ταῦτα
μὲν καὶ ὀλίγον ὕστερον διαδικασόμεθα ἐγώ τε καὶ σὺ περὶ
τῆς σοφίας, δικαστῇ χρώμενοι τῷ Διονύσῳ· νῦν δὲ πρὸς τὸ
10 δεῖπνον πρῶτα τρέπου.

176 Μετὰ ταῦτα, ἔφη, κατακλινέντος τοῦ Σωκράτους καὶ
δειπνήσαντος καὶ τῶν ἄλλων, σπονδάς τε σφᾶς ποιήσασθαι,
καὶ ᾄσαντας τὸν θεὸν καὶ τἆλλα τὰ νομιζόμενα, τρέπεσθαι
πρὸς τὸν πότον· τὸν οὖν Παυσανίαν ἔφη λόγου τοιούτου
5 τινὸς κατάρχειν. Εἶεν, ἄνδρες, φάναι, τίνα τρόπον ῥᾷστα
πιόμεθα; ἐγὼ μὲν οὖν λέγω ὑμῖν ὅτι τῷ ὄντι πάνυ χαλεπῶς
ἔχω ὑπὸ τοῦ χθὲς πότου καὶ δέομαι ἀναψυχῆς τινος—οἶμαι
δὲ καὶ ὑμῶν τοὺς πολλούς· παρῆστε γὰρ χθές—σκοπεῖσθε
b οὖν τίνι τρόπῳ ἂν ὡς ῥᾷστα πίνοιμεν.

---

c 6 τυγχάνειν Β Τ : τυχεῖν W   c 8 ἁπτόμενός σου Τ W : om. B
d 1 προσέστη Τ W : πρόσεστιν Β   d 5 τὸ Β Τ W : τὸν corr. Coisl.
κενώτερον re vera Β Τ W   e 1 τιμῶμαι Τ W : τιμῶμεν Β   e 3 ἢ
καὶ Τ W : καὶ Β   e 4 ἥ γε Τ W : εἴ γε Β   e 8 μὲν καὶ Β Τ :
μὲν W   a 5 ῥᾷστα Β Τ W : ἥδιστα γρ. t   a 8 παρῆστε Β Τ W :
παρῆτε in marg. rec. b

Τὸν οὖν Ἀριστοφάνη εἰπεῖν, Τοῦτο μέντοι εὖ λέγεις, ὦ
Παυσανία, τὸ παντὶ τρόπῳ παρασκευάσασθαι ῥᾳστώνην τινὰ
τῆς πόσεως· καὶ γὰρ αὐτός εἰμι τῶν χθὲς βεβαπτισμένων.
Ἀκούσαντα οὖν αὐτῶν ἔφη Ἐρυξίμαχον τὸν Ἀκουμενοῦ 5
Ἦ καλῶς, φάναι, λέγετε. καὶ ἔτι ἑνὸς δέομαι ὑμῶν ἀκοῦσαι
πῶς ἔχει πρὸς τὸ ἐρρῶσθαι πίνειν, Ἀγάθων⟨ος⟩.
Οὐδαμῶς, φάναι, οὐδ᾽ αὐτὸς ἔρρωμαι.
Ἕρμαιον ἂν εἴη ἡμῖν, ἦ δ᾽ ὅς, ὡς ἔοικεν, ἐμοί τε καὶ c
Ἀριστοδήμῳ καὶ Φαίδρῳ καὶ τοῖσδε, εἰ ὑμεῖς οἱ δυνατώτατοι
πίνειν νῦν ἀπειρήκατε· ἡμεῖς μὲν γὰρ ἀεὶ ἀδύνατοι. Σω-
κράτη δ᾽ ἐξαιρῶ λόγου· ἱκανὸς γὰρ καὶ ἀμφότερα, ὥστ᾽
ἐξαρκέσει αὐτῷ ὁπότερ᾽ ἂν ποιῶμεν. ἐπειδὴ οὖν μοι δοκεῖ 5
οὐδεὶς τῶν παρόντων προθύμως ἔχειν πρὸς τὸ πολὺν πίνειν
οἶνον, ἴσως ἂν ἐγὼ περὶ τοῦ μεθύσκεσθαι οἷόν ἐστι τἀληθῆ
λέγων ἧττον ἂν εἴην ἀηδής. ἐμοὶ γὰρ δὴ τοῦτό γε οἶμαι
κατάδηλον γεγονέναι ἐκ τῆς ἰατρικῆς, ὅτι χαλεπὸν τοῖς d
ἀνθρώποις ἡ μέθη ἐστίν· καὶ οὔτε αὐτὸς ἑκὼν εἶναι πόρρω
ἐθελήσαιμι ἂν πιεῖν οὔτε ἄλλῳ συμβουλεύσαιμι, ἄλλως τε
καὶ κραιπαλῶντα ἔτι ἐκ τῆς προτεραίας.
Ἀλλὰ μήν, ἔφη φάναι ὑπολαβόντα Φαῖδρον τὸν Μυρρινού- 5
σιον, ἔγωγέ σοι εἴωθα πείθεσθαι ἄλλως τε καὶ ἅττ᾽ ἂν περὶ
ἰατρικῆς λέγῃς· νῦν δ᾽, ἂν εὖ βουλεύωνται, καὶ οἱ λοιποί.
ταῦτα δὴ ἀκούσαντας συγχωρεῖν πάντας μὴ διὰ μέθης e
ποιήσασθαι τὴν ἐν τῷ παρόντι συνουσίαν, ἀλλ᾽ οὕτω πίνοντας
πρὸς ἡδονήν.
Ἐπειδὴ τοίνυν, φάναι τὸν Ἐρυξίμαχον, τοῦτο μὲν δέ-
δοκται, πίνειν ὅσον ἂν ἕκαστος βούληται, ἐπάναγκες δὲ μηδὲν 5

b 3 παρασκευάσασθαι TW : παρασκευάζεσθαι B   b 5 αὐτῶν TW :
αὐτὸν B   Ἐρυξίμαχον T : Εὐρυξίμαχον W : τὸν Ἐρυξιμαχον B   ἀκου-
μένου B T W   b 7 Ἀγάθωνος Vahlen : ἀγάθων B T W   c 4 ἐξαιρῶ
Heindorf : ἐξαίρω B T W   c 8 ἀηδής TW : ἀηλης B   d 4 κραιπα-
λῶντα TW : κραιπαλοῦντα B   d 5 φαίδρον TW : φαιδρων B   μυρ-
ρινούσιον B : μυρινούσιον TW   d 7 λέγῃς B W : λέγεις T   δ᾽ ἂν
εὖ TW : δ᾽ αὖ εὖ B   βουλεύωνται corr. Coisl. : βούλωνται
B T W

εἶναι, τὸ μετὰ τοῦτο εἰσηγοῦμαι τὴν μὲν ἄρτι εἰσελθοῦσαν
αὐλητρίδα χαίρειν ἐᾶν, αὐλοῦσαν ἑαυτῇ ἢ ἂν βούληται ταῖς
γυναιξὶ ταῖς ἔνδον, ἡμᾶς δὲ διὰ λόγων ἀλλήλοις συνεῖναι
τὸ τήμερον· καὶ δι᾿ οἵων λόγων, εἰ βούλεσθε, ἐθέλω ὑμῖν
10 εἰσηγήσασθαι.

177   Φάναι δὴ πάντας καὶ βούλεσθαι καὶ κελεύειν αὐτὸν
εἰσηγεῖσθαι. εἰπεῖν οὖν τὸν Ἐρυξίμαχον ὅτι Ἡ μέν μοι
ἀρχὴ τοῦ λόγου ἐστὶ κατὰ τὴν Εὐριπίδου Μελανίππην· οὐ
γὰρ ἐμὸς ὁ μῦθος, ἀλλὰ Φαίδρου τοῦδε, ὃν μέλλω λέγειν.
5 Φαῖδρος γὰρ ἑκάστοτε πρός με ἀγανακτῶν λέγει Οὐ δεινόν,
φησίν, ὦ Ἐρυξίμαχε, ἄλλοις μέν τισι θεῶν ὕμνους καὶ
παίωνας εἶναι ὑπὸ τῶν ποιητῶν πεποιημένους, τῷ δὲ Ἔρωτι,
τηλικούτῳ ὄντι καὶ τοσούτῳ θεῷ, μηδὲ ἕνα πώποτε τοσούτων
b γεγονότων ποιητῶν πεποιηκέναι μηδὲν ἐγκώμιον; εἰ δὲ βούλει
αὖ σκέψασθαι τοὺς χρηστοὺς σοφιστάς, Ἡρακλέους μὲν καὶ
ἄλλων ἐπαίνους καταλογάδην συγγράφειν, ὥσπερ ὁ βέλτιστος
Πρόδικος—καὶ τοῦτο μὲν ἧττον καὶ θαυμαστόν, ἀλλ᾿ ἔγωγε
5 ἤδη τινὶ ἐνέτυχον βιβλίῳ ἀνδρὸς σοφοῦ, ἐν ᾧ ἐνῆσαν ἅλες
ἔπαινον θαυμάσιον ἔχοντες πρὸς ὠφελίαν, καὶ ἄλλα τοιαῦτα
c συχνὰ ἴδοις ἂν ἐγκεκωμιασμένα—τὸ οὖν τοιούτων μὲν πέρι
πολλὴν σπουδὴν ποιήσασθαι, Ἔρωτα δὲ μηδένα πω ἀνθρώπων
τετολμηκέναι εἰς ταυτηνὶ τὴν ἡμέραν ἀξίως ὑμνῆσαι· ἀλλ᾿
οὕτως ἠμέληται τοσοῦτος θεός. ταῦτα δή μοι δοκεῖ εὖ
5 λέγειν Φαῖδρος. · ἐγὼ οὖν ἐπιθυμῶ ἅμα μὲν τούτῳ ἔρανον
εἰσενεγκεῖν καὶ χαρίσασθαι, ἅμα δ᾿ ἐν τῷ παρόντι πρέπον
μοι δοκεῖ εἶναι ἡμῖν τοῖς παροῦσι κοσμῆσαι τὸν θεόν. εἰ οὖν
d συνδοκεῖ καὶ ὑμῖν, γένοιτ᾿ ἂν ἡμῖν ἐν λόγοις ἱκανὴ διατριβή·
δοκεῖ γάρ μοι χρῆναι ἕκαστον ἡμῶν λόγον εἰπεῖν ἔπαινον
Ἔρωτος ἐπὶ δεξιὰ ὡς ἂν δύνηται κάλλιστον, ἄρχειν δὲ

e 7 αὐλητρίδα Τ: αὐλιτρίδα BW   ἠὰν B: ἢ ἐὰν W: ἐὰν T
a 1 καὶ prius secl. Hermann   a 7 παῖανας W: παίονας BT:
παιᾶνας bt   b 1 μηδὲν] μηδὲ Valckenaer   b 5 ἀνδρὸς σοφοῦ
TW: om. B   b 6 ὠφελίαν T: ὠφέλειαν BW   c 3 ἀξίως TW:
ἀξιῶ B   d 3 κάλλιστον BT: κάλλιστα W

Φαῖδρον πρῶτον, ἐπειδὴ καὶ πρῶτος κατάκειται καὶ ἔστιν
ἅμα πατὴρ τοῦ λόγου.   5
Οὐδείς σοι, ὦ Ἐρυξίμαχε, φάναι τὸν Σωκράτη, ἐναντία
ψηφιεῖται. οὔτε γὰρ ἄν που ἐγὼ ἀποφήσαιμι, ὃς οὐδέν
φημι ἄλλο ἐπίστασθαι ἢ τὰ ἐρωτικά, οὔτε που Ἀγάθων καὶ
Παυσανίας, οὐδὲ μὴν Ἀριστοφάνης, ᾧ περὶ Διόνυσον καὶ   e
Ἀφροδίτην πᾶσα ἡ διατριβή, οὐδὲ ἄλλος οὐδεὶς τουτωνὶ ὧν
ἐγὼ ὁρῶ. καίτοι οὐκ ἐξ ἴσου γίγνεται ἡμῖν τοῖς ὑστάτοις
κατακειμένοις· ἀλλ᾽ ἐὰν οἱ πρόσθεν ἱκανῶς καὶ καλῶς
εἴπωσιν, ἐξαρκέσει ἡμῖν. ἀλλὰ τύχῃ ἀγαθῇ καταρχέτω   5
Φαῖδρος καὶ ἐγκωμιαζέτω τὸν Ἔρωτα.
Ταῦτα δὴ καὶ οἱ ἄλλοι πάντες ἄρα συνέφασάν τε καὶ
ἐκέλευον ἅπερ ὁ Σωκράτης. πάντων μὲν οὖν ἃ ἕκαστος   178
εἶπεν, οὔτε πάνυ ὁ Ἀριστόδημος ἐμέμνητο οὔτ᾽ αὖ ἐγὼ
ἃ ἐκεῖνος ἔλεγε πάντα· ἃ δὲ μάλιστα καὶ ὧν ἔδοξέ
μοι ἀξιομνημόνευτον, τούτων ὑμῖν ἐρῶ ἑκάστου τὸν
λόγον.   5

Πρῶτον μὲν γάρ, ὥσπερ λέγω, ἔφη Φαῖδρον ἀρξάμενον
ἐνθένδε ποθὲν λέγειν, ὅτι μέγας θεὸς εἴη ὁ Ἔρως καὶ
θαυμαστὸς ἐν ἀνθρώποις τε καὶ θεοῖς, πολλαχῇ μὲν καὶ ἄλλῃ,
οὐχ ἥκιστα δὲ κατὰ τὴν γένεσιν. τὸ γὰρ ἐν τοῖς πρεσβύ-
τατον εἶναι τὸν θεὸν τίμιον, ἦ δ᾽ ὅς, τεκμήριον δὲ τούτου·   b
γονῆς γὰρ Ἔρωτος οὔτ᾽ εἰσὶν οὔτε λέγονται ὑπ᾽ οὐδενὸς οὔτε
ἰδιώτου οὔτε ποιητοῦ, ἀλλ᾽ Ἡσίοδος πρῶτον μὲν Χάος φησὶ
γενέσθαι—

                            αὐτὰρ ἔπειτα   5
Γαῖ᾽ εὐρύστερνος, πάντων ἕδος ἀσφαλὲς αἰεί,
ἠδ᾽ Ἔρος

e 2 ἡ B Aristaenetus : om. T W   e 7 ἄρα] ἅμα Wyttenbach
a 1 & B T W : ὅσα in marg. t   a 4 ἀξιομνημόνευτον B : ἀξιομνη-
μόνευτον εἶναι T W : ἀξιομνημονεύτων b   a 9 πρεσβύτατον ... τὸν
θεὸν W : πρεσβύτατον ... τῶν θεῶν B : πρεσβυτάτοις ... τῶν θεῶν T
b 2 γονῆς B T W : γοναὶ Stobaeus

Ἡσιόδῳ δὲ καὶ Ἀκουσίλεως σύμφησιν μετὰ τὸ Χάος δύο
τούτω γενέσθαι, Γῆν τε καὶ Ἔρωτα. Παρμενίδης δὲ τὴν
10 γένεσιν λέγει—

πρώτιστον μὲν Ἔρωτα θεῶν μητίσατο πάντων.

ϲ οὕτω πολλαχόθεν ὁμολογεῖται ὁ Ἔρως ἐν τοῖς πρεσβύ-
τατος εἶναι. πρεσβύτατος δὲ ὢν μεγίστων ἀγαθῶν ἡμῖν
αἴτιός ἐστιν. οὐ γὰρ ἔγωγ' ἔχω εἰπεῖν ὅτι μεῖζόν ἐστιν
ἀγαθὸν εὐθὺς νέῳ ὄντι ἢ ἐραστὴς χρηστὸς καὶ ἐραστῇ
5 παιδικά. ὃ γὰρ χρὴ ἀνθρώποις ἡγεῖσθαι παντὸς τοῦ βίου
τοῖς μέλλουσι καλῶς βιώσεσθαι, τοῦτο οὔτε συγγένεια οἵα
τε ἐμποιεῖν οὕτω καλῶς οὔτε τιμαὶ οὔτε πλοῦτος οὔτ' ἄλλο
d οὐδὲν ὡς ἔρως. λέγω δὲ δὴ τί τοῦτο; τὴν ἐπὶ μὲν τοῖς
αἰσχροῖς αἰσχύνην, ἐπὶ δὲ τοῖς καλοῖς φιλοτιμίαν· οὐ γὰρ
ἔστιν ἄνευ τούτων οὔτε πόλιν οὔτε ἰδιώτην μεγάλα καὶ
καλὰ ἔργα ἐξεργάζεσθαι. φημὶ τοίνυν ἐγὼ ἄνδρα ὅστις
5 ἐρᾷ, εἴ τι αἰσχρὸν ποιῶν κατάδηλος γίγνοιτο ἢ πάσχων
ὑπό του δι' ἀνανδρίαν μὴ ἀμυνόμενος, οὔτ' ἂν ὑπὸ πατρὸς
ὀφθέντα οὕτως ἀλγῆσαι οὔτε ὑπὸ ἑταίρων οὔτε ὑπ' ἄλλου
e οὐδενὸς ὡς ὑπὸ παιδικῶν. ταὐτὸν δὲ τοῦτο καὶ τὸν ἐρώ-
μενον ὁρῶμεν, ὅτι διαφερόντως τοὺς ἐραστὰς αἰσχύνεται,
ὅταν ὀφθῇ ἐν αἰσχρῷ τινι ὤν. εἰ οὖν μηχανή τις γένοιτο
ὥστε πόλιν γενέσθαι ἢ στρατόπεδον ἐραστῶν τε καὶ παι-
5 δικῶν, οὐκ ἔστιν ὅπως ἂν ἄμεινον οἰκήσειαν τὴν ἑαυτῶν ἢ
ἀπεχόμενοι πάντων τῶν αἰσχρῶν καὶ φιλοτιμούμενοι πρὸς
179 ἀλλήλους, καὶ μαχόμενοί γ' ἂν μετ' ἀλλήλων οἱ τοιοῦτοι
νικῷεν ἂν ὀλίγοι ὄντες ὡς ἔπος εἰπεῖν πάντας ἀνθρώπους.
ἐρῶν γὰρ ἀνὴρ ὑπὸ παιδικῶν ὀφθῆναι ἢ λιπὼν τάξιν ἢ
ὅπλα ἀποβαλὼν ἧττον ἂν δήπου δέξαιτο ἢ ὑπὸ πάντων τῶν

b 8 Ἡσιόδῳ δὲ καὶ Ἀκουσίλεως ὁμολογεῖ add. BTW post b 11 πάντων :
huc transposuit Schanz auctore F. A. Wolf   σύμφησιν] ξύμφησιν
Stobaeus : ὁμολογεῖ BTW   ante μετὰ add. φησὶ BTW : ⟨ὃς⟩ φησι
Schanz : post σύμφησιν omisi   c 1 πρεσβύτατος BTW : πρεσβυ-
τάτοις Stobaeus   c 6 συγγένεια BTW : εὐγένεια Wyttenbach
e 5 ἢ secl. Rückert   a 1 γ' ἂν BT : δ' ἂν W : γ' αὖ Vermehren

ἄλλων, καὶ πρὸ τούτου τεθνάναι ἂν πολλάκις ἕλοιτο. καὶ 5
μὴν ἐγκαταλιπεῖν γε τὰ παιδικὰ ἢ μὴ βοηθῆσαι κινδυνεύοντι—
οὐδεὶς οὕτω κακὸς ὅντινα οὐκ ἂν αὐτὸς ὁ Ἔρως ἔνθεον
ποιήσειε πρὸς ἀρετήν, ὥστε ὅμοιον εἶναι τῷ ἀρίστῳ φύσει·
καὶ ἀτεχνῶς, ὃ ἔφη Ὅμηρος, μένος ἐμπνεῦσαι ἐνίοις b
τῶν ἡρώων τὸν θεόν, τοῦτο ὁ Ἔρως τοῖς ἐρῶσι παρέχει
γιγνόμενον παρ' αὐτοῦ.

Καὶ μὴν ὑπεραποθνῄσκειν γε μόνοι ἐθέλουσιν οἱ ἐρῶντες,
οὐ μόνον ὅτι ἄνδρες, ἀλλὰ καὶ αἱ γυναῖκες. τούτου δὲ καὶ 5
ἡ Πελίου θυγάτηρ Ἄλκηστις ἱκανὴν μαρτυρίαν παρέχεται
ὑπὲρ τοῦδε τοῦ λόγου εἰς τοὺς Ἕλληνας, ἐθελήσασα μόνη
ὑπὲρ τοῦ αὑτῆς ἀνδρὸς ἀποθανεῖν, ὄντων αὐτῷ πατρός τε
καὶ μητρός, οὓς ἐκείνη τοσοῦτον ὑπερεβάλετο τῇ φιλίᾳ διὰ c
τὸν ἔρωτα, ὥστε ἀποδεῖξαι αὐτοὺς ἀλλοτρίους ὄντας τῷ ὑεῖ
καὶ ὀνόματι μόνον προσήκοντας, καὶ τοῦτ' ἐργασαμένη τὸ
ἔργον οὕτω καλὸν ἔδοξεν ἐργάσασθαι οὐ μόνον ἀνθρώποις
ἀλλὰ καὶ θεοῖς, ὥστε πολλῶν πολλὰ καὶ καλὰ ἐργασαμένων 5
εὐαριθμήτοις δή τισιν ἔδοσαν τοῦτο γέρας οἱ θεοί, ἐξ Ἅιδου
ἀνεῖναι πάλιν τὴν ψυχήν, ἀλλὰ τὴν ἐκείνης ἀνεῖσαν ἀγα-
σθέντες τῷ ἔργῳ· οὕτω καὶ θεοὶ τὴν περὶ τὸν ἔρωτα σπουδήν d
τε καὶ ἀρετὴν μάλιστα τιμῶσιν. Ὀρφέα δὲ τὸν Οἰάγρου
ἀτελῆ ἀπέπεμψαν ἐξ Ἅιδου, φάσμα δείξαντες τῆς γυναικὸς
ἐφ' ἣν ἧκεν, αὐτὴν δὲ οὐ δόντες, ὅτι μαλθακίζεσθαι ἐδό-
κει, ἅτε ὢν κιθαρῳδός, καὶ οὐ τολμᾶν ἕνεκα τοῦ ἔρωτος 5
ἀποθνῄσκειν ὥσπερ Ἄλκηστις, ἀλλὰ διαμηχανᾶσθαι ζῶν
εἰσιέναι εἰς Ἅιδου. τοιγάρτοι διὰ ταῦτα δίκην αὐτῷ ἐπέ-
θεσαν, καὶ ἐποίησαν τὸν θάνατον αὐτοῦ ὑπὸ γυναικῶν
γενέσθαι, οὐχ ὥσπερ Ἀχιλλέα τὸν τῆς Θέτιδος υἱὸν ἐτίμη- e

---

a 6 μὴν Β : μὴ TW   b 5 οὐ μόνον ὅτι] οὐ μόνον οἱ ci. Stephanus :
οὐχ ὅτι ci. Fischer   αἱ Β : om. TW   b 7 ὑπὲρ τοῦδε τοῦ λόγου del.
ci. Stephanus   c 6 δὴ post ἔδοσαν iterant TW   c 7 ἀνεῖναι]
ἀνιέναι Hommel   ἀλλὰ τὴν ἐκείνης] ἀλλ' αὐτὴν ἐκείνην Earle
d 1 τῷ ἔργῳ secl. Baiter   d 3 φάσμα Β : φάντασμα TW
d 6 διαμηχανᾶσθαι ΒΤ : διαμηχανήσασθαι W   ζῶν εἰσιέναι Β : ζῆν
ἰέναι Τ : ζῶν ἰέναι W

σαν καὶ εἰς μακάρων νήσους ἀπέπεμψαν, ὅτι πεπυσμένος
παρὰ τῆς μητρὸς ὡς ἀποθανοῖτο ἀποκτείνας Ἕκτορα, μὴ
ποιήσας δὲ τοῦτο οἴκαδε ἐλθὼν γηραιὸς τελευτήσοι,
5 ἐτόλμησεν ἑλέσθαι βοηθήσας τῷ ἐραστῇ Πατρόκλῳ καὶ
180 τιμωρήσας οὐ μόνον ὑπεραποθανεῖν ἀλλὰ καὶ ἐπαποθανεῖν
τετελευτηκότι· ὅθεν δὴ καὶ ὑπεραγασθέντες οἱ θεοὶ διαφε-
ρόντως αὐτὸν ἐτίμησαν, ὅτι τὸν ἐραστὴν οὕτω περὶ πολλοῦ
ἐποιεῖτο. Αἰσχύλος δὲ φλυαρεῖ φάσκων Ἀχιλλέα Πα-
5 τρόκλου ἐρᾶν, ὃς ἦν καλλίων οὐ μόνον Πατρόκλου ἀλλ᾽
ἅμα καὶ τῶν ἡρώων ἁπάντων, καὶ ἔτι ἀγένειος, ἔπειτα
νεώτερος πολύ, ὥς φησιν Ὅμηρος. ἀλλὰ γὰρ τῷ ὄντι
μάλιστα μὲν ταύτην τὴν ἀρετὴν οἱ θεοὶ τιμῶσιν τὴν περὶ
b τὸν ἔρωτα, μᾶλλον μέντοι θαυμάζουσιν καὶ ἄγανται καὶ
εὖ ποιοῦσιν ὅταν ὁ ἐρώμενος τὸν ἐραστὴν ἀγαπᾷ, ἢ ὅταν
ὁ ἐραστὴς τὰ παιδικά. θειότερον γὰρ ἐραστὴς παιδικῶν·
ἔνθεος γάρ ἐστι. διὰ ταῦτα καὶ τὸν Ἀχιλλέα τῆς Ἀλκή-
5 τιδος μᾶλλον ἐτίμησαν, εἰς μακάρων νήσους ἀποπέμψαντες.
Οὕτω δὴ ἔγωγέ φημι Ἔρωτα θεῶν καὶ πρεσβύτατον καὶ
τιμιώτατον καὶ κυριώτατον εἶναι εἰς ἀρετῆς καὶ εὐδαιμονίας
κτῆσιν ἀνθρώποις καὶ ζῶσι καὶ τελευτήσασιν.

c   Φαῖδρον μὲν τοιοῦτόν τινα λόγον ἔφη εἰπεῖν, μετὰ δὲ
Φαῖδρον ἄλλους τινὰς εἶναι ὧν οὐ πάνυ διεμνημόνευε· οὓς
παρεὶς τὸν Παυσανίου λόγον διηγεῖτο. εἰπεῖν δ᾽ αὐτὸν
ὅτι Οὐ καλῶς μοι δοκεῖ, ὦ Φαῖδρε, προβεβλῆσθαι ἡμῖν
5 ὁ λόγος, τὸ ἁπλῶς οὕτως παρηγγέλθαι ἐγκωμιάζειν Ἔρωτα.
εἰ μὲν γὰρ εἷς ἦν ὁ Ἔρως, καλῶς ἂν εἶχε, νῦν δὲ οὐ γάρ
ἐστιν εἷς· μὴ ὄντος δὲ ἑνὸς ὀρθότερόν ἐστι πρότερον προρ-
d ρηθῆναι ὁποῖον δεῖ ἐπαινεῖν. ἐγὼ οὖν πειράσομαι τοῦτο

e 3 ἀποθάνοιτο (sic) TW : ἀποθάνοι B   e 4 ποιήσας δὲ τοῦτο TW :
ἀποκτείνας δὲ τοῦτον B   οἴκαδ᾽ TW : οἴκαδε δ᾽ B   e 5 βοηθήσας
B T : βοηθῆσαι W   a 5, 6 ἀλλ᾽ ἅμα scripsi : ἀλλὰ ἄρα TW : ἀλλὰ B
b 6 καὶ πρεσβύτατον B : πρεσβύτατον TW   καὶ τιμιώτατον BW :
om. T (add. in marg. t)   b 7 κυριώτατον B : κυριώτερον TW
d 1 ὁποῖον] ὁπότερον Hermann   δεῖ B T W (sed δεῖ ex δὴ T)

ἐπανορθώσασθαι, πρῶτον μὲν Ἔρωτα φράσαι ὃν δεῖ ἐπαι-
νεῖν, ἔπειτα ἐπαινέσαι ἀξίως τοῦ θεοῦ. πάντες γὰρ ἴσμεν
ὅτι οὐκ ἔστιν ἄνευ Ἔρωτος Ἀφροδίτη. μιᾶς μὲν οὖν
οὔσης εἷς ἂν ἦν Ἔρως· ἐπεὶ δὲ δὴ δύο ἐστόν, δύο ἀνάγκη 5
καὶ Ἔρωτε εἶναι. πῶς δ' οὐ δύο τὼ θεά; ἡ μέν γέ που
πρεσβυτέρα καὶ ἀμήτωρ Οὐρανοῦ θυγάτηρ, ἣν δὴ καὶ
Οὐρανίαν ἐπονομάζομεν· ἡ δὲ νεωτέρα Διὸς καὶ Διώνης,
ἣν δὴ Πάνδημον καλοῦμεν. ἀναγκαῖον δὴ καὶ Ἔρωτα τὸν e
μὲν τῇ ἑτέρᾳ συνεργὸν Πάνδημον ὀρθῶς καλεῖσθαι, τὸν δὲ
Οὐράνιον. ἐπαινεῖν μὲν οὖν δεῖ πάντας θεούς, ἃ δ' οὖν
ἑκάτερος εἴληχε πειρατέον εἰπεῖν. πᾶσα γὰρ πρᾶξις ὧδ'
ἔχει· αὐτὴ ἐφ' ἑαυτῆς πραττομένη οὔτε καλὴ οὔτε αἰσχρά. 5
οἷον ὃ νῦν ἡμεῖς ποιοῦμεν, ἢ πίνειν ἢ ᾄδειν ἢ διαλέγεσθαι, 181
οὐκ ἔστι τούτων αὐτὸ καλὸν οὐδέν, ἀλλ' ἐν τῇ πράξει, ὡς
ἂν πραχθῇ, τοιοῦτον ἀπέβη· καλῶς μὲν γὰρ πραττόμενον
καὶ ὀρθῶς καλὸν γίγνεται, μὴ ὀρθῶς δὲ αἰσχρόν. οὕτω δὴ
καὶ τὸ ἐρᾶν καὶ ὁ Ἔρως οὐ πᾶς ἐστι καλὸς οὐδὲ ἄξιος 5
ἐγκωμιάζεσθαι, ἀλλὰ ὁ καλῶς προτρέπων ἐρᾶν.

Ὁ μὲν οὖν τῆς Πανδήμου Ἀφροδίτης ὡς ἀληθῶς πάν-
δημός ἐστι καὶ ἐξεργάζεται ὅτι ἂν τύχῃ· καὶ οὗτός ἐστιν b
ὃν οἱ φαῦλοι τῶν ἀνθρώπων ἐρῶσιν. ἐρῶσι δὲ οἱ τοιοῦτοι
πρῶτον μὲν οὐχ ἧττον γυναικῶν ἢ παίδων, ἔπειτα ὧν καὶ
ἐρῶσι τῶν σωμάτων μᾶλλον ἢ τῶν ψυχῶν, ἔπειτα ὡς ἂν
δύνωνται ἀνοητοτάτων, πρὸς τὸ διαπράξασθαι μόνον βλέ- 5
ποντες, ἀμελοῦντες δὲ τοῦ καλῶς ἢ μή· ὅθεν δὴ συμβαίνει
αὐτοῖς ὅτι ἂν τύχωσι τοῦτο πράττειν, ὁμοίως μὲν ἀγαθόν,
ὁμοίως δὲ τοὐναντίον. ἔστι γὰρ καὶ ἀπὸ τῆς θεοῦ νεωτέρας
τε οὔσης πολὺ ἢ τῆς ἑτέρας, καὶ μετεχούσης ἐν τῇ γενέσει c

d 4 οὖν B T W : om. Stobaeus   d 5 δὲ δὴ B W : δὲ T Stobaeus
d 6 ἔρωτε B T W : ἔρωτας Stobaeus   τὼ θεά B T W : τὰ θεά Sto-
baeus : τὼ θεώ Cobet   d 8 διώνης T W : διόνης B   e 5 πραττομένη
B T W Stobaeus : om. Proclus   a 2 αὐτὸ B T W Stobaeus : αὐτὸ
καθ' αὑτὸ t   τῇ B T W : om. Stobaeus   a 5 καλὸς B W : καλῶς T
b 8 ἀπὸ secl. Schanz

καὶ θήλεος καὶ ἄρρενος. ὁ δὲ τῆς Οὐρανίας πρῶτον μὲν οὐ
μετεχούσης θήλεος ἀλλ' ἄρρενος μόνον—καὶ ἔστιν οὗτος ὁ
τῶν παίδων ἔρως—ἔπειτα πρεσβυτέρας, ὕβρεως ἀμοίρου· ὅθεν
5 δὴ ἐπὶ τὸ ἄρρεν τρέπονται οἱ ἐκ τούτου τοῦ ἔρωτος ἔπιπνοι,
τὸ φύσει ἐρρωμενέστερον καὶ νοῦν μᾶλλον ἔχον ἀγαπῶντες.
καί τις ἂν γνοίη καὶ ἐν αὐτῇ τῇ παιδεραστίᾳ τοὺς εἰλικρινῶς
d ὑπὸ τούτου τοῦ ἔρωτος ὡρμημένους· οὐ γὰρ ἐρῶσι παίδων,
ἀλλ' ἐπειδὰν ἤδη ἄρχωνται νοῦν ἴσχειν, τοῦτο δὲ πλησιάζει
τῷ γενειάσκειν. παρεσκευασμένοι γὰρ οἶμαί εἰσιν οἱ ἐν-
τεῦθεν ἀρχόμενοι ἐρᾶν ὡς τὸν βίον ἅπαντα συνεσόμενοι
5 καὶ κοινῇ συμβιωσόμενοι, ἀλλ' οὐκ ἐξαπατήσαντες, ἐν
ἀφροσύνῃ λαβόντες ὡς νέον, καταγελάσαντες οἰχήσεσθαι
ἐπ' ἄλλον ἀποτρέχοντες. χρῆν δὲ καὶ νόμον εἶναι μὴ ἐρᾶν
e παίδων, ἵνα μὴ εἰς ἄδηλον πολλὴ σπουδὴ ἀνηλίσκετο· τὸ
γὰρ τῶν παίδων τέλος ἄδηλον οἷ τελευτᾷ κακίας καὶ ἀρετῆς
ψυχῆς τε πέρι καὶ σώματος. οἱ μὲν οὖν ἀγαθοὶ τὸν νόμον
τοῦτον αὐτοὶ αὑτοῖς ἑκόντες τίθενται, χρῆν δὲ καὶ τούτους
5 τοὺς πανδήμους ἐραστὰς προσαναγκάζειν τὸ τοιοῦτον, ὥσπερ
καὶ τῶν ἐλευθέρων γυναικῶν προσαναγκάζομεν αὐτοὺς καθ'
182 ὅσον δυνάμεθα μὴ ἐρᾶν. οὗτοι γάρ εἰσιν οἱ καὶ τὸ ὄνειδος
πεποιηκότες, ὥστε τινὰς τολμᾶν λέγειν ὡς αἰσχρὸν χαρί-
ζεσθαι ἐρασταῖς· λέγουσι δὲ εἰς τούτους ἀποβλέποντες,
ὁρῶντες αὐτῶν τὴν ἀκαιρίαν καὶ ἀδικίαν, ἐπεὶ οὐ δήπου
5 κοσμίως γε καὶ νομίμως ὁτιοῦν ⟨πρᾶγμα⟩ πραττόμενον ψόγον
ἂν δικαίως φέροι.

Καὶ δὴ καὶ ὁ περὶ τὸν ἔρωτα νόμος ἐν μὲν ταῖς ἄλλαις
πόλεσι νοῆσαι ῥᾴδιος, ἁπλῶς γὰρ ὥρισται· ὁ δ' ἐνθάδε
b καὶ ἐν Λακεδαίμονι ποικίλος. ἐν Ἤλιδι μὲν γὰρ καὶ ἐν
Βοιωτοῖς, καὶ οὗ μὴ σοφοὶ λέγειν, ἁπλῶς νενομοθέτηται

---

c 3 καί . . . ἔρως secl. Schütz   d 2 ἀλλ'] ἀλλ' ἢ ci. Stephanus
d 6 οἴχεσθαι Herwerden   e 2 τέλος secl. Badham   e 4 χρῆν
B: χρὴ TW   a 2 τινὰς BTW: τινὰ vulg.   a 5 πρᾶγμα in
marg. t: om. BTW   b 1 καὶ ἐν Λακεδαίμονι secl. Winckelmann
ὁ supra ἐν Λακεδαίμονι add. T   b 2 οὗ μὴ TW: οὐ μὴ B

καλὸν τὸ χαρίζεσθαι ἐρασταῖς, καὶ οὐκ ἄν τις εἴποι οὔτε
νέος οὔτε παλαιὸς ὡς αἰσχρόν, ἵνα οἶμαι μὴ πράγματ᾽
ἔχωσιν λόγῳ πειρώμενοι πείθειν τοὺς νέους, ἅτε ἀδύνα- 5
τοι λέγειν· τῆς δὲ Ἰωνίας καὶ ἄλλοθι πολλαχοῦ αἰσχρὸν
νενόμισται, ὅσοι ὑπὸ βαρβάροις οἰκοῦσιν. τοῖς γὰρ βαρ-
βάροις διὰ τὰς τυραννίδας αἰσχρὸν τοῦτό γε καὶ ἥ γε
φιλοσοφία καὶ ἡ φιλογυμναστία· οὐ γὰρ οἶμαι συμφέρει c
τοῖς ἄρχουσι φρονήματα μεγάλα ἐγγίγνεσθαι τῶν ἀρχο-
μένων, οὐδὲ φιλίας ἰσχυρὰς καὶ κοινωνίας, ὃ δὴ μάλιστα
φιλεῖ τά τε ἄλλα πάντα καὶ ὁ ἔρως ἐμποιεῖν. ἔργῳ δὲ
τοῦτο ἔμαθον καὶ οἱ ἐνθάδε τύραννοι· ὁ γὰρ Ἀριστογεί- 5
τονος ἔρως καὶ ἡ Ἁρμοδίου φιλία βέβαιος γενομένη κατ-
έλυσεν αὐτῶν τὴν ἀρχήν. οὕτως οὗ μὲν αἰσχρὸν ἐτέθη
χαρίζεσθαι ἐρασταῖς, κακίᾳ τῶν θεμένων κεῖται, τῶν μὲν d
ἀρχόντων πλεονεξίᾳ, τῶν δὲ ἀρχομένων ἀνανδρίᾳ· οὗ δὲ
καλὸν ἁπλῶς ἐνομίσθη, διὰ τὴν τῶν θεμένων τῆς ψυχῆς
ἀργίαν. ἐνθάδε δὲ πολὺ τούτων κάλλιον νενομοθέτηται, καὶ
ὅπερ εἶπον, οὐ ῥᾴδιον κατανοῆσαι. ἐνθυμηθέντι γὰρ ὅτι 5
λέγεται κάλλιον τὸ φανερῶς ἐρᾶν τοῦ λάθρᾳ, καὶ μάλιστα
τῶν γενναιοτάτων καὶ ἀρίστων, κἂν αἰσχίους ἄλλων ὦσι, καὶ
ὅτι αὖ ἡ παρακέλευσις τῷ ἐρῶντι παρὰ πάντων θαυμαστή,
οὐχ ὥς τι αἰσχρὸν ποιοῦντι, καὶ ἑλόντι τε καλὸν δοκεῖ εἶναι
καὶ μὴ ἑλόντι αἰσχρόν, καὶ πρὸς τὸ ἐπιχειρεῖν ἑλεῖν ἐξου- e
σίαν ὁ νόμος δέδωκε τῷ ἐραστῇ θαυμαστὰ ἔργα ἐργαζομένῳ
ἐπαινεῖσθαι, ἃ εἴ τις τολμῴη ποιεῖν ἀλλ᾽ ὁτιοῦν διώκων καὶ
βουλόμενος διαπράξασθαι πλὴν τοῦτο, †φιλοσοφίας τὰ μέ- 183
γιστα καρποῖτ᾽ ἂν ὀνείδη—εἰ γὰρ ἢ χρήματα βουλόμενος
παρά του λαβεῖν ἢ ἀρχὴν ἄρξαι ἤ τινα ἄλλην δύναμιν
ἐθέλοι ποιεῖν οἷάπερ οἱ ἐρασταὶ πρὸς τὰ παιδικά, ἱκετείας

b 3 τὸ B T W : del. t   c 7 οὗ B² T W : ου B   d 2 οὗ δὲ T W :
οὐ δὲ B   d 4 δὲ B : om. T W   d 5 ἐνθυμηθέντι B T W : γρ. καὶ
ἐνεθυμήθην in marg. W   d 9 τε T W : om. B   e 3 ἃ εἴ T W :
αἰεὶ B : γρ. καὶ αἰεὶ in marg. W   a 1 φιλοσοφίας secl. ci. Schleier-
macher   a 2 εἰ B T : ἢ W   a 4 ἐθέλοι B : ἐθέλει T W

5 τε καὶ ἀντιβολήσεις ἐν ταῖς δεήσεσιν ποιούμενοι, καὶ ὅρκους
ὀμνύντες, καὶ κοιμήσεις ἐπὶ θύραις, καὶ ἐθέλοντες δουλείας
δουλεύειν οἵας οὐδ᾽ ἂν δοῦλος οὐδείς, ἐμποδίζοιτο ἂν μὴ
πράττειν οὕτω τὴν πρᾶξιν καὶ ὑπὸ φίλων καὶ ὑπὸ ἐχθρῶν,
b τῶν μὲν ὀνειδιζόντων κολακείας καὶ ἀνελευθερίας, τῶν δὲ
νουθετούντων καὶ αἰσχυνομένων ὑπὲρ αὐτῶν—τῷ δ᾽ ἐρῶντι
πάντα ταῦτα ποιοῦντι χάρις ἔπεστι, καὶ δέδοται ὑπὸ τοῦ
νόμου ἄνευ ὀνείδους πράττειν, ὡς πάγκαλόν τι πρᾶγμα
5 διαπραττομένου· ὃ δὲ δεινότατον, ὥς γε λέγουσιν οἱ πολ-
λοί, ὅτι καὶ ὀμνύντι μόνῳ συγγνώμη παρὰ θεῶν ἐκβάντι
τῶν ὅρκων—ἀφροδίσιον γὰρ ὅρκον οὔ φασιν εἶναι· οὕτω
c καὶ οἱ θεοὶ καὶ οἱ ἄνθρωποι πᾶσαν ἐξουσίαν πεποιήκασι τῷ
ἐρῶντι, ὡς ὁ νόμος φησὶν ὁ ἐνθάδε—ταύτῃ μὲν οὖν οἰηθείη
ἄν τις πάγκαλον νομίζεσθαι ἐν τῇδε τῇ πόλει καὶ τὸ ἐρᾶν
καὶ τὸ φίλους γίγνεσθαι τοῖς ἐρασταῖς. ἐπειδὰν δὲ παι-
5 δαγωγοὺς ἐπιστήσαντες οἱ πατέρες τοῖς ἐρωμένοις μὴ ἐῶσι
διαλέγεσθαι τοῖς ἐρασταῖς, καὶ τῷ παιδαγωγῷ ταῦτα προσ-
τεταγμένα ᾖ, ἡλικιῶται δὲ καὶ ἑταῖροι ὀνειδίζωσιν ἐάν τι
ὁρῶσιν τοιοῦτον γιγνόμενον, καὶ τοὺς ὀνειδίζοντας αὖ οἱ
d πρεσβύτεροι μὴ διακωλύσωσι μηδὲ λοιδορῶσιν ὡς οὐκ ὀρθῶς
λέγοντας, εἰς δὲ ταῦτά τις αὖ βλέψας ἡγήσαιτ᾽ ἂν πάλιν
αἴσχιστον τὸ τοιοῦτον ἐνθάδε νομίζεσθαι. τὸ δὲ οἶμαι ὧδ᾽
ἔχει· οὐχ ἁπλοῦν ἐστιν, ὅπερ ἐξ ἀρχῆς ἐλέχθη οὔτε καλὸν
5 εἶναι αὐτὸ καθ᾽ αὑτὸ οὔτε αἰσχρόν, ἀλλὰ καλῶς μὲν πρατ-
τόμενον καλόν, αἰσχρῶς δὲ αἰσχρόν. αἰσχρῶς μὲν οὖν
ἐστι πονηρῷ τε καὶ πονηρῶς χαρίζεσθαι, καλῶς δὲ χρηστῷ
τε καὶ καλῶς. πονηρὸς δ᾽ ἐστὶν ἐκεῖνος ὁ ἐραστὴς ὁ πάν-

a 6 ὀμνύντες secl. Hertz   ἐθέλοντες Β Τ W: ἐθελοντὰς vulg.
b 2 αὐτῶν] αὐτοῦ Orelli   b 3 πάντα ταῦτα Β: ταῦτα πάντα Τ W
ἔπεστι Τ W: επεται (sic) Β   b 7 τῶν ὅρκων Τ W: τῶν ὅρκον Β: τὸν
ὅρκον al. ὅρκον (ὅρκον) Hertz   εἶναι Β Τ W Stobaeus Cyrillus: εἶναι
ἐμποίνιμον Osann e schol.   c 1 οἱ (bis) Β Τ: om. W   c 6 καὶ
... c 7 ᾖ secl. Jahn   · c 7 ᾖ Τ W: οἱ Β: ᾖ οἱ al.   ἑταῖροι Heindorf:
ἕτεροι Β Τ W   ὀνειδίζουσιν W   d 7 καλῶς δὲ Par. 1810: καλὸν
δὲ Β Τ W

δημος, ὁ τοῦ σώματος μᾶλλον ἢ τῆς ψυχῆς ἐρῶν· καὶ γὰρ e
οὐδὲ μόνιμός ἐστιν, ἅτε οὐδὲ μονίμου ἐρῶν πράγματος.
ἅμα γὰρ τῷ τοῦ σώματος ἄνθει λήγοντι, οὗπερ ἤρα, " οἴ-
χεται ἀποπτάμενος," πολλοὺς λόγους καὶ ὑποσχέσεις καται-
σχύνας· ὁ δὲ τοῦ ἤθους χρηστοῦ ὄντος ἐραστὴς διὰ βίου 5
μένει, ἅτε μονίμῳ συντακείς. τούτους δὴ βούλεται ὁ
ἡμέτερος νόμος εὖ καὶ καλῶς βασανίζειν, καὶ τοῖς μὲν 184
χαρίσασθαι, τοὺς δὲ διαφεύγειν. διὰ ταῦτα οὖν τοῖς μὲν
διώκειν παρακελεύεται, τοῖς δὲ φεύγειν, ἀγωνοθετῶν καὶ
βασανίζων ποτέρων ποτέ ἐστιν ὁ ἐρῶν καὶ ποτέρων ὁ
ἐρώμενος. οὕτω δὴ ὑπὸ ταύτης τῆς αἰτίας πρῶτον μὲν τὸ 5
ἁλίσκεσθαι ταχὺ αἰσχρὸν νενόμισται, ἵνα χρόνος ἐγγένηται,
ὃς δὴ δοκεῖ τὰ πολλὰ καλῶς βασανίζειν, ἔπειτα τὸ ὑπὸ
χρημάτων καὶ ὑπὸ πολιτικῶν δυνάμεων ἁλῶναι αἰσχρόν,
ἐάν τε κακῶς πάσχων πτήξῃ καὶ μὴ καρτερήσῃ, ἄν τ' b
εὐεργετούμενος εἰς χρήματα ἢ εἰς διαπράξεις πολιτικὰς μὴ
καταφρονήσῃ· οὐδὲν γὰρ δοκεῖ τούτων οὔτε βέβαιον οὔτε
μόνιμον εἶναι, χωρὶς τοῦ μηδὲ πεφυκέναι ἀπ' αὐτῶν γεν-
ναίαν φιλίαν. μία δὴ λείπεται τῷ ἡμετέρῳ νόμῳ ὁδός, εἰ 5
μέλλει καλῶς χαριεῖσθαι ἐραστῇ παιδικά. ἔστι γὰρ ἡμῖν
νόμος, ὥσπερ ἐπὶ τοῖς ἐρασταῖς ἦν δουλεύειν ἐθέλοντα
ἡντινοῦν δουλείαν παιδικοῖς μὴ κολακείαν εἶναι μηδὲ ἐπο- c
νείδιστον, οὕτω δὴ καὶ ἄλλη μία μόνη δουλεία ἑκούσιος
λείπεται οὐκ ἐπονείδιστος· αὕτη δ' ἐστὶν ἡ περὶ τὴν ἀρετήν.
νενόμισται γὰρ δὴ ἡμῖν, ἐάν τις ἐθέλῃ τινὰ θεραπεύειν
ἡγούμενος δι' ἐκεῖνον ἀμείνων ἔσεσθαι ἢ κατὰ σοφίαν τινὰ 5

e 1 ἢ τῆς ψυχῆς ἐρῶν B : ἐρῶν ἢ τῆς ψυχῆς TW   e 2 ἅτε οὐδὲ
TW : ἅτε οὐ B   a 1 καὶ ... διαφεύγειν secl. Badham   a 5 δὴ
BT : δὴ καὶ W   b 1 ἄν τ' εὐεργετούμενος BW : ἀντευεργετούμενος T
b 2 εἰς χρήματα ... πολιτικὰς secl. Hirschig   b 6 ἔστι ... νόμος
om. Schanz auctore Vermehren   b 7 ὥσπερ TW : ὅσπερ B Sto-
baeus : ὥσπερ γὰρ Vermehren Schanz   ἐθέλοντα BTW : ἐθέλοντας
vel ἐθέλοντὰς Stobaeus   c 2 μία μόνη] μία μῶν B : μία μόνον TW :
μόνη μία Stobaeus : μία ἐρωμένῳ Usener : μία ⟨τῶν ἐρωμένων τῷ ἡμετέρῳ
νό⟩μῳ Schanz : μία νέων Hug   c 4 τις ἐθέλῃ τινὰ BTW : τίς τινα
θέλῃ Stobaeus   c 5 ἐκεῖνον TW Stobaeus : ἐκεῖνο B

ἢ κατὰ ἄλλο ὁτιοῦν μέρος ἀρετῆς, αὕτη αὖ ἡ ἐθελοδουλεία
οὐκ αἰσχρὰ εἶναι οὐδὲ κολακεία. δεῖ δὴ τὼ νόμω τούτω
συμβαλεῖν εἰς ταὐτόν, τόν τε περὶ τὴν παιδεραστίαν καὶ
d τὸν περὶ τὴν φιλοσοφίαν τε καὶ τὴν ἄλλην ἀρετήν, εἰ
μέλλει συμβῆναι καλὸν γενέσθαι τὸ ἐραστῇ παιδικὰ χαρί-
σασθαι. ὅταν γὰρ εἰς τὸ αὐτὸ ἔλθωσιν ἐραστής τε καὶ
παιδικά, νόμον ἔχων ἑκάτερος, ὁ μὲν χαρισαμένοις παιδικοῖς
5 ὑπηρετῶν ὁτιοῦν δικαίως ἂν ὑπηρετεῖν, ὁ δὲ τῷ ποιοῦντι
αὐτὸν σοφόν τε καὶ ἀγαθὸν δικαίως αὖ ὁτιοῦν ἂν ὑπουρ-
γῶν ⟨ὑπουργεῖν⟩, καὶ ὁ μὲν δυνάμενος εἰς φρόνησιν καὶ τὴν
e ἄλλην ἀρετὴν συμβάλλεσθαι, ὁ δὲ δεόμενος εἰς παίδευσιν
καὶ τὴν ἄλλην σοφίαν κτᾶσθαι, τότε δὴ τούτων συνιόντων
εἰς ταὐτὸν τῶν νόμων μοναχοῦ ἐνταῦθα συμπίπτει τὸ καλὸν
εἶναι παιδικὰ ἐραστῇ χαρίσασθαι, ἄλλοθι δὲ οὐδαμοῦ. ἐπὶ
5 τούτῳ καὶ ἐξαπατηθῆναι οὐδὲν αἰσχρόν· ἐπὶ δὲ τοῖς ἄλλοις
πᾶσι καὶ ἐξαπατωμένῳ αἰσχύνην φέρει καὶ μή. εἰ γάρ τις
185 ἐραστῇ ὡς πλουσίῳ πλούτου ἕνεκα χαρισάμενος ἐξαπατηθείη
καὶ μὴ λάβοι χρήματα, ἀναφανέντος τοῦ ἐραστοῦ πένητος,
οὐδὲν ἧττον αἰσχρόν· δοκεῖ γὰρ ὁ τοιοῦτος τό γε αὑτοῦ
ἐπιδεῖξαι, ὅτι ἕνεκα χρημάτων ὁτιοῦν ἂν ὁτῳοῦν ὑπηρετοῖ,
5 τοῦτο δὲ οὐ καλόν. κατὰ τὸν αὐτὸν δὴ λόγον κἂν εἴ τις
ὡς ἀγαθῷ χαρισάμενος καὶ αὐτὸς ὡς ἀμείνων ἐσόμενος διὰ
τὴν φιλίαν ἐραστοῦ ἐξαπατηθείη, ἀναφανέντος ἐκείνου κακοῦ
b καὶ οὐ κεκτημένου ἀρετήν, ὅμως καλὴ ἡ ἀπάτη· δοκεῖ γὰρ
αὖ καὶ οὗτος τὸ καθ' αὑτὸν δεδηλωκέναι, ὅτι ἀρετῆς γ'
ἕνεκα καὶ τοῦ βελτίων γενέσθαι πᾶν ἂν παντὶ προθυμηθείη,
τοῦτο δὲ αὖ πάντων κάλλιστον· οὕτω πᾶν πάντως γε καλὸν

c 7 τὼ νόμω τούτω apographa : τῷ νόμῳ τούτῳ B T W   d 2 τὸ T :
τῷ B W   d 5 ἂν T W : οὖν B   d 6 ἂν T W : αὖ B   ὑπουργῶν
ὑπουργεῖν Baiter : ὑπουργῶν B T W : ὑπουργεῖν vulg.   e 1 ξυμβάλ-
λεσθαι T W : ξυμβαλέσθαι B   εἰς del. Schütz   e 2 κτᾶσθαι]
ἵστασθαι Schanz   e 3 τῶν νόμων del. Bast   a 7 ἐραστοῦ B Γ W :
τοῦ ἐραστοῦ al.   b 1 ἡ B W t : om. pr. T   b 4 πᾶν Stobaeus :
om B T W

ἀρετῆς γ' ἕνεκα χαρίζεσθαι. οὗτός ἐστιν ὁ τῆς οὐρανίας θεοῦ 5
ἔρως καὶ οὐράνιος καὶ πολλοῦ ἄξιος καὶ πόλει καὶ ἰδιώταις,
πολλὴν ἐπιμέλειαν ἀναγκάζων ποιεῖσθαι πρὸς ἀρετὴν τόν
τε ἐρῶντα αὐτὸν αὑτοῦ καὶ τὸν ἐρώμενον· οἱ δ' ἕτεροι c
πάντες τῆς ἑτέρας, τῆς πανδήμου. ταῦτά σοι, ἔφη, ὡς ἐκ
τοῦ παραχρῆμα, ὦ Φαῖδρε, περὶ Ἔρωτος συμβάλλομαι.

Παυσανίου δὲ παυσαμένου—διδάσκουσι γάρ με ἴσα λέγειν
οὑτωσὶ οἱ σοφοί—ἔφη ὁ Ἀριστόδημος δεῖν μὲν Ἀριστοφάνη 5
λέγειν, τυχεῖν δὲ αὐτῷ τινα ἢ ὑπὸ πλησμονῆς ἢ ὑπό τινος
ἄλλου λύγγα ἐπιπεπτωκυῖαν καὶ οὐχ οἷόν τε εἶναι λέγειν,
ἀλλ' εἰπεῖν αὐτόν—ἐν τῇ κάτω γὰρ αὐτοῦ τὸν ἰατρὸν Ἐρυξί- d
μαχον κατακεῖσθαι—"Ὦ Ἐρυξίμαχε, δίκαιος εἶ ἢ παῦσαί
με τῆς λυγγὸς ἢ λέγειν ὑπὲρ ἐμοῦ, ἕως ἂν ἐγὼ παύσωμαι."
καὶ τὸν Ἐρυξίμαχον εἰπεῖν "Ἀλλὰ ποιήσω ἀμφότερα ταῦτα·
ἐγὼ μὲν γὰρ ἐρῶ ἐν τῷ σῷ μέρει, σὺ δ' ἐπειδὰν παύσῃ, ἐν 5
τῷ ἐμῷ. ἐν ᾧ δ' ἂν ἐγὼ λέγω, ἐὰν μέν σοι ἐθέλῃ ἀπνευστὶ
ἔχοντι πολὺν χρόνον παύεσθαι ἡ λύγξ· εἰ δὲ μή, ὕδατι
ἀνακογχυλίασον. εἰ δ' ἄρα πάνυ ἰσχυρά ἐστιν, ἀναλαβών e
τι τοιοῦτον οἵῳ κινήσαις ἂν τὴν ῥῖνα, πτάρε· καὶ ἐὰν τοῦτο
ποιήσῃς ἅπαξ ἢ δίς, καὶ εἰ πάνυ ἰσχυρά ἐστι, παύσεται."
"Οὐκ ἂν φθάνοις λέγων," φάναι τὸν Ἀριστοφάνη· "ἐγὼ
δὲ ταῦτα ποιήσω." 5

Εἰπεῖν δὴ τὸν Ἐρυξίμαχον, Δοκεῖ τοίνυν μοι ἀναγκαῖον
εἶναι, ἐπειδὴ Παυσανίας ὁρμήσας ἐπὶ τὸν λόγον καλῶς οὐχ
ἱκανῶς ἀπετέλεσε, δεῖν ἐμὲ πειρᾶσθαι τέλος ἐπιθεῖναι τῷ 186
λόγῳ. τὸ μὲν γὰρ διπλοῦν εἶναι τὸν Ἔρωτα δοκεῖ μοι
καλῶς διελέσθαι· ὅτι δὲ οὐ μόνον ἐστὶν ἐπὶ ταῖς ψυχαῖς

b 5 ἀρετῆς γ' ἕνεκα TW: ἀρετῆς ἕνεκα B: ἕνεκα ἀρετῆς Stobaeus
c 3 συμβάλλομαι TW: συμβάλλομεν B   c 7 λέγειν BT: om. W
d 1 τὸν ἰατρὸν TW: τῶν ἰατρῶν B   d 6 π**ν χρόνον ἀπνευστὶ
ἔχοντι W   e 2 κινήσαις BTW Stobaeus et legit Athenaeus:
κινήσαις Wyttenbach   e 4 φάναι (sic) B: εἰπεῖν TW

τῶν ἀνθρώπων πρὸς τοὺς καλοὺς ἀλλὰ καὶ πρὸς ἄλλα πολλὰ
5 καὶ ἐν τοῖς ἄλλοις, τοῖς τε σώμασι τῶν πάντων ζῴων καὶ
τοῖς ἐν τῇ γῇ φυομένοις καὶ ὡς ἔπος εἰπεῖν ἐν πᾶσι τοῖς
οὖσι, καθεωρακέναι μοι δοκῶ ἐκ τῆς ἰατρικῆς, τῆς ἡμετέρας
b τέχνης, ὡς μέγας καὶ θαυμαστὸς καὶ ἐπὶ πᾶν ὁ θεὸς τείνει
καὶ κατ᾽ ἀνθρώπινα καὶ κατὰ θεῖα πράγματα. ἄρξομαι δὲ
ἀπὸ τῆς ἰατρικῆς λέγων, ἵνα καὶ πρεσβεύωμεν τὴν τέχνην.
ἡ γὰρ φύσις τῶν σωμάτων τὸν διπλοῦν Ἔρωτα τοῦτον ἔχει·
5 τὸ γὰρ ὑγιὲς τοῦ σώματος καὶ τὸ νοσοῦν ὁμολογουμένως
ἕτερόν τε καὶ ἀνόμοιόν ἐστι, τὸ δὲ ἀνόμοιον ἀνομοίων ἐπι-
θυμεῖ καὶ ἐρᾷ. ἄλλος μὲν οὖν ὁ ἐπὶ τῷ ὑγιεινῷ ἔρως, ἄλλος
δὲ ὁ ἐπὶ τῷ νοσώδει. ἔστιν δή, ὥσπερ ἄρτι Παυσανίας
ἔλεγεν τοῖς μὲν ἀγαθοῖς καλὸν χαρίζεσθαι τῶν ἀνθρώπων,
c τοῖς δ᾽ ἀκολάστοις αἰσχρόν, οὕτω καὶ ἐν αὐτοῖς τοῖς σώμασιν
τοῖς μὲν ἀγαθοῖς ἑκάστου τοῦ σώματος καὶ ὑγιεινοῖς καλὸν
χαρίζεσθαι καὶ δεῖ, καὶ τοῦτό ἐστιν ᾧ ὄνομα τὸ ἰατρικόν,
τοῖς δὲ κακοῖς καὶ νοσώδεσιν αἰσχρόν τε καὶ δεῖ ἀχαριστεῖν,
5 εἰ μέλλει τις τεχνικὸς εἶναι. ἔστι γὰρ ἰατρική, ὡς ἐν
κεφαλαίῳ εἰπεῖν, ἐπιστήμη τῶν τοῦ σώματος ἐρωτικῶν πρὸς
πλησμονὴν καὶ κένωσιν, καὶ ὁ διαγιγνώσκων ἐν τούτοις τὸν
d καλόν τε καὶ αἰσχρὸν ἔρωτα, οὗτός ἐστιν ὁ ἰατρικώτατος,
καὶ ὁ μεταβάλλειν ποιῶν, ὥστε ἀντὶ τοῦ ἑτέρου ἔρωτος τὸν
ἕτερον κτᾶσθαι, καὶ οἷς μὴ ἔνεστιν ἔρως, δεῖ δ᾽ ἐγγενέσθαι,
ἐπιστάμενος ἐμποιῆσαι καὶ ἐνόντα ἐξελεῖν, ἀγαθὸς ἂν εἴη
5 δημιουργός. δεῖ γὰρ δὴ τὰ ἔχθιστα ὄντα ἐν τῷ σώματι
φίλα οἷόν τ᾽ εἶναι ποιεῖν καὶ ἐρᾶν ἀλλήλων. ἔστι δὲ ἔχθιστα
τὰ ἐναντιώτατα, ψυχρὸν θερμῷ, πικρὸν γλυκεῖ, ξηρὸν ὑγρῷ,
e πάντα τὰ τοιαῦτα· τούτοις ἐπιστηθεὶς ἔρωτα ἐμποιῆσαι καὶ
ὁμόνοιαν ὁ ἡμέτερος πρόγονος Ἀσκληπιός, ὥς φασιν οἵδε οἱ

b 2 κατὰ τἀνθρώπινα Stobaeus   κατὰ τὰ θεῖα Stobaeus   b 3 καὶ
B T W : om. Stobaeus   b 4 ἔχει T W : ἔχῃ B   b 5 ὁμολογου-
μένως B : ὁμολογοῦμεν ὡς T W Stobaeus   b 7 ὑγιεινῷ ἔρως T W :
ὑγιεῖ νοερος B   d 3 κτᾶσθαι B : κτήσασθαι T W   ἔρως secl.
Usener   d 4 καὶ ... ἐξελεῖν secl. Schanz

ποιηταὶ καὶ ἐγὼ πείθομαι, συνέστησεν τὴν ἡμετέραν τέχνην.
ἥ τε οὖν ἰατρική, ὥσπερ λέγω, πᾶσα διὰ τοῦ θεοῦ τούτου
κυβερνᾶται, ὡσαύτως δὲ καὶ γυμναστικὴ καὶ γεωργία· μουσικὴ 187
δὲ καὶ παντὶ κατάδηλος τῷ καὶ σμικρὸν προσέχοντι τὸν νοῦν
ὅτι κατὰ ταὐτὰ ἔχει τούτοις, ὥσπερ ἴσως καὶ Ἡράκλειτος
βούλεται λέγειν, ἐπεὶ τοῖς γε ῥήμασιν οὐ καλῶς λέγει. τὸ
ἓν γάρ φησι "διαφερόμενον αὐτὸ αὑτῷ συμφέρεσθαι," 5
"ὥσπερ ἁρμονίαν τόξου τε καὶ λύρας." ἔστι δὲ πολλὴ
ἀλογία ἁρμονίαν φάναι διαφέρεσθαι ἢ ἐκ διαφερομένων ἔτι
εἶναι. ἀλλὰ ἴσως τόδε ἐβούλετο λέγειν, ὅτι ἐκ διαφερομένων
πρότερον τοῦ ὀξέος καὶ βαρέος, ἔπειτα ὕστερον ὁμολογη- b
σάντων γέγονεν ὑπὸ τῆς μουσικῆς τέχνης. οὐ γὰρ δήπου
ἐκ διαφερομένων γε ἔτι τοῦ ὀξέος καὶ βαρέος ἁρμονία ἂν
εἴη· ἡ γὰρ ἁρμονία συμφωνία ἐστίν, συμφωνία δὲ ὁμολογία
τις—ὁμολογίαν δὲ ἐκ διαφερομένων, ἕως ἂν διαφέρωνται, 5
ἀδύνατον εἶναι· διαφερόμενον δὲ αὖ καὶ μὴ ὁμολογοῦν ἀδύ-
νατον ἁρμόσαι—ὥσπερ γε καὶ ὁ ῥυθμὸς ἐκ τοῦ ταχέος καὶ
βραδέος, ἐκ διενηνεγμένων πρότερον, ὕστερον δὲ ὁμολογη- c
σάντων γέγονε. τὴν δὲ ὁμολογίαν πᾶσι τούτοις, ὥσπερ
ἐκεῖ ἡ ἰατρική, ἐνταῦθα ἡ μουσικὴ ἐντίθησιν, ἔρωτα καὶ
ὁμόνοιαν ἀλλήλων ἐμποιήσασα· καὶ ἔστιν αὖ μουσικὴ περὶ
ἁρμονίαν καὶ ῥυθμὸν ἐρωτικῶν ἐπιστήμη. καὶ ἐν μέν γε 5
αὐτῇ τῇ συστάσει ἁρμονίας τε καὶ ῥυθμοῦ οὐδὲν χαλεπὸν τὰ
ἐρωτικὰ διαγιγνώσκειν, οὐδὲ ὁ διπλοῦς ἔρως ἐνταῦθά πω
ἔστιν· ἀλλ' ἐπειδὰν δέῃ πρὸς τοὺς ἀνθρώπους καταχρῆσθαι
ῥυθμῷ τε καὶ ἁρμονίᾳ ἢ ποιοῦντα, ὃ δὴ μελοποιίαν καλοῦσιν, d
ἢ χρώμενον ὀρθῶς τοῖς πεποιημένοις μέλεσί τε καὶ μέτροις,
ὃ δὴ παιδεία ἐκλήθη, ἐνταῦθα δὴ καὶ χαλεπὸν καὶ ἀγαθοῦ
δημιουργοῦ δεῖ. πάλιν γὰρ ἥκει ὁ αὐτὸς λόγος, ὅτι τοῖς μὲν
κοσμίοις τῶν ἀνθρώπων, καὶ ὡς ἂν κοσμιώτεροι γίγνοιντο 5
οἱ μήπω ὄντες, δεῖ χαρίζεσθαι καὶ φυλάττειν τὸν τούτων

---

a 2 σμικρὸν BT: σμικρῷ W   c 1 ἐκ BTW: om. Vindob. 21
c 4 ἀλλήλων B: ἀλλήλοις TW   c 7 πω Badham: πῶς BTW
d 2 μέτροις BT: ῥυθμοῖς W

ἔρωτα, καὶ οὗτός ἐστιν ὁ καλός, ὁ οὐράνιος, ὁ τῆς Οὐρανίας
e μούσης Ἔρως· ὁ δὲ Πολυμνίας ὁ πάνδημος, ὃν δεῖ εὐλαβού-
μενον προσφέρειν οἷς ἂν προσφέρῃ, ὅπως ἂν τὴν μὲν ἡδονὴν
αὐτοῦ καρπώσηται, ἀκολασίαν δὲ μηδεμίαν ἐμποιήσῃ, ὥσπερ
ἐν τῇ ἡμετέρᾳ τέχνῃ μέγα ἔργον ταῖς περὶ τὴν ὀψοποιικὴν
5 τέχνην ἐπιθυμίαις καλῶς χρῆσθαι, ὥστ᾽ ἄνευ νόσου τὴν
ἡδονὴν καρπώσασθαι. καὶ ἐν μουσικῇ δὴ καὶ ἐν ἰατρικῇ
καὶ ἐν τοῖς ἄλλοις πᾶσι καὶ τοῖς ἀνθρωπείοις καὶ τοῖς θείοις,
καθ᾽ ὅσον παρείκει, φυλακτέον ἑκάτερον τὸν Ἔρωτα· ἔνεστον
188 γάρ. ἐπεὶ καὶ ἡ τῶν ὡρῶν τοῦ ἐνιαυτοῦ σύστασις μεστή
ἐστιν ἀμφοτέρων τούτων, καὶ ἐπειδὰν μὲν πρὸς ἄλληλα τοῦ
κοσμίου τύχῃ ἔρωτος ἃ νυνδὴ ἐγὼ ἔλεγον, τά τε θερμὰ καὶ
τὰ ψυχρὰ καὶ ξηρὰ καὶ ὑγρά, καὶ ἁρμονίαν καὶ κρᾶσιν λάβῃ
5 σώφρονα, ἥκει φέροντα εὐετηρίαν τε καὶ ὑγίειαν ἀνθρώποις
καὶ τοῖς ἄλλοις ζῴοις τε καὶ φυτοῖς, καὶ οὐδὲν ἠδίκησεν·
ὅταν δὲ ὁ μετὰ τῆς ὕβρεως Ἔρως ἐγκρατέστερος περὶ τὰς
τοῦ ἐνιαυτοῦ ὥρας γένηται, διέφθειρέν τε πολλὰ καὶ ἠδίκησεν.
b οἵ τε γὰρ λοιμοὶ φιλοῦσι γίγνεσθαι ἐκ τῶν τοιούτων καὶ
ἄλλα ἀνόμοια πολλὰ νοσήματα καὶ τοῖς θηρίοις καὶ τοῖς
φυτοῖς· καὶ γὰρ πάχναι καὶ χάλαζαι καὶ ἐρυσῖβαι ἐκ
πλεονεξίας καὶ ἀκοσμίας περὶ ἄλληλα τῶν τοιούτων γίγνεται
5 ἐρωτικῶν, ὧν ἐπιστήμη περὶ ἄστρων τε φορὰς καὶ ἐνιαυτῶν
ὥρας ἀστρονομία καλεῖται. ἔτι τοίνυν καὶ αἱ θυσίαι πᾶσαι
καὶ οἷς μαντικὴ ἐπιστατεῖ—ταῦτα δ᾽ ἐστὶν ἡ περὶ θεούς τε
c καὶ ἀνθρώπους πρὸς ἀλλήλους κοινωνία—οὐ περὶ ἄλλο τί
ἐστιν ἢ περὶ Ἔρωτος φυλακήν τε καὶ ἴασιν. πᾶσα γὰρ
ἀσέβεια φιλεῖ γίγνεσθαι ἐὰν μή τις τῷ κοσμίῳ Ἔρωτι

e 4 ἔργον ταῖς B²TW : ἐργῶντες B   e 8 παρείκει Wt : παρήκει
BT   ἔνεστον T : ενεστον B : ἐν ἐστὸν W   a 3 κοσμίου Bt
Stobaeus : κόσμου T   ἐγὼ ἔλεγον] λέγω Stobaeus   ξηρὰ] τὰ ξηρὰ
Stobaeus   a 7 περὶ] καὶ περὶ Stobaeus   a 8 διέφθειρε(ν)
TW Stobaeus : διαφθείρει B   b 2 πολλά] καὶ πολλὰ Stobaeus
b 4 γίγνεται] γίγνονται Canter   b 5 φορὰς W Stobaeus : φορας B :
φορᾶς T   b 6 αἱ TW Stobaeus : om. B   πᾶσαι B Stobaeus : ἅπασαι
TW   b 7 ἐπιστατεῖ] ἐπιστατεῖ τέχνη Stobaeus   c 3 ἀσέβεια
Stobaeus : ἡ ἀσέβεια BTW

χαρίζηται μηδὲ τιμᾷ τε αὐτὸν καὶ πρεσβεύῃ ἐν παντὶ ἔργῳ,
ἀλλὰ τὸν ἕτερον, καὶ περὶ γονέας καὶ ζῶντας καὶ τετελευ- 5
τηκότας καὶ περὶ θεούς· ἃ δὴ προστέτακται τῇ μαντικῇ
ἐπισκοπεῖν τοὺς ἐρῶντας καὶ ἰατρεύειν, καὶ ἔστιν αὖ ἡ
μαντικὴ φιλίας θεῶν καὶ ἀνθρώπων δημιουργὸς τῷ ἐπί- d
στασθαι τὰ κατὰ ἀνθρώπους ἐρωτικά, ὅσα τείνει πρὸς θέμιν
καὶ εὐσέβειαν.

Οὕτω πολλὴν καὶ μεγάλην, μᾶλλον δὲ πᾶσαν δύναμιν ἔχει
συλλήβδην μὲν ὁ πᾶς Ἔρως, ὁ δὲ περὶ τἀγαθὰ μετὰ σωφρο- 5
σύνης καὶ δικαιοσύνης ἀποτελούμενος καὶ παρ᾽ ἡμῖν καὶ
παρὰ θεοῖς, οὗτος τὴν μεγίστην δύναμιν ἔχει καὶ πᾶσαν ἡμῖν
εὐδαιμονίαν παρασκευάζει καὶ ἀλλήλοις δυναμένους ὁμιλεῖν
καὶ φίλους εἶναι καὶ τοῖς κρείττοσιν ἡμῶν θεοῖς. ἴσως μὲν
οὖν καὶ ἐγὼ τὸν Ἔρωτα ἐπαινῶν πολλὰ παραλείπω, οὐ μέντοι e
ἑκών γε. ἀλλ᾽ εἴ τι ἐξέλιπον, σὸν ἔργον, ὦ Ἀριστόφανες,
ἀναπληρῶσαι· ἢ εἴ πως ἄλλως ἐν νῷ ἔχεις ἐγκωμιάζειν τὸν
θεόν, ἐγκωμίαζε, ἐπειδὴ καὶ τῆς λυγγὸς πέπαυσαι.

Ἐκδεξάμενον οὖν ἔφη εἰπεῖν τὸν Ἀριστοφάνη ὅτι Καὶ 189
μάλ᾽ ἐπαύσατο, οὐ μέντοι πρίν γε τὸν πταρμὸν προσενεχθῆναι
αὐτῇ, ὥστε με θαυμάζειν εἰ τὸ κόσμιον τοῦ σώματος ἐπι-
θυμεῖ τοιούτων ψόφων καὶ γαργαλισμῶν, οἷον καὶ ὁ πταρμός
ἐστιν· πάνυ γὰρ εὐθὺς ἐπαύσατο, ἐπειδὴ αὐτῷ τὸν πταρμὸν 5
προσήνεγκα.

Καὶ τὸν Ἐρυξίμαχον, Ὠγαθέ, φάναι, Ἀριστόφανες, ὅρα
τί ποιεῖς. γελωτοποιεῖς μέλλων λέγειν, καὶ φύλακά με τοῦ
λόγου ἀναγκάζεις γίγνεσθαι τοῦ σεαυτοῦ, ἐάν τι γελοῖον b
εἴπῃς, ἐξόν σοι ἐν εἰρήνῃ λέγειν.

Καὶ τὸν Ἀριστοφάνη γελάσαντα εἰπεῖν Εὖ λέγεις, ὦ

c 5 τὸν Stobaeus : περὶ τὸν Β Τ W   c 6 προστέτακται Β Τ W :
προτέτακται Stobaeus   c 7 ἐρῶντας W Stobaeus : ἔρωτας Β Τ : τοὺς
ἔρωτας secl. Hermann   d 3 εὐσέβειαν Stobaeus : ἀσέβειαν Β Τ W
d 8 δυναμένους . . . φίλους Β Τ W Stobaeus (sed ex δυνάμενος fecit T)
a 7 ὦγαθὲ φάναι Τ W : ὠγαθὲ φᾶναι ὦγαθὲ Β

Ἐρυξίμαχε, καί μοι ἔστω ἄρρητα τὰ εἰρημένα. ἀλλὰ μή με
5 φύλαττε, ὡς ἐγὼ φοβοῦμαι περὶ τῶν μελλόντων ῥηθήσεσθαι,
οὔ τι μὴ γελοῖα εἴπω—τοῦτο μὲν γὰρ ἂν κέρδος εἴη καὶ τῆς
ἡμετέρας μούσης ἐπιχώριον—ἀλλὰ μὴ καταγέλαστα.
Βαλών γε, φάναι, ὦ Ἀριστόφανες, οἴει ἐκφεύξεσθαι·
ἀλλὰ πρόσεχε τὸν νοῦν καὶ οὕτως λέγε ὡς δώσων λόγον.
c ἴσως μέντοι, ἂν δόξῃ μοι, ἀφήσω σε.

Καὶ μήν, ὦ Ἐρυξίμαχε, εἰπεῖν τὸν Ἀριστοφάνη, ἄλλῃ
γέ πῃ ἐν νῷ ἔχω λέγειν ἢ ᾗ σύ τε καὶ Παυσανίας εἰπέτην.
ἐμοὶ γὰρ δοκοῦσιν ἄνθρωποι παντάπασι τὴν τοῦ ἔρωτος
5 δύναμιν οὐκ ᾐσθῆσθαι, ἐπεὶ αἰσθανόμενοί γε μέγιστ᾽ ἂν
αὐτοῦ ἱερὰ κατασκευάσαι καὶ βωμούς, καὶ θυσίας ἂν ποιεῖν
μεγίστας, οὐχ ὥσπερ νῦν τούτων οὐδὲν γίγνεται περὶ αὐτόν,
δέον πάντων μάλιστα γίγνεσθαι. ἔστι γὰρ θεῶν φιλαν-
d θρωπότατος, ἐπίκουρός τε ὢν τῶν ἀνθρώπων καὶ ἰατρὸς
τούτων ὧν ἰαθέντων μεγίστη εὐδαιμονία ἂν τῷ ἀνθρωπείῳ
γένει εἴη. ἐγὼ οὖν πειράσομαι ὑμῖν εἰσηγήσασθαι τὴν
δύναμιν αὐτοῦ, ὑμεῖς δὲ τῶν ἄλλων διδάσκαλοι ἔσεσθε.
5 δεῖ δὲ πρῶτον ὑμᾶς μαθεῖν τὴν ἀνθρωπίνην φύσιν καὶ τὰ
παθήματα αὐτῆς. ἡ γὰρ πάλαι ἡμῶν φύσις οὐχ αὐτὴ ἦν
ἥπερ νῦν, ἀλλ᾽ ἀλλοία. πρῶτον μὲν γὰρ τρία ἦν τὰ γένη
τὰ τῶν ἀνθρώπων, οὐχ ὥσπερ νῦν δύο, ἄρρεν καὶ θῆλυ,
e ἀλλὰ καὶ τρίτον προσῆν κοινὸν ὂν ἀμφοτέρων τούτων, οὗ
νῦν ὄνομα λοιπόν, αὐτὸ δὲ ἠφάνισται· ἀνδρόγυνον γὰρ ἓν
τότε μὲν ἦν καὶ εἶδος καὶ ὄνομα ἐξ ἀμφοτέρων κοινὸν τοῦ
τε ἄρρενος καὶ θήλεος, νῦν δὲ οὐκ ἔστιν ἀλλ᾽ ἢ ἐν ὀνείδει
5 ὄνομα κείμενον. ἔπειτα ὅλον ἦν ἑκάστου τοῦ ἀνθρώπου τὸ

---

b 5 ῥηθήσεσθαι T W: ἡττηθήσεσθαι B (sed ἡτ extra versum): ἤδη
ῥηθήσεσθαι Rettig   c 4 ἄνθρωποι Bekker: ἄνθρωποι B T: οἱ
ἄνθρωποι W   d 4 ἔσεσθε B: ἔσεσθαι T   d 6 αὐτὴ B: αὗτη T:
ἡ αὐτὴ Eusebius   ἦν B T: om. W   d 7 πρῶτον B T: πρῶτα W
d 8 τὰ τῶν B T: τῶν W Eusebius Stobaeus   e 2 ἓν B W: om. T
Eusebius Stobaeus   e 4 ἐν ὀνείδει T W: ἓν ὂν εἴδει B

εἶδος στρογγύλον, νῶτον καὶ πλευρὰς κύκλῳ ἔχον, χεῖρας
δὲ τέτταρας εἶχε, καὶ σκέλη τὰ ἴσα ταῖς χερσίν, καὶ πρόσωπα
δύ᾽ ἐπ᾽ αὐχένι κυκλοτερεῖ, ὅμοια πάντῃ· κεφαλὴν δ᾽ ἐπ᾽   190
ἀμφοτέροις τοῖς προσώποις ἐναντίοις κειμένοις μίαν, καὶ
ὦτα τέτταρα, καὶ αἰδοῖα δύο, καὶ τἆλλα πάντα ὡς ἀπὸ
τούτων ἄν τις εἰκάσειεν. ἐπορεύετο δὲ καὶ ὀρθὸν ὥσπερ
νῦν, ὁποτέρωσε βουληθείη· καὶ ὁπότε ταχὺ ὁρμήσειεν θεῖν,   5
ὥσπερ οἱ κυβιστῶντες καὶ εἰς ὀρθὸν τὰ σκέλη περιφερό-
μενοι κυβιστῶσι κύκλῳ, ὀκτὼ τότε οὖσι τοῖς μέλεσιν
ἀπερειδόμενοι ταχὺ ἐφέροντο κύκλῳ. ἦν δὲ διὰ ταῦτα τρία
τὰ γένη καὶ τοιαῦτα, ὅτι τὸ μὲν ἄρρεν ἦν τοῦ ἡλίου τὴν   b
ἀρχὴν ἔκγονον, τὸ δὲ θῆλυ τῆς γῆς, τὸ δὲ ἀμφοτέρων μετέχον
τῆς σελήνης, ὅτι καὶ ἡ σελήνη ἀμφοτέρων μετέχει· περιφερῆ
δὲ δὴ ἦν καὶ αὐτὰ καὶ ἡ πορεία αὐτῶν διὰ τὸ τοῖς γονεῦσιν
ὅμοια εἶναι. ἦν οὖν τὴν ἰσχὺν δεινὰ καὶ τὴν ῥώμην, καὶ   5
τὰ φρονήματα μεγάλα εἶχον, ἐπεχείρησαν δὲ τοῖς θεοῖς,
καὶ ὃ λέγει Ὅμηρος περὶ Ἐφιάλτου τε καὶ Ὤτου, περὶ
ἐκείνων λέγεται, τὸ εἰς τὸν οὐρανὸν ἀνάβασιν ἐπιχειρεῖν
ποιεῖν, ὡς ἐπιθησομένων τοῖς θεοῖς. ὁ οὖν Ζεὺς καὶ οἱ   c
ἄλλοι θεοὶ ἐβουλεύοντο ὅτι χρὴ αὐτοὺς ποιῆσαι, καὶ ἠπό-
ρουν· οὔτε γὰρ ὅπως ἀποκτείναιεν εἶχον καὶ ὥσπερ τοὺς
γίγαντας κεραυνώσαντες τὸ γένος ἀφανίσαιεν—αἱ τιμαὶ
γὰρ αὐτοῖς καὶ ἱερὰ τὰ παρὰ τῶν ἀνθρώπων ἠφανίζετο—   5
οὔτε ὅπως ἐῷεν ἀσελγαίνειν. μόγις δὴ ὁ Ζεὺς ἐννοήσας
λέγει ὅτι " Δοκῶ μοι," ἔφη, "ἔχειν μηχανήν, ὡς ἂν εἶέν
τε ἄνθρωποι καὶ παύσαιντο τῆς ἀκολασίας ἀσθενέστεροι
γενόμενοι. νῦν μὲν γὰρ αὐτούς, ἔφη, διατεμῶ δίχα ἕκαστον,   d
καὶ ἅμα μὲν ἀσθενέστεροι ἔσονται, ἅμα δὲ χρησιμώτεροι
ἡμῖν διὰ τὸ πλείους τὸν ἀριθμὸν γεγονέναι· καὶ βαδιοῦνται

a 5 θεῖν B Stobaeus : ἐλθεῖν T W   a 7 ὀκτὼ τότε B : τότε ὀκτὼ
T : ὀκτὼ . . . a 8 κύκλῳ om. W   a 8 ἀπερειδόμενοι T W : ἅπερ εἰδό-
μενοι B   b 2 ἀμφοτέρων B W : ἀμφότερον T   b 7 τε καὶ B T :
καὶ W   c 3, 4 ἀποκτείνειεν . . . ἀφανίσειεν W   c 5 γὰρ ⟨ἂν⟩ Ast
ἱερὰ B T W : τὰ ἱερὰ Stobaeus   c 7 ἔφη ἔχειν B T : ἔχειν ἔφη W
c 8 ἄνθρωποι Voegelin : ἄνθρωποι B T W

ὀρθοὶ ἐπὶ δυοῖν σκελοῖν. ἐὰν δ' ἔτι δοκῶσιν ἀσελγαίνειν
5 καὶ μὴ 'θέλωσιν ἡσυχίαν ἄγειν, πάλιν αὖ, ἔφη, τεμῶ δίχα,
ὥστ' ἐφ' ἑνὸς πορεύσονται σκέλους ἀσκωλιάζοντες." ταῦτα
εἰπὼν ἔτεμνε τοὺς ἀνθρώπους δίχα, ὥσπερ οἱ τὰ ὄα τέμ-
e νοντες καὶ μέλλοντες ταριχεύειν, ἢ ὥσπερ οἱ τὰ ᾠὰ ταῖς
θριξίν· ὅντινα δὲ τέμοι, τὸν Ἀπόλλω ἐκέλευεν τό τε
πρόσωπον μεταστρέφειν καὶ τὸ τοῦ αὐχένος ἥμισυ πρὸς
τὴν τομήν, ἵνα θεώμενος τὴν αὑτοῦ τμῆσιν κοσμιώτερος
5 εἴη ὁ ἄνθρωπος, καὶ τἆλλα ἰᾶσθαι ἐκέλευεν. ὁ δὲ τό τε
πρόσωπον μετέστρεφε, καὶ συνέλκων πανταχόθεν τὸ δέρμα
ἐπὶ τὴν γαστέρα νῦν καλουμένην, ὥσπερ τὰ σύσπαστα
βαλλάντια, ἐν στόμα ποιῶν ἀπέδει κατὰ μέσην τὴν γαστέρα,
ὃ δὴ τὸν ὀμφαλὸν καλοῦσι. καὶ τὰς μὲν ἄλλας ῥυτίδας
191 τὰς πολλὰς ἐξελέαινε καὶ τὰ στήθη διήρθρου, ἔχων τι
τοιοῦτον ὄργανον οἷον οἱ σκυτοτόμοι περὶ τὸν καλάποδα
λεαίνοντες τὰς τῶν σκυτῶν ῥυτίδας· ὀλίγας δὲ κατέλιπε,
τὰς περὶ αὐτὴν τὴν γαστέρα καὶ τὸν ὀμφαλόν, μνημεῖον
5 εἶναι τοῦ παλαιοῦ πάθους. ἐπειδὴ οὖν ἡ φύσις δίχα
ἐτμήθη, ποθοῦν ἕκαστον τὸ ἥμισυ τὸ αὑτοῦ συνῄει, καὶ
περιβάλλοντες τὰς χεῖρας καὶ συμπλεκόμενοι ἀλλήλοις,
ἐπιθυμοῦντες συμφῦναι, ἀπέθνῃσκον ὑπὸ λιμοῦ καὶ τῆς
b ἄλλης ἀργίας διὰ τὸ μηδὲν ἐθέλειν χωρὶς ἀλλήλων ποιεῖν.
καὶ ὁπότε τι ἀποθάνοι τῶν ἡμίσεων, τὸ δὲ λειφθείη, τὸ
λειφθὲν ἄλλο ἐζήτει καὶ συνεπλέκετο, εἴτε γυναικὸς τῆς
ὅλης ἐντύχοι ἡμίσει—ὃ δὴ νῦν γυναῖκα καλοῦμεν—εἴτε
5 ἀνδρός· καὶ οὕτως ἀπώλλυντο. ἐλεήσας δὲ ὁ Ζεὺς ἄλλην
μηχανὴν πορίζεται, καὶ μετατίθησιν αὐτῶν τὰ αἰδοῖα εἰς

d 4 δ' ἔτι Stobaeus: δέ τι BTW   d 5 θέλωσιν B Stobaeus:
ἐθέλωσιν T: ἐθέλουσιν W   d 6 ἀσκωλιάζοντες W: ἀσκωλίζοντες BT
d 7 ὄα Ruhnken ex Timaeo s. v.: ᾠὰ W Stobaeus: ᾠὰ BT   e 1 οἱ
TW Stobaeus: om. B   e 4 θεόμενος W   e 8 βαλλάντια T:
βαλάντια W: βάλλοντα B   a 2 καλάποδα T: καλόποδα BW
a 6 ξυνῄει TW Stobaeus: ξυνεῖναι B   a 8 λιμοῦ B: τοῦ λιμοῦ T
Stobaeus: τῆς λιμοῦ W   b 4 δὴ νῦν BT: μηδὲ W   b 5 ἀπώλλυντο
TW: ἀπολλυντο B

τὸ πρόσθεν—τέως γὰρ καὶ ταῦτα ἐκτὸς εἶχον, καὶ ἐγέννων
καὶ ἔτικτον οὐκ εἰς ἀλλήλους ἀλλ᾽ εἰς γῆν, ὥσπερ οἱ τέτ- c
τιγες—μετέθηκέ τε οὖν οὕτω αὐτῶν εἰς τὸ πρόσθεν καὶ
διὰ τούτων τὴν γένεσιν ἐν ἀλλήλοις ἐποίησεν, διὰ τοῦ
ἄρρενος ἐν τῷ θήλει, τῶνδε ἕνεκα, ἵνα ἐν τῇ συμπλοκῇ
ἅμα μὲν εἰ ἀνὴρ γυναικὶ ἐντύχοι, γεννῷεν καὶ γίγνοιτο τὸ 5
γένος, ἅμα δ᾽ εἰ καὶ ἄρρην ἄρρενι, πλησμονὴ γοῦν γίγνοιτο
τῆς συνουσίας καὶ διαπαύοιντο καὶ ἐπὶ τὰ ἔργα τρέποιντο
καὶ τοῦ ἄλλου βίου ἐπιμελοῖντο. ἔστι δὴ οὖν ἐκ τόσου
ὁ ἔρως ἔμφυτος ἀλλήλων τοῖς ἀνθρώποις καὶ τῆς ἀρχαίας d
φύσεως συναγωγεὺς καὶ ἐπιχειρῶν ποιῆσαι ἓν ἐκ δυοῖν καὶ
ἰάσασθαι τὴν φύσιν τὴν ἀνθρωπίνην. ἕκαστος οὖν ἡμῶν
ἐστιν ἀνθρώπου σύμβολον, ἅτε τετμημένος ὥσπερ αἱ ψῆτται,
ἐξ ἑνὸς δύο· ζητεῖ δὴ ἀεὶ τὸ αὑτοῦ ἕκαστος σύμβολον. 5
ὅσοι μὲν οὖν τῶν ἀνδρῶν τοῦ κοινοῦ τμῆμά εἰσιν, ὃ δὴ
τότε ἀνδρόγυνον ἐκαλεῖτο, φιλογύναικές τέ εἰσι καὶ οἱ
πολλοὶ τῶν μοιχῶν ἐκ τούτου τοῦ γένους γεγόνασιν, καὶ
ὅσαι αὖ γυναῖκες φίλανδροί τε καὶ μοιχεύτριαι ἐκ τούτου e
τοῦ γένους γίγνονται. ὅσαι δὲ τῶν γυναικῶν γυναικὸς
τμῆμά εἰσιν, οὐ πάνυ αὗται τοῖς ἀνδράσι τὸν νοῦν προσ-
έχουσιν, ἀλλὰ μᾶλλον πρὸς τὰς γυναῖκας τετραμμέναι
εἰσί, καὶ αἱ ἑταιρίστριαι ἐκ τούτου τοῦ γένους γίγνονται. 5
ὅσοι δὲ ἄρρενος τμῆμά εἰσι, τὰ ἄρρενα διώκουσι, καὶ τέως
μὲν ἂν παῖδες ὦσιν, ἅτε τεμάχια ὄντα τοῦ ἄρρενος, φιλοῦσι
τοὺς ἄνδρας καὶ χαίρουσι συγκατακείμενοι καὶ συμπεπλε-
γμένοι τοῖς ἀνδράσι, καί εἰσιν οὗτοι βέλτιστοι τῶν παίδων 192
καὶ μειρακίων, ἅτε ἀνδρειότατοι ὄντες φύσει. φασὶ δὲ δή
τινες αὐτοὺς ἀναισχύντους εἶναι, ψευδόμενοι· οὐ γὰρ ὑπ᾽

c2 αυτῶν B: αὐτῶν T W: αὖ Schanz   πρόσθεν B T W: ἔμπροσθεν
Stobaeus   c3 γένεσιν] γέννησιν Vermehren   διὰ... θήλει secl.
Jahn   c5 τὸ B T W: del. Usener   c6 ἄρρην B T W: ἄρρεν
al. Stobaeus   d5 δὴ B T: δὲ W   ἕκαστος T W: ἕκαστον B
Stobaeus   e2 γυναικὸς B T: γυναικῶν W   e5 αἱ B T: om.
W Stobaeus   e6 τέως B T W Stobaeus: ἕως Ast

ἀναισχυντίας τοῦτο δρῶσιν ἀλλ᾽ ὑπὸ θάρρους καὶ ἀνδρείας
5 καὶ ἀρρενωπίας, τὸ ὅμοιον αὑτοῖς ἀσπαζόμενοι. μέγα δὲ
τεκμήριον· καὶ γὰρ τελεωθέντες μόνοι ἀποβαίνουσιν εἰς
τὰ πολιτικὰ ἄνδρες οἱ τοιοῦτοι. ἐπειδὰν δὲ ἀνδρωθῶσι,
b παιδεραστοῦσι καὶ πρὸς γάμους καὶ παιδοποιίας οὐ προσ-
έχουσι τὸν νοῦν φύσει, ἀλλ᾽ ὑπὸ τοῦ νόμου ἀναγκάζονται·
ἀλλ᾽ ἐξαρκεῖ αὐτοῖς μετ᾽ ἀλλήλων καταζῆν ἀγάμοις. πάντως
μὲν οὖν ὁ τοιοῦτος παιδεραστής τε καὶ φιλεραστὴς γίγνεται,
5 ἀεὶ τὸ συγγενὲς ἀσπαζόμενος. ὅταν μὲν οὖν καὶ αὐτῷ
ἐκείνῳ ἐντύχῃ τῷ αὑτοῦ ἡμίσει καὶ ὁ παιδεραστὴς καὶ
ἄλλος πᾶς, τότε καὶ θαυμαστὰ ἐκπλήττονται φιλίᾳ τε καὶ
c οἰκειότητι καὶ ἔρωτι, οὐκ ἐθέλοντες ὡς ἔπος εἰπεῖν χωρί-
ζεσθαι ἀλλήλων οὐδὲ σμικρὸν χρόνον. καὶ οἱ διατελοῦντες
μετ᾽ ἀλλήλων διὰ βίου οὗτοί εἰσιν, οἳ οὐδ᾽ ἂν ἔχοιεν εἰπεῖν
ὅτι βούλονται σφίσι παρ᾽ ἀλλήλων γίγνεσθαι. οὐδενὶ
5 γὰρ ἂν δόξειεν τοῦτ᾽ εἶναι ἡ τῶν ἀφροδισίων συνουσία, ὡς
ἄρα τούτου ἕνεκα ἕτερος ἑτέρῳ χαίρει συνὼν οὕτως ἐπὶ
μεγάλης σπουδῆς· ἀλλ᾽ ἄλλο τι βουλομένη ἑκατέρου ἡ ψυχὴ
d δήλη ἐστίν, ὃ οὐ δύναται εἰπεῖν, ἀλλὰ μαντεύεται ὃ βού-
λεται, καὶ αἰνίττεται. καὶ εἰ αὐτοῖς ἐν τῷ αὐτῷ κατακει-
μένοις ἐπιστὰς ὁ Ἥφαιστος, ἔχων τὰ ὄργανα, ἔροιτο· "Τί
ἔσθ᾽ ὃ βούλεσθε, ὦ ἄνθρωποι, ὑμῖν παρ᾽ ἀλλήλων γενέ-
5 σθαι;" καὶ εἰ ἀποροῦντας αὐτοὺς πάλιν ἔροιτο· "Ἀρά γε
τοῦδε ἐπιθυμεῖτε, ἐν τῷ αὐτῷ γενέσθαι ὅτι μάλιστα ἀλλή-
λοις, ὥστε καὶ νύκτα καὶ ἡμέραν μὴ ἀπολείπεσθαι ἀλλή-
λων; εἰ γὰρ τούτου ἐπιθυμεῖτε, θέλω ὑμᾶς συντῆξαι καὶ
e συμφῦσαι εἰς τὸ αὐτό, ὥστε δύ᾽ ὄντας ἕνα γεγονέναι
καὶ ἕως τ᾽ ἂν ζῆτε, ὡς ἕνα ὄντα, κοινῇ ἀμφοτέρους ζῆν,
καὶ ἐπειδὰν ἀποθάνητε, ἐκεῖ αὖ ἐν Ἅιδου ἀντὶ δυοῖν ἕνα
εἶναι κοινῇ τεθνεῶτε· ἀλλ᾽ ὁρᾶτε εἰ τούτου ἐρᾶτε καὶ

b 7 ἐκπλήττονται TW : ἐκπλήττον τα B   c 4 οὐδενὶ Stobaeus :
οὐδὲν BTW : οὐδὲ scr. recc.   c 6 χαίρει TW : χαίρειν B   d 6 ὅτι
... d 7 ἀπολείπεσθαι om. W   d 8 θέλω B : ἐθέλω TW   συντῆξαι
BT : ἐντῆξαι W   e 1 συμφυσῆσαι BTW : συμφῦσαι b t   e 2 ζῆτε
ὡς TW : ζητήσεως B

178

ἐξαρκεῖ ὑμῖν ἂν τούτου τύχητε·" ταῦτ' ἀκούσας ἴσμεν ὅτι 5
οὐδ' ἂν εἷς ἐξαρνηθείη οὐδ' ἄλλο τι ἂν φανείη βουλόμενος,
ἀλλ' ἀτεχνῶς οἴοιτ' ἂν ἀκηκοέναι τοῦτο ὃ πάλαι ἄρα ἐπε-
θύμει, συνελθὼν καὶ συντακεὶς τῷ ἐρωμένῳ ἐκ δυοῖν εἷς
γενέσθαι. τοῦτο γάρ ἐστι τὸ αἴτιον, ὅτι ἡ ἀρχαία φύσις
ἡμῶν ἦν αὕτη καὶ ἦμεν ὅλοι· τοῦ ὅλου οὖν τῇ ἐπιθυμίᾳ 10
καὶ διώξει ἔρως ὄνομα. καὶ πρὸ τοῦ, ὥσπερ λέγω, ἓν 193
ἦμεν, νυνὶ δὲ διὰ τὴν ἀδικίαν διῳκίσθημεν ὑπὸ τοῦ θεοῦ,
καθάπερ Ἀρκάδες ὑπὸ Λακεδαιμονίων· φόβος οὖν ἔστιν,
ἐὰν μὴ κόσμιοι ὦμεν πρὸς τοὺς θεούς, ὅπως μὴ καὶ αὖθις
διασχισθησόμεθα, καὶ περίιμεν ἔχοντες ὥσπερ οἱ ἐν ταῖς 5
στήλαις καταγραφὴν ἐκτετυπωμένοι, διαπεπρισμένοι κατὰ
τὰς ῥῖνας, γεγονότες ὥσπερ λίσπαι. ἀλλὰ τούτων ἕνεκα
πάντ' ἄνδρα χρὴ ἅπαντα παρακελεύεσθαι εὐσεβεῖν περὶ
θεούς, ἵνα τὰ μὲν ἐκφύγωμεν, τῶν δὲ τύχωμεν, ὡς ὁ Ἔρως b
ἡμῖν ἡγεμὼν καὶ στρατηγός. ᾧ μηδεὶς ἐναντία πραττέτω—
πράττει δ' ἐναντία ὅστις θεοῖς ἀπεχθάνεται—φίλοι γὰρ
γενόμενοι καὶ διαλλαγέντες τῷ θεῷ ἐξευρήσομέν τε καὶ
ἐντευξόμεθα τοῖς παιδικοῖς τοῖς ἡμετέροις αὐτῶν, ὃ τῶν νῦν 5
ὀλίγοι ποιοῦσι. καὶ μή μοι ὑπολάβῃ Ἐρυξίμαχος, κωμῳδῶν
τὸν λόγον, ὡς Παυσανίαν καὶ Ἀγάθωνα λέγω—ἴσως μὲν
γὰρ καὶ οὗτοι τούτων τυγχάνουσιν ὄντες καί εἰσιν ἀμφότεροι c
τὴν φύσιν ἄρρενες—λέγω δὲ οὖν ἔγωγε καθ' ἁπάντων καὶ
ἀνδρῶν καὶ γυναικῶν, ὅτι οὕτως ἂν ἡμῶν τὸ γένος εὔδαιμον
γένοιτο, εἰ ἐκτελέσαιμεν τὸν ἔρωτα καὶ τῶν παιδικῶν τῶν
αὑτοῦ ἕκαστος τύχοι εἰς τὴν ἀρχαίαν ἀπελθὼν φύσιν. εἰ 5
δὲ τοῦτο ἄριστον, ἀναγκαῖον καὶ τῶν νῦν παρόντων τὸ
τούτου ἐγγυτάτω ἄριστον εἶναι· τοῦτο δ' ἐστὶ παιδικῶν τυχεῖν

e 6 ἄλλο τι B : ἄλλο ὅτι TW   e 7 τοῦτο δ] τοῦ οὗ Badham
e 9 τούτου] τούτον Bast   a 5 διασχισθησόμεθα TW : διασχησθησό-
μεθα B   a 6 καταγραφὴν BTW : καταγραφῇ Schneider : κατὰ
γραφὴν Ruhnken   διαπεπρισμένοι TW : διαπεπρησμένοι B   b 1 ὡς
BTW : ἂν recc.   b 6 μοι B : μου TW   c 5 τύχοι BT : τύχῃ W
c 6, 7 τὸ... ἐγγυτάτω B T : τῷ... ἐγγυτάτῳ W   c 7 τοῦτο TW :
τοῦτον B

κατὰ νοῦν αὐτῷ πεφυκότων· οὗ δὴ τὸν αἴτιον θεὸν ὑμνοῦντες
d δικαίως ἂν ὑμνοῖμεν Ἔρωτα, ὃς ἔν τε τῷ παρόντι ἡμᾶς
πλεῖστα ὀνίνησιν εἰς τὸ οἰκεῖον ἄγων, καὶ εἰς τὸ ἔπειτα
ἐλπίδας μεγίστας παρέχεται, ἡμῶν παρεχομένων πρὸς θεοὺς
εὐσέβειαν, καταστήσας ἡμᾶς εἰς τὴν ἀρχαίαν φύσιν καὶ
5 ἰασάμενος μακαρίους καὶ εὐδαίμονας ποιῆσαι.

Οὗτος, ἔφη, ὦ Ἐρυξίμαχε, ὁ ἐμὸς λόγος ἐστὶ περὶ
Ἔρωτος, ἀλλοῖος ἢ ὁ σός. ὥσπερ οὖν ἐδεήθην σου, μὴ
κωμῳδήσῃς αὐτόν, ἵνα καὶ τῶν λοιπῶν ἀκούσωμεν τί ἕκαστος
e ἐρεῖ, μᾶλλον δὲ τί ἑκάτερος· Ἀγάθων γὰρ καὶ Σωκράτης
λοιποί.

Ἀλλὰ πείσομαί σοι, ἔφη φάναι τὸν Ἐρυξίμαχον· καὶ
γάρ μοι ὁ λόγος ἡδέως ἐρρήθη. καὶ εἰ μὴ συνῄδη Σω-
5 κράτει τε καὶ Ἀγάθωνι δεινοῖς οὖσι περὶ τὰ ἐρωτικά, πάνυ
ἂν ἐφοβούμην μὴ ἀπορήσωσι λόγων διὰ τὸ πολλὰ καὶ
παντοδαπὰ εἰρῆσθαι· νῦν δὲ ὅμως θαρρῶ.

194 Τὸν οὖν Σωκράτη εἰπεῖν Καλῶς γὰρ αὐτὸς ἠγώνισαι,
ὦ Ἐρυξίμαχε· εἰ δὲ γένοιο οὗ νῦν ἐγώ εἰμι, μᾶλλον δὲ
ἴσως οὗ ἔσομαι ἐπειδὰν καὶ Ἀγάθων εἴπῃ εὖ, καὶ μάλ' ἂν
φοβοῖο καὶ ἐν παντὶ εἴης ὥσπερ ἐγὼ νῦν.

5 Φαρμάττειν βούλει με, ὦ Σώκρατες, εἰπεῖν τὸν Ἀγάθωνα,
ἵνα θορυβηθῶ διὰ τὸ οἴεσθαι τὸ θέατρον προσδοκίαν μεγάλην
ἔχειν ὡς εὖ ἐροῦντος ἐμοῦ.

Ἐπιλήσμων μεντἂν εἴην, ὦ Ἀγάθων, εἰπεῖν τὸν Σω-
b κράτη, εἰ ἰδὼν τὴν σὴν ἀνδρείαν καὶ μεγαλοφροσύνην
ἀναβαίνοντος ἐπὶ τὸν ὀκρίβαντα μετὰ τῶν ὑποκριτῶν, καὶ
βλέψαντος ἐναντία τοσούτῳ θεάτρῳ, μέλλοντος ἐπιδείξεσθαι
σαυτοῦ λόγους, καὶ οὐδ' ὁπωστιοῦν ἐκπλαγέντος, νῦν
5 οἰηθείην σε θορυβήσεσθαι ἕνεκα ἡμῶν ὀλίγων ἀνθρώπων.

d 1 τε TW : om. B   d 7 ἀλλοῖος TW : ἀλλ' οἶος B   e 6 ἀπορή-
σωσι TW : ἀπορήσω B   a 2 οὗ νῦν TW : ου νῦν B   a 3 ἴσως οὗ
TW : ἴσως ου B : οὗ ἴσως Schanz   post εὖ dist. Vahlen   b 2 ὀκρι-
βάντα TW : ἀκριβαντα B   b 3 ἐπιδείξεσθαι B : ἐπιδείξασθαι TW
b 5 θορυβήσεσθαι TW : θορυβηθήσεσθαι B

Τί δέ, ὦ Σώκρατες; τὸν Ἀγάθωνα φάναι, οὐ δήπου με
οὕτω θεάτρου μεστὸν ἡγῇ ὥστε καὶ ἀγνοεῖν ὅτι νοῦν ἔχοντι
ὀλίγοι ἔμφρονες πολλῶν ἀφρόνων φοβερώτεροι;

Οὐ μεντἂν καλῶς ποιοίην, φάναι, ὦ Ἀγάθων, περὶ σοῦ c
τι ἐγὼ ἄγροικον δοξάζων· ἀλλ' εὖ οἶδα ὅτι εἴ τισιν ἐντύχοις
οὓς ἡγοῖο σοφούς, μᾶλλον ἂν αὐτῶν φροντίζοις ἢ τῶν
πολλῶν. ἀλλὰ μὴ οὐχ οὗτοι ἡμεῖς ὦμεν—ἡμεῖς μὲν γὰρ
καὶ ἐκεῖ παρῆμεν καὶ ἦμεν τῶν πολλῶν—εἰ δὲ ἄλλοις 5
ἐντύχοις σοφοῖς, τάχ' ἂν αἰσχύνοιο αὐτούς, εἴ τι ἴσως
οἴοιο αἰσχρὸν ὂν ποιεῖν· ἢ πῶς λέγεις;

Ἀληθῆ λέγεις, φάναι.

Τοὺς δὲ πολλοὺς οὐκ ἂν αἰσχύνοιο εἴ τι οἴοιο αἰσχρὸν
ποιεῖν; 10

Καὶ τὸν Φαῖδρον ἔφη ὑπολαβόντα εἰπεῖν Ὦ φίλε d
Ἀγάθων, ἐὰν ἀποκρίνῃ Σωκράτει, οὐδὲν ἔτι διοίσει αὐτῷ
ὁπῃοῦν τῶν ἐνθάδε ὁτιοῦν γίγνεσθαι, ἐὰν μόνον ἔχῃ ὅτῳ
διαλέγηται, ἄλλως τε καὶ καλῷ. ἐγὼ δὲ ἡδέως μὲν ἀκούω
Σωκράτους διαλεγομένου, ἀναγκαῖον δέ μοι ἐπιμεληθῆναι 5
τοῦ ἐγκωμίου τῷ Ἔρωτι καὶ ἀποδέξασθαι παρ' ἑνὸς ἑκάστου
ὑμῶν τὸν λόγον· ἀποδοὺς οὖν ἑκάτερος τῷ θεῷ οὕτως ἤδη
διαλεγέσθω.

Ἀλλὰ καλῶς λέγεις, ὦ Φαῖδρε, φάναι τὸν Ἀγάθωνα, e
καὶ οὐδέν με κωλύει λέγειν· Σωκράτει γὰρ καὶ αὖθις ἔσται
πολλάκις διαλέγεσθαι.

Ἐγὼ δὲ δὴ βούλομαι πρῶτον μὲν εἰπεῖν ὡς χρή με εἰπεῖν,
ἔπειτα εἰπεῖν. δοκοῦσι γάρ μοι πάντες οἱ πρόσθεν εἰρηκότες 5
οὐ τὸν θεὸν ἐγκωμιάζειν ἀλλὰ τοὺς ἀνθρώπους εὐδαιμονίζειν
τῶν ἀγαθῶν ὧν ὁ θεὸς αὐτοῖς αἴτιος· ὁποῖος δέ τις αὐτὸς ὢν
ταῦτα ἐδωρήσατο, οὐδεὶς εἴρηκεν. εἷς δὲ τρόπος ὀρθὸς παντὸς 195
ἐπαίνου περὶ παντός, λόγῳ διελθεῖν οἷος οἵων αἴτιος ὢν

c 6 ἴσως secl. Schanz: πως Usener   c 7 ὂν secl. F. A. Wolf
c 9 οἴοιο TW: οἴοιτο B   e 4 ὡς BTW: ᾖ vulg.   a 1 ὀρθὸς B:
om. TW   a 2 οἷς οἵων ex emend. T: οἷος ὢν BTW

τυγχάνει περὶ οὗ ἂν ὁ λόγος ᾖ. οὕτω δὴ τὸν Ἔρωτα καὶ
ἡμᾶς δίκαιον ἐπαινέσαι πρῶτον αὐτὸν οἷός ἐστιν, ἔπειτα
5 τὰς δόσεις. φημὶ οὖν ἐγὼ πάντων θεῶν εὐδαιμόνων ὄντων
Ἔρωτα, εἰ θέμις καὶ ἀνεμέσητον εἰπεῖν, εὐδαιμονέστατον
εἶναι αὐτῶν, κάλλιστον ὄντα καὶ ἄριστον. ἔστι δὲ κάλλιστος
ὢν τοιόσδε. πρῶτον μὲν νεώτατος θεῶν, ὦ Φαῖδρε. μέγα
b δὲ τεκμήριον τῷ λόγῳ αὐτὸς παρέχεται, φεύγων φυγῇ τὸ
γῆρας, ταχὺ ὂν δῆλον ὅτι· θᾶττον γοῦν τοῦ δέοντος ἡμῖν
προσέρχεται. ὃ δὴ πέφυκεν Ἔρως μισεῖν καὶ οὐδ᾽ ἐντὸς
πολλοῦ πλησιάζειν. μετὰ δὲ νέων ἀεὶ σύνεστί τε καὶ ἔστιν·
5 ὁ γὰρ παλαιὸς λόγος εὖ ἔχει, ὡς ὅμοιον ὁμοίῳ ἀεὶ πελάζει.
ἐγὼ δὲ Φαίδρῳ πολλὰ ἄλλα ὁμολογῶν τοῦτο οὐχ ὁμολογῶ,
ὡς Ἔρως Κρόνου καὶ Ἰαπετοῦ ἀρχαιότερός ἐστιν, ἀλλά
c φημι νεώτατον αὐτὸν εἶναι θεῶν καὶ ἀεὶ νέον, τὰ δὲ παλαιὰ
πράγματα περὶ θεούς, ἃ Ἡσίοδος καὶ Παρμενίδης λέγουσιν,
Ἀνάγκῃ καὶ οὐκ Ἔρωτι γεγονέναι, εἰ ἐκεῖνοι ἀληθῆ ἔλεγον·
οὐ γὰρ ἂν ἐκτομαὶ οὐδὲ δεσμοὶ ἀλλήλων ἐγίγνοντο καὶ ἄλλα
5 πολλὰ καὶ βίαια, εἰ Ἔρως ἐν αὐτοῖς ἦν, ἀλλὰ φιλία καὶ
εἰρήνη, ὥσπερ νῦν, ἐξ οὗ Ἔρως τῶν θεῶν βασιλεύει. νέος
μὲν οὖν ἐστι, πρὸς δὲ τῷ νέῳ ἁπαλός· ποιητοῦ δ᾽ ἔστιν
d ἐνδεὴς οἷος ἦν Ὅμηρος πρὸς τὸ ἐπιδεῖξαι θεοῦ ἁπαλότητα.
Ὅμηρος γὰρ Ἄτην θεόν τέ φησιν εἶναι καὶ ἁπαλήν—τούς
γοῦν πόδας αὐτῆς ἁπαλοὺς εἶναι—λέγων

της μένθ᾽ ἁπαλοὶ πόδες· οὐ γὰρ ἐπ᾽ οὔδεος
5 πίλναται, ἀλλ᾽ ἄρα ἥ γε κατ᾽ ἀνδρῶν κράατα βαίνει.

καλῷ οὖν δοκεῖ μοι τεκμηρίῳ τὴν ἁπαλότητα ἀποφαίνειν,
ὅτι οὐκ ἐπὶ σκληροῦ βαίνει, ἀλλ᾽ ἐπὶ μαλθακοῦ. τῷ αὐτῷ

b 2 ὂν B W : οὖν T   b 3 ἔρως T W : ἔρωτος B   οὐδ᾽ ἐντὸς Sto-
baeus: οὐ δόντος B : οὐδ᾽ ὄντος T W   b 4 πλησιάζειν T W Stobaeus :
πλησιάζει B   ἐστιν] ἔστι νέος Sauppe : ἔσται Diels   c 2 πρά-
γματα T W Stobaeus : γράμματα B   παρμενίδης T W : παρμενείδης B
d 3 εἶναι B T W : φησιν εἶναι Stobaeus   d 4 τῆς B T W Stobaeus :
τῇ Aristarchus Homeri codices (T 92)   οὔδεος B T : οὔδει W Homeri
codices   d 5 πίλναται W et ex πίδναται T : πήδναται B   d 7 τῷ
αὐτῷ T W Stobaeus : τὸ αὐτὸ B

δὴ καὶ ἡμεῖς χρησόμεθα τεκμηρίῳ περὶ Ἔρωτα ὅτι ἁπαλός. e
οὐ γὰρ ἐπὶ γῆς βαίνει οὐδ᾽ ἐπὶ κρανίων, ἅ ἐστιν οὐ πάνυ
μαλακά, ἀλλ᾽ ἐν τοῖς μαλακωτάτοις τῶν ὄντων καὶ βαίνει
καὶ οἰκεῖ. ἐν γὰρ ἤθεσι καὶ ψυχαῖς θεῶν καὶ ἀνθρώπων τὴν
οἴκησιν ἵδρυται, καὶ οὐκ αὖ ἑξῆς ἐν πάσαις ταῖς ψυχαῖς, ἀλλ᾽ 5
ᾗτινι ἂν σκληρὸν ἦθος ἐχούσῃ ἐντύχῃ, ἀπέρχεται, ᾗ δ᾽ ἂν
μαλακόν, οἰκίζεται. ἁπτόμενον οὖν ἀεὶ καὶ ποσὶν καὶ πάντῃ
ἐν μαλακωτάτοις τῶν μαλακωτάτων, ἁπαλώτατον ἀνάγκη
εἶναι. νεώτατος μὲν δή ἐστι καὶ ἁπαλώτατος, πρὸς δὲ 196
τούτοις ὑγρὸς τὸ εἶδος. οὐ γὰρ ἂν οἷός τ᾽ ἦν πάντῃ περι-
πτύσσεσθαι οὐδὲ διὰ πάσης ψυχῆς καὶ εἰσιὼν τὸ πρῶτον
λανθάνειν καὶ ἐξιών, εἰ σκληρὸς ἦν. συμμέτρου δὲ καὶ
ὑγρᾶς ἰδέας μέγα τεκμήριον ἡ εὐσχημοσύνη, ὃ δὴ δια- 5
φερόντως ἐκ πάντων ὁμολογουμένως Ἔρως ἔχει· ἀσχημοσύνῃ
γὰρ καὶ Ἔρωτι πρὸς ἀλλήλους ἀεὶ πόλεμος. χρόας δὲ
κάλλος ἡ κατ᾽ ἄνθη δίαιτα τοῦ θεοῦ σημαίνει· ἀνανθεῖ γὰρ
καὶ ἀπηνθηκότι καὶ σώματι καὶ ψυχῇ καὶ ἄλλῳ ὁτῳοῦν οὐκ b
ἐνίζει Ἔρως, οὗ δ᾽ ἂν εὐανθής τε καὶ εὐώδης τόπος ᾖ,
ἐνταῦθα δὲ καὶ ἵζει καὶ μένει.

Περὶ μὲν οὖν κάλλους τοῦ θεοῦ καὶ ταῦτα ἱκανὰ καὶ ἔτι
πολλὰ λείπεται, περὶ δὲ ἀρετῆς Ἔρωτος μετὰ ταῦτα λεκτέον, 5
τὸ μὲν μέγιστον ὅτι Ἔρως οὔτ᾽ ἀδικεῖ οὔτ᾽ ἀδικεῖται οὔτε
ὑπὸ θεοῦ οὔτε θεόν, οὔτε ὑπ᾽ ἀνθρώπου οὔτε ἄνθρωπον. οὔτε
γὰρ αὐτὸς βίᾳ πάσχει, εἴ τι πάσχει—βία γὰρ Ἔρωτος οὐχ
ἅπτεται· οὔτε ποιῶν ποιεῖ—πᾶς γὰρ ἑκὼν Ἔρωτι πᾶν c
ὑπηρετεῖ, ἃ δ᾽ ἂν ἑκὼν ἑκόντι ὁμολογήσῃ, φασὶν " οἱ πόλεως
βασιλῆς νόμοι" δίκαια εἶναι. πρὸς δὲ τῇ δικαιοσύνῃ σωφρο-
σύνης πλείστης μετέχει. εἶναι γὰρ ὁμολογεῖται σωφροσύνη
τὸ κρατεῖν ἡδονῶν καὶ ἐπιθυμιῶν, Ἔρωτος δὲ μηδεμία· 5

e1 χρησόμεθα W Stobaeus: χρησώμεθα BT   e5 ἑξῆς TW: ἐξ
ῆς B   a3 καὶ (ante εἰσιὼν) BT: om. W   a8 τοῦ BT: om. W
b3 δὲ Stobaeus: om. BTW   c2 ἂν BTW Stobaeus: ἄν τις
vulg.   πόλεως BTW: τῶν πόλεων Stobaeus   c4 πλείστης]
πλεῖστον Cobet   εἶναι BT: om. W

ἡδονὴν κοείττω εἶναι· εἰ δὲ ἥττους, κρατοῖντ' ἂν ὑπὸ Ἔρωτος,
ὁ δὲ κρατοῖ, κρατῶν δὲ ἡδονῶν καὶ ἐπιθυμιῶν ὁ Ἔρως δια-
φερόντως ἂν σωφρονοῖ. καὶ μὴν εἴς γε ἀνδρείαν Ἔρωτι
d " οὐδ' Ἄρης ἀνθίσταται." οὐ γὰρ ἔχει Ἔρωτα Ἄρης,
ἀλλ' Ἔρως Ἄρη—Ἀφροδίτης, ὡς λόγος—κρείττων δὲ ὁ ἔχων
τοῦ ἐχομένου· τοῦ δ' ἀνδρειοτάτου τῶν ἄλλων κρατῶν πάντων
ἂν ἀνδρειότατος εἴη. περὶ μὲν οὖν δικαιοσύνης καὶ σωφρο-
5 σύνης καὶ ἀνδρείας τοῦ θεοῦ εἴρηται, περὶ δὲ σοφίας λείπεται·
ὅσον οὖν δυνατόν, πειρατέον μὴ ἐλλείπειν. καὶ πρῶτον μέν,
ἵν' αὖ καὶ ἐγὼ τὴν ἡμετέραν τέχνην τιμήσω ὥσπερ Ἐρυξί-
e μαχος τὴν αὐτοῦ, ποιητὴς ὁ θεὸς σοφὸς οὕτως ὥστε καὶ
ἄλλον ποιῆσαι· πᾶς γοῦν ποιητὴς γίγνεται, " κἂν ἄμουσος
ᾖ τὸ πρίν," οὗ ἂν Ἔρως ἅψηται. ᾧ δὴ πρέπει ἡμᾶς
μαρτυρίῳ χρῆσθαι, ὅτι ποιητὴς ὁ Ἔρως ἀγαθὸς ἐν κεφαλαίῳ
5 πᾶσαν ποίησιν τὴν κατὰ μουσικήν· ἃ γάρ τις ἢ μὴ ἔχει ἢ
μὴ οἶδεν, οὔτ' ἂν ἑτέρῳ δοίη οὔτ' ἂν ἄλλον διδάξειεν. καὶ
197 μὲν δὴ τήν γε τῶν ζῴων ποίησιν πάντων τίς ἐναντιώσεται
μὴ οὐχὶ Ἔρωτος εἶναι σοφίαν, ᾗ γίγνεταί τε καὶ φύεται
πάντα τὰ ζῷα; ἀλλὰ τὴν τῶν τεχνῶν δημιουργίαν οὐκ
ἴσμεν, ὅτι οὗ μὲν ἂν ὁ θεὸς οὗτος διδάσκαλος γένηται,
5 ἐλλόγιμος καὶ φανὸς ἀπέβη, οὗ δ' ἂν Ἔρως μὴ ἐφά-
ψηται, σκοτεινός; τοξικήν γε μὴν καὶ ἰατρικὴν καὶ μαντικὴν
Ἀπόλλων ἀνηῦρεν ἐπιθυμίας καὶ ἔρωτος ἡγεμονεύσαντος,
b ὥστε καὶ οὗτος Ἔρωτος ἂν εἴη μαθητής, καὶ Μοῦσαι
μουσικῆς καὶ Ἥφαιστος χαλκείας καὶ Ἀθηνᾶ ἱστουργίας
καὶ Ζεὺς κυβερνᾶν θεῶν τε καὶ ἀνθρώπων. ὅθεν δὴ
καὶ κατεσκευάσθη τῶν θεῶν τὰ πράγματα Ἔρωτος ἐγγε-
5 νομένου, δῆλον ὅτι κάλλους—αἴσχει γὰρ οὐκ ἔπι ἔρως—πρὸ
τοῦ δέ, ὥσπερ ἐν ἀρχῇ εἶπον, πολλὰ καὶ δεινὰ θεοῖς ἐγίγνετο,

d 4 ἂν TW: om. B   d 7 ἵν' αὖ TW: αὖ B: ἵν' οὖν Stobaeus
e 2 κἂν TW: καὶ B   e 4 χρῆσθαι BTW. χρήσασθαι Stobaeus
e 5 ἔχει Bw: ἔχῃ TW   a 1 μὲν BT: μὴν W   b 5 ἔπι scripsi
et sic fort. pr. B (fort. ἔτι Schanz: ἔστιν apogr. D): ἔπεστιν TW
Stobaeus: ἔνι corr. b: οὐκ ἔνεστιν in marg. rec. b

ὡς λέγεται, διὰ τὴν τῆς Ἀνάγκης βασιλείαν· ἐπειδὴ δ᾽ ὁ
θεὸς οὗτος ἔφυ, ἐκ τοῦ ἐρᾶν τῶν καλῶν πάντ᾽ ἀγαθὰ γέγονεν
καὶ θεοῖς καὶ ἀνθρώποις.

Οὕτως ἐμοὶ δοκεῖ, ὦ Φαῖδρε, Ἔρως πρῶτος αὐτὸς ὢν c
κάλλιστος καὶ ἄριστος μετὰ τοῦτο τοῖς ἄλλοις ἄλλων τοιούτων
αἴτιος εἶναι. ἐπέρχεται δέ μοί τι καὶ ἔμμετρον εἰπεῖν, ὅτι
οὗτός ἐστιν ὁ ποιῶν

εἰρήνην μὲν ἐν ἀνθρώποις, πελάγει δὲ γαλήνην 5
νηνεμίαν, ἀνέμων κοίτην ὕπνον τ᾽ ἐνὶ κήδει.

οὗτος δὲ ἡμᾶς ἀλλοτριότητος μὲν κενοῖ, οἰκειότητος δὲ πληροῖ, d
τὰς τοιάσδε συνόδους μετ᾽ ἀλλήλων πάσας τιθεὶς συνιέναι,
ἐν ἑορταῖς, ἐν χοροῖς, ἐν θυσίαισι γιγνόμενος ἡγεμών·
πρᾳότητα μὲν πορίζων, ἀγριότητα δ᾽ ἐξορίζων· φιλόδωρος
εὐμενείας, ἄδωρος δυσμενείας· ἵλεως ἀγαθός· θεατὸς σοφοῖς, 5
ἀγαστὸς θεοῖς· ζηλωτὸς ἀμοίροις, κτητὸς εὐμοίροις· τρυφῆς,
ἁβρότητος, χλιδῆς, χαρίτων, ἱμέρου, πόθου πατήρ· ἐπιμελὴς
ἀγαθῶν, ἀμελὴς κακῶν· ἐν πόνῳ, ἐν φόβῳ, ἐν πόθῳ, ἐν
λόγῳ κυβερνήτης, ἐπιβάτης, παραστάτης τε καὶ σωτὴρ e
ἄριστος, συμπάντων τε θεῶν καὶ ἀνθρώπων κόσμος, ἡγεμὼν
κάλλιστος καὶ ἄριστος, ᾧ χρὴ ἕπεσθαι πάντα ἄνδρα ἐφυμ-
νοῦντα καλῶς, ᾠδῆς μετέχοντα ἣν ᾄδει θέλγων πάντων θεῶν
τε καὶ ἀνθρώπων νόημα. 5

Οὗτος, ἔφη, ὁ παρ᾽ ἐμοῦ λόγος, ὦ Φαῖδρε, τῷ θεῷ
ἀνακείσθω, τὰ μὲν παιδιᾶς, τὰ δὲ σπουδῆς μετρίας, καθ᾽
ὅσον ἐγὼ δύναμαι, μετέχων.

c 3 ἔμμετρον B T W Stobaeus: ἐμμέτρως Hermogenes   c 6 ἀνέμων
B T W: τ᾽ ἀνέμων Stobaeus: δ᾽ ἀνέμων Hermogenes   κοίτην B T W:
κοίτην τ᾽ Stobaeus: κοίτη θ᾽ G. Dindorf   τ᾽ ἐνὶ κήδει Stobaeus
Hermogenes : τε νικηδει B : τε νηκηδῆ T : τε νικήδει W (in marg. γρ.
καὶ νηκηδεῖ)   d 3 θυσίαισι W : θυσίαις B T : εὐθυμίαις Stobaeus
d 5 ἵλεως ἀγαθός B T W : ἵλεως ἀγαθοῖς Stobaeus : ἵλεως ἀγανός Usener
d 7 χλιδῆς (sic) T (sed í ex ή) : χληδης B : χληδῆς W   ἱμέρου T W :
ἡμέρου B   πόθου om. Stobaeus   d 8 ἀμελὴς T W : ἀνελὴς B
ἐν φόβῳ ἐν πόθῳ ἐν πόνῳ ἐν μόγῳ Schütz : ἐν πόνῳ ἐν φόβῳ ἐν μόθῳ
ἐν μόγῳ Jahn : ἐν πόνῳ ἐν φόβῳ ἐν μόθῳ ἐν λόγῳ Rettig : alii alia
e 2 καὶ B T : om. W   e 4 καλῶς B T W : καλῆς Stobaeus : καλῶς
καλῆς vulg.

198   Εἰπόντος δὲ τοῦ Ἀγάθωνος πάντας ἔφη ὁ Ἀριστόδημος
ἀναθορυβῆσαι τοὺς παρόντας, ὡς πρεπόντως τοῦ νεανίσκου
εἰρηκότος καὶ αὑτῷ καὶ τῷ θεῷ. τὸν οὖν Σωκράτη εἰπεῖν
βλέψαντα εἰς τὸν Ἐρυξίμαχον, Ἆρά σοι δοκῶ, φάναι, ὦ
5   παῖ Ἀκουμενοῦ, ἀδεὲς πάλαι δέος δεδιέναι, ἀλλ᾽ οὐ μαντικῶς
ἃ νυνδὴ ἔλεγον εἰπεῖν, ὅτι Ἀγάθων θαυμαστῶς ἐροῖ, ἐγὼ δ᾽
ἀπορήσοιμι;
      Τὸ μὲν ἕτερον, φάναι τὸν Ἐρυξίμαχον, μαντικῶς μοι
δοκεῖς εἰρηκέναι, ὅτι Ἀγάθων εὖ ἐρεῖ· τὸ δὲ σὲ ἀπορήσειν,
10   οὐκ οἶμαι.

b   Καὶ πῶς, ὦ μακάριε, εἰπεῖν τὸν Σωκράτη, οὐ μέλλω
ἀπορεῖν καὶ ἐγὼ καὶ ἄλλος ὁστισοῦν, μέλλων λέξειν μετὰ
καλὸν οὕτω καὶ παντοδαπὸν λόγον ῥηθέντα; καὶ τὰ μὲν ἄλλα
οὐχ ὁμοίως μὲν θαυμαστά· τὸ δὲ ἐπὶ τελευτῆς τοῦ κάλλους
5   τῶν ὀνομάτων καὶ ῥημάτων τίς οὐκ ἂν ἐξεπλάγη ἀκούων;
ἐπεὶ ἔγωγε ἐνθυμούμενος ὅτι αὐτὸς οὐχ οἷός τ᾽ ἔσομαι οὐδ᾽
ἐγγὺς τούτων οὐδὲν καλὸν εἰπεῖν, ὑπ᾽ αἰσχύνης ὀλίγου
c   ἀποδρὰς ᾠχόμην, εἴ πῃ εἶχον. καὶ γάρ με Γοργίου ὁ λόγος
ἀνεμίμνῃσκεν, ὥστε ἀτεχνῶς τὸ τοῦ Ὁμήρου ἐπεπόνθη·
ἐφοβούμην μή μοι τελευτῶν ὁ Ἀγάθων Γοργίου κεφαλὴν
δεινοῦ λέγειν ἐν τῷ λόγῳ ἐπὶ τὸν ἐμὸν λόγον πέμψας αὐτόν
5   με λίθον τῇ ἀφωνίᾳ ποιήσειεν. καὶ ἐνενόησα τότε ἄρα
καταγέλαστος ὤν, ἡνίκα ὑμῖν ὡμολόγουν ἐν τῷ μέρει μεθ᾽
d   ὑμῶν ἐγκωμιάσεσθαι τὸν Ἔρωτα καὶ ἔφην εἶναι δεινὸς τὰ
ἐρωτικά, οὐδὲν εἰδὼς ἄρα τοῦ πράγματος, ὡς ἔδει ἐγκωμιάζειν
ὁτιοῦν. ἐγὼ μὲν γὰρ ὑπ᾽ ἀβελτερίας ᾤμην δεῖν τἀληθῆ
λέγειν περὶ ἑκάστου τοῦ ἐγκωμιαζομένου, καὶ τοῦτο μὲν
5   ὑπάρχειν, ἐξ αὐτῶν δὲ τούτων τὰ κάλλιστα ἐκλεγομένους
ὡς εὐπρεπέστατα τιθέναι· καὶ πάνυ δὴ μέγα ἐφρόνουν ὡς εὖ
ἐρῶν, ὡς εἰδὼς τὴν ἀλήθειαν τοῦ ἐπαινεῖν ὁτιοῦν. τὸ δὲ ἄρα,

a 2 πρεπόντως b t: πρέποντος B T W   a 8 μοι δοκεῖς B: δοκεῖς
μοι T W   b 3 οὕτω καὶ παντοδαπὸν B: καὶ παντοδαπὸν οὕτω T W
b 4 μὲν B T W: om. Vind. 21   b 5 ἀκούων B T: om. W   b 6 οἷός
τ᾽ B T: οἷος W   c 4 ἐν τῷ λόγῳ secl. Usener   d 3 ἀβελτερίας
B: ἀβελτηρίας T W

ὡς ἔοικεν, οὐ τοῦτο ἦν τὸ καλῶς ἐπαινεῖν ὁτιοῦν, ἀλλὰ τὸ ὡς
μέγιστα ἀνατιθέναι τῷ πράγματι καὶ ὡς κάλλιστα, ἐάν τε ᾖ e
οὕτως ἔχοντα ἐάν τε μή· εἰ δὲ ψευδῆ, οὐδὲν ἄρ' ἦν πρᾶγμα.
προυρρήθη γάρ, ὡς ἔοικεν, ὅπως ἕκαστος ἡμῶν τὸν Ἔρωτα
ἐγκωμιάζειν δόξει, οὐχ ὅπως ἐγκωμιάσεται. διὰ ταῦτα δὴ
οἶμαι πάντα λόγον κινοῦντες ἀνατίθετε τῷ Ἔρωτι, καί 5
φατε αὐτὸν τοιοῦτόν τε εἶναι καὶ τοσούτων αἴτιον, ὅπως ἂν
φαίνηται ὡς κάλλιστος καὶ ἄριστος, δῆλον ὅτι τοῖς μὴ γιγνώ- 199
σκουσιν—οὐ γὰρ δήπου τοῖς γε εἰδόσιν—καὶ καλῶς γ' ἔχει
καὶ σεμνῶς ὁ ἔπαινος. ἀλλὰ γὰρ ἐγὼ οὐκ ᾔδη ἄρα τὸν
τρόπον τοῦ ἐπαίνου, οὐ δ' εἰδὼς ὑμῖν ὡμολόγησα καὶ αὐτὸς
ἐν τῷ μέρει ἐπαινέσεσθαι. ἡ γλῶσσα οὖν ὑπέσχετο, ἡ δὲ 5
φρὴν οὔ· χαιρέτω δή. οὐ γὰρ ἔτι ἐγκωμιάζω τοῦτον τὸν
τρόπον—οὐ γὰρ ἂν δυναίμην—οὐ μέντοι ἀλλὰ τά γε ἀληθῆ,
εἰ βούλεσθε, ἐθέλω εἰπεῖν κατ' ἐμαυτόν, οὐ πρὸς τοὺς b
ὑμετέρους λόγους, ἵνα μὴ γέλωτα ὄφλω. ὅρα οὖν, ὦ Φαῖδρε,
εἴ τι καὶ τοιούτου λόγου δέῃ, περὶ Ἔρωτος τἀληθῆ λεγόμενα
ἀκούειν, ὀνομάσει δὲ καὶ θέσει ῥημάτων τοιαύτῃ ὁποία δἂν
τις τύχῃ ἐπελθοῦσα. 5

Τὸν οὖν Φαῖδρον ἔφη καὶ τοὺς ἄλλους κελεύειν λέγειν,
ὅπῃ αὐτὸς οἴοιτο δεῖν εἰπεῖν, ταύτῃ.

Ἔτι τοίνυν, φάναι, ὦ Φαῖδρε, πάρες μοι Ἀγάθωνα σμίκρ'
ἄττα ἐρέσθαι, ἵνα ἀνομολογησάμενος παρ' αὐτοῦ οὕτως ἤδη
λέγω. 10

Ἀλλὰ παρίημι, φάναι τὸν Φαῖδρον, ἀλλ' ἐρώτα. μετὰ c
ταῦτα δὴ τὸν Σωκράτη ἔφη ἐνθένδε ποθὲν ἄρξασθαι.

Καὶ μήν, ὦ φίλε Ἀγάθων, καλῶς μοι ἔδοξας καθηγή-
σασθαι τοῦ λόγου, λέγων ὅτι πρῶτον μὲν δέοι αὐτὸν ἐπιδεῖξαι
ὁποῖός τίς ἐστιν ὁ Ἔρως, ὕστερον δὲ τὰ ἔργα αὐτοῦ. ταύτην 5

e 4 δόξει Stephanus : δόξῃ B T W   a 2 γὰρ δήπου Cobet : γὰρ ἄν
που T W : γάρ που B   a 3 ἤδη ἄρα T : ἤδη B W   a 5 γλῶσσα W :
γλῶττα B T   b 4 ὀνομάσει W : ὀνόμασι B T   δἂν Usener (δὴ ἂν
Stallbaum) : δ' ἄν B : δ' ἄν T W

τὴν ἀρχὴν πάνυ ἄγαμαι. ἴθι οὖν μοι περὶ Ἔρωτος, ἐπειδὴ
καὶ τἆλλα καλῶς καὶ μεγαλοπρεπῶς διῆλθες οἷός ἐστι, καὶ
d τόδε εἰπέ· πότερόν ἐστι τοιοῦτος οἷος εἶναί τινος ὁ Ἔρως
ἔρως, ἢ οὐδενός; ἐρωτῶ δ' οὐκ εἰ μητρός τινος ἢ πατρός
ἐστιν—γελοῖον γὰρ ἂν εἴη τὸ ἐρώτημα εἰ Ἔρως ἐστὶν ἔρως
μητρὸς ἢ πατρός—ἀλλ' ὥσπερ ἂν εἰ αὐτὸ τοῦτο πατέρα
5 ἠρώτων, ἆρα ὁ πατήρ ἐστι πατήρ τινος ἢ οὔ; εἶπες ἂν
δήπου μοι, εἰ ἐβούλου καλῶς ἀποκρίνασθαι, ὅτι ἔστιν ὑέος
γε ἢ θυγατρὸς ὁ πατὴρ πατήρ· ἢ οὔ;

Πάνυ γε, φάναι τὸν Ἀγάθωνα.

Οὐκοῦν καὶ ἡ μήτηρ ὡσαύτως; Ὁμολογεῖσθαι καὶ τοῦτο.

e Ἔτι τοίνυν, εἰπεῖν τὸν Σωκράτη, ἀπόκριναι ὀλίγῳ πλείω,
ἵνα μᾶλλον καταμάθῃς ὃ βούλομαι. εἰ γὰρ ἐροίμην, "Τί
δέ; ἀδελφός, αὐτὸ τοῦθ' ὅπερ ἔστιν, ἔστι τινὸς ἀδελφὸς ἢ
οὔ;" Φάναι εἶναι.

5 Οὐκοῦν ἀδελφοῦ ἢ ἀδελφῆς; Ὁμολογεῖν.

Πειρῶ δή, φάναι, καὶ τὸν ἔρωτα εἰπεῖν. ὁ Ἔρως ἔρως
ἐστὶν οὐδενὸς ἢ τινός;

Πάνυ μὲν οὖν ἔστιν.

200 Τοῦτο μὲν τοίνυν, εἰπεῖν τὸν Σωκράτη, φύλαξον παρὰ
σαυτῷ μεμνημένος ὅτου· τοσόνδε δὲ εἰπέ, πότερον ὁ Ἔρως
ἐκείνου οὗ ἔστιν ἔρως, ἐπιθυμεῖ αὐτοῦ ἢ οὔ;

Πάνυ γε, φάναι.

5 Πότερον ἔχων αὐτὸ οὗ ἐπιθυμεῖ τε καὶ ἐρᾷ, εἶτα ἐπιθυμεῖ
τε καὶ ἐρᾷ, ἢ οὐκ ἔχων;

Οὐκ ἔχων, ὡς τὸ εἰκός γε, φάναι.

Σκόπει δή, εἰπεῖν τὸν Σωκράτη, ἀντὶ τοῦ εἰκότος εἰ
ἀνάγκη οὕτως, τὸ ἐπιθυμοῦν ἐπιθυμεῖν οὗ ἐνδεές ἐστιν, ἢ μὴ
b ἐπιθυμεῖν, ἐὰν μὴ ἐνδεὲς ᾖ; ἐμοὶ μὲν γὰρ θαυμαστῶς δοκεῖ,
ὦ Ἀγάθων, ὡς ἀνάγκη εἶναι· σοὶ δὲ πῶς;

Κἀμοί, φάναι, δοκεῖ.

c 7 οἷός B: οἶος τ' T*W   d 1 ἔρως ἔρως BW: ἔρως T   d 9 ὁμο-
λογεῖσθαι BTW: ὁμολογῆσαι vulg.: ὁμολογεῖν Stallbaum   a 8 σκόπει
BT: σκοπεῖν W   εἰκότος BT: εἰκότως W

Καλῶς λέγεις. ἆρ' οὖν βούλοιτ' ἄν τις μέγας ὢν μέγας
εἶναι, ἢ ἰσχυρὸς ὢν ἰσχυρός;   5
Ἀδύνατον ἐκ τῶν ὡμολογημένων.
Οὐ γάρ που ἐνδεὴς ἂν εἴη τούτων ὅ γε ὤν.
Ἀληθῆ λέγεις.

Εἰ γὰρ καὶ ἰσχυρὸς ὢν βούλοιτο ἰσχυρὸς εἶναι, φάναι τὸν
Σωκράτη, καὶ ταχὺς ὢν ταχύς, καὶ ὑγιὴς ὢν ὑγιής—ἴσως 10
γὰρ ἄν τις ταῦτα οἰηθείη καὶ πάντα τὰ τοιαῦτα τοὺς ὄντας
τε τοιούτους καὶ ἔχοντας ταῦτα τούτων ἅπερ ἔχουσι καὶ c
ἐπιθυμεῖν, ἵν' οὖν μὴ ἐξαπατηθῶμεν, τούτου ἕνεκα λέγω—
τούτοις γάρ, ὦ Ἀγάθων, εἰ ἐννοεῖς, ἔχειν μὲν ἕκαστα
τούτων ἐν τῷ παρόντι ἀνάγκη ἃ ἔχουσιν, ἐάντε βούλωνται
ἐάντε μή, καὶ τούτου γε δήπου τίς ἂν ἐπιθυμήσειεν; ἀλλ' 5
ὅταν τις λέγῃ ὅτι ἐγὼ ὑγιαίνων βούλομαι καὶ ὑγιαίνειν,
καὶ πλουτῶν βούλομαι καὶ πλουτεῖν, καὶ ἐπιθυμῶ αὐτῶν
τούτων ἃ ἔχω, εἴποιμεν ἂν αὐτῷ ὅτι σύ, ὦ ἄνθρωπε,
πλοῦτον κεκτημένος καὶ ὑγίειαν καὶ ἰσχὺν βούλει καὶ εἰς d
τὸν ἔπειτα χρόνον ταῦτα κεκτῆσθαι, ἐπεὶ ἐν τῷ γε νῦν
παρόντι, εἴτε βούλει εἴτε μή, ἔχεις· σκόπει οὖν, ὅταν
τοῦτο λέγῃς, ὅτι ἐπιθυμῶ τῶν παρόντων, εἰ ἄλλο τι λέγεις
ἢ τόδε, ὅτι βούλομαι τὰ νῦν παρόντα καὶ εἰς τὸν ἔπειτα 5
χρόνον παρεῖναι. ἄλλο τι ὁμολογοῖ ἄν; Συμφάναι ἔφη τὸν
Ἀγάθωνα.

Εἰπεῖν δὴ τὸν Σωκράτη, Οὐκοῦν τοῦτό γ' ἐστὶν ἐκείνου
ἐρᾶν, ὃ οὔπω ἕτοιμον αὐτῷ ἐστιν οὐδὲ ἔχει, τὸ εἰς τὸν
ἔπειτα χρόνον ταῦτα εἶναι αὐτῷ σῳζόμενα καὶ παρόντα;   10
Πάνυ γε, φάναι.   e
Καὶ οὗτος ἄρα καὶ ἄλλος πᾶς ὁ ἐπιθυμῶν τοῦ μὴ ἑτοίμου
ἐπιθυμεῖ καὶ τοῦ μὴ παρόντος, καὶ ὃ μὴ ἔχει καὶ ὃ μὴ ἔστιν

b 6 ὡμολογημένων B T W : ὁμολογουμένων vulg.   b 9 καὶ B T :
om. W   b 11 ταῦτα B : ταυτί T W   c 3 ἕκαστα B T W : ἕκαστον
vulg.   c 7 καὶ πλουτεῖν B : πλουτεῖν TW   d 3 ἔχεις TW :
ἔχῃς B   d 8 οὐκοῦν B W : οὐκοῦν δὴ pr. T   d 9 τὸ . . . d 10 παρόντα
secl. Badham   d 9 τὸ TW : τὰ B   d 10 καὶ TW : μοι B : τὰ
νῦν al. vulg.   e 2 ἄλλος B W : ὁ ἄλλος T

αὐτὸς καὶ οὗ ἐνδεής ἐστι, τοιαῦτ᾽ ἄττα ἐστὶν ὧν ἡ ἐπιθυμία
5 τε καὶ ὁ ἔρως ἐστίν;

Πάνυ γ᾽, εἰπεῖν.

Ἴθι δή, φάναι τὸν Σωκράτη, ἀνομολογησώμεθα τὰ εἰρη-
μένα. ἄλλο τι ἔστιν ὁ Ἔρως πρῶτον μὲν τινῶν, ἔπειτα
τούτων ὧν ἂν ἔνδεια παρῇ αὐτῷ;

201 Ναί, φάναι.

Ἐπὶ δὴ τούτοις ἀναμνήσθητι τίνων ἔφησθα ἐν τῷ λόγῳ
εἶναι τὸν Ἔρωτα· εἰ δὲ βούλει, ἐγώ σε ἀναμνήσω. οἶμαι
γάρ σε οὑτωσί πως εἰπεῖν, ὅτι τοῖς θεοῖς κατεσκευάσθη τὰ
5 πράγματα δι᾽ ἔρωτα καλῶν· αἰσχρῶν γὰρ οὐκ εἴη ἔρως. οὐχ
οὑτωσί πως ἔλεγες;

Εἶπον γάρ, φάναι τὸν Ἀγάθωνα.

Καὶ ἐπιεικῶς γε λέγεις, ὦ ἑταῖρε, φάναι τὸν Σωκράτη·
καὶ εἰ τοῦτο οὕτως ἔχει, ἄλλο τι ὁ Ἔρως κάλλους ἂν εἴη
10 ἔρως, αἴσχους δὲ οὔ; Ὡμολόγει.

b Οὐκοῦν ὡμολόγηται, οὗ ἐνδεής ἐστι καὶ μὴ ἔχει, τούτου
ἐρᾶν;

Ναί, εἰπεῖν.

Ἐνδεὴς ἄρ᾽ ἐστὶ καὶ οὐκ ἔχει ὁ Ἔρως κάλλος.

5 Ἀνάγκη, φάναι.

Τί δέ; τὸ ἐνδεὲς κάλλους καὶ μηδαμῇ κεκτημένον κάλλος
ἆρα λέγεις σὺ καλὸν εἶναι;

Οὐ δῆτα.

Ἔτι οὖν ὁμολογεῖς Ἔρωτα καλὸν εἶναι, εἰ ταῦτα οὕτως
10 ἔχει;

Καὶ τὸν Ἀγάθωνα εἰπεῖν Κινδυνεύω, ὦ Σώκρατες, οὐδὲν
εἰδέναι ὧν τότε εἶπον.

c Καὶ μὴν καλῶς γε εἶπες, φάναι, ὦ Ἀγάθων. ἀλλὰ
σμικρὸν ἔτι εἰπέ· τἀγαθὰ οὐ καὶ καλὰ δοκεῖ σοι εἶναι;

Ἔμοιγε.

e 5 τε om. W   e 7 ἀνομολογησόμεθα W   a 5 ἔρως BT Oxy. :
ὁ ἔρως W   a 9 τι δ] η s. v. Oxy.   b 1 ἔχῃ BTW   b 2 ἐρᾶι W
c 1 ειπας Oxy.

Εἰ ἄρα ὁ Ἔρως τῶν καλῶν ἐνδεής ἐστι, τὰ δὲ ἀγαθὰ
καλά, κἂν τῶν ἀγαθῶν ἐνδεὴς εἴη.   5
Ἐγώ, φάναι, ὦ Σώκρατες, σοὶ οὐκ ἂν δυναίμην ἀντι-
λέγειν, ἀλλ᾽ οὕτως ἐχέτω ὡς σὺ λέγεις.
Οὐ μὲν οὖν τῇ ἀληθείᾳ, φάναι, ὦ φιλούμενε Ἀγάθων,
δύνασαι ἀντιλέγειν, ἐπεὶ Σωκράτει γε σὐδὲν χαλεπόν.

Καὶ σὲ μέν γε ἤδη ἐάσω· τὸν δὲ λόγον τὸν περὶ τοῦ   d
Ἔρωτος, ὅν ποτ᾽ ἤκουσα γυναικὸς Μαντινικῆς Διοτίμας, ἢ
ταῦτά τε σοφὴ ἦν καὶ ἄλλα πολλά—καὶ Ἀθηναίοις ποτὲ
θυσαμένοις πρὸ τοῦ λοιμοῦ δέκα ἔτη ἀναβολὴν ἐποίησε τῆς
νόσου, ἢ δὴ καὶ ἐμὲ τὰ ἐρωτικὰ ἐδίδαξεν—ὃν οὖν ἐκείνη   5
ἔλεγε λόγον, πειράσομαι ὑμῖν διελθεῖν ἐκ τῶν ὡμολογη-
μένων ἐμοὶ καὶ Ἀγάθωνι, αὐτὸς ἐπ᾽ ἐμαυτοῦ, ὅπως ἂν
δύνωμαι. δεῖ δή, ὦ Ἀγάθων, ὥσπερ σὺ διηγήσω, διελθεῖν
αὐτὸν πρῶτον, τίς ἐστιν ὁ Ἔρως καὶ ποῖός τις, ἔπειτα τὰ   e
ἔργα αὐτοῦ. δοκεῖ οὖν μοι ῥᾷστον εἶναι οὕτω διελθεῖν, ὥς
ποτέ με ἡ ξένη ἀνακρίνουσα διῄει. σχεδὸν γάρ τι καὶ ἐγὼ
πρὸς αὐτὴν ἕτερα τοιαῦτα ἔλεγον οἷάπερ νῦν πρὸς ἐμὲ
Ἀγάθων, ὡς εἴη ὁ Ἔρως μέγας θεός, εἴη δὲ τῶν καλῶν·   5
ἤλεγχε δή με τούτοις τοῖς λόγοις οἷσπερ ἐγὼ τοῦτον, ὡς
οὔτε καλὸς εἴη κατὰ τὸν ἐμὸν λόγον οὔτε ἀγαθός.
Καὶ ἐγώ, Πῶς λέγεις, ἔφην, ὦ Διοτίμα; αἰσχρὸς ἄρα ὁ
Ἔρως ἐστὶ καὶ κακός;
Καὶ ἥ, Οὐκ εὐφημήσεις; ἔφη· ἢ οἴει, ὅτι ἂν μὴ καλὸν   10
ᾖ, ἀναγκαῖον αὐτὸ εἶναι αἰσχρόν;
Μάλιστά γε.   202
Ἢ καὶ ἂν μὴ σοφόν, ἀμαθές; ἢ οὐκ ᾔσθησαι ὅτι ἔστιν
τι μεταξὺ σοφίας καὶ ἀμαθίας;
Τί τοῦτο;

c8 φιλε Oxy.   d2 μαντινικῆς BT Oxy.: μαντικῆς W   d4 [ε]ποιη-
σατο (της s. v.) Oxy.   d5 λογον εκεινη ελεγεν Oxy.   d7 ἐπ᾽
Oxy.: ἀπ᾽ BTW   d8 δεῖ δὴ TW Oxy.: δείλη B   διηγήσω
BTW Oxy.: δὴ ἡγήσω Schanz   e1 οποιος Oxy.   e3 γὰρ]
δε Oxy.   e8 πως εφῇ λεγεις Oxy.

5 Τὸ ὀρθὰ δοξάζειν καὶ ἄνευ τοῦ ἔχειν λόγον δοῦναι οὐκ
οἶσθ', ἔφη, ὅτι οὔτε ἐπίστασθαί ἐστιν—ἄλογον γὰρ πρᾶγμα
πῶς ἂν εἴη ἐπιστήμη;—οὔτε ἀμαθία—τὸ γὰρ τοῦ ὄντος
τυγχάνον πῶς ἂν εἴη ἀμαθία;—ἔστι δὲ δήπου τοιοῦτον ἡ
ὀρθὴ δόξα, μεταξὺ φρονήσεως καὶ ἀμαθίας.

10 Ἀληθῆ, ἦν δ' ἐγώ, λέγεις.

b Μὴ τοίνυν ἀνάγκαζε ὃ μὴ καλόν ἐστιν αἰσχρὸν εἶναι,
μηδὲ ὃ μὴ ἀγαθόν, κακόν. οὕτω δὲ καὶ τὸν Ἔρωτα ἐπειδὴ
αὐτὸς ὁμολογεῖς μὴ εἶναι ἀγαθὸν μηδὲ καλόν, μηδέν τι
μᾶλλον οἴου δεῖν αὐτὸν αἰσχρὸν καὶ κακὸν εἶναι, ἀλλά τι
5 μεταξύ, ἔφη, τούτοιν.

Καὶ μήν, ἦν δ' ἐγώ, ὁμολογεῖταί γε παρὰ πάντων μέγας
θεὸς εἶναι.

Τῶν μὴ εἰδότων, ἔφη, πάντων λέγεις, ἢ καὶ τῶν εἰδότων;
Συμπάντων μὲν οὖν.

10 Καὶ ἡ γελάσασα Καὶ πῶς ἄν, ἔφη, ὦ Σώκρατες,
c ὁμολογοῖτο μέγας θεὸς εἶναι παρὰ τούτων, οἵ φασιν αὐτὸν
οὐδὲ θεὸν εἶναι;

Τίνες οὗτοι; ἦν δ' ἐγώ.

Εἷς μέν, ἔφη, σύ, μία δ' ἐγώ.

5 Κἀγὼ εἶπον, Πῶς τοῦτο, ἔφην, λέγεις;

Καὶ ἥ, Ῥᾳδίως, ἔφη. λέγε γάρ μοι, οὐ πάντας θεοὺς
φὴς εὐδαίμονας εἶναι καὶ καλούς; ἢ τολμήσαις ἄν τινα μὴ
φάναι καλόν τε καὶ εὐδαίμονα θεῶν εἶναι;

Μὰ Δί' οὐκ ἔγωγ', ἔφην.

10 Εὐδαίμονας δὲ δὴ λέγεις οὐ τοὺς τἀγαθὰ καὶ τὰ καλὰ
κεκτημένους;

Πάνυ γε.

d Ἀλλὰ μὴν Ἔρωτά γε ὡμολόγηκας δι' ἔνδειαν τῶν

a 5 τὸ B T Oxy. : τὰ W   ὀρθὰ δοξάζειν T W Oxy. : ὀρθοδοξάζειν B
καὶ om. Oxy.   b 5 τουτοιν εφη Oxy.   b 6 γε B T Oxy. : μοι W
c 8 θεῶν B T W Oxy. : θεὸν W² (o s. v.)   c 10 τἀγαθὰ B T W Oxy.
Stobaeus : ἀγαθοὺς καὶ τἀγαθὰ W   τὰ B Oxy. : om. T W Stobaeus
d 1, 2 τῶν καλῶν καὶ τῶν ἀγαθῶν Stobaeus

ἀγαθῶν καὶ καλῶν ἐπιθυμεῖν αὐτῶν τούτων ὧν ἐνδεής
ἐστιν.

Ὡμολόγηκα γάρ.

Πῶς ἂν οὖν θεὸς εἴη ὅ γε τῶν καλῶν καὶ ἀγαθῶν ἄμοιρος;   5
Οὐδαμῶς, ὥς γ᾽ ἔοικεν.

Ὁρᾷς οὖν, ἔφη, ὅτι καὶ σὺ Ἔρωτα οὐ θεὸν νομίζεις;
Τί οὖν ἄν, ἔφην, εἴη ὁ Ἔρως; θνητός;

Ἥκιστά γε.

Ἀλλὰ τί μήν;   10

Ὥσπερ τὰ πρότερα, ἔφη, μεταξὺ θνητοῦ καὶ ἀθανάτου.

Τί οὖν, ὦ Διοτίμα;

Δαίμων μέγας, ὦ Σώκρατες· καὶ γὰρ πᾶν τὸ δαιμόνιον
μεταξύ ἐστι θεοῦ τε καὶ θνητοῦ.   e

Τίνα, ἦν δ᾽ ἐγώ, δύναμιν ἔχον;

Ἑρμηνεῦον καὶ διαπορθμεῦον θεοῖς τὰ παρ᾽ ἀνθρώπων
καὶ ἀνθρώποις τὰ παρὰ θεῶν, τῶν μὲν τὰς δεήσεις καὶ
θυσίας, τῶν δὲ τὰς ἐπιτάξεις τε καὶ ἀμοιβὰς τῶν θυσιῶν,   5
ἐν μέσῳ δὲ ὂν ἀμφοτέρων συμπληροῖ, ὥστε τὸ πᾶν αὐτὸ
αὑτῷ συνδεδέσθαι. διὰ τούτου καὶ ἡ μαντικὴ πᾶσα χωρεῖ
καὶ ἡ τῶν ἱερέων τέχνη τῶν τε περὶ τὰς θυσίας καὶ τελετὰς
καὶ τὰς ἐπῳδὰς καὶ τὴν μαντείαν πᾶσαν καὶ γοητείαν. θεὸς   203
δὲ ἀνθρώπῳ οὐ μείγνυται, ἀλλὰ διὰ τούτου πᾶσά ἐστιν ἡ
ὁμιλία καὶ ἡ διάλεκτος θεοῖς πρὸς ἀνθρώπους, καὶ ἐγρη-
γορόσι καὶ καθεύδουσι· καὶ ὁ μὲν περὶ τὰ τοιαῦτα σοφὸς
δαιμόνιος ἀνήρ, ὁ δὲ ἄλλο τι σοφὸς ὢν ἢ περὶ τέχνας   5
ἢ χειρουργίας τινὰς βάναυσος. οὗτοι δὴ οἱ δαίμονες

d 5 ἂν B Oxy. Stobaeus: δ᾽ ἂν T W   τῶν T W Oxy. Stobaeus:
γ᾽ ὢν B   d 6 ὥς γ᾽ B T: ωσ γε Oxy.: γ᾽ ὡς W: ὥστ᾽ Stobaeus
d 11 ἔφη T W Oxy.: ἔφην B Stobaeus   e 1 τε B T Oxy.: om. W
Stobaeus   e 8 τελετὰς T W: τὰς τελετὰς B Oxy. Stobaeus
a 1 μαντείαν B T W Oxy. Stobaeus: μαγγανείαν Geel: μαγείαν Badham
a 4 σοφὸς B T W Oxy.: σφοδρὸς Stobaeus   a 5 ἂν B T W Oxy.:
om. Stobaeus   a 6 ἢ B T W: ἢ περὶ Oxy. Stobaeus   βαναυσους
Oxy.

πολλοὶ καὶ παντοδαποί εἰσιν, εἷς δὲ τούτων ἐστὶ καὶ ὁ
Ἔρως.

Πατρὸς δέ, ἦν δ᾽ ἐγώ, τίνος ἐστὶ καὶ μητρός;

b   Μακρότερον μέν, ἔφη, διηγήσασθαι· ὅμως δέ σοι ἐρῶ.
ὅτε γὰρ ἐγένετο ἡ Ἀφροδίτη, ἡστιῶντο οἱ θεοὶ οἵ τε ἄλλοι
καὶ ὁ τῆς Μήτιδος ὑὸς Πόρος. ἐπειδὴ δὲ ἐδείπνησαν,
προσαιτήσουσα οἷον δὴ εὐωχίας οὔσης ἀφίκετο ἡ Πενία, καὶ
5 ἦν περὶ τὰς θύρας. ὁ οὖν Πόρος μεθυσθεὶς τοῦ νέκταρος—
οἶνος γὰρ οὔπω ἦν—εἰς τὸν τοῦ Διὸς κῆπον εἰσελθὼν
βεβαρημένος ηὗδεν. ἡ οὖν Πενία ἐπιβουλεύουσα διὰ τὴν
αὑτῆς ἀπορίαν παιδίον ποιήσασθαι ἐκ τοῦ Πόρου, κατα-
c κλίνεταί τε παρ᾽ αὐτῷ καὶ ἐκύησε τὸν Ἔρωτα. διὸ δὴ καὶ
τῆς Ἀφροδίτης ἀκόλουθος καὶ θεράπων γέγονεν ὁ Ἔρως,
γεννηθεὶς ἐν τοῖς ἐκείνης γενεθλίοις, καὶ ἅμα φύσει ἐρα-
στὴς ὢν περὶ τὸ καλὸν καὶ τῆς Ἀφροδίτης καλῆς οὔσης.
5 ἅτε οὖν Πόρου καὶ Πενίας ὑὸς ὢν ὁ Ἔρως ἐν τοιαύτῃ τύχῃ
καθέστηκεν. πρῶτον μὲν πένης ἀεί ἐστι, καὶ πολλοῦ δεῖ
ἁπαλός τε καὶ καλός, οἷον οἱ πολλοὶ οἴονται, ἀλλὰ σκληρὸς
d καὶ αὐχμηρὸς καὶ ἀνυπόδητος καὶ ἄοικος, χαμαιπετὴς ἀεὶ
ὢν καὶ ἄστρωτος, ἐπὶ θύραις καὶ ἐν ὁδοῖς ὑπαίθριος κοιμώ-
μενος, τὴν τῆς μητρὸς φύσιν ἔχων, ἀεὶ ἐνδείᾳ σύνοικος.
κατὰ δὲ αὖ τὸν πατέρα ἐπίβουλός ἐστι τοῖς καλοῖς καὶ τοῖς
5 ἀγαθοῖς, ἀνδρεῖος ὢν καὶ ἴτης καὶ σύντονος, θηρευτὴς
δεινός, ἀεί τινας πλέκων μηχανάς, καὶ φρονήσεως ἐπι-
θυμητὴς καὶ πόριμος, φιλοσοφῶν διὰ παντὸς τοῦ βίου,
δεινὸς γόης καὶ φαρμακεὺς καὶ σοφιστής· καὶ οὔτε ὡς
e ἀθάνατος πέφυκεν οὔτε ὡς θνητός, ἀλλὰ τοτὲ μὲν τῆς αὐτῆς
ἡμέρας θάλλει τε καὶ ζῇ, ὅταν εὐπορήσῃ, τοτὲ δὲ ἀποθνή-

a 7 καὶ prius B T W : τε καὶ Oxy. Stobaeus   a 9 τίνος ἐστὶ καὶ
μητρὸς B W et corr. T : καὶ μητρὸς τίνος ἐστι(ν) T Oxy.   b 2 ἡστιῶντο
B T : εἱστιῶντο B² W t : ἱστιῶντο Oxy.   b 4 προσαιτὴς οὖσα B
Origenes   b 6 ἐξελθὼν Oxy.   c 1 δὴ καὶ B T Oxy. : δὴ W
c 6 πενίης B   δεῖ B T Oxy. : δὴ W   d 2 ὑπαίθριος B W Oxy. :
ὑπαιθρίοις T   d 4 τοῖς alterum om. Oxy.   d 7 πόριμος φιλοσοφῶν
T W Oxy. : πορισμος φιλοσόφων B   d 8 καὶ prius om. Oxy.
e 1 αὑτῆς om. Oxy.   e 2 τε T W : om. B Oxy.

σκει, πάλιν δὲ ἀναβιώσκεται διὰ τὴν τοῦ πατρὸς φύσιν, τὸ
δὲ ποριζόμενον ἀεὶ ὑπεκρεῖ, ὥστε οὔτε ἀπορεῖ Ἔρως ποτὲ
οὔτε πλουτεῖ, σοφίας τε αὖ καὶ ἀμαθίας ἐν μέσῳ ἐστίν. 5
ἔχει γὰρ ὧδε. θεῶν οὐδεὶς φιλοσοφεῖ οὐδ᾽ ἐπιθυμεῖ σοφὸς 204
γενέσθαι—ἔστι γάρ—οὐδ᾽ εἴ τις ἄλλος σοφός, οὐ φιλοσοφεῖ.
οὐδ᾽ αὖ οἱ ἀμαθεῖς φιλοσοφοῦσιν οὐδ᾽ ἐπιθυμοῦσι σοφοὶ
γενέσθαι· αὐτὸ γὰρ τοῦτό ἐστι χαλεπὸν ἀμαθία, τὸ μὴ
ὄντα καλὸν κἀγαθὸν μηδὲ φρόνιμον δοκεῖν αὑτῷ εἶναι 5
ἱκανόν. οὔκουν ἐπιθυμεῖ ὁ μὴ οἰόμενος ἐνδεὴς εἶναι οὗ ἂν
μὴ οἴηται ἐπιδεῖσθαι.

Τίνες οὖν, ἔφην ἐγώ, ὦ Διοτίμα, οἱ φιλοσοφοῦντες, εἰ
μήτε οἱ σοφοὶ μήτε οἱ ἀμαθεῖς;

Δῆλον δή, ἔφη, τοῦτό γε ἤδη καὶ παιδί, ὅτι οἱ μεταξὺ b
τούτων ἀμφοτέρων, ὧν ἂν εἴη καὶ ὁ Ἔρως. ἔστιν γὰρ δὴ τῶν
καλλίστων ἡ σοφία, Ἔρως δ᾽ ἐστὶν ἔρως περὶ τὸ καλόν,
ὥστε ἀναγκαῖον Ἔρωτα φιλόσοφον εἶναι, φιλόσοφον δὲ
ὄντα μεταξὺ εἶναι σοφοῦ καὶ ἀμαθοῦς. αἰτία δὲ αὐτῷ καὶ 5
τούτων ἡ γένεσις· πατρὸς μὲν γὰρ σοφοῦ ἐστι καὶ εὐπόρου,
μητρὸς δὲ οὐ σοφῆς καὶ ἀπόρου. ἡ μὲν οὖν φύσις τοῦ
δαίμονος, ὦ φίλε Σώκρατες, αὕτη· ὃν δὲ σὺ ᾠήθης Ἔρωτα
εἶναι, θαυμαστὸν οὐδὲν ἔπαθες. ᾠήθης δέ, ὡς ἐμοὶ δοκεῖ c
τεκμαιρομένῃ ἐξ ὧν σὺ λέγεις, τὸ ἐρώμενον Ἔρωτα εἶναι,
οὐ τὸ ἐρῶν· διὰ ταῦτά σοι οἶμαι πάγκαλος ἐφαίνετο ὁ
Ἔρως. καὶ γὰρ ἔστι τὸ ἐραστὸν τὸ τῷ ὄντι καλὸν καὶ
ἁβρὸν καὶ τέλεον καὶ μακαριστόν· τὸ δέ γε ἐρῶν ἄλλην 5
ἰδέαν τοιαύτην ἔχον, οἵαν ἐγὼ διῆλθον.

Καὶ ἐγὼ εἶπον, Εἶεν δή, ὦ ξένη, καλῶς γὰρ λέγεις·
τοιοῦτος ὢν ὁ Ἔρως τίνα χρείαν ἔχει τοῖς ἀνθρώποις;

Τοῦτο δὴ μετὰ ταῦτ᾽, ἔφη, ὦ Σώκρατες, πειράσομαί σε d
διδάξαι. ἔστι μὲν γὰρ δὴ τοιοῦτος καὶ οὕτω γεγονὼς ὁ

e 3 πάλιν s. v. iterat corr. Oxy.   e 5 τε αὖ καὶ T W : τε καὶ B :
καὶ (αὖ s. v.) Oxy.   a 5 αὑτῷ (αὐτῷ) B² T W Oxy. : αὐτὸ B   b 1 δὴ
T W Oxy. : ὅτι B   b 2 ἂν εἴη Oxy. : ἂν B T W   c 2 ελεγεσ
Oxy.   ειναι ερωτα Oxy.

Ερως, ἔστι δὲ τῶν καλῶν, ὡς σὺ φῄς. εἰ δὲ τις ἡμᾶς
ἔροιτο· Τί τῶν καλῶν ἐστιν ὁ Ἔρως, ὦ Σώκρατές τε
5 καὶ Διοτίμα; ὧδε δὲ σαφέστερον· ἐρᾷ ὁ ἐρῶν τῶν καλῶν·
τί ἐρᾷ;

Καὶ ἐγὼ εἶπον ὅτι Γενέσθαι αὐτῷ.

Ἀλλ' ἔτι ποθεῖ, ἔφη, ἡ ἀπόκρισις ἐρώτησιν τοιάνδε· Τί
ἔσται ἐκείνῳ ᾧ ἂν γένηται τὰ καλά;

10 Οὐ πάνυ ἔφην ἔτι ἔχειν ἐγὼ πρὸς ταύτην τὴν ἐρώτησιν
προχείρως ἀποκρίνασθαι.

e Ἀλλ', ἔφη, ὥσπερ ἂν εἴ τις μεταβαλὼν ἀντὶ τοῦ καλοῦ
τῷ ἀγαθῷ χρώμενος πυνθάνοιτο· Φέρε, ὦ Σώκρατες, ἐρᾷ ὁ
ἐρῶν τῶν ἀγαθῶν· τί ἐρᾷ;

Γενέσθαι, ἦν δ' ἐγώ, αὐτῷ.

5 Καὶ τί ἔσται ἐκείνῳ ᾧ ἂν γένηται τἀγαθά;

Τοῦτ' εὐπορώτερον, ἦν δ' ἐγώ, ἔχω ἀποκρίνασθαι, ὅτι
εὐδαίμων ἔσται.

205 Κτήσει γάρ, ἔφη, ἀγαθῶν οἱ εὐδαίμονες εὐδαίμονες, καὶ
οὐκέτι προσδεῖ ἐρέσθαι Ἵνα τί δὲ βούλεται εὐδαίμων εἶναι
ὁ βουλόμενος; ἀλλὰ τέλος δοκεῖ ἔχειν ἡ ἀπόκρισις.

Ἀληθῆ λέγεις, εἶπον ἐγώ.

5 Ταύτην δὴ τὴν βούλησιν καὶ τὸν ἔρωτα τοῦτον πότερα
κοινὸν οἴει εἶναι πάντων ἀνθρώπων, καὶ πάντας τἀγαθὰ
βούλεσθαι αὐτοῖς εἶναι ἀεί, ἢ πῶς λέγεις;

Οὕτως, ἦν δ' ἐγώ· κοινὸν εἶναι πάντων.

Τί δὴ οὖν, ἔφη, ὦ Σώκρατες, οὐ πάντάς ἐρᾶν φαμεν,
b εἴπερ γε πάντες τῶν αὐτῶν ἐρῶσι καὶ ἀεί, ἀλλά τινάς φαμεν
ἐρᾶν, τοὺς δ' οὔ;

Θαυμάζω, ἦν δ' ἐγώ, καὶ αὐτός.

Ἀλλὰ μὴ θαύμαζ', ἔφη· ἀφελόντες γὰρ ἄρα τοῦ ἔρωτός

d 4 τε B Oxy.: om. T W   d 5 ἐρᾷ B T W Oxy.: ἐρῶ b vulg.
d 8 ἔτι ποθεῖ T W Oxy.: ἐπιποθεῖ B   e 2 ἐρᾷ B T W Oxy.: ἐρῶ
vulg.   a 1 ἀγαθῶν B   a 5 δὴ T W: δὲ B Oxy.   a 6 οἴει εἶναι
B T: εἶναι οἴει W   b 4 ἄρα T Oxy.: om. B W   ἔρωτος B W:
ἐρῶντος T

τι εἶδος ὀνομάζομεν, τὸ τοῦ ὅλου ἐπιτιθέντες ὄνομα, ἔρωτα, 5
τὰ δὲ ἄλλα ἄλλοις καταχρώμεθα ὀνόμασιν.

Ὥσπερ τί; ἦν δ' ἐγώ.

Ὥσπερ τόδε. οἶσθ' ὅτι ποίησίς ἐστί τι πολύ· ἡ γάρ
τοι ἐκ τοῦ μὴ ὄντος εἰς τὸ ὂν ἰόντι ὁτῳοῦν αἰτία πᾶσά ἐστι
ποίησις, ὥστε καὶ αἱ ὑπὸ πάσαις ταῖς τέχναις ἐργασίαι c
ποιήσεις εἰσὶ καὶ οἱ τούτων δημιουργοὶ πάντες ποιηταί.

Ἀληθῆ λέγεις.

Ἀλλ' ὅμως, ἦ δ' ἥ, οἶσθ' ὅτι οὐ καλοῦνται ποιηταὶ ἀλλὰ
ἄλλα ἔχουσιν ὀνόματα, ἀπὸ δὲ πάσης τῆς ποιήσεως ἓν 5
μόριον ἀφορισθὲν τὸ περὶ τὴν μουσικὴν καὶ τὰ μέτρα τῷ
τοῦ ὅλου ὀνόματι προσαγορεύεται. ποίησις γὰρ τοῦτο
μόνον καλεῖται, καὶ οἱ ἔχοντες τοῦτο τὸ μόριον τῆς ποιήσεως
ποιηταί.

Ἀληθῆ λέγεις, ἔφην. 10

Οὕτω τοίνυν καὶ περὶ τὸν ἔρωτα. τὸ μὲν κεφάλαιόν ἐστι d
πᾶσα ἡ τῶν ἀγαθῶν ἐπιθυμία καὶ τοῦ εὐδαιμονεῖν ὁ μέ-
γιστός τε καὶ δολερὸς ἔρως παντί· ἀλλ' οἱ μὲν ἄλλῃ
τρεπόμενοι πολλαχῇ ἐπ' αὐτόν, ἢ κατὰ χρηματισμὸν ἢ κατὰ
φιλογυμναστίαν ἢ κατὰ φιλοσοφίαν, οὔτε ἐρᾶν καλοῦνται 5
οὔτε ἐρασταί, οἱ δὲ κατὰ ἕν τι εἶδος ἰόντες τε καὶ ἐσπου-
δακότες τὸ τοῦ ὅλου ὄνομα ἴσχουσιν, ἔρωτά τε καὶ ἐρᾶν καὶ
ἐρασταί.

Κινδυνεύεις ἀληθῆ, ἔφην ἐγώ, λέγειν.

Καὶ λέγεται μέν γέ τις, ἔφη, λόγος, ὡς οἳ ἂν τὸ ἥμισυ 10
ἑαυτῶν ζητῶσιν, οὗτοι ἐρῶσιν· ὁ δ' ἐμὸς λόγος οὔτε ἡμίσεός e
φησιν εἶναι τὸν ἔρωτα οὔτε ὅλου, ἐὰν μὴ τυγχάνῃ γέ που,
ὦ ἑταῖρε, ἀγαθὸν ὄν, ἐπεὶ αὑτῶν γε καὶ πόδας καὶ χεῖρας
ἐθέλουσιν ἀποτέμνεσθαι οἱ ἄνθρωποι, ἐὰν αὑτοῖς δοκῇ τὰ

b 9 τοι Vind. 21 : τι BTW : τω Oxy. (in marg. ⍵)   c 4 η δ η
Oxy. : ἤδη BTW   οὐ BT Oxy. : om. W   c 5 ἔχουσιν TW Oxy. :
ἕξουσιν B   c 6 μόριον BT Oxy. et γρ. W : μόνον W   d 3 δολερὸς
BTW Oxy. : πρῶτος ci. Schanz   d 7 ἴσχουσιν BTW : εσχον
Oxy.   d 10 ἑαυτῶν BT Oxy. : αὐτῶν W   e 3 ἐπεὶ TW Oxy. :
ἐπὶ B

5 ἑαυτῶν πονηρὰ εἶναι. οὐ γὰρ τὸ ἑαυτῶν οἶμαι ἕκαστοι
ἀσπάζονται, εἰ μὴ εἴ τις τὸ μὲν ἀγαθὸν οἰκεῖον καλεῖ καὶ
ἑαυτοῦ, τὸ δὲ κακὸν ἀλλότριον· ὡς οὐδέν γε ἄλλο ἐστὶν οὗ
206 ἐρῶσιν ἄνθρωποι ἢ τοῦ ἀγαθοῦ. ἢ σοὶ δοκοῦσιν;

Μὰ Δί' οὐκ ἔμοιγε, ἦν δ' ἐγώ.

Ἆρ' οὖν, ἦ δ' ἥ, οὕτως ἁπλοῦν ἐστι λέγειν ὅτι οἱ
ἄνθρωποι τἀγαθοῦ ἐρῶσιν;

5 Ναί, ἔφην.

Τί δέ; οὐ προσθετέον, ἔφη, ὅτι καὶ εἶναι τὸ ἀγαθὸν
αὑτοῖς ἐρῶσιν;

Προσθετέον.

Ἆρ' οὖν, ἔφη, καὶ οὐ μόνον εἶναι, ἀλλὰ καὶ ἀεὶ εἶναι;

10 Καὶ τοῦτο προσθετέον.

Ἔστιν ἄρα συλλήβδην, ἔφη, ὁ ἔρως τοῦ τὸ ἀγαθὸν αὑτῷ
εἶναι ἀεί.

Ἀληθέστατα, ἔφην ἐγώ, λέγεις.

b Ὅτε δὴ τοῦτο ὁ ἔρως ἐστὶν ἀεί, ἦ δ' ἥ, τῶν τίνα τρόπον
διωκόντων αὐτὸ καὶ ἐν τίνι πράξει ἡ σπουδὴ καὶ ἡ σύντασις
ἔρως ἂν καλοῖτο; τί τοῦτο τυγχάνει ὂν τὸ ἔργον; ἔχεις
εἰπεῖν;

5 Οὐ μεντἂν σέ, ἔφην ἐγώ, ὦ Διοτίμα, ἐθαύμαζον ἐπὶ
σοφίᾳ καὶ ἐφοίτων παρὰ σὲ αὐτὰ ταῦτα μαθησόμενος.

Ἀλλὰ ἐγώ σοι, ἔφη, ἐρῶ. ἔστι γὰρ τοῦτο τόκος ἐν
καλῷ καὶ κατὰ τὸ σῶμα καὶ κατὰ τὴν ψυχήν.

Μαντείας, ἦν δ' ἐγώ, δεῖται ὅτι ποτε λέγεις, καὶ οὐ
10 μανθάνω.

c Ἀλλ' ἐγώ, ἦ δ' ἥ, σαφέστερον ἐρῶ. κυοῦσιν γάρ, ἔφη,
ὦ Σώκρατες, πάντες ἄνθρωποι καὶ κατὰ τὸ σῶμα καὶ κατὰ

e 6 καλεῖ W : καλῇ B Ι   a 1 ἄνθρωποι Bekker : ἄνθρωποι B T :
οἱ ἄνθρωποι W   a 3 ἦ δ' ἥ Bekker : ἤδη B T W   a 4 τἀγαθοῦ
T W : τοῦ ἀγαθοῦ B   a 9 οὖν B T Oxy. : om. W   a 11 τοῦ τὸ
W : τοῦ τὸ∗ T : τοῦτο B   αὑτῷ T W Oxy. : αὐτὸ B   b 1 δὴ] δε
Oxy.   η δ η Oxy. : ἤδη B T W   τῶν T W² Oxy. : τὸν B W
b 2 αὑτὸ B W Oxy. : αὐτὸν T   ἦ σπουδῇ B T W   σύντασις B
Oxy. : σύστασις T W   c 1 ἦ δ' ἥ Bekker : ἤδη B T W : δη Oxy.
c 2 καὶ prius T W Oxy. . . om. B

τὴν ψυχήν, καὶ ἐπειδὰν ἔν τινι ἡλικίᾳ γένωνται, τίκτειν
ἐπιθυμεῖ ἡμῶν ἡ φύσις. τίκτειν δὲ ἐν μὲν αἰσχρῷ οὐ
δύναται, ἐν δὲ τῷ καλῷ. ἡ γὰρ ἀνδρὸς καὶ γυναικὸς 5
συνουσία τόκος ἐστίν. ἔστι δὲ τοῦτο θεῖον τὸ πρᾶγμα,
καὶ τοῦτο ἐν θνητῷ ὄντι τῷ ζῴῳ ἀθάνατον ἔνεστιν, ἡ κύησις
καὶ ἡ γέννησις. τὰ δὲ ἐν τῷ ἀναρμόστῳ ἀδύνατον γενέ-
σθαι. ἀνάρμοστον δ᾽ ἐστὶ τὸ αἰσχρὸν παντὶ τῷ θείῳ, τὸ d
δὲ καλὸν ἁρμόττον. Μοῖρα οὖν καὶ Εἰλείθυια ἡ Καλλονή
ἐστι τῇ γενέσει. διὰ ταῦτα ὅταν μὲν καλῷ προσπελάζῃ
τὸ κυοῦν, ἵλεών τε γίγνεται καὶ εὐφραινόμενον διαχεῖται
καὶ τίκτει τε καὶ γεννᾷ· ὅταν δὲ αἰσχρῷ, σκυθρωπόν τε 5
καὶ λυπούμενον συσπειρᾶται καὶ ἀποτρέπεται καὶ ἀνείλλεται
καὶ οὐ γεννᾷ, ἀλλὰ ἴσχον τὸ κύημα χαλεπῶς φέρει. ὅθεν δὴ
τῷ κυοῦντί τε καὶ ἤδη σπαργῶντι πολλὴ ἡ πτοίησις γέγονε
περὶ τὸ καλὸν διὰ τὸ μεγάλης ὠδῖνος ἀπολύειν τὸν ἔχοντα. e
ἔστιν γάρ, ὦ Σώκρατες, ἔφη, οὐ τοῦ καλοῦ ὁ ἔρως, ὡς
σὺ οἴει.

Ἀλλὰ τί μήν;

Τῆς γεννήσεως καὶ τοῦ τόκου ἐν τῷ καλῷ. 5

Εἶεν, ἦν δ᾽ ἐγώ.

Πάνυ μὲν οὖν, ἔφη. τί δὴ οὖν τῆς γεννήσεως; ὅτι
ἀειγενές ἐστι καὶ ἀθάνατον ὡς θνητῷ ἡ γέννησις. ἀθα-
νασίας δὲ ἀναγκαῖον ἐπιθυμεῖν •μετὰ ἀγαθοῦ ἐκ τῶν ὡμο- 207
λογημένων, εἴπερ τοῦ ἀγαθοῦ ἑαυτῷ εἶναι ἀεὶ ἔρως ἐστίν.
ἀναγκαῖον δὴ ἐκ τούτου τοῦ λόγου καὶ τῆς ἀθανασίας τὸν
ἔρωτα εἶναι.

Ταῦτά τε οὖν πάντα ἐδίδασκέ με, ὁπότε περὶ τῶν ἐρω- 5

c 3 τὴν B W Oxy. : om. T c 5 τῷ om. Oxy. c 7 ἔνεστιν B
Oxy. : ἔστιν T W c 8 τὰ B Oxy. : ταῦτα T W d 1 απαντι Oxy.
θείῳ T W : θεῷ B t Oxy. d 6 συσπειρᾶται T W : ξυ[ν]σπειραται
Oxy. : συνσπείρεται B W² (ε s. v.) ἀνείλλεται B W : ἀνειλλεῖται T :
ἀνειλεῖται t : ανιλλεται Oxy. d 8 πτοίησις T W Oxy. : ποίησις B
e 1 ἀπολύειν T W Oxy. : ἀπολαύειν B e 7 γενεσεως Oxy. e 8 ἀει-
γενές] αει γενεσις Oxy.

τικῶν λόγους ποιοῖτο, καί ποτε ἤρετο Τί οἴει, ὦ Σώκρατες,
αἴτιον εἶναι τούτου τοῦ ἔρωτος καὶ τῆς ἐπιθυμίας; ἢ οὐκ
αἰσθάνῃ ὡς δεινῶς διατίθεται πάντα τὰ θηρία ἐπειδὰν γεν-
νᾶν ἐπιθυμήσῃ, καὶ τὰ πεζὰ καὶ τὰ πτηνά, νοσοῦντά τε
b πάντα καὶ ἐρωτικῶς διατιθέμενα, πρῶτον μὲν περὶ τὸ συμ-
μιγῆναι ἀλλήλοις, ἔπειτα περὶ τὴν τροφὴν τοῦ γενομένου,
καὶ ἕτοιμά ἐστιν ὑπὲρ τούτων καὶ διαμάχεσθαι τὰ ἀσθενέ-
στατα τοῖς ἰσχυροτάτοις καὶ ὑπεραποθνῄσκειν, καὶ αὐτὰ τῷ
5 λιμῷ παρατεινόμενα ὥστ᾽ ἐκεῖνα ἐκτρέφειν, καὶ ἄλλο πᾶν
ποιοῦντα. τοὺς μὲν γὰρ ἀνθρώπους, ἔφη, οἴοιτ᾽ ἄν τις ἐκ
λογισμοῦ ταῦτα ποιεῖν· τὰ δὲ θηρία τίς αἰτία οὕτως ἐρω-
c τικῶς διατίθεσθαι; ἔχεις λέγειν;

Καὶ ἐγὼ αὖ ἔλεγον ὅτι οὐκ εἰδείην· ἣ δ᾽ εἶπεν, Διανοῇ
οὖν δεινός ποτε γενήσεσθαι τὰ ἐρωτικά, ἐὰν ταῦτα μὴ
ἐννοῇς;

5 Ἀλλὰ διὰ ταῦτά τοι, ὦ Διοτίμα, ὅπερ νυνδὴ εἶπον, παρὰ
σὲ ἥκω, γνοὺς ὅτι διδασκάλων δέομαι. ἀλλά μοι λέγε
καὶ τούτων τὴν αἰτίαν καὶ τῶν ἄλλων τῶν περὶ τὰ ἐρωτικά.

Εἰ τοίνυν, ἔφη, πιστεύεις ἐκείνου εἶναι φύσει τὸν ἔρωτα,
οὗ πολλάκις ὡμολογήκαμεν, μὴ θαύμαζε. ἐνταῦθα γὰρ
d τὸν αὐτὸν ἐκείνῳ λόγον ἡ θνητὴ φύσις ζητεῖ κατὰ τὸ δυνατὸν
ἀεί τε εἶναι καὶ ἀθάνατος. δύναται δὲ ταύτῃ μόνον, τῇ
γενέσει, ὅτι ἀεὶ καταλείπει ἕτερον νέον ἀντὶ τοῦ παλαιοῦ,
ἐπεὶ καὶ ἐν ᾧ ἓν ἕκαστον τῶν ζῴων ζῆν καλεῖται καὶ εἶναι
5 τὸ αὐτό—οἷον ἐκ παιδαρίου ὁ αὐτὸς λέγεται ἕως ἂν πρε-
σβύτης γένηται· οὗτος μέντοι οὐδέποτε τὰ αὐτὰ ἔχων ἐν
αὑτῷ ὅμως ὁ αὐτὸς καλεῖται, ἀλλὰ νέος ἀεὶ γιγνόμενος, τὰ
δὲ ἀπολλύς, καὶ κατὰ τὰς τρίχας καὶ σάρκα καὶ ὀστᾶ καὶ
e αἷμα καὶ σύμπαν τὸ σῶμα. καὶ μὴ ὅτι κατὰ τὸ σῶμα,
ἀλλὰ καὶ κατὰ τὴν ψυχὴν οἱ τρόποι, τὰ ἤθη, δόξαι, ἐπιθυ-

b 3 καὶ alterum BT Oxy. : om. W   αὐτὰ] αυτω Oxy.   c 2 αὖ
ἔλεγον b : ἀνέλεγον B : ἂν ἔλεγον TW : ελεγον Oxy.   c 9 ὡμολογη-
σαμεν Oxy.   d 2 τε T Oxy. : τὸ B W   καὶ T W Oxy. : om. B
d 3 τῇ γενέσει B T W Oxy. : secl. Vermehren   e 2 τρόποι T W
Oxy. : τόποι B

200

μίαι, ἡδοναί, λῦπαι, φόβοι, τούτων ἕκαστα οὐδέποτε τὰ
αὐτὰ πάρεστιν ἑκάστῳ, ἀλλὰ τὰ μὲν γίγνεται, τὰ δὲ ἀπόλ-
λυται. πολὺ δὲ τούτων ἀτοπώτερον ἔτι, ὅτι καὶ αἱ ἐπιστῆμαι 5
μὴ ὅτι αἱ μὲν γίγνονται, αἱ δὲ ἀπόλλυνται ἡμῖν, καὶ οὐδέ- 208
ποτε οἱ αὐτοί ἐσμεν οὐδὲ κατὰ τὰς ἐπιστήμας, ἀλλὰ καὶ
μία ἑκάστη τῶν ἐπιστημῶν ταὐτὸν πάσχει. ὃ γὰρ καλεῖται
μελετᾶν, ὡς ἐξιούσης ἐστὶ τῆς ἐπιστήμης· λήθη γὰρ
ἐπιστήμης ἔξοδος, μελέτη δὲ πάλιν καινὴν ἐμποιοῦσα ἀντὶ 5
τῆς ἀπιούσης μνήμην σῴζει τὴν ἐπιστήμην, ὥστε τὴν
αὐτὴν δοκεῖν εἶναι. τούτῳ γὰρ τῷ τρόπῳ πᾶν τὸ θνητὸν
σῴζεται, οὐ τῷ παντάπασιν τὸ αὐτὸ ἀεὶ εἶναι ὥσπερ τὸ
θεῖον, ἀλλὰ τῷ τὸ ἀπιὸν καὶ παλαιούμενον ἕτερον νέον b
ἐγκαταλείπειν οἷον αὐτὸ ἦν. ταύτῃ τῇ μηχανῇ, ὦ Σώ-
κρατες, ἔφη, θνητὸν ἀθανασίας μετέχει, καὶ σῶμα καὶ τἆλλα
πάντα· ἀθάνατον δὲ ἄλλῃ. μὴ οὖν θαύμαζε εἰ τὸ αὑτοῦ
ἀποβλάστημα φύσει πᾶν τιμᾷ· ἀθανασίας γὰρ χάριν παντὶ 5
αὕτη ἡ σπουδὴ καὶ ὁ ἔρως ἕπεται.

Καὶ ἐγὼ ἀκούσας τὸν λόγον ἐθαύμασά τε καὶ εἶπον
Εἶεν, ἦν δ᾽ ἐγώ, ὦ σοφωτάτη Διοτίμα, ταῦτα ὡς ἀληθῶς
οὕτως ἔχει;

Καὶ ἥ, ὥσπερ οἱ τέλεοι σοφισταί, Εὖ ἴσθι, ἔφη, ὦ c
Σώκρατες· ἐπεί γε καὶ τῶν ἀνθρώπων εἰ ἐθέλεις εἰς τὴν
φιλοτιμίαν βλέψαι, θαυμάζοις ἂν τῆς ἀλογίας περὶ ἃ ἐγὼ
εἴρηκα εἰ μὴ ἐννοεῖς, ἐνθυμηθεὶς ὡς δεινῶς διάκεινται ἔρωτι
τοῦ ὀνομαστοὶ γενέσθαι καὶ κλέος ἐς τὸν ἀεὶ χρόνον 5
ἀθάνατον καταθέσθαι, καὶ ὑπὲρ τούτου κινδύνους τε
κινδυνεύειν ἕτοιμοί εἰσι πάντας ἔτι μᾶλλον ἢ ὑπὲρ τῶν
παίδων, καὶ χρήματα ἀναλίσκειν καὶ πόνους πονεῖν οὕσ- d
τινασοῦν καὶ ὑπεραποθνῄσκειν. ἐπεὶ οἴει σύ, ἔφη, Ἄλκηστιν

e 5 ἔτι B Oxy.: ἐστιν T W   a 6 μνήμην] μνημη Oxy.   a 7 θνη-
τὸν] ὀνητὸν B   a 8 οὐ τῷ] οὕτω B   b 3 μετέχει Oxy.: μετέχειν
B T W   b 4 ἀθάνατον B T W Oxy.: ἀδύνατον Creuzer   c 1 ἔφη
om. W   c 2 γε T W: om. B Oxy.   c 5 ἐς B : εἰς T W Oxy.
c 7 πάντες W   μᾶλλον B W Oxy.: om. T

ὑπὲρ Ἀδμήτου ἀποθανεῖν ἄν, ἢ Ἀχιλλέα Πατρόκλῳ ἐπ-
αποθανεῖν, ἢ προαποθανεῖν τὸν ὑμέτερον Κόδρον ὑπὲρ τῆς
5 βασιλείας τῶν παίδων, μὴ οἰομένους ἀθάνατον μνήμην
ἀρετῆς πέρι ἑαυτῶν ἔσεσθαι, ἣν νῦν ἡμεῖς ἔχομεν; πολλοῦ
γε δεῖ, ἔφη, ἀλλ' οἶμαι ὑπὲρ ἀρετῆς ἀθανάτου καὶ τοιαύτης
δόξης εὐκλεοῦς πάντες πάντα ποιοῦσιν, ὅσῳ ἂν ἀμείνους
e ὦσι, τοσούτῳ μᾶλλον· τοῦ γὰρ ἀθανάτου ἐρῶσιν. οἱ μὲν
οὖν ἐγκύμονες, ἔφη, κατὰ τὰ σώματα ὄντες πρὸς τὰς γυναῖκας
μᾶλλον τρέπονται καὶ ταύτῃ ἐρωτικοί εἰσιν, διὰ παιδογονίας
ἀθανασίαν καὶ μνήμην καὶ εὐδαιμονίαν, ὡς οἴονται, αὑτοῖς
5 εἰς τὸν ἔπειτα χρόνον πάντα ποριζόμενοι· οἱ δὲ κατὰ τὴν
209 ψυχήν—εἰσὶ γὰρ οὖν, ἔφη, οἳ ἐν ταῖς ψυχαῖς κυοῦσιν ἔτι
μᾶλλον ἢ ἐν τοῖς σώμασιν, ἃ ψυχῇ προσήκει καὶ κυῆσαι
καὶ τεκεῖν· τί οὖν προσήκει; φρόνησίν τε καὶ τὴν ἄλλην
ἀρετήν—ὧν δή εἰσι καὶ οἱ ποιηταὶ πάντες γεννήτορες καὶ
5 τῶν δημιουργῶν ὅσοι λέγονται εὑρετικοὶ εἶναι· πολὺ δὲ
μεγίστη, ἔφη, καὶ καλλίστη τῆς φρονήσεως ἡ περὶ τὰ τῶν
πόλεών τε καὶ οἰκήσεων διακόσμησις, ᾗ δὴ ὄνομά ἐστι
σωφροσύνη τε καὶ δικαιοσύνη—τούτων δ' αὖ ὅταν τις ἐκ
b νέου ἐγκύμων ᾖ τὴν ψυχήν, ἤθεος ὢν καὶ ἡκούσης τῆς
ἡλικίας, τίκτειν τε καὶ γεννᾶν ἤδη ἐπιθυμῇ, ζητεῖ δὴ
οἶμαι καὶ οὗτος περιιὼν τὸ καλὸν ἐν ᾧ ἂν γεννήσειεν· ἐν
τῷ γὰρ αἰσχρῷ οὐδέποτε γεννήσει. τά τε οὖν σώματα τὰ
5 καλὰ μᾶλλον ἢ τὰ αἰσχρὰ ἀσπάζεται ἅτε κυῶν, καὶ ἂν
ἐντύχῃ ψυχῇ καλῇ καὶ γενναίᾳ καὶ εὐφυεῖ, πάνυ δὴ ἀσπά-
ζεται τὸ συναμφότερον, καὶ πρὸς τοῦτον τὸν ἄνθρωπον
εὐθὺς εὐπορεῖ λόγων περὶ ἀρετῆς καὶ περὶ οἷον χρὴ εἶναι
c τὸν ἄνδρα τὸν ἀγαθὸν. καὶ ἃ ἐπιτηδεύειν, καὶ ἐπιχειρεῖ

c 3 ἄν... c 4 προαποθανεῖν om. W   d 6 περὶ B T W   θ 2 τὰ
Oxy.: om. B T W   a 2 καὶ] τ[α]ε καὶ Oxy.   a 3 τεκεῖν Oxy.:
κυεῖν B T W   a 6 τὰ Sommer: τὰς B T W Oxy.   a 7 διακό-
σμησις B T W Oxy.: διακοσμήσεις al.   a 8 δ' αὖ T W: αὖ B Oxy.
b 1 ἤθεος Parmentier: θεῖος B T W Oxy.   b 2 ἐπιθυμῇ Oxy.:
ἐπιθυμεῖ B T W   δὴ] δὲ W   b 3 περὶ ὧν (i. e. περιὼν) B   b 5 ἅτε
... b 6 ἀσπάζεται om. W   b 8 περὶ alterum secl. Stephanus

202

παιδεύειν. ἁπτόμενος γὰρ οἶμαι τοῦ καλοῦ καὶ ὁμιλῶν
αὐτῷ, ἃ πάλαι ἐκύει τίκτει καὶ γεννᾷ, καὶ παρὼν καὶ ἀπὼν
μεμνημένος, καὶ τὸ γεννηθὲν συνεκτρέφει κοινῇ μετ᾽ ἐκείνου,
ὥστε πολὺ μείζω κοινωνίαν τῆς τῶν παίδων πρὸς ἀλλήλους 5
οἱ τοιοῦτοι ἴσχουσι καὶ φιλίαν βεβαιοτέραν, ἅτε καλλιόνων
καὶ ἀθανατωτέρων παίδων κεκοινωνηκότες. καὶ πᾶς ἂν
δέξαιτο ἑαυτῷ τοιούτους παῖδας μᾶλλον γεγονέναι ἢ τοὺς
ἀνθρωπίνους, καὶ εἰς Ὅμηρον ἀποβλέψας καὶ Ἡσίοδον καὶ d
τοὺς ἄλλους ποιητὰς τοὺς ἀγαθοὺς ζηλῶν, οἷα ἔκγονα ἑαυτῶν
καταλείπουσιν, ἃ ἐκείνοις ἀθάνατον κλέος καὶ μνήμην παρ-
έχεται αὐτὰ τοιαῦτα ὄντα· εἰ δὲ βούλει, ἔφη, οἵους Λυκοῦργος
παῖδας κατελίπετο ἐν Λακεδαίμονι σωτῆρας τῆς Λακεδαί- 5
μονος καὶ ὡς ἔπος εἰπεῖν τῆς Ἑλλάδος. τίμιος δὲ παρ᾽
ὑμῖν καὶ Σόλων διὰ τὴν τῶν νόμων γέννησιν, καὶ ἄλλοι
ἄλλοθι πολλαχοῦ ἄνδρες, καὶ ἐν Ἕλλησι καὶ ἐν βαρβάροις, e
πολλὰ καὶ καλὰ ἀποφηνάμενοι ἔργα, γεννήσαντες παντοίαν
ἀρετήν· ὧν καὶ ἱερὰ πολλὰ ἤδη γέγονε διὰ τοὺς τοιούτους
παῖδας, διὰ δὲ τοὺς ἀνθρωπίνους οὐδενός πω.

Ταῦτα μὲν οὖν τὰ ἐρωτικὰ ἴσως, ὦ Σώκρατες, κἂν σὺ 5
μυηθείης· τὰ δὲ τέλεα καὶ ἐποπτικά, ὧν ἕνεκα καὶ ταῦτα 210
ἔστιν, ἐάν τις ὀρθῶς μετίῃ, οὐκ οἶδ᾽ εἰ οἷός τ᾽ ἂν εἴης.
ἐρῶ μὲν οὖν, ἔφη, ἐγὼ καὶ προθυμίας οὐδὲν ἀπολείψω·
πειρῶ δὲ ἕπεσθαι, ἂν οἷός τε ᾖς. δεῖ γάρ, ἔφη, τὸν ὀρθῶς
ἰόντα ἐπὶ τοῦτο τὸ πρᾶγμα ἄρχεσθαι μὲν νέον ὄντα ἰέναι 5
ἐπὶ τὰ καλὰ σώματα, καὶ πρῶτον μέν, ἐὰν ὀρθῶς ἡγῆται
ὁ ἡγούμενος, ἑνὸς αὐτὸν σώματος ἐρᾶν καὶ ἐνταῦθα γεννᾶν
λόγους καλούς, ἔπειτα δὲ αὐτὸν κατανοῆσαι ὅτι τὸ κάλλος
τὸ ἐπὶ ὁτῳοῦν σώματι τῷ ἐπὶ ἑτέρῳ σώματι ἀδελφόν ἐστι, b
καὶ εἰ δεῖ διώκειν τὸ ἐπ᾽ εἴδει καλόν, πολλὴ ἄνοια μὴ οὐχ

c3 παρὼν καὶ ἀπὼν B W Oxy. : ἀπὼν καὶ παρὼν T   c6 καλλιόνων
T W Oxy. : καλλίων ὢν B   d 5 κατελίπετο b Oxy. : κατέλιπεν ...
τὸ B : κατελείπετο T W   d 7 ὑμῖν T W : ἡμῖν B Oxy.   ο σολων
Oxy.   e 1 ἐν prius om. Oxy.   e 2 καλὰ] αλλα Oxy.   εργα και
Oxy.   a 4 δὲ] δε και συ Oxy.   a 7 αὐτῶν T W Oxy. : αὑτῶν B
b 1 τὸ B Oxy. : τῷ T W   ἐπὶ ἑτέρῳ B W Oxy. : ἑτέρῳ T

ἕν τε καὶ ταὐτὸν ἡγεῖσθαι τὸ ἐπὶ πᾶσιν τοῖς σώμασι κάλλος·
τοῦτο δ᾽ ἐννοήσαντα καταστῆναι πάντων τῶν καλῶν σωμάτων
5 ἐραστήν, ἑνὸς δὲ τὸ σφόδρα τοῦτο χαλάσαι καταφρονή-
σαντα καὶ σμικρὸν ἡγησάμενον· μετὰ δὲ ταῦτα τὸ ἐν ταῖς
ψυχαῖς κάλλος τιμιώτερον ἡγήσασθαι τοῦ ἐν τῷ σώματι,
ὥστε καὶ ἐὰν ἐπιεικὴς ὢν τὴν ψυχήν τις κἂν σμικρὸν ἄνθος
c ἔχῃ, ἐξαρκεῖν αὐτῷ καὶ ἐρᾶν καὶ κήδεσθαι καὶ τίκτειν λόγους
τοιούτους καὶ ζητεῖν, οἵτινες ποιήσουσι βελτίους τοὺς
νέους, ἵνα ἀναγκασθῇ αὖ θεάσασθαι τὸ ἐν τοῖς ἐπιτηδεύμασι
καὶ τοῖς νόμοις καλὸν καὶ τοῦτ᾽ ἰδεῖν ὅτι πᾶν αὐτὸ αὑτῷ
5 συγγενές ἐστιν, ἵνα τὸ περὶ τὸ σῶμα καλὸν σμικρόν τι
ἡγήσηται εἶναι· μετὰ δὲ τὰ ἐπιτηδεύματα ἐπὶ τὰς ἐπιστήμας
ἀγαγεῖν, ἵνα ἴδῃ αὖ ἐπιστημῶν κάλλος, καὶ βλέπων πρὸς
d πολὺ ἤδη τὸ καλὸν μηκέτι τὸ παρ᾽ ἑνί, ὥσπερ οἰκέτης,
ἀγαπῶν παιδαρίου κάλλος ἢ ἀνθρώπου τινὸς ἢ ἐπιτηδεύ-
ματος ἑνός, δουλεύων φαῦλος ᾖ καὶ σμικρολόγος, ἀλλ᾽ ἐπὶ
τὸ πολὺ πέλαγος τετραμμένος τοῦ καλοῦ καὶ θεωρῶν πολ-
5 λοὺς καὶ καλοὺς λόγους καὶ μεγαλοπρεπεῖς τίκτῃ καὶ διανοή-
ματα ἐν φιλοσοφίᾳ ἀφθόνῳ, ἕως ἂν ἐνταῦθα ῥωσθεὶς καὶ
αὐξηθεὶς κατίδῃ τινὰ ἐπιστήμην μίαν τοιαύτην, ἥ ἐστι καλοῦ
e τοιοῦδε. πειρῶ δέ μοι, ἔφη, τὸν νοῦν προσέχειν ὡς οἷόν
τε μάλιστα. ὃς γὰρ ἂν μέχρι ἐνταῦθα πρὸς τὰ ἐρωτικὰ
παιδαγωγηθῇ, θεώμενος ἐφεξῆς τε καὶ ὀρθῶς τὰ καλά, πρὸς
τέλος ἤδη ἰὼν τῶν ἐρωτικῶν ἐξαίφνης κατόψεταί τι θαυ-
5 μαστὸν τὴν φύσιν καλόν, τοῦτο ἐκεῖνο, ὦ Σώκρατες, οὗ δὴ
ἕνεκεν καὶ οἱ ἔμπροσθεν πάντες πόνοι ἦσαν, πρῶτον μὲν
211 ἀεὶ ὂν καὶ οὔτε γιγνόμενον οὔτε ἀπολλύμενον, οὔτε αὐξανό-
μενον οὔτε φθῖνον, ἔπειτα οὐ τῇ μὲν καλόν, τῇ δ᾽ αἰσχρόν,
οὐδὲ τοτὲ μέν, τοτὲ δὲ οὔ, οὐδὲ πρὸς μὲν τὸ καλόν, πρὸς

b 4 τοῦτο B W Oxy. : τούτῳ T   b 8 κἂν Hermann : καὶ ἐὰν B T
Oxy. : καὶ ἂν W   c 2 καὶ secl. Badham   οἵτινες B T Oxy. : εἴ
τινες W   c 7 ἵνα ἴδῃ T W : ἵν᾽ αἴδῃ B : ινα ειδη Oxy.   d 1 τὸ
τῷ Schleiermacher   •   d 5 τίκτῃ corr. Coisl. : τίκτει B T W
d 6 ῥωθεὶς W   a 3 τοτὲ δὲ] τόδε δὲ Oxy.

δὲ τὸ αἰσχρόν, οὐδ' ἔνθα μὲν καλόν, ἔνθα δὲ αἰσχρόν, ὡς
τισὶ μὲν ὂν καλόν, τισὶ δὲ αἰσχρόν· οὐδ' αὖ φαντασθήσεται 5
αὐτῷ τὸ καλὸν οἷον πρόσωπόν τι οὐδὲ χεῖρες οὐδὲ ἄλλο
οὐδὲν ὧν σῶμα μετέχει, οὐδέ τις λόγος οὐδέ τις ἐπιστήμη,
οὐδέ που ὂν ἐν ἑτέρῳ τινι, οἷον ἐν ζῴῳ ἢ ἐν γῇ ἢ ἐν οὐρανῷ
ἢ ἔν τῳ ἄλλῳ, ἀλλ' αὐτὸ καθ' αὑτὸ μεθ' αὑτοῦ μονοειδὲς ἀεὶ b
ὄν, τὰ δὲ ἄλλα πάντα καλὰ ἐκείνου μετέχοντα τρόπον τινὰ
τοιοῦτον, οἷον γιγνομένων τε τῶν ἄλλων καὶ ἀπολλυμένων
μηδὲν ἐκεῖνο μήτε τι πλέον μήτε ἔλαττον γίγνεσθαι μηδὲ
πάσχειν μηδέν. ὅταν δή τις ἀπὸ τῶνδε διὰ τὸ ὀρθῶς παι- 5
δεραστεῖν ἐπανιὼν ἐκεῖνο τὸ καλὸν ἄρχηται καθορᾶν, σχεδὸν
ἄν τι ἅπτοιτο τοῦ τέλους. τοῦτο γὰρ δή ἐστι τὸ ὀρθῶς ἐπὶ
τὰ ἐρωτικὰ ἰέναι ἢ ὑπ' ἄλλου ἄγεσθαι, ἀρχόμενον ἀπὸ c
τῶνδε τῶν καλῶν ἐκείνου ἕνεκα τοῦ καλοῦ ἀεὶ ἐπανιέναι,
ὥσπερ ἐπαναβασμοῖς χρώμενον, ἀπὸ ἑνὸς ἐπὶ δύο καὶ ἀπὸ
δυοῖν ἐπὶ πάντα τὰ καλὰ σώματα, καὶ ἀπὸ τῶν καλῶν
σωμάτων ἐπὶ τὰ καλὰ ἐπιτηδεύματα, καὶ ἀπὸ τῶν ἐπιτηδευ- 5
μάτων ἐπὶ τὰ καλὰ μαθήματα, καὶ ἀπὸ τῶν μαθημάτων ἐπ'
ἐκεῖνο τὸ μάθημα τελευτῆσαι, ὅ ἐστιν οὐκ ἄλλου ἢ αὐτοῦ
ἐκείνου τοῦ καλοῦ μάθημα, καὶ γνῷ αὐτὸ τελευτῶν ὃ ἔστι
καλόν. ἐνταῦθα τοῦ βίου, ὦ φίλε Σώκρατες, ἔφη ἡ Μαν- d
τινικὴ ξένη, εἴπερ που ἄλλοθι, βιωτὸν ἀνθρώπῳ, θεωμένῳ
αὐτὸ τὸ καλόν. ὃ ἐάν ποτε ἴδῃς, οὐ κατὰ χρυσίον τε καὶ
ἐσθῆτα καὶ τοὺς καλοὺς παῖδάς τε καὶ νεανίσκους δόξει σοι
εἶναι, οὓς νῦν ὁρῶν ἐκπέπληξαι καὶ ἕτοιμος εἶ καὶ σὺ καὶ 5
ἄλλοι πολλοί, ὁρῶντες τὰ παιδικὰ καὶ συνόντες ἀεὶ αὐτοῖς,
εἴ πως οἷόν τ' ἦν, μήτ' ἐσθίειν μήτε πίνειν, ἀλλὰ θεᾶσθαι
μόνον καὶ συνεῖναι. τί δῆτα, ἔφη, οἰόμεθα, εἴ τῳ γένοιτο
αὐτὸ τὸ καλὸν ἰδεῖν εἰλικρινές, καθαρόν, ἄμεικτον, ἀλλὰ e

a 4 ενθαδε δε Οxy.   ὡς ... a 5 αἰσχρὸν secl. Voegelin   a 6 αὐτῷ]
αὐτὸ W   a 8 που] πω W   b 2 τρόπον τινὰ B Oxy. : τινὰ τρόπον
T W   b 4 ἐκεῖνο B Oxy.: ἐκείνῳ T W   b 5 δὴ B : δὲ δη T W
c 3 ἐπαναβασμοῖς T Oxy. : ἐπαναβαθμοῖς B W   c 7 τελευτῆσαι
Usener : τελευτήσῃ B T W (η in ras. W)   d 1 μαντικὴ W (κὴ in
ras.)   d 3 ποτε ἴδῃς W Oxy. : ποτ(ε, ειδῆς B T   χρυσον Oxy.
d 7 θεᾶσθαι T W : θεάσασθαι B Oxy.

μὴ ἀνάπλεων σαρκῶν τε ἀνθρωπίνων καὶ χρωμάτων καὶ
ἄλλης πολλῆς φλυαρίας θνητῆς, ἀλλ' αὐτὸ τὸ θεῖον καλὸν
δύναιτο μονοειδὲς κατιδεῖν; ἆρ' οἴει, ἔφη, φαῦλον βίον
212 γίγνεσθαι ἐκεῖσε βλέποντος ἀνθρώπου καὶ ἐκεῖνο ᾧ δεῖ
θεωμένου καὶ συνόντος αὐτῷ; ἢ οὐκ ἐνθυμῇ, ἔφη, ὅτι ἐνταῦθα
αὐτῷ μοναχοῦ γενήσεται, ὁρῶντι ᾧ ὁρατὸν τὸ καλόν, τίκτειν
οὐκ εἴδωλα ἀρετῆς, ἅτε οὐκ εἰδώλου ἐφαπτομένῳ, ἀλλὰ
5 ἀληθῆ, ἅτε τοῦ ἀληθοῦς ἐφαπτομένῳ· τεκόντι δὲ ἀρετὴν
ἀληθῆ καὶ θρεψαμένῳ ὑπάρχει θεοφιλεῖ γενέσθαι, καὶ εἴπέρ
τῳ ἄλλῳ ἀνθρώπων ἀθανάτῳ καὶ ἐκείνῳ;

b   Ταῦτα δή, ὦ Φαῖδρέ τε καὶ οἱ ἄλλοι, ἔφη μὲν Διοτίμα,
πέπεισμαι δ' ἐγώ· πεπεισμένος δὲ πειρῶμαι καὶ τοὺς ἄλλους
πείθειν ὅτι τούτου τοῦ κτήματος τῇ ἀνθρωπείᾳ φύσει συν-
εργὸν ἀμείνω Ἔρωτος οὐκ ἄν τις ῥᾳδίως λάβοι.   διὸ δὴ
5 ἔγωγέ φημι χρῆναι πάντα ἄνδρα τὸν Ἔρωτα τιμᾶν, καὶ
αὐτὸς τιμῶ τὰ ἐρωτικὰ καὶ διαφερόντως ἀσκῶ, καὶ τοῖς
ἄλλοις παρακελεύομαι, καὶ νῦν τε καὶ ἀεὶ ἐγκωμιάζω τὴν
δύναμιν καὶ ἀνδρείαν τοῦ Ἔρωτος καθ' ὅσον οἷός τ' εἰμί.   τοῦ-
c τον οὖν τὸν λόγον, ὦ Φαῖδρε, εἰ μὲν βούλει, ὡς ἐγκώμιον εἰς
Ἔρωτα νόμισον εἰρῆσθαι, εἰ δέ, ὅτι καὶ ὅπη χαίρεις ὀνομάζων,
τοῦτο ὀνόμαζε.

Εἰπόντος δὲ ταῦτα τοῦ Σωκράτους τοὺς μὲν ἐπαινεῖν, τὸν
5 δὲ Ἀριστοφάνη λέγειν τι ἐπιχειρεῖν, ὅτι ἐμνήσθη αὐτοῦ
λέγων ὁ Σωκράτης περὶ τοῦ λόγου· καὶ ἐξαίφνης τὴν αὔλειον
θύραν κρουομένην πολὺν ψόφον παρασχεῖν ὡς κωμαστῶν, καὶ
αὐλητρίδος φωνὴν ἀκούειν. τὸν οὖν Ἀγάθωνα, Παῖδες, φάναι,
d οὐ σκέψεσθε; καὶ ἐὰν μέν τις τῶν ἐπιτηδείων ᾖ, καλεῖτε·
εἰ δὲ μή, λέγετε ὅτι οὐ πίνομεν ἀλλ' ἀναπαυόμεθα ἤδη.

e 4 ἔφη B W Oxy. : om. T   a 1 ᾧ δεῖ] ᾧ δεῖ B : ὡδὶ B : ᾧ δεῖ
T W   a 6 θεοφιλεῖ rec. t Oxy. : θεοφιλῆ B T W   b 1 ᾧ om. Oxy.
c 5 ἐπιχειρειν λεγειν τι Oxy.   c 6 αὔλειον rec. t Oxy. : αὔλιον
B T W   c 7 κρουομένην B W Oxy. : κροτουμένην T   d 2 ιλλα
παυο[μεθα] Oxy.

Καὶ οὐ πολὺ ὕστερον Ἀλκιβιάδου τὴν φωνὴν ἀκούειν ἐν
τῇ αὐλῇ σφόδρα μεθύοντος καὶ μέγα βοῶντος, ἐρωτῶντος
ὅπου Ἀγάθων καὶ κελεύοντος ἄγειν παρ᾽ Ἀγάθωνα. ἄγειν 5
οὖν αὐτὸν παρὰ σφᾶς τήν τε αὐλητρίδα ὑπολαβοῦσαν καὶ
ἄλλους τινὰς τῶν ἀκολούθων, καὶ ἐπιστῆναι ἐπὶ τὰς θύρας
ἐστεφανωμένον αὐτὸν κιττοῦ τέ τινι στεφάνῳ δασεῖ καὶ e
ἴων, καὶ ταινίας ἔχοντα ἐπὶ τῆς κεφαλῆς πάνυ πολλάς, καὶ
εἰπεῖν· Ἄνδρες, χαίρετε· μεθύοντα ἄνδρα πάνυ σφόδρα
δέξεσθε συμπότην, ἢ ἀπίωμεν ἀναδήσαντες μόνον Ἀγάθωνα,
ἐφ᾽ ᾧπερ ἤλθομεν; ἐγὼ γάρ τοι, φάναι, χθὲς μὲν οὐχ 5
οἷός τ᾽ ἐγενόμην ἀφικέσθαι, νῦν δὲ ἥκω ἐπὶ τῇ κεφαλῇ
ἔχων τὰς ταινίας, ἵνα ἀπὸ τῆς ἐμῆς κεφαλῆς τὴν τοῦ σοφω-
τάτου καὶ καλλίστου κεφαλὴν ἐὰν εἴπω οὑτωσὶ ἀναδήσω.
ἆρα καταγελάσεσθέ μου ὡς μεθύοντος; ἐγὼ δέ, κἂν ὑμεῖς
γελᾶτε, ὅμως εὖ οἶδ᾽ ὅτι ἀληθῆ λέγω. ἀλλά μοι λέγετε 213
αὐτόθεν, ἐπὶ ῥητοῖς εἰσίω ἢ μή; συμπίεσθε ἢ οὔ;

Πάντας οὖν ἀναθορυβῆσαι καὶ κελεύειν εἰσιέναι καὶ
κατακλίνεσθαι, καὶ τὸν Ἀγάθωνα καλεῖν αὐτόν. καὶ τὸν
ἰέναι ἀγόμενον ὑπὸ τῶν ἀνθρώπων, καὶ περιαιρούμενον ἅμα 5
τὰς ταινίας ὡς ἀναδήσοντα, ἐπίπροσθε τῶν ὀφθαλμῶν ἔχοντα
οὐ κατιδεῖν τὸν Σωκράτη, ἀλλὰ καθίζεσθαι παρὰ τὸν Ἀγά-
θωνα ἐν μέσῳ Σωκράτους τε καὶ ἐκείνου· παραχωρῆσαι b
γὰρ τὸν Σωκράτη ὡς ἐκεῖνον κατιδεῖν. παρακαθεζόμενον
δὲ αὐτὸν ἀσπάζεσθαί τε τὸν Ἀγάθωνα καὶ ἀναδεῖν.

Εἰπεῖν οὖν τὸν Ἀγάθωνα Ὑπολύετε, παῖδες, Ἀλκιβιάδην,
ἵνα ἐκ τρίτων κατακέηται. 5

Πάνυ γε, εἰπεῖν τὸν Ἀλκιβιάδην· ἀλλὰ τίς ἡμῖν ὅδε
τρίτος συμπότης; καὶ ἅμα μεταστρεφόμενον αὐτὸν ὁρᾶν

e 2 ταινίας T W Oxy. : τενίας B (et mox)   e 4 δέξεσθε B Oxy. :
δέξασθε T W   ᾧπερ B Oxy. : ὅπερ T W   ἤλθομεν T W Oxy. :
ἤχθομεν B   εχθες Oxy.   e 6 οἷός τ᾽ T W Oxy. : οἷς τ᾽ B   e 8 ἐαν
εἴπω οὑτωσὶ B T Oxy. : ἐὰν εἴπω οὑτωσὶ κεφαλήν W : ἀνειπὼν οὑτωσὶ
Winckelmann   a 3 κελεύειν T W Oxy. : κελεύει B   b 2 κατιδε[ῖν]
Oxy : καθίζειν B T W   b 6 ὅδε τρίτος W Oxy. : ᾧδε τρίτος B :
τριτος ὅδε T   b 7 ὁρᾶν T W Oxy. : ὁρᾷ B

τὸν Σωκράτη, ἰδόντα δὲ ἀναπηδῆσαι καὶ εἰπεῖν 'Ω Ἡράκλεις,
τουτὶ τί ἦν; Σωκράτης οὗτος; ἐλλοχῶν αὖ με ἐνταῦθα κατέ-
c κεισο, ὥσπερ εἰώθεις ἐξαίφνης ἀναφαίνεσθαι ὅπου ἐγὼ ᾤμην
ἥκιστά σε ἔσεσθαι. καὶ νῦν τί ἥκεις; καὶ τί αὖ ἐνταῦθα
κατεκλίνης; ὡς οὐ παρὰ Ἀριστοφάνει οὐδὲ εἴ τις ἄλλος
γελοῖός ἔστι τε καὶ βούλεται, ἀλλὰ διεμηχανήσω ὅπως παρὰ
5 τῷ καλλίστῳ τῶν ἔνδον κατακείσῃ.

Καὶ τὸν Σωκράτη, Ἀγάθων, φάναι, ὅρα εἴ μοι ἐπαμύνεις·
ὡς ἐμοὶ ὁ τούτου ἔρως τοῦ ἀνθρώπου οὐ φαῦλον πρᾶγμα
γέγονεν. ἀπ' ἐκείνου γὰρ τοῦ χρόνου, ἀφ' οὗ τούτου
d ἠράσθην, οὐκέτι ἔξεστίν μοι οὔτε προσβλέψαι οὔτε δια-
λεχθῆναι καλῷ οὐδ' ἑνί, ἢ οὑτοσὶ ζηλοτυπῶν με καὶ φθονῶν
θαυμαστὰ ἐργάζεται καὶ λοιδορεῖταί τε καὶ τὼ χεῖρε μόγις
ἀπέχεται. ὅρα οὖν μή τι καὶ νῦν ἐργάσηται, ἀλλὰ διάλ-
5 λαξον ἡμᾶς, ἢ ἐὰν ἐπιχειρῇ βιάζεσθαι, ἐπάμυνε, ὡς ἐγὼ
τὴν τούτου μανίαν τε καὶ φιλεραστίαν πάνυ ὀρρωδῶ.

Ἀλλ' οὐκ ἔστι, φάναι τὸν Ἀλκιβιάδην, ἐμοὶ καὶ σοὶ διαλ-
λαγή. ἀλλὰ τούτων μὲν εἰς αὖθίς σε τιμωρήσομαι· νῦν
e δέ μοι, Ἀγάθων, φάναι, μετάδος τῶν ταινιῶν, ἵνα ἀναδήσω
καὶ τὴν τούτου ταυτηνὶ τὴν θαυμαστὴν κεφαλήν, καὶ μή μοι
μέμφηται ὅτι σὲ μὲν ἀνέδησα, αὐτὸν δὲ νικῶντα ἐν λόγοις
πάντας ἀνθρώπους, οὐ μόνον πρῴην ὥσπερ σύ, ἀλλ' ἀεί,
5 ἔπειτα οὐκ ἀνέδησα. καὶ ἅμ' αὐτὸν λαβόντα τῶν ταινιῶν
ἀναδεῖν τὸν Σωκράτη καὶ κατακλίνεσθαι.

Ἐπειδὴ δὲ κατεκλίνη, εἰπεῖν· Εἶεν δή, ἄνδρες· δοκεῖτε
γάρ μοι νήφειν. οὐκ ἐπιτρεπτέον οὖν ὑμῖν, ἀλλὰ ποτέον·
ὡμολόγηται γὰρ ταῦθ' ἡμῖν. ἄρχοντα οὖν αἱροῦμαι τῆς
10 πόσεως, ἕως ἂν ὑμεῖς ἱκανῶς πίητε, ἐμαυτόν. ἀλλὰ φερέτω,

b9 τουτὶ τί ἦν TW Oxy. : τοῦτ' εἰπεῖν B et γρ. W   ἐλλοχῶν TW
Oxy. : ἐνλοχῶν B   c3 ὡς BTW (deest Oxy.) : καὶ Hermann
οὐδὲ B Oxy. : οὔτε TW   c4 τ[ι]εμηχανησω Oxy.   c7 ὁ B : οὐ
TW   d2 οὗτοσὶ ΒW (sed ω supra ο) Oxy. : οὑτοσὶ *** T (οὑτοσί πως
Coisl.)   d3 θαυμαστὰ B Oxy. : θαυμάσια TW   d5 ἐπάμυναι B
e1 ἀναδήσω καὶ TW Oxy. : ἀναδησώμεθα B   e8 οὖν TW Oxy. :
om. B   e10 post φερέτω distinxi

208

Ἀγάθων, εἴ τι ἔστιν ἔκπωμα μέγα. μᾶλλον δὲ οὐδὲν δεῖ, ἀλλὰ φέρε, παῖ, φάναι, τὸν ψυκτῆρα ἐκεῖνον, ἰδόντα αὐτὸν πλέον ἢ ὀκτὼ κοτύλας χωροῦντα. τοῦτον ἐμπλησάμενον 214 πρῶτον μὲν αὐτὸν ἐκπιεῖν, ἔπειτα τῷ Σωκράτει κελεύειν ἐγχεῖν καὶ ἅμα εἰπεῖν· Πρὸς μὲν Σωκράτη, ὦ ἄνδρες, τὸ σόφισμά μοι οὐδέν· ὁπόσον γὰρ ἂν κελεύῃ τις, τοσοῦτον ἐκπιὼν οὐδὲν μᾶλλον μή ποτε μεθυσθῇ. 5

Τὸν μὲν οὖν Σωκράτη ἐγχέαντος τοῦ παιδὸς πίνειν· τὸν δ᾽ Ἐρυξίμαχον Πῶς οὖν, φάναι, ὦ Ἀλκιβιάδη, ποιοῦμεν; οὕτως οὔτε τι λέγομεν ἐπὶ τῇ κύλικι οὔτε τι ᾄδομεν, ἀλλ᾽ b ἀτεχνῶς ὥσπερ οἱ διψῶντες πιόμεθα;

Τὸν οὖν Ἀλκιβιάδην εἰπεῖν Ὦ Ἐρυξίμαχε, βέλτιστε βελτίστου πατρὸς καὶ σωφρονεστάτου, χαῖρε.

Καὶ γὰρ σύ, φάναι τὸν Ἐρυξίμαχον· ἀλλὰ τί ποιῶμεν; 5 Ὅτι ἂν σὺ κελεύῃς. δεῖ γάρ σοι πείθεσθαι·

    ἰητρὸς γὰρ ἀνὴρ πολλῶν ἀντάξιος ἄλλων·

ἐπίταττε οὖν ὅτι βούλει.

Ἄκουσον δή, εἰπεῖν τὸν Ἐρυξίμαχον. ἡμῖν πρὶν σὲ εἰσελθεῖν ἔδοξε χρῆναι ἐπὶ δεξιὰ ἕκαστον ἐν μέρει λόγον 10 περὶ Ἔρωτος εἰπεῖν ὡς δύναιτο κάλλιστον, καὶ ἐγκωμιάσαι. c οἱ μὲν οὖν ἄλλοι πάντες ἡμεῖς εἰρήκαμεν· σὺ δ᾽ ἐπειδὴ οὐκ εἴρηκας καὶ ἐκπέπωκας, δίκαιος εἶ εἰπεῖν, εἰπὼν δὲ ἐπιτάξαι Σωκράτει ὅτι ἂν βούλῃ, καὶ τοῦτον τῷ ἐπὶ δεξιὰ καὶ οὕτω τοὺς ἄλλους. 5

Ἀλλά, φάναι, ὦ Ἐρυξίμαχε, τὸν Ἀλκιβιάδην, καλῶς μὲν λέγεις, μεθύοντα δὲ ἄνδρα παρὰ νηφόντων λόγους παραβάλλειν μὴ οὐκ ἐξ ἴσου ᾖ. καὶ ἅμα, ὦ μακάριε, πείθει τί σε Σωκράτης ὧν ἄρτι εἶπεν; ἢ οἶσθα ὅτι τοὐναντίον ἐστὶ d πᾶν ἢ ὃ ἔλεγεν; οὗτος γάρ, ἐάν τινα ἐγὼ ἐπαινέσω τούτου

e 11 ἔκπωμα T W Oxy.: ἔκπομα B   a 4 ὁπόσον B T Oxy.: πόσον W   κελεύῃ B Oxy.: κελεύσῃ T W   b 1 οὔτε τι ᾄδομεν T W: οὔτ᾽ ἐπᾴδομεν B   b 6 ἂν T W: δ᾽ ἂν T   b 7 ἰητρὸς T: ἰατρὸς B W   c 8 τί B T: τε W

παρόντος ἢ θεὸν ἢ ἄνθρωπον ἄλλον ἢ τοῦτον, οὐκ ἀφέξεταί
μου τὼ χεῖρε.

5 Οὐκ εὐφημήσεις; φάναι τὸν Σωκράτη.

Μὰ τὸν Ποσειδῶ, εἰπεῖν τὸν Ἀλκιβιάδην, μηδὲν λέγε
πρὸς ταῦτα, ὡς ἐγὼ οὐδ᾽ ἂν ἕνα ἄλλον ἐπαινέσαιμι σοῦ
παρόντος.

Ἀλλ᾽ οὕτω ποίει, φάναι τὸν Ἐρυξίμαχον, εἰ βούλει·
10 Σωκράτη ἐπαίνεσον.

e Πῶς λέγεις; εἰπεῖν τὸν Ἀλκιβιάδην· δοκεῖ χρῆναι, ὦ
Ἐρυξίμαχε; ἐπιθῶμαι τῷ ἀνδρὶ καὶ τιμωρήσωμαι ὑμῶν
ἐναντίον;

Οὗτος, φάναι τὸν Σωκράτη, τί ἐν νῷ ἔχεις; ἐπὶ τὰ
5 γελοιότερά με ἐπαινέσαι; ἢ τί ποιήσεις;

Τἀληθῆ ἐρῶ. ἀλλ᾽ ὅρα εἰ παρίης.

Ἀλλὰ μέντοι, φάναι, τά γε ἀληθῆ παρίημι καὶ κελεύω
λέγειν.

Οὐκ ἂν φθάνοιμι, εἰπεῖν τὸν Ἀλκιβιάδην. καὶ μέντοι
10 οὑτωσὶ ποίησον. ἐάν τι μὴ ἀληθὲς λέγω, μεταξὺ ἐπιλαβοῦ,
ἂν βούλῃ, καὶ εἰπὲ ὅτι τοῦτο ψεύδομαι· ἑκὼν γὰρ εἶναι οὐδὲν
215 ψεύσομαι. ἐὰν μέντοι ἀναμιμνῃσκόμενος ἄλλο ἄλλοθεν
λέγω, μηδὲν θαυμάσῃς· οὐ γάρ τι ῥᾴδιον τὴν σὴν ἀτοπίαν
ὧδ᾽ ἔχοντι εὐπόρως καὶ ἐφεξῆς καταριθμῆσαι.

Σωκράτη δ᾽ ἐγὼ ἐπαινεῖν, ὦ ἄνδρες, οὕτως ἐπιχειρήσω,
5 δι᾽ εἰκόνων. οὗτος μὲν οὖν ἴσως οἰήσεται ἐπὶ τὰ γελοιότερα,
ἔσται δ᾽ ἡ εἰκὼν τοῦ ἀληθοῦς ἕνεκα, οὐ τοῦ γελοίου. φημὶ
γὰρ δὴ ὁμοιότατον αὐτὸν εἶναι τοῖς σιληνοῖς τούτοις τοῖς
b ἐν τοῖς ἑρμογλυφείοις καθημένοις, οὕστινας ἐργάζονται οἱ
δημιουργοὶ σύριγγας ἢ αὐλοὺς ἔχοντας, οἳ διχάδε διοιχθέντες
φαίνονται ἔνδοθεν ἀγάλματα ἔχοντες θεῶν. καὶ φημὶ αὖ
ἐοικέναι αὐτὸν τῷ σατύρῳ τῷ Μαρσύᾳ. ὅτι μὲν οὖν τό γε

e 2 τιμωρήσομαι W   e 5 ἐπαινέσαι scripsi : ἐπαινέσεις BTW :
ἐπαινέσει Bekker   a 7 σιληνοῖς BTW (ει supra ι W)

εἶδος ὅμοιος εἶ τούτοις, ὦ Σώκρατες, οὐδ' αὐτὸς ἄν που 5
ἀμφισβητήσαις· ὡς δὲ καὶ τἆλλα ἔοικας, μετὰ τοῦτο ἄκουε.
ὑβριστὴς εἶ· ἢ οὔ; ἐὰν γὰρ μὴ ὁμολογῇς, μάρτυρας παρ-
έξομαι. ἀλλ' οὐκ αὐλητής; πολύ γε θαυμασιώτερος ἐκείνου.
ὁ μέν γε δι' ὀργάνων ἐκήλει τοὺς ἀνθρώπους τῇ ἀπὸ τοῦ c
στόματος δυνάμει, καὶ ἔτι νυνὶ ὃς ἂν τὰ ἐκείνου αὐλῇ—ἃ γὰρ
Ὄλυμπος ηὔλει, Μαρσύου λέγω, τούτου διδάξαντος—τὰ οὖν
ἐκείνου ἐάντε ἀγαθὸς αὐλητὴς αὐλῇ ἐάντε φαύλη αὐλητρίς,
μόνα κατέχεσθαι ποιεῖ καὶ δηλοῖ τοὺς τῶν θεῶν τε καὶ 5
τελετῶν δεομένους διὰ τὸ θεῖα εἶναι. σὺ δ' ἐκείνου τοσοῦτον
μόνον διαφέρεις, ὅτι ἄνευ ὀργάνων ψιλοῖς λόγοις ταὐτὸν
τοῦτο ποιεῖς. ἡμεῖς γοῦν ὅταν μέν του ἄλλου ἀκούωμεν d
λέγοντος καὶ πάνυ ἀγαθοῦ ῥήτορος ἄλλους λόγους, οὐδὲν
μέλει ὡς ἔπος εἰπεῖν οὐδενί· ἐπειδὰν δὲ σοῦ τις ἀκούῃ ἢ τῶν
σῶν λόγων ἄλλου λέγοντος, κἂν πάνυ φαῦλος ᾖ ὁ λέγων,
ἐάντε γυνὴ ἀκούῃ ἐάντε ἀνὴρ ἐάντε μειράκιον, ἐκπεπλη- 5
γμένοι ἐσμὲν καὶ κατεχόμεθα. ἐγὼ γοῦν, ὦ ἄνδρες, εἰ μὴ
ἔμελλον κομιδῇ δόξειν μεθύειν, εἶπον ὀμόσας ἂν ὑμῖν οἷα δὴ
πέπονθα αὐτὸς ὑπὸ τῶν τούτου λόγων καὶ πάσχω ἔτι καὶ
νυνί. ὅταν γὰρ ἀκούω, πολύ μοι μᾶλλον ἢ τῶν κορυβαν- e
τιώντων ἥ τε καρδία πηδᾷ καὶ δάκρυα ἐκχεῖται ὑπὸ τῶν
λόγων τῶν τούτου, ὁρῶ δὲ καὶ ἄλλους παμπόλλους τὰ
αὐτὰ πάσχοντας· Περικλέους δὲ ἀκούων καὶ ἄλλων ἀγαθῶν
ῥητόρων εὖ μὲν ἡγούμην λέγειν, τοιοῦτον δ' οὐδὲν ἔπασχον, 5
οὐδ' ἐτεθορύβητό μου ἡ ψυχὴ οὐδ' ἠγανάκτει ὡς ἀνδραποδω-
δῶς διακειμένου, ἀλλ' ὑπὸ τουτουὶ τοῦ Μαρσύου πολλάκις δὴ
οὕτω διετέθην ὥστε μοι δόξαι μὴ βιωτὸν εἶναι ἔχοντι ὡς 216
ἔχω. καὶ ταῦτα, ὦ Σώκρατες, οὐκ ἐρεῖς ὡς οὐκ ἀληθῆ. καὶ
ἔτι γε νῦν σύνοιδ' ἐμαυτῷ ὅτι εἰ ἐθέλοιμι παρέχειν τὰ ὦτα,
οὐκ ἂν καρτερήσαιμι ἀλλὰ ταὐτὰ ἂν πάσχοιμι. ἀναγκάζει

b 5 ἄν που Baiter : δή που BTW   c 3 οὖν BT : γ' οὖν W
e 1 νυνί B : νῦν TW   e 3 τῶν τούτου TW : τούτου B   a 2 ὦ
TW : om. B   a 3 ἐμαυτῷ BT : ἐμαυτὸν W (o in ras.)

5 γάρ με ὁμολογεῖν ὅτι πολλοῦ ἐνδεὴς ὢν αὐτὸς ἔτι ἐμαυτοῦ
μὲν ἀμελῶ, τὰ δ' Ἀθηναίων πράττω. βίᾳ οὖν ὥσπερ ἀπὸ
τῶν Σειρήνων ἐπισχόμενος τὰ ὦτα οἴχομαι φεύγων, ἵνα μὴ
αὐτοῦ καθήμενος παρὰ τούτῳ καταγηράσω. πέπονθα δὲ
b πρὸς τοῦτον μόνον ἀνθρώπων, ὃ οὐκ ἄν τις οἴοιτο ἐν ἐμοὶ
ἐνεῖναι, τὸ αἰσχύνεσθαι ὁντινοῦν· ἐγὼ δὲ τοῦτον μόνον
αἰσχύνομαι. σύνοιδα γὰρ ἐμαυτῷ ἀντιλέγειν μὲν οὐ δυνα-
μένῳ ὡς οὐ δεῖ ποιεῖν ἃ οὗτος κελεύει, ἐπειδὰν δὲ ἀπέλθω,
5 ἡττημένῳ τῆς τιμῆς τῆς ὑπὸ τῶν πολλῶν. δραπετεύω οὖν
αὐτὸν καὶ φεύγω, καὶ ὅταν ἴδω, αἰσχύνομαι τὰ ὡμολογημένα.
c καὶ πολλάκις μὲν ἡδέως ἂν ἴδοιμι αὐτὸν μὴ ὄντα ἐν ἀνθρώποις·
εἰ δ' αὖ τοῦτο γένοιτο, εὖ οἶδα ὅτι πολὺ μεῖζον ἂν ἀχθοίμην,
ὥστε οὐκ ἔχω ὅτι χρήσωμαι τούτῳ τῷ ἀνθρώπῳ.

Καὶ ὑπὸ μὲν δὴ τῶν αὐλημάτων καὶ ἐγὼ καὶ ἄλλοι πολλοὶ
5 τοιαῦτα πεπόνθασιν ὑπὸ τοῦδε τοῦ σατύρου· ἄλλα δὲ ἐμοῦ
ἀκούσατε ὡς ὅμοιός τ' ἐστὶν οἷς ἐγὼ ἤκασα αὐτὸν καὶ τὴν
δύναμιν ὡς θαυμασίαν ἔχει. εὖ γὰρ ἴστε ὅτι οὐδεὶς ὑμῶν
d τοῦτον γιγνώσκει· ἀλλὰ ἐγὼ δηλώσω, ἐπείπερ ἠρξάμην.
ὁρᾶτε γὰρ ὅτι Σωκράτης ἐρωτικῶς διάκειται τῶν καλῶν καὶ
ἀεὶ περὶ τούτους ἐστὶ καὶ ἐκπέπληκται, καὶ αὖ ἀγνοεῖ πάντα
καὶ οὐδὲν οἶδεν. ὡς τὸ σχῆμα αὐτοῦ τοῦτο οὐ σιληνῶδες;
5 σφόδρα γε. τοῦτο γὰρ οὗτος ἔξωθεν περιβέβληται, ὥσπερ
ὁ γεγλυμμένος σιληνός· ἔνδοθεν δὲ ἀνοιχθεὶς πόσης οἴεσθε
γέμει, ὦ ἄνδρες συμπόται, σωφροσύνης; ἴστε ὅτι οὔτε εἴ τις
καλός ἐστι μέλει αὐτῷ οὐδέν, ἀλλὰ καταφρονεῖ τοσοῦτον
e ὅσον οὐδ' ἂν εἷς οἰηθείη, οὔτ' εἴ τις πλούσιος, οὔτ' εἰ ἄλλην
τινὰ τιμὴν ἔχων τῶν ὑπὸ πλήθους μακαριζομένων· ἡγεῖται
δὲ πάντα ταῦτα τὰ κτήματα οὐδενὸς ἄξια καὶ ἡμᾶς οὐδὲν
εἶναι—λέγω ὑμῖν—εἰρωνευόμενος δὲ καὶ παίζων πάντα τὸν
5 βίον πρὸς τοὺς ἀνθρώπους διατελεῖ. σπουδάσαντος δὲ αὐτοῦ

a 5 ἔτι TW: τι B   b 4 οὗτος BT: αὐτὸς W   c 3 χρή-
σωμαι corr. Ven. 185: χρήσομαι BTW   d 3 αὖ B: om. TW
d 6 γεγλυμμένος BT: ἐγγεγλυμμένος W

καὶ ἀνοιχθέντος οὐκ οἶδα εἴ τις ἑώρακεν τὰ ἐντὸς ἀγάλματα·
ἀλλ᾽ ἐγὼ ἤδη ποτ᾽ εἶδον, καί μοι ἔδοξεν οὕτω θεῖα καὶ
χρυσᾶ εἶναι καὶ πάγκαλα καὶ θαυμαστά, ὥστε ποιητέον εἶναι   **217**
ἔμβραχυ ὅτι κελεύοι Σωκράτης. ἡγούμενος δὲ αὐτὸν ἐσπου-
δακέναι ἐπὶ τῇ ἐμῇ ὥρᾳ ἕρμαιον ἡγησάμην εἶναι καὶ εὐτύχημα
ἐμὸν θαυμαστόν, ὡς ὑπάρχον μοι χαρισαμένῳ Σωκράτει πάντ᾽
ἀκοῦσαι ὅσαπερ οὗτος ᾔδει· ἐφρόνουν γὰρ δὴ ἐπὶ τῇ ὥρᾳ   5
θαυμάσιον ὅσον. ταῦτα οὖν διανοηθείς, πρὸ τοῦ οὐκ εἰωθὼς
ἄνευ ἀκολούθου μόνος μετ᾽ αὐτοῦ γίγνεσθαι, τότε ἀποπέμπων
τὸν ἀκόλουθον μόνος συνεγιγνόμην—δεῖ γὰρ πρὸς ὑμᾶς πάντα   **b**
τἀληθῆ εἰπεῖν· ἀλλὰ προσέχετε τὸν νοῦν, καὶ εἰ ψεύδομαι,
Σώκρατες, ἐξέλεγχε—συνεγιγνόμην γάρ, ὦ ἄνδρες, μόνος
μόνῳ, καὶ ᾤμην αὐτίκα διαλέξεσθαι αὐτόν μοι ἅπερ ἂν
ἐραστὴς παιδικοῖς ἐν ἐρημίᾳ διαλεχθείη, καὶ ἔχαιρον. τούτων   5
δ᾽ οὐ μάλα ἐγίγνετο οὐδέν, ἀλλ᾽ ὥσπερ εἰώθει διαλεχθεὶς ἄν
μοι καὶ συνημερεύσας ᾤχετο ἀπιών. μετὰ ταῦτα συγγυμνά-
ζεσθαι προυκαλούμην αὐτὸν καὶ συνεγυμναζόμην, ὥς τι   **c**
ἐνταῦθα περανῶν. συνεγυμνάζετο οὖν μοι καὶ προσεπάλαιεν
πολλάκις οὐδενὸς παρόντος· καὶ τί δεῖ λέγειν; οὐδὲν γάρ
μοι πλέον ἦν. ἐπειδὴ δὲ οὐδαμῇ ταύτῃ ἤνυτον, ἔδοξέ μοι
ἐπιθετέον εἶναι τῷ ἀνδρὶ κατὰ τὸ καρτερὸν καὶ οὐκ ἀνετέον,   5
ἐπειδήπερ ἐνεκεχειρήκη, ἀλλὰ ἰστέον ἤδη τί ἐστι τὸ πρᾶγμα.
προκαλοῦμαι δὴ αὐτὸν πρὸς τὸ συνδειπνεῖν, ἀτεχνῶς ὥσπερ
ἐραστὴς παιδικοῖς ἐπιβουλεύων. καί μοι οὐδὲ τοῦτο ταχὺ
ὑπήκουσεν, ὅμως δ᾽ οὖν χρόνῳ ἐπείσθη. ἐπειδὴ δὲ ἀφίκετο   **d**
τὸ πρῶτον, δειπνήσας ἀπιέναι ἐβούλετο. καὶ τότε μὲν
αἰσχυνόμενος ἀφῆκα αὐτόν· αὖθις δ᾽ ἐπιβουλεύσας, ἐπειδὴ
ἐδεδειπνήκεμεν διελεγόμην ἀεὶ πόρρω τῶν νυκτῶν, καὶ ἐπειδὴ

e7 καί μοι TW : καὶ ἐμοὶ B : κἀμοὶ Hirschig   a2 ἔμβραχυ
Cobet: ἐν βραχεῖ BTW   a5 δὴ B : ἤδη TW   b2 τἀληθῆ
BT : ἀληθῆ W   b6 δ᾽ οὖ] δη Oxy.   ἂν BTW : αὖ F. A. Wolf :
δὴ Sauppe   c1 καὶ συνεγυμναζόμην secl. Sauppe   d4 ἐδε-
δειπνήκεμεν scripsi : ᾿δεδειπνήκειμεν Usener : δεδειπνήκαμεν Photius :
ἐδεδειπνήκει BTW   ἀεὶ add. Photius : om. BTW Oxy.   ἐπειδὴ]
επειδη γε Oxy.

5 ἐβούλετο ἀπιέναι, σκηπτόμενος ὅτι ὀψὲ εἴη, προσηνάγκασα
αὐτὸν μένειν. ἀνεπαύετο οὖν ἐν τῇ ἐχομένῃ ἐμοῦ κλίνῃ, ἐν
ᾗπερ ἐδείπνει, καὶ οὐδεὶς ἐν τῷ οἰκήματι ἄλλος καθηῦδεν ἢ
e ἡμεῖς. μέχρι μὲν οὖν δὴ δεῦρο τοῦ λόγου καλῶς ἂν ἔχοι
καὶ πρὸς ὁντινοῦν λέγειν· τὸ δ' ἐντεῦθεν οὐκ ἄν μου ἠκούσατε
λέγοντος, εἰ μὴ πρῶτον μέν, τὸ λεγόμενον, οἶνος ἄνευ τε
παίδων καὶ μετὰ παίδων ἦν ἀληθής, ἔπειτα ἀφανίσαι Σω-
5 κράτους ἔργον ὑπερήφανον εἰς ἔπαινον ἐλθόντα ἄδικόν μοι
φαίνεται. ἔτι δὲ τὸ τοῦ δηχθέντος ὑπὸ τοῦ ἔχεως πάθος
κἄμ' ἔχει. φασὶ γάρ πού τινα τοῦτο παθόντα οὐκ ἐθέλειν
λέγειν οἷον ἦν πλὴν τοῖς δεδηγμένοις, ὡς μόνοις γνωσομένοις
218 τε καὶ συγγνωσομένοις εἰ πᾶν ἐτόλμα δρᾶν τε καὶ λέγειν
ὑπὸ τῆς ὀδύνης. ἐγὼ οὖν δεδηγμένος τε ὑπὸ ἀλγεινοτέρου
καὶ τὸ ἀλγεινότατον ὧν ἄν τις δηχθείη—τὴν καρδίαν γὰρ
ἢ ψυχὴν ἢ ὅτι δεῖ αὐτὸ ὀνομάσαι πληγείς τε καὶ δηχθεὶς
5 ὑπὸ τῶν ἐν φιλοσοφίᾳ λόγων, οἳ ἔχονται ἐχίδνης ἀγριώτερον,
νέου ψυχῆς μὴ ἀφυοῦς ὅταν λάβωνται, καὶ ποιοῦσι δρᾶν
τε καὶ λέγειν ὁτιοῦν—καὶ ὁρῶν αὖ Φαίδρους, Ἀγάθωνας,
b Ἐρυξιμάχους, Παυσανίας, Ἀριστοδήμους τε καὶ Ἀριστο-
φάνας· Σωκράτη δὲ αὐτὸν τί δεῖ λέγειν, καὶ ὅσοι ἄλλοι;
πάντες γὰρ κεκοινωνήκατε τῆς φιλοσόφου μανίας τε καὶ
βακχείας—διὸ πάντες ἀκούσεσθε· συγγνώσεσθε γὰρ τοῖς τε
5 τότε πραχθεῖσι καὶ τοῖς νῦν λεγομένοις. οἱ δὲ οἰκέται, καὶ
εἴ τις ἄλλος ἐστὶν βέβηλός τε καὶ ἄγροικος, πύλας πάνυ
μεγάλας τοῖς ὠσὶν ἐπίθεσθε.

Ἐπειδὴ γὰρ οὖν, ὦ ἄνδρες, ὅ τε λύχνος ἀπεσβήκει καὶ
c οἱ παῖδες ἔξω ἦσαν, ἔδοξέ μοι χρῆναι μηδὲν ποικίλλειν πρὸς
αὐτόν, ἀλλ' ἐλευθέρως εἰπεῖν ἅ μοι ἐδόκει· καὶ εἶπον κινήσας
αὐτόν, Σώκρατες, καθεύδεις;

Οὐ δῆτα, ἦ δ' ὅς.

e 1 δὴ B et in marg. T: om. TW   a 2 τε BT Oxy.: τε καὶ W
a 3 δηχθείη T W Oxy.: δειχθῇ B   γὰρ ἢ ψυχὴν T W Oxy.: ἢ ψυχὴν
γὰρ B (ἢ ψυχὴν secl. Usener)   a 6 ψυχῆς BT: ψυχὴν W   μὴ BW
Oxy.: καὶ μὴ T   a 7 καὶ ante Ἀγάθωνας add. W   b 4 τε TW:
om. B   b 6 τις TW Oxy.: τι B   c 2 κινήσας] καὶ κεινησας Oxy

Οἶσθα οὖν ἅ μοι δέδοκται; 5

Τί μάλιστα, ἔφη.

Σὺ ἐμοὶ δοκεῖς, ἦν δ᾽ ἐγώ, ἐμοῦ ἐραστὴς ἄξιος γεγονέναι μόνος, καί μοι φαίνῃ ὀκνεῖν μνησθῆναι πρός με. ἐγὼ δὲ οὑτωσὶ ἔχω· πάνυ ἀνόητον ἡγοῦμαι εἶναι σοὶ μὴ οὐ καὶ τοῦτο χαρίζεσθαι καὶ εἴ τι ἄλλο ἢ τῆς οὐσίας τῆς ἐμῆς 10 δέοιο ἢ τῶν φίλων τῶν ἐμῶν. ἐμοὶ μὲν γὰρ οὐδέν ἐστι d πρεσβύτερον τοῦ ὡς ὅτι βέλτιστον ἐμὲ γενέσθαι, τούτου δὲ οἶμαί μοι συλλήπτορα οὐδένα κυριώτερον εἶναι σοῦ. ἐγὼ δὴ τοιούτῳ ἀνδρὶ πολὺ μᾶλλον ἂν μὴ χαριζόμενος αἰσχυνοίμην· τοὺς φρονίμους, ἢ χαριζόμενος τούς τε πολλοὺς καὶ ἄφρονας. 5

Καὶ οὗτος ἀκούσας μάλα εἰρωνικῶς καὶ σφόδρα ἑαυτοῦ τε καὶ εἰωθότως ἔλεξεν Ὦ φίλε Ἀλκιβιάδη, κινδυνεύεις τῷ ὄντι οὐ φαῦλος εἶναι, εἴπερ ἀληθῆ τυγχάνει ὄντα ἃ λέγεις περὶ ἐμοῦ, καί τις ἔστ᾽ ἐν ἐμοὶ δύναμις δι᾽ ἧς ἂν σὺ γένοιο e ἀμείνων· ἀμήχανόν τοι κάλλος ὁρῴης ἂν ἐν ἐμοὶ καὶ τῆς παρὰ σοὶ εὐμορφίας πάμπολυ διαφέρον. εἰ δὴ καθορῶν αὐτὸ κοινώσασθαί τέ μοι ἐπιχειρεῖς καὶ ἀλλάξασθαι κάλλος ἀντὶ κάλλους, οὐκ ὀλίγῳ μου πλεονεκτεῖν διανοῇ, ἀλλ᾽ 5 ἀντὶ δόξης ἀλήθειαν καλῶν κτᾶσθαι ἐπιχειρεῖς καὶ τῷ ὄντι "χρύσεα χαλκείων" διαμείβεσθαι νοεῖς. ἀλλ᾽, ὦ 219 μακάριε, ἄμεινον σκόπει, μή σε λανθάνω οὐδὲν ὤν. ἥ τοι τῆς διανοίας ὄψις ἄρχεται ὀξὺ βλέπειν ὅταν ἡ τῶν ὀμμάτων τῆς ἀκμῆς λήγειν ἐπιχειρῇ· σὺ δὲ τούτων ἔτι πόρρω.

Κἀγὼ ἀκούσας, Τὰ μὲν παρ᾽ ἐμοῦ, ἔφην, ταῦτά ἐστιν, ὧν 5 οὐδὲν ἄλλως εἴρηται ἢ ὡς διανοοῦμαι· σὺ δὲ αὐτὸς οὕτω βουλεύου ὅτι σοί τε ἄριστον καὶ ἐμοὶ ἡγῇ.

Ἀλλ᾽, ἔφη, τοῦτό γ᾽ εὖ λέγεις· ἐν γὰρ τῷ ἐπιόντι χρόνῳ βουλευόμενοι πράξομεν ὃ ἂν φαίνηται νῷν περί τε τούτων b καὶ περὶ τῶν ἄλλων ἄριστον.

c 9 ἔχω B Oxy. : ἔχων TW   c 10 χαρισασθαι Oxy.   εἴ τι B Oxy. : ἔτι TW   d 1 δέοιο] δέηι W (οιο s. v. W)   d 2 ὡς ὅτι TW Oxy. : ὅσῳ τι B   d 3 μοι Oxy. (ut vid.) al. : μου BTW e 2 τοι BTW Oxy. : τι al. Bekker   e 4 τε BT Oxy. : om. W a 2 ἤ τοι W : ἤτοι BT   a 5 ἐμοῦ TW Oxy. : ἐμοί B   a 7 ὅτι ante ἄριστον add. Oxy.

Ἐγὼ μὲν δὴ ταῦτα ἀκούσας τε καὶ εἰπών, καὶ ἀφεὶς
ὥσπερ βέλη, τετρῶσθαι αὐτὸν ᾤμην· καὶ ἀναστάς γε, οὐδ᾽
5 ἐπιτρέψας τούτῳ εἰπεῖν οὐδὲν ἔτι, ἀμφιέσας τὸ ἱμάτιον
τὸ ἐμαυτοῦ τοῦτον—καὶ γὰρ ἦν χειμών—ὑπὸ τὸν τρίβωνα
κατακλινεὶς τὸν τουτουί, περιβαλὼν τὼ χεῖρε τούτῳ τῷ
c δαιμονίῳ ὡς ἀληθῶς καὶ θαυμαστῷ, κατεκείμην τὴν νύκτα
ὅλην. καὶ οὐδὲ ταῦτα αὖ, ὦ Σώκρατες, ἐρεῖς ὅτι ψεύδομαι.
ποιήσαντος δὲ δὴ ταῦτα ἐμοῦ οὗτος τοσοῦτον περιεγένετό
τε καὶ κατεφρόνησεν καὶ κατεγέλασεν τῆς ἐμῆς ὥρας καὶ
5 ὕβρισεν—καὶ περὶ ἐκεῖνό γε ᾤμην τὶ εἶναι, ὦ ἄνδρες δικασταί·
δικασταὶ γάρ ἐστε τῆς Σωκράτους ὑπερηφανίας—εὖ γὰρ
ἴστε μὰ θεούς, μὰ θεάς, οὐδὲν περιττότερον καταδεδαρθηκὼς
d ἀνέστην μετὰ Σωκράτους, ἢ εἰ μετὰ πατρὸς καθηῦδον ἢ
ἀδελφοῦ πρεσβυτέρου.

Τὸ δὴ μετὰ τοῦτο τίνα οἴεσθέ με διάνοιαν ἔχειν, ἡγού-
μενον μὲν ἠτιμάσθαι, ἀγάμενον δὲ τὴν τούτου φύσιν τε καὶ
5 σωφροσύνην καὶ ἀνδρείαν, ἐντετυχηκότα ἀνθρώπῳ τοιούτῳ
οἵῳ ἐγὼ οὐκ ἂν ᾤμην ποτ᾽ ἐντυχεῖν εἰς φρόνησιν καὶ εἰς
καρτερίαν; ὥστε οὔθ᾽ ὅπως οὖν ὀργιζοίμην εἶχον καὶ ἀπο-
στερηθείην τῆς τούτου συνουσίας, οὔτε ὅπῃ προσαγαγοίμην
e αὐτὸν ηὐπόρουν. εὖ γὰρ ᾔδη ὅτι χρήμασί γε πολὺ μᾶλλον
ἄτρωτος ἦν πανταχῇ ἢ σιδήρῳ ὁ Αἴας, ᾧ τε ᾤμην αὐτὸν
μόνῳ ἁλώσεσθαι, διεπεφεύγει με. ἠπόρουν δή, καταδε-
δουλωμένος τε ὑπὸ τοῦ ἀνθρώπου ὡς οὐδεὶς ὑπ᾽ οὐδενὸς
5 ἄλλου περιῄα. ταῦτά τε γάρ μοι ἅπαντα προυγεγόνει, καὶ
μετὰ ταῦτα στρατεία ἡμῖν εἰς Ποτείδαιαν ἐγένετο κοινὴ
καὶ συνεσιτοῦμεν ἐκεῖ. πρῶτον μὲν οὖν τοῖς πόνοις οὐ
μόνον ἐμοῦ περιῆν, ἀλλὰ καὶ τῶν ἄλλων ἁπάντων—ὁπότ᾽
ἀναγκασθεῖμεν ἀποληφθέντες που, οἷα δὴ ἐπὶ στρατείας,

b 4 βέλη B : βέλει T W Oxy.   b 5 τούτῳ T W : τοῦτο B
b 7 τουτουί T W : τούτου B   c 2 αὖ B : om. T W   c 5 [καὶ] περὶ
ἐκεῖνο Oxy. : καίπερ ἐκεῖνό T W : καίπερ κεῖνο B   d 1 ἢ εἰ B Oxy. :
ἢ T W   d 7 καρτερίαν B T W : [ἐγ]κρατειαν Oxy.   e 1 γε T W
Oxy. : τε B   e 3 δή B T Oxy. : τε W   e 6 κοινὴ B T W Oxy. :
κοινῇ vulg.   e 8 ὁπότ᾽ W : ὁπόταν B T Oxy.   e 9 ἀποληφθέντες
Cornarius : ἀπολειφθέντες B T W (deest Oxy.)

216

ἀσιτεῖν, οὐδὲν ἦσαν οἱ ἄλλοι πρὸς τὸ καρτερεῖν—ἔν τ' αὖ 220
ταῖς εὐωχίαις μόνος ἀπολαύειν οἷός τ' ἦν τά τ' ἄλλα καὶ
πίνειν οὐκ ἐθέλων, ὁπότε ἀναγκασθείη, πάντας ἐκράτει, καὶ
ὃ πάντων θαυμαστότατον, Σωκράτη μεθύοντα οὐδεὶς πώποτε
ἑώρακεν ἀνθρώπων. τούτου μὲν οὖν μοι δοκεῖ καὶ αὐτίκα ὁ 5
ἔλεγχος ἔσεσθαι. πρὸς δὲ αὖ τὰς τοῦ χειμῶνος καρτερήσεις
—δεινοὶ γὰρ αὐτόθι χειμῶνες—θαυμάσια ἠργάζετο τά τε
ἄλλα, καί ποτε ὄντος πάγου οἵου δεινοτάτου, καὶ πάντων ἢ b
οὐκ ἐξιόντων ἔνδοθεν, ἢ εἴ τις ἐξίοι, ἠμφιεσμένων τε
θαυμαστὰ δὴ ὅσα καὶ ὑποδεδεμένων καὶ ἐνειλιγμένων τοὺς
πόδας εἰς πίλους καὶ ἀρνακίδας, οὗτος δ' ἐν τούτοις ἐξῄει
ἔχων ἱμάτιον μὲν τοιοῦτον οἷόνπερ καὶ πρότερον εἰώθει 5
φορεῖν, ἀνυπόδητος δὲ διὰ τοῦ κρυστάλλου ῥᾷον ἐπορεύετο
ἢ οἱ ἄλλοι ὑποδεδεμένοι, οἱ δὲ στρατιῶται ὑπέβλεπον
αὐτὸν ὡς καταφρονοῦντα σφῶν. καὶ ταῦτα μὲν δὴ ταῦτα· c

οἷον δ' αὖ τόδ' ἔρεξε καὶ ἔτλη καρτερὸς ἀνὴρ

ἐκεῖ ποτε ἐπὶ στρατιᾶς, ἄξιον ἀκοῦσαι. συννοήσας γὰρ
αὐτόθι ἕωθέν τι εἱστήκει σκοπῶν, καὶ ἐπειδὴ οὐ προυχώρει
αὐτῷ, οὐκ ἀνίει ἀλλὰ εἱστήκει ζητῶν. καὶ ἤδη ἦν μεσημ- 5
βρία, καὶ ἄνθρωποι ᾐσθάνοντο, καὶ θαυμάζοντες ἄλλος ἄλλῳ
ἔλεγεν ὅτι Σωκράτης ἐξ ἑωθινοῦ φροντίζων τι ἕστηκε.
τελευτῶντες δέ τινες τῶν Ἰώνων, ἐπειδὴ ἑσπέρα ἦν, δειπνή-
σαντες—καὶ γὰρ θέρος τότε γ' ἦν—χαμεύνια ἐξενεγκάμενοι d
ἅμα μὲν ἐν τῷ ψύχει καθηῦδον, ἅμα δ' ἐφύλαττον αὐτὸν εἰ
καὶ τὴν νύκτα ἑστήξοι. ὁ δὲ εἱστήκει μέχρι ἕως ἐγένετο
καὶ ἥλιος ἀνέσχεν· ἔπειτα ᾤχετ' ἀπιὼν προσευξάμενος τῷ
ἡλίῳ. εἰ δὲ βούλεσθε ἐν ταῖς μάχαις—τοῦτο γὰρ δὴ 5
δίκαιόν γε αὐτῷ ἀποδοῦναι—ὅτε γὰρ ἡ μάχη ἦν ἐξ ἧς ἐμοὶ

a 4 ὃ πάντων T W Oxy. : ὁπόταν B   θαυμασιώτατον Oxy.
a 5 ἑώρακεν T W Oxy. : ἑωράκει B   b 1 πάγου B Oxy. : τοῦ πάγου
T W   ἢ B Oxy. : om. T W   b 3 δὴ T W Oxy. : ἢ B   b 4 δ'
om. Oxy.   b 5 οἱόνπερ B Oxy. : οἷον T W   c 2 αὖ τοδ' W
Oxy. : αὐτὸ B T   ἔρρεξε B   c 3 στρατιας Oxy. : στρατείας
B T W   c 4 προχώρει B   c 6 ἄνθρωποι Mehler : ἄνθρωποι B T W
c 7 ἔλεγεν B T W Oxy. : ἔλεγον Mehler   ἐξ] ὡς ἐξ Oxy.   c 8 τελευ-
τῶντες] καὶ τελευτῶντες W   d 3 μέχρις W   d 5 ἐν] και εν Oxy.

καὶ τἀριστεῖα ἔδοσαν οἱ στρατηγοί, οὐδεὶς ἄλλος ἐμὲ ἔσωσεν
e ἀνθρώπων ἢ οὗτος, τετρωμένον οὐκ ἐθέλων ἀπολιπεῖν, ἀλλὰ
συνδιέσωσε καὶ τὰ ὅπλα καὶ αὐτὸν ἐμέ. καὶ ἐγὼ μέν, ὦ Σώ-
κρατες, καὶ τότε ἐκέλευον σοὶ διδόναι τἀριστεῖα τοὺς στρατη-
γούς, καὶ τοῦτό γέ μοι οὔτε μέμψῃ οὔτε ἐρεῖς ὅτι ψεύδομαι·
5 ἀλλὰ γὰρ τῶν στρατηγῶν πρὸς τὸ ἐμὸν ἀξίωμα ἀποβλεπόντων
καὶ βουλομένων ἐμοὶ διδόναι τἀριστεῖα, αὐτὸς προθυμότερος
ἐγένου τῶν στρατηγῶν ἐμὲ λαβεῖν ἢ σαυτόν. ἔτι τοίνυν,
ὦ ἄνδρες, ἄξιον ἦν θεάσασθαι Σωκράτη, ὅτε ἀπὸ Δηλίου
221 φυγῇ ἀνεχώρει τὸ στρατόπεδον· ἔτυχον γὰρ παραγενόμενος
ἵππον ἔχων, οὗτος δὲ ὅπλα. ἀνεχώρει οὖν ἐσκεδασμένων
ἤδη τῶν ἀνθρώπων οὗτός τε ἅμα καὶ Λάχης· καὶ ἐγὼ περι-
τυγχάνω, καὶ ἰδὼν εὐθὺς παρακελεύομαί τε αὐτοῖν θαρρεῖν,
5 καὶ ἔλεγον ὅτι οὐκ ἀπολείψω αὐτώ. ἐνταῦθα δὴ καὶ κάλ-
λιον ἐθεασάμην Σωκράτη ἢ ἐν Ποτειδαίᾳ—αὐτὸς γὰρ ἧττον
ἐν φόβῳ ἦ διὰ τὸ ἐφ' ἵππου εἶναι—πρῶτον μὲν ὅσον περιῆν
b Λάχητος τῷ ἔμφρων εἶναι· ἔπειτα ἔμοιγ' ἐδόκει, ὦ Ἀρι-
στόφανες, τὸ σὸν δὴ τοῦτο, καὶ ἐκεῖ διαπορεύεσθαι ὥσπερ
καὶ ἐνθάδε, βρενθυόμενος καὶ τὠφθαλμὼ παραβάλ-
λων, ἠρέμα παρασκοπῶν καὶ τοὺς φιλίους καὶ τοὺς πολεμίους,
5 δῆλος ὢν παντὶ καὶ πάνυ πόρρωθεν ὅτι εἴ τις ἅψεται τούτου
τοῦ ἀνδρός, μάλα ἐρρωμένως ἀμυνεῖται. διὸ καὶ ἀσφαλῶς
ἀπῄει καὶ οὗτος καὶ ὁ ἑταῖρος· σχεδὸν γάρ τι τῶν οὕτω
διακειμένων ἐν τῷ πολέμῳ οὐδὲ ἅπτονται, ἀλλὰ τοὺς προ-
c τροπάδην φεύγοντας διώκουσιν.

Πολλὰ μὲν οὖν ἄν τις καὶ ἄλλα ἔχοι Σωκράτη ἐπαινέσαι
καὶ θαυμάσια· ἀλλὰ τῶν μὲν ἄλλων ἐπιτηδευμάτων τάχ' ἄν
τις καὶ περὶ ἄλλου τοιαῦτα εἴποι, τὸ δὲ μηδενὶ ἀνθρώπων
5 ὅμοιον εἶναι, μήτε τῶν παλαιῶν μήτε τῶν νῦν ὄντων, τοῦτο

Θ 1 τετρωμένον οὐκ ἐθέλων B W Oxy. : οὐκ ἐθέλων τετρωμένον T
a 7 ἦ B : ἦ T W : η Oxy.   b 3 τὼ ὀφθαλμὼ T Oxy. : τῶ φθαλμῶ B :
τ' ὀφθαλμὼ W   b 4 περισκοπῶν Ast   φιλίους B T W : φιλους Oxy.
b 5 ἀψαιτο Oxy.   b 6 ἀμυνεῖται T W Oxy. : ἀμύνηται B   b 7 οὗτος
B T W : αυτος Oxy.   ἑταῖρος Aristides : ἕτερος B T W Oxy.   c 4 δὲ
B T W : δε δη Oxy.   c 5 εἶναι μήτε T W Oxy. : εἶναί με B

ἄξιον παντὸς θαύματος. οἷος γὰρ ᾿Αχιλλεὺς ἐγένετο, ἀπει-
κάσειεν ἄν τις καὶ Βρασίδαν καὶ ἄλλους, καὶ οἷος αὖ
Περικλῆς, καὶ Νέστορα καὶ ᾿Αντήνορα—εἰσὶ δὲ καὶ ἕτεροι—
καὶ τοὺς ἄλλους κατὰ ταῦτ᾿ ἄν τις ἀπεικάζοι· οἷος δὲ οὑτοσὶ d
γέγονε τὴν ἀτοπίαν ἄνθρωπος, καὶ αὐτὸς καὶ οἱ λόγοι αὐτοῦ,
οὐδ᾿ ἐγγὺς ἂν εὕροι τις ζητῶν, οὔτε τῶν νῦν οὔτε τῶν
παλαιῶν, εἰ μὴ ἄρα εἰ οἷς ἐγὼ λέγω ἀπεικάζοι τις αὐτόν,
ἀνθρώπων μὲν μηδενί, τοῖς δὲ σιληνοῖς καὶ σατύροις, αὐτὸν 5
καὶ τοὺς λόγους.

Καὶ γὰρ οὖν καὶ τοῦτο ἐν τοῖς πρώτοις παρέλιπον, ὅτι
καὶ οἱ λόγοι αὐτοῦ ὁμοιότατοί εἰσι τοῖς σιληνοῖς τοῖς διοιγο-
μένοις. εἰ γὰρ ἐθέλοι τις τῶν Σωκράτους ἀκούειν λόγων, e
φανεῖεν ἂν πάνυ γελοῖοι τὸ πρῶτον· τοιαῦτα καὶ ὀνόματα
καὶ ῥήματα ἔξωθεν περιαμπέχονται, σατύρου δή τινα ὑβρι-
στοῦ δοράν. ὄνους γὰρ κανθηλίους λέγει καὶ χαλκέας τινὰς
καὶ σκυτοτόμους καὶ βυρσοδέψας, καὶ ἀεὶ διὰ τῶν αὐτῶν τὰ 5
αὐτὰ φαίνεται λέγειν, ὥστε ἄπειρος καὶ ἀνόητος ἄνθρωπος
πᾶς ἂν τῶν λόγων καταγελάσειεν. διοιγομένους δὲ ἰδὼν ἄν 222
τις καὶ ἐντὸς αὐτῶν γιγνόμενος πρῶτον μὲν νοῦν ἔχοντας
ἔνδον μόνους εὑρήσει τῶν λόγων, ἔπειτα θειοτάτους καὶ
πλεῖστα ἀγάλματ᾿ ἀρετῆς ἐν αὐτοῖς ἔχοντας καὶ ἐπὶ πλεῖ-
στον τείνοντας, μᾶλλον δὲ ἐπὶ πᾶν ὅσον προσήκει σκοπεῖν 5
τῷ μέλλοντι καλῷ κἀγαθῷ ἔσεσθαι.

Ταῦτ᾿ ἐστίν, ὦ ἄνδρες, ἃ ἐγὼ Σωκράτη ἐπαινῶ· καὶ αὖ
ἃ μέμφομαι συμμείξας ὑμῖν εἶπον ἅ με ὕβρισεν. καὶ μέν-
τοι οὐκ ἐμὲ μόνον ταῦτα πεποίηκεν, ἀλλὰ καὶ Χαρμίδην b
τὸν Γλαύκωνος καὶ Εὐθύδημον τὸν Διοκλέους καὶ ἄλλους
πάνυ πολλούς, οὓς οὗτος ἐξαπατῶν ὡς ἐραστὴς παιδικὰ
μᾶλλον αὐτὸς καθίσταται ἀντ᾿ ἐραστοῦ. ἃ δὴ καὶ σοὶ

d 1 ταῦτ᾿] ταῦτ᾿ Β : τοῦτ᾿ W   d 2 ἄνθρωπος Β Τ W   d 4 ἄρα εἰ
Β : ἄρα Τ W Oxy.   λέγω Τ W Oxy. : λέγων Β   e 1 ἐθέλοι Β :
ἐθέλει Τ W   τῶν ... λόγων Τ W Oxy. : τὸν ... λόγον Β   e 2 πάνυ
Τ W Oxy. : om. Β   e 3 δή Baiter : ἄν Τ W : om. Β Oxy.
a 1 διοιγουμένους Β   ἄν Β Τ W Oxy. : αὖ Bekker   a 3 τῶν
λόγων Τ W Oxy. : τὸν λόγον Β   a 5 τείνοντας Τ W : τινοντας Oxy. :
τείναντας Β   ἐπὶ Τ W Oxy. : ἔτι Β   b 3 πάνυ om. Oxy.

5 λέγω, ὦ Ἀγάθων, μὴ ἐξαπατᾶσθαι ὑπὸ τούτου, ἀλλ' ἀπὸ
τῶν ἡμετέρων παθημάτων γνόντα εὐλαβηθῆναι, καὶ μὴ κατὰ
τὴν παροιμίαν ὥσπερ νήπιον παθόντα γνῶναι.

c Εἰπόντος δὴ ταῦτα τοῦ Ἀλκιβιάδου γέλωτα γενέσθαι
ἐπὶ τῇ παρρησίᾳ αὐτοῦ, ὅτι ἐδόκει ἔτι ἐρωτικῶς ἔχειν τοῦ
Σωκράτους. τὸν οὖν Σωκράτη, Νήφειν μοι δοκεῖς, φάναι,
ὦ Ἀλκιβιάδη. οὐ γὰρ ἄν ποτε οὕτω κομψῶς κύκλῳ περι-
5 βαλλόμενος ἀφανίσαι ἐνεχείρεις οὗ ἕνεκα ταῦτα πάντα
εἴρηκας, καὶ ὡς ἐν παρέργῳ δὴ λέγων ἐπὶ τελευτῆς αὐτὸ
ἔθηκας, ὡς οὐ πάντα τούτου ἕνεκα εἰρηκώς, τοῦ ἐμὲ καὶ
d Ἀγάθωνα διαβάλλειν, οἰόμενος δεῖν ἐμὲ μὲν σοῦ ἐρᾶν καὶ
μηδενὸς ἄλλου, Ἀγάθωνα δὲ ὑπὸ σοῦ ἐρᾶσθαι καὶ μηδ' ὑφ'
ἑνὸς ἄλλου. ἀλλ' οὐκ ἔλαθες, ἀλλὰ τὸ σατυρικόν σου
δρᾶμα τοῦτο καὶ σιληνικὸν κατάδηλον ἐγένετο. ἀλλ', ὦ
5 φίλε Ἀγάθων, μηδὲν πλέον αὐτῷ γένηται, ἀλλὰ παρα-
σκευάζου ὅπως ἐμὲ καὶ σὲ μηδεὶς διαβαλεῖ.

Τὸν οὖν Ἀγάθωνα εἰπεῖν, Καὶ μήν, ὦ Σώκρατες, κινδυ-
e νεύεις ἀληθῆ λέγειν. τεκμαίρομαι δὲ καὶ ὡς κατεκλίνη ἐν
μέσῳ ἐμοῦ τε καὶ σοῦ, ἵνα χωρὶς ἡμᾶς διαλάβῃ. οὐδὲν οὖν
πλέον αὐτῷ ἔσται, ἀλλ' ἐγὼ παρὰ σὲ ἐλθὼν κατακλινήσομαι.

Πάνυ γε, φάναι τὸν Σωκράτη, δεῦρο ὑποκάτω ἐμοῦ
5 κατακλίνου.

Ὦ Ζεῦ, εἰπεῖν τὸν Ἀλκιβιάδην, οἷα αὖ πάσχω ὑπὸ τοῦ
ἀνθρώπου. οἴεταί μου δεῖν πανταχῇ περιεῖναι. ἀλλ' εἰ
μή τι ἄλλο, ὦ θαυμάσιε, ἐν μέσῳ ἡμῶν ἔα Ἀγάθωνα
κατακεῖσθαι.

10 Ἀλλ' ἀδύνατον, φάναι τὸν Σωκράτη. σὺ μὲν γὰρ ἐμὲ
ἐπήνεσας, δεῖ δὲ ἐμὲ αὖ τὸν ἐπὶ δεξί' ἐπαινεῖν. ἐὰν οὖν
ὑπὸ σοὶ κατακλινῇ Ἀγάθων, οὐ δήπου ἐμὲ πάλιν ἐπαι-

b 5 ἐξαπατᾶσθε B   b 6 γνῶντα B   c 4 ὁμψῶς pr. B   c 5 οὗ
ἕνεκα T W : ουνεκα corr. Oxy. :   οὐδ' ἕνεκα B pr. Oxy.   d 6 δια-
βαλει Oxy. : διαβάλῃ B T W   e 7 περιϊέναι Oxy.   e 10 γὰρ ἐμὲ
B Oxy. : γάρ με T W   e 11 αὖ τὸν Bekker : αυ τον B Oxy. : αὐτὸν
T W   e 12 κατακλιθη Oxy.

νέσεται, πρὶν ὑπ᾽ ἐμοῦ μᾶλλον ἐπαινεθῆναι; ἀλλ᾽ ἔασον,
ὦ δαιμόνιε, καὶ μὴ φθονήσῃς τῷ μειρακίῳ ὑπ᾽ ἐμοῦ 223
ἐπαινεθῆναι· καὶ γὰρ πάνυ ἐπιθυμῶ αὐτὸν ἐγκωμιάσαι.
Ἰοῦ ἰοῦ, φάναι τὸν Ἀγάθωνα, Ἀλκιβιάδη, οὐκ ἔσθ᾽ ὅπως
ἂν ἐνθάδε μείναιμι, ἀλλὰ παντὸς μᾶλλον μεταναστήσομαι,
ἵνα ὑπὸ Σωκράτους ἐπαινεθῶ.   5
Ταῦτα ἐκεῖνα, φάναι τὸν Ἀλκιβιάδην, τὰ εἰωθότα·
Σωκράτους παρόντος τῶν καλῶν μεταλαβεῖν ἀδύνατον ἄλλῳ.
καὶ νῦν ὡς εὐπόρως καὶ πιθανὸν λόγον ηὗρεν, ὥστε παρ᾽
ἑαυτῷ τουτονὶ κατακεῖσθαι.

Τὸν μὲν οὖν Ἀγάθωνα ὡς κατακεισόμενον παρὰ τῷ b
Σωκράτει ἀνίστασθαι· ἐξαίφνης δὲ κωμαστὰς ἥκειν παμ-
πόλλους ἐπὶ τὰς θύρας, καὶ ἐπιτυχόντας ἀνεῳγμέναις ἐξιόντος
τινὸς εἰς τὸ ἄντικρυς πορεύεσθαι παρὰ σφᾶς καὶ κατακλί-
νεσθαι, καὶ θορύβου μεστὰ πάντα εἶναι, καὶ οὐκέτι ἐν   5
κόσμῳ οὐδενὶ ἀναγκάζεσθαι πίνειν πάμπολυν οἶνον.   τὸν
μὲν οὖν Ἐρυξίμαχον καὶ τὸν Φαῖδρον καὶ ἄλλους τινὰς ἔφη
ὁ Ἀριστόδημος οἴχεσθαι ἀπιόντας, ἓ δὲ ὕπνον λαβεῖν,
καὶ καταδαρθεῖν πάνυ πολύ, ἅτε μακρῶν τῶν νυκτῶν οὐσῶν, c
ἐξεγρέσθαι δὲ πρὸς ἡμέραν ἤδη ἀλεκτρυόνων ᾀδόντων, ἐξε-
γρόμενος δὲ ἰδεῖν τοὺς μὲν ἄλλους καθεύδοντας καὶ οἰχο-
μένους, Ἀγάθωνα δὲ καὶ Ἀριστοφάνη καὶ Σωκράτη ἔτι
μόνους ἐγρηγορέναι καὶ πίνειν ἐκ φιάλης μεγάλης ἐπὶ δεξιά. 5
τὸν οὖν Σωκράτη αὐτοῖς διαλέγεσθαι· καὶ τὰ μὲν ἄλλα ὁ
Ἀριστόδημος οὐκ ἔφη μεμνῆσθαι τῶν λόγων—οὔτε γὰρ ἐξ d
ἀρχῆς παραγενέσθαι ὑπονυστάζειν τε—τὸ μέντοι κεφάλαιον,
ἔφη, προσαναγκάζειν τὸν Σωκράτη ὁμολογεῖν αὐτοὺς τοῦ
αὐτοῦ ἀνδρὸς εἶναι κωμῳδίαν καὶ τραγῳδίαν ἐπίστασθαι
ποιεῖν, καὶ τὸν τέχνῃ τραγῳδοποιὸν ὄντα ⟨καὶ⟩ κωμῳδοποιὸν 5
εἶναι.   ταῦτα δὴ ἀναγκαζομένους αὐτοὺς καὶ οὐ σφόδρα
ἑπομένους νυστάζειν, καὶ πρότερον μὲν καταδαρθεῖν τὸν

b 7 ἄλλους] τους αλλους Oxy.   b 8 ἓ δε B W (ἓ W): εαυτον δε
Oxy.: ἔαδε T   c 4 σωκρατη και αριστοφανη Oxy.   c 5 εγ
μεγαλης φι[λ]αλης Oxy.   d 5 καὶ Vind. 21: om. B T W Oxy.
d 7 πρότερον T W Oxy.: πρῶτον B

Ἀριστοφάνη, ἤδη δὲ ἡμέρας γιγνομένης τὸν Ἀγάθωνα. τὸν οὖν Σωκράτη, κατακοιμίσαντ' ἐκείνους, ἀναστάντα ἀπιέναι, καὶ ⟨ἓ⟩ ὥσπερ εἰώθει ἕπεσθαι, καὶ ἐλθόντα εἰς Λύκειον, ἀπονιψάμενον, ὥσπερ ἄλλοτε τὴν ἄλλην ἡμέραν διατρίβειν, καὶ οὕτω διατρίψαντα εἰς ἑσπέραν οἴκοι ἀναπαύεσθαι.

b 9 κατακοιμίσαντ' B W Oxy. : κατακοιμήσαντ' T   b 10 ἓ add.
Hermann : om. B T W Oxy.

222

ΦΑΙΔΡΟΣ

ΣΩΚΡΑΤΗΣ   ΦΑΙΔΡΟΣ

ΣΩ. ᾿Ω φίλε Φαῖδρε, ποῖ δὴ καὶ πόθεν;   a

ΦΑΙ. Παρὰ Λυσίου, ὦ Σώκρατες, τοῦ Κεφάλου, πορεύ-
ομαι δὲ πρὸς περίπατον ἔξω τείχους· συχνὸν γὰρ ἐκεῖ
διέτριψα χρόνον καθήμενος ἐξ ἑωθινοῦ. τῷ δὲ σῷ καὶ
ἐμῷ ἑταίρῳ πειθόμενος ᾿Ακουμενῷ κατὰ τὰς ὁδοὺς ποιοῦμαι   5
τοὺς περιπάτους· φησὶ γὰρ ἀκοπωτέρους εἶναι τῶν ἐν τοῖς
δρόμοις.   b

ΣΩ. Καλῶς γάρ, ὦ ἑταῖρε, λέγει. ἀτὰρ Λυσίας ἦν, ὡς
ἔοικεν, ἐν ἄστει.

ΦΑΙ. Ναί, παρ᾿ ᾿Επικράτει, ἐν τῇδε τῇ πλησίον τοῦ
᾿Ολυμπίου οἰκίᾳ τῇ Μορυχίᾳ.   5

ΣΩ. Τίς οὖν δὴ ἦν ἡ διατριβή; ἦ δῆλον ὅτι τῶν λόγων
ὑμᾶς Λυσίας εἱστία;

ΦΑΙ. Πεύσῃ, εἴ σοι σχολὴ προϊόντι ἀκούειν.

ΣΩ. Τί δέ; οὐκ ἂν οἴει με κατὰ Πίνδαρον " καὶ ἀσχο-
λίας ὑπέρτερον" πρᾶγμα ποιήσασθαι τὸ τεήν τε καὶ   10
Λυσίου διατριβὴν ἀκοῦσαι;

ΦΑΙ. Πρόαγε δή.   c

ΣΩ. Λέγοις ἄν.

ΦΑΙ. Καὶ μήν, ὦ Σώκρατες, προσήκουσα γέ σοι ἡ ἀκοή·

---

a 5 ἀκουμένῳ B T (cf. Symp. 176 b, 6)   b 6 οὖν δὴ B : οὖν T
b 10 ποιήσασθαι Par. 1811 : ποιήσεσθαι B T   τεήν G : σήν B T

223

ὁ γάρ τοι λόγος ἦν, περὶ ὃν διετρίβομεν, οὐκ οἶδ' ὅντινα
5 τρόπον ἐρωτικός. γέγραφε γὰρ δὴ ὁ Λυσίας πειρώμενόν
τινα τῶν καλῶν, οὐχ ὑπ' ἐραστοῦ δέ, ἀλλ' αὐτὸ δὴ τοῦτο
καὶ κεκόμψευται· λέγει γὰρ ὡς χαριστέον μὴ ἐρῶντι μᾶλλον
ἢ ἐρῶντι.

ΣΩ. *Ω γενναῖος. εἴθε γράψειεν ὡς χρὴ πένητι μᾶλ-
10 λον ἢ πλουσίῳ, καὶ πρεσβυτέρῳ ἢ νεωτέρῳ, καὶ ὅσα ἄλλα
d ἐμοί τε πρόσεστι καὶ τοῖς πολλοῖς ἡμῶν· ἦ γὰρ ἂν ἀστεῖοι
καὶ δημωφελεῖς εἶεν οἱ λόγοι. ἔγωγ' οὖν οὕτως ἐπιτεθύ-
μηκα ἀκοῦσαι, ὥστ' ἐὰν βαδίζων ποιῇ τὸν περίπατον Μέ-
γαράδε καὶ κατὰ Ἡρόδικον προσβὰς τῷ τείχει πάλιν ἀπίῃς,
5 οὐ μή σου ἀπολειφθῶ.

ΦΑΙ. Πῶς λέγεις, ὦ βέλτιστε Σώκρατες; οἴει με, ἃ
228 Λυσίας ἐν πολλῷ χρόνῳ κατὰ σχολὴν συνέθηκε, δεινότατος
ὢν τῶν νῦν γράφειν, ταῦτα ἰδιώτην ὄντα ἀπομνημονεύσειν
ἀξίως ἐκείνου; πολλοῦ γε δέω· καίτοι ἐβουλόμην γ' ἂν
μᾶλλον ἤ μοι πολὺ χρυσίον γενέσθαι.

5 ΣΩ. Ὦ Φαῖδρε, εἰ ἐγὼ Φαῖδρον ἀγνοῶ, καὶ ἐμαυτοῦ
ἐπιλέλησμαι. ἀλλὰ γὰρ οὐδέτερά ἐστι τούτων· εὖ οἶδα ὅτι
Λυσίου λόγον ἀκούων ἐκεῖνος οὐ μόνον ἅπαξ ἤκουσεν, ἀλλὰ
πολλάκις ἐπαναλαμβάνων ἐκέλευέν οἱ λέγειν, ὁ δὲ ἐπείθετο
b προθύμως. τῷ δὲ οὐδὲ ταῦτα ἦν ἱκανά, ἀλλὰ τελευτῶν
παραλαβὼν τὸ βιβλίον ἃ μάλιστα ἐπεθύμει ἐπεσκόπει, καὶ
τοῦτο δρῶν ἐξ ἑωθινοῦ καθήμενος ἀπειπὼν εἰς περίπατον
ᾔει, ὡς μὲν ἐγὼ οἶμαι, νὴ τὸν κύνα, ἐξεπιστάμενος τὸν
5 λόγον, εἰ μὴ πάνυ τι ἦν μακρός. ἐπορεύετο δ' ἐκτὸς τεί-
χους ἵνα μελετῷη. ἀπαντήσας δὲ τῷ νοσοῦντι περὶ λόγων
ἀκοήν, ἰδὼν μέν, ἰδών, ἥσθη ὅτι ἕξοι τὸν συγκορυβαντιῶντα,
c καὶ προάγειν ἐκέλευε. δεομένου δὲ λέγειν τοῦ τῶν λόγων
ἐραστοῦ, ἐθρύπτετο ὡς δὴ οὐκ ἐπιθυμῶν λέγειν· τελευτῶν

c9 ᾧ W : ᾧ T : ᾧ B　　a4 πολὺ B : πολὺν T　　a6 εὖ B : εὖ
δ' T　　b5 πάνυ τι Schanz : πάνυ τις BT　　b6 τῷ] τῳ ci. Stephanus
b7 ἰδὼν μὲν ἰδὼν BT : ἰδὼν μὲν ἰὼν G : ἰδὼν μὲν ἰόντα vulg. : alterum
ἰδὼν del. t Hermann : om. Schanz

δὲ ἔμελλε καὶ εἰ μή τις ἑκὼν ἀκούοι βίᾳ ἐρεῖν. σὺ οὖν,
ὦ Φαῖδρε, αὐτοῦ δεήθητι ὅπερ τάχα πάντως ποιήσει νῦν ἤδη
ποιεῖν. 5

ΦΑΙ. Ἐμοὶ ὡς ἀληθῶς πολὺ κράτιστόν ἐστιν οὕτως
ὅπως δύναμαι λέγειν, ὥς μοι δοκεῖς σὺ οὐδαμῶς με ἀφήσειν
πρὶν ἂν εἴπω ἀμῶς γέ πως.

ΣΩ. Πάνυ γάρ σοι ἀληθῆ δοκῶ.

ΦΑΙ. Οὑτωσὶ τοίνυν ποιήσω. τῷ ὄντι γάρ, ὦ Σώ- d
κρατες, παντὸς μᾶλλον τά γε ῥήματα οὐκ ἐξέμαθον· τὴν
μέντοι διάνοιαν σχεδὸν ἁπάντων, οἷς ἔφη διαφέρειν τὰ τοῦ
ἐρῶντος ἢ τὰ τοῦ μή, ἐν κεφαλαίοις ἕκαστον ἐφεξῆς δίειμι,
ἀρξάμενος ἀπὸ τοῦ πρώτου. 5

ΣΩ. Δείξας γε πρῶτον, ὦ φιλότης, τί ἄρα ἐν τῇ ἀρι-
στερᾷ ἔχεις ὑπὸ τῷ ἱματίῳ· τοπάζω γάρ σε ἔχειν τὸν λόγον
αὐτόν. εἰ δὲ τοῦτό ἐστιν, οὑτωσὶ διανοοῦ περὶ ἐμοῦ, ὡς
ἐγώ σε πάνυ μὲν φιλῶ, παρόντος δὲ καὶ Λυσίου, ἐμαυτόν σοι e
ἐμμελετᾶν παρέχειν οὐ πάνυ δέδοκται. ἀλλ᾽ ἴθι, δείκνυε.

ΦΑΙ. Παῦε. ἐκκέκρουκάς με ἐλπίδος, ὦ Σώκρατες, ἣν
εἶχον ἐν σοὶ ὡς ἐγγυμνασόμενος. ἀλλὰ ποῦ δὴ βούλει
καθιζόμενοι ἀναγνῶμεν; 5

ΣΩ. Δεῦρ᾽ ἐκτραπόμενοι κατὰ τὸν Ἰλισὸν ἴωμεν, εἶτα 229
ὅπου ἂν δόξῃ ἐν ἡσυχίᾳ καθιζησόμεθα.

ΦΑΙ. Εἰς καιρόν, ὡς ἔοικεν, ἀνυπόδητος ὢν ἔτυχον· σὺ
μὲν γὰρ δὴ ἀεί. ῥᾷστον οὖν ἡμῖν κατὰ τὸ ὑδάτιον βρέχουσι
τοὺς πόδας ἰέναι, καὶ οὐκ ἀηδές, ἄλλως τε καὶ τήνδε τὴν 5
ὥραν τοῦ ἔτους τε καὶ τῆς ἡμέρας.

ΣΩ. Πρόαγε δή, καὶ σκόπει ἅμα ὅπου καθιζησόμεθα.

ΦΑΙ. Ὁρᾷς οὖν ἐκείνην τὴν ὑψηλοτάτην πλάτανον;

ΣΩ. Τί μήν;

d 4 ἕκαστον TW: om. B   d 6 ἐν B: ϑ ἐν T   e 1 δὲ καὶ
λυσίου B: δὲ λυσίου T: δ᾽ ἐκείνου Badham   e 2 δείκνυ Hirschig
e 5 καθιζόμενοι B T: καθεζόμενοι Vind. 89 Stallbaum   a 2 καθι-
ζησόμεθα B T W Bekk. Anecd. i. 101: καθιζώμεθα Stephanus

b ΦΑΙ. Ἐκεῖ σκιά τ' ἐστὶν καὶ πνεῦμα μέτριον, καὶ πόα
καθίζεσθαι ἢ ἂν βουλώμεθα κατακλινῆναι.

ΣΩ. Προάγοις ἄν.

ΦΑΙ. Εἰπέ μοι, ὦ Σώκρατες, οὐκ ἐνθένδε μέντοι ποθὲν
5 ἀπὸ τοῦ Ἰλισοῦ λέγεται ὁ Βορέας τὴν Ὠρείθυιαν ἁρπάσαι;

ΣΩ. Λέγεται γάρ.

ΦΑΙ. Ἆρ' οὖν ἐνθένδε; χαρίεντα γοῦν καὶ καθαρὰ καὶ
διαφανῆ τὰ ὑδάτια φαίνεται, καὶ ἐπιτήδεια κόραις παίζειν
παρ' αὐτά.

c ΣΩ. Οὔκ, ἀλλὰ κάτωθεν ὅσον δύ' ἢ τρία στάδια, ᾗ
πρὸς τὸ ἐν Ἄγρας διαβαίνομεν· καὶ πού τίς ἐστι βωμὸς
αὐτόθι Βορέου.

ΦΑΙ. Οὐ πάνυ νενόηκα· ἀλλ' εἰπὲ πρὸς Διός, ὦ Σώ-
5 κρατες, σὺ τοῦτο τὸ μυθολόγημα πείθῃ ἀληθὲς εἶναι;

ΣΩ. Ἀλλ' εἰ ἀπιστοίην, ὥσπερ οἱ σοφοί, οὐκ ἂν ἄτοπος
εἴην, εἶτα σοφιζόμενος φαίην αὐτὴν πνεῦμα Βορέου κατὰ
τῶν πλησίον πετρῶν σὺν Φαρμακείᾳ παίζουσαν ὦσαι, καὶ
οὕτω δὴ τελευτήσασαν λεχθῆναι ὑπὸ τοῦ Βορέου ἀνάρπαστον
d γεγονέναι—ἢ ἐξ Ἀρείου πάγου· λέγεται γὰρ αὖ καὶ οὗτος
ὁ λόγος, ὡς ἐκεῖθεν ἀλλ' οὐκ ἐνθένδε ἡρπάσθη. ἐγὼ δέ,
ὦ Φαῖδρε, ἄλλως μὲν τὰ τοιαῦτα χαρίεντα ἡγοῦμαι, λίαν δὲ
δεινοῦ καὶ ἐπιπόνου καὶ οὐ πάνυ εὐτυχοῦς ἀνδρός, κατ' ἄλλο
5 μὲν οὐδέν, ὅτι δ' αὐτῷ ἀνάγκη μετὰ τοῦτο τὸ τῶν Ἱπποκεν-
ταύρων εἶδος ἐπανορθοῦσθαι, καὶ αὖθις τὸ τῆς Χιμαίρας, καὶ
ἐπιρρεῖ δὲ ὄχλος τοιούτων Γοργόνων καὶ Πηγάσων καὶ
e ἄλλων ἀμηχάνων πλήθη τε καὶ ἀτοπίαι τερατολόγων τινῶν
φύσεων· αἷς εἴ τις ἀπιστῶν προσβιβᾷ κατὰ τὸ εἰκὸς ἕκαστον,
ἅτε ἀγροίκῳ τινὶ σοφίᾳ χρώμενος, πολλῆς αὐτῷ σχολῆς
δεήσει. ἐμοὶ δὲ πρὸς αὐτὰ οὐδαμῶς ἐστι σχολή· τὸ δὲ

---

b 2 ἢ ἂν] ἢ ἐὰν W : ἢ ἂν B : ἢ ἐὰν T   βουλώμεθα TW : βουλό-
μεθα B   κατακλιθῆναι BTW   c 2 τὸ ἐν Ἄγρας scripsi (τὰ ἐν
Ἄγρας Bratuscheck) : τὸ τῆς ἄγρας BTW : τὸ τῆς ἀγραίας rec. b
Eustathius   τίς T : τί B   c 7 ⟨ἂν⟩ αὐτὴν Ast   d 1 ἢ ἐξ...
ἡρπάσθη secl. Bast   e 1 πλήθη...ἀτοπίαι BTW : πλήθει...ἀτοπίᾳ
Athenaeus vulg.   e 4 αὐτὰ BW : ταῦτα T

αἴτιον, ὦ φίλε, τούτου τόδε. οὐ δύναμαί πω κατὰ τὸ Δελ- 5
φικὸν γράμμα γνῶναι ἐμαυτόν· γελοῖον δή μοι φαίνεται
τοῦτο ἔτι ἀγνοοῦντα τὰ ἀλλότρια σκοπεῖν. ὅθεν δὴ χαίρειν 230
ἐάσας ταῦτα, πειθόμενος δὲ τῷ νομιζομένῳ περὶ αὐτῶν, ὃ
νυνδὴ ἔλεγον, σκοπῶ οὐ ταῦτα ἀλλ᾽ ἐμαυτόν, εἴτε τι θηρίον
ὂν τυγχάνω Τυφῶνος πολυπλοκώτερον καὶ μᾶλλον ἐπιτεθυμ-
μένον, εἴτε ἡμερώτερόν τε καὶ ἁπλούστερον ζῷον, θείας τινὸς 5
καὶ ἀτύφου μοίρας φύσει μετέχον. ἀτάρ, ὦ ἑταῖρε, μεταξὺ
τῶν λόγων, ἆρ᾽ οὐ τόδε ἦν τὸ δένδρον ἐφ᾽ ὅπερ ἦγες ἡμᾶς;

ΦΑΙ. Τοῦτο μὲν οὖν αὐτό.   b

ΣΩ. Νὴ τὴν Ἥραν, καλή γε ἡ καταγωγή. ἥ τε γὰρ
πλάτανος αὕτη μάλ᾽ ἀμφιλαφής τε καὶ ὑψηλή, τοῦ τε ἄγνου
τὸ ὕψος καὶ τὸ σύσκιον πάγκαλον, καὶ ὡς ἀκμὴν ἔχει τῆς
ἄνθης, ὡς ἂν εὐωδέστατον παρέχοι τὸν τόπον· ἥ τε αὖ 5
πηγὴ χαριεστάτη ὑπὸ τῆς πλατάνου ῥεῖ μάλα ψυχροῦ ὕδατος,
ὥστε γε τῷ ποδὶ τεκμήρασθαι. Νυμφῶν τέ τινων καὶ Ἀχε-
λῴου ἱερὸν ἀπὸ τῶν κορῶν τε καὶ ἀγαλμάτων ἔοικεν εἶναι.
εἰ δ᾽ αὖ βούλει, τὸ εὔπνουν τοῦ τόπου ὡς ἀγαπητὸν καὶ   c
σφόδρα ἡδύ· θερινόν τε καὶ λιγυρὸν ὑπηχεῖ τῷ τῶν τεττίγων
χορῷ. πάντων δὲ κομψότατον τὸ τῆς πόας, ὅτι ἐν ἠρέμα
προσάντει ἱκανὴ πέφυκε κατακλινέντι τὴν κεφαλὴν παγκάλως
ἔχειν.   ὥστε ἄριστά σοι ἐξενάγηται, ὦ φίλε Φαῖδρε.   5

ΦΑΙ. Σὺ δέ γε, ὦ θαυμάσιε, ἀτοπώτατός τις φαίνῃ.
ἀτεχνῶς γάρ, ὃ λέγεις, ξεναγουμένῳ τινὶ καὶ οὐκ ἐπιχωρίῳ
ἔοικας· οὕτως ἐκ τοῦ ἄστεος οὔτ᾽ εἰς τὴν ὑπερορίαν ἀπο-   d
δημεῖς, οὔτ᾽ ἔξω τείχους ἔμοιγε δοκεῖς τὸ παράπαν ἐξιέναι.

ΣΩ. Συγγίγνωσκέ μοι, ὦ ἄριστε. φιλομαθὴς γάρ εἰμι·
τὰ μὲν οὖν χωρία καὶ τὰ δένδρα οὐδέν μ᾽ ἐθέλει διδάσκειν,

e 6 δὴ B T W Proclus (in Alc. p. 289, 5) : δέ Vind. 80   a 4 ὃν
T W : om. B : ὃν vulg.   ἐπιτεθυμμένον B T W (sed μ prius in ras.
B) : ἔτι τεθυμμένον ci. Ruhnken   b 4 καὶ ὡς B T W : καὶ οὕτως ci.
Heindorf : καὶ Schanz   b 7 ὥστε γε B T W : ὥς γε Aristaenetus
vulg.   c 2 ἡδύ T W : ἤδη B   ὑπηχεῖ τῷ T W : ὑπηχεῖτο B
c 4 προσάντει T W : προσαντε B   c 6 σὺ W : οὐ B T

5 οἱ δ᾽ ἐν τῷ ἄστει ἄνθρωποι. σὺ μέντοι δοκεῖς μοι τῆς
ἐμῆς ἐξόδου τὸ φάρμακον ηὑρηκέναι. ὥσπερ γὰρ οἱ τὰ
πεινῶντα θρέμματα θαλλὸν ἤ τινα καρπὸν προσείοντες
ἄγουσιν, σὺ ἐμοὶ λόγους οὕτω προτείνων ἐν βιβλίοις τήν τε
e Ἀττικὴν φαίνῃ περιάξειν ἅπασαν καὶ ὅποι ἂν ἄλλοσε βούλῃ.
νῦν δ᾽ οὖν ἐν τῷ παρόντι δεῦρ᾽ ἀφικόμενος ἐγὼ μέν μοι
δοκῶ κατακείσεσθαι, σὺ δ᾽ ἐν ὁποίῳ σχήματι οἴει ῥᾷστα
ἀναγνώσεσθαι, τοῦθ᾽ ἑλόμενος ἀναγίγνωσκε.
5 ΦΑΙ. Ἄκουε δή.

Περὶ μὲν τῶν ἐμῶν πραγμάτων ἐπίστασαι, καὶ ὡς νομίζω
συμφέρειν ἡμῖν γενομένων τούτων ἀκήκοας· ἀξιῶ δὲ μὴ διὰ
231 τοῦτο ἀτυχῆσαι ὧν δέομαι, ὅτι οὐκ ἐραστὴς ὤν σου τυγ-
χάνω. ὡς ἐκείνοις μὲν τότε μεταμέλει ὧν ἂν εὖ ποιήσωσιν,
ἐπειδὰν τῆς ἐπιθυμίας παύσωνται· τοῖς δὲ οὐκ ἔστι χρόνος
ἐν ᾧ μεταγνῶναι προσήκει. οὐ γὰρ ὑπ᾽ ἀνάγκης ἀλλ᾽
5 ἑκόντες, ὡς ἂν ἄριστα περὶ τῶν οἰκείων βουλεύσαιντο, πρὸς
τὴν δύναμιν τὴν αὐτῶν εὖ ποιοῦσιν. ἔτι δὲ οἱ μὲν ἐρῶντες
σκοποῦσιν ἅ τε κακῶς διέθεντο τῶν αὑτῶν διὰ τὸν ἔρωτα
καὶ ἃ πεποιήκασιν εὖ, καὶ ὃν εἶχον πόνον προστιθέντες
b ἡγοῦνται πάλαι τὴν ἀξίαν ἀποδεδωκέναι χάριν τοῖς ἐρω-
μένοις· τοῖς δὲ μὴ ἐρῶσιν οὔτε τὴν τῶν οἰκείων ἀμέλειαν
διὰ τοῦτο ἔστιν προφασίζεσθαι, οὔτε τοὺς παρεληλυθότας
πόνους ὑπολογίζεσθαι, οὔτε τὰς πρὸς τοὺς προσήκοντας
5 διαφορὰς αἰτιάσασθαι· ὥστε περιῃρημένων τοσούτων κακῶν
οὐδὲν ὑπολείπεται ἀλλ᾽ ἢ ποιεῖν προθύμως ὅτι ἂν αὐτοῖς
οἴωνται πράξαντες χαριεῖσθαι. ἔτι δὲ εἰ διὰ τοῦτο ἄξιον
c τοὺς ἐρῶντας περὶ πολλοῦ ποιεῖσθαι, ὅτι τούτους μάλιστά
φασιν φιλεῖν ὧν ἂν ἐρῶσιν, καὶ ἕτοιμοί εἰσι καὶ ἐκ τῶν λόγων

d 5 σὺ recc.: οὐ B: οὖ T   δοκεῖς T: δοκεῖ B   d 6 ἐμῆς T W:
om. B   d 7 προσείοντες t recc.: προσιόντες B T W   e 2 δ᾽ οὖν
T: οὖν B   e 3 κατακείσεσθαι T: κατακεισθαι (sic) B   e 7 γενο-
μένων τούτων B: τούτων γενομένων T   a 2 μεταμέλει ὧν T:
μεταμελειῶν B   b 5 αἰτιάσασθαι] αἰτιᾶσθαι Cobet   c 1 τοὺς
T: τοῦ pr. B   c 2 ἕτοιμοί εἰσι καὶ T W et in marg. b: om. B

καὶ ἐκ τῶν ἔργων τοῖς ἄλλοις ἀπεχθανόμενοι τοῖς ἐρωμένοις
χαρίζεσθαι, ῥᾴδιον γνῶναι, εἰ ἀληθῆ λέγουσιν, ὅτι ὅσων ἂν
ὕστερον ἐρασθῶσιν, ἐκείνους αὐτῶν περὶ πλείονος ποιήσονται, 5
καὶ δῆλον ὅτι, ἐὰν ἐκείνοις δοκῇ, καὶ τούτους κακῶς ποιή-
σουσιν. καίτοι πῶς εἰκός ἐστι τοιοῦτον πρᾶγμα προέσθαι
τοιαύτην ἔχοντι συμφοράν, ἣν οὐδ᾽ ἂν ἐπιχειρήσειεν οὐδεὶς d
ἔμπειρος ὢν ἀποτρέπειν; καὶ γὰρ αὐτοὶ ὁμολογοῦσι νοσεῖν
μᾶλλον ἢ σωφρονεῖν, καὶ εἰδέναι ὅτι κακῶς φρονοῦσιν, ἀλλ᾽
οὐ δύνασθαι αὑτῶν κρατεῖν· ὥστε πῶς ἂν εὖ φρονήσαντες
ταῦτα καλῶς ἔχειν ἡγήσαιντο περὶ ὧν οὕτω διακείμενοι 5
βουλεύονται; καὶ μὲν δὴ εἰ μὲν ἐκ τῶν ἐρώντων τὸν βέλ-
τιστον αἱροῖο, ἐξ ὀλίγων ἄν σοι ἡ ἔκλεξις εἴη· εἰ δ᾽ ἐκ τῶν
ἄλλων τὸν σαυτῷ ἐπιτηδειότατον, ἐκ πολλῶν· ὥστε πολὺ
πλείων ἐλπὶς ἐν τοῖς πολλοῖς ὄντα τυχεῖν τὸν ἄξιον τῆς σῆς e
φιλίας.

Εἰ τοίνυν τὸν νόμον τὸν καθεστηκότα δέδοικας, μὴ
πυθομένων τῶν ἀνθρώπων ὄνειδός σοι γένηται, εἰκός ἐστι
τοὺς μὲν ἐρῶντας, οὕτως ἂν οἰομένους καὶ ὑπὸ τῶν ἄλλων 232
ζηλοῦσθαι ὥσπερ αὐτοὺς ὑφ᾽ αὑτῶν, ἐπαρθῆναι τῷ λέγειν
καὶ φιλοτιμουμένους ἐπιδείκνυσθαι πρὸς ἅπαντας ὅτι οὐκ
ἄλλως αὐτοῖς πεπόνηται· τοὺς δὲ μὴ ἐρῶντας, κρείττους
αὑτῶν ὄντας, τὸ βέλτιστον ἀντὶ τῆς δόξης τῆς παρὰ τῶν 5
ἀνθρώπων αἱρεῖσθαι. ἔτι δὲ τοὺς μὲν ἐρῶντας πολλοὺς
ἀνάγκη πυθέσθαι καὶ ἰδεῖν ἀκολουθοῦντας τοῖς ἐρωμένοις
καὶ ἔργον τοῦτο ποιουμένους, ὥστε ὅταν ὀφθῶσι διαλεγό-
μενοι ἀλλήλοις, τότε αὐτοὺς οἴονται ἢ γεγενημένης ἢ μελ- b
λούσης ἔσεσθαι τῆς ἐπιθυμίας συνεῖναι· τοὺς δὲ μὴ ἐρῶντας
οὐδ᾽ αἰτιᾶσθαι διὰ τὴν συνουσίαν ἐπιχειροῦσιν, εἰδότες ὅτι
ἀναγκαῖόν ἐστιν ἢ διὰ φιλίαν τῳ διαλέγεσθαι ἢ δι᾽ ἄλλην

c 4 ὅτι ὅσων T W : ὁπόσον B : οἵ γ᾽ ὅσων Hermann   c 5 ποιήσονται
B : ποιήσωνται T   d 5 οὕτω rec. b : οὗτοι B T   d 6 βουλεύονται
Stephanus : βούλονται B T W : βεβούλευνται Heindorf   d 7 αἱροῖο
T : αἱροῖτο B   a 2 τῷ λέγειν B T : τῳ λέγειν t : τὸ λέγειν D :
τῷ ἔχειν Badham : alii alia   a 3 οὐκ ἄλλως T W : οὐ καλῶς B
a 5 ἀντὶ T : ἂν B   b 4 τῳ b t : τῷ B T

5 τινὰ ἡδονήν. καὶ μὲν δὴ εἴ σοι δέος παρέστηκεν ἡγουμένῳ
χαλεπὸν εἶναι φιλίαν συμμένειν, καὶ ἄλλῳ μὲν τρόπῳ δια-
φορᾶς γενομένης κοινὴν ⟨ἂν⟩ ἀμφοτέροις καταστῆναι τὴν
c συμφοράν, προεμένου δέ σου ἃ περὶ πλείστου ποιῇ μεγάλην
ἄν σοι βλάβην ἂν γενέσθαι, εἰκότως ἂν τοὺς ἐρῶντας μᾶλ-
λον ἂν φοβοῖο· πολλὰ γὰρ αὐτούς ἐστι τὰ λυποῦντα, καὶ
πάντ' ἐπὶ τῇ αὑτῶν βλάβῃ νομίζουσι γίγνεσθαι. διόπερ
5 καὶ τὰς πρὸς τοὺς ἄλλους τῶν ἐρωμένων συνουσίας ἀποτρέ-
πουσιν, φοβούμενοι τοὺς μὲν οὐσίαν κεκτημένους μὴ χρή-
μασιν αὐτοὺς ὑπερβάλωνται, τοὺς δὲ πεπαιδευμένους μὴ
συνέσει κρείττους γένωνται· τῶν δὲ ἄλλο τι κεκτημένων
d ἀγαθὸν τὴν δύναμιν ἑκάστου φυλάττονται. πείσαντες μὲν
οὖν ἀπεχθέσθαι σε τούτοις εἰς ἐρημίαν φίλων καθιστᾶσιν,
ἐὰν δὲ τὸ σεαυτοῦ σκοπῶν ἄμεινον ἐκείνων φρονῇς, ἥξεις
αὐτοῖς εἰς διαφοράν· ὅσοι δὲ μὴ ἐρῶντες ἔτυχον, ἀλλὰ δι'
5 ἀρετὴν ἔπραξαν ὧν ἐδέοντο, οὐκ ἂν τοῖς συνοῦσι φθονοῖεν,
ἀλλὰ τοὺς μὴ ἐθέλοντας μισοῖεν, ἡγούμενοι ὑπ' ἐκείνων μὲν
ὑπερορᾶσθαι, ὑπὸ τῶν συνόντων δὲ ὠφελεῖσθαι, ὥστε πολὺ
e πλείων ἐλπὶς φιλίαν αὐτοῖς ἐκ τοῦ πράγματος ἢ ἔχθραν
γενέσθαι.

Καὶ μὲν δὴ τῶν μὲν ἐρώντων πολλοὶ πρότερον τοῦ σώ-
ματος ἐπεθύμησαν ἢ τὸν τρόπον ἔγνωσαν καὶ τῶν ἄλλων
5 οἰκείων ἔμπειροι ἐγένοντο, ὥστε ἄδηλον αὐτοῖς εἰ ἔτι τότε
βουλήσονται φίλοι εἶναι, ἐπειδὰν τῆς ἐπιθυμίας παύσωνται·
233 τοῖς δὲ μὴ ἐρῶσιν, οἳ καὶ πρότερον ἀλλήλοις φίλοι ὄντες
ταῦτα ἔπραξαν, οὐκ ἐξ ὧν ἂν εὖ πάθωσι ταῦτα εἰκὸς ἐλάττω
τὴν φιλίαν αὐτοῖς ποιῆσαι, ἀλλὰ ταῦτα μνημεῖα καταλει-

b 8 ἂν add. Hirschig   c 2 ἄν σοι BT : δὴ σοι Schanz   ἂν
γενέσθαι B : γενέσθαι T   εἰκότως ἂν BT : εἰκότως δὴ Schanz
μᾶλλον ἂν B : μᾶλλον T   c 5 τὰς BTW : τῆς corr. Ven. 184 ·   τῶν
ἐρωμένων] τὸν ἐρώμενον Heindorf   d 2 ἀπεχθέσθαι . . . τούτοις]
ἀπέχθεσθαι . . . τούτοις BTW : ἀπέχεσθαι . . . τούτοις vulg. : ἀπέχεσθαι
. . . τούτων al. Stallbaum   d 6 ὑπ'] σ' ὑπ' Schanz auctore Heindorf
e 2 γενέσθαι T : γενήσεσθαι B   e 5 αὑτοῖς εἰ ἔτι B : εἰ ἔτι αὑτοῖς T :
εἰ ἔτι Hermann   τότε T : om. B   a 3 μνημεῖα] σημεῖα ci.
Heindorf

φθῆναι τῶν μελλόντων ἔσεσθαι. καὶ μὲν δὴ βελτίονί σοι
προσήκει γενέσθαι ἐμοὶ πειθομένῳ ἢ ἐραστῇ. ἐκεῖνοι μὲν 5
γὰρ καὶ παρὰ τὸ βέλτιστον τά τε λεγόμενα καὶ τὰ πρατ-
τόμενα ἐπαινοῦσιν, τὰ μὲν δεδιότες μὴ ἀπέχθωνται, τὰ δὲ
καὶ αὐτοὶ χεῖρον διὰ τὴν ἐπιθυμίαν γιγνώσκοντες. τοιαῦτα b
γὰρ ὁ ἔρως ἐπιδείκνυται· δυστυχοῦντας μέν, ἃ μὴ λύπην
τοῖς ἄλλοις παρέχει, ἀνιαρὰ ποιεῖ νομίζειν· εὐτυχοῦντας δὲ
καὶ τὰ μὴ ἡδονῆς ἄξια παρ' ἐκείνων ἐπαίνου ἀναγκάζει
τυγχάνειν· ὥστε πολὺ μᾶλλον ἐλεεῖν τοῖς ἐρωμένοις ἢ 5
ζηλοῦν αὐτοὺς προσήκει. ἐὰν δέ μοι πείθῃ, πρῶτον μὲν οὐ
τὴν παροῦσαν ἡδονὴν θεραπεύων συνέσομαί σοι, ἀλλὰ καὶ
τὴν μέλλουσαν ὠφελίαν ἔσεσθαι, οὐχ ὑπ' ἔρωτος ἡττώμενος c
ἀλλ' ἐμαυτοῦ κρατῶν, οὐδὲ διὰ σμικρὰ ἰσχυρὰν ἔχθραν ἀναι-
ρούμενος ἀλλὰ διὰ μεγάλα βραδέως ὀλίγην ὀργὴν ποιού-
μενος, τῶν μὲν ἀκουσίων συγγνώμην ἔχων, τὰ δὲ ἑκούσια
πειρώμενος ἀποτρέπειν· ταῦτα γάρ ἐστι φιλίας πολὺν χρό- 5
νον ἐσομένης τεκμήρια. εἰ δ' ἄρα σοι τοῦτο παρέστηκεν, ὡς
οὐχ οἷόν τε ἰσχυρὰν φιλίαν γενέσθαι ἐὰν μή τις ἐρῶν τυγχάνῃ,
ἐνθυμεῖσθαι χρὴ ὅτι οὔτ' ἂν τοὺς ὑεῖς περὶ πολλοῦ ἐποιού- d
μεθα οὔτ' ἂν τοὺς πατέρας καὶ τὰς μητέρας, οὔτ' ἂν πιστοὺς
φίλους ἐκεκτήμεθα, οἳ οὐκ ἐξ ἐπιθυμίας τοιαύτης γεγόνασιν
ἀλλ' ἐξ ἑτέρων ἐπιτηδευμάτων.

Ἔτι δὲ εἰ χρὴ τοῖς δεομένοις μάλιστα χαρίζεσθαι, 5
προσήκει καὶ τοῖς ἄλλοις μὴ τοὺς βελτίστους ἀλλὰ τοὺς
ἀπορωτάτους εὖ ποιεῖν· μεγίστων γὰρ ἀπαλλαγέντες κακῶν
πλείστην χάριν αὐτοῖς εἴσονται. καὶ μὲν δὴ καὶ ἐν ταῖς
ἰδίαις δαπάναις οὐ τοὺς φίλους ἄξιον παρακαλεῖν, ἀλλὰ e
τοὺς προσαιτοῦντας καὶ τοὺς δεομένους πλησμονῆς· ἐκεῖνοι
γὰρ καὶ ἀγαπήσουσιν καὶ ἀκολουθήσουσιν καὶ ἐπὶ τὰς θύρας
ἥξουσι καὶ μάλιστα ἡσθήσονται καὶ οὐκ ἐλαχίστην χάριν

---

b 5 τοῖς ἐρωμένοις ΒΤ Stobaeus : τοὺς ἐρωμένους vulg.   b 6 αὐ-
τοὺς Β Stobaeus : αὐτοῖς Τ   δέ μοι ΒΤ : δ' ἐμοὶ Ven. 184   d 6 καὶ
τοῖς ἄλλοις ΒΤ : καὶ τῶν ἄλλων Aldina : κἂν τοῖς ἄλλοις Badham
e 2 προσαιτοῦντας ΒΤ : προσαιροῦντας G

5 εἴσονται καὶ πολλὰ ἀγαθὰ αὐτοῖς εὔξονται. ἀλλ' ἴσως
προσήκει οὐ τοῖς σφόδρα δεομένοις χαρίζεσθαι, ἀλλὰ τοῖς
μάλιστα ἀποδοῦναι χάριν δυναμένοις· οὐδὲ τοῖς προσαιτοῦσι
234 μόνον, ἀλλὰ τοῖς τοῦ πράγματος ἀξίοις· οὐδὲ ὅσοι τῆς σῆς
ὥρας ἀπολαύσονται, ἀλλ' οἵτινες πρεσβυτέρῳ γενομένῳ τῶν
σφετέρων ἀγαθῶν μεταδώσουσιν· οὐδὲ οἱ διαπραξάμενοι
πρὸς τοὺς ἄλλους φιλοτιμήσονται, ἀλλ' οἵτινες αἰσχυνό-
5 μενοι πρὸς ἅπαντας σιωπήσονται· οὐδὲ τοῖς ὀλίγον χρόνον
σπουδάζουσιν, ἀλλὰ τοῖς ὁμοίως διὰ παντὸς τοῦ βίου φίλοις
ἐσομένοις· οὐδὲ οἵτινες παυόμενοι τῆς ἐπιθυμίας ἔχθρας
πρόφασιν ζητήσουσιν, ἀλλ' οἱ παυσαμένου τῆς ὥρας τότε
b τὴν αὑτῶν ἀρετὴν ἐπιδείξονται. σὺ οὖν τῶν τε εἰρημένων
μέμνησο καὶ ἐκεῖνο ἐνθυμοῦ, ὅτι τοὺς μὲν ἐρῶντας οἱ φίλοι
νουθετοῦσιν ὡς ὄντος κακοῦ τοῦ ἐπιτηδεύματος, τοῖς δὲ μὴ
ἐρῶσιν οὐδεὶς πώποτε τῶν οἰκείων ἐμέμψατο ὡς διὰ τοῦτο
5 κακῶς βουλευομένοις περὶ ἑαυτῶν.

Ἴσως ἂν οὖν ἔροιό με εἰ ἅπασίν σοι παραινῶ τοῖς μὴ
ἐρῶσι χαρίζεσθαι. ἐγὼ μὲν οἶμαι οὐδ' ἂν τὸν ἐρῶντα
πρὸς ἅπαντάς σε κελεύειν τοὺς ἐρῶντας ταύτην ἔχειν τὴν
c διάνοιαν. οὔτε γὰρ τῷ λαμβάνοντι χάριτος ἴσης ἄξιον,
οὔτε σοὶ βουλομένῳ τοὺς ἄλλους λανθάνειν ὁμοίως δυνατόν·
δεῖ δὲ βλάβην μὲν ἀπ' αὐτοῦ μηδεμίαν, ὠφελίαν δὲ ἀμφοῖν
γίγνεσθαι. ἐγὼ μὲν οὖν ἱκανά μοι νομίζω τὰ εἰρημένα·
5 εἰ δ' ἔτι ⟨τι⟩ σὺ ποθεῖς, ἡγούμενος παραλελεῖφθαι, ἐρώτα.

ΦΑΙ. Τί σοι φαίνεται, ὦ Σώκρατες, ὁ λόγος; οὐχ
ὑπερφυῶς τά τε ἄλλα καὶ τοῖς ὀνόμασιν εἰρῆσθαι;

e8 προσαιτοῦσι Ast : προσερῶσι B : ἐρῶσι TW   a2 γενομένῳ T :
γενόμενοι B   a6 σπουδάζουσιν] σπουδάσουσιν ci. Stephanus (colent
Ficinus)   a8 παυσαμένου G. Hermann : παυσάμενοι BT : παυομένης
Laur. 2643 : παυσαμένοις Winckelmann : alii alia   b6 ἂν οὖν T :
μὲν οὖν B   b7 μὲν T : δὲ B   c1 τῷ T : τῷ λόγῳ BW   ἴσης
T : οισης (sic) B : οἴσεις W   c3 δεῖ T : αἰεὶ B   ἀπ' B : ἐπ' T
c5 δ' ἔτι τι Heindorf : δέ τι BT   σὺ ποθεῖς Ven. 189 : σὺ ὑποθεις
T : σὺ ὑποθῇς B   ἐρώτα T : ἔρωτα B

ΣΩ. Δαιμονίως μὲν οὖν, ὦ ἑταῖρε, ὥστε με ἐκπλαγῆναι. d
καὶ τοῦτο ἐγὼ ἔπαθον διὰ σέ, ὦ Φαῖδρε, πρὸς σὲ ἀπο-
βλέπων, ὅτι ἐμοὶ ἐδόκεις γάνυσθαι ὑπὸ τοῦ λόγου μεταξὺ
ἀναγιγνώσκων· ἡγούμενος γὰρ σὲ μᾶλλον ἢ ἐμὲ ἐπαΐειν
περὶ τῶν τοιούτων σοὶ εἱπόμην, καὶ ἑπόμενος συνεβάκχευσα 5
μετὰ σοῦ τῆς θείας κεφαλῆς.

ΦΑΙ. Εἶεν· οὕτω δὴ δοκεῖ παίζειν;

ΣΩ. Δοκῶ γάρ σοι παίζειν καὶ οὐχὶ ἐσπουδακέναι;

ΦΑΙ. Μηδαμῶς, ὦ Σώκρατες, ἀλλ' ὡς ἀληθῶς εἰπὲ e
πρὸς Διὸς φιλίου, οἴει ἄν τινα ἔχειν εἰπεῖν ἄλλον τῶν
Ἑλλήνων ἕτερα τούτων μείζω καὶ πλείω περὶ τοῦ αὐτοῦ
πράγματος;

ΣΩ. Τί δέ; καὶ ταύτῃ δεῖ ὑπ' ἐμοῦ τε καὶ σοῦ τὸν 5
λόγον ἐπαινεθῆναι, ὡς τὰ δέοντα εἰρηκότος τοῦ ποιητοῦ,
ἀλλ' οὐκ ἐκείνῃ μόνον, ὅτι σαφῆ καὶ στρογγύλα, καὶ ἀκρι-
βῶς ἕκαστα τῶν ὀνομάτων ἀποτετόρνευται; εἰ γὰρ δεῖ,
συγχωρητέον χάριν σήν, ἐπεὶ ἐμέ γε ἔλαθεν ὑπὸ τῆς ἐμῆς
οὐδενίας· τῷ γὰρ ῥητορικῷ αὐτοῦ μόνῳ τὸν νοῦν προσ- 235
εἶχον, τοῦτο δὲ οὐδ' (ἂν) αὐτὸν ᾤμην Λυσίαν οἴεσθαι ἱκανὸν
εἶναι. καὶ οὖν μοι ἔδοξεν, ὦ Φαῖδρε, εἰ μή τι σὺ ἄλλο
λέγεις, δὶς καὶ τρὶς τὰ αὐτὰ εἰρηκέναι, ὡς οὐ πάνυ εὐπορῶν
τοῦ πολλὰ λέγειν περὶ τοῦ αὐτοῦ, ἢ ἴσως οὐδὲν αὐτῷ μέλον 5
τοῦ τοιούτου· καὶ ἐφαίνετο δή μοι νεανιεύεσθαι ἐπιδεικνύ-
μενος ὡς οἷός τε ὢν ταὐτὰ ἑτέρως τε καὶ ἑτέρως λέγων
ἀμφοτέρως εἰπεῖν ἄριστα.

ΦΑΙ. Οὐδὲν λέγεις, ὦ Σώκρατες· αὐτὸ γὰρ τοῦτο καὶ b
μάλιστα ὁ λόγος ἔχει. τῶν γὰρ ἐνόντων ἀξίως ῥηθῆναι

d 3 ἐδόκεις T : δοκεῖς B   d 7 δὴ δοκεῖ T W : δὴ B : δεῖ Schanz
e 3 τούτων μείζω B : μείζω τούτων T   e 7 καὶ ἀκριβῶς fort. non
legerunt Plutarchus Hermias   e 8 ἀποτετόρνευται B : ἀποτετόρνωται
T   a 1 μόνῳ B T : μόνον W   a 2 ἂν ante αὐτὸν addidi : ante
ᾤμην add. Thompson : post οἴεσθαι add. Ast   a 3 καὶ οὖν Her-
mann : καὶ δὴ οὖν Stephanus : δικαιοῦν B : δίκαιον οὖν T W   a 4 λέγεις
T : λέγῃς B   a 7 ταὐτὰ Heindorf : ταῦτα B T   b 2 ἀξίως]
ἀξίων Madvig

ἐν τῷ πράγματι οὐδὲν παραλέλοιπεν, ὥστε παρὰ τὰ ἐκείνῳ
εἰρημένα μηδέν᾽ ⟨ἂν⟩ ποτε δύνασθαι εἰπεῖν ἄλλα πλείω καὶ
5 πλείονος ἄξια.

ΣΩ. Τοῦτο ἐγώ σοι οὐκέτι οἷός τ᾽ ἔσομαι πιθέσθαι·
παλαιοὶ γὰρ καὶ σοφοὶ ἄνδρες τε καὶ γυναῖκες περὶ αὐτῶν
εἰρηκότες καὶ γεγραφότες ἐξελέγξουσί με, ἐάν σοι χαριζό-
μενος συγχωρῶ.

c ΦΑΙ. Τίνες οὗτοι; καὶ ποῦ σὺ βελτίω τούτων ἀκήκοας;

ΣΩ. Νῦν μὲν οὕτως οὐκ ἔχω εἰπεῖν· δῆλον δὲ ὅτι τινῶν
ἀκήκοα, ἤ που Σαπφοῦς τῆς καλῆς ἢ Ἀνακρέοντος τοῦ
σοφοῦ ἢ καὶ συγγραφέων τινῶν. πόθεν δὴ τεκμαιρόμενος
5 λέγω; πλῆρές πως, ὦ δαιμόνιε, τὸ στῆθος ἔχων αἰσθάνομαι
παρὰ ταῦτα ἂν ἔχειν εἰπεῖν ἕτερα μὴ χείρω. ὅτι μὲν οὖν
παρά γε ἐμαυτοῦ οὐδὲν αὐτῶν ἐννενόηκα, εὖ οἶδα, συνειδὼς
ἐμαυτῷ ἀμαθίαν· λείπεται δὴ οἶμαι ἐξ ἀλλοτρίων ποθὲν
d ναμάτων διὰ τῆς ἀκοῆς πεπληρῶσθαί με δίκην ἀγγείου.
ὑπὸ δὲ νωθείας αὖ καὶ αὐτὸ τοῦτο ἐπιλέλησμαι, ὅπως τε
καὶ ὧντινων ἤκουσα.

ΦΑΙ. Ἀλλ᾽, ὦ γενναιότατε, κάλλιστα εἴρηκας. σὺ γὰρ
5 ἐμοὶ ὧντινων μὲν καὶ ὅπως ἤκουσας μηδ᾽ ἂν κελεύω εἴπῃς,
τοῦτο δὲ αὐτὸ ὃ λέγεις ποίησον· τῶν ἐν τῷ βιβλίῳ βελτίω
τε καὶ μὴ ἐλάττω ἕτερα ὑπέσχησαι εἰπεῖν τούτων ἀπεχό-
μενος, καί σοι ἐγώ, ὥσπερ οἱ ἐννέα ἄρχοντες, ὑπισχνοῦμαι
χρυσῆν εἰκόνα ἰσομέτρητον εἰς Δελφοὺς ἀναθήσειν, οὐ
e μόνον ἐμαυτοῦ ἀλλὰ καὶ σήν.

ΣΩ. Φίλτατος εἶ καὶ ὡς ἀληθῶς χρυσοῦς, ὦ Φαῖδρε,
εἴ με οἴει λέγειν ὡς Λυσίας τοῦ παντὸς ἡμάρτηκεν, καὶ οἷόν
τε δὴ παρὰ πάντα ταῦτα ἄλλα εἰπεῖν· τοῦτο δὲ οἶμαι οὐδ᾽
5 ἂν τὸν φαυλότατον παθεῖν συγγραφέα. αὐτίκα περὶ οὗ
ὁ λόγος, τίνα οἴει λέγοντα ὡς χρὴ μὴ ἐρῶντι μᾶλλον ἢ

b 4 μηδέν᾽ ἄν Aldina : μηδένα Β Τ (μηδ᾽ ἄν marg. t)   b 6 τ᾽ Β :
γε Τ   πιθέσθαι Β : πείθεσθαι Τ   c 5 πως] περ Aldina   d 7 ἕτερα
ὑπέσχησαι scripsi : ἕτερα ὑπόσχες Badham (secl. εἰπεῖν): ἑτέρᾳ ὑποσχέσει
Β Τ : ἕτερα ἐπιχείρει Schanz : alii alia   e 4 πάντα ταῦτα Β : ταῦτα
πάντα Τ : ταῦτα G   e 6 τίνα Β Τ : τί vulg.

ἐρῶντι χαρίζεσθαι, παρέντα τοῦ μὲν τὸ φρόνιμον ἐγκω-
μιάζειν, τοῦ δὲ τὸ ἄφρον ψέγειν, ἀναγκαῖα γοῦν ὄντα, εἶτ' 236
ἄλλ' ἄττα ἕξειν λέγειν; ἀλλ' οἶμαι τὰ μὲν τοιαῦτα ἐατέα
καὶ συγγνωστέα λέγοντι· καὶ τῶν μὲν τοιούτων οὐ τὴν
εὕρεσιν ἀλλὰ τὴν διάθεσιν ἐπαινετέον, τῶν δὲ μὴ ἀνα-
γκαίων τε καὶ χαλεπῶν εὑρεῖν πρὸς τῇ διαθέσει καὶ τὴν 5
εὕρεσιν.

ΦΑΙ. Συγχωρῶ ὃ λέγεις· μετρίως γάρ μοι δοκεῖς εἰρη-
κέναι. ποιήσω οὖν καὶ ἐγὼ οὕτως· τὸ μὲν τὸν ἐρῶντα
τοῦ μὴ ἐρῶντος μᾶλλον νοσεῖν δώσω σοι ὑποτίθεσθαι, τῶν b
δὲ λοιπῶν ἕτερα πλείω καὶ πλείονος ἄξια εἰπὼν τῶνδε
[Λυσίου] παρὰ τὸ Κυψελιδῶν ἀνάθημα σφυρήλατος ἐν
Ὀλυμπίᾳ στάθητι.

ΣΩ. Ἐσπούδακας, ὦ Φαῖδρε, ὅτι σου τῶν παιδικῶν 5
ἐπελαβόμην ἐρεσχηλῶν σε, καὶ οἴει δή με ὡς ἀληθῶς ἐπι-
χειρήσειν εἰπεῖν παρὰ τὴν ἐκείνου σοφίαν ἕτερόν τι ποι-
κιλώτερον;

ΦΑΙ. Περὶ μὲν τούτου, ὦ φίλε, εἰς τὰς ὁμοίας λαβὰς
ἐλήλυθας. ῥητέον μὲν γάρ σοι παντὸς μᾶλλον οὕτως ὅπως c
οἷός τε εἶ, ἵνα μὴ τὸ τῶν κωμῳδῶν φορτικὸν πρᾶγμα
ἀναγκαζώμεθα ποιεῖν ἀνταποδιδόντες ἀλλήλοις [εὐλαβήθητι],
καὶ μὴ βούλου με ἀναγκάσαι λέγειν ἐκεῖνο τὸ "εἰ ἐγώ, ὦ
Σώκρατες, Σωκράτην ἀγνοῶ, καὶ ἐμαυτοῦ ἐπιλέλη- 5
σμαι," καὶ ὅτι "ἐπεθύμε μὲν λέγειν, ἐθρύπτετο δέ·"
ἀλλὰ διανοήθητι ὅτι ἐντεῦθεν οὐκ ἄπιμεν πρὶν ἂν σὺ εἴπῃς
ἃ ἔφησθα ἐν τῷ στήθει ἔχειν. ἐσμὲν δὲ μόνω ἐν ἐρημίᾳ,
ἰσχυρότερος δ' ἐγὼ καὶ νεώτερος, ἐκ δὲ ἁπάντων τούτων d
"σύνες ὅ τοι λέγω," καὶ μηδαμῶς πρὸς βίαν βουληθῇς
μᾶλλον ἢ ἑκὼν λέγειν.

b 2 εἰπὼν τῶνδε TW: εἰπόντος B: εἰπὼν τῶν τοῦ fecit t   b 3 Λυσίου
seclusi   b 4 στάθητι BT: ἐστάθη Photius: ἔσταθι Cobet   c 1 ἐλή-
λυθας T: ἐλήλυθα B   c 2 ἵνα B: ἵνα δὲ T   c 3 ἀναγκαζώμεθα
B: ἀναγκαζόμεθα T   εὐλαβήθητι secl. Cobet   c 7 διανοήθητι T:
διανοήθητε B   c 8 μόνω BW: μόνω μὲν T   d 2 ὅ τοι] ὅ σοι
hoc loco BT (at cf. Menon. 76 d)   βίαν T: βίας BW

ΣΩ. Ἀλλ᾽, ὦ μακάριε Φαῖδρε, γελοῖος ἔσομαι παρ᾽
5 ἀγαθὸν ποιητὴν ἰδιώτης αὐτοσχεδιάζων περὶ τῶν αὐτῶν.

ΦΑΙ. Οἶσθ᾽ ὡς ἔχει; παῦσαι πρός με καλλωπιζόμενος·
σχεδὸν γὰρ ἔχω ὃ εἰπὼν ἀναγκάσω σε λέγειν.

ΣΩ. Μηδαμῶς τοίνυν εἴπῃς.

ΦΑΙ. Οὔκ, ἀλλὰ καὶ δὴ λέγω· ὁ δέ μοι λόγος ὅρκος
10 ἔσται. ὄμνυμι γάρ σοι—τίνα μέντοι, τίνα θεῶν; ἢ βού-
e λει τὴν πλάτανον ταυτηνί;—ἦ μήν, ἐάν μοι μὴ εἴπῃς τὸν
λόγον ἐναντίον αὐτῆς ταύτης, μηδέποτέ σοι ἕτερον λόγον
μηδένα μηδενὸς μήτε ἐπιδείξειν μήτε ἐξαγγελεῖν.

ΣΩ. Βαβαῖ, ὦ μιαρέ, ὡς εὖ ἀνηῦρες τὴν ἀνάγκην ἀνδρὶ
5 φιλολόγῳ ποιεῖν ὃ ἂν κελεύῃς.

ΦΑΙ. Τί δῆτα ἔχων στρέφῃ;

ΣΩ. Οὐδὲν ἔτι, ἐπειδὴ σύ γε ταῦτα ὀμώμοκας. πῶς
γὰρ ἂν οἷός τ᾽ εἴην τοιαύτης θοίνης ἀπέχεσθαι;

237 ΦΑΙ. Λέγε δή.

ΣΩ. Οἶσθ᾽ οὖν ὡς ποιήσω;

ΦΑΙ. Τοῦ πέρι;

ΣΩ. Ἐγκαλυψάμενος ἐρῶ, ἵν᾽ ὅτι τάχιστα διαδράμω
5 τὸν λόγον καὶ μὴ βλέπων πρὸς σὲ ὑπ᾽ αἰσχύνης διαπορῶμαι.

ΦΑΙ. Λέγε μόνον, τὰ δ᾽ ἄλλα ὅπως βούλει ποίει.

ΣΩ. Ἄγετε δή, ὦ Μοῦσαι, εἴτε δι᾽ ᾠδῆς εἶδος λίγειαι,
εἴτε διὰ γένος μουσικὸν τὸ Λιγύων ταύτην ἔσχετ᾽ ἐπωνυ-
μίαν, " ξύμ μοι λάβεσθε " τοῦ μύθου, ὅν με ἀναγκάζει
10 ὁ βέλτιστος οὑτοσὶ λέγειν, ἵν᾽ ὁ ἑταῖρος αὐτοῦ, καὶ πρότερον
b δοκῶν τούτῳ σοφὸς εἶναι, νῦν ἔτι μᾶλλον δόξῃ.

Ἦν οὕτω δὴ παῖς, μᾶλλον δὲ μειρακίσκος, μάλα καλός·
τούτῳ δὲ ἦσαν ἐρασταὶ πάνυ πολλοί. εἷς δέ τις αὐτῶν

θ 3 μηδενὸς μήτε Τ : μηδενός τ᾽ Β   ἐξαγγελεῖν G : ἐξαγγέλλειν
ΒΤ   a 7 λίγειαι Τ : λιγιαι Β   a 8 γένος τὸ Λιγύων μουσικὸν
Dionysius : γένος τι μουσικὸν Heraclitus : γένος μουσικὸν τὸ λιγὺ ὂν
Stobaeus   ἔσχετ᾽ ἐπωνυμίαν ΒΤ Stobaeus : ἔσχετε τὴν ἐπωνυμίαν
Dionysius, Heraclitus   b 2 μειρακίσκος ΒΤ : μειρακίσκος ἁπαλὸς
vulg.

αἱμύλος ἦν, ὃς οὐδενὸς ἧττον ἐρῶν ἐπεπείκει τὸν παῖδα ὡς
οὐκ ἐρῴη.   καί ποτε αὐτὸν αἰτῶν ἔπειθεν τοῦτ' αὐτό, ὡς μὴ 5
ἐρῶντι πρὸ τοῦ ἐρῶντος δέοι χαρίζεσθαι, ἔλεγέν τε ὧδε—

Περὶ παντός, ὦ παῖ, μία ἀρχὴ τοῖς μέλλουσι καλῶς
βουλεύσεσθαι· εἰδέναι δεῖ περὶ οὗ ἂν ᾖ ἡ βουλή, ἢ παντὸς c
ἁμαρτάνειν ἀνάγκη.   τοὺς δὲ πολλοὺς λέληθεν ὅτι οὐκ
ἴσασι τὴν οὐσίαν ἑκάστου.   ὡς οὖν εἰδότες οὐ διομολογοῦνται
ἐν ἀρχῇ τῆς σκέψεως, προελθόντες δὲ τὸ εἰκὸς ἀποδιδόασιν·
οὔτε γὰρ ἑαυτοῖς οὔτε ἀλλήλοις ὁμολογοῦσιν.   ἐγὼ οὖν 5
καὶ σὺ μὴ πάθωμεν ὃ ἄλλοις ἐπιτιμῶμεν, ἀλλ' ἐπειδὴ σοὶ
καὶ ἐμοὶ ὁ λόγος πρόκειται πότερα ἐρῶντι ἢ μὴ μᾶλλον εἰς
φιλίαν ἰτέον, περὶ ἔρωτος οἷόν τ' ἔστι καὶ ἣν ἔχει δύνα-
μιν, ὁμολογίᾳ θέμενοι ὅρον, εἰς τοῦτο ἀποβλέποντες καὶ d
ἀναφέροντες τὴν σκέψιν ποιώμεθα εἴτε ὠφελίαν εἴτε
βλάβην παρέχει.   ὅτι μὲν οὖν δὴ ἐπιθυμία τις ὁ ἔρως,
ἅπαντι δῆλον· ὅτι δ' αὖ καὶ μὴ ἐρῶντες ἐπιθυμοῦσι τῶν
καλῶν, ἴσμεν.   τῷ δὴ τὸν ἐρῶντά τε καὶ μὴ κρινοῦμεν; 5
δεῖ αὖ νοῆσαι ὅτι ἡμῶν ἐν ἑκάστῳ δύο τινέ ἐστον ἰδέα
ἄρχοντε καὶ ἄγοντε, οἷν ἑπόμεθα ᾗ ἂν ἄγητον, ἡ μὲν ἔμ-
φυτος οὖσα ἐπιθυμία ἡδονῶν, ἄλλη δὲ ἐπίκτητος δόξα,
ἐφιεμένη τοῦ ἀρίστου.   τούτω δὲ ἐν ἡμῖν τοτὲ μὲν ὁμο-
νοεῖτον, ἔστι δὲ ὅτε στασιάζετον· καὶ τοτὲ μὲν ἡ ἑτέρα, e
ἄλλοτε δὲ ἡ ἑτέρα κρατεῖ.   δόξης μὲν οὖν ἐπὶ τὸ ἄριστον
λόγῳ ἀγούσης καὶ κρατούσης τῷ κράτει σωφροσύνη ὄνομα·
ἐπιθυμίας δὲ ἀλόγως ἑλκούσης ἐπὶ ἡδονὰς καὶ ἀρξάσης ἐν 238
ἡμῖν τῇ ἀρχῇ ὕβρις ἐπωνομάσθη.   ὕβρις δὲ δὴ πολυώνυμον
—πολυμελὲς γὰρ καὶ πολυμερές—καὶ τούτων τῶν ἰδεῶν

b 5 αἰτῶν T W Heraclitus: ἐρῶν B   c 1 βουλεύσεσθαι T : βουλεύ-
εσθαι B   δεῖ B : ἃ δεῖ T   παντὸς B Simplicius: ἅπαντος T
c 4 προελθόντες t : προσελθόντες B T   c 5 ἀλλήλοις B : ἄλλοις ex
ἀλλήλοις T   c 7 πότερα T: πότερον (sed a s. v.) W: om. B
c 8 οἷόν τ'] οἷόν τι ci. Heindorf   ἔχει T: εἶχε B   d 6 αὖ]
δ)ὴ Schanz   d 8 ἡδονῶν T: δηλον ων B   a 3 πολυμελὲς
. . . καὶ πολυμερές scripsi: πολυμελὲς . . . καὶ πολυειδές B Stobaeus:
πολυμερὲς . . . καὶ πολυειδές T : πολυειδὲς . . . καὶ πολυμελές V

ἐκπρεπὴς ἢ ἂν τύχῃ γενομένη, τὴν αὑτῆς ἐπωνυμίαν ὀνο-
5 μαζόμενον τὸν ἔχοντα παρέχεται, οὔτε τινὰ καλὴν οὔτ'
ἐπαξίαν κεκτῆσθαι. περὶ μὲν γὰρ ἐδωδὴν κρατοῦσα τοῦ
λόγου τε τοῦ ἀρίστου καὶ τῶν ἄλλων ἐπιθυμιῶν ἐπιθυμία
b γαστριμαργία τε καὶ τὸν ἔχοντα ταὐτὸν τοῦτο κεκλημένον
παρέξεται· περὶ δ' αὖ μέθας τυραννεύσασα, τὸν κεκτημένον
ταύτῃ ἄγουσα, δῆλον οὗ τεύξεται προσρήματος· καὶ τἆλλα
δὴ τὰ τούτων ἀδελφὰ καὶ ἀδελφῶν ἐπιθυμιῶν ὀνόματα τῆς
5 ἀεὶ δυναστευούσης ᾗ προσήκει καλεῖσθαι πρόδηλον. ἧς δ'
ἕνεκα πάντα τὰ πρόσθεν εἴρηται, σχεδὸν μὲν ἤδη φανερόν,
λεχθὲν δὲ ἢ μὴ λεχθὲν πάντως σαφέστερον· ἡ γὰρ ἄνευ
λόγου δόξης ἐπὶ τὸ ὀρθὸν ὁρμώσης κρατήσασα ἐπιθυμία
c πρὸς ἡδονὴν ἀχθεῖσα κάλλους, καὶ ὑπὸ αὖ τῶν ἑαυτῆς συγ-
γενῶν ἐπιθυμιῶν ἐπὶ σωμάτων κάλλος ἐρρωμένως ῥωσθεῖσα
νικήσασα ἀγωγῇ, ἀπ' αὐτῆς τῆς ῥώμης ἐπωνυμίαν λαβοῦσα,
ἔρως ἐκλήθη.

5 Ἀτάρ, ὦ φίλε Φαῖδρε, δοκῶ τι σοί, ὥσπερ ἐμαυτῷ,
θεῖον πάθος πεπονθέναι;

ΦΑΙ. Πάνυ μὲν οὖν, ὦ Σώκρατες, παρὰ τὸ εἰωθὸς εὔροιά
τίς σε εἴληφεν.

ΣΩ. Σιγῇ τοίνυν μου ἄκουε. τῷ ὄντι γὰρ θεῖος ἔοικεν
d ὁ τόπος εἶναι, ὥστε ἐὰν ἄρα πολλάκις νυμφόληπτος προϊόντος
τοῦ λόγου γένωμαι, μὴ θαυμάσῃς· τὰ νῦν γὰρ οὐκέτι πόρρω
διθυράμβων φθέγγομαι.

ΦΑΙ. Ἀληθέστατα λέγεις.

a 4 ἐπονομαζόμενον Stobaeus   a 6 κεκτῆσθαι B : κεκλῆσθαι T
a 7 τε T Stobaeus: om. B   b 5 ᾗ B T : ὃ Stobaeus   b 7 πάντως
Stobaeus Ven. 189: πᾶν πως B T   b 8 τὸ ὀρθὸν B T Dionysius
ad Cn. Pompeium : τἀγαθὸν in marg. B² Dionysius de Demosthene
c 1 ἀχθεῖσα B T pr. loc. Dionysius Hermias : ἄγουσα in marg. B² alt.
loc. Dionysius   ὑπὸ αὖ om. marg. B² alt. loc. Dionysius   ἑαυτῆς
B² T Dionysius Stobaeus : ἑαυτῇ B   c 2 ἐρρωμένως B² T Dionysius
Stobaeus : ἐρώμενος pr. B   ἐρρωμένως... νικήσασα secl. G. Hermann
c 3 ἀγωγῇ B T : ἀγωγὴ Dionysius   ἐπωνυμίαν B T pr. loc. Dionysius :
ἐπιθυμίαν marg. b alt. loc. Dionysius

ΣΩ. Τούτων μέντοι σὺ αἴτιος. ἀλλὰ τὰ λοιπὰ ἄκουε· 5
ἴσως γὰρ κἂν ἀποτράποιτο τὸ ἐπιόν. ταῦτα μὲν οὖν θεῷ
μελήσει, ἡμῖν δὲ πρὸς τὸν παῖδα πάλιν τῷ λόγῳ ἰτέον.

Εἶεν, ὦ φέριστε· ὁ μὲν δὴ τυγχάνει ὂν περὶ οὗ βου-
λευτέον, εἴρηταί τε καὶ ὥρισται, βλέποντες δὲ δὴ πρὸς αὐτὸ
τὰ λοιπὰ λέγωμεν τίς ὠφελία ἢ βλάβη ἀπό τε ἐρῶντος e
καὶ μὴ τῷ χαριζομένῳ ἐξ εἰκότος συμβήσεται. τῷ δὴ
ὑπὸ ἐπιθυμίας ἀρχομένῳ δουλεύοντί τε ἡδονῇ ἀνάγκη που
τὸν ἐρώμενον ὡς ἥδιστον ἑαυτῷ παρασκευάζειν· νοσοῦντι
δὲ πᾶν ἡδὺ τὸ μὴ ἀντιτεῖνον, κρεῖττον δὲ καὶ ἴσον ἐχθρόν. 5
οὔτε δὴ κρείττω οὔτε ἰσούμενον ἑκὼν ἐραστὴς παιδικὰ 239
ἀνέξεται, ἥττω δὲ καὶ ὑποδεέστερον ἀεὶ ἀπεργάζεται· ἥττων
δὲ ἀμαθὴς σοφοῦ, δειλὸς ἀνδρείου, ἀδύνατος εἰπεῖν ῥητο-
ρικοῦ, βραδὺς ἀγχίνου. τοσούτων κακῶν καὶ ἔτι πλειόνων
κατὰ τὴν διάνοιαν ἐραστὴν ἐρωμένῳ ἀνάγκη γιγνομένων τε 5
καὶ φύσει ἐνόντων [τῶν] μὲν ἥδεσθαι, τὰ δὲ παρασκευάζειν,
ἢ στέρεσθαι τοῦ παραυτίκα ἡδέος. φθονερὸν δὴ ἀνάγκη
εἶναι, καὶ πολλῶν μὲν ἄλλων συνουσιῶν ἀπείργοντα καὶ b
ὠφελίμων ὅθεν ἂν μάλιστ᾽ ἀνὴρ γίγνοιτο, μεγάλης αἴτιον
εἶναι βλάβης, μεγίστης δὲ τῆς ὅθεν ἂν φρονιμώτατος εἴη.
τοῦτο δὲ ἡ θεία φιλοσοφία τυγχάνει ὄν, ἧς ἐραστὴν παιδικὰ
ἀνάγκη πόρρωθεν εἴργειν, περίφοβον ὄντα τοῦ καταφρονη- 5
θῆναι· τά τε ἄλλα μηχανᾶσθαι ὅπως ἂν ᾖ πάντα ἀγνοῶν
καὶ πάντα ἀποβλέπων εἰς τὸν ἐραστήν, οἷος ὢν τῷ μὲν
ἥδιστος, ἑαυτῷ δὲ βλαβερώτατος ἂν εἴη. τὰ μὲν οὖν κατὰ
διάνοιαν ἐπίτροπός τε καὶ κοινωνὸς οὐδαμῇ λυσιτελὴς ἀνὴρ c
ἔχων ἔρωτα.

Τὴν δὲ τοῦ σώματος ἕξιν τε καὶ θεραπείαν οἵαν τε καὶ
ὡς θεραπεύσει οὗ ἂν γένηται κύριος, ὃς ἡδὺ πρὸ ἀγαθοῦ

d 6 καν B : ἂν T   e 3 δουλεύοντι B : ἢ δουλεύοντι T   e 5 μὴ
T : om. B   a 2 ἥττων B T : ἧττον V   a 6 ἐνόντων T Stobaeus :
ἐν ὄντων B   τῶν B T Stobaeus : secl. Nutzhorn : τοῖς Heindorf
b 8 ἑαυτῷ T Stobaeus : τῷ ἑαυτῷ B   ἂν V : om. B T

5 ἠνάγκασται διώκειν, δεῖ μετὰ ταῦτα ἰδεῖν. ὀφθήσεται δὴ
μαλθακόν τινα καὶ οὐ στερεὸν διώκων, οὐδ᾽ ἐν ἡλίῳ καθαρῷ
τεθραμμένον ἀλλὰ ὑπὸ συμμιγεῖ σκιᾷ, πόνων μὲν ἀνδρείων
καὶ ἰδρώτων ξηρῶν ἄπειρον, ἔμπειρον δὲ ἁπαλῆς καὶ ἀνάν-
d δρου διαίτης, ἀλλοτρίοις χρώμασι καὶ κόσμοις χήτει οἰκείων
κοσμούμενον, ὅσα τε ἄλλα τούτοις ἔπεται πάντα ἐπιτη-
δεύοντα, ἃ δῆλα καὶ οὐκ ἄξιον περαιτέρω προβαίνειν, ἀλλὰ
ἓν κεφάλαιον ὁρισαμένους ἐπ᾽ ἄλλο ἰέναι· τὸ γὰρ τοιοῦτον
5 σῶμα ἐν πολέμῳ τε καὶ ἄλλαις χρείαις ὅσαι μεγάλαι οἱ
μὲν ἐχθροὶ θαρροῦσιν, οἱ δὲ φίλοι καὶ αὐτοὶ οἱ ἐρασταὶ
φοβοῦνται.

Τοῦτο μὲν οὖν ὡς δῆλον ἐατέον, τὸ δ᾽ ἐφεξῆς ῥητέον,
e τίνα ἡμῖν ὠφελίαν ἢ τίνα βλάβην περὶ τὴν κτῆσιν ἡ τοῦ
ἐρῶντος ὁμιλία τε καὶ ἐπιτροπεία παρέξεται. σαφὲς δὴ
τοῦτό γε παντὶ μέν, μάλιστα δὲ τῷ ἐραστῇ, ὅτι τῶν φιλτά-
των τε καὶ εὐνουστάτων καὶ θειοτάτων κτημάτων ὀρφανὸν
5 πρὸ παντὸς εὔξαιτ᾽ ἂν εἶναι τὸν ἐρώμενον· πατρὸς γὰρ καὶ
μητρὸς καὶ συγγενῶν καὶ φίλων στέρεσθαι ἂν αὐτὸν δέξαιτο,
240 διακωλυτὰς καὶ ἐπιτιμητὰς ἡγούμενος τῆς ἡδίστης πρὸς
αὐτὸν ὁμιλίας. ἀλλὰ μὴν οὐσίαν γ᾽ ἔχοντα χρυσοῦ ἤ τινος
ἄλλης κτήσεως οὔτε εὐάλωτον ὁμοίως οὔτε ἁλόντα εὐμετα-
χείριστον ἡγήσεται· ἐξ ὧν πᾶσα ἀνάγκη ἐραστὴν παιδικοῖς
5 φθονεῖν μὲν οὐσίαν κεκτημένοις, ἀπολλυμένης δὲ χαίρειν.
ἔτι τοίνυν ἄγαμον, ἄπαιδα, ἄοικον ὅτι πλεῖστον χρόνον
παιδικὰ ἐραστὴς εὔξαιτ᾽ ἂν γενέσθαι, τὸ αὑτοῦ γλυκὺ ὡς
πλεῖστον χρόνον καρποῦσθαι ἐπιθυμῶν.

Ἔστι μὲν δὴ καὶ ἄλλα κακά, ἀλλά τις δαίμων ἔμειξε τοῖς
b πλείστοις ἐν τῷ παραυτίκα ἡδονήν, οἷον κόλακι, δεινῷ θηρίῳ
καὶ βλάβῃ μεγάλῃ, ὅμως ἐπέμειξεν ἡ φύσις ἡδονήν τινα οὐκ

---

c 5 μετὰ T : με B   δὴ Hirschig : δὲ BT   d 1 κόσμοις BT :
σχήμασιν Plutarchus   d 3 ἃ δῆλα b t : ἄδηλα BT   d 4 ἐν
κεφάλαιον] ἐν κεφαλαίῳ Ast   e 3 δὲ T : γε B   e 5 εὔξαιτ᾽
T : εὔξετ᾽ B   e 6 μητρὸς καὶ T Stobaeus : μητρὸς B   a 5 ἀπολ-
λυμένης BT : ἀπολλυμένοις vulg.   a 6 ἄοικον T Stobaeus :
οἶκον B

ἄμουσον, καί τις ἑταίραν ὡς βλαβερὸν ψέξειεν ἄν, καὶ ἄλλα
πολλὰ τῶν τοιουτοτρόπων θρεμμάτων τε καὶ ἐπιτηδευμάτων,
οἷς τό γε καθ᾽ ἡμέραν ἡδίστοισιν εἶναι ὑπάρχει· παιδικοῖς δὲ 5
ἐραστὴς πρὸς τῷ βλαβερῷ καὶ εἰς τὸ συνημερεύειν πάντων
ἀηδέστατον. ἥλικα γὰρ δὴ καὶ ὁ παλαιὸς λόγος τέρπειν τὸν c
ἥλικα—ἡ γὰρ οἶμαι χρόνου ἰσότης ἐπ᾽ ἴσας ἡδονὰς ἄγουσα
δι᾽ ὁμοιότητα φιλίαν παρέχεται—ἀλλ᾽ ὅμως κόρον γε καὶ ἡ
τούτων συνουσία ἔχει. καὶ μὴν τό γε ἀναγκαῖον αὖ βαρὺ
παντὶ περὶ πᾶν λέγεται· ὃ δὴ πρὸς τῇ ἀνομοιότητι μάλιστα 5
ἐραστὴς πρὸς παιδικὰ ἔχει. νεωτέρῳ γὰρ πρεσβύτερος
συνὼν οὔθ᾽ ἡμέρας οὔτε νυκτὸς ἑκὼν ἀπολείπεται, ἀλλ᾽ ὑπ᾽
ἀνάγκης τε καὶ οἴστρου ἐλαύνεται, ὃς ἐκείνῳ μὲν ἡδονὰς ἀεὶ d
διδοὺς ἄγει, ὁρῶντι, ἀκούοντι, ἁπτομένῳ, καὶ πᾶσαν αἴσθησιν
αἰσθανομένῳ τοῦ ἐρωμένου, ὥστε μεθ᾽ ἡδονῆς ἀραρότως αὐτῷ
ὑπηρετεῖν· τῷ δὲ δὴ ἐρωμένῳ ποῖον παραμύθιον ἢ τίνας
ἡδονὰς διδοὺς ποιήσει τὸν ἴσον χρόνον συνόντα μὴ οὐχὶ ἐπ᾽ 5
ἔσχατον ἐλθεῖν ἀηδίας—ὁρῶντι μὲν ὄψιν πρεσβυτέραν καὶ
οὐκ ἐν ὥρᾳ, ἑπομένων δὲ τῶν ἄλλων ταύτῃ, ἃ καὶ λόγῳ
ἐστὶν ἀκούειν οὐκ ἐπιτερπές, μὴ ὅτι δὴ ἔργῳ ἀνάγκης ἀεὶ e
προσκειμένης μεταχειρίζεσθαι, φυλακάς τε δὴ καχυποτόπους
φυλαττομένῳ διὰ παντὸς καὶ πρὸς ἅπαντας, ἀκαίρους τε
ἐπαίνους καὶ ὑπερβάλλοντας ἀκούοντι, ὡς δ᾽ αὕτως ψόγους
νήφοντος μὲν οὐκ ἀνεκτούς, εἰς δὲ μέθην ἰόντος πρὸς τῷ 5
μὴ ἀνεκτῷ ἐπαισχεῖς, παρρησίᾳ κατακορεῖ καὶ ἀναπεπταμένῃ
χρωμένου;

Καὶ ἐρῶν μὲν βλαβερός τε καὶ ἀηδής, λήξας δὲ τοῦ
ἔρωτος εἰς τὸν ἔπειτα χρόνον ἄπιστος, εἰς ὃν πολλὰ καὶ
μετὰ πολλῶν ὅρκων τε καὶ δεήσεων ὑπισχνούμενος μόγις 10

b 5 ἡδίστοισιν B : ἡδίστοις T Stobaeus   c 1 δὴ Stobaeus
Aristaenetus : om. B T   τέρπειν B ex emend. T : τέρπει T
c 7 ἑκὼν ἀπολείπεται B : ἀπολείπεται ἑκών T   d 5 διδοὺς T : ἀιδοὺς
B : διαιδοὺς W   e 2 φυλακάς T : φύλακας B   καχυποτόπους T :
καχυπὸ τόπους B : καχυπότπους vulg.   e 3 ἀκαίρους τε ἐπαίνους T :
ἀκαίρους τε καὶ ἐπαίνους B : ἐπαίνους τε καὶ ἀκαίρους W   e 5 νήφοντος
T : νήφοντες B   e 6 ἐπαισχεῖς ci. Heindorf : ἐπ᾽ αἴσχει B T

241 κατεῖχε τήν γ' ἐν τῷ τότε συνουσίαν ἐπίπονον οὖσαν φέρειν
δι' ἐλπίδα ἀγαθῶν. τότε δὴ δέον ἐκτίνειν, μεταβαλὼν ἄλλον
ἄρχοντα ἐν αὐτῷ καὶ προστάτην, νοῦν καὶ σωφροσύνην ἀντ'
ἔρωτος καὶ μανίας, ἄλλος γεγονὼς λέληθεν τὰ παιδικά. καὶ
5 ὁ μὲν αὐτὸν χάριν ἀπαιτεῖ τῶν τότε, ὑπομιμνῄσκων τὰ
πραχθέντα καὶ λεχθέντα, ὡς τῷ αὐτῷ διαλεγόμενος· ὁ δὲ ὑπ'
αἰσχύνης οὔτε εἰπεῖν τολμᾷ ὅτι ἄλλος γέγονεν, οὔθ' ὅπως τὰ
τῆς προτέρας ἀνοήτου ἀρχῆς ὁρκωμόσιά τε καὶ ὑποσχέσεις
b ἐμπεδώσῃ ἔχει, νοῦν ἤδη ἐσχηκὼς καὶ σεσωφρονηκώς, ἵνα
μὴ πράττων ταὐτὰ τῷ πρόσθεν ὅμοιός τε ἐκείνῳ καὶ ὁ αὐτὸς
πάλιν γένηται. φυγὰς δὴ γίγνεται ἐκ τούτων, καὶ ἀπε-
στερηκὼς ὑπ' ἀνάγκης ὁ πρὶν ἐραστής, ὀστράκου μετα-
5 πεσόντος, ἵεται φυγῇ μεταβαλών· ὁ δὲ ἀναγκάζεται διώκειν
ἀγανακτῶν καὶ ἐπιθεάζων, ἠγνοηκὼς τὸ ἅπαν ἐξ ἀρχῆς, ὅτι
οὐκ ἄρα ἔδει ποτὲ ἐρῶντι καὶ ὑπ' ἀνάγκης ἀνοήτῳ χαρίζεσθαι,
c ἀλλὰ πολὺ μᾶλλον μὴ ἐρῶντι καὶ νοῦν ἔχοντι· εἰ δὲ μή,
ἀναγκαῖον εἴη ἐνδοῦναι αὐτὸν ἀπίστῳ, δυσκόλῳ, φθονερῷ,
ἀηδεῖ, βλαβερῷ μὲν πρὸς οὐσίαν, βλαβερῷ δὲ πρὸς τὴν
τοῦ σώματος ἕξιν, πολὺ δὲ βλαβερωτάτῳ πρὸς τὴν τῆς
5 ψυχῆς παίδευσιν, ἧς οὔτε ἀνθρώποις οὔτε θεοῖς τῇ ἀληθείᾳ
τιμιώτερον οὔτε ἔστιν οὔτε ποτὲ ἔσται. ταῦτά τε οὖν χρή,
ὦ παῖ, συννοεῖν, καὶ εἰδέναι τὴν ἐραστοῦ φιλίαν ὅτι οὐ μετ'
εὐνοίας γίγνεται, ἀλλὰ σιτίου τρόπον, χάριν πλησμονῆς,
d ὡς λύκοι ἄρνας ἀγαπῶσιν, ὡς παῖδα φιλοῦσιν ἐρασταί.

Τοῦτ' ἐκεῖνο, ὦ Φαῖδρε. οὐκέτ' ἂν τὸ πέρα ἀκούσαις ἐμοῦ
λέγοντος, ἀλλ' ἤδη σοι τέλος ἐχέτω ὁ λόγος.

a 1 γ' T : om. B   οὖσαν T : om. B   a 2 ἐκτίνειν B : ἐκτεί-
νειν pr. T : ἐκτείνει G   μεταβαλὼν B T : μεταλαβὼν corr. Coisl.
a 7 ὅτι T : οὔτ' εἰ B   b 1 ἐμπεδώσῃ B T W : ἐμπεδώσει vulg.
b 3 ἀπεστερηκὼς B T : ἀπειρηκὼς corr. Coisl. : ἀπεστυγηκὼς G. Her-
mann   b 5 διώκειν T : διώκων B   c 2 δυσκόλῳ φθονερῷ secl.
Spengel   c 4 τοῦ B T Stobaeus : om. vulg.   d 1 ἄρνας
ἀγαπῶσιν B T : ἄρνα φιλοῦσ' vulg. : αἷγ' ἀγαπῶσιν schol. Hermogenis :
ἄρν' ἀγαπῶσ' Bekker   d 3 ἀλλ' ἤδη B : ἀλλὰ δὴ T   τέλος B T :
πέρας vulg.

ΦΑΙ. Καίτοι ᾤμην γε μεσοῦν αὐτόν, καὶ ἐρεῖν τὰ ἴσα
περὶ τοῦ μὴ ἐρῶντος, ὡς δεῖ ἐκείνῳ χαρίζεσθαι μᾶλλον, 5
λέγων ὅσα αὖ ἔχει ἀγαθά· νῦν δὲ δή, ὦ Σώκρατες, τί
ἀποπαύῃ;

ΣΩ. Οὐκ ᾔσθου, ὦ μακάριε, ὅτι ἤδη ἔπη φθέγγομαι ἀλλ' e
οὐκέτι διθυράμβους, καὶ ταῦτα ψέγων; ἐὰν δ' ἐπαινεῖν τὸν
ἕτερον ἄρξωμαι, τί με οἴει ποιήσειν; ἆρ' οἶσθ' ὅτι ὑπὸ
τῶν Νυμφῶν, αἷς με σὺ προύβαλες ἐκ προνοίας, σαφῶς
ἐνθουσιάσω; λέγω οὖν ἑνὶ λόγῳ ὅτι ὅσα τὸν ἕτερον λελοι- 5
δορήκαμεν, τῷ ἑτέρῳ τἀναντία τούτων ἀγαθὰ πρόσεστιν. καὶ
τί δεῖ μακροῦ λόγου; περὶ γὰρ ἀμφοῖν ἱκανῶς εἴρηται.
καὶ οὕτω δὴ ὁ μῦθος ὅτι πάσχειν προσήκει αὐτῷ, τοῦτο
πείσεται· κἀγὼ τὸν ποταμὸν τοῦτον διαβὰς ἀπέρχομαι πρὶν 242
ὑπὸ σοῦ τι μεῖζον ἀναγκασθῆναι.

ΦΑΙ. Μήπω γε, ὦ Σώκρατες, πρὶν ἂν τὸ καῦμα παρέλθῃ.
ἢ οὐχ ὁρᾷς ὡς σχεδὸν ἤδη μεσημβρία ἵσταται ἡ δὴ καλουμένη
σταθερά; ἀλλὰ περιμείναντες καὶ ἅμα περὶ τῶν εἰρημένων 5
διαλεχθέντες, τάχα ἐπειδὰν ἀποψυχῇ ἴμεν.

ΣΩ. Θεῖός γ' εἶ περὶ τοὺς λόγους, ὦ Φαῖδρε, καὶ ἀτεχνῶς
θαυμάσιος. οἶμαι γὰρ ἐγὼ τῶν ἐπὶ τοῦ σοῦ βίου γεγονότων
λόγων μηδένα πλείους ἢ σὲ πεποιηκέναι γεγενῆσθαι ἤτοι b
αὐτὸν λέγοντα ἢ ἄλλους ἑνί γέ τῳ τρόπῳ προσαναγκάζοντα
—Σιμμίαν Θηβαῖον ἐξαιρῶ λόγου· τῶν δὲ ἄλλων πάμπολυ
κρατεῖς—καὶ νῦν αὖ δοκεῖς αἴτιός μοι γεγενῆσθαι λόγῳ τινὶ
ῥηθῆναι. 5

ΦΑΙ. Οὐ πόλεμόν γε ἀγγέλλεις. ἀλλὰ πῶς δὴ καὶ τίνι
τούτῳ;

d 4 γε μεσοῦν αὐτόν V : γε μεσοῦν αὐτοῦ B T : σε μεσοῦν αὐτοῦ Her-
mann   d 6 λέγων B T : λέγοντα Stephanus : λέγονθ' Schanz
e 5 ἐνθουσιάσω T : ἐνθυσιάσω B   a 4 ἡ δὴ t Suidas : ἤδη B T
ἡ δὴ . . . σταθερά secl. Ruhnken   a 6 ἀποψυχημεν (sic) B :
ἀποψύξῃ ἴωμεν T : ἀποψύχῃ ἄπιμεν Phrynichus   b 1 λόγων T : om. B W
πεποιηκέναι B t : πεπονηκέναι pr. T   γεγενῆσθαι] γενέσθαι H. Richards
b 2 τῳ B T : om. vulg.   b 3 ἐξαιρῶ Heindorf : ἐξαίρω B T   λόγου
B T : τοῦ λόγου W   b 4 γεγενῆσθαι] γενήσεσθαι Badham

ΣΩ. Ἡνίκ᾽ ἔμελλον, ὦγαθέ, τὸν ποταμὸν διαβαίνειν, τὸ δαιμόνιόν τε καὶ τὸ εἰωθὸς σημεῖόν μοι γίγνεσθαι ἐγένετο

c —ἀεὶ δέ με ἐπίσχει ὃ ἂν μέλλω πράττειν—καί τινα φωνὴν ἔδοξα αὐτόθεν ἀκοῦσαι, ἥ με οὐκ ἐᾷ ἀπιέναι πρὶν ἂν ἀφοσιώσωμαι, ὡς δή τι ἡμαρτηκότα εἰς τὸ θεῖον. εἰμὶ δὴ οὖν μάντις μέν, οὐ πάνυ δὲ σπουδαῖος, ἀλλ᾽ ὥσπερ οἱ τὰ 5 γράμματα φαῦλοι, ὅσον μὲν ἐμαυτῷ μόνον ἱκανός· σαφῶς οὖν ἤδη μανθάνω τὸ ἁμάρτημα. ὡς δή τοι, ὦ ἑταῖρε, μαντικόν γέ τι καὶ ἡ ψυχή· ἐμὲ γὰρ ἔθραξε μέν τι καὶ πάλαι λέγοντα τὸν λόγον, καί πως ἐδυσωπούμην κατ᾽ Ἴβυκον, μή τι παρὰ θεοῖς

d   ἀμβλακὼν τιμὰν πρὸς ἀνθρώπων ἀμείψω·

νῦν δ᾽ ᾔσθημαι τὸ ἁμάρτημα.

ΦΑΙ. Λέγεις δὲ δὴ τί;

ΣΩ. Δεινόν, ὦ Φαῖδρε, δεινὸν λόγον αὐτός τε ἐκόμισας 5 ἐμέ τε ἠνάγκασας εἰπεῖν.

ΦΑΙ. Πῶς δή;

ΣΩ. Εὐήθη καὶ ὑπό τι ἀσεβῆ· οὗ τίς ἂν εἴη δεινότερος;

ΦΑΙ. Οὐδείς, εἴ γε σὺ ἀληθῆ λέγεις.

ΣΩ. Τί οὖν; τὸν Ἔρωτα οὐκ Ἀφροδίτης καὶ θεόν τινα ἡγῇ;

10 ΦΑΙ. Λέγεταί γε δή.

ΣΩ. Οὔ τι ὑπό γε Λυσίου, οὐδὲ ὑπὸ τοῦ σοῦ λόγου, ὃς

e διὰ τοῦ ἐμοῦ στόματος καταφαρμακευθέντος ὑπὸ σοῦ ἐλέχθη. εἰ δ᾽ ἔστιν, ὥσπερ οὖν ἔστι, θεὸς ἤ τι θεῖον ὁ Ἔρως, οὐδὲν ἂν κακὸν εἴη, τὼ δὲ λόγω τὼ νυνδὴ περὶ αὐτοῦ εἰπέτην ὡς τοιούτου ὄντος· ταύτῃ τε οὖν ἡμαρτανέτην περὶ τὸν Ἔρωτα, 5 ἔτι τε ἡ εὐήθεια αὐτοῖν πάνυ ἀστεία, τὸ μηδὲν ὑγιὲς λέγοντε

b 9 τε καὶ Β Τ : del. ci. Schanz : μοι καὶ V (om. mox μοι) : καὶ Proclus
τὸ Β Τ Proclus : om. al.   c 1 ἀεὶ . . . πράττειν secl. Heindorf,
at legit Proclus   ὃ Β Τ : ἃ Proclus   c 3 δή Proclus : om. Β Τ
c 5 μὲν Β : om. Τ   ἱκανός Τ : ἱκανῶς Β   c 6 ὡς δή τοι ᾧ Τ W :
ὡς δὲ ποιω Β W² (ε et π s. v.)   d 1 ἀμβλακὼν Β : ἀμπλακὼν Τ
τιμᾶν Τ : τιμᾶν Β   d 7 οὗ τις Τ : οὔ τις Β : οὖ τί (et mox δεινότερον)
Proclus   d 11 οὔ τι Τ : ὅτι Β : οὔτοι Heindorf   e 3 τὼ δὴ λόγω
τὼ Τ : τῷ δὲ λόγῳ τῷ Β   e 5 ἔτι τε Τ : εἴτε Β

μηδὲ ἀληθὲς σεμνύνεσθαι ὡς τὶ ὄντε, εἰ ἄρα ἀνθρωπίσκους **243**
τινὰς ἐξαπατήσαντε εὐδοκιμήσετον ἐν αὐτοῖς. ἐμοὶ μὲν οὖν,
ὦ φίλε, καθήρασθαι ἀνάγκη· ἔστιν δὲ τοῖς ἁμαρτάνουσι περὶ
μυθολογίαν καθαρμὸς ἀρχαῖος, ὃν Ὅμηρος μὲν οὐκ ᾔσθετο,
Στησίχορος δέ. τῶν γὰρ ὀμμάτων στερηθεὶς διὰ τὴν Ἑλένης 5
κακηγορίαν οὐκ ἠγνόησεν ὥσπερ Ὅμηρος, ἀλλ' ἅτε μουσικὸς
ὢν ἔγνω τὴν αἰτίαν, καὶ ποιεῖ εὐθὺς—

> Οὐκ ἔστ' ἔτυμος λόγος οὗτος,
> οὐδ' ἔβας ἐν νηυσὶν εὐσέλμοις,
> οὐδ' ἵκεο Πέργαμα Τροίας· **b**

καὶ ποιήσας δὴ πᾶσαν τὴν καλουμένην Παλινῳδίαν παρα-
χρῆμα ἀνέβλεψεν. ἐγὼ οὖν σοφώτερος ἐκείνων γενήσομαι
κατ' αὐτό γε τοῦτο· πρὶν γάρ τι παθεῖν διὰ τὴν τοῦ Ἔρωτος
κακηγορίαν πειράσομαι αὐτῷ ἀποδοῦναι τὴν παλινῳδίαν, 5
γυμνῇ τῇ κεφαλῇ καὶ οὐχ ὥσπερ τότε ὑπ' αἰσχύνης
ἐγκεκαλυμμένος.

ΦΑΙ. Τουτωνί, ὦ Σώκρατες, οὐκ ἔστιν ἅττ' ἂν ἐμοὶ εἶπες
ἡδίω.

ΣΩ. Καὶ γάρ, ὠγαθὲ Φαῖδρε, ἐννοεῖς ὡς ἀναιδῶς εἴρησθον **c**
τὼ λόγω, οὗτός τε καὶ ὁ ἐκ τοῦ βιβλίου ῥηθείς. εἰ γὰρ
ἀκούων τις τύχοι ἡμῶν γεννάδας καὶ πρᾷος τὸ ἦθος, ἑτέρου
δὲ τοιούτου ἐρῶν ἢ καὶ πρότερόν ποτε ἐρασθείς, λεγόντων
ὡς διὰ σμικρὰ μεγάλας ἔχθρας οἱ ἐρασταὶ ἀναιροῦνται καὶ 5
ἔχουσι πρὸς τὰ παιδικὰ φθονερῶς τε καὶ βλαβερῶς, πῶς οὐκ
ἂν οἴει αὐτὸν ἡγεῖσθαι ἀκούειν ἐν ναύταις που τεθραμμένων
καὶ οὐδένα ἐλεύθερον ἔρωτα ἑωρακότων, πολλοῦ δ' ἂν δεῖν
ἡμῖν ὁμολογεῖν ἃ ψέγομεν τὸν Ἔρωτα; **d**

ΦΑΙ. Ἴσως νὴ Δί', ὦ Σώκρατες.

ΣΩ. Τοῦτόν γε τοίνυν ἔγωγε αἰσχυνόμενος, καὶ αὐτὸν
τὸν Ἔρωτα δεδιώς, ἐπιθυμῶ ποτίμῳ λόγῳ οἷον ἁλμυρὰν

a 1 μηδὲ T : μήτε B   a 7 ποιεῖ] ἐποίει H. Richards   a 9 οὐδ'
ἔβας T : οὐδὲ βὰς B   b 6 τῇ T : om. B   c 2 τὼ λόγω T · τῷ
λόγῳ B   c 7 τεθραμμένων corr. Coisl. : τεθραμμένον B T

5 ἀκοὴν ἀποκλύσασθαι· συμβουλεύω δὲ καὶ Λυσίᾳ ὅτι τάχιστα
γράψαι ὡς χρὴ ἐραστῇ μᾶλλον ἢ μὴ ἐρῶντι ἐκ τῶν ὁμοίων
χαρίζεσθαι.

ΦΑΙ. Ἀλλ᾽ εὖ ἴσθι ὅτι ἕξει τοῦθ᾽ οὕτω· σοῦ γὰρ εἰπόντος
τὸν τοῦ ἐραστοῦ ἔπαινον, πᾶσα ἀνάγκη Λυσίαν ὑπ᾽ ἐμοῦ
e ἀναγκασθῆναι γράψαι αὖ περὶ τοῦ αὐτοῦ λόγον.

ΣΩ. Τοῦτο μὲν πιστεύω, ἕωσπερ ἂν ᾖς ὃς εἶ.

ΦΑΙ. Λέγε τοίνυν θαρρῶν.

ΣΩ. Ποῦ δή μοι ὁ παῖς πρὸς ὃν ἔλεγον; ἵνα καὶ τοῦτο
5 ἀκούσῃ, καὶ μὴ ἀνήκοος ὢν φθάσῃ χαρισάμενος τῷ μὴ
ἐρῶντι.

ΦΑΙ. Οὗτος παρά σοι μάλα πλησίον ἀεὶ πάρεστιν, ὅταν
σὺ βούλῃ.

ΣΩ. Οὑτωσὶ τοίνυν, ὦ παῖ καλέ, ἐννόησον, ὡς ὁ μὲν
244 πρότερος ἦν λόγος Φαίδρου τοῦ Πυθοκλέους, Μυρρινουσίου
ἀνδρός· ὃν δὲ μέλλω λέγειν, Στησιχόρου τοῦ Εὐφήμου,
Ἱμεραίου. λεκτέος δὲ ὧδε, ὅτι Οὐκ ἔστ᾽ ἔτυμος λόγος ὃς ἂν
παρόντος ἐραστοῦ τῷ μὴ ἐρῶντι μᾶλλον φῇ δεῖν χαρίζεσθαι,
5 διότι δὴ ὁ μὲν μαίνεται, ὁ δὲ σωφρονεῖ. εἰ μὲν γὰρ ἦν
ἁπλοῦν τὸ μανίαν κακὸν εἶναι, καλῶς ἂν ἐλέγετο· νῦν δὲ τὰ
μέγιστα τῶν ἀγαθῶν ἡμῖν γίγνεται διὰ μανίας, θείᾳ μέντοι
δόσει διδομένης. ἥ τε γὰρ δὴ ἐν Δελφοῖς προφῆτις αἵ τ᾽ ἐν
b Δωδώνῃ ἱέρειαι μανεῖσαι μὲν πολλὰ δὴ καὶ καλὰ ἰδίᾳ τε καὶ
δημοσίᾳ τὴν Ἑλλάδα ἠργάσαντο, σωφρονοῦσαι δὲ βραχέα ἢ
οὐδέν· καὶ ἐὰν δὴ λέγωμεν Σίβυλλάν τε καὶ ἄλλους, ὅσοι
μαντικῇ χρώμενοι ἐνθέῳ πολλὰ δὴ πολλοῖς προλέγοντες εἰς
5 τὸ μέλλον ὤρθωσαν, μηκύνοιμεν ἂν δῆλα παντὶ λέγοντες.
τόδε μὴν ἄξιον ἐπιμαρτύρασθαι, ὅτι καὶ τῶν παλαιῶν οἱ τὰ

---

d 8 οὕτω· σοῦ Schanz : οὕτως σοῦ t : οὕτως οὐ Β Τ   e 4 τοῦτο
Β : τούτου Τ   e 7 πάρα Cobet (secl. mox πάρεστιν)   a 3 λεκτέος
TW: om. B   λόγος Β: ὁ λόγος Τ   a 8 γὰρ δὴ Τ: γὰρ * * Β: γὰρ
Aristides   b 4 ἐνθέῳ Τ: ἐν θεοῖς Β   b 5 ὤρθωσαν Ven. 189
corr. V Aristides : ὀρθῶς Β Τ

ὀνόματα τιθέμενοι οὐκ αἰσχρὸν ἡγοῦντο οὐδὲ ὄνειδος μανίαν·
οὐ γὰρ ἂν τῇ καλλίστῃ τέχνῃ, ᾗ τὸ μέλλον κρίνεται, αὐτὸ c
τοῦτο τοὔνομα ἐμπλέκοντες μανικὴν ἐκάλεσαν. ἀλλ᾽ ὡς
καλοῦ ὄντος, ὅταν θείᾳ μοίρᾳ γίγνηται, οὕτω νομίσαντες
ἔθεντο, οἱ δὲ νῦν ἀπειροκάλως τὸ ταῦ ἐπεμβάλλοντες
μαντικὴν ἐκάλεσαν. ἐπεὶ καὶ τήν γε τῶν ἐμφρόνων, 5
ζήτησιν τοῦ μέλλοντος διά τε ὀρνίθων ποιουμένων καὶ τῶν
ἄλλων σημείων, ἅτ᾽ ἐκ διανοίας ποριζομένων ἀνθρωπίνῃ
οἰήσει νοῦν τε καὶ ἱστορίαν, οἰονοϊστικὴν ἐπωνόμασαν,
ἣν νῦν οἰωνιστικὴν τῷ ω σεμνύνοντες οἱ νέοι καλοῦσιν· d
ὅσῳ δὴ οὖν τελεώτερον καὶ ἐντιμότερον μαντικὴ οἰωνιστικῆς,
τό τε ὄνομα τοῦ ὀνόματος ἔργον τ᾽ ἔργου, τόσῳ κάλλιον
μαρτυροῦσιν οἱ παλαιοὶ μανίαν σωφροσύνης τὴν ἐκ θεοῦ τῆς
παρ᾽ ἀνθρώπων γιγνομένης. ἀλλὰ μὴν νόσων γε καὶ πόνων 5
τῶν μεγίστων, ἃ δὴ παλαιῶν ἐκ μηνιμάτων ποθὲν ἔν τισι
τῶν γενῶν ἡ μανία ἐγγενομένη καὶ προφητεύσασα, οἷς ἔδει
ἀπαλλαγὴν ηὕρετο, καταφυγοῦσα πρὸς θεῶν εὐχάς τε καὶ e
λατρείας, ὅθεν δὴ καθαρμῶν τε καὶ τελετῶν τυχοῦσα ἐξάντη
ἐποίησε τὸν [ἑαυτῆς] ἔχοντα πρός τε τὸν παρόντα καὶ τὸν
ἔπειτα χρόνον, λύσιν τῷ ὀρθῶς μανέντι τε καὶ κατασχομένῳ
τῶν παρόντων κακῶν εὑρομένη. τρίτη δὲ ἀπὸ Μουσῶν 245
κατοκωχή τε καὶ μανία, λαβοῦσα ἁπαλὴν καὶ ἄβατον ψυχήν,
ἐγείρουσα καὶ ἐκβακχεύουσα κατά τε ᾠδὰς καὶ κατὰ τὴν
ἄλλην ποίησιν, μυρία τῶν παλαιῶν ἔργα κοσμοῦσα τοὺς
ἐπιγιγνομένους παιδεύει· ὃς δ᾽ ἂν ἄνευ μανίας Μουσῶν ἐπὶ 5
ποιητικὰς θύρας ἀφίκηται, πεισθεὶς ὡς ἄρα ἐκ τέχνης ἱκανὸς

---

c 4 ἐπεμβαλόντες Aristides   c 6 ποιουμένων secl. Schanz :
ποιουμένῃ Stephanus   c 7 ποριζομένων] ποριζομένην Stephanus
ἀνθρωπίνῃ οἰήσει pr. B Aristides : ἀνθρωπίνην οἰήσει corr. b (νοήσει
voluit) : ἀνθρωπίνη νοήσει Τ   c 8 οἰονοϊστικὴν W Aristides : οἰωνι-
στικὴν Β : οἶον νοϊστικὴν Τ   d 5 γε Β Τ : τε Aristides   d 7 γενῶν,
ᾗ Β Τ : γενῶν ἣν Hermann   e 2 δὴ Τ : om. Β   d 3 ἑαυτῆς
ἔχοντα Β Τ : αὐτὴν ἔχοντα Aristides : ἑαυτῆς seclusi (glossema ἔξω
ἄτης fuisse suspicor)   a 2 κατοκωχή W : κατοικωχή Β : κατακωχή
Τ : κατοχή vulg.   a 6 ποιητικὰς Β Τ Aristides Stobaeus (poeticas
Seneca) : ποιητικῆς Proclus Synesius : secl. Cobet   πεισθεὶς Β Τ
Stobaeus : secl. Cobet   ὡς ἄρα Β Τ : ἄρα ὡς Stobaeus

ποιητὴς ἐσόμενος, ἀτελὴς αὐτός τε καὶ ἡ πυίησις ὑπὸ τῆς
τῶν μαινομένων ἡ τοῦ σωφρονοῦντος ἠφανίσθη.

b   Τοσαῦτα μέν σοι καὶ ἔτι πλείω ἔχω μανίας γιγνομένης
ἀπὸ θεῶν λέγειν καλὰ ἔργα. ὥστε τοῦτό γε αὐτὸ μὴ φοβώ-
μεθα, μηδέ τις ἡμᾶς λόγος θορυβείτω δεδιττόμενος ὡς πρὸ
τοῦ κεκινημένου τὸν σώφρονα δεῖ προαιρεῖσθαι φίλον· ἀλλὰ
5 τόδε πρὸς ἐκείνῳ δείξας φερέσθω τὰ νικητήρια, ὡς οὐκ ἐπ᾽
ὠφελίᾳ ὁ ἔρως τῷ ἐρῶντι καὶ τῷ ἐρωμένῳ ἐκ θεῶν ἐπιπέμπεται.
ἡμῖν δὲ ἀποδεικτέον αὖ τοὐναντίον, ὡς ἐπ᾽ εὐτυχίᾳ τῇ μεγίστῃ
c παρὰ θεῶν ἡ τοιαύτη μανία δίδοται· ἡ δὲ δὴ ἀπόδειξις ἔσται
δεινοῖς μὲν ἄπιστος, σοφοῖς δὲ πιστή. δεῖ οὖν πρῶτον ψυχῆς
φύσεως πέρι θείας τε καὶ ἀνθρωπίνης ἰδόντα πάθη τε καὶ
ἔργα τἀληθὲς νοῆσαι· ἀρχὴ δὲ ἀποδείξεως ἥδε.

5   Ψυχὴ πᾶσα ἀθάνατος. τὸ γὰρ ἀεικίνητον ἀθάνατον· τὸ
δ᾽ ἄλλο κινοῦν καὶ ὑπ᾽ ἄλλου κινούμενον, παῦλαν ἔχον
κινήσεως, παῦλαν ἔχει ζωῆς. μόνον δὴ τὸ αὐτὸ κινοῦν, ἅτε
οὐκ ἀπολεῖπον ἑαυτό, οὔποτε λήγει κινούμενον, ἀλλὰ καὶ
τοῖς ἄλλοις ὅσα κινεῖται τοῦτο πηγὴ καὶ ἀρχὴ κινήσεως.
d ἀρχὴ δὲ ἀγένητον. ἐξ ἀρχῆς γὰρ ἀνάγκη πᾶν τὸ γιγνόμενον
γίγνεσθαι, αὐτὴν δὲ μηδ᾽ ἐξ ἑνός· εἰ γὰρ ἔκ του ἀρχὴ
γίγνοιτο, οὐκ ἂν ἔτι ἀρχὴ γίγνοιτο. ἐπειδὴ δὲ ἀγένητόν
ἐστιν, καὶ ἀδιάφθορον αὐτὸ ἀνάγκη εἶναι. ἀρχῆς γὰρ δὴ
5 ἀπολομένης οὔτε αὐτή ποτε ἔκ του οὔτε ἄλλο ἐξ ἐκείνης
γενήσεται, εἴπερ ἐξ ἀρχῆς δεῖ τὰ πάντα γίγνεσθαι. οὕτω
δὴ κινήσεως μὲν ἀρχὴ τὸ αὐτὸ αὑτὸ κινοῦν. τοῦτο δὲ οὔτ᾽
ἀπόλλυσθαι οὔτε γίγνεσθαι δυνατόν, ἢ πάντα τε οὐρανὸν
e πᾶσάν τε γῆν εἰς ἓν συμπεσοῦσαν στῆναι καὶ μήποτε αὖθις
ἔχειν ὅθεν κινηθέντα γενήσεται. ἀθανάτου δὲ πεφασμένου

b 1 μέν σοι T Aristides: μέντοι B   b 6 ὁ om. V Stobaeus   d 3 ἔτι
ἀρχὴ Buttmann (et sic ut videtur Iamblichus : cf. Timaeum Locrum ap.
Theodoretum εἰ γὰρ ἐγένετο, οὐκ ἂν ἦν ἔτι ἀρχά) : ἀρχὴ Vind. 89 Cicero
(ut videtur) : ἐξ ἀρχῆς B T Simplicius Stobaeus   d 4 ἀδιάφθορον T
Proclus : ἀδιάφορον B : ἄφθορον Stobaeus   e 1 γῆν εἰς ἓν Philoponus :
γένεσιν B T Hermias Syrianus Stobaeus : γῆν in marg. t   e 2 ἔχειν
Stobaeus : ἔχειν στῆναι B T   δὲ T Alexander Stobaeus : om. B

248

τοῦ ὑφ᾽ ἑαυτοῦ κινουμένου, ψυχῆς οὐσίαν τε καὶ λόγον
τοῦτον αὐτόν τις λέγων οὐκ αἰσχυνεῖται. πᾶν γὰρ σῶμα,
ᾧ μὲν ἔξωθεν τὸ κινεῖσθαι, ἄψυχον, ᾧ δὲ ἔνδοθεν αὐτῷ 5
ἐξ αὐτοῦ, ἔμψυχον, ὡς ταύτης οὔσης φύσεως ψυχῆς· εἰ
δ᾽ ἔστιν τοῦτο οὕτως ἔχον, μὴ ἄλλο τι εἶναι τὸ αὐτὸ ἑαυτὸ
κινοῦν ἢ ψυχήν, ἐξ ἀνάγκης ἀγένητόν τε καὶ ἀθάνατον ψυχὴ 246
ἂν εἴη.

Περὶ μὲν οὖν ἀθανασίας αὐτῆς ἱκανῶς· περὶ δὲ τῆς ἰδέας
αὐτῆς ὧδε λεκτέον. οἷον μέν ἐστι, πάντῃ πάντως θείας
εἶναι καὶ μακρᾶς διηγήσεως, ᾧ δὲ ἔοικεν, ἀνθρωπίνης τε 5
καὶ ἐλάττονος· ταύτῃ οὖν λέγωμεν. ἐοικέτω δὴ συμφύτῳ
δυνάμει ὑποπτέρου ζεύγους τε καὶ ἡνιόχου. θεῶν μὲν οὖν
ἵπποι τε καὶ ἡνίοχοι πάντες αὐτοί τε ἀγαθοὶ καὶ ἐξ ἀγαθῶν,
τὸ δὲ τῶν ἄλλων μέμεικται. καὶ πρῶτον μὲν ἡμῶν ὁ ἄρχων b
συνωρίδος ἡνιοχεῖ, εἶτα τῶν ἵππων ὁ μὲν αὐτῷ καλός τε καὶ
ἀγαθὸς καὶ ἐκ τοιούτων, ὁ δ᾽ ἐξ ἐναντίων τε καὶ ἐναντίος·
χαλεπὴ δὴ καὶ δύσκολος ἐξ ἀνάγκης ἡ περὶ ἡμᾶς ἡνιόχησις.
πῇ δὴ οὖν θνητόν τε καὶ ἀθάνατον ζῷον ἐκλήθη πειρατέον 5
εἰπεῖν. ψυχὴ πᾶσα παντὸς ἐπιμελεῖται τοῦ ἀψύχου, πάντα δὲ
οὐρανὸν περιπολεῖ, ἄλλοτ᾽ ἐν ἄλλοις εἴδεσι γιγνομένη. τελέα
μὲν οὖν οὖσα καὶ ἐπτερωμένη μετεωροπορεῖ τε καὶ πάντα c
τὸν κόσμον διοικεῖ, ἡ δὲ πτερορρυήσασα φέρεται ἕως ἂν
στερεοῦ τινος ἀντιλάβηται, οὗ κατοικισθεῖσα, σῶμα γήϊνον
λαβοῦσα, αὐτὸ αὑτὸ δοκοῦν κινεῖν διὰ τὴν ἐκείνης δύναμιν,
ζῷον τὸ σύμπαν ἐκλήθη, ψυχὴ καὶ σῶμα παγέν, θνητόν τ᾽ 5
ἔσχεν ἐπωνυμίαν· ἀθάνατον δὲ οὐδ᾽ ἐξ ἑνὸς λόγου λελογι-
σμένου, ἀλλὰ πλάττομεν οὔτε ἰδόντες οὔτε ἱκανῶς νοήσαντες

a 6 ἐοικέτω δὴ γρ. t Hermias Stobaeus : ἔοικε τῳ δὴ Τ : ἔοικε τῷ δὴ
Β : ἔοικε δή τῳ V : ἔοικε δὴ τῇ vulg.   a 8 πάντες αὐτοί τε Τ : καὶ
πάντες αὐτοὶ Β   b 2 αὐτῷ ΒΤ : αὐτῶν al.   b 5 τε Τ : om. Β
b 6 ψυχὴ πᾶσα Simplicius : πᾶσα ἡ ψυχὴ Β : ἡ ψυχὴ πᾶσα Τ : ψυχὴ γὰρ
πᾶσα Eusebius   b 7 οὐρανὸν ΒΤ : ἄνθρωπον V : οὖν Herwerden :
secl. Badham   c 1 οὖν Τ : om. Β   μετεωροπολεῖ Syrianus
πάντα Β : ἅπαντα Τ   c 7 πλάττομεν Proclus corr. V : πλαττομένου
ΒΤ   οὔτε ἰδόντες Τ : οὔτ᾽ εἰδότες Β Proclus

d θεόν, ἀθάνατόν τι ζῷον, ἔχον μὲν ψυχήν, ἔχον δὲ σῶμα, τὸν
ἀεὶ δὲ χρόνον ταῦτα συμπεφυκότα. ἀλλὰ ταῦτα μὲν δή,
ὅπη τῷ θεῷ φίλον, ταύτῃ ἐχέτω τε καὶ λεγέσθω· τὴν δὲ
αἰτίαν τῆς τῶν πτερῶν ἀποβολῆς, δι᾽ ἣν ψυχῆς ἀπορρεῖ,
5 λάβωμεν. ἔστι δέ τις τοιάδε.

Πέφυκεν ἡ πτεροῦ δύναμις τὸ ἐμβριθὲς ἄγειν ἄνω μετε-
ωρίζουσα ᾗ τὸ τῶν θεῶν γένος οἰκεῖ, κεκοινώνηκε δέ πῃ
μάλιστα τῶν περὶ τὸ σῶμα τοῦ θείου [ψυχή], τὸ δὲ θεῖον
e καλόν, σοφόν, ἀγαθόν, καὶ πᾶν ὅτι τοιοῦτον· τούτοις δὴ
τρέφεταί τε καὶ αὔξεται μάλιστά γε τὸ τῆς ψυχῆς πτέρωμα,
αἰσχρῷ δὲ καὶ κακῷ καὶ τοῖς ἐναντίοις φθίνει τε καὶ διόλ-
λυται. ὁ μὲν δὴ μέγας ἡγεμὼν ἐν οὐρανῷ Ζεύς, ἐλαύνων
5 πτηνὸν ἅρμα, πρῶτος πορεύεται, διακοσμῶν πάντα καὶ ἐπι-
μελούμενος· τῷ δ᾽ ἕπεται στρατιὰ θεῶν τε καὶ δαιμόνων,
247 κατὰ ἕνδεκα μέρη κεκοσμημένη. μένει γὰρ Ἑστία ἐν θεῶν
οἴκῳ μόνη· τῶν δὲ ἄλλων ὅσοι ἐν τῷ τῶν δώδεκα ἀριθμῷ
τεταγμένοι θεοὶ ἄρχοντες ἡγοῦνται κατὰ τάξιν ἣν ἕκαστος
ἐτάχθη. πολλαὶ μὲν οὖν καὶ μακάριαι θέαι τε καὶ διέξοδοι
5 ἐντὸς οὐρανοῦ, ἃς θεῶν γένος εὐδαιμόνων ἐπιστρέφεται
πράττων ἕκαστος αὐτῶν τὸ αὑτοῦ, ἕπεται δὲ ὁ ἀεὶ ἐθέλων
τε καὶ δυνάμενος· φθόνος γὰρ ἔξω θείου χοροῦ ἵσταται.
ὅταν δὲ δὴ πρὸς δαῖτα καὶ ἐπὶ θοίνην ἴωσιν, ἄκραν ἐπὶ τὴν
b ὑπουράνιον ἁψῖδα πορεύονται πρὸς ἄναντες, ᾗ δὴ τὰ μὲν θεῶν
ὀχήματα ἰσορρόπως εὐήνια ὄντα ῥᾳδίως πορεύεται, τὰ δὲ
ἄλλα μόγις· βρίθει γὰρ ὁ τῆς κάκης ἵππος μετέχων, ἐπὶ
τὴν γῆν ῥέπων τε καὶ βαρύνων ᾧ μὴ καλῶς ἦν τεθραμμένος
5 τῶν ἡνιόχων. ἔνθα δὴ πόνος τε καὶ ἀγὼν ἔσχατος ψυχῇ

d 1 τι T : τὸ B   d 2 δή T : ἤδη B   d 8 ψυχή BT : om.
Plutarchus   e 2 αὔξεται BT : ἄρδεται Proclus   μάλιστά γε b :
μάλιστά τε B : μάλιστα T   e 3 καὶ τοῖς ἐναντίοις secl. Schanz
a 5 εὐδαιμόνων BT Syrianus Damascius : καὶ δαιμόνων Badham : εὐδαι-
μόνως Schanz   a 7 θείου χοροῦ B Alexander : χοροῦ θείου T
a 8 καὶ B : τε καὶ T   ἐπὶ T Proclus : ὑπὸ B   b 1 ὑπουράνιον B
Proclus : ὑπουρανίαν W (sed ε supra ὑ): οὐράνιον T   ᾗ δὴ Proclus : ἤδη
BT   b 3 κάκης T : κακῆς B   b 4 ἦν recc. : ᾗ BT

πρόκειται. αἱ μὲν γὰρ ἀθάνατοι καλούμεναι, ἡνίκ᾽ ἂν πρὸς
ἄκρῳ γένωνται, ἔξω πορευθεῖσαι ἔστησαν ἐπὶ τῷ τοῦ οὐρανοῦ
νώτῳ, στάσας δὲ αὐτὰς περιάγει ἡ περιφορά, αἱ δὲ θεωροῦσι c
τὰ ἔξω τοῦ οὐρανοῦ.

Τὸν δὲ ὑπερουράνιον τόπον οὔτε τις ὕμνησέ πω τῶν τῇδε
ποιητὴς οὔτε ποτὲ ὑμνήσει κατ᾽ ἀξίαν. ἔχει δὲ ὧδε—τολμη-
τέον γὰρ οὖν τό γε ἀληθὲς εἰπεῖν, ἄλλως τε καὶ περὶ ἀλη- 5
θείας λέγοντα—ἡ γὰρ ἀχρώματός τε καὶ ἀσχημάτιστος καὶ
ἀναφὴς οὐσία ὄντως οὖσα, ψυχῆς κυβερνήτῃ μόνῳ θεατὴ
νῷ, περὶ ἣν τὸ τῆς ἀληθοῦς ἐπιστήμης γένος, τοῦτον ἔχει
τὸν τόπον. ἅτ᾽ οὖν θεοῦ διάνοια νῷ τε καὶ ἐπιστήμῃ ἀκη- d
ράτῳ τρεφομένη, καὶ ἁπάσης ψυχῆς ὅσῃ ἂν μέλῃ τὸ
προσῆκον δέξασθαι, ἰδοῦσα διὰ χρόνου τὸ ὂν ἀγαπᾷ τε καὶ
θεωροῦσα τἀληθῆ τρέφεται καὶ εὐπαθεῖ, ἕως ἂν κύκλῳ ἡ
περιφορὰ εἰς ταὐτὸν περιενέγκῃ. ἐν δὲ τῇ περιόδῳ καθορᾷ 5
μὲν αὐτὴν δικαιοσύνην, καθορᾷ δὲ σωφροσύνην, καθορᾷ δὲ
ἐπιστήμην, οὐχ ᾗ γένεσις πρόσεστιν, οὐδ᾽ ἥ ἐστίν που ἑτέρα
ἐν ἑτέρῳ οὖσα ὧν ἡμεῖς νῦν ὄντων καλοῦμεν, ἀλλὰ τὴν ἐν e
τῷ ὅ ἐστιν ὂν ὄντως ἐπιστήμην οὖσαν· καὶ τἆλλα ὡσαύτως
τὰ ὄντα ὄντως θεασαμένη καὶ ἑστιαθεῖσα, δῦσα πάλιν εἰς
τὸ εἴσω τοῦ οὐρανοῦ, οἴκαδε ἦλθεν. ἐλθούσης δὲ αὐτῆς ὁ
ἡνίοχος πρὸς τὴν φάτνην τοὺς ἵππους στήσας παρέβαλεν 5
ἀμβροσίαν τε καὶ ἐπ᾽ αὐτῇ νέκταρ ἐπότισεν.

Καὶ οὗτος μὲν θεῶν βίος· αἱ δὲ ἄλλαι ψυχαί, ἡ μὲν 248
ἄριστα θεῷ ἑπομένη καὶ εἰκασμένη ὑπερῆρεν εἰς τὸν ἔξω
τόπον τὴν τοῦ ἡνιόχου κεφαλήν, καὶ συμπεριηνέχθη τὴν
περιφοράν, θορυβουμένη ὑπὸ τῶν ἵππων καὶ μόγις καθορῶσα

---

c 1 νώτῳ στάσας Proclus: νώτωι* στάσας T: νώτωι ἱστάσας B
θεωροῦσι corr. Ven. 189: θεωροῦσαι B T   c 7 οὖσα ψυχῆς T Sim-
plicius: ψυχῇ οὖσα B: ψυχῆς Stobaeus: οὖσα Madvig   θεατὴ νῷ
Clemens Proclus: θεατῇ νῷ B: θεατῇ νῷ χρῆται T W   d 1 τόπον T
Simplicius: τρόπον B   ἀκηράτῳ τρεφομένη W Damascius: ἀκήρατος
στρεφομένη B et os s v. W²: ἀκηράτῳ vel ἀκήρατος στρεφομένη T
d 2 ὅσῃ B: ὅσῃ T   μέλῃ G: μέλλῃ B T   d 3 δέξασθαι T:
δέξεσθαι B   d 6 καθορᾷ μὲν T: καθορῶμεν B   d 7 οὐδ᾽ ἥ B: οὐ
δὴ T: οὐδ᾽ ᾗ vulg.

5 τὰ ὄντα· ἡ δὲ τοτὲ μὲν ἦρεν, τοτὲ δ᾽ ἔδυ, βιαζομένων δὲ τῶν
ἵππων τὰ μὲν εἶδεν, τὰ δ᾽ οὔ. αἱ δὲ δὴ ἄλλαι γλιχόμεναι
μὲν ἅπασαι τοῦ ἄνω ἕπονται, ἀδυνατοῦσαι δέ, ὑποβρύχιαι
συμπεριφέρονται, πατοῦσαι ἀλλήλας καὶ ἐπιβάλλουσαι, ἑτέρα
b πρὸ τῆς ἑτέρας πειρωμένη γενέσθαι. θόρυβος οὖν καὶ
ἅμιλλα καὶ ἱδρὼς ἔσχατος γίγνεται, οὗ δὴ κακίᾳ ἡνιόχων
πολλαὶ μὲν χωλεύονται, πολλαὶ δὲ πολλὰ πτερὰ θραύονται·
πᾶσαι δὲ πολὺν ἔχουσαι πόνον ἀτελεῖς τῆς τοῦ ὄντος θέας
5 ἀπέρχονται, καὶ ἀπελθοῦσαι τροφῇ δοξαστῇ χρῶνται. οὗ
δ᾽ ἕνεχ᾽ ἡ πολλὴ σπουδὴ τὸ ἀληθείας ἰδεῖν πεδίον οὗ ἐστιν,
ἥ τε δὴ προσήκουσα ψυχῆς τῷ ἀρίστῳ νομὴ ἐκ τοῦ ἐκεῖ
c λειμῶνος τυγχάνει οὖσα, ἥ τε τοῦ πτεροῦ φύσις, ᾧ ψυχὴ
κουφίζεται, τούτῳ τρέφεται. θεσμός τε ᾽Αδραστείας ὅδε.
ἥτις ἂν ψυχὴ θεῷ συνοπαδὸς γενομένη κατίδῃ τι τῶν ἀλη-
θῶν, μέχρι τε τῆς ἑτέρας περιόδου εἶναι ἀπήμονα, κἂν ἀεὶ
5 τοῦτο δύνηται ποιεῖν, ἀεὶ ἀβλαβῆ εἶναι· ὅταν δὲ ἀδυνα-
τήσασα ἐπισπέσθαι μὴ ἴδῃ, καί τινι συντυχίᾳ χρησαμένη
λήθης τε καὶ κακίας πλησθεῖσα βαρυνθῇ, βαρυνθεῖσα δὲ
πτερορρυήσῃ τε καὶ ἐπὶ τὴν γῆν πέσῃ, τότε νόμος ταύτην
d μὴ φυτεῦσαι εἰς μηδεμίαν θήρειον φύσιν ἐν τῇ πρώτῃ
γενέσει, ἀλλὰ τὴν μὲν πλεῖστα ἰδοῦσαν εἰς γονὴν ἀνδρὸς
γενησομένου φιλοσόφου ἢ φιλοκάλου ἢ μουσικοῦ τινος καὶ
ἐρωτικοῦ, τὴν δὲ δευτέραν εἰς βασιλέως ἐννόμου ἢ πολεμικοῦ
5 καὶ ἀρχικοῦ, τρίτην εἰς πολιτικοῦ ἤ τινος οἰκονομικοῦ ἢ
χρηματιστικοῦ, τετάρτην εἰς φιλοπόνου ⟨ἢ⟩ γυμναστικοῦ ἢ
περὶ σώματος ἴασίν τινος ἐσομένου, πέμπτην μαντικὸν βίον
e ἤ τινα τελεστικὸν ἕξουσαν· ἕκτη ποιητικὸς ἢ τῶν περὶ
μίμησίν τις ἄλλος ἁρμόσει, ἑβδόμη δημιουργικὸς ἢ γεωργικός,
ὀγδόη σοφιστικὸς ἢ δημοκοπικός, ἐνάτη τυραννικός. ἐν δὴ

b 2 οὗ δὴ T : ουδη B   b 5 οὗ δ᾽ ἕνεχ᾽ ἡ corr. D : οὐδὲν ἔχει B :
οὗ δὴ ἕνεχ᾽ ἡ T   b 6 οὗ secl. Madvig   c 3 ψυχῇ T : ψυχὴ B
c 4–5 κἂν αἰεὶ τοῦτο... αἰεὶ ἀβλαβῇ TW: εἰ τοῦτο... κἂν αἰεὶ βλάβη B
c 6 χρησαμένη T : χρησαμένη B   d 1 θήρειον T : θηρείαν B   d 6 ἢ
add. Badham   d 7 τινος Hermann : τινα B T   e 3 δημοκοπικός
T : δημοτικός B   δὴ B : δὲ T

ΦΑΙΔΡΟΣ 248 e

τούτοις ἅπασιν ὃς μὲν ἂν δικαίως διαγάγῃ ἀμείνονος μοίρας
μεταλαμβάνει, ὃς δ᾽ ἂν ἀδίκως, χείρονος· εἰς μὲν γὰρ τὸ 5
αὐτὸ ὅθεν ἥκει ἡ ψυχὴ ἑκάστη οὐκ ἀφικνεῖται ἐτῶν μυρίων—
οὐ γὰρ πτεροῦται πρὸ τοσούτου χρόνου—πλὴν ἡ τοῦ φιλοσο- 249
φήσαντος ἀδόλως ἢ παιδεραστήσαντος μετὰ φιλοσοφίας,
αὗται δὲ τρίτῃ περιόδῳ τῇ χιλιετεῖ, ἐὰν ἕλωνται τρὶς ἐφεξῆς
τὸν βίον τοῦτον, οὕτω πτερωθεῖσαι τρισχιλιοστῷ ἔτει ἀπέρ-
χονται. αἱ δὲ ἄλλαι, ὅταν τὸν πρῶτον βίον τελευτήσωσιν, 5
κρίσεως ἔτυχον, κριθεῖσαι δὲ αἱ μὲν εἰς τὰ ὑπὸ γῆς δικαι-
ωτήρια ἐλθοῦσαι δίκην ἐκτίνουσιν, αἱ δ᾽ εἰς τοὐρανοῦ τινα
τόπον ὑπὸ τῆς Δίκης κουφισθεῖσαι διάγουσιν ἀξίως οὗ ἐν
ἀνθρώπου εἴδει ἐβίωσαν βίου. τῷ δὲ χιλιοστῷ ἀμφότεραι b
ἀφικνούμεναι ἐπὶ κλήρωσίν τε καὶ αἵρεσιν τοῦ δευτέρου
βίου αἱροῦνται ὃν ἂν θέλῃ ἑκάστη· ἔνθα καὶ εἰς θηρίου
βίον ἀνθρωπίνη ψυχὴ ἀφικνεῖται, καὶ ἐκ θηρίου ὅς ποτε
ἄνθρωπος ἦν πάλιν εἰς ἄνθρωπον. οὐ γὰρ ἥ γε μήποτε 5
ἰδοῦσα τὴν ἀλήθειαν εἰς τόδε ἥξει τὸ σχῆμα. δεῖ γὰρ ἄν-
θρωπον συνιέναι κατ᾽ εἶδος λεγόμενον, ἐκ πολλῶν ἰὸν αἰ-
σθήσεων εἰς ἓν λογισμῷ συναιρούμενον· τοῦτο δ᾽ ἐστὶν c
ἀνάμνησις ἐκείνων ἅ ποτ᾽ εἶδεν ἡμῶν ἡ ψυχὴ συμπορευθεῖσα
θεῷ καὶ ὑπεριδοῦσα ἃ νῦν εἶναί φαμεν, καὶ ἀνακύψασα εἰς
τὸ ὂν ὄντως. διὸ δὴ δικαίως μόνη πτεροῦται ἡ τοῦ φιλοσό-
φου διάνοια· πρὸς γὰρ ἐκείνοις ἀεί ἐστιν μνήμῃ κατὰ δύναμιν, 5
πρὸς οἷσπερ θεὸς ὢν θεῖός ἐστιν. τοῖς δὲ δὴ τοιούτοις ἀνὴρ
ὑπομνήμασιν ὀρθῶς χρώμενος, τελέους ἀεὶ τελετὰς τελού-
μενος, τέλεος ὄντως μόνος γίγνεται· ἐξιστάμενος δὲ τῶν
ἀνθρωπίνων· σπουδασμάτων καὶ πρὸς τῷ θείῳ γιγνόμενος, d
νουθετεῖται μὲν ὑπὸ τῶν πολλῶν ὡς παρακινῶν, ἐνθουσιάζων
δὲ λέληθεν τοὺς πολλούς.

b 3 θέλῃ ΒΤ : ἐθέλῃ Eusebius   b 4 βίον Τ : βίου Β   b 7 ⟨τὸ⟩
κατ᾽ εἶδος Heindorf   ἰὸν ΒΤ : οἷον rec. b : ἰόντ᾽ Badham   c 1 ξυναι-
ρούμενον ΒΤ : ξυναιρουμένων Heindorf   c 6 θεὸς Β : ὁ θεὸς Τ
(utrumque traditum fuisse testatur Hermias)   θεῖός ΒΤ : θεός
quoque traditum fuisse testatur Hermias

Ἔστι δὴ οὖν δεῦρο ὁ πᾶς ἥκων λόγος περὶ τῆς τετάρτης
5 μανίας—ἣν ὅταν τὸ τῇδέ τις ὁρῶν κάλλος, τοῦ ἀληθοῦς
ἀναμιμνῃσκόμενος, πτερῶταί τε καὶ ἀναπτερούμενος προ-
θυμούμενος ἀναπτέσθαι, ἀδυνατῶν δέ, ὄρνιθος δίκην βλέπων
ἄνω, τῶν κάτω δὲ ἀμελῶν, αἰτίαν ἔχει ὡς μανικῶς διακεί-
e μενος—ὡς ἄρα αὕτη πασῶν τῶν ἐνθουσιάσεων ἀρίστη τε
καὶ ἐξ ἀρίστων τῷ 'τε ἔχοντι καὶ τῷ κοινωνοῦντι αὐτῆς
γίγνεται, καὶ ὅτι ταύτης μετέχων τῆς μανίας ὁ ἐρῶν τῶν
καλῶν ἐραστὴς καλεῖται.　καθάπερ γὰρ εἴρηται, πᾶσα μὲν
5 ἀνθρώπου ψυχὴ φύσει τεθέαται τὰ ὄντα, ἢ οὐκ ἂν ἦλθεν
250 εἰς τόδε τὸ ζῷον· ἀναμιμνῄσκεσθαι δὲ ἐκ τῶνδε ἐκεῖνα οὐ
ῥᾴδιον ἁπάσῃ, οὔτε ὅσαι βραχέως εἶδον τότε τἀκεῖ, οὔθ' αἳ
δεῦρο πεσοῦσαι ἐδυστύχησαν, ὥστε ὑπό τινων ὁμιλιῶν ἐπὶ
τὸ ἄδικον τραπόμεναι λήθην ὧν τότε εἶδον ἱερῶν ἔχειν.
5 ὀλίγαι δὴ λείπονται αἷς τὸ τῆς μνήμης ἱκανῶς πάρεστιν·
αὗται δέ, ὅταν τι τῶν ἐκεῖ ὁμοίωμα ἴδωσιν, ἐκπλήττονται
καὶ οὐκέτ' ⟨ἐν⟩ αὑτῶν γίγνονται, ὃ δ' ἔστι τὸ πάθος ἀγνο-
b οῦσι διὰ τὸ μὴ ἱκανῶς διαισθάνεσθαι.　δικαιοσύνης μὲν οὖν
καὶ σωφροσύνης καὶ ὅσα ἄλλα τίμια ψυχαῖς οὐκ ἔνεστι
φέγγος οὐδὲν ἐν τοῖς τῇδε ὁμοιώμασιν, ἀλλὰ δι' ἀμυδρῶν
ὀργάνων μόγις αὐτῶν καὶ ὀλίγοι ἐπὶ τὰς εἰκόνας ἰόντες
5 θεῶνται τὸ τοῦ εἰκασθέντος γένος· κάλλος δὲ τότ' ἦν ἰδεῖν
λαμπρόν, ὅτε σὺν εὐδαίμονι χορῷ μακαρίαν ὄψιν τε καὶ
θέαν, ἑπόμενοι μετὰ μὲν Διὸς ἡμεῖς, ἄλλοι δὲ μετ' ἄλλου
θεῶν, εἶδόν τε καὶ ἐτελοῦντο τῶν τελετῶν ἣν θέμις λέγειν
c μακαριωτάτην, ἣν ὠργιάζομεν ὁλόκληροι μὲν αὐτοὶ ὄντες καὶ
ἀπαθεῖς κακῶν ὅσα ἡμᾶς ἐν ὑστέρῳ χρόνῳ ὑπέμενεν, ὁλό-
κληρα δὲ καὶ ἁπλᾶ καὶ ἀτρεμῆ καὶ εὐδαίμονα φάσματα
μυούμενοί τε καὶ ἐποπτεύοντες ἐν αὐγῇ καθαρᾷ, καθαροὶ

---

d 5 ἦν B T Stobaeus: ᾗ al.: ἵν' vulg.　　d 6 τε καὶ B T Stobaeus:
secl. Schanz　　d 9 μανικῶς T: μανικὸς B　　e 4 καλεῖται B T:
γίγνεται Stobaeus　　a 3 ὥστε B γρ. t: οὔτε T　　a 7 οὐκέτ'
ἐν αὑτῶν Hirschig: οὐκέτ' αὐτῶν B T: οὐκέθ' αὑτῶν vulg.　　b 4 ὀλίγοι
B t: ὀλίγοις T　　b 8 τῶν B: om. T　　ἦν recc.: ἢ B: ᾗ T
C 1 ὠργιάζομεν W: ὀργιάζομεν B T　　c 4 αὐγῇ T: αὑτῇ B

ὄντες καὶ ἀσήμαντοι τούτου ὃ νῦν δὴ σῶμα περιφέροντες 5
ὀνομάζομεν, ὀστρέου τρόπον δεδεσμευμένοι.

Ταῦτα μὲν οὖν μνήμῃ κεχαρίσθω, δι' ἣν πόθῳ τῶν τότε
νῦν μακρότερα εἴρηται· περὶ δὲ κάλλους, ὥσπερ εἴπομεν,
μετ' ἐκείνων τε ἔλαμπεν ὄν, δεῦρό τ' ἐλθόντες κατειλήφαμεν d
αὐτὸ διὰ τῆς ἐναργεστάτης αἰσθήσεως τῶν ἡμετέρων στίλβον
ἐναργέστατα. ὄψις γὰρ ἡμῖν ὀξυτάτη τῶν διὰ τοῦ σώματος
ἔρχεται αἰσθήσεων, ᾗ φρόνησις οὐχ ὁρᾶται—δεινοὺς γὰρ ἂν
παρεῖχεν ἔρωτας, εἴ τι τοιοῦτον ἑαυτῆς ἐναργὲς εἴδωλον 5
παρείχετο εἰς ὄψιν ἰόν—καὶ τἆλλα ὅσα ἐραστά· νῦν δὲ
κάλλος μόνον ταύτην ἔσχε μοῖραν, ὥστ' ἐκφανέστατον εἶναι
καὶ ἐρασμιώτατον. ὁ μὲν οὖν μὴ νεοτελὴς ἢ διεφθαρμένος e
οὐκ ὀξέως ἐνθένδε ἐκεῖσε φέρεται πρὸς αὐτὸ τὸ κάλλος,
θεώμενος αὐτοῦ τὴν τῇδε ἐπωνυμίαν, ὥστ' οὐ σέβεται προσ-
ορῶν, ἀλλ' ἡδονῇ παραδοὺς τετράποδος νόμον βαίνειν
ἐπιχειρεῖ καὶ παιδοσπορεῖν, καὶ ὕβρει προσομιλῶν οὐ δέ- 5
δοικεν οὐδ' αἰσχύνεται παρὰ φύσιν ἡδονὴν διώκων· ὁ δὲ 251
ἀρτιτελής, ὁ τῶν τότε πολυθεάμων, ὅταν θεοειδὲς πρόσωπον
ἴδῃ κάλλος εὖ μεμιμημένον ἤ τινα σώματος ἰδέαν, πρῶτον
μὲν ἔφριξε καί τι τῶν τότε ὑπῆλθεν αὐτὸν δειμάτων, εἶτα
προσορῶν ὡς θεὸν σέβεται, καὶ εἰ μὴ ἐδεδίει τὴν τῆς σφό-
δρα μανίας δόξαν, θύοι ἂν ὡς ἀγάλματι καὶ θεῷ τοῖς παι- 5
δικοῖς. ἰδόντα δ' αὐτὸν οἷον ἐκ τῆς φρίκης μεταβολή τε
καὶ ἱδρὼς καὶ θερμότης ἀήθης λαμβάνει· δεξάμενος γὰρ τοῦ b
κάλλους τὴν ἀπορροὴν διὰ τῶν ὀμμάτων ἐθερμάνθη ᾗ ἡ
τοῦ πτεροῦ φύσις ἄρδεται, θερμανθέντος δὲ ἐτάκη τὰ περὶ
τὴν ἔκφυσιν, ἃ πάλαι ὑπὸ σκληρότητος συμμεμυκότα εἶργε
μὴ βλαστάνειν, ἐπιρρυείσης δὲ τῆς τροφῆς ᾤδησέ τε καὶ 5
ὥρμησε φύεσθαι ἀπὸ τῆς ῥίζης ὁ τοῦ πτεροῦ καυλὸς ὑπὸ
πᾶν τὸ τῆς ψυχῆς εἶδος· πᾶσα γὰρ ἦν τὸ πάλαι πτερωτή.

c 5 ἀσήμαντοι] fort. ἀπήμαντοι H. Richards   νῦν δὴ T : νῦν B
c 6 δεδεσμευμένοι T : δεδεσμευμένον B   a 5 μὴ ἐδεδίει Cobet : μὴ
'δεδίει Schanz : μὴ δεδιείη B (sed εἴη punctis notatum): μὴ δεδίει T
b 2 ᾗ . . . ἄρδεται ante ἐθερμάνθη transp. ci. Ast   ᾗ ἡ T : ἦ B

c ζεῖ οὖν ἐν τούτῳ ὅλη καὶ ἀνακηκίει, καὶ ὅπερ τὸ τῶν ὀδον-
τοφυούντων πάθος περὶ τοὺς ὀδόντας γίγνεται ὅταν ἄρτι
φύωσιν, κνῆσίς τε καὶ ἀγανάκτησις περὶ τὰ οὖλα, ταὐτὸν
δὴ πέπονθεν ἡ τοῦ πτεροφυεῖν ἀρχομένου ψυχή· ζεῖ τε καὶ
5 ἀγανακτεῖ καὶ γαργαλίζεται φύουσα τὰ πτερά. ὅταν μὲν
οὖν βλέπουσα πρὸς τὸ τοῦ παιδὸς κάλλος, ἐκεῖθεν μέρη ἐπι-
όντα καὶ ῥέοντ'—ἃ δὴ διὰ ταῦτα ἵμερος καλεῖται—δεχομένη
[τὸν ἵμερον] ἄρδηταί τε καὶ θερμαίνηται, λωφᾷ τε τῆς ὀδύνης
d καὶ γέγηθεν· ὅταν δὲ χωρὶς γένηται καὶ αὐχμήσῃ, τὰ τῶν
διεξόδων στόματα ᾗ τὸ πτερὸν ὁρμᾷ, συναναινόμενα μύσαντα
ἀποκλῄει τὴν βλάστην τοῦ πτεροῦ, ἡ δ' ἐντὸς μετὰ τοῦ
ἱμέρου ἀποκεκλημένη, πηδῶσα οἷον τὰ σφύζοντα, τῇ διεξόδῳ
5 ἐγχρίει ἑκάστη τῇ καθ' αὑτήν, ὥστε πᾶσα κεντουμένη κύκλῳ
ἡ ψυχὴ οἰστρᾷ καὶ ὀδυνᾶται, μνήμην δ' αὖ ἔχουσα τοῦ
καλοῦ γέγηθεν. ἐκ δὲ ἀμφοτέρων μεμειγμένων ἀδημονεῖ τε
τῇ ἀτοπίᾳ τοῦ πάθους καὶ ἀποροῦσα λυττᾷ, καὶ ἐμμανὴς
e οὖσα οὔτε νυκτὸς δύναται καθεύδειν οὔτε μεθ' ἡμέραν οὗ ἂν
ᾖ μένειν, θεῖ δὲ ποθοῦσα ὅπου ἂν οἴηται ὄψεσθαι τὸν ἔχοντα
τὸ κάλλος· ἰδοῦσα δὲ καὶ ἐποχετευσαμένη ἵμερον ἔλυσε μὲν
τὰ τότε συμπεφραγμένα, ἀναπνοὴν δὲ λαβοῦσα κέντρων τε
5 καὶ ὠδίνων ἔληξεν, ἡδονὴν δ' αὖ ταύτην γλυκυτάτην ἐν τῷ
252 παρόντι καρποῦται. ὅθεν δὴ ἑκοῦσα εἶναι οὐκ ἀπολείπεται,
οὐδέ τινα τοῦ καλοῦ περὶ πλείονος ποιεῖται, ἀλλὰ μητέρων
τε καὶ ἀδελφῶν καὶ ἑταίρων πάντων λέλησται, καὶ οὐσίας
δι' ἀμέλειαν ἀπολλυμένης παρ' οὐδὲν τίθεται, νομίμων δὲ
5 καὶ εὐσχημόνων, οἷς πρὸ τοῦ ἐκαλλωπίζετο, πάντων κατα-
φρονήσασα δουλεύειν ἑτοίμη καὶ κοιμᾶσθαι ὅπου ἂν ἐᾷ τις
ἐγγυτάτω τοῦ πόθου· πρὸς γὰρ τῷ σέβεσθαι τὸν τὸ κάλλος
b ἔχοντα ἰατρὸν ηὕρηκε μόνον τῶν μεγίστων πόνων. τοῦτο

c 1 ζεῖ t : ζῇ B : ζῇ T   ὀδοντοφυούντων Bt : ὀδόντων φυόντων T
c 3 φνωσιν B : φύωσι T : φνῶσι Bekker   κνῆσίς T : κίνησίς BW
c 4 ζεῖ T : ζῇ B   c 8 τὸν ἵμερον secl. olim Stallbaum   d 5 ἑκάστη
Ruhnken : ἑκάστῃ B T   e 4 συμπεφραγμένα T : συμπεπραγμένα B
e 5 ὠδίνων] ὀδυνῶν Badham   a 6 ἂν T : ἐὰν B

256

δὲ τὸ πάθος, ὦ παῖ καλέ, πρὸς ὃν δή μοι ὁ λόγος, ἄνθρωποι
μὲν ἔρωτα ὀνομάζουσιν, θεοὶ δὲ ὃ καλοῦσιν ἀκούσας εἰκότως
διὰ νεότητα γελάσῃ. λέγουσι δὲ οἶμαί τινες Ὁμηριδῶν ἐκ
τῶν ἀποθέτων ἐπῶν δύο ἔπη εἰς τὸν Ἔρωτα, ὧν τὸ ἔτερον 5
ὑβριστικὸν πάνυ καὶ οὐ σφόδρα τι ἔμμετρον· ὑμνοῦσι δὲ
ὧδε—

τὸν δ᾽ ἤτοι θνητοὶ μὲν Ἔρωτα καλοῦσι ποτηνόν,
ἀθάνατοι δὲ Πτέρωτα, διὰ πτεροφύτορ᾽ ἀνάγκην.

τούτοις δὴ ἔξεστι μὲν πείθεσθαι, ἔξεστιν δὲ μή· ὅμως δὲ ἥ c
γε αἰτία καὶ τὸ πάθος τῶν ἐρώντων τοῦτο ἐκεῖνο τυγχάνει ὄν.

Τῶν μὲν οὖν Διὸς ὀπαδῶν ὁ ληφθεὶς ἐμβριθέστερον
δύναται φέρειν τὸ τοῦ πτερωνύμου ἄχθος· ὅσοι δὲ Ἀρεώς
τε θεραπευταὶ καὶ μετ᾽ ἐκείνου περιεπόλουν, ὅταν ὑπ᾽ 5
Ἔρωτος ἁλῶσι καί τι οἰηθῶσιν ἀδικεῖσθαι ὑπὸ τοῦ ἐρωμένου,
φονικοὶ καὶ ἔτοιμοι καθιερεύειν αὑτούς τε καὶ τὰ παιδικά.
καὶ οὕτω καθ᾽ ἕκαστον θεόν, οὗ ἕκαστος ἦν χορευτής, ἐκεῖ- d
νον τιμῶν τε καὶ μιμούμενος εἰς τὸ δυνατὸν ζῇ, ἕως ἂν ᾖ
ἀδιάφθορος καὶ τὴν τῇδε πρώτην γένεσιν βιοτεύῃ, καὶ
τούτῳ τῷ τρόπῳ πρός τε τοὺς ἐρωμένους καὶ τοὺς ἄλλους
ὁμιλεῖ τε καὶ προσφέρεται. τόν τε οὖν Ἔρωτα τῶν καλῶν 5
πρὸς τρόπου ἐκλέγεται ἕκαστος, καὶ ὡς θεὸν αὐτὸν ἐκεῖνον
ὄντα ἑαυτῷ οἷον ἄγαλμα τεκταίνεταί τε καὶ κατακοσμεῖ, ὡς
τιμήσων τε καὶ ὀργιάσων. οἱ μὲν δὴ οὖν Διὸς δῖόν τινα e
εἶναι ζητοῦσι τὴν ψυχὴν τὸν ὑφ᾽ αὑτῶν ἐρώμενον· σκο-
ποῦσιν οὖν εἰ φιλόσοφός τε καὶ ἡγεμονικὸς τὴν φύσιν, καὶ
ὅταν αὐτὸν εὑρόντες ἐρασθῶσι, πᾶν ποιοῦσιν ὅπως τοιοῦτος
ἔσται. ἐὰν οὖν μὴ πρότερον ἐμβεβῶσι τῷ ἐπιτηδεύματι, 5
τότε ἐπιχειρήσαντες μανθάνουσί τε ὅθεν ἄν τι δύνωνται καὶ
αὐτοὶ μετέρχονται, ἰχνεύοντες δὲ παρ᾽ ἑαυτῶν ἀνευρίσκειν

b 4 οἶμαί T : οἱ μέν B   b 6 ὑβριστικὸν πάνυ B : πάνυ ὑβριστικὸν
T Stobaeus   b 8 δ᾽ ἤτοι T : δή τοι B Stobaeus   b 9 πτεροφύτορ᾽
Stobaeus : πτερόφυτον B : πτερόφοιτον T   d 2 ζῇ recc. : ζῆν B T
d 3 βιοτεύῃ corr. Coisl. : βιοτεύει B T   d 4 καὶ τοὺς B : καὶ πρὸς
τοὺς T   d 5 prius τε B : γε T   e 1 δῖόν D : δι᾽ ὄν B : διιόν T

253 τὴν τοῦ σφετέρου θεοῦ φύσιν εὐποροῦσι διὰ τὸ συντόνως
ἠναγκάσθαι πρὸς τὸν θεὸν βλέπειν, καὶ ἐφαπτόμενοι αὐτοῦ
τῇ μνήμῃ ἐνθουσιῶντες ἐξ ἐκείνου λαμβάνουσι τὰ ἔθη καὶ
τὰ ἐπιτηδεύματα, καθ' ὅσον δυνατὸν θεοῦ ἀνθρώπῳ μετα-
5 σχεῖν· καὶ τούτων δὴ τὸν ἐρώμενον αἰτιώμενοι ἔτι τε μᾶλλον
ἀγαπῶσι, κἂν ἐκ Διὸς ἀρύτωσιν ὥσπερ αἱ βάκχαι, ἐπὶ τὴν
τοῦ ἐρωμένου ψυχὴν ἐπαντλοῦντες ποιοῦσιν ὡς δυνατὸν
b ὁμοιότατον τῷ σφετέρῳ θεῷ. ὅσοι δ' αὖ μεθ' Ἥρας εἵποντο,
βασιλικὸν ζητοῦσι, καὶ εὑρόντες περὶ τοῦτον πάντα δρῶσιν
τὰ αὐτά. οἱ δὲ Ἀπόλλωνός τε καὶ ἑκάστου τῶν θεῶν οὕτω
κατὰ τὸν θεὸν ἰόντες ζητοῦσι τὸν σφέτερον παῖδα πεφυκέναι,
5 καὶ ὅταν κτήσωνται, μιμούμενοι αὐτοί τε καὶ τὰ παιδικὰ
πείθοντες καὶ ῥυθμίζοντες εἰς τὸ ἐκείνου ἐπιτήδευμα καὶ
ἰδέαν ἄγουσιν, ὅση ἑκάστῳ δύναμις, οὐ φθόνῳ οὐδ' ἀνελευ-
θέρῳ δυσμενείᾳ χρώμενοι πρὸς τὰ παιδικά, ἀλλ' εἰς ὁμοιότητα
c αὑτοῖς καὶ τῷ θεῷ ὃν ἂν τιμῶσι πᾶσαν πάντως ὅτι μάλιστα
πειρώμενοι ἄγειν οὕτω ποιοῦσι. προθυμία μὲν οὖν τῶν ὡς
ἀληθῶς ἐρώντων καὶ τελετή, ἐάν γε διαπράξωνται ὃ προθυ-
μοῦνται ᾗ λέγω, οὕτω καλή τε καὶ εὐδαιμονικὴ ὑπὸ τοῦ
5 δι' ἔρωτα μανέντος φίλου τῷ φιληθέντι γίγνεται, ἐὰν
αἱρεθῇ· ἁλίσκεται δὲ δὴ ὁ αἱρεθεὶς τοιῷδε τρόπῳ.

Καθάπερ ἐν ἀρχῇ τοῦδε τοῦ μύθου τριχῇ διείλομεν ψυχὴν
ἑκάστην, ἱππομόρφω μὲν δύο τινὲ εἴδη, ἡνιοχικὸν δὲ εἶδος
d τρίτον, καὶ νῦν ἔτι ἡμῖν ταῦτα μενέτω. τῶν δὲ δὴ ἵππων
ὁ μέν, φαμέν, ἀγαθός, ὁ δ' οὔ· ἀρετὴ δὲ τίς τοῦ ἀγαθοῦ
ἢ κακοῦ κακία, οὐ διείπομεν, νῦν δὲ λεκτέον. ὁ μὲν τοίνυν
αὐτοῖν ἐν τῇ καλλίονι στάσει ὢν τό τε εἶδος ὀρθὸς καὶ
5 διηρθρωμένος, ὑψαύχην, ἐπίγρυπος, λευκὸς ἰδεῖν, μελανόμ-

a 5 τούτων recc. : τοῦτον BT a 6 κἂν] χᾶν Madvig b 1 ἥρας
t : ἡμέρας BT c 3 τελετή corr. Par. 1808 : τελευτή BT ἐάν
γε διαπράξωνται Hermias : ἐάν τ' ἐνδιαπράξωνται BT : ἐὰν γ' εὖ δια-
πράξωνται G. Hermann c 4 ᾗ λέγω Heindorf: ἦν λέγω T : ἦν δ'
ἐγὼ B c 5 γίγνεται T : γίγνηται B c 6 ὃ αἱρεθεὶς secl. Badham
c 7 διείλομεν Heindorf : διειλόμην BT d 1 ἵππων T : ἵππω B
d 4 αὐτοῖν T : αὐτῶν B

ματος, τιμῆς ἐραστὴς μετὰ σωφροσύνης τε καὶ αἰδοῦς, καὶ
ἀληθινῆς δόξης ἑταῖρος, ἄπληκτος, κελεύσματι μόνον καὶ
λόγῳ ἡνιοχεῖται· ὁ δ᾽ αὖ σκολιός, πολύς, εἰκῇ συμπεφορη- e
μένος, κρατεραύχην, βραχυτράχηλος, σιμοπρόσωπος, μελάγ-
χρως, γλαυκόμματος, ὕφαιμος, ὕβρεως καὶ ἀλαζονείας ἑταῖρος,
περὶ ὦτα λάσιος, κωφός, μάστιγι μετὰ κέντρων μόγις ὑπεί-
κων. ὅταν δ᾽ οὖν ὁ ἡνίοχος ἰδὼν τὸ ἐρωτικὸν ὄμμα, πᾶσαν 5
αἰσθήσει διαθερμήνας τὴν ψυχήν, γαργαλισμοῦ τε καὶ πόθου
κέντρων ὑποπλησθῇ, ὁ μὲν εὐπειθὴς τῷ ἡνιόχῳ τῶν ἵππων, 254
ἀεί τε καὶ τότε αἰδοῖ βιαζόμενος, ἑαυτὸν κατέχει μὴ ἐπι-
πηδᾶν τῷ ἐρωμένῳ· ὁ δὲ οὔτε κέντρων ἡνιοχικῶν οὔτε
μάστιγος ἔτι ἐντρέπεται, σκιρτῶν δὲ βίᾳ φέρεται, καὶ πάντα
πράγματα παρέχων τῷ σύζυγί τε καὶ ἡνιόχῳ ἀναγκάζει 5
ἰέναι τε πρὸς τὰ παιδικὰ καὶ μνείαν ποιεῖσθαι τῆς τῶν
ἀφροδισίων χάριτος. τὼ δὲ κατ᾽ ἀρχὰς μὲν ἀντιτείνετον
ἀγανακτοῦντε, ὡς δεινὰ καὶ παράνομα ἀναγκαζομένω· τελευ- b
τῶντε δέ, ὅταν μηδὲν ᾖ πέρας κακοῦ, πορεύεσθον ἀγομένω,
εἴξαντε καὶ ὁμολογήσαντε ποιήσειν τὸ κελευόμενον. καὶ
πρὸς αὐτῷ τ᾽ ἐγένοντο καὶ εἶδον τὴν ὄψιν τὴν τῶν παιδικῶν
ἀστράπτουσαν. ἰδόντος δὲ τοῦ ἡνιόχου ἡ μνήμη πρὸς τὴν 5
τοῦ κάλλους φύσιν ἠνέχθη, καὶ πάλιν εἶδεν αὐτὴν μετὰ
σωφροσύνης ἐν ἁγνῷ βάθρῳ βεβῶσαν· ἰδοῦσα δὲ ἔδεισέ
τε καὶ σεφθεῖσα ἀνέπεσεν ὑπτία, καὶ ἅμα ἠναγκάσθη εἰς
τοὐπίσω ἑλκύσαι τὰς ἡνίας οὕτω σφόδρα, ὥστ᾽ ἐπὶ τὰ c
ἰσχία ἄμφω καθίσαι τὼ ἵππω, τὸν μὲν ἑκόντα διὰ τὸ μὴ
ἀντιτείνειν, τὸν δὲ ὑβριστὴν μάλ᾽ ἄκοντα. ἀπελθόντε δὲ
ἀπωτέρω, ὁ μὲν ὑπ᾽ αἰσχύνης τε καὶ θάμβους ἱδρῶτι πᾶσαν
ἔβρεξε τὴν ψυχήν, ὁ δὲ λήξας τῆς ὀδύνης, ἣν ὑπὸ τοῦ 5

---

d 6 καὶ secl. Badham   d 7 ἀληθινῆς om. Heraclitus   κε-
λεύσματι † Heraclitus : κελεύματι Β Τ   e 2 βραχυτράχηλος Β Τ :
βαρυτράχηλος V   e 4 περὶ ὦτα λάσιος κωφὸς Τ : περὶ ὦτα λασιοκωφος
Β Photius Synesius : περιωτάλσιος ὑπόκωφος Heraclitus   e 6 αἰσθήσει
dub. Heindorf : secl. Herwerden   a 1 κέντρων] πτερῶν Herwerden
a 5 ⟨τῷ⟩ ἡνιόχῳ Herwerden   b 1 τελευτῶντε Τ : τελευτῶντες Β

χαλινοῦ τε ἔσχεν καὶ τοῦ πτώματος, μόγις ἐξαναπνεύσας
ἐλοιδόρησεν ὀργῇ, πολλὰ κακίζων τόν τε ἡνίοχον καὶ τὸν
ὁμόζυγα ὡς δειλίᾳ τε καὶ ἀνανδρίᾳ λιπόντε τὴν τάξιν καὶ
d ὁμολογίαν· καὶ πάλιν οὐκ ἐθέλοντας προσιέναι ἀναγκάζων
μόγις συνεχώρησεν δεομένων εἰς αὖθις ὑπερβαλέσθαι. ἐλ-
θόντος δὲ τοῦ συντεθέντος χρόνου [οὗ] ἀμνημονεῖν προσ-
ποιουμένω ἀναμιμνήσκων, βιαζόμενος, χρεμετίζων, ἕλκων
5 ἠνάγκασεν αὖ προσελθεῖν τοῖς παιδικοῖς ἐπὶ τοὺς αὐτοὺς
λόγους, καὶ ἐπειδὴ ἐγγὺς ἦσαν, ἐγκύψας καὶ ἐκτείνας τὴν
κέρκον, ἐνδακὼν τὸν χαλινόν, μετ᾽ ἀναιδείας ἕλκει· ὁ δ᾽
e ἡνίοχος ἔτι μᾶλλον ταὐτὸν πάθος παθών, ὥσπερ ἀπὸ ὕσ-
πληγος ἀναπεσών, ἔτι μᾶλλον τοῦ ὑβριστοῦ ἵππου ἐκ τῶν
ὀδόντων βίᾳ ὀπίσω σπάσας τὸν χαλινόν, τήν τε κακηγόρον
γλῶτταν καὶ τὰς γνάθους καθῄμαξεν καὶ τὰ σκέλη τε καὶ
5 τὰ ἰσχία πρὸς τὴν γῆν ἐρείσας ὀδύναις ἔδωκεν. ὅταν δὲ
ταὐτὸν πολλάκις πάσχων ὁ πονηρὸς τῆς ὕβρεως λήξῃ,
ταπεινωθεὶς ἕπεται ἤδη τῇ τοῦ ἡνιόχου προνοίᾳ, καὶ ὅταν
ἴδῃ τὸν καλόν, φόβῳ διόλλυται· ὥστε συμβαίνει τότ᾽ ἤδη τὴν
τοῦ ἐραστοῦ ψυχὴν τοῖς παιδικοῖς αἰδουμένην τε καὶ δεδυῖαν
255 ἕπεσθαι. ἅτε οὖν πᾶσαν θεραπείαν ὡς ἰσόθεος θεραπευό-
μενος οὐχ ὑπὸ σχηματιζομένου τοῦ ἐρῶντος ἀλλ᾽ ἀληθῶς
τοῦτο πεπονθότος, καὶ αὐτὸς ὢν φύσει φίλος τῷ θερα-
πεύοντι, ἐὰν ἄρα καὶ ἐν τῷ πρόσθεν ὑπὸ συμφοιτητῶν ἤ
5 τινων ἄλλων διαβεβλημένος ᾖ, λεγόντων ὡς αἰσχρὸν ἐρῶντι
πλησιάζειν, καὶ διὰ τοῦτο ἀπωθῇ τὸν ἐρῶντα, προϊόντος
δὲ ἤδη τοῦ χρόνου ἥ τε ἡλικία καὶ τὸ χρεὼν ἤγαγεν εἰς
b τὸ προσέσθαι αὐτὸν εἰς ὁμιλίαν· οὐ γὰρ δήποτε εἵμαρται

c8 λιπόντε Τ : λιπόντα Β   d2 δεομένων ΒΤ : δεομένοιν Hein-
dorf   d3 οὗ secl. Heindorf   d6 ἐπειδὴ Τ : ἐπεὶ δὲ Β
ἐκτείνας Τ : ἐντείνας Β   e8 φόβῳ Τ : φόβον Β   τότ᾽ Β : ποτ᾽ Τ
e9 δεδυῖαν Bekker : δεδυῖαν Β (sed κῦι supra versum) : δεδοικυῖαν Τ
a2 ὑποσχηματιζομένου Τ : ὑποσχημένου Β (σχηματιζο in marg. b)
a3 φίλος ΒΤ : φίλος εἰς ταὐτὸν ἄγει τὴν φιλίαν vulg.   a6 ἀπωθῇ
corr. Coisl. : ἀπωθεῖ ΒΤ   ἐρῶντα t : ἔρωτα ΒΤ   b1 προσέσθαι
corr. Coisl. : προέσθαι ΒΤ

κακὸν κακῷ φίλον οὐδ᾿ ἀγαθὸν μὴ φίλον ἀγαθῷ εἶναι.
προσεμένου δὲ καὶ λόγον καὶ ὁμιλίαν δεξαμένου, ἐγγύθεν
ἡ εὔνοια γιγνομένη τοῦ ἐρῶντος ἐκπλήττει τὸν ἐρώμενον
διαισθανόμενον ὅτι οὐδ᾿ οἱ σύμπαντες ἄλλοι φίλοι τε καὶ 5
οἰκεῖοι μοῖραν φιλίας οὐδεμίαν παρέχονται πρὸς τὸν ἔνθεον
φίλον. ὅταν δὲ χρονίζῃ τοῦτο δρῶν καὶ πλησιάζῃ μετὰ
τοῦ ἅπτεσθαι ἔν τε γυμνασίοις καὶ ἐν ταῖς ἄλλαις ὁμιλίαις,
τότ᾿ ἤδη ἡ τοῦ ῥεύματος ἐκείνου πηγή, ὃν ἵμερον Ζεὺς c
Γανυμήδους ἐρῶν ὠνόμασε, πολλὴ φερομένη πρὸς τὸν
ἐραστήν, ἡ μὲν εἰς αὐτὸν ἔδυ, ἡ δ᾿ ἀπομεστουμένου ἔξω
ἀπορρεῖ· καὶ οἷον πνεῦμα ἤ τις ἠχὼ ἀπὸ λείων τε καὶ
στερεῶν ἁλλομένη πάλιν ὅθεν ὡρμήθη φέρεται, οὕτω τὸ 5
τοῦ κάλλους ῥεῦμα πάλιν εἰς τὸν καλὸν διὰ τῶν ὀμμάτων
ἰόν, ᾗ πέφυκεν ἐπὶ τὴν ψυχὴν ἰέναι ἀφικόμενον καὶ ἀνα-
πτερῶσαν, τὰς διόδους τῶν πτερῶν ἄρδει τε καὶ ὥρμησε d
πτεροφυεῖν τε καὶ τὴν τοῦ ἐρωμένου αὖ ψυχὴν ἔρωτος
ἐνέπλησεν. ἐρᾷ μὲν οὖν, ὅτου δὲ ἀπορεῖ· καὶ οὔθ᾿ ὅτι
πέπονθεν οἶδεν οὐδ᾿ ἔχει φράσαι, ἀλλ᾿ οἷον ἀπ᾿ ἄλλου
ὀφθαλμίας ἀπολελαυκὼς πρόφασιν εἰπεῖν οὐκ ἔχει, ὥσπερ 5
δὲ ἐν κατόπτρῳ ἐν τῷ ἐρῶντι ἑαυτὸν ὁρῶν λέληθεν. καὶ
ὅταν μὲν ἐκεῖνος παρῇ, λήγει κατὰ ταὐτὰ ἐκείνῳ τῆς ὀδύνης,
ὅταν δὲ ἀπῇ, κατὰ ταὐτὰ αὖ ποθεῖ καὶ ποθεῖται, εἴδωλον
ἔρωτος ἀντέρωτα ἔχων· καλεῖ δὲ αὐτὸν καὶ οἴεται οὐκ ἔρωτα e
ἀλλὰ φιλίαν εἶναι. ἐπιθυμεῖ δὲ ἐκείνῳ παραπλησίως μέν,
ἀσθενεστέρως δέ, ὁρᾶν, ἅπτεσθαι, φιλεῖν, συγκατακεῖσθαι·
καὶ δή, οἷον εἰκός, ποιεῖ τὸ μετὰ τοῦτο ταχὺ ταῦτα. ἐν οὖν
τῇ συγκοιμήσει τοῦ μὲν ἐραστοῦ ὁ ἀκόλαστος ἵππος ἔχει 5
ὅτι λέγῃ πρὸς τὸν ἡνίοχον, καὶ ἀξιοῖ ἀντὶ πολλῶν πόνων
σμικρὰ ἀπολαῦσαι· ὁ δὲ τῶν παιδικῶν ἔχει μὲν οὐδὲν εἰπεῖν, 256

b 3 προσεμένου Τ : πρὸς ἐμὲ νου Β   λόγον καὶ Β : λόγον τε καὶ Τ
b 8 τοῦ Eusebius : τούτου Β Τ   c 1 τότ᾿ ἤδη Β Τ : τότε δὴ
Eusebius   c 4 ἀπορρεῖ Τ : ἀπορεῖ Β   λείων] σκληρῶν Herwerden
d 3 οὔθ᾿ Β Τ : οὐδ᾿ Buttmann   d 5 ὀφθαλμίαν Ast   d 6 alterum
ἐν secl. Cobet   e 6 λέγῃ Bekker : λέγει Β Τ : λέγοι Eusebius : λέξει
Herwerden

σπαργῶν δὲ καὶ ἀπορῶν περιβάλλει τὸν ἐραστὴν καὶ φιλεῖ,
ὡς σφόδρ᾽ εὔνουν ἀσπαζόμενος, ὅταν τε συγκατακέωνται,
οἷός ἐστι μὴ ἂν ἀπαρνηθῆναι τὸ αὑτοῦ μέρος χαρίσασθαι
5 τῷ ἐρῶντι, εἰ δεηθείη τυχεῖν· ὁ δὲ ὁμόζυξ αὖ μετὰ τοῦ
ἡνιόχου πρὸς ταῦτα μετ᾽ αἰδοῦς καὶ λόγου ἀντιτείνει.
ἐὰν μὲν δὴ οὖν εἰς τεταγμένην τε δίαιταν καὶ φιλοσοφίαν
νικήσῃ τὰ βελτίω τῆς διανοίας ἀγαγόντα, μακάριον μὲν
b καὶ ὁμονοητικὸν τὸν ἐνθάδε βίον διάγουσιν, ἐγκρατεῖς αὑτῶν
καὶ κόσμιοι ὄντες, δουλωσάμενοι μὲν ᾧ κακία ψυχῆς ἐνε-
γίγνετο, ἐλευθερώσαντες δὲ ᾧ ἀρετή· τελευτήσαντες δὲ δὴ
ὑπόπτεροι καὶ ἐλαφροὶ γεγονότες τῶν τριῶν παλαισμάτων
5 τῶν ὡς ἀληθῶς Ὀλυμπιακῶν ἓν νενικήκασιν, οὗ μεῖζον
ἀγαθὸν οὔτε σωφροσύνη ἀνθρωπίνη οὔτε θεία μανία δυνατὴ
πορίσαι ἀνθρώπῳ. ἐὰν δὲ δὴ διαίτῃ φορτικωτέρᾳ τε καὶ
c ἀφιλοσόφῳ, φιλοτίμῳ δὲ χρήσωνται, τάχ᾽ ἄν που ἐν μέθαις
ἤ τινι ἄλλῃ ἀμελείᾳ τὼ ἀκολάστω αὐτοῖν ὑποζυγίω λαβόντε
τὰς ψυχὰς ἀφρούρους, συναγαγόντε εἰς ταὐτόν, τὴν ὑπὸ
τῶν πολλῶν μακαριστὴν αἵρεσιν εἱλέσθην τε καὶ διεπρα-
5 ξάσθην· καὶ διαπραξαμένω τὸ λοιπὸν ἤδη χρῶνται μὲν
αὐτῇ, σπανίᾳ δέ, ἅτε οὐ πάσῃ δεδογμένα τῇ διανοίᾳ πράτ-
τοντες. φίλω μὲν οὖν καὶ τούτω, ἧττον δὲ ἐκείνων, ἀλλή-
d λοιν διά τε τοῦ ἔρωτος καὶ ἔξω γενομένω διάγουσι, πίστεις
τὰς μεγίστας ἡγουμένω ἀλλήλοιν δεδωκέναι τε καὶ δεδέχθαι,
ἃς οὐ θεμιτὸν εἶναι λύσαντας εἰς ἔχθραν ποτὲ ἐλθεῖν. ἐν
δὲ τῇ τελευτῇ ἄπτεροι μέν, ὡρμηκότες δὲ πτεροῦσθαι ἐκβαί-
5 νουσι τοῦ σώματος, ὥστε οὐ σμικρὸν ἆθλον τῆς ἐρωτικῆς
μανίας φέρονται· εἰς γὰρ σκότον καὶ τὴν ὑπὸ γῆς πορείαν
οὐ νόμος ἐστὶν ἔτι ἐλθεῖν τοῖς κατηργμένοις ἤδη τῆς ὑπου-

a 4 ἂν Τ : om. Β Eusebius   a 6 λόγου corr. Coisl. : λόγους Β Τ
a 7 ἐὰν Τ : & Β   a 8 νικήσῃ Τ : νικήσει Β   b 2 μὲν ᾧ Τ : μὲν ὡς Β
b 3 δὲ ᾧ Τ : δὲ ω Β   δὲ δὴ Τ : δὲ Β   c 1 τάχ᾽ ἄν Β Τ : τάχα W
c 3 ξυναγαγόντε Β : συναγαγόντες Τ   τὴν ὑπὸ Β : τὴν ὑπὸ τὴν Τ
c 4 εἱλέσθην Eusebius : εἱλέτην Β Τ   διεπραξάσθην Eusebius : διεπρά-
ξαντο Β Τ   c 7 φίλω μὲν Τ : φιλῶμεν Β   d 2 ἡγουμένω recc. :
ἡγουμένων Β Τ   δεδέχθαι Τ : δέχθαι Β   d 7 ὑπουρανίου Β Τ
Eusebius : ἐπουρανίου Ven. 184 : ὑπερουρανίου Buttmann

ρανίου πορείας, ἀλλὰ φανὸν βίον διάγοντας εὐδαιμονεῖν
μετ' ἀλλήλων πορευομένους, καὶ ὁμοπτέρους ἔρωτος χάριν, e
ὅταν γένωνται, γενέσθαι.

Ταῦτα τοσαῦτα, ὦ παῖ, καὶ θεῖα οὕτω σοι δωρήσεται ἡ
παρ' ἐραστοῦ φιλία· ἡ δὲ ἀπὸ τοῦ μὴ ἐρῶντος οἰκειότης,
σωφροσύνῃ θνητῇ κεκραμένη, θνητά τε καὶ φειδωλὰ οἰκονο- 5
μοῦσα, ἀνελευθερίαν ὑπὸ πλήθους ἐπαινουμένην ὡς ἀρετὴν
τῇ φίλῃ ψυχῇ ἐντεκοῦσα, ἐννέα χιλιάδας ἐτῶν περὶ γῆν 257
κυλινδουμένην αὐτὴν καὶ ὑπὸ γῆς ἄνουν παρέξει.

Αὕτη σοι, ὦ φίλε Ἔρως, εἰς ἡμετέραν δύναμιν ὅτι καλ-
λίστη καὶ ἀρίστη δέδοταί τε καὶ ἐκτέτεισται παλινῳδία, τά
τε ἄλλα καὶ τοῖς ὀνόμασιν ἠναγκασμένη ποιητικοῖς τισιν διὰ 5
Φαῖδρον εἰρῆσθαι. ἀλλὰ τῶν προτέρων τε συγγνώμην καὶ
τῶνδε χάριν ἔχων, εὐμενὴς καὶ ἵλεως τὴν ἐρωτικήν μοι
τέχνην ἣν ἔδωκας μήτε ἀφέλῃ μήτε πηρώσῃς δι' ὀργήν,
δίδου τ' ἔτι μᾶλλον ἢ νῦν παρὰ τοῖς καλοῖς τίμιον εἶναι.
ἐν τῷ πρόσθεν δ' εἴ τι λόγῳ σοι ἀπηχὲς εἴπομεν Φαῖδρός b
τε καὶ ἐγώ, Λυσίαν τὸν τοῦ λόγου πατέρα αἰτιώμενος παῦε
τῶν τοιούτων λόγων, ἐπὶ φιλοσοφίαν δέ, ὥσπερ ἀδελφὸς
αὐτοῦ Πολέμαρχος τέτραπται, τρέψον, ἵνα καὶ ὁ ἐραστὴς
ὅδε αὐτοῦ μηκέτι ἐπαμφοτερίζῃ καθάπερ νῦν, ἀλλ' ἁπλῶς 5
πρὸς Ἔρωτα μετὰ φιλοσόφων λόγων τὸν βίον ποιῆται.

ΦΑΙ. Συνεύχομαί σοι, ὦ Σώκρατες, εἴπερ ἄμεινον ταῦθ'
ἡμῖν εἶναι, ταῦτα γίγνεσθαι. τὸν λόγον δέ σου πάλαι c
θαυμάσας ἔχω, ὅσῳ καλλίω τοῦ προτέρου ἀπηργάσω· ὥστε
ὀκνῶ μή μοι ὁ Λυσίας ταπεινὸς φανῇ, ἐὰν ἄρα καὶ ἐθελήσῃ

d 8 διαγαγόντας Eusebius   e 2 γίγνωνται H. Richards   e 3 θεῖα
οὕτω B : οὕτω θεῖα T   a 1 χιλιάδας T : χιλιάδες B   γῆν corr.
Coisl. : την B : τὴν T   a 2 καλινδουμένην Herwerden   γῆς T :
της B   a 4 δέδοταί T : δέδοκταί B   a 7 τὴν ἐρωτικήν μοι B :
τὴν μοι ἐρωτικὴν T   a 8 ἔδωκας B : δέδωκας T   a 9 τ' T : δ' B
b 1 ἐν T : om. B   ἀπηχὲς Hermias : ἀπηνὲς B T   b 3 ἀδελφὸς
Bekker : ἀδελφὸς B T   b 4 τέτραπται T W : γέγραπταί τε τέ-
τραπται B

πρὸς αὐτὸν ἄλλον ἀντιπαρατεῖναι. καὶ γάρ τις αὐτόν, ὦ
5 θαυμάσιε, ἔναγχος τῶν πολιτικῶν τοῦτ᾽ αὐτὸ λοιδορῶν
ὠνείδιζε, καὶ διὰ πάσης τῆς λοιδορίας ἐκάλει λογογράφον·
τάχ᾽ οὖν ἂν ὑπὸ φιλοτιμίας ἐπίσχοι ἡμῖν ἂν τοῦ γράφειν.

ΣΩ. Γελοῖόν γ᾽, ὦ νεανία, τὸ δόγμα λέγεις, καὶ τοῦ
d ἑταίρου συχνὸν διαμαρτάνεις, εἰ αὐτὸν οὕτως ἡγῇ τινα
ψοφοδεᾶ. ἴσως δὲ καὶ τὸν λοιδορούμενον αὐτῷ οἴει ὀνειδί-
ζοντα λέγειν ἃ ἔλεγεν.

ΦΑΙ. Ἐφαίνετο γάρ, ὦ Σώκρατες· καὶ σύνοισθά που
5 καὶ αὐτὸς ὅτι οἱ μέγιστον δυνάμενοί τε καὶ σεμνότατοι ἐν
ταῖς πόλεσιν αἰσχύνονται λόγους τε γράφειν καὶ καταλείπειν
συγγράμματα ἑαυτῶν, δόξαν φοβούμενοι τοῦ ἔπειτα χρόνου,
μὴ σοφισταὶ καλῶνται.

ΣΩ. Γλυκὺς ἀγκών, ὦ Φαῖδρε, λέληθέν σε ὅτι ἀπὸ τοῦ
e μακροῦ ἀγκῶνος τοῦ κατὰ Νεῖλον ἐκλήθη· καὶ πρὸς τῷ
ἀγκῶνι λανθάνει σε ὅτι οἱ μέγιστον φρονοῦντες τῶν πολι-
τικῶν μάλιστα ἐρῶσι λογογραφίας τε καὶ καταλείψεως
συγγραμμάτων, οἵ γε καὶ ἐπειδάν τινα γράφωσι λόγον,
5 οὕτως ἀγαπῶσι τοὺς ἐπαινέτας, ὥστε προσπαραγράφουσι
πρώτους οἳ ἂν ἑκασταχοῦ ἐπαινῶσιν αὐτούς.

ΦΑΙ. Πῶς λέγεις τοῦτο; οὐ γὰρ μανθάνω.

258 ΣΩ. Οὐ μανθάνεις ὅτι ἐν ἀρχῇ ἀνδρὸς πολιτικοῦ [συγ-
γράμματι] πρῶτος ὁ ἐπαινέτης γέγραπται.

ΦΑΙ. Πῶς;

ΣΩ. "Ἔδοξέ" πού φησιν "τῇ βουλῇ" ἢ "τῷ δήμῳ"
5 ἢ ἀμφοτέροις, καὶ "ὃς ⟨καὶ ὃς⟩ εἶπεν"—τὸν αὐτὸν δὴ λέγων
μάλα σεμνῶς καὶ ἐγκωμιάζων ὁ συγγραφεύς—ἔπειτα λέγει

---

c 4 αὐτὸν ΒΤ: αὐτῶν vulg. : αὐτῷ Heindorf   d 1 ἡγεῖ τινα Β :
τινὰ ἡγεῖ Τ   d 2 ὀνειδίζοντα Postgate : ὀνειδίζοντα νομίζοντα Β :
νομίζοντα ΤW   d 9 ὅτι . . . e 1 ἐκλήθη secl. Heindorf   e 5 ἐπαι-
νέτας ΒΤ: ἐπαινοῦντας V   e 7 λέγεις τοῦτο Β : τοῦτο λέγεις Τ
a 1 ἀρχῇ secl. Madvig : ἀνδρὸς secl. Herwerden (et mox συγγράμματος)
συγγράμματι seclusi : συγγράμματος vulg.   a 4 φησι Β : φησὶν
αὐτῶν τὸ σύγγραμμα ΤW : φησιν αὐτὸ τὸ σύγγραμμα vulg.   a 5 καὶ
ὃς add. Winckelmann

δὴ μετὰ τοῦτο, ἐπιδεικνύμενος τοῖς ἐπαινέταις τὴν ἑαυτοῦ
σοφίαν, ἐνίοτε πάνυ μακρὸν ποιησάμενος σύγγραμμα· ἤ σοι
ἄλλο τι φαίνεται τὸ τοιοῦτον ἢ λόγος συγγεγραμμένος;

ΦΑΙ. Οὐκ ἔμοιγε.   b

ΣΩ. Οὐκοῦν ἐὰν μὲν οὗτος ἐμμένῃ, γεγηθὼς ἀπέρχεται
ἐκ τοῦ θεάτρου ὁ ποιητής· ἐὰν δὲ ἐξαλειφθῇ καὶ ἄμοιρος
γένηται λογογραφίας τε καὶ τοῦ ἄξιος εἶναι συγγράφειν,
πενθεῖ αὐτός τε καὶ οἱ ἑταῖροι.   5

ΦΑΙ. Καὶ μάλα.

ΣΩ. Δῆλόν γε ὅτι οὐχ ὡς ὑπερφρονοῦντες τοῦ ἐπιτηδεύ-
ματος, ἀλλ' ὡς τεθαυμακότες.

ΦΑΙ. Πάνυ μὲν οὖν.

ΣΩ. Τί δέ; ὅταν ἱκανὸς γένηται ῥήτωρ ἢ βασιλεύς, ὥστε 10
λαβὼν τὴν Λυκούργου ἢ Σόλωνος ἢ Δαρείου δύναμιν ἀθά-   c
νατος γενέσθαι λογογράφος ἐν πόλει, ἆρ' οὐκ ἰσόθεον
ἡγεῖται αὐτός τε αὑτὸν ἔτι ζῶν, καὶ οἱ ἔπειτα γιγνόμενοι
ταὐτὰ ταῦτα περὶ αὐτοῦ νομίζουσι, θεώμενοι αὐτοῦ τὰ συγ-
γράμματα;   5

ΦΑΙ. Καὶ μάλα.

ΣΩ. Οἴει τινὰ οὖν τῶν τοιούτων, ὅστις καὶ ὁπωστιοῦν
δύσνους Λυσίᾳ, ὀνειδίζειν αὐτὸ τοῦτο ὅτι συγγράφει;

ΦΑΙ. Οὔκουν εἰκός γε ἐξ ὧν σὺ λέγεις· καὶ γὰρ ἂν τῇ
ἑαυτοῦ ἐπιθυμίᾳ, ὡς ἔοικεν, ὀνειδίζοι.   10

ΣΩ. Τοῦτο μὲν ἄρα παντὶ δῆλον, ὅτι οὐκ αἰσχρὸν αὐτό   d
γε τὸ γράφειν λόγους.

ΦΑΙ. Τί γάρ;

ΣΩ. Ἀλλ' ἐκεῖνο οἶμαι αἰσχρὸν ἤδη, τὸ μὴ καλῶς λέγειν
τε καὶ γράφειν ἀλλ' αἰσχρῶς τε καὶ κακῶς.   5

ΦΑΙ. Δῆλον δή.

ΣΩ. Τίς οὖν ὁ τρόπος τοῦ καλῶς τε καὶ μὴ γράφειν;
δεόμεθά τι, ὦ Φαῖδρε, Λυσίαν τε περὶ τούτων ἐξετάσαι καὶ

a 7 ⟨τὸ⟩ μετὰ Krische   b 3 ἐξαλειφθῇ Τ : ἐξαλιφῇ Β   c 7 τινα
οὖν Β : οὖν τινα Τ   c 8 αὐτὸ] αὐτῷ Ast   d 4 οἶμαι Β : οἶμαί
σε Τ : οἶμαί γε vulg.   d 8 τι ΒΤ : τοι vulg.

ἄλλον ὅστις πώποτέ τι γέγραφεν ἢ γράψει, εἴτε πολιτικὸν
10 σύγγραμμα εἴτε ἰδιωτικόν, ἐν μέτρῳ ὡς ποιητὴς ἢ ἄνευ
μέτρου ὡς ἰδιώτης;

e   ΦΑΙ. Ἐρωτᾷς εἰ δεόμεθα; τίνος μὲν οὖν ἕνεκα κἂν
τις ὡς εἰπεῖν ζῴη, ἀλλ' ἢ τῶν τοιούτων ἡδονῶν ἕνεκα; οὐ
γάρ που ἐκείνων γε ὧν προλυπηθῆναι δεῖ ἢ μηδὲ ἡσθῆναι,
ὃ δὴ ὀλίγου πᾶσαι αἱ περὶ τὸ σῶμα ἡδοναὶ ἔχουσι· διὸ καὶ
5 δικαίως ἀνδραποδώδεις κέκληνται.

ΣΩ. Σχολὴ μὲν δή, ὡς ἔοικε· καὶ ἅμα μοι δοκοῦσιν ὡς
ἐν τῷ πνίγει ὑπὲρ κεφαλῆς ἡμῶν οἱ τέττιγες ᾄδοντες καὶ
259 ἀλλήλοις διαλεγόμενοι καθορᾶν καὶ ἡμᾶς. εἰ οὖν ἴδοιεν καὶ
νὼ καθάπερ τοὺς πολλοὺς ἐν μεσημβρίᾳ μὴ διαλεγομένους
ἀλλὰ νυστάζοντας καὶ κηλουμένους ὑφ' αὑτῶν δι' ἀργίαν
τῆς διανοίας, δικαίως ἂν καταγελῷεν, ἡγούμενοι ἀνδράποδ'
5 ἄττα σφίσιν ἐλθόντα εἰς τὸ καταγώγιον ὥσπερ προβάτια
μεσημβριάζοντα περὶ τὴν κρήνην εὕδειν· ἐὰν δὲ ὁρῶσι
διαλεγομένους καὶ παραπλέοντάς σφας ὥσπερ Σειρῆνας
b ἀκηλήτους, ὃ γέρας παρὰ θεῶν ἔχουσιν ἀνθρώποις διδόναι,
τάχ' ἂν δοῖεν ἀγασθέντες.

ΦΑΙ. Ἔχουσι δὲ δὴ τί τοῦτο; ἀνήκοος γάρ, ὡς ἔοικε,
τυγχάνω ὤν.

5   ΣΩ. Οὐ μὲν δὴ πρέπει γε φιλόμουσον ἄνδρα τῶν τοιούτων
ἀνήκοον εἶναι. λέγεται δ' ὥς ποτ' ἦσαν οὗτοι ἄνθρωποι τῶν
πρὶν Μούσας γεγονέναι, γενομένων δὲ Μουσῶν καὶ φανείσης
ᾠδῆς οὕτως ἄρα τινὲς τῶν τότε ἐξεπλάγησαν ὑφ' ἡδονῆς,
c ὥστε ᾄδοντες ἠμέλησαν σίτων τε καὶ ποτῶν, καὶ ἔλαθον
τελευτήσαντες αὑτούς· ἐξ ὧν τὸ τεττίγων γένος μετ' ἐκεῖνο
φύεται, γέρας τοῦτο παρὰ Μουσῶν λαβόν, μηδὲν τροφῆς
δεῖσθαι γενόμενον, ἀλλ' ἄσιτόν τε καὶ ἄποτον· εὐθὺς ᾄδειν,

d 10 ὡς ποιητὴς et mox ὡς ἰδιώτης secl. Badham   e 1 ἕνεκα κἄν
B: ἕνεκ' ἄν T: ἕνεκα Stobaeus   e 3 μηδὲ Β T: μὴ V Stobaeus
a 1 καὶ ἡμᾶς T Stobaeus: om. B   καὶ νὼ Stobaeus: καινῶ Β T
b 5 γε T Stobaeus: om. B   b 6 δ'] δὴ malit Heindorf   c 4 γενό-
μενον post δεῖσθαι Β T Stobaeus: post εὐθὺς transp. Badham

ἕως ἂν τελευτήσῃ, καὶ μετὰ ταῦτα ἐλθὸν παρὰ Μούσας 5
ἀπαγγέλλειν τίς τίνα αὐτῶν τιμᾷ τῶν ἐνθάδε. Τερψιχόρᾳ
μὲν οὖν τοὺς ἐν τοῖς χοροῖς τετιμηκότας αὐτὴν ἀπαγγέλ-
λοντες ποιοῦσι προσφιλεστέρους, τῇ δὲ Ἐρατοῖ τοὺς ἐν τοῖς d
ἐρωτικοῖς, καὶ ταῖς ἄλλαις οὕτως, κατὰ τὸ εἶδος ἑκάστης
τιμῆς· τῇ δὲ πρεσβυτάτῃ Καλλιόπῃ καὶ τῇ μετ' αὐτὴν
Οὐρανίᾳ τοὺς ἐν φιλοσοφίᾳ διάγοντάς τε καὶ τιμῶντας τὴν
ἐκείνων μουσικὴν ἀγγέλλουσιν, αἳ δὴ μάλιστα τῶν Μουσῶν 5
περί τε οὐρανὸν καὶ λόγους οὖσαι θείους τε καὶ ἀνθρωπίνους
ἱᾶσιν καλλίστην φωνήν.   πολλῶν δὴ οὖν ἕνεκα λεκτέον τι
καὶ οὐ καθευδητέον ἐν τῇ μεσημβρίᾳ.

ΦΑΙ. Λεκτέον γὰρ οὖν.

ΣΩ. Οὐκοῦν, ὅπερ νῦν προυθέμεθα σκέψασθαι, τὸν λόγον e
ὅπῃ καλῶς ἔχει λέγειν τε καὶ γράφειν καὶ ὅπῃ μή, σκεπτέον.

ΦΑΙ. Δῆλον.

ΣΩ. Ἆρ' οὖν οὐχ ὑπάρχειν δεῖ τοῖς εὖ γε καὶ καλῶς
ῥηθησομένοις τὴν τοῦ λέγοντος διάνοιαν εἰδυῖαν τὸ ἀληθὲς 5
ὧν ἂν ἐρεῖν πέρι μέλλῃ;

ΦΑΙ. Οὑτωσὶ περὶ τούτου ἀκήκοα, ὦ φίλε Σώκρατες, οὐκ
εἶναι ἀνάγκην τῷ μέλλοντι ῥήτορι ἔσεσθαι τὰ τῷ ὄντι δίκαια 260
μανθάνειν ἀλλὰ τὰ δόξαντ' ἂν πλήθει οἵπερ δικάσουσιν,
οὐδὲ τὰ ὄντως ἀγαθὰ ἢ καλὰ ἀλλ' ὅσα δόξει· ἐκ γὰρ τούτων
εἶναι τὸ πείθειν ἀλλ' οὐκ ἐκ τῆς ἀληθείας.

ΣΩ. "Οὔτοι ἀπόβλητον ἔπος" εἶναι δεῖ, ὦ Φαῖδρε, 5
ὃ ἂν εἴπωσι σοφοί, ἀλλὰ σκοπεῖν μή τι λέγωσι· καὶ δὴ
καὶ τὸ νῦν λεχθὲν οὐκ ἀφετέον.

ΦΑΙ. Ὀρθῶς λέγεις.

ΣΩ. Ὧδε δὴ σποπῶμεν αὐτό.

ΦΑΙ. Πῶς;   10

c 6 τερψιχόρᾳ B T Stobaeus : τερψιχόρῃ vulg.   d 3 μετ' αὐτὴν
B Stobaeus : μετὰ ταύτην T   d 7 ἴασιν B : ἴασιν T (corr. t :
πέμπουσι suprascr. b)   δὴ οὖν ἕνεκα W : δὴ οὐνεκεν B : δὴ οὖν
ἕνεκεν T   e 4 γε B : τε T   a 5 ᾧ T : ὃ B   a 6 λέγωσι
B T : λέγουσι Schaefer

b ΣΩ. Εἴ σε πείθοιμι ἐγὼ πολεμίους ἀμύνειν κτησάμενον
ἵππον, ἄμφω δὲ ἵππον ἀγνοοῖμεν, τοσόνδε μέντοι τυγχάνοιμι
εἰδὼς περὶ σοῦ, ὅτι Φαῖδρος ἵππον ἡγεῖται τὸ τῶν ἡμέρων
ζῴων μέγιστα ἔχον ὦτα—

5 ΦΑΙ. Γελοῖόν γ᾽ ἄν, ὦ Σώκρατες, εἴη.

ΣΩ. Οὔπω γε· ἀλλ᾽ ὅτε δὴ σπουδῇ σε πείθοιμι, συντιθεὶς
λόγον ἔπαινον κατὰ τοῦ ὄνου, ἵππον ἐπονομάζων καὶ λέγων ὡς
παντὸς ἄξιον τὸ θρέμμα οἴκοι τε κεκτῆσθαι καὶ ἐπὶ στρατιᾶς,
ἀποπολεμεῖν τε χρήσιμον καὶ πρός γ᾽ ἐνεγκεῖν δυνατὸν
c σκεύη καὶ ἄλλα πολλὰ ὠφέλιμον.

ΦΑΙ. Παγγέλοιόν γ᾽ ἂν ἤδη εἴη.

ΣΩ. Ἆρ᾽ οὖν οὐ κρεῖττον γελοῖον καὶ φίλον ἢ δεινόν τε
καὶ ἐχθρὸν [εἶναι ἢ φίλον];

5 ΦΑΙ. Φαίνεται.

ΣΩ. Ὅταν οὖν ὁ ῥητορικὸς ἀγνοῶν ἀγαθὸν καὶ κακόν,
λαβὼν πόλιν ὡσαύτως ἔχουσαν πείθῃ, μὴ περὶ ὄνου σκιᾶς
ὡς ἵππου τὸν ἔπαινον ποιούμενος, ἀλλὰ περὶ κακοῦ ὡς
ἀγαθοῦ, δόξας δὲ πλήθους μεμελετηκὼς πείσῃ κακὰ πράττειν
10 ἀντ᾽ ἀγαθῶν, ποῖόν τιν᾽ ἂ⟨ν⟩ οἴει μετὰ ταῦτα τὴν ῥητορικὴν
d καρπὸν ὧν ἔσπειρε θερίζειν;

ΦΑΙ. Οὐ πάνυ γε ἐπιεικῆ.

ΣΩ. Ἆρ᾽ οὖν, ὦ ἀγαθέ, ἀγροικότερον τοῦ δέοντος λελοι-
δορήκαμεν τὴν τῶν λόγων τέχνην; ἡ δ᾽ ἴσως ἂν εἴποι· "Τί
5 ποτ᾽, ὦ θαυμάσιοι, ληρεῖτε; ἐγὼ γὰρ οὐδέν᾽ ἀγνοοῦντα
τἀληθὲς ἀναγκάζω μανθάνειν λέγειν, ἀλλ᾽, εἴ τι ἐμὴ
συμβουλή, κτησάμενον ἐκεῖνο οὕτως ἐμὲ λαμβάνειν· τόδε
δ᾽ οὖν μέγα λέγω, ὡς ἄνευ ἐμοῦ τῷ τὰ ὄντα εἰδότι οὐδέν τι
μᾶλλον ἔσται πείθειν τέχνῃ.

b 5 εἴη T W : om. B   b 6 οὔπω γε T : οὔποτε B   δὴ T : om. B
b 9 πρός γ᾽ ἐνεγκεῖν Thompson : προσενεγκεῖν B T   c 3 γελοῖον
καὶ φίλον legit Hermias : γελοῖον B T   c 4 εἶναι ἢ φίλον B T :
non legit Hermias   c 10 τιν᾽ ἂν Hirschig : τινα B T   d 1 ἂν
T W : ὃν B   d 2 γε B : om. T   d 5 οὐδένα T : οὐδὲν B
d 6 εἴ τι B : εἴ τις T   ἐμὴ ξυμβουλή B : ἐμῇ ξυμβουλῇ T : ἐμῇ ξυμ-
βουλῇ χρῆται Stephanus   d 7 κτησάμενον Vahlen : κτησάμενος B T
λαμβάνειν B T : λαμβάνει al.

ΦΑΙ. Οὐκοῦν δίκαια ἐρεῖ, λέγουσα ταῦτα; e

ΣΩ. Φημί, ἐὰν οἵ γ' ἐπιόντες αὐτῇ λόγοι μαρτυρῶσιν
εἶναι τέχνη. ὥσπερ γὰρ ἀκούειν δοκῶ τινων προσιόντων καὶ
διαμαρτυρομένων λόγων, ὅτι ψεύδεται καὶ οὐκ ἔστι τέχνη
ἀλλ' ἄτεχνος τριβή· τοῦ δὲ λέγειν, φησὶν ὁ Λάκων, ἔτυμος 5
τέχνη ἄνευ τοῦ ἀληθείας ἧφθαι οὔτ' ἔστιν οὔτε μή ποτε
ὕστερον γένηται.

ΦΑΙ. Τούτων δεῖ τῶν λόγων, ὦ Σώκρατες· ἀλλὰ δεῦρο 261
αὐτοὺς παράγων ἐξέταζε τί καὶ πῶς λέγουσιν.

ΣΩ. Πάριτε δή, θρέμματα γενναῖα, καλλίπαιδά τε Φαῖ-
δρον πείθετε ὡς ἐὰν μὴ ἱκανῶς φιλοσοφήσῃ, οὐδὲ ἱκανός
ποτε λέγειν ἔσται περὶ οὐδενός. ἀποκρινέσθω δὴ ὁ Φαῖδρος. 5

ΦΑΙ. Ἐρωτᾶτε.

ΣΩ. Ἀρ' οὖν οὐ τὸ μὲν ὅλον ἡ ῥητορικὴ ἂν εἴη τέχνη
ψυχαγωγία τις διὰ λόγων, οὐ μόνον ἐν δικαστηρίοις καὶ ὅσοι
ἄλλοι δημόσιοι σύλλογοι, ἀλλὰ καὶ ἐν ἰδίοις, ἡ αὐτὴ σμικρῶν
τε καὶ μεγάλων πέρι, καὶ οὐδὲν ἐντιμότερον τό γε ὀρθὸν περὶ b
σπουδαῖα ἢ περὶ φαῦλα γιγνόμενον; ἢ πῶς σὺ ταῦτ' ἀκήκοας;

ΦΑΙ. Οὐ μὰ τὸν Δί' οὐ παντάπασιν οὕτως, ἀλλὰ μάλιστα
μέν πως περὶ τὰς δίκας λέγεταί τε καὶ γράφεται τέχνῃ,
λέγεται δὲ καὶ περὶ δημηγορίας· ἐπὶ πλέον δὲ οὐκ ἀκήκοα. 5

ΣΩ. Ἀλλ' ἢ τὰς Νέστορος καὶ Ὀδυσσέως τέχνας μόνον
περὶ λόγων ἀκήκοας, ἃς ἐν Ἰλίῳ σχολάζοντες συνεγραψάτην,
τῶν δὲ Παλαμήδους ἀνήκοος γέγονας;

ΦΑΙ. Καὶ ναὶ μὰ Δί' ἔγωγε τῶν Νέστορος, εἰ μὴ c
Γοργίαν Νέστορά τινα κατασκευάζεις, ἤ τινα Θρασύμαχόν
τε καὶ Θεόδωρον Ὀδυσσέα.

ΣΩ. Ἴσως. ἀλλὰ γὰρ τούτους ἐῶμεν· σὺ δ' εἰπέ, ἐν

e 5 τοῦ δὲ . . . e 7 γένηται secl. Schleiermacher   e 5 φησὶν ὁ Λάκων
secl. Voegelin   ἔτυμος τέχνη TW: ἔτοιμος B   a 1 δεῖ T: δὴ B
λόγων ⟨ἀκροᾶσθαι⟩ H. Richards   a 4 πείθετε T: πείθεται B   ὡς
ἐὰν B: ἕως ἂν T   b 4 τέχνη T: τέχνη B   b 6 καὶ B: τε
καὶ T   b 7 περὶ secl. Thompson   σχολάζοντες BTW: σχο-
λάζοντε corr. Coisl.   c 1 Νέστορος ⟨καὶ Ὀδυσσέως⟩ Herwerden
c 2 κατασκευάζεις T: κατασκευάζῃς B   c 3 τε T: δε B

5 δικαστηρίοις οἱ ἀντίδικοι τί δρῶσιν; οὐκ ἀντιλέγουσιν μεντοι;
ἢ τί φήσομεν;

ΦΑΙ. Τοῦτ' αὐτό.

ΣΩ. Περὶ τοῦ δικαίου τε καὶ ἀδίκου;

ΦΑΙ. Ναί.

10 ΣΩ. Οὐκοῦν ὁ τέχνῃ τοῦτο δρῶν ποιήσει φανῆναι τὸ
d αὐτὸ τοῖς αὐτοῖς τοτὲ μὲν δίκαιον, ὅταν δὲ βούληται, ἄδικον;

ΦΑΙ. Τί μήν;

ΣΩ. Καὶ ἐν δημηγορίᾳ δὴ τῇ πόλει δοκεῖν τὰ αὐτὰ τοτὲ
μὲν ἀγαθά, τοτὲ δ' αὖ τἀναντία;

5 ΦΑΙ. Οὕτως.

ΣΩ. Τὸν οὖν Ἐλεατικὸν Παλαμήδην λέγοντα οὐκ ἴσμεν
τέχνῃ, ὥστε φαίνεσθαι τοῖς ἀκούουσι τὰ αὐτὰ ὅμοια καὶ
ἀνόμοια, καὶ ἓν καὶ πολλά, μένοντά τε αὖ καὶ φερόμενα;

ΦΑΙ. Μάλα γε.

10 ΣΩ. Οὐκ ἄρα μόνον περὶ δικαστήριά τέ ἐστιν ἡ ἀντιλογικὴ
e καὶ περὶ δημηγορίαν, ἀλλ', ὡς ἔοικε, περὶ πάντα τὰ λεγόμενα
μία τις τέχνη, εἴπερ ἔστιν, αὕτη ἂν εἴη, ᾗ τις οἷός τ' ἔσται
πᾶν παντὶ ὁμοιοῦν τῶν δυνατῶν καὶ οἷς δυνατόν, καὶ ἄλλου
ὁμοιοῦντος καὶ ἀποκρυπτομένου εἰς φῶς ἄγειν.

5 ΦΑΙ. Πῶς δὴ τὸ τοιοῦτον λέγεις;

ΣΩ. Τῇδε δοκῶ ζητοῦσιν φανεῖσθαι. ἀπάτη πότερον ἐν
πολὺ διαφέρουσι γίγνεται μᾶλλον ἢ ὀλίγον;

262 ΦΑΙ. Ἐν τοῖς ὀλίγον.

ΣΩ. Ἀλλά γε δὴ κατὰ σμικρὸν μεταβαίνων μᾶλλον
λήσεις ἐλθὼν ἐπὶ τὸ ἐναντίον ἢ κατὰ μέγα.

ΦΑΙ. Πῶς δ' οὔ;

5 ΣΩ. Δεῖ ἄρα τὸν μέλλοντα ἀπατήσειν μὲν ἄλλον, αὐτὸν
δὲ μὴ ἀπατήσεσθαι, τὴν ὁμοιότητα τῶν ὄντων καὶ ἀνομοιότητα
ἀκριβῶς διειδέναι.

c 10 τέχνῃ T : τέχνη B (et mox)   d 1 βούληται ἄδικον B :
ἄδικον βούληται pr. T   d 7 φαίνεσθαι Β Τ : δοκεῖν φαίνεσθαι vulg.
d 8 μένοντα Τ : μὲν ὄντα B   e 2 ᾗ τις corr. Coisl. : ᾗ τις Τ : ἢ τις B
e 3 πᾶν παντὶ Τ : πάμπαν τί B   a 2 γε δὴ B : δὴ Τ : μὴν Galenus

ΦΑΙ. Ἀνάγκη μὲν οὖν.

ΣΩ. Ἡ οὖν οἶός τε ἔσται, ἀλήθειαν ἀγνοῶν ἑκάστου, τὴν
τοῦ ἀγνοουμένου ὁμοιότητα σμικράν τε καὶ μεγάλην ἐν τοῖς 10
ἄλλοις διαγιγνώσκειν;

ΦΑΙ. Ἀδύνατον.   b

ΣΩ. Οὐκοῦν τοῖς παρὰ τὰ ὄντα δοξάζουσι καὶ ἀπατωμένοις
δῆλον ὡς τὸ πάθος τοῦτο δι᾽ ὁμοιοτήτων τινῶν εἰσερρύη.

ΦΑΙ. Γίγνεται γοῦν οὕτως.

ΣΩ. Ἔστιν οὖν ὅπως τεχνικὸς ἔσται μεταβιβάζειν κατὰ 5
σμικρὸν διὰ τῶν ὁμοιοτήτων ἀπὸ τοῦ ὄντος ἑκάστοτε ἐπὶ
τοὐναντίον ἀπάγων, ἢ αὐτὸς τοῦτο διαφεύγειν, ὁ μὴ ἐγνωρικὼς
ὃ ἔστιν ἕκαστον τῶν ὄντων;

ΦΑΙ. Οὐ μή ποτε.

ΣΩ. Λόγων ἄρα τέχνην, ὦ ἑταῖρε, ὁ τὴν ἀλήθειαν μὴ c
εἰδώς, δόξας δὲ τεθηρευκώς, γελοίαν τινά, ὡς ἔοικε, καὶ
ἄτεχνον παρέξεται.

ΦΑΙ. Κινδυνεύει.

ΣΩ. Βούλει οὖν ἐν τῷ Λυσίου λόγῳ ὃν φέρεις, καὶ ἐν 5
οἷς ἡμεῖς εἴπομεν ἰδεῖν τι ὧν φαμεν ἀτέχνων τε καὶ ἐντέχνων
εἶναι;

ΦΑΙ. Πάντων γέ που μάλιστα, ὡς νῦν γε ψιλῶς πως
λέγομεν, οὐκ ἔχοντες ἱκανὰ παραδείγματα.

ΣΩ. Καὶ μὴν κατὰ τύχην γέ τινα, ὡς ἔοικεν, ἐρρηθήτην 10
τὼ λόγω ἔχοντέ τι παράδειγμα, ὡς ἂν ὁ εἰδὼς τὸ ἀληθὲς d
προσπαίζων ἐν λόγοις παράγοι τοὺς ἀκούοντας. καὶ ἔγωγε,
ὦ Φαῖδρε, αἰτιῶμαι τοὺς ἐντοπίους θεούς· ἴσως δὲ καὶ οἱ τῶν
Μουσῶν προφῆται οἱ ὑπὲρ κεφαλῆς ᾠδοὶ ἐπιπεπνευκότες ἂν
ἡμῖν εἶεν τοῦτο τὸ γέρας· οὐ γάρ που ἔγωγε τέχνης τινὸς 5
τοῦ λέγειν μέτοχος.

ΦΑΙ. Ἔστω ὡς λέγεις· μόνον δήλωσον ὃ φής.

ΣΩ. Ἴθι δή μοι ἀνάγνωθι τὴν τοῦ Λυσίου λόγου ἀρχήν.

---

b 5 μεταβιβάζειν T Galenus : μεταβιβάζει B   c 6 ἀτέχνων . . .
ἐντέχνων Heindorf : ἄτεχνόν . . . ἔντεχνον B T   d 1 τὼ λόγω T :
τῷ λόγῳ B

e   ΦΑΙ. "Περὶ μὲν τῶν ἐμῶν πραγμάτων ἐπίστασαι, καὶ ὡς
νομίζω συμφέρειν ἡμῖν τούτων γενομένων, ἀκήκοας. ἀξιῶ
δὲ μὴ διὰ τοῦτο ἀτυχῆσαι ὧν δέομαι, ὅτι οὐκ ἐραστὴς ὢν σοῦ
τυγχάνω. ὡς ἐκείνοις μὲν τότε μεταμέλει"—

5   ΣΩ. Παῦσαι. τί δὴ οὖν οὗτος ἁμαρτάνει καὶ ἄτεχνον
ποιεῖ λεκτέον· ἢ γάρ;

263   ΦΑΙ. Ναί.

ΣΩ. Ἆρ' οὖν οὐ παντὶ δῆλον τό γε τοιόνδε, ὡς περὶ
μὲν ἔνια τῶν τοιούτων ὁμονοητικῶς ἔχομεν, περὶ δ' ἔνια
στασιωτικῶς;

5   ΦΑΙ. Δοκῶ μὲν ὃ λέγεις μανθάνειν, ἔτι δ' εἰπὲ σαφέστερον.

ΣΩ. Ὅταν τις ὄνομα εἴπῃ σιδήρου ἢ ἀργύρου, ἆρ' οὐ τὸ
αὐτὸ πάντες διενοήθημεν;

ΦΑΙ. Καὶ μάλα.

ΣΩ. Τί δ' ὅταν δικαίου ἢ ἀγαθοῦ; οὐκ ἄλλος ἄλλῃ
10   φέρεται, καὶ ἀμφισβητοῦμεν ἀλλήλοις τε καὶ ἡμῖν αὐτοῖς;

ΦΑΙ. Πάνυ μὲν οὖν.

b   ΣΩ. Ἐν μὲν ἄρα τοῖς συμφωνοῦμεν, ἐν δὲ τοῖς οὔ.

ΦΑΙ. Οὕτω.

ΣΩ. Ποτέρωθι οὖν εὐαπατητότεροί ἐσμεν, καὶ ἡ ῥητορικὴ
ἐν ποτέροις μεῖζον δύναται;

5   ΦΑΙ. Δῆλον ὅτι ἐν οἷς πλανώμεθα.

ΣΩ. Οὐκοῦν τὸν μέλλοντα τέχνην ῥητορικὴν μετιέναι
πρῶτον μὲν δεῖ ταῦτα ὁδῷ διῃρῆσθαι, καὶ εἰληφέναι τινὰ
χαρακτῆρα ἑκατέρου τοῦ εἴδους, ἐν ᾧ τε ἀνάγκη τὸ πλῆθος
πλανᾶσθαι καὶ ἐν ᾧ μή.

c   ΦΑΙ. Καλὸν γοῦν ἂν, ὦ Σώκρατες, εἶδος εἴη κατανενοηκὼς
ὁ τοῦτο λαβών.

ΣΩ. Ἔπειτά γε οἶμαι πρὸς ἑκάστῳ γιγνόμενον μὴ
λανθάνειν ἀλλ' ὀξέως αἰσθάνεσθαι περὶ οὗ ἂν μέλλῃ ἐρεῖν
5   ποτέρου ὂν τυγχάνει τοῦ γένους.

---

e 2 ἡμῖν T : ὑμῖν B   a 3 τοιούτων B T : ὄντων corr. Coisl. : fort.
ὀνομάτων H. Richards   ὁμονοητικῶς T Galenus : οὐ μόνον ποιητικῶς B
b 7 δεῖ B : δὴ T   b 8 πλῆθος T : εἶδος B   c 1 εἶδος addubitat
H. Richards

ΦΑΙ. Τί μήν;

ΣΩ. Τί οὖν; τὸν ἔρωτα πότερον φῶμεν εἶναι τῶν
ἀμφισβητησίμων ἢ τῶν μή;

ΦΑΙ. Τῶν ἀμφισβητησίμων δήπου· ἢ οἴει ἄν σοι ἐγχω-
ρῆσαι εἰπεῖν ἃ νυνδὴ εἶπες περὶ αὐτοῦ, ὡς βλάβη τέ ἐστι 10
τῷ ἐρωμένῳ καὶ ἐρῶντι, καὶ αὖθις ὡς μέγιστον ⟨ὂν⟩ τῶν
ἀγαθῶν τυγχάνει;

ΣΩ. Ἄριστα λέγεις· ἀλλ' εἰπὲ καὶ τόδε—ἐγὼ γάρ τοι d
διὰ τὸ ἐνθουσιαστικὸν οὐ πάνυ μέμνημαι—εἰ ὡρισάμην ἔρωτα
ἀρχόμενος τοῦ λόγου.

ΦΑΙ. Νὴ Δία ἀμηχάνως γε ὡς σφόδρα.

ΣΩ. Φεῦ, ὅσῳ λέγεις τεχνικωτέρας Νύμφας τὰς Ἀχελῴου 5
καὶ Πᾶνα τὸν Ἑρμοῦ Λυσίου τοῦ Κεφάλου πρὸς λόγους εἶναι.
ἢ οὐδὲν λέγω, ἀλλὰ καὶ ὁ Λυσίας ἀρχόμενος τοῦ ἐρωτικοῦ
ἠνάγκασεν ἡμᾶς ὑπολαβεῖν τὸν Ἔρωτα ἕν τι τῶν ὄντων ὃ
αὐτὸς ἐβουλήθη, καὶ πρὸς τοῦτο ἤδη συνταξάμενος πάντα τὸν e
ὕστερον λόγον διεπεράνατο; βούλει πάλιν ἀναγνῶμεν τὴν
ἀρχὴν αὐτοῦ;

ΦΑΙ. Εἰ σοί γε δοκεῖ· ὃ μέντοι ζητεῖς οὐκ ἔστ' αὐτόθι.

ΣΩ. Λέγε, ἵνα ἀκούσω αὐτοῦ ἐκείνου. 5

ΦΑΙ. " Περὶ μὲν τῶν ἐμῶν πραγμάτων ἐπίστασαι, καὶ ὡς
νομίζω συμφέρειν ἡμῖν τούτων γενομένων, ἀκήκοας. ἀξιῶ
δὲ μὴ διὰ τοῦτο ἀτυχῆσαι ὧν δέομαι, ὅτι οὐκ ἐραστὴς ὢν 264
σοῦ τυγχάνω. ὡς ἐκείνοις μὲν τότε μεταμέλει ὧν ἂν εὖ
ποιήσωσιν, ἐπειδὰν τῆς ἐπιθυμίας παύσωνται"—

ΣΩ. Ἦ πολλοῦ δεῖν ἔοικε ποιεῖν ὅδε γε ὃ ζητοῦμεν, ὃς
οὐδὲ ἀπ' ἀρχῆς ἀλλ' ἀπὸ τελευτῆς ἐξ ὑπτίας ἀνάπαλιν διανεῖν 5
ἐπιχειρεῖ τὸν λόγον, καὶ ἄρχεται ἀφ' ὧν πεπαυμένος ἂν ἤδη

---

c 9 ἐγχωρῆσαι codex Marcianus Galeni : συγχωρῆσαι B T   c 11 ὂν
addidi auctore Heindorfio (ἀγαθῶν ὢν infra Hirschig)   d 4 ὡς T :
om. B   d 6 Πᾶνα] πάντα B T : del. τ b t   λόγους T : λόγου B :
λόγον al.   e 6 ἐπίστασαι B : ἐπίσταμαι T   a 2 τότε T : τὸ
τότε B   a 4 ζητοῦμεν ὃς T : ζητούμενος B   a 5 διανεῖν B T :
διανύειν rec. b

ὁ ἐραστὴς λέγοι πρὸς τὰ παιδικά.   ἢ οὐδὲν εἶπον, Φαῖδρε,
φίλη κεφαλή;

b   ΦΑΙ. Ἔστιν γέ τοι δή, ὦ Σώκρατες, τελευτή, περὶ οὗ τὸν
λόγον ποιεῖται.

ΣΩ. Τί δὲ τἆλλα; οὐ χύδην δοκεῖ βεβλῆσθαι τὰ τοῦ
λόγου; ἢ φαίνεται τὸ δεύτερον εἰρημένον ἔκ τινος ἀνάγκης
5 δεύτερον δεῖν τεθῆναι, ἤ τι ἄλλο τῶν ῥηθέντων· ἐμοὶ μὲν
γὰρ ἔδοξεν, ὡς μηδὲν εἰδότι, οὐκ ἀγεννῶς τὸ ἐπιὸν εἰρῆσθαι
τῷ γράφοντι· σὺ δ' ἔχεις τινὰ ἀνάγκην λογογραφικὴν ᾗ
ταῦτα ἐκεῖνος οὕτως ἐφεξῆς παρ' ἄλληλα ἔθηκεν;

ΦΑΙ. Χρηστὸς εἶ, ὅτι με ἡγῇ ἱκανὸν εἶναι τὰ ἐκείνου
c οὕτως ἀκριβῶς διιδεῖν.

ΣΩ. Ἀλλὰ τόδε γε οἶμαί σε φάναι ἄν, δεῖν πάντα λόγον
ὥσπερ ζῷον συνεστάναι σῶμά τι ἔχοντα αὐτὸν αὑτοῦ, ὥστε
μήτε ἀκέφαλον εἶναι μήτε ἄπουν, ἀλλὰ μέσα τε ἔχειν καὶ
5 ἄκρα, πρέποντα ἀλλήλοις καὶ τῷ ὅλῳ γεγραμμένα.

ΦΑΙ. Πῶς γὰρ οὔ;

ΣΩ. Σκέψαι τοίνυν τὸν τοῦ ἑταίρου σου λόγον εἴτε
οὕτως εἴτε ἄλλως ἔχει, καὶ εὑρήσεις τοῦ ἐπιγράμματος οὐδὲν
διαφέροντα, ὃ Μίδᾳ τῷ Φρυγί φασίν τινες ἐπιγεγράφθαι.

d   ΦΑΙ. Ποῖον τοῦτο, καὶ τί πεπονθός;

ΣΩ. Ἔστι μὲν τοῦτο τόδε—

Χαλκῆ παρθένος εἰμί, Μίδα δ' ἐπὶ σήματι κεῖμαι.
ὄφρ' ἂν ὕδωρ τε νάῃ καὶ δένδρεα μακρὰ τεθήλῃ,
5   αὐτοῦ τῇδε μένουσα πολυκλαύτου ἐπὶ τύμβου,
ἀγγελέω παριοῦσι Μίδας ὅτι τῇδε τέθαπται.

e ὅτι δ' οὐδὲν διαφέρει αὐτοῦ πρῶτον ἢ ὕστατόν τι λέγεσθαι,
ἐννοεῖς που, ὡς ἐγῷμαι.

ΦΑΙ. Σκώπτεις τὸν λόγον ἡμῶν, ὦ Σώκρατες.

ΣΩ. Τοῦτον μὲν τοίνυν, ἵνα μὴ σὺ ἄχθῃ, ἐάσωμεν—

---

a 7 ἐραστὴς recc. : ἐρασθεὶς Β Τ   b 5 δεῖν secl. Madvig : δὴ
Schanz   b 9 με Τ : μὴ Β   c 3 σῶμά τι t : σώματι Β Τ
c 4 μήτε ἀκέφαλον Τ : μὴ το ἀκέφαλον Β   d 3 μίδα Τ : μίδᾳ Β
e 3 ἡμῶν Β : om. Τ

καίτοι συχνά γε ἔχειν μοι δοκεῖ παραδείγματα πρὸς ἅ τις 5
βλέπων ὀνίναιτ᾽ ἄν, μιμεῖσθαι αὐτὰ ἐπιχειρῶν μὴ πάνυ τι—
εἰς δὲ τοὺς ἑτέρους λόγους ἴωμεν. ἦν γάρ τι ἐν αὐτοῖς, ὡς
δοκῶ, προσῆκον ἰδεῖν τοῖς βουλομένοις περὶ λόγων σκοπεῖν.

ΦΑΙ. Τὸ ποῖον δὴ λέγεις; 265

ΣΩ. Ἐναντίω που ἤστην· ὁ μὲν γὰρ ὡς τῷ ἐρῶντι, ὁ δ᾽
ὡς τῷ μὴ δεῖ χαρίζεσθαι, ἐλεγέτην.

ΦΑΙ. Καὶ μάλ᾽ ἀνδρικῶς.

ΣΩ. Ὤιμην σε τἀληθὲς ἐρεῖν, ὅτι μανικῶς· ὃ μέντοι 5
ἐζήτουν ἐστὶν αὐτὸ τοῦτο. μανίαν γάρ τινα ἐφήσαμεν εἶναι
τὸν ἔρωτα. ἢ γάρ;

ΦΑΙ. Ναί.

ΣΩ. Μανίας δέ γε εἴδη δύο, τὴν μὲν ὑπὸ νοσημάτων
ἀνθρωπίνων, τὴν δὲ ὑπὸ θείας ἐξαλλαγῆς τῶν εἰωθότων 10
νομίμων γιγνομένην.

ΦΑΙ. Πάνυ γε. b

ΣΩ. Τῆς δὲ θείας τεττάρων θεῶν τέτταρα μέρη διελόμενοι,
μαντικὴν μὲν ἐπίπνοιαν Ἀπόλλωνος θέντες, Διονύσου δὲ
τελεστικήν, Μουσῶν δ᾽ αὖ ποιητικήν, τετάρτην δὲ Ἀφροδίτης
καὶ Ἔρωτος, ἐρωτικὴν μανίαν ἐφήσαμέν τε ἀρίστην εἶναι, 5
καὶ οὐκ οἶδ᾽ ὅπῃ τὸ ἐρωτικὸν πάθος ἀπεικάζοντες, ἴσως
μὲν ἀληθοῦς τινος ἐφαπτόμενοι, τάχα δ᾽ ἂν καὶ ἄλλοσε
παραφερόμενοι, κεράσαντες οὐ παντάπασιν ἀπίθανον λόγον,
μυθικόν τινα ὕμνον προσεπαίσαμεν μετρίως τε καὶ εὐφήμως c
τὸν ἐμόν τε καὶ σὸν δεσπότην Ἔρωτα, ὦ Φαῖδρε, καλῶν
παίδων ἔφορον.

ΦΑΙ. Καὶ μάλα ἔμοιγε οὐκ ἀηδῶς ἀκοῦσαι.

ΣΩ. Τόδε τοίνυν αὐτόθεν λάβωμεν, ὡς ἀπὸ τοῦ ψέγειν 5
πρὸς τὸ ἐπαινεῖν ἔσχεν ὁ λόγος μεταβῆναι.

ΦΑΙ. Πῶς δὴ οὖν αὐτὸ λέγεις;

e 6 βλέπων ⟨μὲν⟩ . . . μιμεῖσθαι ⟨δ᾽⟩ Herwerden   e 7 ἑτέρους
T : ἑταίρους B   b 2 τεττάρων θεῶν secl. Schanz   b 5 τε
BT : om. Stobaeus   b 8 λόγον corr. Par. 1808 : λόγου BT
c 4 ἔμοιγε B : ἐμοὶ μὲν T

ΣΩ. Ἐμοὶ μὲν φαίνεται τὰ μὲν ἄλλα τῷ ὄντι παιδιᾷ πεπαῖσθαι· τούτων δέ τινων ἐκ τύχης ῥηθέντων δυοῖν εἰδοῖν, d εἰ αὐτοῖν τὴν δύναμιν τέχνῃ λαβεῖν δύναιτό τις, οὐκ ἄχαρι.

ΦΑΙ. Τίνων δή;

ΣΩ. Εἰς μίαν τε ἰδέαν συνορῶντα ἄγειν τὰ πολλαχῇ διεσπαρμένα, ἵνα ἕκαστον ὁριζόμενος δῆλον ποιῇ περὶ οὗ ἂν 5 ἀεὶ διδάσκειν ἐθέλῃ. ὥσπερ τὰ νυνδὴ περὶ Ἔρωτος—ὃ ἔστιν ὁρισθέν—εἴτ᾽ εὖ εἴτε κακῶς ἐλέχθη, τὸ γοῦν σαφὲς καὶ τὸ αὐτὸ αὑτῷ ὁμολογούμενον διὰ ταῦτα ἔσχεν εἰπεῖν ὁ λόγος.

ΦΑΙ. Τὸ δ᾽ ἕτερον δὴ εἶδος τί λέγεις, ὦ Σώκρατες;

e ΣΩ. Τὸ πάλιν κατ᾽ εἴδη δύνασθαι διατέμνειν κατ᾽ ἄρθρα ᾗ πέφυκεν, καὶ μὴ ἐπιχειρεῖν καταγνύναι μέρος μηδέν, κακοῦ μαγείρου τρόπῳ χρώμενον· ἀλλ᾽ ὥσπερ ἄρτι τὼ λόγω τὸ μὲν ἄφρον τῆς διανοίας ἕν τι κοινῇ εἶδος ἐλαβέτην, ὥσπερ 266 δὲ σώματος ἐξ ἑνὸς διπλᾶ καὶ ὁμώνυμα πέφυκε, σκαιά, τὰ δὲ δεξιὰ κληθέντα, οὕτω καὶ τὸ τῆς παρανοίας ὡς ⟨ἓν⟩ ἐν ἡμῖν πεφυκὸς εἶδος ἡγησαμένω τὼ λόγω, ὁ μὲν τὸ ἐπ᾽ ἀριστερὰ τεμνόμενος μέρος, πάλιν τοῦτο τέμνων οὐκ ἐπανῆκεν πρὶν ἐν 5 αὐτοῖς ἐφευρὼν ὀνομαζόμενον σκαιόν τινα ἔρωτα ἐλοιδόρησεν μάλ᾽ ἐν δίκῃ, ὁ δ᾽ εἰς τὰ ἐν δεξιᾷ τῆς μανίας ἀγαγὼν ἡμᾶς, ὁμώνυμον μὲν ἐκείνῳ, θεῖον δ᾽ αὖ τινα ἔρωτα ἐφευρὼν καὶ b προτεινάμενος ἐπῄνεσεν ὡς μεγίστων αἴτιον ἡμῖν ἀγαθῶν.

ΦΑΙ. Ἀληθέστατα λέγεις.

ΣΩ. Τούτων δὴ ἔγωγε αὐτός τε ἐραστής, ὦ Φαῖδρε, τῶν διαιρέσεων καὶ συναγωγῶν, ἵνα οἷός τε ὦ λέγειν τε καὶ 5 φρονεῖν· ἐάν τέ τιν᾽ ἄλλον ἡγήσωμαι δυνατὸν εἰς ἓν καὶ ἐπὶ

c 8 παιδιᾷ T : παιδία B   c 9 πεπαῖσθαι T : πεπέσθαι B   τινῶν . . . ῥηθέντων] τι νῷν . . . ῥηθὲν τὸ τοῖν Badham   εἰδοῖν] εἰδῶν Galenus   d 1 αὐτοῖν B T : αὐτὴν vulg.   d 5 τὰ B T : τὸ Schanz d 8 δὴ T : μὴ B   e 1 κατ᾽ B T : καὶ τὰ Madvig   διατέμνειν T Stobaeus Galenus : τέμνειν B   a 1 σώματος B T : σώματι Stobaeus πέφυκε σκαιά T Stobaeus : πέφυκες· καὶ ἃ B   τὰ δὲ Stobaeus : τάδε ἡ B T   a 2 παρανοίας B T : παροινίας Stobaeus   ἓν ἐν Heindorf : ἐν B T : ἓν al. : om. Stobaeus   ἡμῖν T Stobaeus : ὑμῖν B a 3 τὸ B T : om. Stobaeus   a 4 ἐπανῆκεν B T : ἀνῆκεν Stobaeus ἐν αὐτοῖς B T : ἑαυτοῖς Stobaeus   a 7 καὶ secl. Badham

πολλὰ πεφυκόθ᾽ ὁρᾶν, τοῦτον διώκω " κατόπισθε μετ᾽
ἴχνιον ὥστε θεοῖο." καὶ μέντοι καὶ τοὺς δυναμένους αὐτὸ
ὁρᾶν εἰ μὲν ὀρθῶς ἢ μὴ προσαγορεύω, θεὸς οἶδε, καλῶ δὲ
οὖν μέχρι τοῦδε διαλεκτικούς. τὰ δὲ νῦν παρὰ σοῦ τε καὶ c
Λυσίου μαθόντας εἰπὲ τί χρὴ καλεῖν· ἢ τοῦτο ἐκεῖνό ἐστιν ἡ
λόγων τέχνη, ᾗ Θρασύμαχός τε καὶ οἱ ἄλλοι χρώμενοι σοφοὶ
μὲν αὐτοὶ λέγειν γεγόνασιν, ἄλλους τε ποιοῦσιν, οἳ ἂν
δωροφορεῖν αὐτοῖς ὡς βασιλεῦσιν ἐθέλωσιν;   5

ΦΑΙ. Βασιλικοὶ μὲν ἄνδρες, οὐ μὲν δὴ ἐπιστήμονές γε ὧν
ἐρωτᾷς. ἀλλὰ τοῦτο μὲν τὸ εἶδος ὀρθῶς ἔμοιγε δοκεῖς καλεῖν,
διαλεκτικὸν καλῶν· τὸ δὲ ῥητορικὸν δοκεῖ μοι διαφεύγειν ἔθ᾽
ἡμᾶς.

ΣΩ. Πῶς φῄς; καλόν πού τι ἂν εἴη, ὃ τούτων ἀπο- d
λειφθὲν ὅμως τέχνῃ λαμβάνεται; πάντως δ᾽ οὐκ ἀτιμαστέον
αὐτὸ σοί τε καὶ ἐμοί, λεκτέον δὲ τί μέντοι καὶ ἔστι τὸ
λειπόμενον τῆς ῥητορικῆς.

ΦΑΙ. Καὶ μάλα που συχνά, ὦ Σώκρατες, τά γ᾽ ἐν τοῖς 5
βιβλίοις τοῖς περὶ λόγων τέχνης γεγραμμένοις.

ΣΩ. [Καὶ] καλῶς γε ὑπέμνησας. προοίμιον μὲν οἶμαι
πρῶτον ὡς δεῖ τοῦ λόγου λέγεσθαι ἐν ἀρχῇ· ταῦτα λέγεις
—ἦ γάρ;—τὰ κομψὰ τῆς τέχνης;

ΦΑΙ. Ναί.   e

ΣΩ. Δεύτερον δὲ δὴ διήγησίν τινα μαρτυρίας τ᾽ ἐπ᾽
αὐτῇ, τρίτον τεκμήρια, τέταρτον εἰκότα· καὶ πίστωσιν
οἶμαι καὶ ἐπιπίστωσιν λέγειν τόν γε βέλτιστον λογοδαί-
δαλον Βυζάντιον ἄνδρα.   5

ΦΑΙ. Τὸν χρηστὸν λέγεις Θεόδωρον;

ΣΩ. Τί μήν; καὶ ἔλεγχόν γε καὶ ἐπεξέλεγχον ὡς 267
ποιητέον ἐν κατηγορίᾳ τε καὶ ἀπολογίᾳ. τὸν δὲ κάλλιστον

b 7 πεφυκόθ᾽] πεφυκὸς B T Stobaeus : πεφυκότα vulg.   b 9 ἢ μὴ
T : εἰ μὴ B   c 1 δὲ νῦν B : νῦν δὲ T   c 2 μαθόντας B : μαθόντες T :
μαθόντα H. Richards   c 6 ἄνδρες Bekker : ἄνδρες B T   c 7 τὸ T :
om. B   d 7 καὶ secl. Hirschig   d 8 ἐν ἀρχῇ T : ἐπ᾽ ἀρχῇ B :
secl. ci. Schanz   e 4 λογοδαίδαλον T (et legit Cicero) : λόγον
δαίδαλον B : λόγων Δαίδαλον Winckelmann

Πάριον Εὐηνὸν ἐς μέσον οὐκ ἄγομεν, ὃς ὑποδήλωσίν τε
πρῶτος ηὗρεν καὶ παρεπαίνους—οἱ δ᾽ αὐτὸν καὶ παραψό-
5 γους φασὶν ἐν μέτρῳ λέγειν μνήμης χάριν—σοφὸς γὰρ ἀνήρ.
Τεισίαν δὲ Γοργίαν τε ἐάσομεν εὕδειν, οἳ πρὸ τῶν ἀληθῶν
τὰ εἰκότα εἶδον ὡς τιμητέα μᾶλλον, τά τε αὖ σμικρὰ μεγάλα
καὶ τὰ μεγάλα σμικρὰ φαίνεσθαι ποιοῦσιν διὰ ῥώμην λόγου,
b καινά τε ἀρχαίως τά τ᾽ ἐναντία καινῶς, συντομίαν τε λόγων
καὶ ἄπειρα μήκη περὶ πάντων ἀνηῦρον; ταῦτα δὲ ἀκούων
ποτέ μου Πρόδικος ἐγέλασεν, καὶ μόνος αὐτὸς ηὑρηκέναι ἔφη
ὧν δεῖ λόγων τέχνην· δεῖν δὲ οὔτε μακρῶν οὔτε βραχέων
5 ἀλλὰ μετρίων.

ΦΑΙ. Σοφώτατά γε, ὦ Πρόδικε.

ΣΩ. Ἱππίαν δὲ οὐ λέγομεν; οἶμαι γὰρ ἂν σύμψηφον
αὐτῷ καὶ τὸν Ἠλεῖον ξένον γενέσθαι.

ΦΑΙ. Τί δ᾽ οὔ;

10 ΣΩ. Τὰ δὲ Πώλου πῶς φράσωμεν αὖ μουσεῖα λόγων—ὡς
c διπλασιολογίαν καὶ γνωμολογίαν καὶ εἰκονολογίαν
—ὀνομάτων τε Λικυμνίων ἃ ἐκείνῳ ἐδωρήσατο πρὸς ποίησιν
εὐεπείας;

ΦΑΙ. Πρωταγόρεια δέ, ὦ Σώκρατες, οὐκ ἦν μέντοι
5 τοιαῦτ᾽ ἄττα;

ΣΩ. Ὀρθοέπειά γέ τις, ὦ παῖ, καὶ ἄλλα πολλὰ καὶ
καλά. τῶν γε μὴν οἰκτρογόων ἐπὶ γῆρας καὶ πενίαν
ἑλκομένων λόγων κεκρατηκέναι τέχνῃ μοι φαίνεται τὸ τοῦ
Χαλκηδονίου σθένος, ὀργίσαι τε αὖ πολλοὺς ἅμα δεινὸς ἀνὴρ
d γέγονεν, καὶ πάλιν ὠργισμένοις ἐπᾴδων κηλεῖν, ὡς ἔφη·
διαβάλλειν τε καὶ ἀπολύσασθαι διαβολὰς ὁθενδὴ κράτιστος.

a 3 ἐς B : εἰς T   a 5 ἀνήρ Bekker : ἀνὴρ B T   a 6 δὲ in
ras. T   b 4 τέχνην B T : τέχνῃ Stephanus   δεῖν corr. Par. 1808 :
δεινὰ B T   b 7-8 ἱππίαν . . . τὸν ἠλεῖον T : ἱππείαν . . . τὸν ἥλιον B
b 10 φράσωμεν B : φράσομεν T : ⟨οὐ⟩ φράσομεν Schanz   ὡς B : ὃς T
c 2 Λικυμνιείων Ast   ἃ ἐκείνῳ ἐδωρήσατο secl. Ast   πρὸς ποίησιν
B T : προσεποίησεν Cornarius   c 3 εὐεπείας B T : εὐέπειαν Schanz
c 9 Καλχηδονίου Herwerden   ὀργίσαι τε T : ὀργίσαιτο B   ἀνήρ
Bekker : ἀνὴρ B T   d 2 ὅθεν δὴ Par. 1808 : ὅθεν δεῖ B T

τὸ δὲ δὴ τέλος τῶν λόγων κοινῇ πᾶσιν ἔοικε συνδεδογμένον
εἶναι, ᾧ τινες μὲν ἐπάνοδον, ἄλλοι δ' ἄλλο τίθενται ὄνομα.

ΦΑΙ. Τὸ ἐν κεφαλαίῳ ἕκαστα λέγεις ὑπομνῆσαι ἐπὶ 5
τελευτῆς τοὺς ἀκούοντας περὶ τῶν εἰρημένων;

ΣΩ. Ταῦτα λέγω, καὶ εἴ τι σὺ ἄλλο ἔχεις εἰπεῖν λόγων
τέχνης πέρι.

ΦΑΙ. Σμικρά γε καὶ οὐκ ἄξια λέγειν.

ΣΩ. Ἐῶμεν δὴ τά γε σμικρά· ταῦτα δὲ ὑπ' αὐγὰς μᾶλλον 268
ἴδωμεν, τίνα καὶ πότ' ἔχει τὴν τῆς τέχνης δύναμιν.

ΦΑΙ. Καὶ μάλα ἐρρωμένην, ὦ Σώκρατες, ἔν γε δὴ
πλήθους συνόδοις.

ΣΩ. Ἔχει γάρ. ἀλλ', ὦ δαιμόνιε, ἰδὲ καὶ σὺ εἰ ἄρα καὶ 5
σοὶ φαίνεται διεστηκὸς αὐτῶν τὸ ἧτριον ὥσπερ ἐμοί.

ΦΑΙ. Δείκνυε μόνον.

ΣΩ. Εἰπὲ δή μοι· εἴ τις προσελθὼν τῷ ἑταίρῳ σου
Ἐρυξιμάχῳ ἢ τῷ πατρὶ αὐτοῦ Ἀκουμενῷ εἴποι ὅτι '' Ἐγὼ
ἐπίσταμαι τοιαῦτ' ἄττα σώμασι προσφέρειν, ὥστε θερμαίνειν 10
τ' ἐὰν βούλωμαι καὶ ψύχειν, καὶ ἐὰν μὲν δόξῃ μοι, ἐμεῖν b
ποιεῖν, ἐὰν δ' αὖ, κάτω διαχωρεῖν, καὶ ἄλλα πάμπολλα
τοιαῦτα· καὶ ἐπιστάμενος αὐτὰ ἀξιῶ ἰατρικὸς εἶναι καὶ
ἄλλον ποιεῖν ᾧ ἂν τὴν τούτων ἐπιστήμην παραδῶ,'' τί ἂν
οἴει ἀκούσαντας εἰπεῖν; 5

ΦΑΙ. Τί δ' ἄλλο γε ἢ ἐρέσθαι εἰ προσεπίσταται καὶ
οὕστινας δεῖ καὶ ὁπότε ἕκαστα τούτων ποιεῖν, καὶ μέχρι
ὁπόσου;

ΣΩ. Εἰ οὖν εἴποι ὅτι '' Οὐδαμῶς· ἀλλ' ἀξιῶ τὸν ταῦτα
παρ' ἐμοῦ μαθόντα αὐτὸν οἷόν τ' εἶναι [ποιεῖν] ἃ ἐρωτᾷς·'' c

ΦΑΙ. Εἰπεῖν ἂν οἶμαι ὅτι μαίνεται ἄνθρωπος, καὶ ἐκ

d 4 τίθενται T: τιθέντες B   a 1 ὑπ' αὐγὰς μᾶλλον TW: ὑπαύγασμα
καλὸν B   a 2 πότ' B T: ποτ' vulg.   a 8 εἰπὲ T b: εἴπερ pr. B
a 9 Ἀκουμενῷ] ἀκουμένῳ B T   a 10 σώμασι B T: σώματι V
b 1 μὲν T: μὴ B (in ras.)   b 3 ἐπιστάμενος b: ἐπισταμένους B T
ἰατρικὸς B: ἰατρὸς T   b 6 δ' ἄλλο γε T: γε ἄλλο B   c 1 ποιεῖν
secl. Buttmann: ἐπαίειν Schleiermacher   c 2 εἰπεῖν scripsi:
εἴποιεν Stephanus: εἴποι B T   ἄνθρωπος Bekker: ἄνθρωπος B T

βιβλίου ποθὲν ἀκούσας ἢ περιτυχὼν φαρμακίοις ἰατρὸς
οἴεται γεγονέναι, οὐδὲν ἐπαΐων τῆς τέχνης.

5 ΣΩ. Τί δ᾽ εἰ Σοφοκλεῖ αὖ προσελθὼν καὶ Εὐριπίδῃ τις
λέγοι ὡς ἐπίσταται περὶ σμικροῦ πράγματος ῥήσεις παμμήκεις
ποιεῖν καὶ περὶ μεγάλου πάνυ σμικράς, ὅταν τε βούληται
οἰκτράς, καὶ τοὐναντίον αὖ φοβερὰς καὶ ἀπειλητικὰς ὅσα τ᾽
d ἄλλα τοιαῦτα, καὶ διδάσκων αὐτὰ τραγῳδίας ποίησιν οἴεται
παραδιδόναι;

ΦΑΙ. Καὶ οὗτοι ἄν, ὦ Σώκρατες, οἶμαι καταγελῷεν εἴ
τις οἴεται τραγῳδίαν ἄλλο τι εἶναι ἢ τὴν τούτων σύστασιν
5 πρέπουσαν ἀλλήλοις τε καὶ τῷ ὅλῳ συνισταμένην.

ΣΩ. ᾽Αλλ᾽ οὐκ ἂν ἀγροίκως γε οἶμαι λοιδορήσειαν, ἀλλ᾽
ὥσπερ ἂν μουσικὸς ἐντυχὼν ἀνδρὶ οἰομένῳ ἁρμονικῷ εἶναι,
ὅτι δὴ τυγχάνει ἐπιστάμενος ὡς οἷόν τε ὀξυτάτην καὶ βαρυ-
e τάτην χορδὴν ποιεῖν, οὐκ ἀγρίως εἴποι ἄν· "῍Ω μοχθηρέ,
μελαγχολᾷς," ἀλλ᾽ ἅτε μουσικὸς ὢν πρᾳότερον ὅτι "῍Ω
ἄριστε, ἀνάγκη μὲν καὶ ταῦτ᾽ ἐπίστασθαι τὸν μέλλοντα
ἁρμονικὸν ἔσεσθαι, οὐδὲν μὴν κωλύει μηδὲ σμικρὸν ἁρμονίας
5 ἐπαΐειν τὸν τὴν σὴν ἕξιν ἔχοντα· τὰ γὰρ πρὸ ἁρμονίας
ἀναγκαῖα μαθήματα ἐπίστασαι ἀλλ᾽ οὐ τὰ ἁρμονικά."

ΦΑΙ. ᾽Ορθότατά γε.

269 ΣΩ. Οὐκοῦν καὶ ὁ Σοφοκλῆς τόν σφισιν ἐπιδεικνύμενον
τὰ πρὸ τραγῳδίας ἂν φαίη ἀλλ᾽ οὐ τὰ τραγικά, καὶ ὁ ᾽Ακου-
μενὸς τὰ πρὸ ἰατρικῆς ἀλλ᾽ οὐ τὰ ἰατρικά.

ΦΑΙ. Παντάπασι μὲν οὖν.

5 ΣΩ. Τί δὲ τὸν μελίγηρυν ῎Αδραστον οἰόμεθα ἢ καὶ
Περικλέα, εἰ ἀκούσειαν ὧν νυνδὴ ἡμεῖς διῇμεν τῶν παγκάλων
τεχνημάτων—βραχυλογιῶν τε καὶ εἰκονολογιῶν καὶ ὅσα
ἄλλα διελθόντες ὑπ᾽ αὐγὰς ἔφαμεν εἶναι σκεπτέα—πότερον
b χαλεπῶς ἂν αὐτούς, ὥσπερ ἐγώ τε καὶ σύ, ὑπ᾽ ἀγροικίας

c 8 αὖ W : καὶ αὖ BT   ὅσα τᾶλλα (sic) τοιαῦτα καὶ διδάσκων
T : καὶ ὅσα ταλλα (sic) τοιαῦτα διδάσκων B   d 5 πρέπουσαν T :
τρέπουσαν B   d 6 γε B : τε T   e 1 ἀγροίκως Osann   e 5 πρὸ
t : πρὸς BT   a 5 οἰόμεθ᾽ ⟨ἂν⟩ Hirschig   a 8 αὐγὰς T : αὐτὰς B

ῥῆμά τι εἰπεῖν ἀπαίδευτον εἰς τοὺς ταῦτα γεγραφότας τε καὶ
διδάσκοντας ὡς ῥητορικὴν τέχνην, ἢ ἅτε ἡμῶν ὄντας σοφω-
τέρους κἂν νῷν ἐπιπλῆξαι εἰπόντας· "Ὦ Φαῖδρέ τε καὶ
Σώκρατες, οὐ χρὴ χαλεπαίνειν ἀλλὰ συγγιγνώσκειν, εἴ τινες 5
μὴ ἐπιστάμενοι διαλέγεσθαι ἀδύνατοι ἐγένοντο ὁρίσασθαι
τί ποτ᾽ ἔστιν ῥητορική, ἐκ δὲ τούτου τοῦ πάθους τὰ πρὸ
τῆς τέχνης ἀναγκαῖα μαθήματα ἔχοντες ῥητορικὴν ᾠήθησαν
ηὑρηκέναι, καὶ ταῦτα δὴ διδάσκοντες ἄλλους ἡγοῦνταί σφισιν c
τελέως ῥητορικὴν δεδιδάχθαι, τὸ δὲ ἕκαστα τούτων πιθανῶς
λέγειν τε καὶ τὸ ὅλον συνίστασθαι, οὐδὲν ἔργον ⟨ὄν⟩, αὐτοὺς
δεῖν παρ᾽ ἑαυτῶν τοὺς μαθητάς σφων πορίζεσθαι ἐν τοῖς
λόγοις". 5

ΦΑΙ. Ἀλλὰ μήν, ὦ Σώκρατες, κινδυνεύει γε τοιοῦτόν
τι εἶναι τὸ τῆς τέχνης ἣν οὗτοι οἱ ἄνδρες ὡς ῥητορικὴν
διδάσκουσίν τε καὶ γράφουσιν, καὶ ἔμοιγε δοκεῖς ἀληθῆ εἰρη-
κέναι· ἀλλὰ δὴ τὴν τοῦ τῷ ὄντι ῥητορικοῦ τε καὶ πιθανοῦ
τέχνην πῶς καὶ πόθεν ἄν τις δύναιτο πορίσασθαι; d

ΣΩ. Τὸ μὲν δύνασθαι, ὦ Φαῖδρε, ὥστε ἀγωνιστὴν τέλεον
γενέσθαι, εἰκός—ἴσως δὲ καὶ ἀναγκαῖον—ἔχειν ὥσπερ τἆλλα·
εἰ μέν σοι ὑπάρχει φύσει ῥητορικῷ εἶναι, ἔσῃ ῥήτωρ ἐλλό-
γιμος, προσλαβὼν ἐπιστήμην τε καὶ μελέτην, ὅτου δ᾽ ἂν 5
ἐλλείπῃς τούτων, ταύτῃ ἀτελὴς ἔσῃ. ὅσον δὲ αὐτοῦ τέχνη,
οὐχ ᾗ Λυσίας τε καὶ Θρασύμαχος πορεύεται δοκεῖ μοι
φαίνεσθαι ἡ μέθοδος.

ΦΑΙ. Ἀλλὰ πῇ δή;

ΣΩ. Κινδυνεύει, ὦ ἄριστε, εἰκότως ὁ Περικλῆς πάντων e
τελεώτατος εἰς τὴν ῥητορικὴν γενέσθαι.

ΦΑΙ. Τί δή;

ΣΩ. Πᾶσαι ὅσαι μεγάλαι τῶν τεχνῶν προσδέονται

b 2 ῥῆμά τι Τ: ῥήματι Β   b 7 ῥητορική Β: ἡ ῥητορική Τ
c 3 οὐδὲν ἔργον ὄν Heindorf: οὐδὲν ἔργον Β Τ: ὡς οὐδὲν ἔργον ὄν
Hermias   c 4 σφων] ἐφῶν Β: σφῶιν Τ   c 6 γε Τ: om. Β
c 8 δοκεῖς Τ: δοκεῖ Β   d 4 ῥητορικῷ Τ: ῥητορικὸς Β   d 5 ὅτου
Β Τ: ὅπου Aldina   d 6 ἐλλείπῃς Τ Aristides: ἐλλίπῃς Β   ἀτελὴς
Τ: ἀτελὲς Β   d 7 Λυσίας] Gorgias Ficinus: Τισίας Schaefer

270 ἀδολεσχίας καὶ μετεωρολογίας φύσεως πέρι· τὸ γὰρ ὑψη-
λόνουν τοῦτο καὶ πάντη τελεσιουργὸν ἔοικεν ἐντεῦθέν ποθεν
εἰσιέναι. ὃ καὶ Περικλῆς πρὸς τῷ εὐφυὴς εἶναι ἐκτήσατο·
προσπεσὼν γὰρ οἶμαι τοιούτῳ ὄντι 'Αναξαγόρᾳ, μετεωρο-
5 λογίας ἐμπλησθεὶς καὶ ἐπὶ φύσιν νοῦ τε καὶ διανοίας ἀφικό-
μενος, ὧν δὴ πέρι τὸν πολὺν λόγον ἐποιεῖτο 'Αναξαγόρας,
ἐντεῦθεν εἵλκυσεν ἐπὶ τὴν τῶν λόγων τέχνην τὸ πρόσφορον
αὐτῇ.

ΦΑΙ. Πῶς τοῦτο λέγεις;

b ΣΩ. Ὁ αὐτός που τρόπος τέχνης ἰατρικῆς ὅσπερ καὶ
ῥητορικῆς.

ΦΑΙ. Πῶς δή;

ΣΩ. Ἐν ἀμφοτέραις δεῖ διελέσθαι φύσιν, σώματος μὲν
5 ἐν τῇ ἑτέρᾳ, ψυχῆς δὲ ἐν τῇ ἑτέρᾳ, εἰ μέλλεις, μὴ τριβῇ
μόνον καὶ ἐμπειρίᾳ ἀλλὰ τέχνῃ, τῷ μὲν φάρμακα καὶ τροφὴν
προσφέρων ὑγίειαν καὶ ῥώμην ἐμποιήσειν, τῇ δὲ λόγους τε
καὶ ἐπιτηδεύσεις νομίμους πειθὼ ἣν ἂν βούλῃ καὶ ἀρετὴν
παραδώσειν.

10 ΦΑΙ. Τὸ γοῦν εἰκός, ὦ Σώκρατες, οὕτως.

c ΣΩ. Ψυχῆς οὖν φύσιν ἀξίως λόγου κατανοῆσαι οἴει
δυνατὸν εἶναι ἄνευ τῆς τοῦ ὅλου φύσεως;

ΦΑΙ. Εἰ μὲν Ἱπποκράτει γε τῷ τῶν 'Ασκληπιαδῶν
δεῖ τι πιθέσθαι, οὐδὲ περὶ σώματος ἄνευ τῆς μεθόδου
5 ταύτης.

ΣΩ. Καλῶς γάρ, ὦ ἑταῖρε, λέγει· χρὴ μέντοι πρὸς τῷ
Ἱπποκράτει τὸν λόγον ἐξετάζοντα σκοπεῖν εἰ συμφωνεῖ.

ΦΑΙ. Φημί.

ΣΩ. Τὸ τοίνυν περὶ φύσεως σκόπει τί ποτε λέγει Ἱππο-
10 κράτης τε καὶ ὁ ἀληθὴς λόγος. ἆρ' οὐχ ὧδε δεῖ διανοεῖσθαι

---

a 2 καὶ B: καὶ τὸ T   τελεσιουργὸν B Plutarchus: τελεσιουργικὸν
T: τελεσίεργον Badham   a 4 τοιούτῳ T: τῷ B   a 5 διανοίας
V Aristides: ἀνοίας BT: ἐννοίας al.   a 6 ὧν Tb: ὃν pr. B
b 4 ἐν T: om. B   b 7 τῇ δὲ T: τῷ δὲ B   c 2 ὅλου TW:
λόγου B   c 3 γε Heindorf: τε BT: om. Galenus   τῶν BT:
om. pr. T   c 4 πιθέσθαι T: πείθεσθαι B

περὶ ὁτουοῦν φύσεως· πρῶτον μέν, ἁπλοῦν ἢ πολυειδές d
ἐστιν οὗ πέρι βουλησόμεθα εἶναι αὐτοὶ τεχνικοὶ καὶ ἄλλον
δυνατοὶ ποιεῖν, ἔπειτα δέ, ἂν μὲν ἁπλοῦν ᾖ, σκοπεῖν τὴν
δύναμιν αὐτοῦ, τίνα πρὸς τί πέφυκεν εἰς τὸ δρᾶν ἔχον ἢ
τίνα εἰς τὸ παθεῖν ὑπὸ τοῦ, ἐὰν δὲ πλείω εἴδη ἔχῃ, ταῦτα 5
ἀριθμησάμενον, ὅπερ ἐφ' ἑνός, τοῦτ' ἰδεῖν ἐφ' ἑκάστου, τῷ τί
ποιεῖν αὐτὸ πέφυκεν ἢ τῷ τί παθεῖν ὑπὸ τοῦ;

ΦΑΙ. Κινδυνεύει, ὦ Σώκρατες.

ΣΩ. Ἡ γοῦν ἄνευ τούτων μέθοδος ἐοίκοι ἂν ὥσπερ
τυφλοῦ πορείᾳ. ἀλλ' οὐ μὴν ἀπεικαστέον τόν γε τέχνῃ e
μετιόντα ὁτιοῦν τυφλῷ οὐδὲ κωφῷ, ἀλλὰ δῆλον ὡς, ἄν
τῷ τις τέχνῃ λόγους διδῷ, τὴν οὐσίαν δείξει ἀκριβῶς τῆς
φύσεως τούτου πρὸς ὃ τοὺς λόγους προσοίσει· ἔσται δέ που
ψυχὴ τοῦτο.   5

ΦΑΙ. Τί μήν;

ΣΩ. Οὐκοῦν ἡ ἅμιλλα αὐτῷ τέταται πρὸς τοῦτο πᾶσα· 271
πειθὼ γὰρ ἐν τούτῳ ποιεῖν ἐπιχειρεῖ. ἢ γάρ;

ΦΑΙ. Ναί.

ΣΩ. Δῆλον ἄρα ὅτι ὁ Θρασύμαχός τε καὶ ὃς ἂν ἄλλος
σπουδῇ τέχνην ῥητορικὴν διδῷ, πρῶτον πάσῃ ἀκριβείᾳ γράψει 5
τε καὶ ποιήσει ψυχὴν ἰδεῖν, πότερον ἓν καὶ ὅμοιον πέφυκεν
ἢ κατὰ σώματος μορφὴν πολυειδές· τοῦτο γάρ φαμεν φύσιν
εἶναι δεικνύναι.

ΦΑΙ. Παντάπασι μὲν οὖν.

ΣΩ. Δεύτερον δέ γε, ὅτῳ τί ποιεῖν ἢ παθεῖν ὑπὸ τοῦ 10
πέφυκεν.

ΦΑΙ. Τί μήν;

ΣΩ. Τρίτον δὲ δὴ διαταξάμενος τὰ λόγων τε καὶ ψυχῆς b
γένη καὶ τὰ τούτων παθήματα δίεισι πάσας αἰτίας, προσαρ-
μόττων ἕκαστον ἑκάστῳ καὶ διδάσκων οἷα οὖσα ὑφ' οἵων

d 5 του T : τοῦδε B   d 6 ἀριθμησάμενον Galenus : ἀριθμησάμενος
BT : ἀριθμησαμένους Stephanus   d 7 αὐτὸ recc. : αὐτῷ BT :
οὕτω V   e 1 γε B : om. T   e 3 τῷ T : om. B   e 4 δ T :
om. B   a 10 τι T : om. B   b 2 πάσας TW : τὰς B

λόγων δι' ἣν αἰτίαν ἐξ ἀνάγκης ἡ μὲν πείθεται, ἡ δὲ
5 ἀπειθεῖ.

ΦΑΙ. Κάλλιστα γοῦν ἄν, ὡς ἔοικ', ἔχοι οὕτως.

ΣΩ. Οὗτοι μὲν οὖν, ὦ φίλε, ἄλλως ἐνδεικνύμενον ἢ
λεγόμενον τέχνῃ ποτὲ λεχθήσεται ἢ γραφήσεται οὔτε τι
c ἄλλο οὔτε τοῦτο. ἀλλ' οἱ νῦν γράφοντες, ὧν σὺ ἀκήκοας,
τέχνας λόγων πανοῦργοί εἰσιν καὶ ἀποκρύπτονται, εἰδότες
ψυχῆς πέρι παγκάλως· πρὶν ἂν οὖν τὸν τρόπον τοῦτον
λέγωσί τε καὶ γράφωσι, μὴ πειθώμεθα αὐτοῖς τέχνῃ γράφειν.

5 ΦΑΙ. Τίνα τοῦτον;

ΣΩ. Αὐτὰ μὲν τὰ ῥήματα εἰπεῖν οὐκ εὐπετές· ὡς δὲ δεῖ
γράφειν, εἰ μέλλει τεχνικῶς ἔχειν καθ' ὅσον ἐνδέχεται,
λέγειν ἐθέλω.

ΦΑΙ. Λέγε δή.

10 ΣΩ. Ἐπειδὴ λόγου δύναμις τυγχάνει ψυχαγωγία οὖσα,
d τὸν μέλλοντα ῥητορικὸν ἔσεσθαι ἀνάγκη εἰδέναι ψυχὴ ὅσα
εἴδη ἔχει. ἔστιν οὖν τόσα καὶ τόσα, καὶ τοῖα καὶ τοῖα,
ὅθεν οἱ μὲν τοιοίδε, οἱ δὲ τοιοίδε γίγνονται· τούτων δὲ δὴ
οὕτω διῃρημένων, λόγων αὖ τόσα καὶ τόσα ἔστιν εἴδη, τοιόνδε
5 ἕκαστον. οἱ μὲν οὖν τοιοίδε ὑπὸ τῶν τοιῶνδε λόγων
διὰ τήνδε τὴν αἰτίαν ἐς τὰ τοιάδε εὐπειθεῖς, οἱ δὲ τοιοίδε
διὰ τάδε δυσπειθεῖς· δεῖ δὴ ταῦτα ἱκανῶς νοήσαντα, μετὰ
ταῦτα θεώμενον αὐτὰ ἐν ταῖς πράξεσιν ὄντα τε καὶ πραττό-
e μενα, ὀξέως τῇ αἰσθήσει δύνασθαι ἐπακολουθεῖν, ἢ μηδὲν
εἶναί πω πλέον αὐτῷ ὧν τότε ἤκουεν λόγων συνών. ὅταν
δὲ εἰπεῖν τε ἱκανῶς ἔχῃ οἷος ὑφ' οἵων πείθεται, παραγιγνό-
μενόν τε δυνατὸς ᾖ διαισθανόμενος ἑαυτῷ ἐνδείκνυσθαι ὅτι
272 οὗτός ἐστι καὶ αὕτη ἡ φύσις περὶ ἧς τότε ἦσαν οἱ λόγοι,

b 7 οὗτοι] οὕτω B : οὗτοι T   d 3 τοιοίδε ... τοιοίδε T Galenus :
τοῖοι ... τοιοίδε B : τοῖοι ... τοῖοι Hermann   δὲ δὴ B : δὲ T
Galenus   d 4 οὕτω T Galenus : om. B   αὖ τόσα T : αὐτὸς ἃ B
τοιόνδε B T : τοιόνδε δὲ Galenus   d 5 μὲν οὖν T Galenus : μὲν B
d 6 ἐς B : εἰς T   d 8 αὐτὰ recc. : αὐτὸν B T : αὐτὸ Galeni cod.
Marc.   e 1 ἢ μηδὲν εἶναι Galenus : εἰ μὴ εἰδέναι B : ἢ μηδὲ εἰδέναι
T   e 2 αὐτῷ B T : αὐτῶν vulg.   e 4 τε T Galenus : δὲ B

νῦν ἔργῳ παροῦσά οἱ, ᾗ προσοιστέον τούσδε ὧδε τοὺς
λόγους ἐπὶ τὴν τῶνδε πειθώ, ταῦτα δ' ἤδη πάντα ἔχοντι,
προσλαβόντι καιροὺς τοῦ πότε λεκτέον καὶ ἐπισχετέον,
βραχυλογίας τε αὖ καὶ ἐλεινολογίας καὶ δεινώσεως ἑκάστων 5
τε ὅσα ἂν εἴδη μάθῃ λόγων, τούτων τὴν εὐκαιρίαν τε καὶ
ἀκαιρίαν διαγνόντι, καλῶς τε καὶ τελέως ἐστὶν ἡ τέχνη
ἀπειργασμένη, πρότερον δ' οὔ· ἀλλ' ὅτι ἂν αὐτῶν τις
ἐλλείπῃ λέγων ἢ διδάσκων ἢ γράφων, φῇ δὲ τέχνῃ λέγειν, b
ὁ μὴ πειθόμενος κρατεῖ. "Τί δὴ οὖν; φήσει ἴσως ὁ συγ-
γραφεύς, ὦ Φαῖδρέ τε καὶ Σώκρατες, δοκεῖ οὕτως; μὴ ἄλλως
πως ἀποδεκτέον λεγομένης λόγων τέχνης;"

ΦΑΙ. Ἀδύνατόν που, ὦ Σώκρατες, ἄλλως· καίτοι οὐ 5
σμικρόν γε φαίνεται ἔργον.

ΣΩ. Ἀληθῆ λέγεις. τούτου τοι ἕνεκα χρὴ πάντας τοὺς
λόγους ἄνω καὶ κάτω μεταστρέφοντα ἐπισκοπεῖν εἴ τίς πῃ
ῥᾴων καὶ βραχυτέρα φαίνεται ἐπ' αὐτὴν ὁδός, ἵνα μὴ μάτην c
πολλὴν ἀπίῃ καὶ τραχεῖαν, ἐξὸν ὀλίγην τε καὶ λείαν. ἀλλ'
εἴ τινά πῃ βοήθειαν ἔχεις ἐπακηκοὼς Λυσίου ἤ τινος ἄλλου,
πειρῶ λέγειν ἀναμιμνησκόμενος.

ΦΑΙ. Ἕνεκα μὲν πείρας ἔχοιμ' ἄν, ἀλλ' οὔτι νῦν γ' 5
οὕτως ἔχω.

ΣΩ. Βούλει οὖν ἐγώ τιν' εἴπω λόγον ὃν τῶν περὶ ταῦτά
τινων ἀκήκοα;

ΦΑΙ. Τί μήν;

ΣΩ. Λέγεται γοῦν, ὦ Φαῖδρε, δίκαιον εἶναι καὶ τὸ τοῦ 10
λύκου εἰπεῖν.

ΦΑΙ. Καὶ σύ γε οὕτω ποίει. d

ΣΩ. Φασὶ τοίνυν οὐδὲν οὕτω ταῦτα δεῖν σεμνύνειν οὐδ'
ἀνάγειν ἄνω μακρὰν περιβαλλομένους· παντάπασι γάρ, ὃ

a 2 οἱ D : σοι Galenus : om. B T   a 3 ταῦτα δ' ἤδη πάντα B T :
πάντα δὴ ταῦτ' Galenus   a 6 ὅσα B Galenus : ὃς T   τε καὶ ἀκαιρίαν
T W Galenus: om. B   b 2 φήσει T : φύσει B   b 3 μὴ scripsi : ᾗ B T
c 2 ἀπίῃ B T : ἀνίῃ Stallbaum : περίῃ Badham : ἴῃ Schanz   c 3 ᾗ
τινος T : εἴ τινος B   c 5 ἔχοιμ' ἄν T : ἔχοιμαν B : λέγοιμ' ἄν Schanz
c 7 λόγον T : λόγων pr. B   c 8 τινων B T : δεινῶν corr. Ven. 184

καὶ κατ' ἀρχὰς εἴπομεν τοῦδε τοῦ λόγου, ὅτι οὐδὲν ἀληθείας
5 μετέχειν δέοι δικαίων ἢ ἀγαθῶν πέρι πραγμάτων, ἢ καὶ
ἀνθρώπων γε τοιούτων φύσει ὄντων ἢ τροφῇ, τὸν μέλλοντα
ἱκανῶς ῥητορικὸν ἔσεσθαι. τὸ παράπαν γὰρ οὐδὲν ἐν τοῖς
δικαστηρίοις τούτων ἀληθείας μέλειν οὐδενί, ἀλλὰ τοῦ πιθα-
e νοῦ· τοῦτο δ' εἶναι τὸ εἰκός, ᾧ δεῖν προσέχειν τὸν μέλλοντα
τέχνῃ ἐρεῖν. οὐδὲ γὰρ αὐτὰ ⟨τὰ⟩ πραχθέντα δεῖν λέγειν ἐνίοτε,
ἐὰν μὴ εἰκότως ᾖ πεπραγμένα, ἀλλὰ τὰ εἰκότα, ἔν τε κατη-
γορίᾳ καὶ ἀπολογίᾳ, καὶ πάντως λέγοντα τὸ δὴ εἰκὸς διωκτέον
5 εἶναι, πολλὰ εἰπόντα χαίρειν τῷ ἀληθεῖ· τοῦτο γὰρ διὰ
273 παντὸς τοῦ λόγου γιγνόμενον τὴν ἅπασαν τέχνην πορίζειν.

ΦΑΙ. Αὐτά γε, ὦ Σώκρατες, διελήλυθας ἃ λέγουσιν οἱ
περὶ τοὺς λόγους τεχνικοὶ προσποιούμενοι εἶναι· ἀνεμνήσθην
γὰρ ὅτι ἐν τῷ πρόσθεν βραχέως τοῦ τοιούτου ἐφηψάμεθα,
5 δοκεῖ δὲ τοῦτο πάμμεγα εἶναι τοῖς περὶ ταῦτα.

ΣΩ. Ἀλλὰ μὴν τόν γε Τεισίαν αὐτὸν πεπάτηκας ἀκριβῶς·
εἰπέτω τοίνυν καὶ τόδε ἡμῖν ὁ Τεισίας, μή τι ἄλλο λέγει
b τὸ εἰκὸς ἢ τὸ τῷ πλήθει δοκοῦν.

ΦΑΙ. Τί γὰρ ἄλλο;

ΣΩ. Τοῦτο δή, ὡς ἔοικε, σοφὸν εὑρὼν ἅμα καὶ τεχνικὸν
ἔγραψεν ὡς ἐάν τις ἀσθενὴς καὶ ἀνδρικὸς ἰσχυρὸν καὶ
5 δειλὸν συγκόψας, ἱμάτιον ἤ τι ἄλλο ἀφελόμενος, εἰς δικα-
στήριον ἄγηται, δεῖ δὴ τἀληθὲς μηδέτερον λέγειν, ἀλλὰ τὸν
μὲν δειλὸν μὴ ὑπὸ μόνου φάναι τοῦ ἀνδρικοῦ συγκεκόφθαι,
τὸν δὲ τοῦτο μὲν ἐλέγχειν ὡς μόνω ἤστην, ἐκείνῳ δὲ κατα-
c χρήσασθαι τῷ Πῶς δ' ἂν ἐγὼ τοιόσδε τοιῷδε ἐπε-
χείρησα; ὁ δ' οὐκ ἐρεῖ δὴ τὴν ἑαυτοῦ κάκην, ἀλλά τι
ἄλλο ψεύδεσθαι ἐπιχειρῶν τάχ' ἂν ἔλεγχόν πῃ παραδοίη
τῷ ἀντιδίκῳ. καὶ περὶ τἆλλα δὴ τοιαῦτ' ἄττα ἐστὶ τὰ
5 τέχνῃ λεγόμενα. οὐ γάρ, ὦ Φαῖδρε;

d 8 μέλειν Stephanus e Ficino : μέλει Β Τ   e 2 αὐτὰ τὰ Hein-
dorf: αὐτὰ Β: αὖ τὰ Τ   a 4 ἐφηψάμεθα Τ: ἐψηφισάμεθα Β   a 6 τισίαν
Τ b: τισιν pr. B   a 7 λέγειν Par. 1826: λέγει Β Τ   b 5 ἤ τι
Τ (ex emend.) : εἴ τι Β

ΦΑΙ. Τί μήν;

ΣΩ. Φεῦ, δεινῶς γ᾽ ἔοικεν ἀποκεκρυμμένην τέχνην ἀνευ-
ρεῖν ὁ Τεισίας ἢ ἄλλος ὅστις δή ποτ᾽ ὢν τυγχάνει καὶ
ὁπόθεν χαίρει ὀνομαζόμενος. ἀτάρ, ὦ ἑταῖρε, τούτῳ ἡμεῖς
πότερον λέγωμεν ἢ μὴ —   10

ΦΑΙ. Τὸ ποῖον;   d

ΣΩ. Ὅτι, ὦ Τεισία, πάλαι ἡμεῖς, πρὶν καὶ σὲ παρελθεῖν,
τυγχάνομεν λέγοντες ὡς ἄρα τοῦτο τὸ εἰκὸς τοῖς πολλοῖς
δι᾽ ὁμοιότητα τοῦ ἀληθοῦς τυγχάνει ἐγγιγνόμενον· τὰς δὲ
ὁμοιότητας ἄρτι διήλθομεν ὅτι πανταχοῦ ὁ τὴν ἀλήθειαν 5
εἰδὼς κάλλιστα ἐπίσταται εὑρίσκειν. ὥστ᾽ εἰ μὲν ἄλλο τι
περὶ τέχνης λόγων λέγεις, ἀκούοιμεν ἄν· εἰ δὲ μή, οἷς
νυνδὴ διήλθομεν πεισόμεθα, ὡς ἐὰν μή τις τῶν τε ἀκουσο-
μένων τὰς φύσεις διαριθμήσηται, καὶ κατ᾽ εἴδη τε διαιρεῖσθαι e
τὰ ὄντα καὶ μιᾷ ἰδέᾳ δυνατὸς ᾖ καθ᾽ ἓν ἕκαστον περιλαμ-
βάνειν, οὔ ποτ᾽ ἔσται τεχνικὸς λόγων πέρι καθ᾽ ὅσον
δυνατὸν ἀνθρώπῳ. ταῦτα δὲ οὐ μή ποτε κτήσηται ἄνευ
πολλῆς πραγματείας· ἣν οὐχ ἕνεκα τοῦ λέγειν καὶ πράττειν 5
πρὸς ἀνθρώπους δεῖ διαπονεῖσθαι τὸν σώφρονα, ἀλλὰ τοῦ
θεοῖς κεχαρισμένα μὲν λέγειν δύνασθαι, κεχαρισμένως δὲ
πράττειν τὸ πᾶν εἰς δύναμιν. οὐ γὰρ δὴ ἄρα, ὦ Τεισία,
φασὶν οἱ σοφώτεροι ἡμῶν, ὁμοδούλοις δεῖ χαρίζεσθαι
μελετᾶν τὸν νοῦν ἔχοντα, ὅτι μὴ πάρεργον, ἀλλὰ δεσπόταις 274
ἀγαθοῖς τε καὶ ἐξ ἀγαθῶν. ὥστ᾽ εἰ μακρὰ ἡ περίοδος, μὴ
θαυμάσῃς· μεγάλων γὰρ ἕνεκα περιτέον, οὐχ ὡς σὺ δοκεῖς.
ἔσται μήν, ὡς ὁ λόγος φησίν, ἐάν τις ἐθέλῃ, καὶ ταῦτα
κάλλιστα ἐξ ἐκείνων γιγνόμενα.   5

ΦΑΙ. Παγκάλως ἔμοιγε δοκεῖ λέγεσθαι, ὦ Σώκρατες,
εἴπερ οἷός τέ τις εἴη.

c 7 γ᾽ T : τ᾽ B   c 9 τούτῳ B T : τοῦτο corr. Coisl. : fort. τοῦτ᾽
αὐτῷ Thompson   d 3 τὸ T : om. B   d 7 εἰ δὲ T : εἴδη B
d 8 νῦν δὴ T W : νῦν B   e 9 ἡμῶν Heindorf : ἢ B : ἡμῶν ἢ T :
ἡμῶν μὴ vulg.   a 2 ἢ T : ᾗ B   a 3 οὐχ ὡς B T : οὐχ ὧν ci.
Heindorf   a 7 οἷός τε Heindorf : οἷος B : οἷός γε T

ΣΩ. Ἀλλὰ καὶ ἐπιχειροῦντί τοι τοῖς καλοῖς καλὸν καὶ
b πάσχειν ὅτι ἄν τῳ συμβῇ παθεῖν.

ΦΑΙ. Καὶ μάλα.

ΣΩ. Οὐκοῦν τὸ μὲν τέχνης τε καὶ ἀτεχνίας λόγων πέρι
ἱκανῶς ἐχέτω.

5 ΦΑΙ. Τί μήν;

ΣΩ. Τὸ δ' εὐπρεπείας δὴ γραφῆς πέρι καὶ ἀπρεπείας, πῆ
γιγνόμενον καλῶς ἂν ἔχοι καὶ ὅπη ἀπρεπῶς, λοιπόν. ἢ γάρ;

ΦΑΙ. Ναί.

ΣΩ. Οἶσθ' οὖν ὅπη μάλιστα θεῷ χαριῇ λόγων πέρι
10 πράττων ἢ λέγων;

ΦΑΙ. Οὐδαμῶς· σὺ δέ;

c ΣΩ. Ἀκοήν γ' ἔχω λέγειν τῶν προτέρων, τὸ δ' ἀληθὲς
αὐτοὶ ἴσασιν. εἰ δὲ τοῦτο εὕροιμεν αὐτοί, ἆρά γ' ἂν ἔθ'
ἡμῖν μέλοι τι τῶν ἀνθρωπίνων δοξασμάτων;

ΦΑΙ. Γελοῖον ἤρου· ἀλλ' ἃ φῂς ἀκηκοέναι λέγε.

5 ΣΩ. Ἤκουσα τοίνυν περὶ Ναύκρατιν τῆς Αἰγύπτου γε-
νέσθαι τῶν ἐκεῖ παλαιῶν τινα θεῶν, οὗ καὶ τὸ ὄρνεον ἱερὸν
ὃ δὴ καλοῦσιν Ἴβιν· αὐτῷ δὲ ὄνομα τῷ δαίμονι εἶναι Θεύθ.
τοῦτον δὴ πρῶτον ἀριθμόν τε καὶ λογισμὸν εὑρεῖν καὶ
d γεωμετρίαν καὶ ἀστρονομίαν, ἔτι δὲ πεττείας τε καὶ κυβείας,
καὶ δὴ καὶ γράμματα. βασιλέως δ' αὖ τότε ὄντος Αἰγύπτου
ὅλης Θαμοῦ περὶ τὴν μεγάλην πόλιν τοῦ ἄνω τόπου ἣν οἱ
Ἕλληνες Αἰγυπτίας Θήβας καλοῦσι, καὶ τὸν θεὸν Ἄμμωνα,
5 παρὰ τοῦτον ἐλθὼν ὁ Θεὺθ τὰς τέχνας ἐπέδειξεν, καὶ ἔφη
δεῖν διαδοθῆναι τοῖς ἄλλοις Αἰγυπτίοις· ὁ δὲ ἤρετο ἥντινα
ἑκάστη ἔχοι ὠφελίαν, διεξιόντος δέ, ὅτι καλῶς ἢ μὴ
e καλῶς δοκοῖ λέγειν, τὸ μὲν ἔψεγεν, τὸ δ' ἐπῄνει. πολλὰ

---

b 1 ὅτι Τ: ὅτῳ Β   b 6 δή . . . ἀπρεπείας om. Stobaeus
b 9 θεῷ Stobaeus: θεῶν Β Τ   c 3 μέλοι Β: μέλλοι Τ   c 6 ἱερόν
Stobaeus Hermias: τὸ ἱερόν Β Τ   c 7 δὴ Stobaeus: δὲ Β Τ
d 3 ἦν V: ὃν Β Τ Stobaeus   d 4 θεὸν] Θαμοῦν Postgate   d 5 τοῦ-
τον Τ: τούτων Β   ἐπέδειξεν Τ: ἐπέδειξε Stobaeus: ἀπέδειξε Β
d 6 ἥντινα Β Τ: ἣν δὴ Stobaeus   d 7 ἔχοι Β Τ: ἔχει Stobaeus
e 1 δοκοῖ Β Τ: δοκοίη Stobaeus

μὲν δὴ περὶ ἑκάστης τῆς τέχνης ἐπ' ἀμφότερα Θαμοῦν τῷ
Θεὺθ λέγεται ἀποφήνασθαι, ἃ λόγος πολὺς ἂν εἴη διελθεῖν·
ἐπειδὴ δὲ ἐπὶ τοῖς γράμμασιν ἦν, "Τοῦτο δέ, ὦ βασιλεῦ, τὸ
μάθημα," ἔφη ὁ Θεύθ, " σοφωτέρους Αἰγυπτίους καὶ μνημο- 5
νικωτέρους παρέξει· μνήμης τε γὰρ καὶ σοφίας φάρμακον
ηὑρέθη." ὁ δ' εἶπεν· "ʼΩ τεχνικώτατε Θεύθ, ἄλλος μὲν
τεκεῖν δυνατὸς τὰ τέχνης, ἄλλος δὲ κρῖναι τίν' ἔχει μοῖραν
βλάβης τε καὶ ὠφελίας τοῖς μέλλουσι χρῆσθαι· καὶ νῦν
σύ, πατὴρ ὢν γραμμάτων, δι' εὔνοιαν τοὐναντίον εἶπες ἢ 275
δύναται. τοῦτο γὰρ τῶν μαθόντων λήθην μὲν ἐν ψυχαῖς
παρέξει μνήμης ἀμελετησίᾳ, ἅτε διὰ πίστιν γραφῆς ἔξωθεν
ὑπ' ἀλλοτρίων τύπων, οὐκ ἔνδοθεν αὐτοὺς ὑφ' αὑτῶν ἀναμι-
μνῃσκομένους· οὔκουν μνήμης ἀλλὰ ὑπομνήσεως φάρμακον 5
ηὗρες. σοφίας δὲ τοῖς μαθηταῖς δόξαν, οὐκ ἀλήθειαν πορί-
ζεις· πολυήκοοι γάρ σοι γενόμενοι ἄνευ διδαχῆς πολυγνώ-
μονες εἶναι δόξουσιν, ἀγνώμονες ὡς ἐπὶ τὸ πλῆθος ὄντες, b
καὶ χαλεποὶ συνεῖναι, δοξόσοφοι γεγονότες ἀντὶ σοφῶν."

ΦΑΙ. ʼΩ Σώκρατες, ῥᾳδίως σὺ Αἰγυπτίους καὶ ὁποδαποὺς
ἂν ἐθέλῃς λόγους ποιεῖς.

ΣΩ. Οἱ δέ γ', ὦ φίλε, ἐν τῷ τοῦ Διὸς τοῦ Δωδωναίου 5
ἱερῷ δρυὸς λόγους ἔφησαν μαντικοὺς πρώτους γενέσθαι.
τοῖς μὲν οὖν τότε, ἅτε οὐκ οὖσι σοφοῖς ὥσπερ ὑμεῖς οἱ νέοι,
ἀπέχρη δρυὸς καὶ πέτρας ἀκούειν ὑπ' εὐηθείας, εἰ μόνον
ἀληθῆ λέγοιεν· σοὶ δ' ἴσως διαφέρει τίς ὁ λέγων καὶ ποδαπός. c
οὐ γὰρ ἐκεῖνο μόνον σκοπεῖς, εἴτε οὕτως εἴτε ἄλλως ἔχει;

ΦΑΙ. Ὀρθῶς ἐπέπληξας, καί μοι δοκεῖ περὶ γραμμάτων
ἔχειν ᾗπερ ὁ Θηβαῖος λέγει.

e 3 ἃ λόγος . . . διελθεῖν B W Stobaeus : om. T   e 6 παρέξει Sto-
baeus : παρέξοι B : παρέξειν T   e 8 τέχνης T Stobaeus : τῆς τέχνης B
a 2 μὲν om. Schanz   a 4 ἔνδοθεν T Stobaeus : ἔνδον B   αὐτοῖς
. . . ἀναμιμνησκομένοις H. Richards   a 6 εὗρες T : εὗρε B   b 1 τὸ
B T : om. Stobaeus   b 3 καὶ B : τε καὶ T   b 5 οἱ δέ γ' ὦ T :
οἶδ' ἐγὼ B : οὐδέ γ' ὦ V : σοὶ δ' ἐγὼ Stobaeus   b 6 ἔφησαν B Sto-
baeus : ἔφασαν T   b 8 δρυὸς T b : διὸς pr. B   c 1 δ' ἴσως T W
Stobaeus : om. B

5 ΣΩ. Οὐκοῦν ὁ τέχνην οἰόμενος ἐν γράμμασι καταλιπεῖν,
καὶ αὖ ὁ παραδεχόμενος ὥς τι σαφὲς καὶ βέβαιον ἐκ γραμ-
μάτων ἐσόμενον, πολλῆς ἂν εὐηθείας γέμοι καὶ τῷ ὄντι τὴν
Ἄμμωνος μαντείαν ἀγνοοῖ, πλέον τι οἰόμενος εἶναι λόγους
d γεγραμμένους τοῦ τὸν εἰδότα ὑπομνῆσαι περὶ ὧν ἂν ᾖ τὰ
γεγραμμένα.

ΦΑΙ. Ὀρθότατα.

ΣΩ. Δεινὸν γάρ που, ὦ Φαῖδρε, τοῦτ᾽ ἔχει γραφή, καὶ
5 ὡς ἀληθῶς ὅμοιον ζωγραφίᾳ. καὶ γὰρ τὰ ἐκείνης ἔκγονα
ἕστηκε μὲν ὡς ζῶντα, ἐὰν δ᾽ ἀνέρῃ τι, σεμνῶς πάνυ σιγᾷ.
ταὐτὸν δὲ καὶ οἱ λόγοι· δόξαις μὲν ἂν ὥς τι φρονοῦντας
αὐτοὺς λέγειν, ἐὰν δέ τι ἔρῃ τῶν λεγομένων βουλόμενος
μαθεῖν, ἕν τι σημαίνει μόνον ταὐτὸν ἀεί. ὅταν δὲ ἅπαξ
e γραφῇ, κυλινδεῖται μὲν πανταχοῦ πᾶς λόγος ὁμοίως παρὰ
τοῖς ἐπαΐουσιν, ὡς δ᾽ αὔτως παρ᾽ οἷς οὐδὲν προσήκει, καὶ
οὐκ ἐπίσταται λέγειν οἷς δεῖ γε καὶ μή. πλημμελούμενος
δὲ καὶ οὐκ ἐν δίκῃ λοιδορηθεὶς τοῦ πατρὸς ἀεὶ δεῖται βοηθοῦ·
5 αὐτὸς γὰρ οὔτ᾽ ἀμύνασθαι οὔτε βοηθῆσαι δυνατὸς αὑτῷ.

ΦΑΙ. Καὶ ταῦτά σοι ὀρθότατα εἴρηται.

276 ΣΩ. Τί δ᾽; ἄλλον ὁρῶμεν λόγον τούτου ἀδελφὸν γνή-
σιον, τῷ τρόπῳ τε γίγνεται, καὶ ὅσῳ ἀμείνων καὶ δυνατώ-
τερος τούτου φύεται;

ΦΑΙ. Τίνα τοῦτον καὶ πῶς λέγεις γιγνόμενον;

5 ΣΩ. Ὃς μετ᾽ ἐπιστήμης γράφεται ἐν τῇ τοῦ μανθάνοντος
ψυχῇ, δυνατὸς μὲν ἀμῦναι ἑαυτῷ, ἐπιστήμων δὲ λέγειν τε
καὶ σιγᾶν πρὸς οὓς δεῖ.

ΦΑΙ. Τὸν τοῦ εἰδότος λόγον λέγεις ζῶντα καὶ ἔμψυχον,
οὗ ὁ γεγραμμένος εἴδωλον ἄν τι λέγοιτο δικαίως.

c 5 καταλιπεῖν Β Τ : καταλείπειν Stobaeus   c 7 ἂν Τ Stobaeus :
om. Β   c 8 εἶναι] ἔχειν Heindorf : ποιεῖν Stallbaum   d 1 τοῦ
τὸν Β Τ : καὶ τοῦτον Stobaeus : ἢ τὸ τον fuisse susp. Wachsmuth
d 4 γραφή b : γραφήν pr. Β Τ   d 6 δ᾽ ἀνέρῃ Τ : δ᾽ ἂν ἔρῃ Β : δὲ ἔρῃ
Stobaeus   e 1 κυλινδεῖται Β Τ : καλινδεῖται V   e 3 γε] τε
Hirschig   πλημμελούμενος Τ : πλημμενος Β   a 1 ὁρῶμεν Β Τ :
ἐροῦμεν V   γνήσιον corr. Coisl. : γνήσιος Β Τ

ΣΩ. Παντάπασι μὲν οὖν. τόδε δή μοι εἰπέ· ὁ νοῦν b
ἔχων γεωργός, ὧν σπερμάτων κήδοιτο καὶ ἔγκαρπα βούλοιτο
γενέσθαι, πότερα σπουδῇ ἂν θέρους εἰς 'Αδώνιδος κήπους
ἀρῶν χαίροι θεωρῶν καλοὺς ἐν ἡμέραισιν ὀκτὼ γιγνομένους,
ἢ ταῦτα μὲν δὴ παιδιᾶς τε καὶ ἑορτῆς χάριν δρῴη ἄν, ὅτε 5
καὶ ποιοῖ· ἐφ' οἷς δὲ ἐσπούδακεν, τῇ γεωργικῇ χρώμενος ἂν
τέχνῃ, σπείρας εἰς τὸ προσῆκον, ἀγαπῴη ἂν ἐν ὀγδόῳ μηνὶ
ὅσα ἔσπειρεν τέλος λαβόντα;

ΦΑΙ. Οὕτω που, ὦ Σώκρατες, τὰ μὲν σπουδῇ, τὰ δὲ ὡς c
ἑτέρως ἂν ᾖ λέγεις ποιοῖ.

ΣΩ. Τὸν δὲ δικαίων τε καὶ καλῶν καὶ ἀγαθῶν ἐπιστήμας
ἔχοντα τοῦ γεωργοῦ φῶμεν ἧττον νοῦν ἔχειν εἰς τὰ ἑαυτοῦ
σπέρματα; 5

ΦΑΙ. Ἥκιστά γε.

ΣΩ. Οὐκ ἄρα σπουδῇ αὐτὰ ἐν ὕδατι γράψει μέλανι
σπείρων διὰ καλάμου μετὰ λόγων ἀδυνάτων μὲν αὑτοῖς
λόγῳ βοηθεῖν, ἀδυνάτων δὲ ἱκανῶς τἀληθῆ διδάξαι.

ΦΑΙ. Οὔκουν δὴ τό γ' εἰκός. 10

ΣΩ. Οὐ γάρ· ἀλλὰ τοὺς μὲν ἐν γράμμασι κήπους, ὡς d
ἔοικε, παιδιᾶς χάριν σπερεῖ τε καὶ γράψει, ὅταν [δὲ] γράφῃ,
ἑαυτῷ τε ὑπομνήματα θησαυριζόμενος, εἰς τὸ λήθης γῆρας
ἐὰν ἵκηται, καὶ παντὶ τῷ ταὐτὸν ἴχνος μετιόντι, ἡσθή-
σεταί τε αὐτοὺς θεωρῶν φυομένους ἀπαλούς· ὅταν ⟨δὲ⟩ 5
ἄλλοι παιδιαῖς ἄλλαις χρῶνται, συμποσίοις τε ἄρδοντες αὐ-
τοὺς ἑτέροις τε ὅσα τούτων ἀδελφά, τότ' ἐκεῖνος, ὡς ἔοικεν,
ἀντὶ τούτων οἷς λέγω παίζων διάξει.

ΦΑΙ. Παγκάλην λέγεις παρὰ φαύλην παιδιάν, ὦ Σώ- e

b1 νοῦν Τ : νυν Β   b2 ὧν Τ : ω Β : ἂν V   b4 ἀρῶν ΒΤ :
ὁρῶν V : σπείρας Herwerden   b6 χρώμενος ἂν τέχνη Τ : ἂν χρώ-
μενος τέχνη ἂν Β   c7 γράψει ⟨ἐν⟩ Badham   c8 μετὰ]
σπέρματα Badham   ἀδυνάτων (bis) Β : ἀδυνατῶν (bis Τ (et sic Hein-
dorf omissis μετὰ λόγων)   c9 ταληθῆ Β : τ' ἀληθὲς Τ   d2 δὲ
om. Bekker : τε Heindorf : γε Schanz   d5 δὲ add. Par. 1811 : τε
Stephanus : om. ΒΤ   d8 οἷς λέγω γρ. Par. 1812 : οἷς λέγων ΒΤ :
ἐν οἷς λέγω Heindorf : οὗ λέγω Schanz   διάξει Τ : διέξει Β

κρατες, τοῦ ἐν λόγοις δυναμένου παίζειν, δικαιοσύνης τε καὶ
ἄλλων ὧν λέγεις πέρι μυθολογοῦντα.

ΣΩ. Ἔστι γάρ, ὦ φίλε Φαῖδρε, οὕτω· πολὺ δ᾽ οἶμαι
5 καλλίων σπουδὴ περὶ αὐτὰ γίγνεται, ὅταν τις τῇ διαλεκτικῇ
τέχνῃ χρώμενος, λαβὼν ψυχὴν προσήκουσαν, φυτεύῃ τε καὶ
σπείρῃ μετ᾽ ἐπιστήμης λόγους, οἳ ἑαυτοῖς τῷ τε φυτεύσαντι
277 βοηθεῖν ἱκανοὶ καὶ οὐχὶ ἄκαρποι ἀλλὰ ἔχοντες σπέρμα, ὅθεν
ἄλλοι ἐν ἄλλοις ἤθεσι φυόμενοι τοῦτ᾽ ἀεὶ ἀθάνατον παρέχειν
ἱκανοί, καὶ τὸν ἔχοντα εὐδαιμονεῖν ποιοῦντες εἰς ὅσον
ἀνθρώπῳ δυνατὸν μάλιστα.

5 ΦΑΙ. Πολὺ γὰρ τοῦτ᾽ ἔτι κάλλιον λέγεις.

ΣΩ. Νῦν δὴ ἐκεῖνα ἤδη, ὦ Φαῖδρε, δυνάμεθα κρίνειν,
τούτων ὡμολογημένων.

ΦΑΙ. Τὰ ποῖα;

ΣΩ. Ὧν δὴ πέρι βουληθέντες ἰδεῖν ἀφικόμεθα εἰς τόδε,
10 ὅπως τὸ Λυσίου τε ὄνειδος ἐξετάσαιμεν τῆς τῶν λόγων
b γραφῆς πέρι, καὶ αὐτοὺς τοὺς λόγους οἳ τέχνῃ καὶ ἄνευ
τέχνης γράφοιντο. τὸ μὲν οὖν ἔντεχνον καὶ μὴ δοκεῖ μοι
δεδηλῶσθαι μετρίως.

ΦΑΙ. Ἔδοξέ γε δή· πάλιν δὲ ὑπόμνησόν με πῶς.

5 ΣΩ. Πρὶν ἄν τις τό τε ἀληθὲς ἑκάστων εἰδῇ πέρι ὧν
λέγει ἢ γράφει, κατ᾽ αὐτό τε πᾶν ὁρίζεσθαι δυνατὸς γένηται,
ὁρισάμενός τε πάλιν κατ᾽ εἴδη μέχρι τοῦ ἀτμήτου τέμνειν
ἐπιστηθῇ, περί τε ψυχῆς φύσεως διιδὼν κατὰ ταὐτά, τὸ
c προσαρμόττον ἑκάστῃ φύσει εἶδος ἀνευρίσκων, οὕτω τιθῇ
καὶ διακοσμῇ τὸν λόγον, ποικίλῃ μὲν ποικίλους ψυχῇ καὶ
παναρμονίους διδοὺς λόγους, ἁπλοῦς δὲ ἁπλῇ, οὐ πρότερον
δυνατὸν τέχνῃ ἔσεσθαι καθ᾽ ὅσον πέφυκε μεταχειρισθῆναι
5 τὸ λόγων γένος, οὔτε τι πρὸς τὸ διδάξαι οὔτε τι πρὸς τὸ
πεῖσαι, ὡς ὁ ἔμπροσθεν πᾶς μεμήνυκεν ἡμῖν λόγος.

ΦΑΙ. Παντάπασι μὲν οὖν τοῦτό γε οὕτω πως ἐφάνη.

a 1 καὶ B : τε καὶ T   a 3 καὶ om. Schanz   b 5 εἰδῇ corr.
D : ἰδῇ (sic) T : ιδῇ B   b 6 τε B T : γε vulg.   b 7 κατ᾽ εἴδη
T : κατίδη B

ΣΩ. Τί δ' αὖ περὶ τοῦ καλὸν ἢ αἰσχρὸν εἶναι τὸ λόγους d
λέγειν τε καὶ γράφειν, καὶ ὅπη γιγνόμενον ἐν δίκη λέγοιτ'
ἂν ὄνειδος ἢ μή, ἆρα οὐ δεδήλωκεν τὰ λεχθέντα ὀλίγον
ἔμπροσθεν—

ΦΑΙ. Τὰ ποῖα;   5

ΣΩ. Ὡς εἴτε Λυσίας ἤ τις ἄλλος πώποτε ἔγραψεν ἢ
γράψει ἰδίᾳ ἢ δημοσίᾳ νόμους τιθείς, σύγγραμμα πολιτικὸν
γράφων καὶ μεγάλην τινὰ ἐν αὐτῷ βεβαιότητα ἡγούμενος
καὶ σαφήνειαν, οὕτω μὲν ὄνειδος τῷ γράφοντι, εἴτε τίς
φησιν εἴτε μή· τὸ γὰρ ἀγνοεῖν ὕπαρ τε καὶ ὄναρ δικαίων 10
καὶ ἀδίκων πέρι καὶ κακῶν καὶ ἀγαθῶν οὐκ ἐκφεύγει τῇ e
ἀληθείᾳ μὴ οὐκ ἐπονείδιστον εἶναι, οὐδὲ ἂν ὁ πᾶς ὄχλος
αὐτὸ ἐπαινέσῃ.

ΦΑΙ. Οὐ γὰρ οὖν.

ΣΩ. Ὁ δέ γε ἐν μὲν τῷ γεγραμμένῳ λόγῳ περὶ ἑκάστου 5
παιδιάν τε ἡγούμενος πολλὴν ἀναγκαῖον εἶναι, καὶ οὐδένα
πώποτε λόγον ἐν μέτρῳ οὐδ' ἄνευ μέτρου μεγάλης ἄξιον
σπουδῆς γραφῆναι, οὐδὲ λεχθῆναι ὡς οἱ ῥαψῳδούμενοι ἄνευ
ἀνακρίσεως καὶ διδαχῆς πειθοῦς ἕνεκα ἐλέχθησαν, ἀλλὰ τῷ
ὄντι αὐτῶν τοὺς βελτίστους εἰδότων ὑπόμνησιν γεγονέναι, 278
ἐν δὲ τοῖς διδασκομένοις καὶ μαθήσεως χάριν λεγομένοις καὶ
τῷ ὄντι γραφομένοις ἐν ψυχῇ περὶ δικαίων τε καὶ καλῶν
καὶ ἀγαθῶν [ἐν] μόνοις ἡγούμενος τό τε ἐναργὲς εἶναι καὶ
τέλεον καὶ ἄξιον σπουδῆς· δεῖν δὲ τοὺς τοιούτους λόγους 5
αὐτοῦ λέγεσθαι οἷον ὑεῖς γνησίους εἶναι, πρῶτον μὲν τὸν
ἐν αὑτῷ, ἐὰν εὑρεθεὶς ἐνῇ, ἔπειτα εἴ τινες τούτου ἔκγονοί
τε καὶ ἀδελφοὶ ἅμα ἐν ἄλλαισιν ἄλλων ψυχαῖς κατ' ἀξίαν b
ἐνέφυσαν· τοὺς δὲ ἄλλους χαίρειν ἐῶν—οὗτος δὲ ὁ τοιοῦτος

---

d 1 τοῦ T : τὸ B   d 2 λέγοιτ' ἂν T : λέγει τὰν B   d 3 ἤ
corr. Par. 1812 : εἰ B T   d 7 γράψει B : γράφει T   νόμους τιθείς
secl. Schleiermacher   d 10 δικαίων καὶ B : δικαίων τε καὶ T
e 8 οὐδὲ . . . e 9 ἐλέχθησαν secl. Schanz : ὡς οἱ . . . ἐλέχθησαν secl.
Ast   ὡς οἱ] ὅσοι Schleiermacher   a 1 αὐτῶν T : αὐτῷ B
a 4 ἐν secl. ci. Heindorf   ἡγούμενος T W : om. B   a 7 ἐν αὑτῷ
B : ἑαυτῷ T

ἀνὴρ κινδυνεύει, ὦ Φαῖδρε, εἶναι οἷον ἐγώ τε καὶ σὺ εὐξαίμεθ᾽
ἂν σέ τε καὶ ἐμὲ γενέσθαι.

5 ΦΑΙ. Παντάπασι μὲν οὖν ἔγωγε βούλομαί τε καὶ εὔχομαι
ἃ λέγεις.

ΣΩ. Οὐκοῦν ἤδη πεπαίσθω μετρίως ἡμῖν τὰ περὶ λόγων·
καὶ σύ τε ἐλθὼν φράζε Λυσίᾳ ὅτι νὼ καταβάντε ἐς τὸ
Νυμφῶν νᾶμά τε καὶ μουσεῖον ἠκούσαμεν λόγων, οἳ ἐπέ-
c στελλον λέγειν Λυσίᾳ τε καὶ εἴ τις ἄλλος συντίθησι λόγους,
καὶ Ὁμήρῳ καὶ εἴ τις ἄλλος αὖ ποίησιν ψιλὴν ἢ ἐν ᾠδῇ
συντέθηκε, τρίτον δὲ Σόλωνι καὶ ὅστις ἐν πολιτικοῖς λόγοις
νόμους ὀνομάζων συγγράμματα ἔγραψεν· εἰ μὲν εἰδὼς ᾗ τὸ
5 ἀληθὲς ἔχει συνέθηκε ταῦτα, καὶ ἔχων βοηθεῖν, εἰς ἔλεγχον
ἰὼν περὶ ὧν ἔγραψε, καὶ λέγων αὐτὸς δυνατὸς τὰ γεγραμ-
μένα φαῦλα ἀποδεῖξαι, οὔ τι τῶνδε ἐπωνυμίαν ἔχοντα δεῖ
d λέγεσθαι τὸν τοιοῦτον, ἀλλ᾽ ἐφ᾽ οἷς ἐσπούδακεν ἐκείνων.

ΦΑΙ. Τίνας οὖν τὰς ἐπωνυμίας αὐτῷ νέμεις;

ΣΩ. Τὸ μὲν σοφόν, ὦ Φαῖδρε, καλεῖν ἔμοιγε μέγα
εἶναι δοκεῖ καὶ θεῷ μόνῳ πρέπειν· τὸ δὲ ἢ φιλόσοφον ἢ
5 τοιοῦτόν τι μᾶλλόν τε ἂν αὐτῷ καὶ ἁρμόττοι καὶ ἐμμελεστέ-
ρως ἔχοι.

ΦΑΙ. Καὶ οὐδέν γε ἀπὸ τρόπου.

ΣΩ. Οὐκοῦν αὖ τὸν μὴ ἔχοντα τιμιώτερα ὧν συνέθηκεν
ἢ ἔγραψεν ἄνω κάτω στρέφων ἐν χρόνῳ, πρὸς ἄλληλα
e κολλῶν τε καὶ ἀφαιρῶν, ἐν δίκῃ που ποιητὴν ἢ λόγων
συγγραφέα ἢ νομογράφον προσερεῖς;

ΦΑΙ. Τί μήν;

ΣΩ. Ταῦτα τοίνυν τῷ ἑταίρῳ φράζε.

5 ΦΑΙ. Τί δὲ σύ; πῶς ποιήσεις; οὐδὲ γὰρ οὐδὲ τὸν σὸν
ἑταῖρον δεῖ παρελθεῖν.

ΣΩ. Τίνα τοῦτον;

b 8 ἐς T : εἰς B   τὸ T : τὸν B   b 9 μουσεῖον T : μουσιον
B : μουσῶν vulg.   ἐπέστελλον B : ἐπελλον T   d 1 ἐφ᾽ B : ὑφ᾽ T
d 5 τοιοῦτόν τι B : τι τοιοῦτον T   αὐτῷ καὶ T : αὐτῷ B   d 8 αὖ
τὸν t : αὐτὸν BT   e 1 ἐν δίκῃ T : δίκῃ B   που B : om. T   e 4 ἑταίρῳ
T : ἑτέρῳ B

ΦΑΙ. Ἰσοκράτη τὸν καλόν· ᾧ τί ἀπαγγελεῖς, ὦ Σώ-
κρατες; τίνα αὐτὸν φήσομεν εἶναι;

ΣΩ. Νέος ἔτι, ὦ Φαῖδρε, Ἰσοκράτης· ὃ μέντοι μαν- 10
τεύομαι κατ' αὐτοῦ, λέγειν ἐθέλω. 279

ΦΑΙ. Τὸ ποῖον δή;

ΣΩ. Δοκεῖ μοι ἀμείνων ἢ κατὰ τοὺς περὶ Λυσίαν εἶναι
λόγους τὰ τῆς φύσεως, ἔτι τε ἤθει γεννικωτέρῳ κεκρᾶσθαι·
ὥστε οὐδὲν ἂν γένοιτο θαυμαστὸν προϊούσης τῆς ἡλικίας εἰ 5
περὶ αὐτούς τε τοὺς λόγους, οἷς νῦν ἐπιχειρεῖ, πλέον ἢ
παίδων διενέγκοι τῶν πώποτε ἀψαμένων λόγων, ἔτι τε εἰ
αὐτῷ μὴ ἀποχρήσαι ταῦτα, ἐπὶ μείζω δέ τις αὐτὸν ἄγοι
ὁρμὴ θειοτέρα· φύσει γάρ, ὦ φίλε, ἔνεστί τις φιλοσοφία
τῇ τοῦ ἀνδρὸς διανοίᾳ. ταῦτα δὴ οὖν ἐγὼ μὲν παρὰ τῶνδε b
τῶν θεῶν ὡς ἐμοῖς παιδικοῖς Ἰσοκράτει ἐξαγγέλλω, σὺ δ'
ἐκεῖνα ὡς σοῖς Λυσίᾳ.

ΦΑΙ. Ταῦτ' ἔσται· ἀλλὰ ἴωμεν, ἐπειδὴ καὶ τὸ πνῖγος
ἠπιώτερον γέγονεν. 5

ΣΩ. Οὐκοῦν εὐξαμένῳ πρέπει τοῖσδε πορεύεσθαι;

ΦΑΙ. Τί μήν;

ΣΩ. Ὦ φίλε Πάν τε καὶ ἄλλοι ὅσοι τῇδε θεοί, δοίητέ
μοι καλῷ γενέσθαι τἄνδοθεν· ἔξωθεν δὲ ὅσα ἔχω, τοῖς ἐντὸς
εἶναί μοι φίλια. πλούσιον δὲ νομίζοιμι τὸν σοφόν· τὸ δὲ c
χρυσοῦ πλῆθος εἴη μοι ὅσον μήτε φέρειν μήτε ἄγειν δύναιτο
ἄλλος ἢ ὁ σώφρων.

Ἔτ' ἄλλου του δεόμεθα, ὦ Φαῖδρε; ἐμοὶ μὲν γὰρ μετρίως
ηὖκται. 5

ΦΑΙ. Καὶ ἐμοὶ ταῦτα συνεύχου· κοινὰ γὰρ τὰ τῶν
φίλων.

ΣΩ. Ἴωμεν.

a 4 τε B: δὲ T   a 5 τῆς ἡλικίας T: ἰσηλικίας B   a 6 τοὺς
T: om. B   a 7 ἔτι τε T: εἴτε B   a 8 ἐπιμείζων δέ τις αυτῷ
B: ἐπὶ μείζων δέ τις αὐτὸν T   a 9 ὁρμῇ θειοτέρᾳ B   b 2 ἐξαγ-
γελῶ Stallbaum   b 6 εὐξαμένῳ Bekker   c 1 φιλία B: φίλα T

ΑΛΚΙΒΙΑΔΗΣ

ΣΩΚΡΑΤΗΣ   ΑΛΚΙΒΙΑΔΗΣ

ΣΩ. Ὦ παῖ Κλεινίου, οἶμαί σε θαυμάζειν ὅτι πρῶτος a
ἐραστής σου γενόμενος τῶν ἄλλων πεπαυμένων μόνος οὐκ
ἀπαλλάττομαι, καὶ ὅτι οἱ μὲν ἄλλοι δι᾽ ὄχλου ἐγένοντό σοι
διαλεγόμενοι, ἐγὼ δὲ τοσούτων ἐτῶν οὐδὲ προσεῖπον. τούτου
δὲ τὸ αἴτιον γέγονεν οὐκ ἀνθρώπειον, ἀλλά τι δαιμόνιον 5
ἐναντίωμα, οὗ σὺ τὴν δύναμιν καὶ ὕστερον πεύσῃ. νῦν δὲ
ἐπειδὴ οὐκέτι ἐναντιοῦται, οὕτω προσελήλυθα· εὔελπις δ᾽ b
εἰμὶ καὶ τὸ λοιπὸν μὴ ἐναντιώσεσθαι αὐτό. σχεδὸν οὖν
κατανενόηκα ἐν τούτῳ τῷ χρόνῳ σκοπούμενος ὡς πρὸς τοὺς
ἐραστὰς ἔσχες· πολλῶν γὰρ γενομένων καὶ μεγαλοφρόνων
οὐδεὶς ὃς οὐχ ὑπερβληθεὶς τῷ φρονήματι ὑπὸ σοῦ πέφευγεν. 5
τὸν δὲ λόγον, ᾧ ὑπερπεφρόνηκας, ἐθέλω διελθεῖν. οὐδενὸς 104
φῂς ἀνθρώπων ἐνδεὴς εἶναι εἰς οὐδέν· τὰ γὰρ ὑπάρχοντά
σοι μεγάλα εἶναι, ὥστε μηδενὸς δεῖσθαι, ἀπὸ τοῦ σώματος
ἀρξάμενα τελευτῶντα εἰς τὴν ψυχήν. οἴει γὰρ δὴ εἶναι
πρῶτον μὲν κάλλιστός τε καὶ μέγιστος—καὶ τοῦτο μὲν δὴ 5
παντὶ δῆλον ἰδεῖν ὅτι οὐ ψεύδῃ—ἔπειτα νεανικωτάτου γένους
ἐν τῇ σεαυτοῦ πόλει, οὔσῃ μεγίστῃ τῶν Ἑλληνίδων, καὶ
ἐνταῦθα πρὸς πατρός τέ σοι φίλους καὶ συγγενεῖς πλείστους b

a 5 ἀνθρώπειον Β Olympiodorus : ἀνθρώπινον Τ W   b 1 οὐκέτι
Β Τ : οὐκ Proclus   a 3 ὥστε . . . δεῖσθαι secl. Cobet

297

εἶναι καὶ ἀρίστους, οἳ εἴ τι δέοι ὑπηρετοῖεν ἄν σοι, τούτων
δὲ τοὺς πρὸς μητρὸς οὐδὲν χείρους οὐδ᾽ ἐλάττους. συμπάντων
δὲ ὧν εἶπον μείζω οἴει σοι δύναμιν ὑπάρχειν Περικλέα τὸν
5 Ξανθίππου, ὃν ὁ πατὴρ ἐπίτροπον κατέλιπε σοί τε καὶ τῷ
ἀδελφῷ· ὃς οὐ μόνον ἐν τῇδε τῇ πόλει δύναται πράττειν ὅτι
ἂν βούληται, ἀλλ᾽ ἐν πάσῃ τῇ Ἑλλάδι καὶ τῶν βαρβάρων
ἐν πολλοῖς καὶ μεγάλοις γένεσιν. προσθήσω δὲ καὶ ὅτι τῶν
c πλουσίων· δοκεῖς δέ μοι ἐπὶ τούτῳ ἥκιστα μέγα φρονεῖν.
κατὰ πάντα δὴ ταῦτα σύ τε μεγαλαυχούμενος κεκράτηκας τῶν
ἐραστῶν ἐκεῖνοί τε ὑποδεέστεροι ὄντες ἐκρατήθησαν, καί σε
ταῦτ᾽ οὐ λέληθεν· ὅθεν δὴ εὖ οἶδα ὅτι θαυμάζεις τί· διανοού-
5 μενός ποτε οὐκ ἀπαλλάττομαι τοῦ ἔρωτος, καὶ ἥντιν᾽ ἔχων
ἐλπίδα ὑπομένω τῶν ἄλλων πεφευγότων.

ΑΛ. Καὶ ἴσως γε, ὦ Σώκρατες, οὐκ οἶσθ᾽ ὅτι σμικρόν
d με ἔφθης. ἐγὼ γάρ τοι ἐν νῷ εἶχον πρότερός σοι προσελθὼν
αὐτὰ ταῦτ᾽ ἐρέσθαι, τί ποτε βούλει καὶ εἰς τίνα ἐλπίδα βλέπων
ἐνοχλεῖς με, ἀεὶ ὅπου ἂν ὦ ἐπιμελέστατα παρών· τῷ ὄντι
γὰρ θαυμάζω ὅτι ποτ᾽ ἐστὶ τὸ σὸν πρᾶγμα, καὶ ἥδιστ᾽ ἂν
5 πυθοίμην.

ΣΩ. Ἀκούσῃ μὲν ἄρα μου, ὡς τὸ εἰκός, προθύμως, εἴπερ,
ὡς φῄς, ἐπιθυμεῖς εἰδέναι τί διανοοῦμαι, καὶ ὡς ἀκουσομένῳ
καὶ περιμενοῦντι λέγω.

ΑΛ. Πάνυ μὲν οὖν· ἀλλὰ λέγε.

e ΣΩ. Ὅρα δή· οὐ γάρ τοι εἴη ἂν θαυμαστὸν εἰ, ὥσπερ
μόγις ἠρξάμην, οὕτω μόγις καὶ παυσαίμην.

ΑΛ. Ὠγαθὲ λέγε· ἀκούσομαι γάρ.

ΣΩ. Λεκτέον ἂν εἴη. χαλεπὸν μὲν οὖν πρὸς ἄνδρα οὐχ
5 ἥττονα ἐραστῶν προσφέρεσθαι ἐραστῇ, ὅμως δὲ τολμητέον
φράσαι τὴν ἐμὴν διάνοιαν. ἐγὼ γάρ, ὦ Ἀλκιβιάδη, εἰ μέν

---

b 3 οὐδὲν B W Proclus : οὐδὲ T   b 4 ὑπάρχειν] ἐπαρκεῖν Ast :
fort. παρέχειν Stallbaum   c 1 μέγα φρονεῖν B Olympiodorus :
μεγαλοφρονεῖν T Proclus   d 2 αὐτὰ ταῦτ᾽ B : ταὐτὰ ταῦτ᾽ T : ταῦτα
Proclus   d 3 ὅπου B T : ὅπουπερ Proclus   d 7 φῄς T Proclus :
ἔφης B   εἰδέναι Proclus : εἰδέναι καὶ ἀκοῦσαι B : εἰδέναι ἀκοῦσαι T
e 2 μόγις καὶ T W : καὶ μόγις B Priscianus   παυσοίμην Cobet

σε ἑώρων ἃ νυνδὴ διῆλθον ἀγαπῶντα καὶ οἰόμενον δεῖν ἐν
τούτοις καταβιῶναι, πάλαι ἂν ἀπηλλάγμην τοῦ ἔρωτος, ὥς
γε δὴ ἐμαυτὸν πείθω· νῦν δ' ἕτερ' αὖ κατηγορήσω διανοή-   105
ματα σὰ πρὸς αὐτὸν σέ, ᾧ καὶ γνώσῃ ὅτι προσέχων γέ σοι
τὸν νοῦν διατετέλεκα. δοκεῖς γάρ μοι, εἴ τίς σοι εἴποι θεῶν·
"Ὦ Ἀλκιβιάδη, πότερον βούλει ζῆν ἔχων ἃ νῦν ἔχεις, ἢ
αὐτίκα τεθνάναι εἰ μή σοι ἐξέσται μείζω κτήσασθαι;"   5
δοκεῖς ἄν μοι ἑλέσθαι τεθνάναι· ἀλλὰ νῦν ἐπὶ τίνι δή ποτε
ἐλπίδι ζῆς, ἐγὼ φράσω. ἡγῇ, ἐὰν θᾶττον εἰς τὸν Ἀθηναίων
δῆμον παρέλθῃς—τοῦτο δ' ἔσεσθαι μάλα ὀλίγων ἡμερῶν—   b
παρελθὼν οὖν ἐνδείξεσθαι Ἀθηναίοις ὅτι ἄξιος εἶ τιμᾶσθαι
ὡς οὔτε Περικλῆς οὔτ' ἄλλος οὐδεὶς τῶν πώποτε γενομένων,
καὶ τοῦτ' ἐνδειξάμενος μέγιστον δυνήσεσθαι ἐν τῇ πόλει, ἐὰν
δ' ἐνθάδε μέγιστος ᾖς, καὶ ἐν τοῖς ἄλλοις Ἕλλησι, καὶ οὐ   5
μόνον ἐν Ἕλλησιν, ἀλλὰ καὶ ἐν τοῖς βαρβάροις, ὅσοι ἐν τῇ
αὐτῇ ἡμῖν οἰκοῦσιν ἠπείρῳ. καὶ εἰ αὖ σοι εἴποι ὁ αὐτὸς
οὗτος θεὸς ὅτι αὐτοῦ σε δεῖ δυναστεύειν ἐν τῇ Εὐρώπῃ,
διαβῆναι δὲ εἰς τὴν Ἀσίαν οὐκ ἐξέσται σοι οὐδὲ ἐπιθέσθαι   c
τοῖς ἐκεῖ πράγμασιν, οὐκ ἂν αὖ μοι δοκεῖς ἐθέλειν οὐδ' ἐπὶ
τούτοις μόνοις ζῆν, εἰ μὴ ἐμπλήσεις τοῦ σοῦ ὀνόματος καὶ
τῆς σῆς δυνάμεως πάντας ὡς ἔπος εἰπεῖν ἀνθρώπους· καὶ
οἶμαί σε πλὴν Κύρου καὶ Ξέρξου ἡγεῖσθαι οὐδένα ἄξιον   5
λόγου γεγονέναι. ὅτι μὲν οὖν ἔχεις ταύτην τὴν ἐλπίδα, εὖ
οἶδα καὶ οὐκ εἰκάζω. ἴσως ἂν οὖν εἴποις, ἅτε εἰδὼς ὅτι
ἀληθῆ λέγω, "Τί δὴ οὖν, ὦ Σώκρατες, τοῦτ' ἐστί σοι πρὸς
λόγου; [ὃν ἔφησθα ἐρεῖν, διὸ ἐμοῦ οὐκ ἀπαλλάττῃ;]" ἐγὼ δὲ   d
σοί γε ἐρῶ, ὦ φίλε παῖ Κλεινίου καὶ Δεινομάχης. τούτων
γάρ σοι ἁπάντων τῶν διανοημάτων τέλος ἐπιτεθῆναι ἄνευ

e 7 διῆλθον B Proclus: διήλθομεν T   καὶ T Proclus: τε καὶ B
Olympiodorus   b 1 ὀλίγων ἡμερῶν B Proclus: ἡμερῶν ὀλίγων T
b 2 οὖν B: δὲ T Proclus   ἐνδείξεσθαι B: ἐνδείξασθαι T Proclus
b 4 μέγιστον δυνήσεσθαι B T: μέγιστος γενήσῃ Proclus   c 1 ἀσίαν
T: ἀσίην B   c 7 ὅτι B T: ὡς Proclus   d 1 ὃν ... ἀπαλ-
λάττῃ seclusi   ὃν] ὃς Cobet   διὸ B T Proclus Olympiodorus:
δι' ὃν recc.   δὲ B: δὴ T Proclus   d 2 δεινομάχης T W
Olympiodorus: δεινομένης B t et εν supra μάχ W Proclus

ἐμοῦ ἀδύνατον· τοσαύτην ἐγὼ δύναμιν οἶμαι ἔχειν εἰς τὰ σὰ
5 πράγματα καὶ εἰς σέ, διὸ δὴ καὶ πάλαι οἴομαί με τὸν θεὸν
οὐκ ἐᾶν διαλέγεσθαί σοι, ὃν ἐγὼ περιέμενον ὁπηνίκα ἐάσει.
ὥσπερ γὰρ σὺ ἐλπίδας ἔχεις ἐν τῇ πόλει ἐνδείξασθαι ὅτι
e αὐτῇ παντὸς ἄξιος εἶ, ἐνδειξάμενος δὲ [ὅτι] οὐδὲν ὅτι οὐ
παραυτίκα δυνήσεσθαι, οὕτω κἀγὼ παρὰ σοὶ ἐλπίζω μέγιστον
δυνήσεσθαι ἐνδειξάμενος ὅτι παντὸς ἄξιός εἰμί σοι καὶ οὔτε
ἐπίτροπος οὔτε συγγενὴς οὔτ᾽ ἄλλος οὐδεὶς ἱκανὸς παραδοῦναι
5 τὴν δύναμιν ἧς ἐπιθυμεῖς πλὴν ἐμοῦ, μετὰ τοῦ θεοῦ μέντοι.
νεωτέρῳ μὲν οὖν ὄντι σοι καὶ πρὶν τοσαύτης ἐλπίδος γέμειν,
ὡς ἐμοὶ δοκεῖ, οὐκ εἴα ὁ θεὸς διαλέγεσθαι, ἵνα μὴ μάτην
106 διαλεγοίμην. νῦν δ᾽ ἐφῆκεν· νῦν γὰρ ἄν μου ἀκούσαις.

ΑΛ. Πολύ γέ μοι, ὦ Σώκρατες, νῦν ἀτοπώτερος αὖ φαίνῃ,
ἐπειδὴ ἤρξω λέγειν, ἢ ὅτε σιγῶν εἴπου· καίτοι σφόδρα γε
ἦσθ᾽ ἰδεῖν καὶ τότε τοιοῦτος. εἰ μὲν οὖν ἐγὼ ταῦτα δια-
5 νοοῦμαι ἢ μή, ὡς ἔοικε, διέγνωκας, καὶ ἐὰν μὴ φῶ, οὐδέν
μοι ἔσται πλέον πρὸς τὸ πείθειν σε. εἶεν· εἰ δὲ δὴ ὅτι
μάλιστα ταῦτα διανενόημαι, πῶς διὰ σοῦ μοι ἔσται καὶ ἄνευ
σοῦ οὐκ ἂν γένοιτο; ἔχεις λέγειν;
b ΣΩ. Ἆρ᾽ ἐρωτᾷς εἴ τιν᾽ ἔχω εἰπεῖν λόγον μακρόν, οἵους
δὴ ἀκούειν εἴθισαι; οὐ γάρ ἐστι τοιοῦτον τὸ ἐμόν· ἀλλ᾽
ἐνδείξασθαι μέν σοι, ὡς ἐγᾦμαι, οἷός τ᾽ ἂν εἴην ὅτι ταῦτα
οὕτως ἔχει, ἐὰν ἓν μόνον μοι ἐθελήσῃς βραχὺ ὑπηρετῆσαι.
5 ΑΛ. Ἀλλ᾽ εἴ γε δὴ μὴ χαλεπόν τι λέγεις τὸ ὑπηρέτημα,
ἐθέλω.

ΣΩ. Ἦ χαλεπὸν δοκεῖ τὸ ἀποκρίνασθαι τὰ ἐρωτώμενα;
ΑΛ. Οὐ χαλεπόν.

d 4 δύναμιν οἶμαι B : οἶμαι δύναμιν T Proclus   d 7 ἐνδείξασθαι
... e 2 δυνήσεσθαι T W Proclus : om. B   e 1 ὅτι om. Proclus
e 3 παντὸς B Olympiodorus : παντὸς μᾶλλον T W : καὶ αὐτὸς μᾶλλον Pro-
clus   σοι B : om. T Proclus   e 4 ἱκανὸς B Proclus : ἱκανῶς T
e 5 τοῦ B W Proclus Olympiodorus : om. T   a 1 ἐφῆκεν B T :
ἀφῆκε Proclus   a 2 αὖ B W Olympiodorus : om. T Proclus
b 4 ἐθελήσῃς T Proclus : ἐθέλῃς B Olympiodorus   b 7 ἢ Butt-
mann : εἰ B T   ἀποκρίνασθαι T Proclus Olympiodorus : ἀποκρίνεσθαι B

ΣΩ. Ἀποκρίνου δή.

ΑΛ. Ἐρώτα. 10

ΣΩ. Οὐκοῦν ὡς διανοουμένου σου ταῦτα ἐρωτῶ, ἅ φημί σε
διανοεῖσθαι; c

ΑΛ. Ἔστω, εἰ βούλει, οὕτως, ἵνα καὶ εἰδῶ ὅτι καὶ
ἐρεῖς.

ΣΩ. Φέρε δή· διανοῇ γάρ, ὡς ἐγώ φημι, παριέναι συμβου-
λεύσων Ἀθηναίοις ἐντὸς οὐ πολλοῦ χρόνου· εἰ οὖν μέλλοντός 5
σου ἰέναι ἐπὶ τὸ βῆμα λαβόμενος ἐροίμην· "Ὦ Ἀλκιβιάδη,
ἐπειδὴ περὶ τίνος Ἀθηναῖοι διανοοῦνται βουλεύεσθαι, ἀνί-
στασαι συμβουλεύσων; ἆρ' ἐπειδὴ περὶ ὧν σὺ ἐπίστασαι
βέλτιον ἢ οὗτοι; " τί ἂν ἀποκρίναιο;

ΑΛ. Εἴποιμ' ἂν δήπου, περὶ ὧν οἶδα βέλτιον ἢ οὗτοι. d

ΣΩ. Περὶ ὧν ἄρ' εἰδὼς τυγχάνεις, ἀγαθὸς σύμβουλος εἶ.

ΑΛ. Πῶς γὰρ οὔ;

ΣΩ. Οὐκοῦν ταῦτα μόνον οἶσθα, ἃ παρ' ἄλλων ἔμαθες ἢ
αὐτὸς ἐξηῦρες; 5

ΑΛ. Ποῖα γὰρ ἄλλα;

ΣΩ. Ἔστιν οὖν ὅπως ἄν ποτε ἔμαθές τι ἢ ἐξηῦρες μήτε
μανθάνειν ἐθέλων μήτ' αὐτὸς ζητεῖν;

ΑΛ. Οὐκ ἔστιν.

ΣΩ. Τί δέ; ἠθέλησας ἂν ζητῆσαι ἢ μαθεῖν ἃ ἐπίστασθαι 10
ᾤου;

ΑΛ. Οὐ δῆτα.

ΣΩ. Ἃ ἄρα νῦν τυγχάνεις ἐπιστάμενος, ἦν χρόνος ὅτε οὐχ e
ἡγοῦ εἰδέναι;

ΑΛ. Ἀνάγκη.

ΣΩ. Ἀλλὰ μὴν ἅ γε μεμάθηκας σχεδόν τι καὶ ἐγὼ οἶδα·
εἰ δέ τι ἐμὲ λέληθεν, εἰπέ. ἔμαθες γὰρ δὴ σύ γε κατὰ 5
μνήμην τὴν ἐμὴν γράμματα καὶ κιθαρίζειν καὶ παλαίειν· οὐ
γὰρ δὴ αὐλεῖν γε ἤθελες μαθεῖν. ταῦτ' ἐστὶν ἃ σὺ ἐπίστασαι,

c 2 ὅτι καὶ T: ὅτι B Proclus   e 1 ἃ ἄρα B: ἆρ' ἃ T Proclus
e 4 ἐγὼ B T: αὐτὸς Proclus   e 6 τὴν B: om. T: τὴν ἐμὴν om.
Proclus

301

εἰ μή πού τι μανθάνων ἐμὲ λέληθας· οἶμαι δέ γε, οὔτε
νύκτωρ οὔτε μεθ' ἡμέραν ἐξιὼν ἔνδοθεν.

10 ΑΛ. Ἀλλ' οὐ πεφοίτηκα εἰς ἄλλων ἢ τούτων.

107 ΣΩ. Πότερον οὖν, ὅταν περὶ γραμμάτων Ἀθηναῖοι βου-
λεύωνται, πῶς ἂν ὀρθῶς γράφοιεν, τότε ἀναστήσῃ αὐτοῖς
συμβουλεύσων;

ΑΛ. Μὰ Δί' οὐκ ἔγωγε.

5 ΣΩ. Ἀλλ' ὅταν περὶ κρουμάτων ἐν λύρᾳ;

ΑΛ. Οὐδαμῶς.

ΣΩ. Οὐδὲ μὴν οὐδὲ περὶ παλαισμάτων γε εἰώθασι
βουλεύεσθαι ἐν τῇ ἐκκλησίᾳ.

ΑΛ. Οὐ μέντοι.

10 ΣΩ. Ὅταν οὖν περὶ τίνος βουλεύωνται; οὐ γάρ που ὅταν
γε περὶ οἰκοδομίας.

ΑΛ. Οὐ δῆτα.

ΣΩ. Οἰκοδόμος γὰρ ταῦτά γε σοῦ βέλτιον συμβουλεύσει.

b ΑΛ. Ναί.

ΣΩ. Οὐδὲ μὴν ὅταν περὶ μαντικῆς βουλεύωνται;

ΑΛ. Οὔ.

ΣΩ. Μάντις γὰρ αὖ ταῦτα ἄμεινον ἢ σύ.

5 ΑΛ. Ναί.

ΣΩ. Ἐάν τέ γε σμικρὸς ἢ μέγας ᾖ, ἐάν τε καλὸς ἢ
αἰσχρός, ἔτι τε γενναῖος ἢ ἀγεννής.

ΑΛ. Πῶς γὰρ οὔ;

ΣΩ. Εἰδότος γὰρ οἶμαι περὶ ἑκάστου ἡ συμβουλή, καὶ οὐ
10 πλουτοῦντος.

ΑΛ. Πῶς γὰρ οὔ;

ΣΩ. Ἀλλ' ἐάντε πένης ἐάντε πλούσιος ᾖ ὁ παραινῶν,
οὐδὲν διοίσει Ἀθηναίοις ὅταν περὶ τῶν ἐν τῇ πόλει βου-

e 8 γε οὔτε B : οὔτε γε T Proclus : οὔτε Olympiodorus   a 10 βου-
λεύωνται T Proclus Olympiodorus : βούλωνται B   b 4 αὖ T : ἂν
B : om. Proclus   b 6 ἢ μέγας T Proclus : καὶ μέγας B   b 8 πῶς
. . . b 10 πλουτοῦντος post c 2 σύμβουλον transp. Apelt   b 9 καὶ
οὐ πλουτοῦντος secl. Schanz   b 13 βουλεύωνται T Proclus :
βούλωνται B

λεύωνται, πῶς ἂν ὑγιαίνοιεν, ἀλλὰ ζητήσουσιν ἰατρὸν εἶναι c
τὸν σύμβουλον.

ΑΛ. Εἰκότως γε.

ΣΩ. Ὅταν οὖν περὶ τίνος σκοπῶνται, τότε σὺ ἀνιστάμενος
ὡς συμβουλεύσων ὀρθῶς ἀναστήσῃ; 5

ΑΛ. Ὅταν περὶ τῶν ἑαυτῶν πραγμάτων, ὦ Σώκρατες.

ΣΩ. Τῶν περὶ ναυπηγίας λέγεις, ὁποίας τινὰς χρὴ αὐτοὺς
τὰς ναῦς ναυπηγεῖσθαι;

ΑΛ. Οὐκ ἔγωγε, ὦ Σώκρατες.

ΣΩ. Ναυπηγεῖν γὰρ οἶμαι οὐκ ἐπίστασαι. τοῦτ᾽ αἴτιον 10
ἢ ἄλλο τι;

ΑΛ. Οὔκ, ἀλλὰ τοῦτο.

ΣΩ. Ἀλλὰ περὶ ποίων τῶν ἑαυτῶν λέγεις πραγμάτων d
ὅταν βουλεύωνται;

ΑΛ. Ὅταν περὶ πολέμου, ὦ Σώκρατες, ἢ περὶ εἰρήνης ἢ
ἄλλου του τῶν τῆς πόλεως πραγμάτων.

ΣΩ. Ἆρα λέγεις ὅταν βουλεύωνται πρὸς τίνας χρὴ εἰρήνην 5
ποιεῖσθαι καὶ τίσιν πολεμεῖν καὶ τίνα τρόπον;

ΑΛ. Ναί.

ΣΩ. Χρὴ δ᾽ οὐχ οἷς βέλτιον;

ΑΛ. Ναί.

ΣΩ. Καὶ τόθ᾽ ὁπότε βέλτιον; e

ΑΛ. Πάνυ γε.

ΣΩ. Καὶ τοσοῦτον χρόνον ὅσον ἄμεινον;

ΑΛ. Ναί.

ΣΩ. Εἰ οὖν βουλεύοιντο Ἀθηναῖοι τίσιν χρὴ προσπα- 5
λαίειν καὶ τίσιν ἀκροχειρίζεσθαι καὶ τίνα τρόπον, σὺ ἄμεινον
ἂν συμβουλεύοις ἢ ὁ παιδοτρίβης;

ΑΛ. Ὁ παιδοτρίβης δήπου.

ΣΩ. Ἔχεις οὖν εἰπεῖν πρὸς τί ⟨ἂν⟩ βλέπων ὁ παιδοτρίβης

c 1 ζητήσουσιν Τ W: ζητοῦσιν Β Proclus   c 7 τῶν Β Olympio-
dorus: τὸν Τ: μῶν Apelt   d 4 ἄλλου Β Olympiodorus: περὶ
ἄλλου Τ W   d 8 οὐχ Β W: om. Τ   e 9 ἂν addidi: post συμβου-
λεύσειεν Ast

10 συμβουλεύσειεν οἷς δεῖ προσπαλαίειν καὶ οἷς μή, καὶ ὁπότε
καὶ ὅντινα τρόπον; λέγω δὲ τὸ τοιόνδε· ἆρα τούτοις δεῖ
προσπαλαίειν οἷς βέλτιον, ἢ οὔ;

ΑΛ. Ναί.

108 ΣΩ. Ἆρα καὶ τοσαῦτα ὅσα ἄμεινον;

ΑΛ. Τοσαῦτα.

ΣΩ. Οὐκοῦν καὶ τότε ὅτε ἄμεινον;

ΑΛ. Πάνυ γε.

5 ΣΩ. Ἀλλὰ μὴν καὶ ᾄδοντα δεῖ κιθαρίζειν ποτὲ πρὸς τὴν
ᾠδὴν καὶ βαίνειν;

ΑΛ. Δεῖ γάρ.

ΣΩ. Οὐκοῦν τότε ὁπότε βέλτιον;

ΑΛ. Ναί.

10 ΣΩ. Καὶ τοσαῦθ' ὅσα βέλτιον;

ΑΛ. Φημί.

ΣΩ. Τί οὖν; ἐπειδὴ βέλτιον μὲν ὠνόμαζες ἐπ' ἀμφο-
b τέροις, τῷ τε κιθαρίζειν πρὸς τὴν ᾠδὴν καὶ τῷ προσπαλαίειν,
τί καλεῖς τὸ ἐν τῷ κιθαρίζειν βέλτιον, ὥσπερ ἐγὼ τὸ ἐν τῷ
παλαίειν καλῶ γυμναστικόν· σὺ δ' ἐκεῖνο τί καλεῖς;

ΑΛ. Οὐκ ἐννοῶ.

5 ΣΩ. Ἀλλὰ πειρῶ ἐμὲ μιμεῖσθαι. ἐγὼ γάρ που ἀπε-
κρινάμην τὸ διὰ παντὸς ὀρθῶς ἔχον, ὀρθῶς δὲ δήπου ἔχει τὸ
κατὰ τὴν τέχνην γιγνόμενον· ἢ οὔ;

ΑΛ. Ναί.

ΣΩ. Ἡ δὲ τέχνη οὐ γυμναστικὴ ἦν;

10 ΑΛ. Πῶς δ' οὔ;

c ΣΩ. Ἐγὼ δ' εἶπον τὸ ἐν τῷ παλαίειν βέλτιον γυμνα-
στικόν.

ΑΛ. Εἶπες γάρ.

ΣΩ. Οὐκοῦν καλῶς;

5 ΑΛ. Ἔμοιγε δοκεῖ.

---

a 5 ᾄδοντα T : τὸ ᾄδοντα B : τὸν ᾄδοντα Ast   b 2 κιθαρίζειν B :
ὀρθῶς κιθαρίζειν T

ΣΩ. Ἴθι δὴ καὶ σύ—πρέποι γὰρ ἄν που καὶ σοὶ τὸ καλῶς
διαλέγεσθαι—εἰπὲ πρῶτον τίς ἡ τέχνη ἧς τὸ κιθαρίζειν καὶ
τὸ ᾄδειν καὶ τὸ ἐμβαίνειν ὀρθῶς; συνάπασα τίς καλεῖται;
οὔπω δύνασαι εἰπεῖν;

ΑΛ. Οὐ δῆτα.   10

ΣΩ. Ἀλλ᾽ ὧδε πειρῶ· τίνες αἱ θεαὶ ὧν ἡ τέχνη;

ΑΛ. Τὰς Μούσας, ὦ Σώκρατες, λέγεις;

ΣΩ. Ἔγωγε. ὅρα δή· τίνα ἀπ᾽ αὐτῶν ἐπωνυμίαν ἡ   d
τέχνη ἔχει;

ΑΛ. Μουσικήν μοι δοκεῖς λέγειν.

ΣΩ. Λέγω γάρ. τί οὖν τὸ κατὰ ταύτην ὀρθῶς γιγνόμενόν
ἐστιν; ὥσπερ ἐκεῖ ἐγώ σοι τὸ κατὰ τὴν τέχνην ἔλεγον ὀρθῶς,   5
τὴν γυμναστικήν, καὶ σὺ δὴ οὖν οὕτως ἐνταῦθα τί φῄς; πῶς
γίγνεσθαι;

ΑΛ. Μουσικῶς μοι δοκεῖ.

ΣΩ. Εὖ λέγεις. ἴθι δή, καὶ τὸ ἐν τῷ πολεμεῖν βέλ-
τιον καὶ τὸ ἐν τῷ εἰρήνην ἄγειν, τοῦτο τὸ βέλτιον τί   10
ὀνομάζεις; ὥσπερ ἐκεῖ ἐφ᾽ ἑκάστῳ ἔλεγες τὸ ἄμεινον, ὅτι   e
μουσικώτερον καὶ ἐπὶ τῷ ἑτέρῳ, ὅτι γυμναστικώτερον·
πειρῶ δὴ καὶ ἐνταῦθα λέγειν τὸ βέλτιον.

ΑΛ. Ἀλλ᾽ οὐ πάνυ τι ἔχω.

ΣΩ. Ἀλλὰ μέντοι αἰσχρόν γε εἰ μέν τίς σε λέγοντα   5
καὶ συμβουλεύοντα περὶ σιτίων ὅτι βέλτιον τόδε τοῦδε καὶ
νῦν καὶ τοσοῦτον, ἔπειτα ἐρωτήσειεν " Τί τὸ ἄμεινον λέγεις,
ὦ Ἀλκιβιάδη; " περὶ μὲν τούτων ἔχειν εἰπεῖν ὅτι τὸ ὑγιει-
νότερον, καίτοι οὐ προσποιῇ γε ἰατρὸς εἶναι· περὶ δὲ οὗ
προσποιῇ ἐπιστήμων εἶναι καὶ συμβουλεύσεις ἀνιστάμενος 109

c 6 ἴθι B T W Olympiodorus : ἴσθι Proclus   c 9 οὔπω ... d 2
ἔχει secl. Hermann   d 4 κατὰ ταύτην T : κατ᾽ αὐτὴν B   d 6 δὴ
οὖν T : δ᾽ οὖν B   e 1 ἐφ᾽ ἑκάστῳ secl. Schanz   τὸ ἄμεινον
Proclus : τῷ ἀμείνονι B T   e 4 οὐ πάνυ τι T Proclus : οὐ πάνυ B
e 9 καίτοι οὐ T Proclus : καὶ τοιοῦτον B   γε Proclus : om. B T :
τε al.   a 1 συμβουλεύσεις B T W (sed σ puncto notatum in T) :
συμβουλεύεις Proclus vulg.

ὡς εἰδώς, τούτου δ', ὡς ἔοικας, πέρι ἐρωτηθεὶς ἐὰν μὴ
ἔχῃς εἰπεῖν, οὐκ αἰσχύνῃ; ἢ οὐκ αἰσχρὸν φανεῖται;

ΑΛ. Πάνυ γε.

5 ΣΩ. Σκόπει δὴ καὶ προθυμοῦ εἰπεῖν πρὸς τί τείνει τὸ
ἐν τῷ εἰρήνην τε ἄγειν ἄμεινον καὶ τὸ ἐν τῷ πολεμεῖν
οἷς δεῖ;

ΑΛ. 'Αλλὰ σκοπῶν οὐ δύναμαι ἐννοῆσαι.

ΣΩ. Οὐδ' οἶσθα, ἐπειδὰν πόλεμον ποιώμεθα, ὅτι ἐγκα-
10 λοῦντες ἀλλήλοις πάθημα ἐρχόμεθα εἰς τὸ πολεμεῖν, καὶ
ὅτι αὐτὸ ὀνομάζοντες ἐρχόμεθα;

b ΑΛ. Ἔγωγε, ὅτι γε ἐξαπατώμενοί τι ἢ βιαζόμενοι ἢ
ἀποστερούμενοι.

ΣΩ. Ἔχε· πῶς ἕκαστα τούτων πάσχοντες; πειρῶ εἰπεῖν
τί διαφέρει τὸ ὧδε ἢ ὧδε.

5 ΑΛ. Ἦ τὸ ὧδε λέγεις, ὦ Σώκρατες, τὸ δικαίως ἢ τὸ
ἀδίκως;

ΣΩ. Αὐτὸ τοῦτο.

ΑΛ. 'Αλλὰ μὴν τοῦτό γε διαφέρει ὅλον τε καὶ πᾶν.

ΣΩ. Τί οὖν; 'Αθηναίοις σὺ πρὸς ποτέρους συμβου-
10 λεύσεις πολεμεῖν, τοὺς ἀδικοῦντας ἢ τοὺς τὰ δίκαια πράτ-
τοντας;

c ΑΛ. Δεινὸν τοῦτό γε ἐρωτᾷς· εἰ γὰρ καὶ διανοεῖταί τις
ὡς δεῖ πρὸς τοὺς τὰ δίκαια πράττοντας πολεμεῖν, οὐκ ἂν
ὁμολογήσειέν γε.

ΣΩ. Οὐ γὰρ νόμιμον τοῦθ', ὡς ἔοικεν.

5 ΑΛ. Οὐ δῆτα· οὐδέ γε καλὸν δοκεῖ εἶναι.

ΣΩ. Πρὸς ταῦτ' ἄρα καὶ σὺ [τὸ δίκαιον] τοὺς λόγους
ποιήσῃ;

ΑΛ. 'Ανάγκη.

a 3 φανεῖται T Proclus : φαίνεται B   a 6 τὸ B T : om. Proclus
a 8 ἐννοῆσαι T Proclus : νοῆσαι B   a 9 ὅτι T Proclus : τί B
Olympiodorus   b 1 γε T W : om. B   b 5 ἢ corr. Coisl. :
εἰ B T : εἰ δὲ Proclus   c 6 ταῦτ' B T Proclus : τοῦτ' ci. Stephanus
τὸ δίκαιον secl. Nürnberger

ΣΩ. Ἄλλο τι οὖν, ὃ νυνδὴ ἐγὼ ἠρώτων βέλτιον πρὸς
τὸ πολεμεῖν καὶ μή, καὶ οἷς δεῖ καὶ οἷς μή, καὶ ὁπότε καὶ 10
μή, τὸ δικαιότερον τυγχάνει ὄν; ἢ οὔ;

ΑΛ. Φαίνεταί γε.

ΣΩ. Πῶς οὖν, ὦ φίλε Ἀλκιβιάδη; πότερον σαυτὸν d
λέληθας ὅτι οὐκ ἐπίστασαι τοῦτο, ἢ ἐμὲ ἔλαθες μανθάνων
καὶ φοιτῶν εἰς διδασκάλου ὅς σε ἐδίδασκε διαγιγνώσκειν
τὸ δικαιότερόν τε καὶ ἀδικώτερον; καὶ τίς ἐστιν οὗτος;
φράσον καὶ ἐμοί, ἵνα αὐτῷ φοιτητὴν προξενήσῃς καὶ ἐμέ. 5

ΑΛ. Σκώπτεις, ὦ Σώκρατες.

ΣΩ. Οὐ μὰ τὸν Φίλιον τὸν ἐμόν τε καὶ σόν, ὃν ἐγὼ
ἥκιστ᾽ ἂν ἐπιορκήσαιμι· ἀλλ᾽ εἴπερ ἔχεις, εἰπὲ τίς ἐστιν.

ΑΛ. Τί δ᾽ εἰ μὴ ἔχω; οὐκ ἂν οἴει με ἄλλως εἰδέναι e
περὶ τῶν δικαίων καὶ ἀδίκων;

ΣΩ. Ναί, εἴ γε εὕροις.

ΑΛ. Ἀλλ᾽ οὐκ ἂν εὑρεῖν με ἡγῇ;

ΣΩ. Καὶ μάλα γε, εἰ ζητήσαις. 5

ΑΛ. Εἶτα ζητῆσαι οὐκ ἂν οἴει με;

ΣΩ. Ἔγωγε, εἰ οἰηθείης γε μὴ εἰδέναι.

ΑΛ. Εἶτα οὐκ ἦν ὅτ᾽ εἶχον οὕτω;

ΣΩ. Καλῶς λέγεις. ἔχεις οὖν εἰπεῖν τοῦτον τὸν χρόνον
ὅτε οὐκ ᾤου εἰδέναι τὰ δίκαια καὶ τὰ ἄδικα; φέρε, πέρυσιν 110
ἐζήτεις τε καὶ οὐκ ᾤου εἰδέναι; ἢ ᾤου; καὶ τἀληθῆ
ἀποκρίνου, ἵνα μὴ μάτην οἱ διάλογοι γίγνωνται.

ΑΛ. Ἀλλ᾽ ᾤμην εἰδέναι.

ΣΩ. Τρίτον δ᾽ ἔτος καὶ τέταρτον καὶ πέμπτον οὐχ 5
οὕτως;

ΑΛ. Ἔγωγε.

ΣΩ. Ἀλλὰ μὴν τό γε πρὸ τοῦ παῖς ἦσθα. ἢ γάρ;

ΑΛ. Ναί.

d 3 διδασκάλου B Proclus Olympiodorus : διδασκάλους T   d 5 καὶ
ἐμέ B : ἐμέ T Proclus Olympiodorus   d 7 οὐ μὰ Proclus : μὰ B T
e 5 γε om. Stobaeus   a 2 τε B Proclus : om. T   a 3 διάλογοι]
λόγοι Cobet   a 8 τοῦ T Proclus : τούτου B Olympiodorus

10 ΣΩ. Τότε μὲν τοίνυν εὖ οἶδα ὅτι ᾤου εἰδέναι.

ΑΛ. Πῶς εὖ οἶσθα;

b ΣΩ. Πολλάκις σοῦ ἐν διδασκάλων ἤκουον παιδὸς ὄντος καὶ ἄλλοθι, καὶ ὁπότε ἀστραγαλίζοις ἢ ἄλλην τινὰ παιδιὰν παίζοις, οὐχ ὡς ἀποροῦντος περὶ τῶν δικαίων καὶ ἀδίκων, ἀλλὰ μάλα μέγα καὶ θαρραλέως λέγοντος περὶ ὅτου τύχοις 5 τῶν παίδων ὡς πονηρός τε καὶ ἄδικος εἴη καὶ ὡς ἀδικοῖ· ἢ οὐκ ἀληθῆ λέγω;

ΑΛ. 'Αλλὰ τί ἔμελλον ποιεῖν, ὦ Σώκρατες, ὁπότε τίς με ἀδικοῖ;

ΣΩ. Σὺ δ' εἰ τύχοις ἀγνοῶν εἴτ' ἀδικοῖο εἴτε μὴ τότε, 10 λέγεις, τί σε χρὴ ποιεῖν;

c ΑΛ. Μὰ Δί' ἀλλ' οὐκ ἠγνόουν ἔγωγε, ἀλλὰ σαφῶς ἐγίγνωσκον ὅτι ἠδικούμην.

ΣΩ. "Ωιου ἄρα ἐπίστασθαι καὶ παῖς ὤν, ὡς ἔοικε, τὰ δίκαια καὶ τὰ ἄδικα.

5 ΑΛ. "Εγωγε· καὶ ἠπιστάμην γε.

ΣΩ. 'Εν ποίῳ χρόνῳ ἐξευρών; οὐ γὰρ δήπου ἐν ᾧ γε ᾤου εἰδέναι.

ΑΛ. Οὐ δῆτα.

ΣΩ. Πότε οὖν ἀγνοεῖν ἡγοῦ; σκόπει· οὐ γὰρ εὑρήσεις 10 τοῦτον τὸν χρόνον.

ΑΛ. Μὰ τὸν Δί', ὦ Σώκρατες, οὔκουν ἔχω γ' εἰπεῖν.

d ΣΩ. Εὑρὼν μὲν ἄρ' οὐκ οἶσθα αὐτά.

ΑΛ. Οὐ πάνυ φαίνομαι.

ΣΩ. 'Αλλὰ μὴν ἄρτι γε οὐδὲ μαθὼν ἔφησθα εἰδέναι· εἰ δὲ μήθ' ηὗρες μήτ' ἔμαθες, πῶς οἶσθα καὶ πόθεν;

5 ΑΛ. 'Αλλ' ἴσως τοῦτό σοι οὐκ ὀρθῶς ἀπεκρινάμην, τὸ φάναι εἰδέναι αὐτὸς ἐξευρών.

ΣΩ. Τὸ δὲ πῶς εἶχεν;

ΑΛ. "Εμαθον οἶμαι καὶ ἐγὼ ὥσπερ καὶ οἱ ἄλλοι.

---

a 10 μὲν τοίνυν ΒΤ : μέντοι Proclus   b 1 σοῦ om. Proclus
c 6 ποίῳ Dobree : ὁποίῳ ΒΤ   d 5 ἀπεκρινάμην ΒΤ : ἀπεκρίθην
Stobaeus   d 7 τὸ δὲ ΒΤ : τὸ δὲ ὧδε Coisl. : τὸ δὲ οὕτω Proclus

ΣΩ. Πάλιν εἰς τὸν αὐτὸν ἥκομεν λόγον. παρὰ τοῦ; φράζε κἀμοί. 10

ΑΛ. Παρὰ τῶν πολλῶν. e

ΣΩ. Οὐκ εἰς σπουδαίους γε διδασκάλους καταφεύγεις εἰς τοὺς πολλοὺς ἀναφέρων.

ΑΛ. Τί δέ; οὐχ ἱκανοὶ διδάξαι οὗτοι;

ΣΩ. Οὔκουν τὰ πεττευτικά γε καὶ τὰ μή· καίτοι 5 φαυλότερα αὐτὰ οἶμαι τῶν δικαίων εἶναι. τί δέ; σὺ οὐχ οὕτως οἴει;

ΑΛ. Ναί.

ΣΩ. Εἶτα τὰ μὲν φαυλότερα οὐχ οἷοί τε διδάσκειν, τὰ δὲ σπουδαιότερα; 10

ΑΛ. Οἶμαι ἔγωγε· ἄλλα γοῦν πολλὰ οἷοί τ᾽ εἰσὶν δι-δάσκειν σπουδαιότερα τοῦ πεττεύειν.

ΣΩ. Ποῖα ταῦτα;

ΑΛ. Οἷον καὶ τὸ ἑλληνίζειν παρὰ τούτων ἔγωγ᾽ ἔμαθον, 111 καὶ οὐκ ἂν ἔχοιμι εἰπεῖν ἐμαυτοῦ διδάσκαλον, ἀλλ᾽ εἰς τοὺς αὐτοὺς ἀναφέρω οὓς σὺ φῂς οὐ σπουδαίους εἶναι διδασκάλους.

ΣΩ. Ἀλλ᾽, ὦ γενναῖε, τούτου μὲν ἀγαθοὶ διδάσκαλοι οἱ 5 πολλοί, καὶ δικαίως ἐπαινοῖντ᾽ ἂν αὐτῶν εἰς διδασκαλίαν.

ΑΛ. Τί δή;

ΣΩ. Ὅτι ἔχουσι περὶ αὐτὰ ἃ χρὴ τοὺς ἀγαθοὺς δι-δασκάλους ἔχειν.

ΑΛ. Τί τοῦτο λέγεις; 10

ΣΩ. Οὐκ οἶσθ᾽ ὅτι χρὴ τοὺς μέλλοντας διδάσκειν ὁτιοῦν αὐτοὺς πρῶτον εἰδέναι; ἢ οὔ; b

ΑΛ. Πῶς γὰρ οὔ;

ΣΩ. Οὐκοῦν τοὺς εἰδότας ὁμολογεῖν τε ἀλλήλοις καὶ μὴ διαφέρεσθαι;

---

e 2 καταφεύγεις T : καταφεύγει B   e 9 οἷοί τε Proclus : οἷοι B : οἷοι T   a 2 ἂν T Proclus : om. B   εἰπεῖν ἐμαυτοῦ B : ἐμαυτοῦ εἰπεῖν T Proclus   a 3 αὐτοὺς T : ἐμαυτοὺς B   a 6 ἐπαινοῖντ᾽ ἂν . . . εἰς διδασκαλίαν B T : ἐπαινοῖτ᾽ ἂν . . . ἡ διδασκαλία Proclus αὐτῶν secl. ci. Stallbaum

5 ΑΛ. Ναί.

ΣΩ. Ἐν οἷς δ' ἂν διαφέρωνται, ταῦτα φήσεις εἰδέναι αὐτούς;

ΑΛ. Οὐ δῆτα.

ΣΩ. Τούτων οὖν διδάσκαλοι πῶς ἂν εἶεν;

10 ΑΛ. Οὐδαμῶς.

ΣΩ. Τί οὖν; δοκοῦσί σοι διαφέρεσθαι οἱ πολλοὶ ποῖόν ἐστι λίθος ἢ ξύλον; καὶ ἐάν τινα ἐρωτᾷς, ἆρ' οὐ τὰ αὐτὰ c ὁμολογοῦσιν, καὶ ἐπὶ ταὐτὰ ὁρμῶσιν ὅταν βούλωνται λαβεῖν λίθον ἢ ξύλον; ὡσαύτως καὶ πάνθ' ὅσα τοιαῦτα· σχεδὸν γάρ τι μανθάνω τὸ ἑλληνίζειν ἐπίστασθαι ὅτι τοῦτο λέγεις· ἢ οὔ;

5 ΑΛ. Ναί.

ΣΩ. Οὐκοῦν εἰς μὲν ταῦθ', ὥσπερ εἴπομεν, ἀλλήλοις τε ὁμολογοῦσι καὶ αὐτοὶ ἑαυτοῖς ἰδίᾳ, καὶ δημοσίᾳ αἱ πόλεις πρὸς ἀλλήλας οὐκ ἀμφισβητοῦσιν αἱ μὲν ταῦθ' αἱ δ' ἄλλα φάσκουσαι;

10 ΑΛ. Οὐ γάρ.

ΣΩ. Εἰκότως ἂν ἄρα τούτων γε καὶ διδάσκαλοι εἶεν ἀγαθοί.

d ΑΛ. Ναί.

ΣΩ. Οὐκοῦν εἰ μὲν βουλοίμεθα ποιῆσαί τινα περὶ αὐτῶν εἰδέναι, ὀρθῶς ἂν αὐτὸν πέμποιμεν εἰς διδασκαλίαν τούτων τῶν πολλῶν;

5 ΑΛ. Πάνυ γε.

ΣΩ. Τί δ' εἰ βουληθεῖμεν εἰδέναι, μὴ μόνον ποῖοι ἄνθρωποί εἰσιν ἢ ποῖοι ἵπποι, ἀλλὰ καὶ τίνες αὐτῶν δρομικοί τε καὶ μή, ἆρ' ἔτι οἱ πολλοὶ τοῦτο ἱκανοὶ διδάξαι;

10 ΑΛ. Οὐ δῆτα.

ΣΩ. Ἱκανὸν δέ σοι τεκμήριον ὅτι οὐκ ἐπίστανται οὐδὲ

b 12 οὐ T: οὖν B   c 8 ἄλλα φάσκουσαι T Proclus: ἄλλαι φάσκουσιν B   * c 11 γε B: om. T Proclus   d 2 βουλοίμεθα B Proclus: βουλοίμεθ' ἂν T

310

κρήγνοι διδάσκαλοί εἰσιν τούτων, ἐπειδὴ οὐδὲν ὁμολογοῦσιν e
ἑαυτοῖς περὶ αὐτῶν;

ΑΛ. Ἔμοιγε.

ΣΩ. Τί δ᾽ εἰ βουληθεῖμεν εἰδέναι, μὴ μόνον ποῖοι
ἄνθρωποί εἰσιν, ἀλλ᾽ ὁποῖοι ὑγιεινοὶ ἢ νοσώδεις, ἆρ᾽ ἱκανοὶ 5
ἂν ἡμῖν ἦσαν διδάσκαλοι οἱ πολλοί;

ΑΛ. Οὐ δῆτα.

ΣΩ. Ἦν δ᾽ ἄν σοι τεκμήριον ὅτι μοχθηροί εἰσι τούτων
διδάσκαλοι, εἰ ἑώρας αὐτοὺς διαφερομένους;

ΑΛ. Ἔμοιγε.   10

ΣΩ. Τί δὲ δή; νῦν περὶ τῶν δικαίων καὶ ἀδίκων ἀνθρώ-
πων καὶ πραγμάτων οἱ πολλοὶ δοκοῦσί σοι ὁμολογεῖν αὐτοὶ 112
ἑαυτοῖς ἢ ἀλλήλοις;

ΑΛ. Ἥκιστα νὴ Δί᾽, ὦ Σώκρατες.

ΣΩ. Τί δέ; μάλιστα περὶ αὐτῶν διαφέρεσθαι;

ΑΛ. Πολύ γε.   5

ΣΩ. Οὔκουν οἴομαί γε πώποτέ σε ἰδεῖν οὐδ᾽ ἀκοῦσαι
σφόδρα οὕτω διαφερομένους ἀνθρώπους περὶ ὑγιεινῶν καὶ
μή, ὥστε διὰ ταῦτα μάχεσθαί τε καὶ ἀποκτεινύναι ἀλλήλους.

ΑΛ. Οὐ δῆτα.

ΣΩ. Ἀλλὰ περὶ τῶν δικαίων καὶ ἀδίκων ἔγωγ᾽ οἶδ᾽ ὅτι, 10
καὶ εἰ μὴ ἑώρακας, ἀκήκοας γοῦν ἄλλων τε πολλῶν καὶ b
Ὁμήρου· καὶ Ὀδυσσείας γὰρ καὶ Ἰλιάδος ἀκήκοας.

ΑΛ. Πάντως δήπου, ὦ Σώκρατες.

ΣΩ. Οὐκοῦν ταῦτα ποιήματά ἐστι περὶ διαφορᾶς δικαίων
τε καὶ ἀδίκων;   5

ΑΛ. Ναί.

ΣΩ. Καὶ αἱ μάχαι γε καὶ οἱ θάνατοι διὰ ταύτην τὴν
διαφορὰν τοῖς τε Ἀχαιοῖς καὶ τοῖς ἄλλοις Τρωσὶν ἐγένοντο,
καὶ τοῖς μνηστῆρσι τοῖς τῆς Πηνελόπης καὶ τῷ Ὀδυσσεῖ.

ΑΛ. Ἀληθῆ λέγεις.   c

e 11 καὶ ἀδίκων Β : om. T W Proclus   a 2 ἀλλήλοις Proclus :
ἄλλοις Β T

ΣΩ. Οἶμαι δὲ καὶ τοῖς ἐν Τανάγρᾳ Ἀθηναίων τε καὶ Λακεδαιμονίων καὶ Βοιωτῶν ἀποθανοῦσι, καὶ τοῖς ὕστερον ἐν Κορωνείᾳ, ἐν οἷς καὶ ὁ σὸς πατὴρ [Κλεινίας] ἐτελεύτησεν, 5 οὐδὲ περὶ ἑνὸς ἄλλου ἡ διαφορὰ ἢ περὶ τοῦ δικαίου καὶ ἀδίκου τοὺς θανάτους καὶ τὰς μάχας πεποίηκεν· ἢ γάρ;

ΑΛ. Ἀληθῆ λέγεις.

ΣΩ. Τούτους οὖν φῶμεν ἐπίστασθαι περὶ ὧν οὕτως d σφόδρα διαφέρονται, ὥστε ἀμφισβητοῦντες ἀλλήλοις τὰ ἔσχατα σφᾶς αὐτοὺς ἐργάζονται;

ΑΛ. Οὐ φαίνεταί γε.

ΣΩ. Οὐκοῦν εἰς τοὺς τοιούτους διδασκάλους ἀναφέρεις 5 οὓς ὁμολογεῖς αὐτὸς μὴ εἰδέναι;

ΑΛ. Ἔοικα.

ΣΩ. Πῶς οὖν εἰκός σε εἰδέναι τὰ δίκαια καὶ τὰ ἄδικα, περὶ ὧν οὕτω πλανᾷ καὶ οὔτε μαθὼν φαίνῃ παρ' οὐδενὸς οὔτ' αὐτὸς ἐξευρών;

10 ΑΛ. Ἐκ μὲν ὧν σὺ λέγεις οὐκ εἰκός.

e ΣΩ. Ὁρᾷς αὖ τοῦθ' ὡς οὐ καλῶς εἶπες, ὦ Ἀλκιβιάδη;

ΑΛ. Τὸ ποῖον;

ΣΩ. Ὅτι ἐμὲ φῂς ταῦτα λέγειν.

ΑΛ. Τί δέ; οὐ σὺ λέγεις ὡς ἐγὼ οὐδὲν ἐπίσταμαι περὶ 5 τῶν δικαίων καὶ ἀδίκων;

ΣΩ. Οὐ μέντοι.

ΑΛ. Ἀλλ' ἐγώ;

ΣΩ. Ναί.

ΑΛ. Πῶς δή;

10 ΣΩ. Ὧδε εἴσῃ. ἐάν σε ἔρωμαι τὸ ἓν καὶ τὰ δύο πότερα πλείω ἐστί, φήσεις ὅτι τὰ δύο;

ΑΛ. Ἔγωγε.

ΣΩ. Πόσῳ;

---

c 4 post Κορωνείᾳ add. συμβᾶσιν Proclus   ἐν οἷς Β Τ : ὅτε Proclus
κλεινίας Β Τ : om. Proclus   c 5, 6 ἡ διαφορὰ . . . πεποίηκεν Β : τὴν
διαφορὰν . . . πεποιηκέναι Τ Proclus   d 5 αὐτὸς] αὐτοὺς Hirschig
e 4 οὐδὲν ἐπίσταμαι Ven. 184 : συνεπίσταμαι Β Τ W : οὐκ ἐπίσταμαι
Proclus

ΑΛ. Ἑνί.

ΣΩ. Πότερος οὖν ἡμῶν ὁ λέγων ὅτι τὰ δύο τοῦ ἑνὸς 15
ἑνὶ πλείω;

ΑΛ. Ἐγώ.

ΣΩ. Οὐκοῦν ἐγὼ μὲν ἠρώτων, σὺ δ᾽ ἀπεκρίνου;

ΑΛ. Ναί.

ΣΩ. Περὶ δὴ τούτων μῶν ἐγὼ φαίνομαι λέγων ὁ ἐρωτῶν, 113
ἢ σὺ ὁ ἀποκρινόμενος;

ΑΛ. Ἐγώ.

ΣΩ. Τί δ᾽ ἂν ἐγὼ μὲν ἔρωμαι ποῖα γράμματα Σωκράτους,
σὺ δ᾽ εἴπῃς, πότερος ὁ λέγων; 5

ΑΛ. Ἐγώ.

ΣΩ. Ἴθι δή, ἑνὶ λόγῳ εἰπέ· ὅταν ἐρώτησίς τε καὶ
ἀπόκρισις γίγνηται, πότερος ὁ λέγων, ὁ ἐρωτῶν ἢ ὁ ἀπο-
κρινόμενος;

ΑΛ. Ὁ ἀποκρινόμενος, ἔμοιγε δοκεῖ, ὦ Σώκρατες. 10

ΣΩ. Οὐκοῦν ἄρτι διὰ παντὸς ἐγὼ μὲν ἦ ὁ ἐρωτῶν; b

ΑΛ. Ναί.

ΣΩ. Σὺ δ᾽ ὁ ἀποκρινόμενος;

ΑΛ. Πάνυ γε.

ΣΩ. Τί οὖν; τὰ λεχθέντα πότερος ἡμῶν εἴρηκεν; 5

ΑΛ. Φαίνομαι μέν, ὦ Σώκρατες, ἐκ τῶν ὡμολογημένων
ἐγώ.

ΣΩ. Οὐκοῦν ἐλέχθη περὶ δικαίων καὶ ἀδίκων ὅτι Ἀλκι-
βιάδης ὁ καλὸς ὁ Κλεινίου οὐκ ἐπίσταιτο, οἴοιτο δέ, καὶ
μέλλοι εἰς ἐκκλησίαν ἐλθὼν συμβουλεύσειν Ἀθηναίοις περὶ 10
ὧν οὐδὲν οἶδεν; οὐ ταῦτ᾽ ἦν;

ΑΛ. Φαίνεται. c

ΣΩ. Τὸ τοῦ Εὐριπίδου ἄρα συμβαίνει, ὦ Ἀλκιβιάδη·
σοῦ τάδε κινδυνεύεις, οὐκ ἐμοῦ ἀκηκοέναι, οὐδ᾽ ἐγώ εἰμι ὁ

a 4 ἔρωμαι ποῖα Olympiodorus : ἐρῶ καὶ ποῖα Β Τ : ἐρωτῶ καὶ ποῖα
Proclus   b 1 παντὸς Τ W Proclus : παντὸς τοῦ λόγου Β   b 8 ὅτι
post ἀδίκων Β : ante περὶ Τ   c 3 οὐκ Proclus (cf. Eur. Hipp. 352) :
ἀλλ᾽ οὐκ Β Τ

ταῦτα λέγων, ἀλλὰ σύ, ἐμὲ δὲ αἰτιᾷ μάτην. καὶ μέντοι
5 καὶ εὖ λέγεις. μανικὸν γὰρ ἐν νῷ ἔχεις ἐπιχείρημα ἐπι-
χειρεῖν, ὦ βέλτιστε, διδάσκειν ἃ οὐκ οἶσθα, ἀμελήσας
μανθάνειν.

d   ΑΛ. Οἶμαι μέν, ὦ Σώκρατες, ὀλιγάκις 'Αθηναίους βου-
λεύεσθαι καὶ τοὺς ἄλλους "Ελληνας πότερα δικαιότερα
ἢ ἀδικώτερα· τὰ μὲν γὰρ τοιαῦτα ἡγοῦνται δῆλα εἶναι,
ἐάσαντες οὖν περὶ αὐτῶν σκοποῦσιν ὁπότερα συνοίσει
5 πράξασιν. οὐ γὰρ ταὐτὰ οἶμαι ἐστὶν τά τε δίκαια καὶ τὰ
συμφέροντα, ἀλλὰ πολλοῖς δὴ ἐλυσιτέλησεν ἀδικήσασι με-
γάλα ἀδικήματα, καὶ ἑτέροις γε οἶμαι δίκαια ἐργασαμένοις
οὐ συνήνεγκεν.

ΣΩ. Τί οὖν; εἰ ὅτι μάλιστα ἕτερα μὲν τὰ δίκαια
e τυγχάνει ὄντα, ἕτερα δὲ τὰ συμφέροντα, οὐ τί που αὖ σὺ
οἴει ταῦτ' εἰδέναι ἃ συμφέρει τοῖς ἀνθρώποις, καὶ δι' ὅτι;

ΑΛ. Τί γὰρ κωλύει, ὦ Σώκρατες; εἰ μή με αὖ ἐρήσῃ
παρ' ὅτου ἔμαθον ἢ ὅπως αὐτὸς ηὗρον.

5 ΣΩ. Οἷον τοῦτο ποιεῖς. εἴ τι μὴ ὀρθῶς λέγεις, τυγχάνει
δὲ δυνατὸν ὂν ἀποδεῖξαι δι' οὗπερ καὶ τὸ πρότερον λόγου,
οἴει δὴ καινὰ ἄττα δεῖν ἀκούειν ἀποδείξεις τε ἑτέρας, ὡς
τῶν προτέρων οἷον σκευαρίων κατατετριμμένων, καὶ οὐκέτ'
ἂν σὺ αὐτὰ ἀμπίσχοιο, εἰ μή τίς σοι τεκμήριον καθαρὸν
114 καὶ ἄχραντον οἴσει. ἐγὼ δὲ χαίρειν ἐάσας τὰς σὰς προ-
δρομὰς τοῦ λόγου οὐδὲν ἧττον ἐρήσομαι πόθεν μαθὼν αὖ τὰ
συμφέροντ' ἐπίστασαι, καὶ ὅστις ἐστὶν ὁ διδάσκαλος, καὶ
πάντ' ἐκεῖνα τὰ πρότερον ἐρωτῶ μιᾷ ἐρωτήσει; ἀλλὰ γὰρ
5 δῆλον ὡς εἰς ταὐτὸν ἥξεις καὶ οὐχ ἕξεις ἀποδεῖξαι οὔθ' ὡς
ἐξευρὼν οἶσθα τὰ συμφέροντα οὔθ' ὡς μαθών. ἐπειδὴ δὲ
τρυφᾷς καὶ οὐκέτ' ἂν ἡδέως τοῦ αὐτοῦ γεύσαιο λόγου, τοῦ-
τον μὲν ἐῶ χαίρειν, εἴτ' οἶσθα εἴτε μὴ τὰ 'Αθηναίοις συμ-

c 4 ἐμὲ δὲ αἰτιᾷ T : με διαιτιᾷ B : ἐμὲ δὲ διαιτιᾷ W   e 6 ὂν B :
om. T Proclus   e 7 δὴ B : δεῖ T   ἀποδείξεις τε ἑτέρας secl. Cobet
e 9 τεκμήριον om. Ficinus, secl. Ast   a 2 πόθεν B Proclus: ὁπόθεν
T Olympiodorus   a 3 ὅ B Proclus: om. T

φέροντα· πότερον δὲ ταῦτά ἐστι δίκαιά τε καὶ συμφέροντ' b
ἢ ἕτερα, τί οὐκ ἀπέδειξας; εἰ μὲν βούλει, ἐρωτῶν με ὥσπερ
ἐγὼ σέ, εἰ δέ, καὶ αὐτὸς ἐπὶ σεαυτοῦ λόγῳ διέξελθε.

ΑΛ. Ἀλλ' οὐκ οἶδα εἰ οἷός τ' ἂν εἴην, ὦ Σώκρατες, πρὸς
σὲ διελθεῖν.   5

ΣΩ. Ἀλλ', ὠγαθέ, ἐμὲ ἐκκλησίαν νόμισον καὶ δῆμον·
καὶ ἐκεῖ τοί σε δεήσει ἕνα ἕκαστον πείθειν. ἢ γάρ;

ΑΛ. Ναί.

ΣΩ. Οὐκοῦν τοῦ αὐτοῦ ἕνα τε οἷόν τε εἶναι κατὰ μόνας
πείθειν καὶ συμπόλλους περὶ ὧν ἂν εἰδῇ, ὥσπερ ὁ γραμ- c
ματιστὴς ἕνα τέ που πείθει περὶ γραμμάτων καὶ πολλούς;

ΑΛ. Ναί.

ΣΩ. Ἆρ' οὖν οὐ καὶ περὶ ἀριθμοῦ ὁ αὐτὸς ἕνα τε καὶ
πολλοὺς πείσει;   5

ΑΛ. Ναί.

ΣΩ. Οὗτος δ' ἔσται ὁ εἰδώς, ὁ ἀριθμητικός;

ΑΛ. Πάνυ γε.

ΣΩ. Οὐκοῦν καὶ σὺ ἅπερ καὶ πολλοὺς οἷός τε πείθειν
εἶ, ταῦτα καὶ ἕνα;   10

ΑΛ. Εἰκός γε.

ΣΩ. Ἔστι δὲ ταῦτα δῆλον ὅτι ἃ οἶσθα.

ΑΛ. Ναί.

ΣΩ. Ἄλλο τι οὖν τοσοῦτον μόνον διαφέρει τοῦ ἐν τῷ
δήμῳ ῥήτορος ὁ ἐν τῇ τοιᾷδε συνουσίᾳ, ὅτι ὁ μὲν ἀθρόους d
πείθει τὰ αὐτά, ὁ δὲ καθ' ἕνα;

ΑΛ. Κινδυνεύει.

ΣΩ. Ἴθι νῦν, ἐπειδὴ τοῦ αὐτοῦ φαίνεται πολλούς τε καὶ
ἕνα πείθειν, ἐν ἐμοὶ ἐμμελέτησον καὶ ἐπιχείρησον ἐπιδεῖξαι 5
ὡς τὸ δίκαιον ἐνίοτε οὐ συμφέρει.

ΑΛ. Ὑβριστὴς εἶ, ὦ Σώκρατες.

---

c 2 τέ που πείθει B Proclus : τε ἐπειθέν που T : τε πείθει που W
c 4 οὐ B : om. T Proclus   c 9 καὶ σὺ T Proclus : σὺ B   c 14 δια-
φέρει T Proclus : διαφέρειν B   d 4 νῦν B T : τοίνυν Proclus : δὴ
νῦν vulg.   d 5 ἐμμελέτησον T Proclus : ἐν μελέτησον B

ΣΩ. Νῦν γοῦν ὑφ' ὕβρεως μέλλω σε πείθειν τἀναντία οἷς σὺ ἐμὲ οὐκ ἐθέλεις.

10 ΑΛ. Λέγε δή.

ΣΩ. Ἀποκρίνου μόνον τὰ ἐρωτώμενα.

e ΑΛ. Μή, ἀλλὰ σὺ αὐτὸς λέγε.

ΣΩ. Τί δ'; οὐχ ὅτι μάλιστα βούλει πεισθῆναι;

ΑΛ. Πάντως δήπου.

ΣΩ. Οὐκοῦν εἰ λέγεις ὅτι ταῦθ' οὕτως ἔχει, μάλιστ' ἂν
5 εἴης πεπεισμένος;

ΑΛ. Ἔμοιγε δοκεῖ.

ΣΩ. Ἀποκρίνου δή· καὶ ἐὰν μὴ αὐτὸς σὺ σαυτοῦ ἀκούσῃς ὅτι τὰ δίκαια καὶ συμφέροντά ἐστιν, ἄλλῳ γε λέγοντι μὴ πιστεύσῃς.

10 ΑΛ. Οὔτοι, ἀλλ' ἀποκριτέον· καὶ γὰρ οὐδὲν οἴομαι βλαβήσεσθαι.

115 ΣΩ. Μαντικὸς γὰρ εἶ. καί μοι λέγε· τῶν δικαίων φὴς ἔνια μὲν συμφέρειν, ἔνια δ' οὔ;

ΑΛ. Ναί.

ΣΩ. Τί δέ; τὰ μὲν καλὰ αὐτῶν εἶναι, τὰ δ' οὔ;

5 ΑΛ. Πῶς τοῦτο ἐρωτᾷς;

ΣΩ. Εἴ τις ἤδη σοι ἔδοξεν αἰσχρὰ μέν, δίκαια δὲ πράττειν;

ΑΛ. Οὐκ ἔμοιγε.

ΣΩ. Ἀλλὰ πάντα τὰ δίκαια καὶ καλά;

10 ΑΛ. Ναί.

ΣΩ. Τί δ' αὖ τὰ καλά; πότερον πάντα ἀγαθά, ἢ τὰ μέν, τὰ δ' οὔ;

ΑΛ. Οἴομαι ἔγωγε, ὦ Σώκρατες, ἔνια τῶν καλῶν κακὰ εἶναι.

e7 σαυτοῦ TW Proclus Olympiodorus: om. B   ἀκούσῃς B Olympio-
dorus Stobaeus : ἀκούῃς T Proclus   e8 καὶ add. Stobaeus : om.
BT   γε add. BW Proclus Stobaeus : om. T Olympiodorus
a4 τί δέ T (τί δαί) Proclus : om. B   αὐτῶν εἶναι B : εἶναι αὐτῶν T
Proclus   a6 ἤδη T Proclus Olympiodorus : δὴ B   a9 καὶ
T Proclus : om. B.   a11 ἢ T Proclus : om. B

ΣΩ. Ἦ καὶ αἰσχρὰ ἀγαθά;   15

ΑΛ. Ναί.

ΣΩ. Ἆρα λέγεις τὰ τοιάδε, οἷον ,πολλοὶ ἐν πολέμῳ b
βοηθήσαντες ἑταίρῳ ἢ οἰκείῳ τραύματα ἔλαβον καὶ ἀπέθανον,
οἱ δ᾽ οὐ βοηθήσαντες, δέον, ὑγιεῖς ἀπῆλθον;

ΑΛ. Πάνυ μὲν οὖν.

ΣΩ. Οὐκοῦν τὴν τοιαύτην βοήθειαν καλὴν μὲν λέγεις 5
κατὰ τὴν ἐπιχείρησιν τοῦ σῶσαι οὓς ἔδει, τοῦτο δ᾽ ἐστὶν
ἀνδρεία· ἢ οὔ;

ΑΛ. Ναί.

ΣΩ. Κακὴν δέ γε κατὰ τοὺς θανάτους τε καὶ ἕλκη· ἢ γάρ;

ΑΛ. Ναί.   10

ΣΩ. Ἆρ᾽ οὖν οὐκ ἄλλο μὲν ἡ ἀνδρεία, ἄλλο δὲ ὁ θάνατος; c

ΑΛ. Πάνυ γε.

ΣΩ. Οὐκ ἄρα κατὰ ταὐτόν γ᾽ ἐστι καλὸν καὶ κακὸν τὸ
τοῖς φίλοις βοηθεῖν;

ΑΛ. Οὐ φαίνεται.   5

ΣΩ. Ὅρα τοίνυν εἰ, ᾗ γε καλόν, καὶ ἀγαθόν, ὥσπερ καὶ
ἐνταῦθα. κατὰ τὴν ἀνδρείαν γὰρ ὡμολόγεις καλὸν εἶναι τὴν
βοήθειαν· τοῦτ᾽ οὖν αὐτὸ σκόπει, τὴν ἀνδρείαν, ἀγαθὸν ἢ
κακόν; ὧδε δὲ σκόπει· σὺ πότερ᾽ ἂν δέξαιό σοι εἶναι,
ἀγαθὰ ἢ κακά;   10

ΑΛ. Ἀγαθά.

ΣΩ. Οὐκοῦν τὰ μέγιστα μάλιστα.   d

⟨ΑΛ. Ναί.⟩

ΣΩ. Καὶ ἥκιστα τῶν τοιούτων δέξαιο ἂν στέρεσθαι;

ΑΛ. Πῶς γὰρ οὔ;

ΣΩ. Πῶς οὖν λέγεις περὶ ἀνδρείας; ἐπὶ πόσῳ ἂν αὐτοῦ 5
δέξαιο στέρεσθαι;

b 2 ἑταίρῳ T Proclus: ἑτέρῳ B   b 3 οἱ T: οὐ B   b 9 ἕλκη
T W Proclus: τὰ ἕλκη B   c 1 οὖν οὐκ T Proclus: οὐκ B
c 3 κατὰ ταὐτόν T: κατ᾽ αὐτόν B Stobaeus   c 6 ὥσπερ καὶ B
Stobaeus: ὥσπερ T Proclus   c 9 σὺ πότερα ἂν T: πότερα ἂν Proclus:
πότερον ἂν Olympiodorus: πότερ᾽ ἂν Stobaeus: ποτέραν B   d 2 ναί
add. Dobree

317

ΑΛ. Οὐδὲ ζῆν ἂν ἐγὼ δεξαίμην δειλὸς ὤν.

ΣΩ. Ἔσχατον ἄρα κακῶν εἶναί σοι δοκεῖ ἡ δειλία.

ΑΛ. Ἔμοιγε.

10 ΣΩ. Ἐξ ἴσου τῷ τεθνάναι, ὡς ἔοικε.

ΑΛ. Φημί.

ΣΩ. Οὐκοῦν θανάτῳ τε καὶ δειλίᾳ ἐναντιώτατον ζωὴ καὶ ἀνδρεία;

ΑΛ. Ναί.

e ΣΩ. Καὶ τὰ μὲν μάλιστ᾽ ἂν εἶναι βούλοιό σοι, τὰ δὲ ἥκιστα;

ΑΛ. Ναί.

ΣΩ. Ἆρ᾽ ὅτι τὰ μὲν ἄριστα ἡγῇ, τὰ δὲ κάκιστα;

5 ⟨ΑΛ. Πάνυ γε.

ΣΩ. Ἐν τοῖς ἀρίστοις ἄρα σὺ ἡγῇ ἀνδρείαν εἶναι κἂν τοῖς κακίστοις θάνατον.⟩

ΑΛ. Ἔγωγε.

ΣΩ. Τὸ ἄρα βοηθεῖν ἐν πολέμῳ τοῖς φίλοις, ᾗ μὲν
10 καλόν, κατ᾽ ἀγαθοῦ πρᾶξιν τὴν τῆς ἀνδρείας, καλὸν αὐτὸ προσεῖπας;

ΑΛ. Φαίνομαί γε.

ΣΩ. Κατὰ δέ γε κακοῦ πρᾶξιν τὴν τοῦ θανάτου κακόν;

ΑΛ. Ναί.

15 ΣΩ. Οὐκοῦν ὧδε δίκαιον προσαγορεύειν ἑκάστην τῶν πράξεων· εἴπερ ᾗ κακὸν ἀπεργάζεται κακὴν καλεῖς, καὶ ᾗ
116 ἀγαθὸν ἀγαθὴν κλητέον.

ΑΛ. Ἔμοιγε δοκεῖ.

ΣΩ. Ἆρ᾽ οὖν καὶ ᾗ ἀγαθόν, καλόν· ᾗ δὲ κακόν, αἰσχρόν;

d 7 ἐγὼ B T : ἔγωγε Stobaeus   d 8 κακῶν εἶναί σοι δοκεῖ
B : σοι κακὸν εἶναι δοκεῖ T Proclus : σοι δοκεῖ κακὸν εἶναι Stobaeus
e 1 μάλιστ᾽ ἂν B : μάλιστα T Proclus Stobaeus   e 4 ὅτι B T : οὖν
Stobaeus   e 5 πάνυ γε . . . e 7 θάνατον Stobaeus : om. B T Proclus
e 8 ἔγωγε B : πάνυ γε T W Proclus   e 13 δέ γε T Proclus : δὲ
B Stobaeus   e 15 ὧδε δίκαιον B T : δίκαιον ὧδε Stobaeus
e 16 ἀπεργάζεται B Stobaeus : ἐργάζεται T Proclus

ΑΛ. Ναί. 5

ΣΩ. Τὴν ἄρ᾽ ἐν τῷ πολέμῳ τοῖς φίλοις βοήθειαν λέγων
καλὴν μὲν εἶναι, κακὴν δέ, οὐδὲν διαφερόντως λέγεις ἢ εἰ
προσεῖπες αὐτὴν ἀγαθὴν μέν, κακὴν δέ.

ΑΛ. Ἀληθῆ μοι δοκεῖς λέγειν, ὦ Σώκρατες.

ΣΩ. Οὐδὲν ἄρα τῶν καλῶν, καθ᾽ ὅσον καλόν, κακόν, 10
οὐδὲ τῶν αἰσχρῶν, καθ᾽ ὅσον αἰσχρόν, ἀγαθόν.

ΑΛ. Οὐ φαίνεται. b

ΣΩ. Ἔτι τοίνυν καὶ ὧδε σκέψαι. ὅστις καλῶς πράττει,
οὐχὶ καὶ εὖ πράττει;

ΑΛ. Ναί.

ΣΩ. Οἱ δ᾽ εὖ πράττοντες οὐκ εὐδαίμονες; 5

ΑΛ. Πῶς γὰρ οὔ;

ΣΩ. Οὐκοῦν εὐδαίμονες δι᾽ ἀγαθῶν κτῆσιν;

ΑΛ. Μάλιστα.

ΣΩ. Κτῶνται δὲ ταῦτα τῷ εὖ καὶ καλῶς πράττειν;

ΑΛ. Ναί. 10

ΣΩ. Τὸ εὖ ἄρα πράττειν ἀγαθόν;

ΑΛ. Πῶς δ᾽ οὔ;

ΣΩ. Οὐκοῦν καλὸν ἡ εὐπραγία;

ΑΛ. Ναί.

ΣΩ. Ταὐτὸν ἄρα ἐφάνη ἡμῖν πάλιν αὖ καλόν τε καὶ c
ἀγαθόν.

ΑΛ. Φαίνεται.

ΣΩ. Ὅτι ἂν ἄρα εὕρωμεν καλόν, καὶ ἀγαθὸν εὑρήσομεν
ἔκ γε τούτου τοῦ λόγου. 5

ΑΛ. Ἀνάγκη.

ΣΩ. Τί δέ; τὰ ἀγαθὰ συμφέρει ἢ οὔ;

ΑΛ. Συμφέρει.

---

a 8 προσεῖπες B Stobaeus: προεῖπες T Proclus   post κακὴν
δέ add. οὐδαμῶς Stobaeus   b 3 οὐχὶ καὶ B T: οὐκ Olympiodorus
b 11 τὸ γοῦν καλῶς πράττειν Stobaeus   c 4 καὶ B Olympiodorus
Stobaeus: τε καὶ T   c 5 λόγου B T: παραδείγματος Sto-
baeus

ΣΩ. Μνημονεύεις οὖν περὶ τῶν δικαίων πῶς ὡμολογή-
10 σαμεν;

ΑΛ. Οἶμαί γε τοὺς τὰ δίκαια πράττοντας ἀναγκαῖον
εἶναι καλὰ πράττειν.

ΣΩ. Οὐκοῦν καὶ τοὺς τὰ καλὰ ἀγαθά;

ΑΛ. Ναί.

d ΣΩ. Τὰ δὲ ἀγαθὰ συμφέρειν;

ΑΛ. Ναί.

ΣΩ. Τὰ δίκαια ἄρα, ὦ Ἀλκιβιάδη, συμφέροντά ἐστιν.

ΑΛ. Ἔοικεν.

5 ΣΩ. Τί οὖν; ταῦτα οὐ σὺ ὁ λέγων, ἐγὼ δὲ ὁ ἐρωτῶν;

ΑΛ. Φαίνομαι, ὡς ἔοικα.

ΣΩ. Εἰ οὖν τις ἀνίσταται συμβουλεύσων εἴτε Ἀθηναίοις
εἴτε Πεπαρηθίοις, οἰόμενος γιγνώσκειν τὰ δίκαια καὶ τὰ
ἄδικα, φήσει δ᾽ εἶναι τὰ δίκαια κακὰ ἐνίοτε, ἄλλο τι ἢ
10 καταγελῴης ἂν αὐτοῦ, ἐπειδήπερ τυγχάνεις καὶ σὺ λέγων
e ὅτι ταὐτά ἐστι δίκαιά τε καὶ συμφέροντα;

ΑΛ. Ἀλλὰ μὰ τοὺς θεούς, ὦ Σώκρατες, οὐκ οἶδ᾽ ἔγωγε
οὐδ᾽ ὅτι λέγω, ἀλλ᾽ ἀτεχνῶς ἔοικα ἀτόπως ἔχοντι· τοτὲ
μὲν γάρ μοι ἕτερα δοκεῖ σοῦ ἐρωτῶντος, τοτὲ δ᾽ ἄλλα.

5 ΣΩ. Εἶτα τοῦτο, ὦ φίλε, ἀγνοεῖς τὸ πάθημα τί ἐστιν;

ΑΛ. Πάνυ γε.

ΣΩ. Οἴει ἂν οὖν, εἴ τις ἐρωτῴη σε δύο ὀφθαλμοὺς ἢ
τρεῖς ἔχεις, καὶ δύο χεῖρας ἢ τέτταρας, ἢ ἄλλο τι τῶν
τοιούτων, τοτὲ μὲν ἕτερα ἂν ἀποκρίνασθαι, τοτὲ δὲ ἄλλα, ἢ
10 ἀεὶ τὰ αὐτά;

117 ΑΛ. Δέδοικα μὲν ἔγωγε ἤδη περὶ ἐμαυτοῦ, οἶμαι μέντοι
τὰ αὐτά.

ΣΩ. Οὐκοῦν ὅτι οἶσθα; τοῦτ᾽ αἴτιον;

c 9 ὡμολόγησας Stobaeus   c 11 οἶμαί γε om. Stobaeus   τὰ
δίκαια B Stobaeus : δίκαια T   c 13 καὶ B : om. T   οὐκοῦν καὶ τοὺς τὰ
καίρια λέγοντας Stobaeus (om. mox duobus versibus)   d 5 λέγων B
Olympiodorus : λέγων εἰ T   d 9 φήσει] φησὶ ci. Stallbaum   εἶναι
B : εἰδέναι T   a 3 οἶσθα b t : οἶσθας B T

ΑΛ. Οἶμαι ἔγωγε.

ΣΩ. Περὶ ὧν ἄρα ἄκων τἀναντία ἀποκρίνῃ, δῆλον ὅτι 5
περὶ τούτων οὐκ οἶσθα.

ΑΛ. Εἰκός γε.

ΣΩ. Οὐκοῦν καὶ περὶ τῶν δικαίων καὶ ἀδίκων καὶ καλῶν
καὶ αἰσχρῶν καὶ κακῶν καὶ ἀγαθῶν καὶ συμφερόντων καὶ
μὴ ἀποκρινόμενος φῂς πλανᾶσθαι; εἶτα οὐ δῆλον ὅτι διὰ 10
τὸ μὴ εἰδέναι περὶ αὐτῶν, διὰ ταῦτα πλανᾷ;

ΑΛ. Ἔμοιγε.   b

ΣΩ. Ἆρ᾽ οὖν οὕτω καὶ ἔχει· ἐπειδάν τίς τι μὴ εἰδῇ,
ἀναγκαῖον περὶ τούτου πλανᾶσθαι τὴν ψυχήν;

ΑΛ. Πῶς γὰρ οὔ;

ΣΩ. Τί οὖν; οἶσθα ὅντινα τρόπον ἀναβήσῃ εἰς τὸν οὐρανόν; 5

ΑΛ. Μὰ Δί᾽ οὐκ ἔγωγε.

ΣΩ. Ἦ καὶ πλανᾶταί σου ἡ δόξα περὶ ταῦτα;

ΑΛ. Οὐ δῆτα.

ΣΩ. Τὸ δ᾽ αἴτιον οἶσθα ἢ ἐγὼ φράσω;

ΑΛ. Φράσον.   10

ΣΩ. Ὅτι, ὦ φίλε, οὐκ οἴει αὐτὸ ἐπίστασθαι οὐκ ἐπι-
στάμενος.

ΑΛ. Πῶς αὖ τοῦτο λέγεις;   c

ΣΩ. Ὅρα καὶ σὺ κοινῇ. ἃ μὴ ἐπίστασαι, γιγνώσκεις δὲ
ὅτι οὐκ ἐπίστασαι, πλανᾷ περὶ τὰ τοιαῦτα; ὥσπερ περὶ
ὄψου σκευασίας οἶσθα δήπου ὅτι οὐκ οἶσθα;

ΑΛ. Πάνυ γε.   5

ΣΩ. Πότερον οὖν αὐτὸς περὶ ταῦτα δοξάζεις ὅπως χρὴ
σκευάζειν καὶ πλανᾷ, ἢ τῷ ἐπισταμένῳ ἐπιτρέπεις;

ΑΛ. Οὕτως.

ΣΩ. Τί δ᾽ εἰ ἐν νηὶ πλέοις, ἆρα δοξάζοις ἂν πότερον
χρὴ τὸν οἴακα εἴσω ἄγειν ἢ ἔξω, καὶ ἅτε οὐκ εἰδὼς πλανῷο d
ἄν, ἢ τῷ κυβερνήτῃ ἐπιτρέψας ἂν ἡσυχίαν ἄγοις;

b 2 καὶ ⟨ἀεὶ⟩ ἔχει Schleiermacher   b 3 τούτου] τοῦτο Ast
b 9 ἐγὼ T : om. B   c 2 δὲ ὅτι T : διότι B

ΑΛ. Τῷ κυβερνήτῃ.

ΣΩ. Οὐκ ἄρα περὶ ἃ μὴ οἶσθα πλανᾷ, ἅπερ εἰδῇς ὅτι
5 οὐκ οἶσθα;

ΑΛ. Οὐκ ἔοικα.

ΣΩ. Ἐννοεῖς οὖν ὅτι καὶ τὰ ἁμαρτήματα ἐν τῇ πράξει
διὰ ταύτην τὴν ἄγνοιάν ἐστι, τὴν τοῦ μὴ εἰδότα οἴεσθαι
εἰδέναι;

10 ΑΛ. Πῶς αὖ λέγεις τοῦτο;

ΣΩ. Τότε που ἐπιχειροῦμεν πράττειν, ὅταν οἰώμεθα
εἰδέναι ὅτι πράττομεν;

ΑΛ. Ναί.

e ΣΩ. Ὅταν δέ γέ πού τινες μὴ οἴωνται εἰδέναι, ἄλλοις
παραδιδόασι;

ΑΛ. Πῶς δ' οὔ;

ΣΩ. Οὐκοῦν οἱ τοιοῦτοι τῶν μὴ εἰδότων ἀναμάρτητοι
5 ζῶσι διὰ τὸ ἄλλοις περὶ αὑτῶν ἐπιτρέπειν;

ΑΛ. Ναί.

ΣΩ. Τίνες οὖν οἱ ἁμαρτάνοντες; οὐ γάρ που οἵ γε εἰδότες.

ΑΛ. Οὐ δῆτα.

ΣΩ. Ἐπειδὴ δ' οὔθ' οἱ εἰδότες οὔθ' οἱ τῶν μὴ εἰδότων
118 εἰδότες ὅτι οὐκ ἴσασιν, ἢ ἄλλοι λείπονται ἢ οἱ μὴ εἰδότες,
οἰόμενοι δ' εἰδέναι;

ΑΛ. Οὔκ, ἀλλ' οὗτοι.

ΣΩ. Αὕτη ἄρα ἡ ἄγνοια τῶν κακῶν αἰτία καὶ ἡ ἐπονεί-
5 διστος ἀμαθία;

ΑΛ. Ναί.

ΣΩ. Οὐκοῦν ὅταν ᾖ περὶ τὰ μέγιστα, τότε κακουργοτάτη
καὶ αἰσχίστη;

ΑΛ. Πολύ γε.

10 ΣΩ. Τί οὖν; ἔχεις μείζω εἰπεῖν δικαίων τε καὶ καλῶν
καὶ ἀγαθῶν καὶ συμφερόντων;

θ 1 δέ γε T : λέγε B   a 4, 5 καὶ . . . ἀμαθία secl. Hermann
a 4 καὶ secl. Schleiermacher   ἡ secl. Buttmann

ΑΛ. Οὐ δῆτα.

ΣΩ. Οὐκοῦν περὶ ταῦτα σὺ φῂς πλανᾶσθαι;

ΑΛ. Ναί.

ΣΩ. Εἰ δὲ πλανᾷ, ἆρ' οὐ δῆλον ἐκ τῶν ἔμπροσθεν ὅτι 15
οὐ μόνον ἀγνοεῖς τὰ μέγιστα, ἀλλὰ καὶ οὐκ εἰδὼς οἴει αὐτὰ b
εἰδέναι;

ΑΛ. Κινδυνεύω.

ΣΩ. Βαβαῖ ἄρα, ὦ 'Αλκιβιάδη, οἷον πάθος πέπονθας·
ὃ ἐγὼ ὀνομάζειν μὲν ὀκνῶ, ὅμως δέ, ἐπειδὴ μόνω ἐσμέν, 5
ῥητέον. ἀμαθίᾳ γὰρ συνοικεῖς, ὦ βέλτιστε, τῇ ἐσχάτῃ, ὡς
ὁ λόγος σου κατηγορεῖ καὶ σὺ σαυτοῦ· διὸ καὶ ᾄττεις ἄρα
πρὸς τὰ πολιτικὰ πρὶν παιδευθῆναι. πέπονθας δὲ τοῦτο
οὐ σὺ μόνος, ἀλλὰ καὶ οἱ πολλοὶ τῶν πραττόντων τὰ τῆσδε
τῆς πόλεως, πλὴν ὀλίγων γε καὶ ἴσως τοῦ σοῦ ἐπιτρόπου c
Περικλέους.

ΑΛ. Λέγεταί γέ τοι, ὦ Σώκρατες, οὐκ ἀπὸ τοῦ αὐτομάτου
σοφὸς γεγονέναι, ἀλλὰ πολλοῖς καὶ σοφοῖς συγγεγονέναι,
καὶ Πυθοκλείδῃ καὶ 'Αναξαγόρᾳ· καὶ νῦν ἔτι τηλικοῦτος 5
ὢν Δάμωνι σύνεστιν αὐτοῦ τούτου ἕνεκα.

ΣΩ. Τί οὖν; ἤδη τιν' εἶδες σοφὸν ὁτιοῦν ἀδυνατοῦντα
ποιῆσαι ἄλλον σοφὸν ἅπερ αὐτός; ὥσπερ ὅς σε ἐδίδαξεν
γράμματα, αὐτός τ' ἦν σοφὸς καὶ σὲ ἐποίησε τῶν τε ἄλλων
ὅντιν' ἐβούλετο· ἢ γάρ; 10

ΑΛ. Ναί.

ΣΩ. Οὐκοῦν καὶ σὺ ὁ παρ' ἐκείνου μαθὼν ἄλλον οἷός d
τε ἔσῃ;

ΑΛ. Ναί.

ΣΩ. Καὶ ὁ κιθαριστὴς δὲ καὶ ὁ παιδοτρίβης ὡσαύτως;

b 1 οἴει TW: om. B   αὐτὰ B: ταῦτα T   b 4 οἷον T Olympiodorus: ποῖον B   b 5 μόνω] αὐτοί Cobet   b 6 ἐσχάτῃ B Olympiodorus: αἰσχίστῃ T   b 7 κατηγορεῖ BT: καταμαρτυρεῖ Olympiodorus   b 8 πρὸς BT: ἐπὶ Olympiodorus   c 1 γε B Olympiodorus: τε T   c 3 τοι B Olympiodorus: om. T   c 6 αὐτοῦ τούτου T: αυτουτου B   c 7 ἤδη T: δὴ B   c 8 ὥσπερ B: ὅσπερ T   c 10 ὅντιν' B: ὄντα T   c 11 ναί B t: om. T

323

5 ΑΛ. Πάνυ γε.

ΣΩ. Καλὸν γὰρ δήπου τεκμήριον τοῦτο τῶν ἐπισταμένων ὁτιοῦν ὅτι ἐπίστανται, ἐπειδὰν καὶ ἄλλον οἷοί τ᾽ ὦσιν ἀποδεῖξαι ἐπιστάμενον.

ΑΛ. Ἔμοιγε δοκεῖ.

10 ΣΩ. Τί οὖν; ἔχεις εἰπεῖν Περικλῆς τίνα ἐποίησεν σοφόν, ἀπὸ τῶν ὑέων ἀρξάμενος;

e ΑΛ. Τί δ᾽ εἰ τὼ Περικλέους ὑεῖ ἠλιθίω ἐγενέσθην, ὦ Σώκρατες;

ΣΩ. Ἀλλὰ Κλεινίαν τὸν σὸν ἀδελφόν.

ΑΛ. Τί δ᾽ ἂν αὖ Κλεινίαν λέγοις, μαινόμενον ἄνθρωπον;

5 ΣΩ. Ἐπειδὴ τοίνυν Κλεινίας μὲν μαίνεται, τὼ δὲ Περικλέους ὑεῖ ἠλιθίω ἐγενέσθην, σοὶ τίνα αἰτίαν ἀναθῶμεν, δι᾽ ὅτι σε οὕτως ἔχοντα περιορᾷ;

ΑΛ. Ἐγὼ οἶμαι αἴτιος οὐ προσέχων τὸν νοῦν.

119 ΣΩ. Ἀλλὰ τῶν ἄλλων Ἀθηναίων ἢ τῶν ξένων δοῦλον ἢ ἐλεύθερον εἰπὲ ὅστις αἰτίαν ἔχει διὰ τὴν Περικλέους συνουσίαν σοφώτερος γεγονέναι, ὥσπερ ἐγὼ ἔχω σοι εἰπεῖν διὰ τὴν Ζήνωνος Πυθόδωρον τὸν Ἰσολόχου καὶ Καλλίαν 5 τὸν Καλλιάδου, ὧν ἑκάτερος Ζήνωνι ἑκατὸν μνᾶς τελέσας σοφός τε καὶ ἐλλόγιμος γέγονεν.

ΑΛ. Ἀλλὰ μὰ Δί᾽ οὐκ ἔχω.

ΣΩ. Εἶεν· τί οὖν διανοῇ περὶ σαυτοῦ; πότερον ἐᾶν ὡς νῦν ἔχεις, ἢ ἐπιμέλειάν τινα ποιεῖσθαι;

b ΑΛ. Κοινὴ βουλή, ὦ Σώκρατες. καίτοι ἐννοῶ σου εἰπόντος καὶ συγχωρῶ· δοκοῦσι γάρ μοι οἱ τὰ τῆς πόλεως πράττοντες ἐκτὸς ὀλίγων ἀπαίδευτοι εἶναι.

ΣΩ. Εἶτα τί δὴ τοῦτο;

5 ΑΛ. Εἰ μέν που ἦσαν πεπαιδευμένοι, ἔδει ἂν τὸν ἐπιχειροῦντα αὐτοῖς ἀνταγωνίζεσθαι μαθόντα καὶ ἀσκήσαντα

---

d 6 τεκμήριον τοῦτο B : τοῦτο τεκμήριον T Olympiodorus   e 4 ἂν secl. Schleiermacher et mox λέγεις   e 6 ἠλιθίω BT : λίθοι Olympiodorus   a 8 ἐὰν B : ἐὰν Olympiodorus : ἂν T   b 1 κοινὴ βουλή Stephanus : κοινῇ βουλῇ BT   b 5 ἂν τὸν T : αὐτὸν τὸν B

ἰέναι ὡς ἐπ' ἀθλητάς· νῦν δ' ἐπειδὴ καὶ οὗτοι ἰδιωτικῶς
ἔχοντες ἐληλύθασιν ἐπὶ τὰ τῆς πόλεως, τί δεῖ ἀσκεῖν καὶ
μανθάνοντα πράγματα ἔχειν; ἐγὼ γὰρ εὖ οἶδ' ὅτι τούτων
τῇ γε φύσει πάνυ πολὺ περιέσομαι.   c

ΣΩ. Βαβαῖ, οἷον, ὦ ἄριστε, τοῦτ' εἴρηκας· ὡς ἀνάξιον
τῆς ἰδέας καὶ τῶν ἄλλων τῶν σοι ὑπαρχόντων.

ΑΛ. Τί μάλιστα καὶ πρὸς τί τοῦτο λέγεις, ὦ Σώκρατες;

ΣΩ. Ἀγανακτῶ ὑπέρ τε σοῦ καὶ τοῦ ἐμαυτοῦ ἔρωτος.   5

ΑΛ. Τί δή;

ΣΩ. Εἰ ἠξίωσας τὸν ἀγῶνά σοι εἶναι πρὸς τοὺς ἐνθάδε
ἀνθρώπους.

ΑΛ. Ἀλλὰ πρὸς τίνας μήν;

ΣΩ. Ἄξιον τοῦτό γε καὶ ἐρέσθαι ἄνδρα οἰόμενον μεγα-   d
λόφρονα εἶναι.

ΑΛ. Πῶς λέγεις; οὐ πρὸς τούτους μοι ὁ ἀγών;

ΣΩ. Ἀλλὰ κἂν εἰ τριήρη διενοοῦ κυβερνᾶν μέλλουσαν
ναυμαχεῖν, ἤρκει ἄν σοι τῶν συνναυτῶν βελτίστῳ εἶναι τὰ   5
κυβερνητικά, ἢ ταῦτα μὲν ᾤου ἂν δεῖν ὑπάρχειν, ἀπέβλεπες
δ' ἂν εἰς τοὺς ὡς ἀληθῶς ἀνταγωνιστάς, ἀλλ' οὐχ ὡς νῦν εἰς
τοὺς συναγωνιστάς; ὧν δήπου περιγενέσθαι σε δεῖ τοσοῦτον
ὥστε μὴ ἀξιοῦν ἀνταγωνίζεσθαι, ἀλλὰ καταφρονηθέντας συν-   e
αγωνίζεσθαί σοι πρὸς τοὺς πολεμίους, εἰ δὴ τῷ ὄντι γε καλόν τι
ἔργον ἀποδείξασθαι διανοῇ καὶ ἄξιον σαυτοῦ τε καὶ τῆς πόλεως.

ΑΛ. Ἀλλὰ μὲν δὴ διανοοῦμαί γε.

ΣΩ. Πάνυ ·σοι ἄρα ἄξιον ἀγαπᾶν εἰ τῶν στρατιωτῶν   5
βελτίων εἶ, ἀλλ' οὐ πρὸς τοὺς τῶν ἀντιπάλων ἡγεμόνας
ἀποβλέπειν εἴ ποτε ἐκείνων βελτίων γέγονας, σκοποῦντα
καὶ ἀσκοῦντα πρὸς ἐκείνους.

c 5 τε Β Τ: om. Olympiodorus   σοῦ Olympiodorus : τοῦ σοῦ
Β Τ   ἐμαυτοῦ Β Olympiodorus : ἐμοῦ Τ   d 4 ἀλλὰ Τ : ἄρα Β
d 7 δ' ἂν Β: δὲ Τ   e 1 ἀξιοῦν ἀνταγωνίζεσθαι Β : συνανταγωνίζεσθαι
Τ: συναγωνίζεσθαι W (αντ s. v. w)   e 5 σοι ἄρα Β : ἄρα σοι Τ
Olympiodorus   e 7 εἴ ποτε scripsi : ὁπότε Β Τ : ὅπῃ τε Heindorf
(qua ratione Ficinus) : τί ποτε Ast   γέγονας Β Τ : γένοιο Heindorf
Stallbaum cum Ven. 184

120 ΑΛ. Λέγεις δὲ τίνας τούτους, ὦ Σώκρατες;

ΣΩ. Οὐκ οἶσθα ἡμῶν τὴν πόλιν Λακεδαιμονίοις τε καὶ τῷ μεγάλῳ βασιλεῖ πολεμοῦσαν ἑκάστοτε;

ΑΛ. Ἀληθῆ λέγεις.

5 ΣΩ. Οὐκοῦν εἴπερ ἐν νῷ ἔχεις ἡγεμὼν εἶναι τῆσδε τῆς πόλεως, πρὸς τοὺς Λακεδαιμονίων βασιλέας καὶ τοὺς Περσῶν τὸν ἀγῶνα ἡγούμενός σοι εἶναι ὀρθῶς ἂν ἡγοῖο;

ΑΛ. Κινδυνεύεις ἀληθῆ λέγειν.

ΣΩ. Οὔκ, ὠγαθέ, ἀλλὰ πρὸς Μειδίαν σε δεῖ τὸν ὀρτυγο-
b κόπον ἀποβλέπειν καὶ ἄλλους τοιούτους—οἳ τὰ τῆς πόλεως πράττειν ἐπιχειροῦσιν, ἔτι τὴν ἀνδραποδώδη, φαῖεν ἂν αἱ γυναῖκες, τρίχα ἔχοντες ἐν τῇ ψυχῇ ὑπ᾽ ἀμουσίας καὶ οὔπω ἀποβεβληκότες, ἔτι δὲ βαρβαρίζοντες ἐληλύθασι
5 κολακεύσοντες τὴν πόλιν ἀλλ᾽ οὐκ ἄρξοντες—πρὸς τού-
τους σε δεῖ, οὕσπερ λέγω, βλέποντα σαυτοῦ δὴ ἀμελεῖν, καὶ μήτε μανθάνειν ὅσα μαθήσεως ἔχεται, μέλλοντα τοσοῦ-
τον ἀγῶνα ἀγωνίζεσθαι, μήτε ἀσκεῖν ὅσα δεῖται ἀσκήσεως,
c καὶ πᾶσαν παρασκευὴν παρεσκευασμένον οὕτως ἰέναι ἐπὶ τὰ τῆς πόλεως.

ΑΛ. Ἀλλ᾽, ὦ Σώκρατες, δοκεῖς μέν μοι ἀληθῆ λέγειν, οἶμαι μέντοι τούς τε Λακεδαιμονίων στρατηγοὺς καὶ τὸν
5 Περσῶν βασιλέα οὐδὲν διαφέρειν τῶν ἄλλων.

ΣΩ. Ἀλλ᾽, ὦ ἄριστε, τὴν οἴησιν ταύτην σκόπει οἵαν ἔχεις.

ΑΛ. Τοῦ πέρι;

ΣΩ. Πρῶτον μὲν ποτέρως ἂν οἴει σαυτοῦ μᾶλλον ἐπι-
d μεληθῆναι, φοβούμενός τε καὶ οἰόμενος δεινοὺς αὐτοὺς εἶναι, ἢ μή;

a 6 πόλεως B: πόλεως ὡς T   καὶ τοὺς] καὶ τὸν Cobet
a 9 ὀρτυγοκόπον Olympiodorus Athenaeus scholiastes: ὀρτυγοτρόφον
BT   b 2 ἔτι T Olympiodorus: ἐπὶ B   b 3 ἐν B Olympio-
dorus: ἐπὶ T   b 5 κολακεύσοντες T: κολακεύοντες B   b 6 δὴ
Madvig: δὲ BT: om. al.   c 1 παρεσκευασμένον B: παρα-
σκευασμένον T Olympiodorus: παρασκευασμένον W   c 4 τὸν T:
τῶν B   c 9 ποτέρως B Olympiodorus: πότερος T

ΑΛ. Δῆλον ὅτι εἰ δεινοὺς ᾠόμην.

ΣΩ. Μῶν οὖν οἴει τι βλαβήσεσθαι ἐπιμεληθεὶς σαυτοῦ;

ΑΛ. Οὐδαμῶς, ἀλλὰ καὶ μεγάλα ὀνήσεσθαι.   5

ΣΩ. Οὐκοῦν ἐν μὲν τοῦτο τοσοῦτον κακὸν ἔχει ἡ οἴησις αὕτη.

ΑΛ. Ἀληθῆ λέγεις.

ΣΩ. Τὸ δεύτερον τοίνυν, ὅτι καὶ ψευδής ἐστιν, ἐκ τῶν εἰκότων σκέψαι.   10

ΑΛ. Πῶς δή;

ΣΩ. Πότερον εἰκὸς ἀμείνους γίγνεσθαι φύσεις ἐν γεννναίοις γένεσιν ἢ μή;   e

ΑΛ. Δῆλον ὅτι ἐν τοῖς γενναίοις.

ΣΩ. Οὐκοῦν τοὺς εὖ φύντας, ἐὰν καὶ εὖ τραφῶσιν, οὕτω τελέους γίγνεσθαι πρὸς ἀρετήν;

ΑΛ. Ἀνάγκη.   5

ΣΩ. Σκεψώμεθα δή, τοῖς ἐκείνων τὰ ἡμέτερα ἀντιτιθέντες, πρῶτον μὲν εἰ δοκοῦσι φαυλοτέρων γενῶν εἶναι οἱ Λακεδαιμονίων καὶ Περσῶν βασιλῆς. ἢ οὐκ ἴσμεν ὡς οἱ μὲν Ἡρακλέους, οἱ δὲ Ἀχαιμένους ἔκγονοι, τὸ δ' Ἡρακλέους τε γένος καὶ τὸ Ἀχαιμένους εἰς Περσέα τὸν Διὸς ἀναφέρεται;   10

ΑΛ. Καὶ γὰρ τὸ ἡμέτερον, ὦ Σώκρατες, εἰς Εὐρυσάκη,   121
τὸ δ' Εὐρυσάκους εἰς Δία.

ΣΩ. Καὶ γὰρ τὸ ἡμέτερον, ὦ γενναῖε Ἀλκιβιάδη, εἰς Δαίδαλον, ὁ δὲ Δαίδαλος εἰς Ἥφαιστον τὸν Διός. ἀλλὰ τὰ μὲν τούτων ἀπ' αὐτῶν ἀρξάμενα βασιλῆς εἰσιν ἐκ βα-   5
σιλέων μέχρι Διός, οἱ μὲν Ἄργους τε καὶ Λακεδαίμονος, οἱ δὲ τῆς Περσίδος τὸ ἀεί, πολλάκις δὲ καὶ τῆς Ἀσίας, ὥσπερ καὶ νῦν· ἡμεῖς δὲ αὐτοί τε ἰδιῶται καὶ οἱ πατέρες. εἰ δὲ καὶ τοὺς προγόνους σε δέοι καὶ τὴν πατρίδα Εὐρυσά-   b
κους ἐπιδεῖξαι Σαλαμῖνα ἢ τὴν Αἰακοῦ τοῦ ἔτι προτέρου

d 3 εἰ B : καὶ εἰ T   d 12 γίγνεσθαι B T : γενέσθαι Olympiodorus
e 3 τραφῶσιν T : γράφωσιν B   e 4 ἀρετὴν ⟨ἀνάγκη⟩ Cobet   e 9 οἱ
δὲ ... e 10 γένος καὶ T b (in marg.): om. pr. B   b 1 σε T:
om. B

327

Αἴγιναν Ἀρτοξέρξῃ τῷ Ξέρξου, πόσον ἂν οἴει γέλωτα
ὀφλεῖν; ἀλλ' ὅρα μὴ τοῦ τε γένους ὄγκῳ ἐλαττώμεθα τῶν
5 ἀνδρῶν καὶ τῇ ἄλλῃ τροφῇ. ἢ οὐκ ᾔσθησαι τοῖς τε Λακε-
δαιμονίων βασιλεῦσιν ὡς μεγάλα τὰ ὑπάρχοντα, ὧν αἱ
γυναῖκες δημοσίᾳ φυλάττονται ὑπὸ τῶν ἐφόρων, ὅπως εἰς
δύναμιν μὴ λάθῃ ἐξ ἄλλου γενόμενος ὁ βασιλεὺς ἢ ἐξ
c Ἡρακλειδῶν; ὁ δὲ Περσῶν τοσοῦτον ὑπερβάλλει, ὥστ'
οὐδεὶς ὑποψίαν ἔχει ὡς ἐξ ἄλλου ἂν βασιλεὺς γένοιτο ἢ ἐξ
αὑτοῦ· διὸ οὐ φρουρεῖται ἡ βασιλέως γυνὴ ἀλλ' ἢ ὑπὸ
φόβου. ἐπειδὰν δὲ γένηται ὁ παῖς ὁ πρεσβύτατος, οὗπερ
5 ἡ ἀρχή, πρῶτον μὲν ἑορτάζουσι πάντες οἱ ἐν τῇ βασιλέως,
ὧν ἂν ἄρχῃ, εἶτα εἰς τὸν ἄλλον χρόνον ταύτῃ τῇ ἡμέρᾳ
βασιλέως γενέθλια πᾶσα θύει καὶ ἑορτάζει ἡ Ἀσία· ἡμῶν
d δὲ γενομένων, τὸ τοῦ κωμῳδοποιοῦ, οὐδ' οἱ γείτονες σφόδρα
τι αἰσθάνονται, ὦ Ἀλκιβιάδη. μετὰ τοῦτο τρέφεται ὁ
παῖς, οὐχ ὑπὸ γυναικὸς τροφοῦ ὀλίγου ἀξίας, ἀλλ' ὑπ'
εὐνούχων οἳ ἂν δοκῶσιν τῶν περὶ βασιλέα ἄριστοι εἶναι·
5 οἷς τά τε ἄλλα προστέτακται ἐπιμέλεσθαι τοῦ γενομένου,
καὶ ὅπως ὅτι κάλλιστος ἔσται μηχανᾶσθαι, ἀναπλάττοντας
τὰ μέλη τοῦ παιδὸς καὶ κατορθοῦντας· καὶ ταῦτα δρῶντες
e ἐν μεγάλῃ τιμῇ εἰσιν. ἐπειδὰν δὲ ἑπτέτεις γένωνται οἱ
παῖδες, ἐπὶ τοὺς ἵππους καὶ ἐπὶ τοὺς τούτων διδασκάλους
φοιτῶσιν, καὶ ἐπὶ τὰς θήρας ἄρχονται ἰέναι. δὶς ἑπτὰ δὲ
γενόμενον ἐτῶν τὸν παῖδα παραλαμβάνουσιν οὓς ἐκεῖνοι
5 βασιλείους παιδαγωγοὺς ὀνομάζουσιν· εἰσὶ δὲ ἐξειλεγμένοι
Περσῶν οἱ ἄριστοι δόξαντες ἐν ἡλικίᾳ τέτταρες, ὅ τε σο-
φώτατος καὶ ὁ δικαιότατος καὶ ὁ σωφρονέστατος καὶ ὁ
122 ἀνδρειότατος. ὧν ὁ μὲν μαγείαν τε διδάσκει τὴν Ζωρο-

b 3 ἀρτοξέρξῃ re vera B T   ἂν B T : δὴ Stobaeus   b 4 τοῦ
B T : τῷ τοῦ Stobaeus   c 2 ἂν βασιλεὺς B Stobaeus : βασιλεὺς ἂν
T   c 3 ἀλλ' ἢ] ἀλλὴ B : ἢ T (suprascr. ἀλλ')   c 7 γενέθλια
T Olympiodorus : γενέσια B   πᾶσα T : ἅπασα B   καὶ ἑορτάζει
secl. Cobet   d 2 τι T : om. B   d 5 τά τε ἄλλα T : ταλλα B
d 6 ὅτι T : om. B   e 1 ἑπτετεῖς (sic) B : ἐπέτεις (sic) T
e 4 γενόμενον Buttmann : γενομένων B T

ἄστρου τοῦ Ὡρομάζου—ἔστι δὲ τοῦτο θεῶν θεραπεία—
διδάσκει δὲ καὶ τὰ βασιλικά, ὁ δὲ δικαιότατος ἀληθεύειν
διὰ παντὸς τοῦ βίου, ὁ δὲ σωφρονέστατος μηδ᾽ ὑπὸ μιᾶς
ἄρχεσθαι τῶν ἡδονῶν, ἵνα ἐλεύθερος εἶναι ἐθίζηται καὶ 5
ὄντως βασιλεύς, ἄρχων πρῶτον τῶν ἐν αὑτῷ ἀλλὰ μὴ
δουλεύων, ὁ δὲ ἀνδρειότατος ἄφοβον καὶ ἀδεᾶ παρασκευά-
ζων, ὡς ὅταν δείσῃ δοῦλον ὄντα· σοὶ δ᾽, ὦ Ἀλκιβιάδη,
Περικλῆς ἐπέστησε παιδαγωγὸν τῶν οἰκετῶν τὸν ἀχρειό- b
τατον ὑπὸ γήρως, Ζώπυρον τὸν Θρᾷκα. διῆλθον δὲ καὶ
τὴν ἄλλην· ἄν σοι τῶν ἀνταγωνιστῶν τροφήν τε καὶ παι-
δείαν, εἰ μὴ πολὺ ἔργον ἦν καὶ ἅμα ταῦθ᾽ ἱκανὰ δηλῶσαι
καὶ τἆλλα ὅσα τούτοις ἀκόλουθα· τῆς δὲ σῆς γενέσεως, 5
ὦ Ἀλκιβιάδη, καὶ τροφῆς καὶ παιδείας, ἢ ἄλλου ὁτουοῦν
Ἀθηναίων, ὡς ἔπος εἰπεῖν οὐδενὶ μέλει, εἰ μὴ εἴ τις
ἐραστής σου τυγχάνει ὤν. εἰ δ᾽ αὖ ἐθέλεις εἰς πλούτους
ἀποβλέψαι καὶ τρυφὰς καὶ ἐσθῆτας ἱματίων θ᾽ ἕλξεις καὶ c
μύρων ἀλοιφὰς καὶ θεραπόντων πλήθους ἀκολουθίας τήν
τε ἄλλην ἁβρότητα τὴν Περσῶν, αἰσχυνθείης ἂν ἐπὶ σεαυτῷ,
αἰσθόμενος ὅσον αὐτῶν ἐλλείπεις. εἰ δ᾽ αὖ ἐθελήσεις εἰς
σωφροσύνην τε καὶ κοσμιότητα ἀποβλέψαι καὶ εὐχέρειαν 5
καὶ εὐκολίαν καὶ μεγαλοφροσύνην καὶ εὐταξίαν καὶ ἀνδρείαν
καὶ καρτερίαν καὶ φιλοπονίαν καὶ φιλονικίαν καὶ φιλοτιμίας
τὰς Λακεδαιμονίων, παῖδ᾽ ἂν ἡγήσαιο σαυτὸν πᾶσι τοῖς
τοιούτοις. εἰ δ᾽ αὖ τι καὶ πλούτῳ προσέχεις καὶ κατὰ d
τοῦτο οἴει τι εἶναι, μηδὲ τοῦθ᾽ ἡμῖν ἄρρητον ἔστω, ἐάν πως
αἴσθῃ οὗ εἶ. τοῦτο μὲν γὰρ εἰ ἐθέλεις ⟨εἰς⟩ τοὺς Λακε-
δαιμονίων πλούτους ἰδεῖν, γνώσῃ ὅτι πολὺ τἀνθάδε τῶν
ἐκεῖ ἐλλείπει· γῆν μὲν γὰρ ὅσην ἔχουσιν τῆς θ᾽ ἑαυτῶν 5
καὶ Μεσσήνης, οὐδ᾽ ἂν εἷς ἀμφισβητήσειε τῶν τῇδε πλήθει

a 7 παρασκευάζων] παρασκευάζει Schleiermacher   b 7 μέλει B :
μέλλει T   b 8 ἐθέλεις T Olympiodorus: ἐθέλοις B   c 4 αἰ-
σθόμενος TW: αἰσθανόμενος B   ἐθελήσεις BT : ἐθελήσειας Olympio-
dorus : ἐθέλεις Heindorf   d 3 εἰς add. Schneider   d 5 γῆν
T Olympiodorus : τὴν B : γῆς ci. Stallbaum

οὐδ᾽ ἀρετῇ, οὐδ᾽ αὖ ἀνδραπόδων κτήσει τῶν τε ἄλλων καὶ
τῶν εἱλωτικῶν, οὐδὲ μὴν ἵππων γε, οὐδ᾽ ὅσα ἄλλα βοσκή-
e ματα κατὰ Μεσσήνην νέμεται. ἀλλὰ ταῦτα μὲν πάντα ἐῶ
χαίρειν, χρυσίον δὲ καὶ ἀργύριον οὐκ ἔστιν ἐν πᾶσιν Ἕλ-
λησιν ὅσον ἐν Λακεδαίμονι ἰδίᾳ· πολλὰς γὰρ ἤδη γενεὰς
εἰσέρχεται μὲν αὐτόσε ἐξ ἁπάντων τῶν Ἑλλήνων, πολ-
5 λάκις δὲ καὶ ἐκ τῶν βαρβάρων, ἐξέρχεται δὲ οὐδαμόσε,
123 ἀλλ᾽ ἀτεχνῶς κατὰ τὸν Αἰσώπου μῦθον ὃν ἡ ἀλώπηξ πρὸς
τὸν λέοντα εἶπεν, καὶ τοῦ εἰς Λακεδαίμονα νομίσματος εἰσ-
ιόντος μὲν τὰ ἴχνη τὰ ἐκεῖσε τετραμμένα δῆλα, ἐξιόντος
δὲ οὐδαμῇ ἄν τις ἴδοι. ὥστε εὖ χρὴ εἰδέναι ὅτι καὶ χρυσῷ
5 καὶ ἀργύρῳ οἱ ἐκεῖ πλουσιώτατοί εἰσιν τῶν Ἑλλήνων, καὶ
αὐτῶν ἐκείνων ὁ βασιλεύς· ἔκ τε γὰρ τῶν τοιούτων μέγισται
λήψεις καὶ πλεῖσταί εἰσι τοῖς βασιλεῦσιν, ἔτι δὲ καὶ ὁ
βασιλικὸς φόρος οὐκ ὀλίγος γίγνεται, ὃν τελοῦσιν οἱ Λακε-
b δαιμόνιοι τοῖς βασιλεῦσιν. καὶ τὰ μὲν Λακεδαιμονίων ὡς
πρὸς Ἑλληνικοὺς μὲν πλούτους μεγάλα, ὡς δὲ πρὸς τοὺς
Περσικοὺς καὶ τοῦ ἐκείνων βασιλέως οὐδέν. ἐπεί ποτ᾽
ἐγὼ ἤκουσα ἀνδρὸς ἀξιοπίστου τῶν ἀναβεβηκότων παρὰ
5 βασιλέα, ὃς ἔφη παρελθεῖν χώραν πάνυ πολλὴν καὶ ἀγαθήν,
ἐγγὺς ἡμερησίαν ὁδόν, ἣν καλεῖν τοὺς ἐπιχωρίους ζώνην
τῆς βασιλέως γυναικός· εἶναι δὲ καὶ ἄλλην ἣν αὖ καλεῖσθαι
c καλύπτραν, καὶ ἄλλους πολλοὺς τόπους καλοὺς καὶ ἀγαθοὺς
εἰς τὸν κόσμον ἐξῃρημένους τὸν τῆς γυναικός, καὶ ὀνόματα
ἔχειν ἑκάστους τῶν τόπων ἀπὸ ἑκάστου τῶν κόσμων. ὥστ᾽
οἶμαι ἐγώ, εἴ τις εἴποι τῇ βασιλέως μητρί, Ξέρξου δὲ
5 γυναικί, Ἀμήστριδι, ὅτι ἐν νῷ ἔχει σοῦ τῷ ὑεῖ ἀντιτάτ-
τεσθαι ὁ Δεινομάχης ὑός, ᾗ ἔστι κόσμος ἴσως ἄξιος μνῶν
πεντήκοντα εἰ πάνυ πολλοῦ, τῷ δ᾽ ὑεῖ αὐτῆς γῆς πλέθρα

---

e 3 πολλὰς . . . γενεὰς T: πολλαῖς . . . γενεαῖς B   e 4 αὐτόσε B:
αὐτὸς T: αὐτοῖς Olympiodorus   a 1 ὃν . . . a 2 εἶπεν secl. Schanz
a 3 τὰ ἐκεῖσε τετραμμένα secl. Hirschig   τετραμμένα T: γεγραμμένα
B   a 6 αὐτῶν] αὖ Schanz   τε γὰρ τῶν T: τε γὰρ ὧν pr. B:
τεττάρων D   c 5 ἔχει σου T: ἔχεις οὖ B

Ἐρχίασιν οὐδὲ τριακόσια, θαυμάσαι ἂν ὅτῳ ποτὲ πιστεύων
ἐν νῷ ἔχει οὗτος ὁ Ἀλκιβιάδης τῷ Ἀρτοξέρξῃ διαγωνί- d
ζεσθαι, καὶ οἶμαι ἂν αὐτὴν εἰπεῖν ὅτι οὐκ ἔσθ᾽ ὅτῳ ἄλλῳ
πιστεύων οὗτος ἀνὴρ ἐπιχειρεῖ πλὴν ἐπιμελείᾳ τε καὶ
σοφίᾳ· ταῦτα γὰρ μόνα ἄξια λόγου ἐν Ἕλλησιν. ἐπεὶ εἴ
γε πύθοιτο ὅτι Ἀλκιβιάδης οὗτος νῦν ἐπιχειρεῖ πρῶτον 5
μὲν ἔτη οὐδέπω γεγονὼς σφόδρα εἴκοσιν, ἔπειτα παντά-
πασιν ἀπαίδευτος, πρὸς δὲ τούτοις, τοῦ ἐραστοῦ αὐτῷ
λέγοντος ὅτι χρὴ πρῶτον μαθόντα καὶ ἐπιμεληθέντα αὑτοῦ
καὶ ἀσκήσαντα οὕτως ἰέναι διαγωνιούμενον βασιλεῖ, οὐκ e
ἐθέλει, ἀλλά φησιν ἐξαρκεῖν καὶ ὡς ἔχει, οἶμαι ἂν αὐτὴν
θαυμάσαι τε καὶ ἐρέσθαι· "Τί οὖν ποτ᾽ ἔστιν ὅτῳ πιστεύει
τὸ μειράκιον;" εἰ οὖν λέγοιμεν ὅτι κάλλει τε καὶ μεγέθει
καὶ γένει καὶ πλούτῳ καὶ φύσει τῆς ψυχῆς, ἡγήσαιτ᾽ ἂν 5
ἡμᾶς, ὦ Ἀλκιβιάδη, μαίνεσθαι πρὸς τὰ παρὰ σφίσιν ἀπο-
βλέψασα πάντα τὰ τοιαῦτα. οἶμαι δὲ κἂν Λαμπιδώ, τὴν
Λεωτυχίδου μὲν θυγατέρα, Ἀρχιδάμου δὲ γυναῖκα, Ἄγιδος 124
δὲ μητέρα, οἳ πάντες βασιλῆς γεγόνασιν, θαυμάσαι ἂν καὶ
ταύτην εἰς τὰ παρὰ σφίσιν ὑπάρχοντα ἀποβλέψασαν, εἰ σὺ
ἐν νῷ ἔχεις τῷ ὑεῖ αὐτῆς διαγωνίζεσθαι οὕτω κακῶς ἠγμένος.
καίτοι οὐκ αἰσχρὸν δοκεῖ εἶναι, εἰ αἱ τῶν πολεμίων γυναῖκες 5
βέλτιον περὶ ἡμῶν διανοοῦνται, οἵους χρὴ ὄντας σφίσιν
ἐπιχειρεῖν, ἢ ἡμεῖς περὶ ἡμῶν αὐτῶν; ἀλλ᾽, ὦ μακάριε,
πειθόμενος ἐμοί τε καὶ τῷ ἐν Δελφοῖς γράμματι, γνῶθι
σαυτόν, ὅτι οὗτοι ἡμῖν εἰσιν ἀντίπαλοι, ἀλλ᾽ οὐχ οὓς σὺ b
οἴει· ὧν ἄλλῳ μὲν οὐδ᾽ ἂν ἑνὶ περιγενοίμεθα, εἰ μή περ
ἐπιμελείᾳ γε ἂν καὶ τέχνῃ. ὧν σὺ εἰ ἀπολειφθήσῃ,
καὶ τοῦ ὀνομαστὸς γενέσθαι ἀπολειφθήσῃ ἐν Ἕλλησί

d 1 οὗτος B : οὕτως T   d 3 * ἀνὴρ B : ὁ ἀνὴρ T   d 5 ἀλκιβιάδης
T : ὁ ἀλκιβιάδης B   e 2 αὐτὴν B : om. T   e 3 πιστεύει recc. :
πιστεύοι B T   a 1 λεωτυχίδου T : δ᾽ εὐτυχίδου pr. B : λευτυχίδου b
a 5 εἶναι εἰ αἱ T Olympiodorus : εἶναι B   a 6 περὶ ἡμῶν διανοοῦνται
B : διανοοῦνται περὶ ἡμῶν T   b 1 ἡμῖν T Olympiodorus : om. B
b 2 εἰ δὲ μή περ B : εἰ μὴ T   b 3 γε ἂν scripsi : τε ἂν B T : τε Schanz
b 4 ὀνομαστὸς T Olympiodorus : ὀνόματος B

5 τε καὶ βαρβάροις, οὗ μοι δοκεῖς ἐρᾶν ὡς οὐδεὶς ἄλλος
ἄλλου.

ΑΛ. Τίνα οὖν χρὴ τὴν ἐπιμέλειαν, ὦ Σώκρατες, ποι-
εῖσθαι; ἔχεις ἐξηγήσασθαι; παντὸς γὰρ μᾶλλον ἔοικας
ἀληθῆ εἰρηκότι.

10 ΣΩ. Ναί· ἀλλὰ γὰρ κοινὴ βουλὴ ᾧτινι τρόπῳ ἂν ὅτι
c βέλτιστοι γενοίμεθα. ἐγὼ γάρ τοι οὐ περὶ μὲν σοῦ λέγω ὡς
χρὴ παιδευθῆναι, περὶ ἐμοῦ δὲ οὔ· οὐ γὰρ ἔσθ᾽ ὅτῳ σου
διαφέρω πλήν γ᾽ ἑνί.

ΑΛ. Τίνι;

5 ΣΩ. Ὁ ἐπίτροπος ὁ ἐμὸς βελτίων ἐστὶ καὶ σοφώτερος
ἢ Περικλῆς ὁ σός.

ΑΛ. Τίς οὗτος, ὦ Σώκρατες;

ΣΩ. Θεός, ὦ Ἀλκιβιάδη, ὅσπερ σοί με οὐκ εἴα πρὸ
τῆσδε τῆς ἡμέρας διαλεχθῆναι· ᾧ καὶ πιστεύων λέγω ὅτι ἡ
10 ἐπιφάνεια δι᾽ οὐδενὸς ἄλλου σοι ἔσται ἢ δι᾽ ἐμοῦ.

d ΑΛ. Παίζεις, ὦ Σώκρατες.

ΣΩ. Ἴσως· λέγω μέντοι ἀληθῆ, ὅτι ἐπιμελείας δεόμεθα,
μᾶλλον μὲν πάντες ἄνθρωποι, ἀτὰρ νώ γε καὶ μάλα σφόδρα.

ΑΛ. Ὅτι μὲν ἐγώ, οὐ ψεύδῃ.

5 ΣΩ. Οὐδὲ μὴν ὅτι γε ἐγώ.

ΑΛ. Τί οὖν ἂν ποιοῖμεν;

ΣΩ. Οὐκ ἀπορρητέον οὐδὲ μαλθακιστέον, ὦ ἑταῖρε.

ΑΛ. Οὔτοι δὴ πρέπει γ᾽, ὦ Σώκρατες.

ΣΩ. Οὐ γάρ, ἀλλὰ σκεπτέον κοινῇ. καί μοι λέγε·
e φαμὲν γὰρ δὴ ὡς ἄριστοι βούλεσθαι γενέσθαι. ἦ γάρ;

ΑΛ. Ναί.

ΣΩ. Τίνα ἀρετήν;

ΑΛ. Δῆλον ὅτι ἥνπερ οἱ ἄνδρες οἱ ἀγαθοί.

b 10 κοινὴ βουλὴ Stephanus : κοινῇ βουλῇ BT   c 6 ὁ σός BT :
ὁ σὸς θεῖος Proclus   d 5 ἐγώ B : ἐγὼ δέομαι T (sed δέομαι extra
versum)   d 6 ἂν ποιοῖμεν BT : ποιῶμεν Cobet : δὴ ποιῶμεν Schanz
d 7 ἀπορρητέον corr. Ven. 184: ἀπορητέον TW Olympiodorus : ἀπο-
κνητέον B et in marg. W   μαλθακιστέον T Olympiodorus : μαλα-
κιστέον B   e 1 δὴ B Olympiodorus : om. T   ὥς T Olympiodorus :
ὦ B

332

ΣΩ. Οἱ τί ἀγαθοί; 5

ΑΛ. Δῆλον ὅτι οἱ πράττειν τὰ πράγματα.

ΣΩ. Ποῖα; ἆρα τὰ ἱππικά;

ΑΛ. Οὐ δῆτα.

ΣΩ. Παρὰ τοὺς ἱππικοὺς γὰρ ἂν ἦμεν;

ΑΛ. Ναί. 10

ΣΩ. Ἀλλὰ τὰ ναυτικὰ λέγεις;

ΑΛ. Οὔ.

ΣΩ. Παρὰ τοὺς ναυτικοὺς γὰρ ἂν ἦμεν;

ΑΛ. Ναί.

ΣΩ. Ἀλλὰ ποῖα; ἃ τίνες πράττουσιν; 15

ΑΛ. Ἅπερ Ἀθηναίων οἱ καλοὶ κἀγαθοί.

ΣΩ. Καλοὺς δὲ κἀγαθοὺς λέγεις τοὺς φρονίμους ἢ τοὺς 125
ἄφρονας;

ΑΛ. Τοὺς φρονίμους.

ΣΩ. Οὐκοῦν ὃ ἕκαστος φρόνιμος, τοῦτ' ἀγαθός;

ΑΛ. Ναί. 5

ΣΩ. Ὁ δὲ ἄφρων, πονηρός;

ΑΛ. Πῶς γὰρ οὔ;

ΣΩ. Ἆρ' οὖν ὁ σκυτοτόμος φρόνιμος εἰς ὑποδημάτων
ἐργασίαν;

ΑΛ. Πάνυ γε. 10

ΣΩ. Ἀγαθὸς ἄρ' εἰς αὐτά;

ΑΛ. Ἀγαθός.

ΣΩ. Τί δ'; εἰς ἱματίων ἐργασίαν οὐκ ἄφρων ὁ σκυ-
τοτόμος;

ΑΛ. Ναί. 15

ΣΩ. Κακὸς ἄρα εἰς τοῦτο; b

ΑΛ. Ναί.

ΣΩ. Ὁ αὐτὸς ἄρα τούτῳ γε τῷ λόγῳ κακός τε καὶ
ἀγαθός.

ΑΛ. Φαίνεται. 5

e 6 οἱ T Olympiodorus: οἷοι B   a 11 αὐτά B : ταῦτα T

ΣΩ. Ἦ οὖν λέγεις τοὺς ἀγαθοὺς ἄνδρας εἶναι καὶ κακούς;
ΑΛ. Οὐ δῆτα.
ΣΩ. Ἀλλὰ τίνας ποτὲ τοὺς ἀγαθοὺς λέγεις;
ΑΛ. Τοὺς δυναμένους ἔγωγε ἄρχειν ἐν τῇ πόλει.
10   ΣΩ. Οὐ δήπου ἵππων γε;
ΑΛ. Οὐ δῆτα.
ΣΩ. Ἀλλ' ἀνθρώπων;
ΑΛ. Ναί.
ΣΩ. Ἆρα καμνόντων;
15   ΑΛ. Οὔ.
ΣΩ. Ἀλλὰ πλεόντων;
ΑΛ. Οὔ φημι.
ΣΩ. Ἀλλὰ θεριζόντων;
ΑΛ. Οὔ.
c   ΣΩ. Ἀλλ' οὐδὲν ποιούντων ἤ τι ποιούντων;
ΑΛ. Ποιούντων λέγω.
ΣΩ. Τί; πειρῶ καὶ ἐμοὶ δηλῶσαι.

ΑΛ. Οὐκοῦν τῶν καὶ συμβαλλόντων ἑαυτοῖς καὶ χρω-
5 μένων ἀλλήλοις, ὥσπερ ἡμεῖς ζῶμεν ἐν ταῖς πόλεσιν.

ΣΩ. Οὐκοῦν ἀνθρώπων λέγεις ἄρχειν ἀνθρώποις χρω-
μένων;
ΑΛ. Ναί.
ΣΩ. Ἆρα κελευστῶν χρωμένων ἐρέταις;
10   ΑΛ. Οὐ δῆτα.
ΣΩ. Κυβερνητικὴ γὰρ αὕτη γε ἀρετή;
ΑΛ. Ναί.
ΣΩ. Ἀλλ' ἀνθρώπων λέγεις ἄρχειν αὐλητῶν, ἀνθρώποις
d ἡγουμένων ᾠδῆς καὶ χρωμένων χορευταῖς;
ΑΛ. Οὐ δῆτα.
ΣΩ. Χοροδιδασκαλικὴ γὰρ αὕτη γ' αὖ;
ΑΛ. Πάνυ γε.

b 6 ἦ Β Τ : τῇ Olympiodorus   λέγεις Β Τ : καλοῖς Olympiodorus
c 4 τῶν καὶ Β Τ : καὶ τῶν Olympiodorus   c 11 κυβερνητικὴ Β :
κυβερνητικῆς Τ

ΣΩ. Ἀλλὰ τί ποτε λέγεις χρωμένων ἀνθρώπων ἀνθρώ- 5
ποις οἷόν τ᾽ εἶναι ἄρχειν;

ΑΛ. Κοινωνούντων ἔγωγε λέγω πολιτείας καὶ συμ-
βαλλόντων πρὸς ἀλλήλους, τούτων ἄρχειν τῶν ἐν τῇ
πόλει.

ΣΩ. Τίς οὖν αὕτη ἡ τέχνη; ὥσπερ ἂν εἴ σε ἐροίμην 10
πάλιν τὰ νυνδή, κοινωνούντων ναυτιλίας ἐπίστασθαι ἄρχειν
τίς ποιεῖ τέχνη;

ΑΛ. Κυβερνητική.

ΣΩ. Κοινωνούντων δ᾽ ᾠδῆς, ὡς νυνδὴ ἐλέγετο, τις ἐπι- e
στήμη ποιεῖ ἄρχειν;

ΑΛ. Ἥπερ σὺ ἄρτι ἔλεγες, ἡ χοροδιδασκαλία.

ΣΩ. Τί δέ; πολιτείας κοινωνούντων τίνα καλεῖς ἐπι-
στήμην; 5

ΑΛ. Εὐβουλίαν ἔγωγε, ὦ Σώκρατες.

ΣΩ. Τί δέ; μῶν ἀβουλία δοκεῖ εἶναι ἡ τῶν κυβερνητῶν;

ΑΛ. Οὐ δῆτα.

ΣΩ. Ἀλλ᾽ εὐβουλία;

ΑΛ. Ἔμοιγε δοκεῖ, εἴς γε τὸ σῴζεσθαι πλέοντας. 126

ΣΩ. Καλῶς λέγεις. τί δέ; ἣν σὺ λέγεις εὐβουλίαν,
εἰς τί ἐστιν;

ΑΛ. Εἰς τὸ ἄμεινον τὴν πόλιν διοικεῖν καὶ σῴζεσθαι.

ΣΩ. Ἄμεινον δὲ διοικεῖται καὶ σῴζεται τίνος παρα- 5
γιγνομένου ἢ ἀπογιγνομένου; ὥσπερ ἂν εἰ σύ με ἔροιο·
"Ἄμεινον διοικεῖται σῶμα καὶ σῴζεται τίνος παραγιγνομένου
ἢ ἀπογιγνομένου;" εἴποιμ᾽ ἂν ὅτι ὑγιείας μὲν παραγιγνο-
μένης, νόσου δὲ ἀπογιγνομένης. οὐ καὶ σὺ οἴει οὕτως;

ΑΛ. Ναί. b

ΣΩ. Καὶ εἴ μ᾽ αὖ ἔροιο· "Τίνος δὲ παραγιγνομένου
ἄμεινον ὄμματα;" ὡσαύτως εἴποιμ᾽ ἂν ὅτι ὄψεως μὲν παρα-
γιγνομένης, τυφλότητος δὲ ἀπογιγνομένης. καὶ ὦτα δὲ

---

e 2 ποιεῖ Β : ποιεῖν Τ   a 7 διοικεῖται ... σῴζεται Β : διοικεῖσθαι
... σῴζεσθαι Τ   σώματα Τ : σῶμα Β   b 2 παραγιγνομένου Β :
om. Τ W

5 κωφότητος μὲν ἀπογιγνομένης, ἀκοῆς δὲ ἐγγιγνομένης
βελτίω τε γίγνεται καὶ ἄμεινον θεραπεύεται.

ΑΛ. Ὀρθῶς.

ΣΩ. Τί δὲ δή; πόλις τίνος παραγιγνομένου καὶ ἀπο-
γιγνομένου βελτίων τε γίγνεται καὶ ἄμεινον θεραπεύεται
10 καὶ διοικεῖται;

c ΑΛ. Ἐμοὶ μὲν δοκεῖ, ὦ Σώκρατες, ὅταν φιλία μὲν
αὐτοῖς γίγνηται πρὸς ἀλλήλους, τὸ μισεῖν δὲ καὶ στασιάζειν
ἀπογίγνηται.

ΣΩ. Ἆρ' οὖν φιλίαν λέγεις ὁμόνοιαν ἢ διχόνοιαν;

5 ΑΛ. Ὁμόνοιαν.

ΣΩ. Διὰ τίν' οὖν τέχνην ὁμονοοῦσιν αἱ πόλεις περὶ
ἀριθμούς;

ΑΛ. Διὰ τὴν ἀριθμητικήν.

ΣΩ. Τί δὲ οἱ ἰδιῶται; οὐ διὰ τὴν αὐτήν;

10 ΑΛ. Ναί.

ΣΩ. Οὐκοῦν καὶ αὐτὸς αὑτῷ ἕκαστος;

ΑΛ. Ναί.

ΣΩ. Διὰ τίνα δὲ τέχνην ἕκαστος αὐτὸς αὑτῷ ὁμονοεῖ
d περὶ σπιθαμῆς καὶ πήχεος ὁπότερον μεῖζον; οὐ διὰ τὴν
μετρητικήν;

ΑΛ. Τί μήν;

ΣΩ. Οὐκοῦν καὶ οἱ ἰδιῶται ἀλλήλοις καὶ αἱ πόλεις;

5 ΑΛ. Ναί.

ΣΩ. Τί δέ; περὶ σταθμοῦ οὐχ ὡσαύτως;

ΑΛ. Φημί.

ΣΩ. Ἣν δὲ δὴ σὺ λέγεις ὁμόνοιαν, τίς ἐστι καὶ περὶ
τοῦ, καὶ τίς αὐτὴν τέχνη παρασκευάζει; καὶ ἆρα ἥπερ πόλει,
10 αὐτὴ καὶ ἰδιώτῃ, αὑτῷ τε πρὸς αὑτὸν καὶ πρὸς ἄλλον;

---

c 2 τὸ μισεῖν δὲ B : τὸ δὲ μισεῖν τε T   c 13 ἕκαστος αὐτὸς αὑτῷ
B : αὐτὸς αὑτῷ ἕκαστος T : αὐτὸς ἑαυτῷ Olympiodorus   d 6 σταθμοῦ
T : σταθμοὺς B   d 9 αὐτὴν T Olympiodorus : αὖ τὴν B   τέχνη
Olympiodorus al. : τέχνην B T   ἥπερ (vel ᾗπερ) πόλει T Olympio-
dorus : εἰ περιπολεῖ B : εἴπερ πόλει W   d 10 αὐτὴ ci. Bekker : αὐτὴ
B : αὐτῇ T Olympiodorus : αὕτη vulg.

ΑΛ. Εἰκός γέ τοι.

ΣΩ. Τίς οὖν ἔστι; μὴ κάμῃς ἀποκρινόμενος, ἀλλὰ προθυμοῦ εἰπεῖν. e

ΑΛ. Ἐγὼ μὲν οἶμαι φιλίαν τε λέγειν καὶ ὁμόνοιαν, ἥνπερ πατήρ τε ὑὸν φιλῶν ὁμονοεῖ καὶ μήτηρ, καὶ ἀδελφὸς ἀδελφῷ καὶ γυνὴ ἀνδρί.

ΣΩ. Οἴει ἂν οὖν, ὦ Ἀλκιβιάδη, ἄνδρα γυναικὶ περὶ 5 ταλασιουργίας δύνασθαι ὁμονοεῖν, τὸν μὴ ἐπιστάμενον τῇ ἐπισταμένῃ;

ΑΛ. Οὐ δῆτα.

ΣΩ. Οὐδέ γε δεῖ οὐδέν· γυναικεῖον γὰρ τοῦτό γε μάθημα.

ΑΛ. Ναί. 10

ΣΩ. Τί δέ; γυνὴ ἀνδρὶ περὶ ὁπλιτικῆς δύναιτ' ἂν 127 ὁμονοεῖν μὴ μαθοῦσα;

ΑΛ. Οὐ δῆτα.

ΣΩ. Ἀνδρεῖον γὰρ τοῦτό γε ἴσως αὖ φαίης ἂν εἶναι.

ΑΛ. Ἔγωγε. 5

ΣΩ. Ἔστιν ἄρα τὰ μὲν γυναικεῖα, τὰ δὲ ἀνδρεῖα μαθήματα κατὰ τὸν σὸν λόγον.

ΑΛ. Πῶς δ' οὔ;

ΣΩ. Οὐκ ἄρα ἔν γε τούτοις ἐστὶν ὁμόνοια γυναιξὶ πρὸς ἄνδρας. 10

ΑΛ. Οὔ.

ΣΩ. Οὐδ' ἄρα φιλία, εἴπερ ἡ φιλία ὁμόνοια ἦν.

ΑΛ. Οὐ φαίνεται.

ΣΩ. Ἧι ἄρα αἱ γυναῖκες τὰ αὑτῶν πράττουσιν, οὐ φιλοῦνται ὑπὸ τῶν ἀνδρῶν. 15

ΑΛ. Οὐκ ἔοικεν. b

ΣΩ. Οὐδ' ἄρα οἱ ἄνδρες ὑπὸ τῶν γυναικῶν ᾗ τὰ αὑτῶν.

ΑΛ. Οὔ.

e 2 τε] σε ci. Stallbaum : τε ⟨ἔχειν⟩ Schanz : fort. γε   e 9 γε B
Olympiodorus : om. T

337

5 ΣΩ. Οὐδ' εὖ ἄρα ταύτῃ οἰκοῦνται αἱ πόλεις, ὅταν τὰ
αὑτῶν ἕκαστοι πράττωσιν;

ΑΛ. Οἶμαι ἔγωγε, ὦ Σώκρατες.

ΣΩ. Πῶς λέγεις, φιλίας μὴ παρούσης, ἧς ἔφαμεν ἐγ-
γιγνομένης εὖ οἰκεῖσθαι τὰς πόλεις, ἄλλως δ' οὔ;

10 ΑΛ. 'Αλλά μοι δοκεῖ καὶ κατὰ τοῦτ' αὐτοῖς φιλία
ἐγγίγνεσθαι, ὅτι τὰ αὑτῶν ἑκάτεροι πράττουσιν.

c ΣΩ. Οὐκ ἄρτι γε· νῦν δὲ πῶς αὖ λέγεις; ὁμονοίας μὴ
ἐγγιγνομένης φιλία ἐγγίγνεται; ἢ οἷόν θ' ὁμόνοιαν ἐγγί-
γνεσθαι [περὶ τούτων] ὧν οἱ μὲν ἴσασι περὶ τούτων, οἱ δ' οὔ;

ΑΛ. 'Αδύνατον.

5 ΣΩ. Δίκαια δὲ πράττουσιν ἢ ἄδικα, ὅταν τὰ αὑτῶν
ἕκαστοι πράττωσιν;

ΑΛ. Δίκαια· πῶς γὰρ οὔ;

ΣΩ. Τὰ δίκαια οὖν πραττόντων ἐν τῇ πόλει τῶν πολιτῶν
φιλία οὐκ ἐγγίγνεται πρὸς ἀλλήλους;

10 ΑΛ. 'Ανάγκη αὖ μοι δοκεῖ εἶναι, ὦ Σώκρατες.

d ΣΩ. Τίνα οὖν ποτε λέγεις τὴν φιλίαν ἢ ὁμόνοιαν περὶ
ἧς δεῖ ἡμᾶς σοφούς τε εἶναι καὶ εὐβούλους, ἵνα ἀγαθοὶ
ἄνδρες ὦμεν; οὐ γὰρ δύναμαι μαθεῖν οὔθ' ἥτις οὔτ' ἐν
οἷστισιν· τοτὲ μὲν γὰρ ἐν τοῖς αὐτοῖς φαίνεται ἐνοῦσα, τοτὲ
5 δ' οὔ, ὡς ἐκ τοῦ σοῦ λόγου.

ΑΛ. 'Αλλὰ μὰ τοὺς θεούς, ὦ Σώκρατες, οὐδ' αὐτὸς οἶδ'
ὅτι λέγω, κινδυνεύω δὲ καὶ πάλαι λεληθέναι ἐμαυτὸν
αἴσχιστα ἔχων.

ΣΩ. 'Αλλὰ χρὴ θαρρεῖν. εἰ μὲν γὰρ αὐτὸ ᾔσθου πεπονθὼς
e πεντηκονταετής, χαλεπὸν ἂν ἦν σοι ἐπιμεληθῆναι σαυ-
τοῦ· νῦν δ' ἣν ἔχεις ἡλικίαν, αὕτη ἐστὶν ἐν ᾗ δεῖ αὐτὸ
αἰσθέσθαι.

---

b 5 εὖ Olympiodorus : αὖ B T   b 8 ἔφαμεν T : φαμὲν B :
ἐλέγομεν Olympiodorus ἐγγιγνομένης T W Olympiodorus : γιγνομένης
B   b 10 τοῦτο B T : τὰ αὑτὰ Olympiodorus   b 11 πράττουσιν
B : πράττωσιν T   c 1 μὴ B Stobaeus : om. T   c 2 ἐγγίγνεσθαι
T W: γίγνεσθαι B   c 3 περὶ τούτων ὧν οἱ μὲν ἴσασι περὶ τούτων B ·
περὶ τούτων ὧν οἱ μὲν ἴσασι T

ΑΛ. Τί οὖν τὸν αἰσθανόμενον χρὴ ποιεῖν, ὦ Σώκρατες;

ΣΩ. Ἀποκρίνεσθαι τὰ ἐρωτώμενα, ὦ Ἀλκιβιάδη· καὶ 5
ἐὰν τοῦτο ποιῇς, ἂν θεὸς θέλῃ, εἴ τι δεῖ καὶ τῇ ἐμῇ μαντείᾳ
πιστεύειν, σύ τε κἀγὼ βέλτιον σχήσομεν.

ΑΛ. Ἔσται ταῦτα ἕνεκά γε τοῦ ἐμὲ ἀποκρίνεσθαι.

ΣΩ. Φέρε δή, τί ἐστιν τὸ ἑαυτοῦ ἐπιμελεῖσθαι—μὴ πολ-
λάκις λάθωμεν οὐχ ἡμῶν αὐτῶν ἐπιμελούμενοι, οἰόμενοι δέ 128
—καὶ πότ' ἄρα αὐτὸ ποιεῖ ἄνθρωπος; ἆρ' ὅταν τῶν αὑτοῦ
ἐπιμελῆται, τότε καὶ αὑτοῦ;

ΑΛ. Ἐμοὶ γοῦν δοκεῖ.

ΣΩ. Τί δέ; ποδῶν ἄνθρωπος ποτε ἐπιμελεῖται; ἆρ' 5
ὅταν ἐκείνων ἐπιμελῆται ἅ ἐστι τῶν ποδῶν;

ΑΛ. Οὐ μανθάνω.

ΣΩ. Καλεῖς δέ τι χειρός; οἷον δακτύλιον ἔστιν ὅτου ἂν
ἄλλου τῶν τοῦ ἀνθρώπου φαίης ἢ δακτύλου;

ΑΛ. Οὐ δῆτα. 10

ΣΩ. Οὐκοῦν καὶ ποδὸς ὑπόδημα τὸν αὐτὸν τρόπον;

ΑΛ. Ναί.

⟨ΣΩ. Καὶ ἱμάτια καὶ στρώματα τοῦ ἄλλου σώματος
ὁμοίως;

ΑΛ. Ναί.⟩ b

ΣΩ. Ἆρ' οὖν ὅταν ὑποδημάτων ἐπιμελώμεθα, τότε ποδῶν
ἐπιμελούμεθα;

ΑΛ. Οὐ πάνυ μανθάνω, ὦ Σώκρατες.

ΣΩ. Τί δέ, ὦ Ἀλκιβιάδη; ὀρθῶς ἐπιμελεῖσθαι καλεῖς τι 5
ὁτουοῦν πράγματος;

ΑΛ. Ἔγωγε.

ΣΩ. Ἆρ' οὖν ὅταν τίς τι βέλτιον ποιῇ, τότε ὀρθὴν
λέγεις ἐπιμέλειαν;

e 4 αἰσθανόμενον T Olympiodorus : αἰσθόμενον B   e 5 ἀποκρίνασθαι
Olympiodorus   ᴏ5 θέλῃ Olympiodorus : ἐθέλῃ B T   e 7 βέλτιον
B T : βελτιόνως Coisl.   a 2 αὐτὸ ποιεῖ B Stobaeus : ποιεῖ αὐτὸ T
ἄνθρωπος Schanz (ot ᴍᴏx) : ἄνθρωπος B T   a 13 καὶ ἱμάτια . . .
b 1 ναί Stobaeus : oᴍ. B T   b 8 τι T : om. B Olympiodorus

10 ΑΛ. Ναί.

ΣΩ. Τίς οὖν τέχνη ὑποδήματα βελτίω ποιεῖ;

ΑΛ. Σκυτική.

ΣΩ. Σκυτικῇ ἄρα ὑποδημάτων ἐπιμελούμεθα;

c ΑΛ. Ναί.

ΣΩ. Ἦ καὶ ποδὸς σκυτικῇ; ἢ ἐκείνῃ ᾗ πόδας βελτίους
ποιοῦμεν;

ΑΛ. Ἐκείνῃ.

5 ΣΩ. Βελτίους δὲ πόδας οὐχ ᾗπερ καὶ τὸ ἄλλο σῶμα;

ΑΛ. Ἔμοιγε δοκεῖ.

ΣΩ. Αὕτη δ' οὐ γυμναστική;

ΑΛ. Μάλιστα.

ΣΩ. Γυμναστικῇ μὲν ἄρα ποδὸς ἐπιμελούμεθα, σκυτικῇ
10 δὲ τῶν τοῦ ποδός;

ΑΛ. Πάνυ γε.

ΣΩ. Καὶ γυμναστικῇ μὲν χειρῶν, δακτυλιογλυφίᾳ δὲ τῶν
τῆς χειρός;

ΑΛ. Ναί.

15 ΣΩ. Καὶ γυμναστικῇ μὲν σώματος, ὑφαντικῇ δὲ καὶ ταῖς
d ἄλλαις τῶν τοῦ σώματος;

ΑΛ. Παντάπασι μὲν οὖν.

ΣΩ. Ἄλλῃ μὲν ἄρα τέχνῃ αὐτοῦ ἑκάστου ἐπιμελούμεθα,
ἄλλῃ δὲ τῶν αὐτοῦ.

5 ΑΛ. Φαίνεται.

ΣΩ. Οὐκ ἄρα ὅταν τῶν σαυτοῦ ἐπιμελῇ, σαυτοῦ ἐπιμελῇ.

ΑΛ. Οὐδαμῶς.

ΣΩ. Οὐ γὰρ ἡ αὐτὴ τέχνη, ὡς ἔοικεν, ᾗ τις ἂν αὐτοῦ τε
ἐπιμελοῖτο καὶ τῶν αὐτοῦ.

10 ΑΛ. Οὐ φαίνεται.

ΣΩ. Φέρε δή, ποίᾳ ποτ' ἂν ἡμῶν αὐτῶν ἐπιμεληθείημεν;

ΑΛ. Οὐκ ἔχω λέγειν.

---

c 12 δακτυλιογλυφίᾳ Γ : δακτυλογλυφίᾳ Β   d 2 μὲν οὖν Β: om.
TW   d 6 σαυτοῦ corr. Coisl. : ἑαυτοῦ Β : αὑτοῦ Τ   d 8 ᾗ τις
Stobaeus : ἥτις ΒΤ   d 11 ποίᾳ Τ : om. Β

ΣΩ. Ἀλλὰ τοσόνδε γε ὡμολόγηται, ὅτι οὐχ ᾗ ἂν τῶν e
ἡμετέρων καὶ ὁτιοῦν βέλτιον ποιοῖμεν, ἀλλ' ᾗ ἡμᾶς αὐτούς;

ΑΛ. Ἀληθῆ λέγεις.

ΣΩ. Ἦ οὖν ἔγνωμεν ἄν ποτε τίς τέχνη ὑπόδημα βέλτιον
ποιεῖ, μὴ εἰδότες ὑπόδημα;   5

ΑΛ. Ἀδύνατον.

ΣΩ. Οὐδέ γε τίς τέχνη δακτυλίους βελτίους ποιεῖ,
ἀγνοοῦντες δακτύλιον.

ΑΛ. Ἀληθῆ.

ΣΩ. Τί δέ; τίς τέχνη βελτίω ποιεῖ αὐτόν, ἆρ' ἄν ποτε 10
γνοῖμεν ἀγνοοῦντες τί ποτ' ἐσμὲν αὐτοί;

ΑΛ. Ἀδύνατον.   129

ΣΩ. Πότερον οὖν δὴ ῥᾴδιον τυγχάνει τὸ γνῶναι ἑαυτόν,
καί τις ἦν φαῦλος ὁ τοῦτο ἀναθεὶς εἰς τὸν ἐν Πυθοῖ νεών, ἢ
χαλεπόν τι καὶ οὐχὶ παντός;

ΑΛ. Ἐμοὶ μέν, ὦ Σώκρατες, πολλάκις μὲν ἔδοξε παντὸς 5
εἶναι, πολλάκις δὲ παγχάλεπον.

ΣΩ. Ἀλλ', ὦ Ἀλκιβιάδη, εἴτε ῥᾴδιον εἴτε μή ἐστιν, ὅμως
γε ἡμῖν ὧδ' ἔχει· γνόντες μὲν αὐτὸ τάχ' ἂν γνοῖμεν τὴν
ἐπιμέλειαν ἡμῶν αὐτῶν, ἀγνοοῦντες δὲ οὐκ ἄν ποτε.

ΑΛ. Ἔστι ταῦτα.   10

ΣΩ. Φέρε δή, τίν' ἂν τρόπον εὑρεθείη αὐτὸ ταῦτο; οὕτω b
μὲν γὰρ ἂν τάχ' εὕροιμεν τί ποτ' ἐσμὲν αὐτοί, τούτου δ' ἔτι
ὄντες ἐν ἀγνοίᾳ ἀδύνατοί που.

ΑΛ. Ὀρθῶς λέγεις.

ΣΩ. Ἔχε οὖν πρὸς Διός. τῷ διαλέγῃ σὺ νῦν; ἄλλο τι 5
ἢ ἐμοί;

ΑΛ. Ναί.

ΣΩ. Οὐκοῦν καὶ ἐγὼ σοί;

e 1 τοσόνδε γε B Stobaeus: τοσοῦτον δέ γε T   e 2 ποιοῖμεν
Struve: ποιῶμεν B T   e 4 ἦ οὖν Olympiodorus: εἰ οὖν B T   a 2 δὴ
B: ἂν T   a 3 ἐν secl. Cobet   b 2 ἂν τάχ' B T: τάχ' ἂν
Olympiodorus   b 3 ὄντες B: ὄντος T   b 4 ὀρθῶς λέγεις T:
om. B   b 5 ἄλλο τι B T: ἄλλῳ τῳ Stobaeus

ΑΛ. Ναί.

10 ΣΩ. Σωκράτης ἄρ᾽ ἐστὶν ὁ διαλεγόμενος;

ΑΛ. Πάνυ γε.

ΣΩ. ᾽Αλκιβιάδης δ᾽ ὁ ἀκούων;

ΑΛ. Ναί.

ΣΩ. Οὐκοῦν λόγῳ διαλέγεται ὁ Σωκράτης;

c ΑΛ. Τί μήν;

ΣΩ. Τὸ δὲ διαλέγεσθαι καὶ τὸ λόγῳ χρῆσθαι ταὐτόν που καλεῖς.

ΑΛ. Πάνυ γε.

5 ΣΩ. Ὁ δὲ χρώμενος καὶ ᾧ χρῆται οὐκ ἄλλο;

ΑΛ. Πῶς λέγεις;

ΣΩ. ῞Ωσπερ σκυτοτόμος τέμνει που τομεῖ καὶ σμίλῃ καὶ ἄλλοις ὀργάνοις.

ΑΛ. Ναί.

10 ΣΩ. Οὐκοῦν ἄλλο μὲν ὁ τέμνων καὶ χρώμενος, ἄλλο δὲ οἷς τέμνων χρῆται;

ΑΛ. Πῶς γὰρ οὔ;

ΣΩ. ᾽Αρ᾽ οὖν οὕτως καὶ οἷς ὁ κιθαριστὴς κιθαρίζει καὶ αὐτὸς ὁ κιθαριστὴς ἄλλο ἂν εἴη;

15 ΑΛ. Ναί.

d ΣΩ. Τοῦτο τοίνυν ἀρτίως ἠρώτων, εἰ ὁ χρώμενος καὶ ᾧ χρῆται ἀεὶ δοκεῖ ἕτερον εἶναι.

ΑΛ. Δοκεῖ.

ΣΩ. Τί οὖν φῶμεν τὸν σκυτοτόμον; τέμνειν ὀργάνοις

5 μόνον ἢ καὶ χερσίν;

ΑΛ. Καὶ χερσίν.

ΣΩ. Χρῆται ἄρα καὶ ταύταις;

ΑΛ. Ναί.

ΣΩ. ῏Η καὶ τοῖς ὀφθαλμοῖς χρώμενος σκυτοτομεῖ;

10 ΑΛ. Ναί.

c 7 τομεῖ Β² T W Olympiodorus : τομῇ pr. Β (ut videtur) Stobaeus
c 10 χρώμενος Stobaeus : ὁ χρώμενος Β T   c 11 οἷς ὁ W : οἷς Β T
d 1 καὶ Β : τε καὶ Τ

ΣΩ. Τὸν δὲ χρώμενον καὶ οἷς χρῆται ἕτερα ὁμολογοῦμεν;
ΑΛ. Ναί.
ΣΩ. Ἕτερον ἄρα σκυτοτόμος καὶ κιθαριστὴς χειρῶν καὶ
ὀφθαλμῶν οἷς ἐργάζονται;   e
ΑΛ. Φαίνεται.
ΣΩ. Οὐκοῦν καὶ παντὶ τῷ σώματι χρῆται ἄνθρωπος;
ΑΛ. Πάνυ γε.
ΣΩ. Ἕτερον δ᾿ ἦν τό τε χρώμενον καὶ ᾧ χρῆται;   5
ΑΛ. Ναί.
ΣΩ. Ἕτερον ἄρα ἄνθρωπός ἐστι τοῦ σώματος τοῦ ἑαυτοῦ;
ΑΛ. Ἔοικεν.
ΣΩ. Τί ποτ᾿ οὖν ὁ ἄνθρωπος;
ΑΛ. Οὐκ ἔχω λέγειν.   10
ΣΩ. Ἔχεις μὲν οὖν, ὅτι γε τὸ τῷ σώματι χρώμενον.
ΑΛ. Ναί.
ΣΩ. Ἦ οὖν ἄλλο τι χρῆται αὐτῷ ἢ ψυχή;   130
ΑΛ. Οὐκ ἄλλο.
ΣΩ. Οὐκοῦν ἄρχουσα;
ΑΛ. Ναί.
ΣΩ. Καὶ μὴν τόδε γ᾿ οἶμαι οὐδένα ἂν ἄλλως οἰηθῆναι.   5
ΑΛ. Τὸ ποῖον;
ΣΩ. Μὴ οὐ τριῶν ἕν γέ τι εἶναι τὸν ἄνθρωπον.
ΑΛ. Τίνων;
ΣΩ. Ψυχὴν ἢ σῶμα ἢ συναμφότερον, τὸ ὅλον τοῦτο.
ΑΛ. Τί μήν;   10
ΣΩ. Ἀλλὰ μὴν αὐτό γε τὸ τοῦ σώματος ἄρχον ὡμο-
λογήσαμεν ἄνθρωπον εἶναι;
ΑΛ. Ὡμολογήσαμεν.   b
ΣΩ. Ἆρ᾿ οὖν σῶμα αὐτὸ αὑτοῦ ἄρχει;

e3 ἄνθρωπος Schanz : ἄνθρωπος B T   e5 δ᾿ ἦν B : δὴ T
e7 ἄνθρωπος Bekker : ἄνθρωπος B T   τοῦ σώματος τοῦ ἑαυτοῦ B :
τοῦ ἑαυτοῦ σώματος T   e9 ὁ ἄνθρωπος B T : ἄνθρωπος Bekker
a1 ἤ] ἢ T : εἰ B   ἢ B T : ἢ ἡ W   b1 ὡμολογήσαμεν B :
ὡμολογήσαμεν τίς οὖν ὁ ἄνθρωπος T W   b2 ἄρχει B T : ἄρξει
Olympiodorus

ΑΛ. Οὐδαμῶς.

ΣΩ. Ἄρχεσθαι γὰρ αὐτὸ εἴπομεν.

5 ΑΛ. Ναί.

ΣΩ. Οὐκ ἂν δὴ τοῦτό γε εἴη ὃ ζητοῦμεν.

ΑΛ. Οὐκ ἔοικεν.

ΣΩ. Ἀλλ᾽ ἄρα τὸ συναμφότερον τοῦ σώματος ἄρχει, καὶ ἔστι δὴ τοῦτο ἄνθρωπος;

10 ΑΛ. Ἴσως δῆτα.

ΣΩ. Πάντων γε ἥκιστα· μὴ γὰρ συνάρχοντος τοῦ ἑτέρου οὐδεμία που μηχανὴ τὸ συναμφότερον ἄρχειν.

ΑΛ. Ὀρθῶς.

c ΣΩ. Ἐπειδὴ δ᾽ οὔτε σῶμα οὔτε τὸ συναμφότερόν ἐστιν ἄνθρωπος, λείπεται οἶμαι ἢ μηδὲν αὔτ᾽ εἶναι, ἢ εἴπερ τί ἐστι, μηδὲν ἄλλο τὸν ἄνθρωπον συμβαίνειν ἢ ψυχήν.

ΑΛ. Κομιδῇ μὲν οὖν.

5 ΣΩ. Ἔτι οὖν τι σαφέστερον δεῖ ἀποδειχθῆναί σοι ὅτι ἡ ψυχή ἐστιν ἄνθρωπος;

ΑΛ. Μὰ Δία, ἀλλ᾽ ἱκανῶς μοι δοκεῖ ἔχειν.

ΣΩ. Εἰ δέ γε μὴ ἀκριβῶς ἀλλὰ καὶ μετρίως, ἐξαρκεῖ ἡμῖν· ἀκριβῶς μὲν γὰρ τότε εἰσόμεθα, ὅταν εὕρωμεν ὃ νυνδὴ

d παρήλθομεν διὰ τὸ πολλῆς εἶναι σκέψεως.

ΑΛ. Τί τοῦτο;

ΣΩ. Ὁ ἄρτι οὕτω πως ἐρρήθη, ὅτι πρῶτον σκεπτέο.

αὐτὸ τὸ αὐτό· νῦν δὲ ἀντὶ τοῦ αὐτοῦ αὐτὸ ἕκαστον ἐσκέμμεθα

5 ὅτι ἐστί. καὶ ἴσως ἐξαρκέσει· οὐ γάρ που κυριώτερόν γε οὐδὲν ἂν ἡμῶν αὐτῶν φήσαιμεν ἢ τὴν ψυχήν.

ΑΛ. Οὐ δῆτα.

ΣΩ. Οὐκοῦν καλῶς ἔχει οὕτω νομίζειν, ἐμὲ καὶ σὲ προσ-

b 9 ἔστι δὴ τοῦτο B Stobaeus: ἔστιν τοῦτό γε T   b 11 συνάρχοντος B : οὖν ἄρχοντος TW (συν s. v. W)   c 1 σῶμα B : τὸ σῶμα T c 2 prius ἢ T: om. B   c 5 τι BT: om. Olympiodorus   c 8 ἀλλὰ καὶ μετρίως TW: om. B   d 4 δὲ B: δὴ T   ἀντὶ Tb: αὐ τι pr. B   αὐτοῦ αὐτοῦ αὐτοῦ Schleiermacher: αὐτοῦ καθ᾽ αὑτὸ Stallbaum αὐτοῦ αὑτὸ Stephanus: αὐτοῦ αὐτὸν BT   d 5 ὅτι B Stobaeus: τί T

ὁμιλεῖν ἀλλήλοις τοῖς λόγοις χρωμένους τῇ ψυχῇ πρὸς τὴν
ψυχήν;   10
ΑΛ. Πάνυ μὲν οὖν.   e

ΣΩ. Τοῦτ᾽ ἄρα ἦν ὃ καὶ ὀλίγῳ ἔμπροσθεν εἴπομεν,
ὅτι Σωκράτης ᾽Αλκιβιάδῃ διαλέγεται λόγῳ χρώμενος, οὐ
πρὸς τὸ σὸν πρόσωπον, ὡς ἔοικεν, ἀλλὰ πρὸς τὸν
᾽Αλκιβιάδην ποιούμενος τοὺς λόγους· τοῦτο δέ ἐστιν ἡ 5
ψυχή.

ΑΛ. Ἔμοιγε δοκεῖ.

ΣΩ. Ψυχὴν ἄρα ἡμᾶς κελεύει γνωρίσαι ὁ ἐπιτάττων
γνῶναι ἑαυτόν.

ΑΛ. Ἔοικεν.   131

ΣΩ. Ὅστις ἄρα τῶν τοῦ σώματός τι γιγνώσκει, τὰ αὑτοῦ
ἀλλ᾽ οὐχ αὑτὸν ἔγνωκεν.

ΑΛ. Οὕτως.

ΣΩ. Οὐδεὶς ἄρα τῶν ἰατρῶν ἑαυτὸν γιγνώσκει, καθ᾽ 5
ὅσον ἰατρός, οὐδὲ τῶν παιδοτριβῶν, καθ᾽ ὅσον παιδο-
τρίβης.

ΑΛ. Οὐκ ἔοικεν.

ΣΩ. Πολλοῦ ἄρα δέουσιν οἱ γεωργοὶ καὶ οἱ ἄλλοι δη-
μιουργοὶ γιγνώσκειν ἑαυτούς. οὐδὲ γὰρ τὰ ἑαυτῶν οὗτοί γε, 10
ὡς ἔοικεν, ἀλλ᾽ ἔτι πορρωτέρω τῶν ἑαυτῶν κατά γε τὰς
τέχνας ἃς ἔχουσιν· τὰ γὰρ τοῦ σώματος γιγνώσκουσιν, οἷς b
τοῦτο θεραπεύεται.

ΑΛ. Ἀληθῆ λέγεις.

ΣΩ. Εἰ ἄρα σωφροσύνη ἐστὶ τὸ ἑαυτὸν γιγνώσκειν,
οὐδεὶς τούτων σώφρων κατὰ τὴν τέχνην.   5

ΑΛ. Οὔ μοι δοκεῖ.

ΣΩ. Διὰ ταῦτα δὴ καὶ βάναυσοι αὗται αἱ τέχναι δοκοῦσιν
εἶναι καὶ οὐκ ἀνδρὸς ἀγαθοῦ μαθήματα.

ΑΛ. Πάνυ μὲν οὖν.

d 9 τῇ ψυχῇ] τὴν ψυχὴν Dobree   e 3 λόγῳ T W: om. B   a 2 τι
Stobaeus : om. B T   a 5 γιγνώσκει T : γιγνώσκειν B   b 1 ἇς
T : om. B   b 7 ταῦτα T b : ταυ pr. B

345

10   ΣΩ. Οὐκοῦν πάλιν ὅστις αὖ σῶμα θεραπεύει, τὰ ἑαυτοῦ
ἀλλ' οὐχ αὑτὸν θεραπεύει;

ΑΛ. Κινδυνεύει.

ΣΩ. Ὅστις δέ γε τὰ χρήματα, οὔθ' ἑαυτὸν οὔτε τὰ
c ἑαυτοῦ, ἀλλ' ἔτι πορρωτέρω τῶν ἑαυτοῦ;

ΑΛ. Ἔμοιγε δοκεῖ.

ΣΩ. Οὐ τὰ αὑτοῦ ἄρα ἔτι πράττει ὁ χρηματιστής.

ΑΛ. Ὀρθῶς.

5   ΣΩ. Εἰ ἄρα τις γέγονεν ἐραστὴς τοῦ Ἀλκιβιάδου
σώματος, οὐκ Ἀλκιβιάδου ἄρα ἠράσθη ἀλλά τινος τῶν
Ἀλκιβιάδου.

ΑΛ. Ἀληθῆ λέγεις.

ΣΩ. Ὅστις δέ σου τῆς ψυχῆς ἐρᾷ;

10   ΑΛ. Ἀνάγκη φαίνεται ἐκ τοῦ λόγου.

ΣΩ. Οὐκοῦν ὁ μὲν τοῦ σώματός σου ἐρῶν, ἐπειδὴ λήγει
ἀνθοῦν, ἀπιὼν οἴχεται;

ΑΛ. Φαίνεται.

d   ΣΩ. Ὁ δέ γε τῆς ψυχῆς ἐρῶν οὐκ ἄπεισιν, ἕως ἂν ἐπὶ τὸ
βέλτιον ἴῃ;

ΑΛ. Εἰκός γε.

ΣΩ. Οὐκοῦν ἐγώ εἰμι ὁ οὐκ ἀπιὼν ἀλλὰ παραμένων
5 λήγοντος τοῦ σώματος, τῶν ἄλλων ἀπεληλυθότων.

ΑΛ. Εὖ γε ποιῶν, ὦ Σώκρατες· καὶ μηδὲ ἀπέλθοις.

ΣΩ. Προθυμοῦ τοίνυν ὅτι κάλλιστος εἶναι.

ΑΛ. Ἀλλὰ προθυμήσομαι.

e   ΣΩ. Ὡς οὕτω γέ σοι ἔχει· οὔτ' ἐγένεθ', ὡς ἔοικεν,
Ἀλκιβιάδῃ τῷ Κλεινίου ἐραστὴς οὔτ' ἔστιν ἀλλ' ἢ εἷς
μόνος, καὶ οὗτος ἀγαπητός, Σωκράτης ὁ Σωφρονίσκου καὶ
Φαιναρέτης.

5   ΑΛ. Ἀληθῆ.

ΣΩ. Οὐκοῦν ἔφησθα σμικρὸν φθῆναί με προσελθόντα σοι,

b 10 τὰ B : τὸ T   b 11 οὐχ ἑαυτὸν T Stobaeus : οὐκ αὑτὸν B
c 6 ἄρα T : om. B   d 6 μηδὲ T : μὴ B   e 2 ἀλλ' ἢ T :
ἀλλ' B

346

ἐπεὶ πρότερος ἄν μοι προσελθεῖν, βουλόμενος πυθέσθαι δι'
ὅτι μόνος οὐκ ἀπέρχομαι;

ΑΛ. Ἦν γὰρ οὕτω.

ΣΩ. Τοῦτο τοίνυν αἴτιον, ὅτι μόνος ἐραστὴς ἦν σός, οἱ 10
δ' ἄλλοι τῶν σῶν· τὰ δὲ σὰ λήγει ὥρας, σὺ δ' ἄρχῃ ἀνθεῖν.
καὶ νῦν γε ἂν μὴ διαφθαρῇς ὑπὸ τοῦ 'Αθηναίων δήμου καὶ 132
αἰσχίων γένῃ, οὐ μή σε ἀπολίπω. τοῦτο γὰρ δὴ μάλιστα
ἐγὼ φοβοῦμαι, μὴ δημεραστὴς ἡμῖν γενόμενος διαφθαρῇς·
πολλοὶ γὰρ ἤδη καὶ ἀγαθοὶ αὐτὸ πεπόνθασιν 'Αθηναίων.
εὐπρόσωπος γὰρ ὁ τοῦ μεγαλήτορος δῆμος 'Ερεχθέως· 5
ἀλλ' ἀποδύντα χρὴ αὐτὸν θεάσασθαι. εὐλαβοῦ οὖν τὴν
εὐλάβειαν ἣν ἐγὼ λέγω.

ΑΛ. Τίνα;

ΣΩ. Γύμνασαι πρῶτον, ὦ μακάριε, καὶ μάθε ἃ δεῖ μαθόντα b
ἰέναι ἐπὶ τὰ τῆς πόλεως, πρότερον δὲ μή, ἵν' ἀλεξιφάρμακα
ἔχων ἴῃς καὶ μηδὲν πάθῃς δεινόν.

ΑΛ. Εὖ μοι δοκεῖς λέγειν, ὦ Σώκρατες· ἀλλὰ πειρῶ
ἐξηγεῖσθαι ὅντιν' ἂν τρόπον ἐπιμεληθεῖμεν ἡμῶν αὐτῶν. 5

ΣΩ. Οὐκοῦν τοσοῦτον μὲν ἡμῖν εἰς τὸ πρόσθεν πεπέρανται
—ὃ γὰρ ἐσμέν, ἐπιεικῶς ὡμολόγηται—ἐφοβούμεθα δὲ μὴ
τούτου σφαλέντες λάθωμεν ἑτέρου τινὸς ἐπιμελόμενοι ἀλλ'
οὐχ ἡμῶν.

ΑΛ. Ἔστι ταῦτα. 10

ΣΩ. Καὶ μετὰ τοῦτο δὴ ὅτι ψυχῆς ἐπιμελητέον καὶ εἰς c
τοῦτο βλεπτέον.

ΑΛ. Δῆλον.

ΣΩ. Σωμάτων δὲ καὶ χρημάτων τὴν ἐπιμέλειαν ἑτέροις
παραδοτέον. 5

ΑΛ. Τί μήν;

e 10 σός] σοῦ Stallbaum   a 2 ἀπολίπω Β Τ : ἀπολείπω Olympio-
dorus   a 3 ἡμῖν γενόμενος Β : γενόμενος ἡμῖν Τ   b 5 ὅντιν'
ἂν Bekker : ὅντινα Β Τ   b 7 ἐφοβούμεθα Τ : φοβούμεθα Β   c 1 δὴ
ὅτι Stobaeus : δὲ ὅτι Τ : ἤδη Β   ψυχῆς Τ Olympiodorus Stobaeus :
τῆς ψυχῆς Β

ΣΩ. Τίν' οὖν ἂν τρόπον γνοῖμεν αὐτὸ ἐναργέστατα;
ἐπειδὴ τοῦτο γνόντες, ὡς ἔοικεν, καὶ ἡμᾶς αὐτοὺς γνω-
σόμεθα. ἆρα πρὸς θεῶν εὖ λέγοντος οὗ νυνδὴ ἐμνήσθημεν
10 τοῦ Δελφικοῦ γράμματος οὐ συνίεμεν;

ΑΛ. Τὸ ποῖόν τι διανοούμενος λέγεις, ὦ Σώκρατες;

d ΣΩ. Ἐγώ σοι φράσω, ὅ γε ὑποπτεύω λέγειν καὶ συμβου-
λεύειν ἡμῖν τοῦτο τὸ γράμμα. κινδυνεύει γὰρ οὐδὲ πολλαχοῦ
εἶναι παράδειγμα αὐτοῦ, ἀλλὰ κατὰ τὴν ὄψιν μόνον.

ΑΛ. Πῶς τοῦτο λέγεις;

5 ΣΩ. Σκόπει καὶ σύ. εἰ ἡμῶν τῷ ὄμματι ὥσπερ ἀνθρώπῳ
συμβουλεῦον εἶπεν "ἰδὲ σαυτόν," πῶς ἂν ὑπελάβομεν τί
παραινεῖν; ἆρα οὐχὶ εἰς τοῦτο βλέπειν, εἰς ὃ βλέπων ὁ
ὀφθαλμὸς ἔμελλεν αὐτὸν ἰδεῖν;

ΑΛ. Δῆλον.

10 ΣΩ. Ἐννοῶμεν δὴ εἰς τί βλέποντες τῶν ὄντων ἐκεῖνό
e τε ὁρῶμεν ἅμα ἂν καὶ ἡμᾶς αὐτούς;

ΑΛ. Δῆλον δή, ὦ Σώκρατες, ὅτι εἰς κάτοπτρά τε καὶ τὰ
τοιαῦτα.

ΣΩ. Ὀρθῶς λέγεις. οὐκοῦν καὶ τῷ ὀφθαλμῷ ᾧ ὁρῶμεν
5 ἔνεστί ⟨τι⟩ τῶν τοιούτων;

ΑΛ. Πάνυ γε.

ΣΩ. Ἐννενόηκας οὖν ὅτι τοῦ ἐμβλέποντος εἰς τὸν
133 ὀφθαλμὸν τὸ πρόσωπον ἐμφαίνεται ἐν τῇ τοῦ καταντικρὺ
ὄψει ὥσπερ ἐν κατόπτρῳ, ὃ δὴ καὶ κόρην καλοῦμεν, εἴδωλον
ὄν τι τοῦ ἐμβλέποντος;

ΑΛ. Ἀληθῆ λέγεις.

5 ΣΩ. Ὀφθαλμὸς ἄρα ὀφθαλμὸν θεώμενος, καὶ ἐμβλέπων
εἰς τοῦτο ὅπερ βέλτιστον αὐτοῦ καὶ ᾧ ὁρᾷ, οὕτως ἂν αὐτὸν
ἴδοι.

c 7 αὐτὸ Schleiermacher : αὐτὰ B T   c 8 καὶ T : om. B
c 10 ξυνίεμεν B Stobaeus : ξύνισμεν T   d 6 συμβουλεῦον Apelt :
συμβουλεύων B : ξυμβουλεῦον T   εἶπεν T : εἰπεῖν B   σαυτὸν B T :
ἑαυτὸν Stobaeus   d 7 βλέπειν B : βλέπει T   ὃ B : om. T
e 5 τι add. F. A. Wolf   a 2 ὃ . . . καλοῦμεν secl. Schleiermacher
κόρην B Stobaeus : κορυφὴν T   a 3 ὅν τι B : ὃν T

ΑΛ. Φαίνεται.

ΣΩ. Εἰ δέ γ' εἰς ἄλλο τῶν τοῦ ἀνθρώπου βλέποι ἤ τι
τῶν ὄντων, πλὴν εἰς ἐκεῖνο ᾧ τοῦτο τυγχάνει ὅμοιον, οὐκ 10
ὄψεται ἑαυτόν.

ΑΛ. Ἀληθῆ λέγεις.   b

ΣΩ. Ὀφθαλμὸς ἄρ' εἰ μέλλει ἰδεῖν αὑτόν, εἰς ὀφθαλ-
μὸν αὐτῷ βλεπτέον, καὶ τοῦ ὄμματος εἰς ἐκεῖνον τὸν τόπον
ἐν ᾧ τυγχάνει ἡ ὀφθαλμοῦ ἀρετὴ ἐγγιγνομένη· ἔστι δὲ
τοῦτό που ὄψις;   5

ΑΛ. Οὕτως.

ΣΩ. Ἆρ' οὖν, ὦ φίλε Ἀλκιβιάδη, καὶ ψυχὴ εἰ μέλλει
γνώσεσθαι αὑτήν, εἰς ψυχὴν αὐτῇ βλεπτέον, καὶ μάλιστ'
εἰς τοῦτον αὐτῆς τὸν τόπον ἐν ᾧ ἐγγίγνεται ἡ ψυχῆς ἀρετή,
σοφία, καὶ εἰς ἄλλο ᾧ τοῦτο τυγχάνει ὅμοιον ὄν;   10

ΑΛ. Ἔμοιγε δοκεῖ, ὦ Σώκρατες.

ΣΩ. Ἔχομεν οὖν εἰπεῖν ὅτι ἐστὶ τῆς ψυχῆς θειότερον c
ἢ τοῦτο, περὶ ὃ τὸ εἰδέναι τε καὶ φρονεῖν ἐστιν;

ΑΛ. Οὐκ ἔχομεν.

ΣΩ. Τῷ θεῷ ἄρα τοῦτ' ἔοικεν αὐτῆς, καί τις εἰς τοῦτο
βλέπων καὶ πᾶν τὸ θεῖον γνούς, θεόν τε καὶ φρόνησιν, 5
οὕτω καὶ ἑαυτὸν ἂν γνοίη μάλιστα.

ΑΛ. Φαίνεται.

⟨ΣΩ. Ἆρ' οὖν, ὅθ' ὥσπερ κάτοπτρά ἐστι σαφέστερα τοῦ
ἐν τῷ ὀφθαλμῷ ἐνόπτρου καὶ καθαρώτερα καὶ λαμπρότερα,
οὕτω καὶ ὁ θεὸς τοῦ ἐν τῇ ἡμετέρᾳ ψυχῇ βελτίστου καθα- 10
ρώτερόν τε καὶ λαμπρότερον τυγχάνει ὄν;

ΑΛ. Ἔοικέ γε, ὦ Σώκρατες.

ΣΩ. Εἰς τὸν θεὸν ἄρα βλέποντες ἐκείνῳ καλλίστῳ
ἐνόπτρῳ χρώμεθ' ἂν καὶ τῶν ἀνθρωπίνων εἰς τὴν ψυχῆς

a 10 τοῦτο] αὐτὸ Madvig   b 4 ἡ Β: om. Τ: ἡ τοῦ Stobaeus
b 5 ὄψις Τ: ἡ ὄψις Β   b 10 σοφία secl. Heusde   c 1 θειότερον
ΤW: νοερώτερον Β: κυριώτερον Cobet   c 2 τε] γε Β: το Τ
ἐστιν Β Stobaeus: om. Τ   c 4 θεῷ Β: θείῳ Τ   c 5 θεόν τε καὶ
φρόνησιν om. Olympiodorus   c 8-17 Ἆρ' οὖν . . . Ναί Eusebius:
om. ΒΤ (sed talia fere legerunt Iulianus Stobaeus)

15 ἀρετήν, καὶ οὕτως ἂν μάλιστα ὁρῷμεν καὶ γιγνωσκοιμεν
ἡμᾶς αὐτούς.

ΑΛ. Ναί.⟩

ΣΩ. Τὸ δὲ γιγνώσκειν αὐτὸν ὡμολογοῦμεν σωφροσύνην
εἶναι;

20 ΑΛ. Πάνυ γε.

ΣΩ. Ἆρ' οὖν μὴ γιγνώσκοντες ἡμᾶς αὐτοὺς μηδὲ σώ-
φρονες ὄντες δυναίμεθ' ἂν εἰδέναι τὰ ἡμέτερα αὐτῶν κακά
τε καὶ ἀγαθά;

ΑΛ. Καὶ πῶς ἂν τοῦτο γένοιτο, ὦ Σώκρατες;

d ΣΩ. Ἀδύνατον γὰρ ἴσως σοι φαίνεται μὴ γιγνώσκοντα
Ἀλκιβιάδην τὰ Ἀλκιβιάδου γιγνώσκειν ὅτι Ἀλκιβιάδου
ἐστίν.

ΑΛ. Ἀδύνατον μέντοι νὴ Δία.

5 ΣΩ. Οὐδ' ἄρα τὰ ἡμέτερα ὅτι ἡμέτερα, εἰ μηδ' ἡμᾶς
αὐτούς;

ΑΛ. Πῶς γάρ;

ΣΩ. Εἰ δ' ἄρα μηδὲ τὰ ἡμέτερα, οὐδὲ τὰ τῶν ἡμετέρων;

ΑΛ. Οὐ φαίνεται.

10 ΣΩ. Οὐκ ἄρα πάνυ τι ὀρθῶς ὡμολογοῦμεν ὁμολογοῦντες
ἄρτι εἶναί τινας οἳ ἑαυτοὺς μὲν οὐ γιγνώσκουσιν, τὰ δ' αὑτῶν,
ἄλλους δὲ τὰ τῶν ἑαυτῶν. ἔοικε γὰρ πάντα ταῦτα εἶναι
e κατιδεῖν ἑνός τε καὶ μιᾶς τέχνης, αὑτόν, τὰ αὑτοῦ, τὰ τῶν
ἑαυτοῦ.

ΑΛ. Κινδυνεύει.

ΣΩ. Ὅστις δὲ τὰ αὑτοῦ ἀγνοεῖ, καὶ τὰ τῶν ἄλλων που
5 ἂν ἀγνοοῖ κατὰ ταῦτά.

ΑΛ. Τί μήν;

---

c 18 ὡμολογοῦμεν Τ: ὁμολογοῦμεν Β Stobaeus   c 22 δυναίμεθ'
ἂν Β: δυναίμεθα Τ: δυνάμεθα Stobaeus   d 1 γὰρ ΤW: om. Β
Olympiodorus   σοι Β Olympiodorus: om. ΤW   d 5 ὅτι ἡμέτερα
ΤW: om. Β   d 8 μηδὲ Stobaeus: om. ΒΤ   d 10 ὡμολογοῦμεν
Τ: ὁμολογοῦμεν Β Olympiodorus   d 12 ἄλλους δὲ Stobaeus:
ἀλλ' οὐ ΒΤ   e 5 ἂν ἀγνοοῖ Τ: ἀγνοοῖ Β: ἀγνοεῖ Sto-
baeus

ΣΩ. Οὐκοῦν εἰ τὰ τῶν ἄλλων, καὶ τὰ τῶν πόλεων ἀγνοήσει.

ΑΛ. Ἀνάγκη.

ΣΩ. Οὐκ ἄρ' ἂν γένοιτο ὁ τοιοῦτος ἀνὴρ πολιτικός.

ΑΛ. Οὐ δῆτα.   10

ΣΩ. Οὐ μὴν οὐδ' οἰκονομικός γε.

ΑΛ. Οὐ δῆτα.   134

ΣΩ. Οὐδέ γε εἴσεται ὅτι πράττει.

ΑΛ. Οὐ γὰρ οὖν.

ΣΩ. Ὁ δὲ μὴ εἰδὼς οὐχ ἁμαρτήσεται;

ΑΛ. Πάνυ γε.   5

ΣΩ. Ἐξαμαρτάνων δὲ οὐ κακῶς πράξει ἰδίᾳ τε καὶ δημοσίᾳ;

ΑΛ. Πῶς δ' οὔ;

ΣΩ. Κακῶς δὲ πράττων οὐκ ἄθλιος;

ΑΛ. Σφόδρα γε.   10

ΣΩ. Τί δ' οἷς οὗτος πράττει;

ΑΛ. Καὶ οὗτοι.

ΣΩ. Οὐκ ἄρα οἷόν τε, ἐὰν μή τις σώφρων καὶ ἀγαθὸς ᾖ, εὐδαίμονα εἶναι.

ΑΛ. Οὐχ οἷόν τε.   b

ΣΩ. Οἱ ἄρα κακοὶ τῶν ἀνθρώπων ἄθλιοι.

ΑΛ. Σφόδρα γε.

ΣΩ. Οὐκ ἄρα οὐδ' ὁ πλουτήσας ἀθλιότητος ἀπαλλάττεται, ἀλλ' ὁ σωφρονήσας.   5

ΑΛ. Φαίνεται.

ΣΩ. Οὐκ ἄρα τειχῶν οὐδὲ τριήρων οὐδὲ νεωρίων δέονται αἱ πόλεις, ὦ Ἀλκιβιάδη, εἰ μέλλουσιν εὐδαιμονήσειν, οὐδὲ πλήθους οὐδὲ μεγέθους ἄνευ ἀρετῆς.

ΑΛ. Οὐ μέντοι.   10*

ΣΩ. Εἰ δὴ μέλλεις τὰ τῆς πόλεως πράξειν ὀρθῶς καὶ καλῶς, ἀρετῆς σοι μεταδοτέον τοῖς πολίταις.   c

a 2 γε T : om. B   a 13 οὐκ ἄρα . . . b 3 σφόδρα γε T b : om. B
b 4 ἀθλιότητος T W Olympiodorus : ματαιότητος B

351

ΑΛ. Πῶς γὰρ οὔ;

ΣΩ. Δύναιτο δ' ἄν τις μεταδιδόναι ὃ μὴ ἔχοι;

ΑΛ. Καὶ πῶς;

5 ΣΩ. Αὐτῷ ἄρα σοὶ πρῶτον κτητέον ἀρετήν, καὶ ἄλλῳ ὃς μέλλει μὴ ἰδίᾳ μόνον αὑτοῦ τε καὶ τῶν αὑτοῦ ἄρξειν καὶ ἐπιμελήσεσθαι, ἀλλὰ πόλεως καὶ τῶν τῆς πόλεως.

ΑΛ. Ἀληθῆ λέγεις.

ΣΩ. Οὐκ ἄρα ἐξουσίαν σοι οὐδ' ἀρχὴν παρασκευαστέον
10 σαυτῷ ποιεῖν ὅτι ἂν βούλῃ, οὐδὲ τῇ πόλει, ἀλλὰ δικαιοσύνην καὶ σωφροσύνην.

ΑΛ. Φαίνεται.

d ΣΩ. Δικαίως μὲν γὰρ πράττοντες καὶ σωφρόνως σύ τε καὶ ἡ πόλις θεοφιλῶς πράξετε.

ΑΛ. Εἰκός γε.

ΣΩ. Καὶ ὅπερ γε ἐν τοῖς πρόσθεν ἐλέγομεν, εἰς τὸ
5 θεῖον καὶ λαμπρὸν ὁρῶντες πράξετε.

ΑΛ. Φαίνεται.

ΣΩ. Ἀλλὰ μὴν ἐνταῦθά γε βλέποντες ὑμᾶς τε αὐτοὺς καὶ τὰ ὑμέτερα ἀγαθὰ κατόψεσθε καὶ γνώσεσθε.

ΑΛ. Ναί.

10 ΣΩ. Οὐκοῦν ὀρθῶς τε καὶ εὖ πράξετε;

ΑΛ. Ναί.

e ΣΩ. Ἀλλὰ μὴν οὕτω γε πράττοντας ὑμᾶς ἐθέλω ἐγ-γυήσασθαι ἦ μὴν εὐδαιμονήσειν.

ΑΛ. Ἀσφαλὴς γὰρ εἶ ἐγγυητής.

ΣΩ. Ἀδίκως δέ γε πράττοντες, εἰς τὸ ἄθεον καὶ σκοτεινὸν
5 βλέποντες, ὡς τὰ εἰκότα, ὅμοια τούτοις πράξετε ἀγνοοῦντες ὑμᾶς αὐτούς.

ΑΛ. Ἔοικεν.

ΣΩ. Ὧι γὰρ ⟨ἂν⟩, ὦ φίλε Ἀλκιβιάδη, ἐξουσία μὲν ᾖ ποιεῖν ὃ βούλεται, νοῦν δὲ μὴ ἔχῃ, τί τὸ εἰκὸς συμβαίνειν,

---

c 3 ἔχοι T Olympiodorus: ἔχει B Stobaeus   c 5 κτητέον T :
κλητέον B   d 8 καὶ B : τε καὶ T   e 4 γε T : om. B Stobaeus
καὶ T : καὶ τὸ B Stobaeus   e 8 ἄν Laur. lxxxv. 9 : om. BT

ἰδιώτῃ ἢ καὶ πόλει; οἷον νοσοῦντι ἐξουσίας οὔσης δρᾶν ὁ 10
βούλεται, νοῦν ἰατρικὸν μὴ ἔχοντι, τυραννοῦντι δὲ ὡς μηδὲν 135
ἐπιπλήττοι τις αὐτῷ, τί τὸ συμβησόμενον; ἆρ' οὐχ, ὡς τὸ
εἰκός, διαφθαρῆναι τὸ σῶμα;

ΑΛ. Ἀληθῆ λέγεις.

ΣΩ. Τί δ' ἐν νηί, εἴ τῳ ἐξουσία εἴη ποιεῖν ὃ δοκεῖ, νοῦ 5
τε καὶ ἀρετῆς κυβερνητικῆς ἐστερημένῳ, καθορᾷς ἃ ἂν
συμβαίη αὐτῷ τε καὶ τοῖς συνναύταις;

ΑΛ. Ἔγωγε, ὅτι γε ἀπόλοιντο πάντες ἄν.

ΣΩ. Οὐκοῦν ὡσαύτως ἐν πόλει τε καὶ πάσαις ἀρχαῖς καὶ
ἐξουσίαις ἀπολειπομέναις ἀρετῆς ἕπεται τὸ κακῶς πράττειν; b

ΑΛ. Ἀνάγκη.

ΣΩ. Οὐκ ἄρα τυραννίδα χρή, ὦ ἄριστε Ἀλκιβιάδη, παρα-
σκευάζεσθαι οὔθ' αὑτῷ οὔτε τῇ πόλει, εἰ μέλλετε εὐδαιμονεῖν,
ἀλλ' ἀρετήν.   5

ΑΛ. Ἀληθῆ λέγεις.

ΣΩ. Πρὶν δέ γε ἀρετὴν ἔχειν, τὸ ἄρχεσθαι ἄμεινον ὑπὸ
τοῦ βελτίονος ἢ τὸ ἄρχειν ἀνδρί, οὐ μόνον παιδί.

ΑΛ. Φαίνεται.   10

ΣΩ. Οὐκοῦν τό γ' ἄμεινον καὶ κάλλιον;

ΑΛ. Ναί.

ΣΩ. Τὸ δὲ κάλλιον πρεπωδέστερον;

ΑΛ. Πῶς δ' οὔ;   c

ΣΩ. Πρέπει ἄρα τῷ κακῷ δουλεύειν· ἄμεινον γάρ.

ΑΛ. Ναί.

ΣΩ. Δουλοπρεπὲς ἄρ' ἡ κακία.

ΑΛ. Φαίνεται.   5

ΣΩ. Ἐλευθεροπρεπὲς δὲ ἡ ἀρετή.

ΑΛ. Ναί.

a 1 ὡς] ὥστε Schanz (et mox ἐπιπλήττειν cum Buttmann)   μηδὲ
ἐπιπλήττοι τις αὐτῷ T : μηδὲν ἐπιπλήττει τις αὐτῷ Olympiodorus : μηδ'
ἐπιπλήττοντι ἑαυτῷ B   a 5 δοκεῖ T : δοκεῖν B   a 7 ξυμβαίη
W Stobaeus : ξυμβαίνῃ B T : ξυμβαίνοι Coisl.   a 8 ἄν T : om. B
a 9 πάσαις B Stobaeus : ἁπάσαις T

ΣΩ. Οὐκοῦν φεύγειν χρή, ὦ ἑταῖρε, τὴν δουλοπρέπειαν;

ΑΛ. Μάλιστά γε, ὦ Σώκρατες.

10 ΣΩ. Αἰσθάνῃ δὲ νῦν πῶς ἔχεις; ἐλευθεροπρεπῶς ἢ οὔ;

ΑΛ. Δοκῶ μοι καὶ μάλα σφόδρα αἰσθάνεσθαι.

ΣΩ. Οἶσθ' οὖν πῶς ἀποφεύξῃ τοῦτο τὸ περὶ σὲ νῦν;
ἵνα μὴ ὀνομάζωμεν αὐτὸ ἐπὶ καλῷ ἀνδρί.

d ΑΛ. Ἔγωγε.

ΣΩ. Πῶς;

ΑΛ. Ἐὰν βούλῃ σύ, ὦ Σώκρατες.

ΣΩ. Οὐ καλῶς λέγεις, ὦ Ἀλκιβιάδη.

5 ΑΛ. Ἀλλὰ πῶς χρὴ λέγειν;

ΣΩ. Ὅτι ἐὰν θεὸς ἐθέλῃ.

ΑΛ. Λέγω δή. καὶ πρὸς τούτοις μέντοι τόδε λέγω, ὅτι
κινδυνεύσομεν μεταβαλεῖν τὸ σχῆμα, ὦ Σώκρατες, τὸ μὲν
σὸν ἐγώ, σὺ δὲ τοὐμόν· οὐ γὰρ ἔστιν ὅπως οὐ παιδαγωγήσω
10 σε ἀπὸ τῆσδε τῆς ἡμέρας, σὺ δ' ὑπ' ἐμοῦ παιδαγωγήσῃ.

e ΣΩ. Ὦ γενναῖε, πελαργοῦ ἄρα ὁ ἐμὸς ἔρως οὐδὲν
διοίσει, εἰ παρὰ σοὶ ἐννεοττεύσας ἔρωτα ὑπόπτερον ὑπὸ
τούτου πάλιν θεραπεύσεται.

ΑΛ. Ἀλλὰ οὕτως ἔχει, καὶ ἄρξομαί γε ἐντεῦθεν τῆς
5 δικαιοσύνης ἐπιμέλεσθαι.

ΣΩ. Βουλοίμην ἄν σε καὶ διατελέσαι· ὀρρωδῶ δέ, οὔ τι
τῇ σῇ φύσει ἀπιστῶν, ἀλλὰ τὴν τῆς πόλεως ὁρῶν ῥώμην,
μὴ ἐμοῦ τε καὶ σοῦ κρατήσῃ.

d 7 μέντοι τόδε B T : μὲν ὧδε Olympiodorus   d 8 μεταβαλεῖν]
μεταλαβεῖν Cobet   e 2 ἐννεοττεύσας B : ἐννεοττεύσασι T

ΑΛΚΙΒΙΑΔΗΣ ΔΕΥΤΕΡΟΣ

ΣΩΚΡΑΤΗΣ ΑΛΚΙΒΙΑΔΗΣ

ΣΩ. Ὦ Ἀλκιβιάδη, ἆρά γε πρὸς τὸν θεὸν προσευξόμενος **a**
πορεύῃ;

ΑΛ. Πάνυ μὲν οὖν, ὦ Σώκρατες.

ΣΩ. Φαίνῃ γέ τοι ἐσκυθρωπακέναι τε καὶ εἰς γῆν
βλέπειν, ὥς τι συννοούμενος.   5

ΑΛ. Καὶ τί ἄν τις συννοοῖτο, ὦ Σώκρατες;

ΣΩ. Τὴν μεγίστην, ὦ Ἀλκιβιάδη, σύννοιαν, ὥς γ' ἐμοὶ
δοκεῖ. ἐπεὶ φέρε πρὸς Διός, οὐκ οἴει τοὺς θεούς, ἃ **b**
τυγχάνομεν εὐχόμενοι καὶ ἰδίᾳ καὶ δημοσίᾳ, ἐνίοτε τούτων
τὰ μὲν διδόναι, τὰ δ' οὔ, καὶ ἔστιν οἷς μὲν αὐτῶν, ἔστι
δ' οἷς οὔ;

ΑΛ. Πάνυ μὲν οὖν.   5

ΣΩ. Οὐκοῦν δοκεῖ σοι πολλῆς προμηθείας γε προσδεῖσθαι,
ὅπως μὴ λήσεται αὑτὸν εὐχόμενος μεγάλα κακά, δοκῶν δ'
ἀγαθά, οἱ δὲ θεοὶ τύχωσιν ἐν ταύτῃ ὄντες τῇ ἕξει, ἐν ᾗ
διδόασιν αὐτοὶ ἅ τις εὐχόμενος τυγχάνει; ὥσπερ τὸν Οἰ-
δίπουν αὐτίκα φασὶν εὔξασθαι χαλκῷ διελέσθαι τὰ πατρῷα **c**
τοὺς υἱεῖς· ἐξὸν αὐτῷ τῶν παρόντων αὐτῷ κακῶν ἀποτροπήν

---

a 1 προσευξόμενος πορεύῃ T : πορευόμενος προσεύξει B   a 6 τις
T : τι B   b 7 λήσεται] λήσει τις Bekker   c 1 τὰ πατρῷα
τοὺς υἱεῖς B : τοὺς υἱεῖς τὰ πατρῷα T   c 2 παρόντων αὐτῷ B ·
παρόντων T

355

τινα εὔξασθαι, ἕτερα πρὸς τοῖς ὑπάρχουσιν κατηρᾶτο· τοι-
γαροῦν ταῦτά τε ἐξετελέσθη, καὶ ἐκ τούτων ἄλλα πολλὰ καὶ
5 δεινά, ἃ τί δεῖ καθ' ἕκαστα λέγειν;

ΑΛ. Ἀλλὰ σὺ μέν, ὦ Σώκρατες, μαινόμενον ἄνθρωπον
εἴρηκας· ἐπεὶ τίς ἄν σοι δοκεῖ τολμῆσαι ὑγιαίνων τοιαῦτ'
εὔξασθαι;

ΣΩ. Τὸ μαίνεσθαι ἆρά γε ὑπεναντίον σοι δοκεῖ τῷ
10 φρονεῖν;

ΑΛ. Πάνυ μὲν οὖν.

d   ΣΩ. Ἄφρονες δὲ καὶ φρόνιμοι δοκοῦσιν ἄνθρωποι εἶναι
τινές σοι;

ΑΛ. Εἶναι μέντοι.

ΣΩ. Φέρε δή, ἐπισκεψώμεθα τίνες ποτ' εἰσὶν οὗτοι. ὅτι
5 μὲν γάρ εἰσί τινες, ὡμολόγηται, ἄφρονές τε καὶ φρόνιμοι,
καὶ μαινόμενοι ἕτεροι.

ΑΛ. Ὡμολόγηται γάρ.

ΣΩ. Ἔτι δὲ ὑγιαίνοντές εἰσί τινες;

ΑΛ. Εἰσίν.

10   ΣΩ. Οὐκοῦν καὶ ἀσθενοῦντες ἕτεροι;

139   ΑΛ. Πάνυ γε.

ΣΩ. Οὐκοῦν οὐχ οἱ αὐτοί;

ΑΛ. Οὐ γάρ.

ΣΩ. Ἆρ' οὖν καὶ ἕτεροί τινές εἰσιν, οἳ μηδέτερα τούτων
5 πεπόνθασιν;

ΑΛ. Οὐ δῆτα.

ΣΩ. Ἀνάγκη γάρ ἐστιν ἄνθρωπον ὄντα ἢ νοσεῖν ἢ μὴ
νοσεῖν.

ΑΛ. Ἔμοιγε δοκεῖ.

10   ΣΩ. Τί δέ; περὶ φρονήσεως καὶ ἀφροσύνης ἆρά γε τὴν
αὐτὴν ἔχεις σὺ γνώμην;

ΑΛ. Πῶς λέγεις;

---

c 4 τε T: om. B   c 9 ἄρα γε T: ἄρα B   a 7 γάρ ἐστιν T:
ἄρ' B   a 11 ἔχεις σὺ γνώμην scripsi: ἔχει συγγνώμην B: ἔχεις
γνώμην T b

ΣΩ. Εἰ δοκεῖ σοι οἷόν τε εἶναι ἢ φρόνιμον ἢ ἄφρονα, ἢ
ἔστι τι διὰ μέσου τρίτον πάθος, ὃ ποιεῖ τὸν ἄνθρωπον μήτε
φρόνιμον μήτε ἄφρονα;   b

ΑΛ. Οὐ δῆτα.

ΣΩ. Ἀνάγκη ἄρ' ἐστὶ τὸ ἕτερον τούτων πεπονθέναι.

ΑΛ. Ἔμοιγε δοκεῖ.

ΣΩ. Οὐκοῦν μέμνησαι ὁμολογήσας ὑπεναντίον εἶναι 5
μανίαν φρονήσει;

ΑΛ. Ἔγωγε.

ΣΩ. Οὐκοῦν καὶ μηδὲν εἶναι διὰ μέσου τρίτον πάθος,
ὃ ποιεῖ τὸν ἄνθρωπον μήτε φρόνιμον μήτε ἄφρονα εἶναι;

ΑΛ. Ὡμολόγησα γάρ.   10

ΣΩ. Καὶ μὴν δύο γε ὑπεναντία ἑνὶ πράγματι πῶς ἂν εἴη;

ΑΛ. Οὐδαμῶς.

ΣΩ. Ἀφροσύνη ἄρα καὶ μανία κινδυνεύει ταὐτὸν εἶναι. c

ΑΛ. Φαίνεται.

ΣΩ. Πάντας οὖν ἂν φάντες, ὦ Ἀλκιβιάδη, τοὺς ἄφρονας
μαίνεσθαι ὀρθῶς ἂν φαίημεν· αὐτίκα τῶν σῶν ἡλικιωτῶν
εἴ τινες τυγχάνουσιν ἄφρονες ὄντες, ὥσπερ εἰσί, καὶ τῶν 5
ἔτι πρεσβυτέρων. ἐπεὶ φέρε πρὸς Διός, οὐκ οἴει τῶν ἐν τῇ
πόλει ὀλίγους μὲν εἶναι τοὺς φρονίμους, ἄφρονας δὲ δὴ
τοὺς πολλούς, οὓς δὴ σὺ μαινομένους καλεῖς;

ΑΛ. Ἔγωγε.

ΣΩ. Οἴει ἂν οὖν χαίροντας ἡμᾶς εἶναι μετὰ τοσούτων 10
μαινομένων πολιτευομένους, καὶ οὐκ ἂν παιομένους καὶ βαλ- d
λομένους, καὶ ἅπερ εἰώθασιν οἱ μαινόμενοι διαπράττεσθαι,
πάλαι δὴ δίκην δεδωκέναι; ἀλλὰ ὅρα, ὦ μακάριε, μὴ οὐχ
οὕτως ταῦτ' ἔχει.

ΑΛ. Πῶς ἂν οὖν ποτ' ἔχοι, ὦ Σώκρατες; κινδυνεύει γὰρ 5
οὐχ οὕτως ἔχειν ὥσπερ ᾠήθην.

a 13 εἰ δοκεῖς οἷόν τε Β : δοκεῖ σοι οἷόν τε Τ : δοκεῖ σοι ἀναγκαῖον
Ast : δοκεῖ σοι μόνον τινὰ ci. Stallbaum   a 14 ποιεῖ Β : ἐποίει Τ
c 3 πάντας Τ : πάντες Β   c 7 δὲ δὴ Β : δὲ Τ   d 3 δὴ Β : om. Τ
ἀλλὰ ὅρα Β : ἀλλ' ὅρα Τ

ΣΩ. Οὐδ᾽ ἐμοὶ δοκεῖ. ἀλλὰ τῇδέ πη ἀθρητέον.

ΑΛ. Πῇ ποτε λέγεις;

ΣΩ. Ἐγὼ δή σοί γε ἐρῶ. ὑπολαμβάνομέν γέ τινας
10 εἶναι νοσοῦντας· ἢ οὔ;

ΑΛ. Πάνυ μὲν οὖν.

e   ΣΩ. Ἀρ᾽ οὖν δοκεῖ σοι ἀναγκαῖον εἶναι τὸν νοσοῦντα
ποδαγρᾶν ἢ πυρέττειν ἢ ὀφθαλμιᾶν, ἢ οὐκ ἂν δοκεῖ σοι καὶ
μηδὲν τούτων πεπονθὼς ἑτέραν νόσον νοσεῖν; πολλαὶ γὰρ
δήπου γέ εἰσι, καὶ οὐχ αὗται μόναι.

5   ΑΛ. Ἔμοιγε δοκοῦσιν.

ΣΩ. Ὀφθαλμία σοι οὖν δοκεῖ πᾶσα νόσος εἶναι;

ΑΛ. Ναί.

ΣΩ. Ἀρ᾽ οὖν καὶ πᾶσα νόσος ὀφθαλμία;

ΑΛ. Οὐ δῆτα ἔμοιγε· ἀπορῶ μέντοι γε πῶς λέγω.

140   ΣΩ. Ἀλλ᾽ ἐὰν ἔμοιγε προσέχῃς τὸν νοῦν, σύν τε δύο
σκεπτομένω τυχὸν εὑρήσομεν.

ΑΛ. Ἀλλὰ προσέχω, ὦ Σώκρατες, εἰς δύναμιν τὴν ἐμήν.

ΣΩ. Οὐκοῦν ὡμολογήθη ἡμῖν ὀφθαλμία μὲν πᾶσα νόσος
5 εἶναι, νόσος μέντοι οὐκ εἶναι πᾶσα ὀφθαλμία;

ΑΛ. Ὡμολογήθη.

ΣΩ. Καὶ ὀρθῶς γέ μοι δοκεῖ ὁμολογηθῆναι. καὶ γὰρ
οἱ πυρέττοντες πάντες νοσοῦσιν, οὐ μέντοι οἱ νοσοῦντες
πάντες πυρέττουσιν οὐδὲ ποδαγρῶσιν οὐδέ γε ὀφθαλμιῶσιν,

b οἶμαι· ἀλλὰ νόσος μὲν πᾶν τὸ τοιοῦτόν ἐστι, διαφέρειν
δέ φασιν οὓς δὴ καλοῦμεν ἰατροὺς τὴν ἀπεργασίαν αὐτῶν.
οὐ γὰρ πᾶσιν οὔτε ὅμοιαι οὔτε ὁμοίως διαπράττονται, ἀλλὰ
κατὰ τὴν αὑτῆς δύναμιν ἑκάστη· νόσοι μέντοι πᾶσαί εἰσιν.
5 ὥσπερ δημιουργούς τινας ὑπολαμβάνομεν· ἢ οὔ;

ΑΛ. Πάνυ μὲν οὖν.

ΣΩ. Οὐκοῦν τοὺς σκυτοτόμους καὶ τέκτονας καὶ ἀν-

d 9 γέ τινας T : τινας B   e 4 γε T : τέ B   e 6 σοι οὖν B :
οὖν σοι T   e 9 μέντοι γε T : μέντοι B   a 2 τυχὸν B : σχεδὸν T
a 9 ποδαγρῶσιν B : ποδαγριῶσιν T   b 2 δέ recc. : δὴ BT
b 3 πᾶσιν B : πᾶσαι T   ὅμοιαι T : ὅμοιοι B · ὅμοια J. G. Schneider

δριαντοποιοὺς καὶ ἑτέρους παμπληθεῖς, οὓς τί δεῖ καθ' ἕκαστα
λέγειν; ἔχουσι δ' οὖν διειληφότες δημιουργίας μέρη, καὶ
πάντες οὗτοί εἰσι δημιουργοί, οὐ μέντοι εἰσὶ τέκτονές γε c
οὐδὲ σκυτοτόμοι οὐδ' ἀνδριαντοποιοί, οἳ σύμπαντές εἰσι
δημιουργοί.

ΑΛ. Οὐ δῆτα.

ΣΩ. Οὕτως μὲν τοίνυν καὶ τὴν ἀφροσύνην διειληφότες 5
εἰσί, καὶ τοὺς μὲν πλεῖστον αὐτῆς μέρος ἔχοντας μαινο-
μένους καλοῦμεν, τοὺς δ' ὀλίγον ἔλαττον ἠλιθίους τε καὶ
ἐμβροντήτους· οἱ δὲ ἐν εὐφημοτάτοις ὀνόμασι βουλόμενοι
κατονομάζειν οἱ μὲν μεγαλοψύχους, οἱ δὲ εὐήθεις, ἕτεροι δὲ
ἀκάκους καὶ ἀπείρους καὶ ἐνεούς· εὑρήσεις δὲ καὶ ἕτερα d
πολλὰ ἀναζητῶν ὀνόματα. πάντα δὲ ταῦτα ἀφροσύνη
ἐστίν, διαφέρει δέ, ὥσπερ τέχνη τέχνης ἡμῖν κατεφαίνετο
καὶ νόσος νόσου· ἢ πῶς σοι δοκεῖ;

ΑΛ. Ἐμοὶ μὲν οὕτως. 5

ΣΩ. Οὐκοῦν ἀπ' ἐκείνου πάλιν ἐπανέλθωμεν. ἦν γὰρ
δήποι καὶ ἐν ἀρχῇ τοῦ λόγου, σκεπτέον εἶναι τοὺς ἄφρονάς
τε καὶ φρονίμους, τίνες ποτ' εἰσίν. ὡμολόγητο γὰρ εἶναί
τινας· ἢ γὰρ οὔ;

ΑΛ. Ναί, ὡμολόγηται. 10

ΣΩ. Ἆρ' οὖν τούτους φρονίμους ὑπολαμβάνεις, οἳ ἂν e
εἰδῶσιν ἄττα δεῖ πράττειν καὶ λέγειν;

ΑΛ. Ἔγωγε.

ΣΩ. Ἄφρονας δὲ ποτέρους; ἆρά γε τοὺς μηδέτερα
τούτων εἰδότας; 5

ΑΛ. Τούτους.

ΣΩ. Οὐκοῦν οἵ γε μὴ εἰδότες μηδέτερα τούτων λήσουσιν
αὑτοὺς καὶ λέγοντες καὶ πράττοντες ἄττα μὴ δεῖ;

ΑΛ. Φαίνεται.

ΣΩ. Τούτων μέντοι ἔλεγον, ὦ Ἀλκιβιάδη, καὶ τὸν 10

---

c 2 οὐδὲ T : καὶ B   οἳ T : om. B   d 7 καὶ B : om. T
d 9 οὔ del. Hirschig   d 10 ὡμολόγητο Stephanus   e 8 λέγοντες
καὶ πράττοντες Stobaeus : λεγοντας καὶ πράττοντας B T

141 Οἰδίπουν εἶναι τῶν ἀνθρώπων· εὑρήσεις δ' ἔτι καὶ τῶν νῦν
πολλοὺς οὐκ ὀργῇ κεχρημένους, ὥσπερ ἐκεῖνον, οὐδ' οἰο-
μένους κακά σφισιν εὔχεσθαι, ἀλλ' ἀγαθά. ἐκεῖνος μὲν
ὥσπερ οὐδ' ηὔχετο, οὐδ' ᾤετο· ἔτεροι δέ τινές εἰσιν οἳ
5 τἀναντία τούτων πεπόνθασιν. ἐγὼ μὲν γὰρ οἶμαί σε
πρῶτον, εἴ σοι ἐμφανὴς γενόμενος ὁ θεὸς πρὸς ὃν τυγχάνεις
πορευόμενος, ἐρωτήσειεν, πρὶν ὁτιοῦν εὔξασθαί σε, εἰ ἐξαρ-
κέσει σοι τύραννον γενέσθαι τῆς Ἀθηναίων πόλεως· εἰ
δὲ τοῦτο φαῦλον ἡγήσαιο καὶ μὴ μέγα τι, προσθείη καὶ
b πάντων τῶν Ἑλλήνων· εἰ δέ σε ὁρῴη ἔτι ἔλαττον δοκοῦντα
ἔχειν, εἰ μὴ καὶ πάσης Εὐρώπης, ὑποσταίη σοι καὶ τοῦτο,
⟨καὶ τοῦτο⟩ μὴ μόνον ὑποσταίη, ⟨ἀλλ'⟩ αὐθημερόν σου βου-
λομένου ὡς πάντας αἰσθήσεσθαι ὅτι Ἀλκιβιάδης ὁ Κλεινίου
5 τύραννός ἐστιν· αὐτὸν οἶμαι ἄν σε ἀπιέναι περιχαρῆ
γενόμενον, ὡς τῶν μεγίστων ἀγαθῶν κεκυρηκότα.

ΑΛ. Ἐγὼ μὲν οἶμαι, ὦ Σώκρατες, κἂν ἄλλον ὁντινοῦν,
εἴπερ τοιαῦτα συμβαίη αὐτῷ.

c ΣΩ. Ἀλλὰ μέντοι ἀντί γε τῆς σῆς ψυχῆς οὐδ' ἂν τὴν
πάντων Ἑλλήνων τε καὶ βαρβάρων χώραν τε καὶ τυραννίδα
βουληθείης σοι γενέσθαι.

ΑΛ. Οὐκ οἶμαι ἔγωγε. πῶς γὰρ ἄν, μηθέν γέ τι μέλλων
5 αὐτοῖς χρήσεσθαι;

ΣΩ. Τί δ' εἰ μέλλοις κακῶς τε καὶ βλαβερῶς χρῆσθαι;
οὐδ' ἂν οὕτως;

ΑΛ. Οὐ δῆτα.

ΣΩ. Ὁρᾷς οὖν ὡς οὐκ ἀσφαλὲς οὔτε τὰ διδόμενα εἰκῇ
10 δέχεσθαί τε οὔτε αὐτὸν εὔχεσθαι γενέσθαι, εἴ γέ τις
d βλάπτεσθαι μέλλοι διὰ ταῦτα ἢ τὸ παράπαν τοῦ βίου
ἀπαλλαγῆναι. πολλοὺς δ' ἂν ἔχοιμεν εἰπεῖν, ὅσοι τυραν-

a 1 δ' ἔτι καὶ τῶν νῦν B : δὲ καὶ τῶν νῦν ἔτι T   a 2 ἐκεῖνον T : κεῖνον B
b 1 ὁρῴη B : ἐρῴη T   b 2 καὶ τοῦτο bis scripsit Sauppe   b 3 ἀλλ'
add. Dobree   b 4 αἰσθήσεσθαι B : αἰσθέσθαι T   b 5 αὐτὸν] αὐτῶν·
Dobree : πρῶτον Schanz   c 2 τε καὶ β. B : καὶ β. T   c 5 χρήσεσθαι
B : χρῆσθαι T   c 6 μέλλοις B : μέλλεις T   c 10 τε οὔτε T :
τε οὐδὲ B : γε οὔτε corr. Coisl. : σε οὔτε vulg. : οὔτε J. G. Schneider

νίδος ἐπιθυμήσαντες ἤδη καὶ σπουδάσαντες τοῦτ᾽ αὐτοῖς
παραγενέσθαι, ὡς ἀγαθόν τι πράξαντες, διὰ τὴν τυραννίδα
ἐπιβουλευθέντες τὸν βίον ἀφῃρέθησαν. οἶμαι δέ σε οὐκ 5
ἀνήκοον εἶναι ἔνιά γε χθιζά τε καὶ πρωϊζὰ γεγενημένα,
ὅτε Ἀρχέλαον τὸν Μακεδόνων τύραννον τὰ παιδικά, ἐρα-
σθέντα τῆς τυραννίδος οὐδὲν ἧττον ἤπερ ἐκεῖνος τῶν παι-
δικῶν, ἀπέκτεινε τὸν ἐραστὴν ὡς τύραννός τε καὶ εὐδαίμων
ἀνὴρ ἐσόμενος· κατασχὼν δὲ τρεῖς ἢ τέτταρας ἡμέρας τὴν e
τυραννίδα πάλιν αὐτὸς ἐπιβουλευθεὶς ὑφ᾽ ἑτέρων τινῶν
ἐτελεύτησεν. ὁρᾷς δὴ καὶ τῶν ἡμετέρων πολιτῶν—ταῦτα
γὰρ οὐκ ἄλλων ἀκηκόαμεν, ἀλλ᾽ αὐτοὶ παρόντες οἴδαμεν—
ὅσοι στρατηγίας ἐπιθυμήσαντες ἤδη καὶ τυχόντες αὐτῆς οἱ 142
μὲν ἔτι καὶ νῦν φυγάδες τῆσδε τῆς πόλεώς εἰσιν, οἱ δὲ
τὸν βίον ἐτελεύτησαν· οἱ δὲ ἄριστα δοκοῦντες αὐτῶν πράτ-
τειν διὰ πολλῶν κινδύνων ἐλθόντες καὶ φόβων οὐ μόνον
ἐν ταύτῃ τῇ στρατηγίᾳ, ἀλλ᾽ ἐπεὶ εἰς τὴν ἑαυτῶν κατῆλθον, 5
ὑπὸ τῶν συκοφαντῶν πολιορκούμενοι πολιορκίαν οὐδὲν
ἐλάττω τῆς ὑπὸ τῶν πολεμίων διετέλεσαν, ὥστε ἐνίους
αὐτῶν εὔχεσθαι ἀστρατηγήτους εἶναι μᾶλλον ἢ ἐστρατηγη-
κέναι. εἰ μὲν οὖν ἦσαν οἱ κίνδυνοί τε καὶ πόνοι φέροντες b
εἰς ὠφέλειαν, εἶχεν ἄν τινα λόγον· νῦν δὲ καὶ πολὺ τοὐ-
ναντίον. εὑρήσεις δὲ καὶ περὶ τέκνων τὸν αὐτὸν τρόπον,
εὐξαμένους τινὰς ἤδη γενέσθαι καὶ γενομένων εἰς συμφοράς
τε καὶ λύπας τὰς μεγίστας καταστάντας. οἱ μὲν γὰρ 5
μοχθηρῶν διὰ τέλους ὄντων τῶν τέκνων ὅλον τὸν βίον
λυπούμενοι διήγαγον· τοὺς δὲ χρηστῶν μὲν γενομένων,
συμφοραῖς δὲ χρησαμένων ὥστε στερηθῆναι, καὶ τούτους c
οὐδὲν εἰς ἐλάττονας δυστυχίας καθεστηκότας ἤπερ ἐκείνους
καὶ βουλομένους ἂν ἀγένητα μᾶλλον εἶναι ἢ γενέσθαι.
ἀλλ᾽ ὅμως τούτων τε καὶ ἑτέρων πολλῶν ὁμοιοτρόπων τού-
τοις οὕτω σφόδρα καταδήλων ὄντων, σπάνιον εὑρεῖν ὅστις 5

d 4 πράξαντες B T : πράξοντες recc.   e 4 οἴδαμεν] εἴδομεν Hirschig
a 5 ταύτῃ] αὐτῇ Dobree (Ficinus)   a 6 πολιορκίαν recc. : πολιορκία B T
b 2 εἶχεν] εἶχον Cobet   c 3 καὶ T : om. B   ἀγένητα T : ἀγέννητα B

ἂν ἢ διδομένων ἀπόσχοιτο ἢ μέλλων δι᾽ εὐχῆς τεύξεσθαι
παύσαιτο ἂν εὐχόμενος· οἱ δὲ πολλοὶ οὔτε ἂν τυραννίδος
διδομένης ἀπόσχοιντο ἂν οὔτε στρατηγίας οὐδ᾽ ἑτέρων
d πολλῶν, ἃ παρόντα βλάπτει μᾶλλον ἢ ὠφελεῖ, ἀλλὰ κἂν
εὔξαιντο ἂν γενέσθαι, εἴ τῳ μὴ παρόντα τυγχάνει· ὀλίγον
δὲ ἐπισχόντες ἐνίοτε παλινῳδοῦσιν, ἀνευχόμενοι ἅττ᾽ ἂν
τὸ πρῶτον εὔξωνται. ἐγὼ μὲν οὖν ἀπορῶ μὴ ὡς ἀληθῶς
5 μάτην θεοὺς ἄνθρωποι αἰτιῶνται, ἐξ ἐκείνων φάμενοι
κακά σφισιν εἶναι· οἱ δὲ καὶ αὐτοὶ σφῇσιν εἴτε ἀτα-
σθαλίαισιν εἴτε ἀφροσύναις χρὴ εἰπεῖν, ὑπὲρ μόρον
e ἄλγε᾽ ἔχουσι. κινδυνεύει γοῦν, ὦ Ἀλκιβιάδη, φρόνιμός
τις εἶναι ἐκεῖνος ὁ ποιητής, ὃς δοκεῖ μοι φίλοις ἀνοήτοις
τισὶ χρησάμενος, ὁρῶν αὐτοὺς καὶ πράττοντας καὶ εὐχο-
μένους ἅπερ οὐ βέλτιον ἦν, ἐκείνοις δὲ ἐδόκει, κοινῇ ὑπὲρ
5 ἁπάντων αὐτῶν εὐχὴν ποιήσασθαι· λέγει δέ πως ὡδί—

143 Ζεῦ βασιλεῦ, τὰ μὲν ἐσθλά, φησί, καὶ εὐχομένοις
καὶ ἀνεύκτοις

ἄμμι δίδου, τὰ δὲ δειλὰ καὶ εὐχομένοις ἀπαλέξειν
κελεύει. ἐμοὶ μὲν οὖν καλῶς δοκεῖ καὶ ἀσφαλῶς λέγειν ὁ
5 ποιητής· σὺ δ᾽ εἴ τι ἐν νῷ ἔχεις πρὸς ταῦτα, μὴ σιώπα.

ΑΛ. Χαλεπόν, ὦ Σώκρατες, ἐστὶν ἀντιλέγειν πρὸς τὰ
καλῶς εἰρημένα· ἐκεῖνο δ᾽ οὖν ἐννοῶ, ὅσων κακῶν αἰτία ἡ
ἄγνοια τοῖς ἀνθρώποις, ὁπότε, ὡς ἔοικε, λελήθαμεν ἡμᾶς
b αὐτοὺς διὰ ταύτην καὶ πράττοντες καὶ τό γε ἔσχατον εὐχό-
μενοι ἡμῖν αὐτοῖς τὰ κάκιστα. ὅπερ οὖν οὐδεὶς ἂν οἰηθείη,
ἀλλὰ τοῦτό γε πᾶς ἂν οἴοιτο ἱκανὸς εἶναι, αὐτὸς αὑτῷ τὰ
βέλτιστα εὔξασθαι, ἀλλ᾽ οὐ τὰ κάκιστα. τοῦτο μὲν γὰ⟨ρ⟩
5 ὡς ἀληθῶς κατάρᾳ τινὶ ἀλλ᾽ οὐκ εὐχῇ ὅμοιον ἂν εἴη.

c 6 μέλλων B : μέλλον T   c 8 οὐδ᾽] οὔθ᾽ Bekker   d 3 παλιν
φδοῦσιν T : πάλιν ὀδοῦσιν B   ἀνευχόμενοι T : ἂν εὐχόμενοι B
d 6 αὐτοὶ σφῇσιν rec. t : αὐτοῖς φησὶν B : αὐτοὶ σφίσιν T   d 7 ἀφρο-
σύναις T : ἀφρονίαισιν B : ἀφραδίαισιν Hermann   e 1 γοῦν B : γὰρ
T   a 3 δειλὰ Buttmann : δεινὰ B T : λυγρὰ Proclus (cf. 148 b, 6)
a 4 κελεύει secl. Köppen   a 7 ὅσων κακῶν corr. Coisl. : ὅσον κακὸν
B T   b 2 ἂν add. Priscianus : om. B T   b 3 ἱκανὸς B : ἱκανῶς T

362

ΣΩ. Ἀλλ' ἴσως, ὦ βέλτιστε, φαίη ἄν τις ἀνήρ, ὃς
ἐμοῦ τε καὶ σοῦ σοφώτερος ὢν τυγχάνοι, οὐκ ὀρθῶς ἡμᾶς
λέγειν, οὕτως εἰκῇ ψέγοντας ἄγνοιαν, εἴ γε μὴ προσθείημεν c
τὴν ἔστιν ὧν τε ἄγνοιαν καὶ ἔστιν οἷς καὶ ἔχουσί πως
ἀγαθόν, ὥσπερ ἐκείνοις κακόν.

ΑΛ. Πῶς λέγεις; ἔστι γὰρ ὁτιοῦν πρᾶγμα ὅτῳ δὴ
ὁπωσοῦν ἔχοντι ἄμεινον ἀγνοεῖν ἢ γιγνώσκειν;   5

ΣΩ. Ἔμοιγε δοκεῖ· σοὶ δ' οὔ;

ΑΛ. Οὐ μέντοι μὰ Δία.

ΣΩ. Ἀλλὰ μὴν οὐδὲ ἐκεῖνό σου καταγνώσομαι, ἐθέλειν
ἄν σε πρὸς τὴν ἑαυτοῦ μητέρα διαπεπρᾶχθαι ἅπερ Ὀρέστην
φασὶ καὶ τὸν Ἀλκμέωνα καὶ εἰ δή τινες ἄλλοι ἐκείνοις 10
τυγχάνουσι ταὐτὰ διαπεπραγμένοι.   d

ΑΛ. Εὐφήμει πρὸς Διός, ὦ Σώκρατες.

ΣΩ. Οὗτοι τὸν λέγοντα, ὦ Ἀλκιβιάδη, ὡς οὐκ ἂν ἐθέλοις
σοι ταῦτα πεπρᾶχθαι, εὐφημεῖν δεῖ σε κελεύειν, ἀλλὰ
μᾶλλον πολύ, εἴ τις τὰ ἐναντία λέγοι, ἐπειδὴ οὕτω σοι 5
δοκεῖ σφόδρα δεινὸν εἶναι τὸ πρᾶγμα, ὥστ' οὐδὲ ῥητέον
εἶναι οὕτως εἰκῇ. δοκεῖς δ' ἂν τὸν Ὀρέστην, εἰ ἐτύγχανε
φρόνιμος ὢν καὶ εἰδὼς ὅτι βέλτιστον ἦν αὐτῷ πράττειν,
τολμῆσαι ἄν τι τούτων διαπράξασθαι;

ΑΛ. Οὐ δῆτα.   10

ΣΩ. Οὐδέ γε ἄλλον οἶμαι οὐδένα.   e

ΑΛ. Οὐ μέντοι.

ΣΩ. Κακὸν ἄρα, ὡς ἔοικεν, ἐστὶν ἡ τοῦ βελτίστου
ἄγνοια καὶ τὸ ἀγνοεῖν τὸ βέλτιστον.

ΑΛ. Ἔμοιγε δοκεῖ.   5

ΣΩ. Οὐκοῦν καὶ ἐκείνῳ καὶ τοῖς ἄλλοις ἅπασιν;

ΑΛ. Φημί.

ΣΩ. Ἔτι τοίνυν καὶ τόδε ἐπισκεψώμεθα· εἴ σοι αὐτίκα

b 7 τυγχάνοι Stephanus : τυγχάνει B T   c 4 ὅτῳ δὴ rec. t:
ὅτῳ δεῖ B T   c 9 ἄν t : ἐάν B T   σε] σοι Cobet   ἑαυτοῦ
B T : σαυτοῦ al.   d 3 ἐθέλοις T : ἐθέλοι B   d 5 ἐπειδὴ
⟨δὲ⟩ Buttmann : ἔπειτα Stallbaum   d 7 δ' ἂν B T : δὰν Schanz
e 8 ἐπισκεψώμεθα recc. : ἐπισκεψόμεθα B T

μάλα παρεσταίη, οἰηθέντι βέλτιον εἶναι, Περικλέα τὸν
10 σεαυτοῦ ἐπίτροπόν τε καὶ φίλον, ἐγχειρίδιον λαβόντα,
144 ἐλθόντα ἐπὶ τὰς θύρας, εἰπεῖν εἰ ἔνδον ἐστί, βουλόμενον
ἀποκτεῖναι αὐτὸν ἐκεῖνον, ἄλλον δὲ μηδένα· οἱ δὲ φαῖεν
ἔνδον εἶναι—καὶ οὐ λέγω ἐθέλειν ἄν σε τούτων τι πράττειν·
ἀλλ' εἰ, οἶμαι, δόξει σοι, ὅπερ οὐθὲν κωλύει δήπου τῷ γε
5 ἀγνοοῦντι τὸ βέλτιστον παραστῆναί ποτε δόξαν, ὥστε
οἰηθῆναι καὶ τὸ κάκιστόν ποτε βέλτιστον εἶναι· ἢ οὐκ ἂν
δοκεῖ σοι;

ΑΛ. Πάνυ μὲν οὖν.

ΣΩ. Εἰ οὖν παρελθὼν εἴσω καὶ ἰδὼν αὐτὸν ἐκεῖνον
b ἀγνοήσαις τε καὶ οἰηθείης ἂν ἄλλον εἶναί τινα, ἆρ' ἔτι ἂν
αὐτὸν τολμήσαις ἀποκτεῖναι;

ΑΛ. Οὐ μὰ τὸν Δία, οὐκ ἄν μοι δοκῶ.

ΣΩ. Οὐ γὰρ δήπου τὸν ἐντυχόντα, ἀλλ' αὐτὸν ἐκεῖνον
5 ὃν ἠβούλου. ἢ γάρ;

ΑΛ. Ναί.

ΣΩ. Οὐκοῦν καὶ εἰ πολλάκις ἐγχειροῖς, αἰεὶ δὲ ἀγνοοῖς
τὸν Περικλέα, ὁπότε μέλλοις τοῦτο πράττειν, οὔποτε ἂν
ἐπίθοιο αὐτῷ.

10 ΑΛ. Οὐ δῆτα.

ΣΩ. Τί δέ; τὸν Ὀρέστην δοκεῖς ἄν ποτε τῇ μητρὶ
ἐπιθέσθαι, εἴ γε ὡσαύτως ἠγνόησεν;

c ΑΛ. Οὐκ οἶμαι ἔγωγε.

ΣΩ. Οὐ γὰρ δήπου οὐδ' ἐκεῖνος τὴν προστυχοῦσαν γυ-
ναῖκα οὐδὲ τὴν ὁτουοῦν μητέρα διενοεῖτο ἀποκτεῖναι, ἀλλὰ
τὴν αὐτὸς αὐτοῦ.

5 ΑΛ. Ἔστι ταῦτα.

ΣΩ. Ἀγνοεῖν ἄρα τά γε τοιαῦτα βέλτιον τοῖς οὕτω
διακειμένοις καὶ τοιαύτας δόξας ἔχουσιν.

e 9 παρεσταίη ΒΤ: παρασταίη t   a 3 ἄν secl. Sauppe   a 4 δόξει
ΒΤ: δόξειέ Buttmann   b 1 ἂν secl. Struve   b 3 οὐκ ἄν μοι
δοκῶ Τ: om. Β   b 5 ὃν secl. Schleiermacher   b 12 γε Τ:
δὲ Β

364

ΑΛ. Φαίνεται.

ΣΩ. Ὁρᾷς οὖν ὅτι ἡ ἔστιν ὧν τε ἄγνοια καὶ ἔστιν οἷς καὶ ἔχουσί πως ἀγαθόν, ἀλλ᾽ οὐ κακόν, ὥσπερ ἄρτι σοι ἐδόκει; 10

ΑΛ. Ἔοικεν.

ΣΩ. Ἔτι τοίνυν εἰ βούλει τὸ μετὰ τοῦτο ἐπισκοπεῖν, d ἄτοπον ἂν ἴσως ἄν σοι δόξειεν εἶναι.

ΑΛ. Τί μάλιστα, ὦ Σώκρατες;

ΣΩ. Ὅτι, ὡς ἔπος εἰπεῖν, κινδυνεύει τό γε τῶν ἄλλων ἐπιστημῶν κτῆμα, ἐάν τις ἄνευ τοῦ βελτίστου κεκτημένος 5 ᾖ, ὀλιγάκις μὲν ὠφελεῖν, βλάπτειν δὲ τὰ πλείω τὸν ἔχοντα αὐτό. σκόπει δὲ ὧδε. ἆρ᾽ οὐκ ἀναγκαῖόν σοι δοκεῖ εἶναι, ὅταν τι μέλλωμεν ἤτοι πράττειν ἢ λέγειν, οἰηθῆναι δεῖν πρῶτον ἡμᾶς εἰδέναι ἢ τῷ ὄντι εἰδέναι τοῦθ᾽ ὃ ἂν προχει- ροτέρως μέλλωμεν ἢ λέγειν ἢ πράττειν; e

ΑΛ. Ἔμοιγε δοκεῖ.

ΣΩ. Οὐκοῦν οἱ ῥήτορες αὐτίκα ἤτοι εἰδότες συμβουλεύειν ἢ οἰηθέντες εἰδέναι συμβουλεύουσιν ἡμῖν ἑκάστοτε, οἱ μὲν περὶ πολέμου τε καὶ εἰρήνης, οἱ δὲ περὶ τειχῶν οἰκοδομίας 5 ἢ καὶ λιμένων κατασκευῆς· ἑνὶ δὲ λόγῳ, ὅσα δή ποτε ἡ πόλις πράττει πρὸς ἄλλην πόλιν ἢ αὐτὴ καθ᾽ αὑτήν, ἀπὸ 145 τῆς τῶν ῥητόρων συμβουλῆς πάντα γίγνεται.

ΑΛ. Ἀληθῆ λέγεις.

ΣΩ. Ὅρα τοίνυν καὶ τὰ ἐπὶ τούτοις.

ΑΛ. Ἂν δυνηθῶ. 5

ΣΩ. Καλεῖς γὰρ δήπου φρονίμους τε καὶ ἄφρονας;

ΑΛ. Ἔγωγε.

ΣΩ. Οὐκοῦν τοὺς μὲν πολλοὺς ἄφρονας, τοὺς δ᾽ ὀλίγους φρονίμους;

c 9 τε B : γε T   d 2 ἂν ἴσως ἄν B : ὂν ἴσως ἄν T : δὴ ἴσως ἄν Schanz   d 5 τοῦ] τῆς τοῦ Dobree   d 6 ᾖ] ᾗ pr. B : ἦν pr. T d 7 αὐτό Schneider : αὐτά B T   d 8 μέλλωμεν T : μέλλων μὲν B   οἰηθῆναι B : ἢ οἰηθῆναι T   δεῖν] δὴ προχειροτέρως] προχείρως Sauppe   e 1 μέλλωμεν B : μέλλωμέν τι T   e 3 συμ- βουλεύειν T : ξυμβουλεύουσιν B   e 4 ἢ T : om. B   e 6 ἢ καὶ T : ἢ B   a 2 πάντα T : ἅπαντα B

10 ΑΛ. Οὕτως.

ΣΩ. Οὐκοῦν πρός τι ἀποβλέπων ἀμφοτέρους;

ΑΛ. Ναί.

b ΣΩ. Ἀρ᾽ οὖν τὸν τοιοῦτον συμβουλεύειν εἰδότα, χωρὶς τοῦ πότερον βέλτιον καὶ ὅτε βέλτιον, φρόνιμον καλεῖς;

ΑΛ. Οὐ δῆτα.

ΣΩ. Οὐδέ γε οἶμαι ὅστις τὸ πολεμεῖν αὐτὸ οἶδε χωρὶς

5 τοῦ ὁπότε βέλτιον καὶ τοσοῦτον χρόνον ὅσον βέλτιον. ἢ γάρ;

ΑΛ. Ναί.

ΣΩ. Οὐκοῦν οὐδὲ εἴ τίς τινα ἀποκτειννύναι οἶδεν οὐδὲ χρήματα ἀφαιρεῖσθαι καὶ φυγάδα ποιεῖν τῆς πατρίδος, χωρὶς

10 τοῦ ὁπότε βέλτιον καὶ ὅντινα βέλτιον;

ΑΛ. Οὐ μέντοι.

c ΣΩ. Ὅστις ἄρα τι τῶν τοιούτων οἶδεν, ἐὰν μὲν παρέπηται αὐτῷ ἡ τοῦ βελτίστου ἐπιστήμη—αὕτη δ᾽ ἦν ἡ αὐτὴ δήπου ἥπερ καὶ ἡ τοῦ ὠφελίμου· ἢ γάρ;—

ΑΛ. Ναί.

5 ΣΩ. Φρόνιμόν δέ γε αὐτὸν φήσομεν καὶ ἀποχρῶντα σύμβουλον καὶ τῇ πόλει καὶ αὐτὸν αὐτῷ· τὸν δὲ μὴ τοιοῦτον τἀναντία τούτων. ἢ πῶς δοκεῖ;

ΑΛ. Ἐμοὶ μὲν οὕτως.

ΣΩ. Τί δ᾽ εἴ τις ἱππεύειν ἢ τοξεύειν οἶδεν, ἢ αὖ πυ-

10 κτεύειν ἢ παλαίειν ἤ τι τῆς ἄλλης ἀγωνίας ἢ καὶ ἄλλο τι

d τῶν τοιούτων ὅσα τέχνῃ οἴδαμεν, τί καλεῖς ὃς ἂν εἰδῇ τὸ κατὰ ταύτην τὴν τέχνην βέλτιον γιγνόμενον; ἆρ᾽ οὐ τὸν κατὰ τὴν ἱππικὴν ἱππικόν;

ΑΛ. Ἔγωγε.

5 ΣΩ. Τὸν δέ γε οἶμαι κατὰ τὴν πυκτικὴν πυκτικόν, τὸν

---

b2 ὅτε corr. Ven. 184: ὅ γε t : ὃ ΒΤ: ὁπότε Baiter   c2 αὐτῷ Β : om. Τ   c5 δέ γε] τέ γε Sauppe   c6 καὶ τῇ πόλει καὶ αὐτὸν αὐτῷ Β : καὶ αὐτὸν αὐτῷ καὶ τῇ πόλει Τ   τοιοῦτον J. G. Schneider : τοιοῦντα ΒΤ   c9 πυκτεύειν ἢ παλαίειν Β : παλαίειν ἢ πυκτεύειν Τ   d1 τέχνῃ Τ: τέχνην Β   d2 κατὰ ταύτην] κατ᾽ αὐτὴν Apelt : κατὰ Schanz   ἆρ᾽ Τ: om. Β

δὲ κατ᾿ αὐλητικὴν αὐλητικόν, καὶ τἆλλα δήπου ἀνὰ λόγον
τούτοις· ἢ ἄλλως πως;

ΑΛ. Οὔκ, ἀλλ᾿ οὕτως.

ΣΩ. Δοκεῖ οὖν σοι ἀναγκαῖον εἶναι τὸν περὶ τούτων τι
ἐπιστήμονα ὄντα ἄρα καὶ ἄνδρα φρόνιμον εἶναι, ἢ πολλοῦ   10
φήσομεν ἐνδεῖν;   e

ΑΛ. Πολλοῦ μέντοι νὴ Δία.

ΣΩ. Ποίαν οὖν οἴει πολιτείαν εἶναι τοξοτῶν τε ἀγαθῶν
καὶ αὐλητῶν, ἔτι δὲ καὶ ἀθλητῶν τε καὶ τῶν ἄλλων τεχνι-
τῶν, ἀναμεμειγμένων δ᾿ ἐν τούτοις οὓς ἄρτι εἰρήκαμεν τῶν   5
τε αὐτὸ τὸ πολεμεῖν εἰδότων καὶ αὐτὸ τὸ ἀποκτεινύναι, πρὸς
δὲ καὶ ἀνδρῶν ῥητορικῶν πολιτικὸν φύσημα φυσώντων,
ἁπάντων δὲ τούτων ὄντων ἄνευ τῆς τοῦ βελτίστου ἐπιστή-
μης καὶ τοῦ εἰδότος, ὁπότε βέλτιον ἑνὶ ἑκάστῳ τούτων
χρῆσθαι καὶ πρὸς τίνα;   146

ΑΛ. Φαύλην τινὰ ἔγωγε, ὦ Σώκρατες.

ΣΩ. Φαίης γε ἂν οἶμαι ὁπόταν ὁρῴης ἕνα ἕκαστον αὐτῶν
φιλοτιμούμενόν τε καὶ νέμοντα τὸ πλεῖστον τῆς πολιτείας

                              τούτῳ μέρος,   5
      ἵν᾿ αὐτὸς αὑτοῦ τυγχάνει κράτιστος ὤν·

λέγω δὲ τὸ κατ᾿ αὐτὴν τὴν τέχνην βέλτιστον γιγνόμενον·
τοῦ δὲ τῇ πόλει τε καὶ αὐτὸν αὑτῷ βελτίστου ὄντος τὰ
πολλὰ διημαρτηκότα, ἅτε οἶμαι ἄνευ νοῦ δόξῃ πεπιστευκότα.
οὕτως δὲ τούτων ἐχόντων, ἆρα οὐκ ἂν ὀρθῶς λέγοιμεν   b
φάντες πολλῆς ταραχῆς τε καὶ ἀνομίας μεστὴν εἶναι τὴν
τοιαύτην πολιτείαν;

d 6 καὶ ταλλα B : καὶ κατ᾿ ἄλλα T   d 9 περὶ secl. Cobet   τι T :
om. B   d 10 ἐπιστήμονα T : ἐπιστήμονα εἶναι B   ἄρα] ἅμα
Cobet   e 1 ἐνδεῖν] δεῖν Baiter   e 4 δὲ καὶ T Stobaeus : δὲ B
τε καὶ T Stobaeus : καὶ B   e 5 δ᾿ B T : om. Stobaeus   τούτοις
Stobaeus : τοιούτοις B T   οὓς (vel ὧν) Dobree : οἷς B T Stobaeus
e 7 ῥητορικῶν B : πολιτικῶν T   a 2 τινα B : om. T   a 3 ἕνα T :
ἕνα καὶ B   a 6 τυγχάνει in Gorgia 484 e T : τυγχάνῃ hic B T in
Gorgia loc. cit. B : τυγχάνοι ci. Hermann   κράτιστος] βέλτιστος
Gorg. loc. cit.   a 8 ὄντος recc. : οὕτως B T

ΑΛ. Ὀρθῶς μέντοι νὴ Δία.

5 ΣΩ. Οὐκοῦν ἀναγκαῖον ἡμῖν ἐδόκει οἰηθῆναι δεῖν πρῶτον ἡμᾶς εἰδέναι ἢ τῷ ὄντι εἰδέναι τοῦτο ὃ ἂν προχείρως μέλλωμεν ἢ πράττειν ἢ λέγειν;

ΑΛ. Ἐδόκει.

ΣΩ. Οὐκοῦν κἂν μὲν πράττῃ ἅ τις οἶδεν ἢ δοκεῖ εἰδέναι, 10 παρέπηται δὲ τὸ ὠφελίμως, καὶ λυσιτελούντως ἡμᾶς ἕξειν c καὶ τῇ πόλει καὶ αὐτὸν αὑτῷ;

ΑΛ. Πῶς γὰρ οὔ;

ΣΩ. Ἐὰν δέ γ' οἶμαι τἀναντία τούτων, οὔτε τῇ πόλει οὔτ' αὐτὸν αὑτῷ;

5 ΑΛ. Οὐ δῆτα.

ΣΩ. Τί δέ; καὶ νῦν ἔτι ὡσαύτως σοι δοκεῖ ἢ ἄλλως πως;

ΑΛ. Οὔκ, ἀλλ' οὕτως.

ΣΩ. Ἆρ' οὖν ἔφησθα καλεῖν τοὺς μὲν πολλοὺς ἄφρονας, τοὺς δ' ὀλίγους φρονίμους;

10 ΑΛ. Ἔγωγε.

ΣΩ. Οὐκοῦν φαμεν πάλιν τοὺς πολλοὺς διημαρτηκέναι τοῦ βελτίστου, ὡς τὰ πολλά γε οἶμαι ἄνευ νοῦ δόξῃ πεπιστευκότας.

d ΑΛ. Φαμὲν γάρ.

ΣΩ. Λυσιτελεῖ ἄρα τοῖς πολλοῖς μήτ' εἰδέναι μηδὲν μήτ' οἴεσθαι εἰδέναι, εἴπερ γε μᾶλλον προθυμήσονται πράττειν μὲν ταῦτα ἅττ' ἂν εἰδῶσιν ἢ οἰηθῶσιν εἰδέναι, πράττοντες 5 δὲ βλάπτεσθαι τὰ πλείω μᾶλλον ἢ ὠφελεῖσθαι.

ΑΛ. Ἀληθέστατα λέγεις.

ΣΩ. Ὁρᾷς οὖν, ὅτε γ' ἔφην κινδυνεύειν τό γε τῶν ἄλλων e ἐπιστημῶν κτῆμα, ἐάν τις ἄνευ τῆς τοῦ βελτίστου ἐπιστήμης κεκτημένος ᾖ, ὀλιγάκις μὲν ὠφελεῖν, βλάπτειν δὲ τὰ πλείω τὸν ἔχοντα αὐτό, ἆρ' οὐχὶ τῷ ὄντι ὀρθῶς ἐφαινόμην λέγων;

b 5 ἡμῖν ἐδόκει B : ἐδόκει ἡμῖν εἶναι T   b 9 ἢ T : ἢ ἀ B : ἢ ἂ b
b 10 παρέπηται B : παρέπεται T   δὲ T : om. B   d 3 πράττειν
μὲν B : μὲν πράττειν T   d 7 ὅτε γ' T : ὅτε B : ὅτ' Stobaeus
κινδυνεύειν Stobaeus : κινδυνεύει B T   e 2 ὀλιγάκις] ὀλίγα Cobet

ΑΛ. Καὶ εἰ μὴ τότε, ἀλλὰ νῦν μοι δοκεῖ, ὦ Σώκρατες.

ΣΩ. Δεῖ ἄρα καὶ πόλιν καὶ ψυχὴν τὴν μέλλουσαν ὀρθῶς
βιώσεσθαι ταύτης τῆς ἐπιστήμης ἀντέχεσθαι, ἀτεχνῶς 5
ὥσπερ ἀσθενοῦντα ἰατροῦ ἤ τινος κυβερνήτου τὸν ἀσφαλῶς
μέλλοντα πλεῖν. ἄνευ γὰρ ταύτης, ὅσῳπερ ἂν λαμπρό- 147
τερον ἐπουρίσῃ τὸ τῆς τύχης ἢ περὶ χρημάτων κτῆσιν ἢ
σώματος ῥώμην ἢ καὶ ἄλλο τι τῶν τοιούτων, τοσούτῳ μείζω
ἁμαρτήματα ἀπ᾽ αὐτῶν ἀναγκαῖόν ἐστιν, ὡς ἔοικε, γίγνεσθαι.
ὁ δὲ δὴ τὴν καλουμένην πολυμαθίαν τε καὶ πολυτεχνίαν 5
κεκτημένος, ὀρφανὸς δὲ ὢν ταύτης τῆς ἐπιστήμης, ἀγό-
μενος δὲ ὑπὸ μιᾶς ἑκάστης τῶν ἄλλων, ἆρ᾽ οὐχὶ τῷ ὄντι
δικαίως πολλῷ χειμῶνι χρήσεται, ἅτε οἶμαι ἄνευ κυβερνήτου
διατελῶν ἐν πελάγει, χρόνον οὐ μακρὸν βίου θέων; ὥστε b
συμβαίνειν μοι δοκεῖ καὶ ἐνταῦθα τὸ τοῦ ποιητοῦ, ὃ λέγει
κατηγορῶν πού τινος, ὡς ἄρα πολλὰ μὲν ἠπίστατο
ἔργα, κακῶς δέ, φησίν, ἠπίστατο πάντα.

ΑΛ. Καὶ τί δή ποτε συμβαίνει τὸ τοῦ ποιητοῦ, ὦ Σώ- 5
κρατες; ἐμοὶ μὲν γὰρ οὐδ᾽ ὁτιοῦν δοκεῖ πρὸς λόγον εἰρηκέναι.

ΣΩ. Καὶ μάλα γε πρὸς λόγον· ἀλλ᾽ αἰνίττεται, ὦ βέλ-
τιστε, καὶ οὗτος καὶ ἄλλοι δὲ ποιηταὶ σχεδόν τι πάντες.
ἔστιν τε γὰρ φύσει ποιητικὴ ἡ σύμπασα αἰνιγματώδης καὶ
οὐ τοῦ προστυχόντος ἀνδρὸς γνωρίσαι· ἔτι τε πρὸς τῷ c
φύσει τοιαύτη εἶναι, ὅταν λάβηται ἀνδρὸς φθονεροῦ τε καὶ
μὴ βουλομένου ἡμῖν ἐνδείκνυσθαι ἀλλ᾽ ἀποκρύπτεσθαι ὅτι
μάλιστα τὴν αὑτοῦ σοφίαν, ὑπερφυῶς δὴ τὸ χρῆμα ὡς
δύσγνωστον φαίνεται, ὅτι ποτὲ νοοῦσιν ἕκαστος αὐτῶν. 5

e 3 δοκεῖ] δοκεῖς Sauppe   a 1 ἄνευ γὰρ ταύτης huc transposuit
Lennep: ante ἢ περὶ χρημάτων habent B T   λαμπρότερον Lennep:
λαβρότερον Sauppe: μὴ πρότερον B T   a 2 ἐπουρίσῃ T: ἐπουρήσῃ B
τύχης ci. Stallbaum : ψυχῆς B T   a 4 ἁμαρτήματα T : ἁμάρτημα
B   a 5 πολυμαθίαν T : φιλομαθίαν B   πολυτεχνίαν B : πολυ φιλοτεχνίαν
T   b 1 βίου Stephanus : βίον B T   θέων Stephanus : θεῶν B :
θεῶν T : πλέων Schanz   b 8 ἄλλοι scripsi : ἄλλοι B : οἱ ἄλλοι T
c 1 τε B : δὲ T   c 2 τοιαύτη T : τοιαύτην B   c 4 δὴ T : δὲ B
c 5 νοοῦσιν T : νομίζεται B

οὐ γὰρ δήπου Ὅμηρόν γε τὸν θειότατόν τε καὶ σοφώτατον
ποιητὴν ἀγνοεῖν δοκεῖς· ὡς οὐχ οἷόν τε ἦν ἐπίστασθαι
κακῶς—ἐκεῖνος γάρ ἐστιν ὁ λέγων τὸν Μαργίτην πολλὰ
d μὲν ἐπίστασθαι, κακῶς δέ, φησί, πάντα ἠπίστατο—ἀλλ᾽
αἰνίττεται οἶμαι παράγων τὸ κακῶς μὲν ἀντὶ τοῦ κακοῦ, τὸ
δὲ ἠπίστατο ἀντὶ τοῦ ἐπίστασθαι· γίγνεται οὖν συντεθὲν
ἔξω μὲν τοῦ μέτρου, ἔστι δ᾽ ὅ γε βούλεται, ὡς πολλὰ μὲν
5 ἠπίστατο ἔργα, κακὸν δ᾽ ἦν ἐπίστασθαι αὐτῷ πάντα ταῦτα.
δῆλον οὖν ὅτι εἴπερ ἦν αὐτῷ κακὸν τὸ πολλὰ εἰδέναι,
φαῦλός τις ὢν ἐτύγχανεν, εἴπερ γε πιστεύειν δεῖ τοῖς
προειρημένοις λόγοις.

e   ΑΛ. Ἀλλ᾽ ἐμοὶ μὲν δοκεῖ, ὦ Σώκρατες· ἢ χαλεπῶς γ᾽
ἂν ἄλλοις τισὶ πιστεύσαιμι λόγοις, εἴπερ μηδὲ τούτοις.

     ΣΩ. Καὶ ὀρθῶς γέ σοι δοκεῖ.

     ΑΛ. Πάλιν αὖ μοι δοκεῖ.

5   ΣΩ. Ἀλλὰ φέρε πρὸς Διός—ὁρᾷς γὰρ δήπου τὴν ἀπορίαν
ὅση τε καὶ οἵα, ταύτης δὲ καὶ σύ μοι δοκεῖς κεκοινωνηκέναι·
μεταβαλλόμενός γέ τοι ἄνω καὶ κάτω οὐδ᾽ ὁτιοῦν παύῃ,
ἀλλ᾽ ὅτι ἂν μάλιστά σοι δόξῃ, τοῦτο καὶ ἐκδεδυκέναι αὖ
148 καὶ οὐκέτι ὡσαύτως δοκεῖν—εἰ οὖν σοί γ᾽ ἔτι καὶ νῦν
ἐμφανὴς γενόμενος ὁ θεὸς πρὸς ὃν τυγχάνεις πορευόμενος
ἐρωτήσειε, πρὶν ὁτιοῦν εὔξασθαί σε, εἰ ἐξαρκέσει σοι ἐκείνων
τι γενέσθαι ὧνπερ καὶ ἐν ἀρχῇ ἐλέγετο, εἴτε καὶ αὐτῷ σοι
5 ἐπιτρέψειεν εὔξασθαι, τί ποτ᾽ ἂν οἴει ἢ τῶν παρ᾽ ἐκείνου
διδομένων λαμβάνων ἢ αὐτὸς εὐξάμενος γενέσθαι τοῦ
καιροῦ τυχεῖν;

     ΑΛ. Ἀλλὰ μὰ τοὺς θεούς, ἐγὼ μὲν οὐθὲν ἂν ἔχοιμί σοι
εἰπεῖν, ὦ Σώκρατες, οὕτως· ἀλλὰ μάργον τί μοι δοκεῖ εἶναι,

c 7 ὡς B : ὅτι T   c 8 κακῶς B : καλῶς T   μαργίτην T :
μαργείτην B   d 1 ἠπίστατο Bekker : ἐπίστασθαι B T   d 2 κακοῦ]
κακόν Cobet   d 3 ἠπίστατο B : ἐπίστατο T   d 4 ὅ γε corr.
Par. 1812 : ὅτε B : ὅτι T   d 7 δεῖ T : δέοι B   e 6 δὲ T : δὴ
B   καὶ σύ μοι δοκεῖς B : μοι δοκεῖς καὶ σὺ T   e 8 ὅτι B : ὅπερ T
a 3 ἐξαρκέσει T : ἐξαρκέσειε B   a 4 ἀρχῇ T : ἀρχῇ τι B   εἴτε
καὶ T : καὶ B   a 9 μάργον T : μαργόν B : μέγα ἔργον Dobree

καὶ ὡς ἀληθῶς πολλῆς φυλακῆς, ὅπως μὴ λήσει τις αὐτὸν b
εὐχόμενος μὲν κακά, δοκῶν δὲ τἀγαθά, ἔπειτ᾽ ὀλίγον ἐπισχών,
ὅπερ καὶ σὺ ἔλεγες, παλινῳδῇ, ἀνευχόμενος ἅττ᾽ ἂν τὸ
πρῶτον εὔξηται.

ΣΩ. Ἀρ᾽ οὖν οὐχὶ εἰδώς τι πλέον ἡμῶν ὁ ποιητής, οὗ 5
καὶ ἐν ἀρχῇ τοῦ λόγου ἐπεμνήσθην, τὰ δειλὰ καὶ εὐχομένοις
ἀπαλέξειν ἐκέλευεν;

ΑΛ. Ἔμοιγε δοκεῖ.

ΣΩ. Τοῦτον μὲν τοίνυν, ὦ Ἀλκιβιάδη, καὶ Λακεδαι-
μόνιοι τὸν ποιητὴν ἐζηλωκότες, εἴτε καὶ αὐτοὶ οὕτως ἐπε- c
σκεμμένοι, καὶ ἰδίᾳ καὶ δημοσίᾳ ἑκάστοτε παραπλησίαν
εὐχὴν εὔχονται, τὰ καλὰ ἐπὶ τοῖς ἀγαθοῖς τοὺς θεοὺς διδόναι
κελεύοντες αὖ σφίσιν αὐτοῖς· πλείω δ᾽ οὐδεὶς ἂν ἐκείνων
εὐξαμένων ἀκούσειεν. τοιγαροῦν εἰς τὸ παρῆκον τοῦ χρόνου 5
οὐδένων ἧττον εὐτυχεῖς εἰσιν ἄνθρωποι· εἰ δ᾽ ἄρα καὶ συμ-
βέβηκεν αὐτοῖς ὥστε μὴ πάντα εὐτυχεῖν, ἀλλ᾽ οὖν ⟨οὐ⟩ διὰ
τὴν ἐκείνων εὐχήν, ἐπὶ τοῖς θεοῖς δ᾽ ἐστὶν ὥστε οἶμαι καὶ d
διδόναι ἅττ᾽ ἄν τις εὐχόμενος τυγχάνῃ καὶ τἀναντία τούτων.
βούλομαι δέ σοι καὶ ἕτερόν τι διηγήσασθαι, ὅ ποτε ἤκουσα
[τῶν πρεσβυτέρων] τινῶν, ὡς Ἀθηναίοις καὶ Λακεδαιμονίοις
διαφορᾶς γενομένης συνέβαινεν ἀεὶ τῇ πόλει ἡμῶν ὥστε 5
καὶ κατὰ γῆν καὶ κατὰ θάλατταν ὁπότε μάχη γένοιτο
δυστυχεῖν καὶ μηδέποτε δύνασθαι κρατῆσαι· τοὺς οὖν Ἀθη-
ναίους ἀγανακτοῦντας τῷ πράγματι καὶ ἀπορουμένους τίνι
χρὴ μηχανῇ τῶν παρόντων κακῶν ἀποτροπὴν εὑρεῖν, βου- e
λευομένοις αὐτοῖς δοκεῖν κράτιστον εἶναι πέμψαντας πρὸς

---

b 1 λήσει Buttmann : λήσῃ ΒΤ   b 2 τὰ ἀγαθὰ Β : ἀγαθὰ Τ
b 3 παλινῳδεῖ ἀνευχόμενος t : παλινῳδίαν εὐχόμενος ΒΤ   ἅττ᾽ ἂν Β :
ἅττα Τ   b 5 πλέον Β : πλείων Τ   b 6 δειλὰ Buttmann :
δεινὰ Τ : δῆλα Β   b 8 ἔμοιγε Β : ἐμοὶ μέν τοι Τ   b 9 λακε-
δαιμόνιοι Β : λακεδαιμόνιοι οἱ Τ   c 2 καὶ ἰδίᾳ Τ : ἰδίᾳ Β   c 4 αὖ]
ἀεὶ Buttmann   πλείω scripsi : πλείων Β : πλεῖον Τ   c 6 οὐδένων
Τ : οὐδὲν ὧν Β   c 7 οὐ add. corr. Laur. lxxxv. 6   d 1 ὥστε
οἶμαι Β : οἶμαι ὥστε Τ   d 4 τῶν πρεσβυτέρων seclusi : τῶν
πρεσβυτέρων ἤ τινων Β : πρεσβυτέρων τινῶν Τ : τῶν πρεσβυτέρων τινὸς
Cobet   d 6 ὁπότε Β : ὁπότἂν Τ

Ἄμμωνα ἐκεῖνον ἐπερωτᾶν· ἔτι δὲ πρὸς τούτοις τάδε, [καὶ]
ἀνθ᾽ ὅτου ποτὲ Λακεδαιμονίοις οἱ θεοὶ μᾶλλον νίκην διδόασιν
5 ἢ σφίσιν αὐτοῖς, οἳ πλείστας, φάναι, μὲν θυσίας καὶ καλ-
λίστας τῶν Ἑλλήνων ἄγομεν, ἀναθήμασί τε κεκοσμήκαμεν
τὰ ἱερὰ αὐτῶν ὡς οὐδένες ἄλλοι, πομπάς τε πολυτελεστάτας
καὶ σεμνοτάτας ἐδωρούμεθα τοῖς θεοῖς ἀν᾽ ἕκαστον ἔτος, καὶ
149 ἐτελοῦμεν χρήματα ὅσα οὐδ᾽ ἄλλοι σύμπαντες Ἕλληνες·
Λακεδαιμονίοις δέ, φάναι, οὐδεπώποτ᾽ ἐμέλησεν οὐδὲν τού-
των, ἀλλ᾽ οὕτως ὀλιγώρως διάκεινται πρὸς τοὺς θεούς, ὥστε
καὶ ἀνάπηρα θύουσιν ἑκάστοτε καὶ τἆλλα πάντα οὐκ ὀλίγῳ
5 ἐνδεεστέρως τιμῶσιν ἤπερ ἡμεῖς, χρήματα οὐδὲν ἐλάττω
κεκτημένοι τῆς ἡμετέρας πόλεως. ἐπεὶ δὴ εἰρηκέναι ταῦτα
καὶ ἐπερωτῆσαι τί χρὴ πράττοντας αὐτοὺς τῶν παρόντων
κακῶν ἀπαλλαγὴν εὑρεῖν, ἄλλο μὲν οὐθὲν ἀποκριθῆναι τὸν
b προφήτην—τὸν γὰρ θεὸν οὐκ ἐᾶν δῆλον ὅτι—καλέσαντα δὲ
αὐτόν, Ἀθηναίοις, φάναι, τάδε λέγει Ἄμμων· φησὶν ἂν
βούλεσθαι αὐτῷ τὴν Λακεδαιμονίων εὐφημίαν εἶναι μᾶλλον
ἢ τὰ σύμπαντα τῶν Ἑλλήνων ἱερά. τοσαῦτα εἰπεῖν, οὐκέτι
5 περαιτέρω. τήν γ᾽ οὖν εὐφημίαν οὐκ ἄλλην τινά μοι δοκεῖ
λέγειν ὁ θεὸς ἢ τὴν εὐχὴν αὐτῶν· ἔστι γὰρ τῷ ὄντι πολὺ
c διαφέρουσα τῶν ἄλλων. οἱ μὲν γὰρ ἄλλοι Ἕλληνες οἱ
μὲν χρυσόκερως βοῦς παραστησάμενοι, ἕτεροι δ᾽ ἀναθήμασι
δωρούμενοι τοὺς θεούς, εὔχονται ἅττ᾽ ἂν τύχῃ ταῦτα, ἄντε
ἀγαθὰ ἄντε κακά· βλασφημούντων οὖν αὐτῶν ἀκούοντες οἱ
5 θεοὶ οὐκ ἀποδέχονται τὰς πολυτελεῖς ταυτασὶ πομπάς τε
καὶ θυσίας. ἀλλὰ δοκεῖ μοι πολλῆς φυλακῆς δεῖσθαι καὶ
σκέψεως ὅτι ποτὲ ῥητέον ἐστὶ καὶ μή.

e 3 ἔτι T : τι B   τάδε Cobet : ταδ ει καὶ B : τάδε καὶ T : καὶ
τάδε Stallbaum   e 4 ποτὲ T : om. B   e 5 αὐτοῖς secl. Cobet
e 6 ἀναθήμασι T : ἀναθέμασι B   a 1 ἄλλοι scripsi : ἄλλοι B : οἱ
ἄλλοι T   a 4 ὀλίγῳ t : ὀλίγως B T   a 5 ἤπερ recc. : ἢ εἴπερ B T
χρήματα οὐδὲν ἐλάττω B : οὐδὲν ἐλάττω χρήματα T   a 6 ἐπειδὴ
B : ἐπεὶ T : ἐπεὶ δ᾽ Schanz   a 7 καὶ B : τε καὶ T   b 2 ἀθηναίοις
φάναι T : φάναι ἀθηναίοις φάναι B : Ἀθηναίους φάναι Hemsterhuis
b 5 γοῦν B T : δ᾽ οὖν Sauppe   b 6 ἔστι T : ἔτι B   c 5 ταυτασὶ
B : ταύτας T

Εὑρήσεις δὲ καὶ παρ' Ὁμήρῳ ἕτερα παραπλήσια τούτοις
εἰρημένα. φησὶν γὰρ τοὺς Τρῶας ἔπαυλιν ποιουμένους   d
ἔρδειν ἀθανάτοισι τεληέσσας ἑκατόμβας·
τὴν δὲ κνῖσαν ἐκ τοῦ πεδίου τοὺς ἀνέμους φέρειν
οὐρανὸν εἴσω

ἡδεῖαν· τῆς δ' οὔ τι θεοὺς μάκαρας δατέεσθαι,   5
οὐδ' ἐθέλειν· μάλα γάρ σφιν ἀπήχθετο Ἴλιος ἱρὴ
καὶ Πρίαμος καὶ λαὸς ἐυμμελίω Πριάμοιο·   e

ὥστε οὐδὲν αὐτοῖς ἦν προύργου θύειν τε καὶ δῶρα τελεῖν
μάτην, θεοῖς ἀπηχθημένους. οὐ γὰρ οἶμαι τοιοῦτόν ἐστι
τὸ τῶν θεῶν ὥστε ὑπὸ δώρων παράγεσθαι οἷον κακὸν
τοκιστήν· ἀλλὰ καὶ ἡμεῖς εὐήθη λόγον λέγομεν, ἀξιοῦντες   5
Λακεδαιμονίων ταύτῃ περιεῖναι. καὶ γὰρ ἂν δεινὸν εἴη εἰ
πρὸς τὰ δῶρα καὶ τὰς θυσίας ἀποβλέπουσιν ἡμῶν οἱ θεοὶ
ἀλλὰ μὴ πρὸς τὴν ψυχήν, ἄν τις ὅσιος καὶ δίκαιος ὢν
τυγχάνῃ. πολλῷ γε μᾶλλον οἶμαι ἢ πρὸς τὰς πολυτελεῖς   150
ταύτας πομπάς τε καὶ θυσίας, ἃς οὐδὲν κωλύει πολλὰ μὲν
εἰς θεούς, πολλὰ δ' εἰς ἀνθρώπους ἡμαρτηκότας καὶ ἰδιώτην
καὶ πόλιν ἔχειν ἀν' ἕκαστον ἔτος τελεῖν· οἱ δέ, ἅτε οὐ
δωροδόκοι ὄντες, καταφρονοῦσιν ἁπάντων τούτων, ὥς φησιν   5
ὁ θεὸς καὶ θεῶν προφήτης. κινδυνεύει γοῦν καὶ παρὰ
θεοῖς καὶ παρ' ἀνθρώποις τοῖς νοῦν ἔχουσι δικαιοσύνη τε
καὶ φρόνησις διαφερόντως τετιμῆσθαι· φρόνιμοι δὲ καὶ   b
δίκαιοι οὐκ ἄλλοι τινές εἰσιν [ἢ] τῶν εἰδότων ἃ δεῖ πράττειν
καὶ λέγειν καὶ πρὸς θεοὺς καὶ πρὸς ἀνθρώπους. βουλοίμην
δ' ἂν καὶ σοῦ πυθέσθαι ὅτι ποτ' ἐν νῷ ἔχεις πρὸς ταῦτα.

ΑΛ. Ἀλλ' ἐμοὶ μέν, ὦ Σώκρατες, οὐκ ἄλλῃ πῃ δοκεῖ ἢ   5
ἥπερ σοί τε καὶ τῷ θεῷ· οὐδὲ γὰρ ἂν εἰκὸς εἴη ἀντίψηφον
ἐμὲ τῷ θεῷ γενέσθαι.

e 2 ἦν προύργου Β : προύργου ἦν Τ   a 1 γε Β : om. Τ   a 6 ⟨ὁ⟩
θεῶν Buttmann   προφήτης Τ : προφήταις Β : προφῆται Baiter
b 2 ἢ del. Winckelmann   b 3 λέγειν καὶ Τ : λέγειν Β   b 5 μέν
Τ : om. Β   b 6 ἥπερ t : εἴπερ ΒΤ   l 7 γενέσθαι Β . γίγνεσθαι Τ

ΣΩ. Οὐκοῦν μέμνησαι ἐν πολλῇ ἀπορίᾳ φάσκων εἶναι,
c ὅπως μὴ λάθῃς σεαυτὸν εὐχόμενος κακά, δοκῶν δὲ ἀγαθά;
ΑΛ. Ἔγωγε.

ΣΩ. Ὁρᾷς οὖν ὡς οὐκ ἀσφαλές σοί ἐστιν ἐλθεῖν πρὸς
τὸν θεὸν εὐξομένῳ, ἵνα μηδ᾽ ἂν οὕτω τύχῃ, βλασφημοῦντός
5 σου ἀκούων οὐθὲν ἀποδέξηται τῆς θυσίας ταύτης, τυχὸν δὲ
καὶ ἕτερόν τι προσαπολαύσῃς. ἐμοὶ μὲν οὖν δοκεῖ βέλ-
τιστον εἶναι ἡσυχίαν ἔχειν· τῇ μὲν. γὰρ Λακεδαιμονίων
εὐχῇ διὰ τὴν μεγαλοψυχίαν—τοῦτο γὰρ κάλλιστον τῶν ἐν
ἀφροσύνῃ γε ὀνομάτων—οὐκ ἂν οἶμαί σε ἐθέλειν χρῆσθαι.
d ἀναγκαῖον οὖν ἐστι περιμένειν ἕως ἄν τις μάθῃ ὡς δεῖ πρὸς
θεοὺς καὶ πρὸς ἀνθρώπους διακεῖσθαι.

ΑΛ. Πότε οὖν παρέσται ὁ χρόνος οὗτος, ὦ Σώκρατες,
καὶ τίς ὁ παιδεύσων; ἥδιστα γὰρ ἄν μοι δοκῶ ἰδεῖν τοῦτον
5 τὸν ἄνθρωπον τίς ἐστιν.

ΣΩ. Οὗτος ᾧ μέλει περὶ σοῦ. ἀλλὰ δοκεῖ μοι, ὥσπερ
τῷ Διομήδει φησὶν τὴν Ἀθηνᾶν Ὅμηρος ἀπὸ τῶν ὀφθαλμῶν
ἀφελεῖν τὴν ἀχλύν,

ὄφρ᾽ εὖ γιγνώσκοι ἠμὲν θεὸν ἠδὲ καὶ ἄνδρα,

e οὕτω καὶ σοὶ δεῖν ἀπὸ τῆς ψυχῆς πρῶτον τὴν ἀχλὺν ἀφε-
λόντα, ἣ νῦν παροῦσα τυγχάνει, τὸ τηνικαῦτ᾽ ἤδη προσφέρειν
δι᾽ ὧν μέλλεις γνώσεσθαι ἠμὲν κακὸν ἠδὲ καὶ ἐσθλόν. νῦν
μὲν γὰρ οὐκ ἄν μοι δοκεῖς δυνηθῆναι.

5 ΑΛ. Ἀφαιρείτω, εἴτε βούλεται τὴν ἀχλὺν εἴτε ἄλλο τι·
ὡς ἐγὼ παρεσκεύασμαι μηθὲν ἂν φυγεῖν τῶν ὑπ᾽ ἐκείνου
προσταττομένων, ὅστις ποτ᾽ ἐστὶν ἄνθρωπος, εἴ γε μέλλοιμι
βελτίων γενέσθαι.

c 4 εὐξομένῳ recc. : εὐχομένῳ B : εὐξαμένῳ T   c 6 βέλτιστον B :
κράτιστον T   c 8 ἐν] ἐπ᾽ Sauppe   c 9 γε T : om. B
d 6 ᾧ μέλε παρὰ σοί Naber   e 1 σοὶ B : σοῦ T   τὴν ἀχλὺν
ἀφελόντα B : ἀφελόντα τὴν ἀχλὺν T   e 3 μέλλεις B : μέλλει T
e 6 παρεσκεύασμαι T : παρασκεύασμαι B   φυγεῖν B : φεύγειν T
e 7 προσταττομένων T : πραττομένων B   ἄνθρωπος Schanz : ἄνθρω-
πος B : ὁ ἄνθρωπος T   μέλλοιμι T : μέλλοι μὴ B

ΣΩ. Ἀλλὰ μὴν κἀκεῖνος θαυμαστὴν ὅσην περὶ σὲ 151
προθυμίαν ἔχει.

ΑΛ. Εἰς τότε τοίνυν καὶ τὴν θυσίαν ἀναβάλλεσθαι
κράτιστον εἶναί μοι δοκεῖ.

ΣΩ. Καὶ ὀρθῶς γέ σοι δοκεῖ· ἀσφαλέστερον γάρ ἐστιν 5
ἢ παρακινδυνεύειν τοσοῦτον κίνδυνον.

ΑΛ. Ἀλλὰ πῶς, ὦ Σώκρατες; καὶ μὴν τουτονὶ τὸν
στέφανον, ἐπειδή μοι δοκεῖς καλῶς συμβεβουλευκέναι, σοὶ
περιθήσω· τοῖς θεοῖς δὲ καὶ στεφάνους καὶ τἆλλα πάντα b
τὰ νομιζόμενα τότε δώσομεν, ὅταν ἐκείνην τὴν ἡμέραν
ἐλθοῦσαν ἴδω. ἥξει δ' οὐ διὰ μακροῦ τούτων θελόντων.

ΣΩ. Ἀλλὰ δέχομαι καὶ τοῦτο, καὶ ἄλλο δὲ ἄν τι τῶν
παρὰ σοῦ δοθέντων ἡδέως ἴδοιμι δεξάμενον ἐμαυτόν. ὥσπερ 5
δὲ καὶ ὁ Κρέων Εὐριπίδῃ πεποίηται τὸν Τειρεσίαν ἰδὼν
ἔχοντα τὰ στέφη καὶ ἀκούσας ἀπὸ τῶν πολεμίων ἀπαρχὰς
αὐτὸν εἰληφέναι διὰ τὴν τέχνην,

οἰωνὸν ἐθέμην, φησί, καλλίνικα ⟨σὰ⟩ στέφη·
ἐν γὰρ κλύδωνι κείμεθ', ὥσπερ οἶσθα σύ· 10

οὕτω δὲ κἀγὼ παρὰ σοῦ τὴν δόξαν ταύτην οἰωνὸν τίθεμαι.
δοκῶ δέ μοι οὐκ ἐν ἐλάττονι κλύδωνι τοῦ Κρέοντος εἶναι, c
καὶ βουλοίμην ἂν καλλίνικος γενέσθαι τῶν σῶν ἐραστῶν.

a 1 κἀκεῖνος T : ἐκεῖνος B   a 8 ξυμβεβουλευκέναι B: σε συμ-
βουλευκέναι T   b 4 ἄν τι corr. Coisl. : ἀντὶ B T   b 7 ἀπὸ T :
ὑπὸ B   b 9 σὰ Euripides Phoen. 858 : om. B T   b 10 κείμεθα B :
διακείμεθα T   b 11 δόξαν] δωρεὰν Ast : δόσιν Buttmann   c 2 ἂν
T : om. B

ΙΠΠΑΡΧΟΣ ἢ ΦΙΛΟΚΕΡΔΗΣ

St. II
p. 225

ΣΩΚΡΑΤΗΣ   ΕΤΑΙΡΟΣ

a   ΣΩ. Τί γὰρ τὸ φιλοκερδές; τί ποτέ ἐστιν, καὶ τίνες οἱ
φιλοκερδεῖς;

ΕΤ. Ἐμοὶ μὲν δοκοῦσιν οἳ ἂν κερδαίνειν ἀξιῶσιν ἀπὸ
τῶν μηδενὸς ἀξίων.

5   ΣΩ. Πότερον οὖν σοι δοκοῦσιν γιγνώσκοντες ὅτι οὐδενός
ἐστιν ἄξια, ἢ ἀγνοοῦντες; εἰ γὰρ ἀγνοοῦντες, ἀνοήτους
λέγεις τοὺς φιλοκερδεῖς.

ΕΤ. Ἀλλ᾽ οὐκ ἀνοήτους λέγω, ἀλλὰ πανούργους καὶ
b   πονηροὺς καὶ ἥττους τοῦ κέρδους, γιγνώσκοντας ὅτι οὐδενὸς
ἄξιά ἐστιν ἀφ᾽ ὧν τολμῶσι κερδαίνειν, ὅμως τολμᾶν φιλο-
κερδεῖν δι᾽ ἀναισχυντίαν.

ΣΩ. Ἆρ᾽ οὖν τοιόνδε λέγεις τὸν φιλοκερδῆ, οἷον ἐὰν
5   φυτεύων γεωργὸς ἀνὴρ καὶ γιγνώσκων ὅτι οὐδενὸς ἄξιον
τὸ φυτόν, ἀξιοῖ ἀπὸ τούτου ἐκτραφέντος κερδαίνειν; ἆρα
τοιοῦτον αὐτὸν λέγεις;

ΕΤ. Ἀπὸ παντὸς ὅ γε φιλοκερδής, ὦ Σώκρατες, οἴεται
δεῖν κερδαίνειν.

10   ΣΩ. Μή μοι οὕτως εἰκῇ, ὥσπερ τι ἠδικημένος ὑπό τινος,
c   ἀλλὰ προσέχων ἐμοὶ τὸν νοῦν ἀπόκριναι, ὥσπερ ἂν εἰ ἐξ
ἀρχῆς πάλιν ἠρώτων· οὐχὶ ὁμολογεῖς τὸν φιλοκερδῆ ἐπι-
στήμονα εἶναι περὶ τῆς ἀξίας τούτου ὅθεν κερδαίνειν ἀξιοῖ;

a 3 ἀξιῶσιν Β : ἀξιώσουσιν Τ   b 5 γεωργὸς Τ : γεωργικὸς Β

376

ΕΤ. Ἔγωγε.

ΣΩ. Τίς οὖν ἐπιστήμων περὶ φυτῶν τῆς ἀξίας, ἐν ὁποίᾳ 5
ἄξια φυτευθῆναι καὶ ὥρᾳ καὶ χώρᾳ; ἵνα τι καὶ ἡμεῖς τῶν
σοφῶν ῥημάτων ἐμβάλωμεν, ὧν οἱ δεξιοὶ περὶ τὰς δίκας
καλλιεποῦνται.

ΕΤ. Ἐγὼ μὲν οἶμαι γεωργόν.   d

ΣΩ. Τὸ οὖν ἀξιοῦν κερδαίνειν ἄλλο τι λέγεις ἢ οἴεσθαι
δεῖν κερδαίνειν;

ΕΤ. Τοῦτο λέγω.

ΣΩ. Μὴ τοίνυν με ἐπιχείρει ἐξαπατᾶν, ἄνδρα πρεσβύ- 5
τερον ἤδη οὕτω νέος ὤν, ἀποκρινόμενος ὥσπερ νυνδὴ ἃ οὐδ' 226
αὐτὸς οἴει, ἀλλ' ὡς ἀληθῶς εἰπέ· ἆρ' ἔστιν ὅντινα οἴει
γεωργικὸν ἄνδρα γιγνόμενον, καὶ γιγνώσκοντα ὅτι οὐδενὸς
ἄξιον φυτεύει τὸ φυτόν, οἴεσθαι ἀπὸ τούτου κερδαίνειν;

ΕΤ. Μὰ Δί' οὐκ ἔγωγε.   5

ΣΩ. Τί δέ; ἱππικὸν ἄνδρα γιγνώσκοντα ὅτι οὐδενὸς
ἄξια σιτία τῷ ἵππῳ παρέχει, ἀγνοεῖν αὐτὸν οἴει ὅτι τὸν
ἵππον διαφθείρει;

ΕΤ. Οὐκ ἔγωγε.

ΣΩ. Οὐκ ἄρα οἴεταί γε ἀπὸ τούτων κερδαίνειν τῶν   b
σιτίων τῶν μηδενὸς ἀξίων.

ΕΤ. Οὐχί.

ΣΩ. Τί δέ; κυβερνήτην μηδενὸς ἄξια ἱστία καὶ πηδάλια
τῇ νηὶ παρεσκευασμένον ἀγνοεῖν οἴει ὅτι ζημιωθήσεται καὶ 5
κινδυνεύσει καὶ αὐτὸς ἀπολέσθαι καὶ τὴν ναῦν ἀπολέσαι
καὶ ἃ ἂν ἄγῃ πάντα;

ΕΤ. Οὐκ ἔγωγε.

ΣΩ. Οὐκ ἄρα οἴεταί γε κερδαίνειν ἀπὸ τῶν σκευῶν τῶν
μηδενὸς ἀξίων.   c

c 6 ἄξια b : ἀξία Β : ἀξίᾳ Τ   ὥρᾳ καὶ χώρᾳ Β : χώρᾳ καὶ ὥρᾳ Τ
c 7 ἐμβάλωμεν ὦν recc. : ἐμβαλομένων Β W : ἐμβάλλωμεν ὦν Τ   d 2 τὸ
. . . ἀξιοῦν Etwall (ed. Oxon. 1771) : τὸν . . . ἄξιον Β Τ : τὸ . . . ἄξιον
vulg.   d 5 με ἐπιχείρει Β : ἐπιχείρει με Τ   a 2 εἰπέ· ἆρ' Boeckh
(responde . . . an Ficinus) : εἴπερ Β Τ   a 4 φυτεύει Stephanus :
φυτεύειν Β Τ   κερδανεῖν Cobet (et mox b 1)   a 8 διαφθερεῖ Cobet

ΕΤ. Οὐ γάρ.

ΣΩ. 'Αλλὰ στρατηγὸς γιγνώσκων ὅτι ἡ στρατιὰ αὐτῷ
οὐδενὸς ἄξια ὅπλα ἔχει, οἴεται ἀπὸ τούτων κερδαίνειν καὶ
5 ἀξιοῖ κερδαίνειν;

ΕΤ. Οὐδαμῶς.

ΣΩ. 'Αλλ' αὐλητὴς αὐλοὺς οὐδενὸς ἀξίους ἔχων ἢ κιθαρι-
στὴς λύραν ἢ τοξότης τόξον ἢ ἄλλος ὁστισοῦν συλλήβδην
τῶν δημιουργῶν ἢ τῶν ἄλλων τῶν ἐμφρόνων ἀνδρῶν μηδενὸς
10 ἄξια ὄργανα ἢ ἄλλην παρασκευὴν ἡντιναοῦν ἔχων ἀπὸ τούτων
οἴεται κερδαίνειν;

d ΕΤ. Οὔκουν φαίνεταί γε.

ΣΩ. Τίνας οὖν ποτε λέγεις τοὺς φιλοκερδεῖς; οὐ γάρ που
τούτους γε οὓς διεληλύθαμεν, ⟨ἀλλ'⟩ οἵτινες γιγνώσκοντες τὰ
οὐδενὸς ἄξια ἀπὸ τούτων οἴονται δεῖν κερδαίνειν· ἀλλ' οὕτω
5 μέν, ὦ θαυμάσιε, ὡς σὺ λέγεις, οὐκ ἔστ' ἀνθρώπων οὐδεὶς
φιλοκερδής.

ΕΤ. 'Αλλ' ἐγώ, ὦ Σώκρατες, βούλομαι λέγειν τούτους
φιλοκερδεῖς εἶναι, οἳ ἑκάστοτε ὑπὸ ἀπληστίας καὶ πάνυ
e σμικρὰ καὶ ὀλίγου ἄξια καὶ οὐδενὸς γλίχονται ὑπερφυῶς καὶ
φιλοκερδοῦσιν.

ΣΩ. Οὐ δήπου, ὦ βέλτιστε, γιγνώσκοντες ὅτι οὐδενὸς ἄξιά
ἐστιν· τοῦτο μὲν γὰρ ἤδη ἡμᾶς αὐτοὺς τῷ λόγῳ ἐξηλέγξαμεν
5 ὅτι ἀδύνατον.

ΕΤ. Ἔμοιγε δοκεῖ.

ΣΩ. Οὐκοῦν εἰ μὴ γιγνώσκοντες, δῆλον ὅτι ἀγνοοῦντες,
οἰόμενοι δὲ τὰ οὐδενὸς ἄξια πολλοῦ ἄξια εἶναι.

ΕΤ. Φαίνεται.

10 ΣΩ. Ἄλλο τι οὖν οἵ γε φιλοκερδεῖς φιλοῦσι τὸ κέρδος;

ΕΤ. Ναί.

ΣΩ. Κέρδος δὲ λέγεις ἐναντίον τῇ ζημίᾳ;

227 ΕΤ. Ἔγωγε.

---

c 3 στρατιὰ T: στρατεία B   d 2 που B: δή που T   d 3 ἀλλ'
add. Apelt   e 8 οὐδενὸς B T: μηδενὸς vulg.

ΣΩ. Ἔστιν οὖν ὅτῳ ἀγαθόν ἐστι ζημιοῦσθαι;

ΕΤ. Οὐδενί.

ΣΩ. Ἀλλὰ κακόν;

ΕΤ. Ναί.   5

ΣΩ. Βλάπτονται ὑπὸ τῆς ζημίας ἄρα ἄνθρωποι.

ΕΤ. Βλάπτονται.

ΣΩ. Κακὸν ἄρα ἡ ζημία.

ΕΤ. Ναί.

ΣΩ. Ἐναντίον δὲ τῇ ζημίᾳ τὸ κέρδος.   10

ΕΤ. Ἐναντίον.

ΣΩ. Ἀγαθὸν ἄρα τὸ κέρδος.

ΕΤ. Ναί.

ΣΩ. Τοὺς οὖν τὸ ἀγαθὸν φιλοῦντας φιλοκερδεῖς καλεῖς. b

ΕΤ. Ἔοικεν.

ΣΩ. Οὐ μανικούς γε, ὦ ἑταῖρε, λέγεις τοὺς φιλοκερδεῖς.
ἀλλὰ σὺ αὐτὸς πότερον φιλεῖς ὃ ἂν ἀγαθὸν ᾖ, ἢ οὐ φιλεῖς;

ΕΤ. Ἔγωγε.   5

ΣΩ. Ἔστι δέ τι ἀγαθόν, ὃ οὐ φιλεῖς, ἀλλὰ κακόν;

ΕΤ. Μὰ Δί' οὐκ ἔγωγε.

ΣΩ. Ἀλλὰ πάντα τὰ ἀγαθὰ ἴσως φιλεῖς.

ΕΤ. Ναί.

ΣΩ. Ἐροῦ δὴ καὶ ἐμὲ εἰ οὐ καὶ ἐγώ· ὁμολογήσω γὰρ καὶ 10
ἐγώ σοι φιλεῖν τἀγαθά. ἀλλὰ πρὸς ἐμοὶ καὶ σοὶ οἱ ἄλλοι c
ἄνθρωποι ἅπαντες οὐ δοκοῦσί σοι τἀγαθὰ φιλεῖν, τὰ δὲ κακὰ
μισεῖν;

ΕΤ. Ἔμοιγε φαίνεται.

ΣΩ. Τὸ δὲ κέρδος ἀγαθὸν ὡμολογήσαμεν;   5

ΕΤ. Ναί.

ΣΩ. Πάντες αὖ φιλοκερδεῖς φαίνονται τοῦτον τὸν τρόπον·
ὃν δὲ τὸ πρότερον ἐλέγομεν, οὐδεὶς ἦν φιλοκερδής. ποτέρῳ
οὖν ἄν τις τῷ λόγῳ χρώμενος οὐκ ἂν ἐξαμαρτάνοι;

a 6 ὑπὸ τῆς ζημίας ἄρα B : ἄρα ὑπὸ τῆς ζημίας T   ἄνθρωποι] ἄνθρωποι
Hirschig   b 3 γε B : δὲ T   b 8 τὰ B : om. T   b 10 οὐ καὶ B :
οὐκ T   c 2 ἅπαντες B : πάντες T   c 9 τῷ λόγῳ] τῶν λόγων Cobet

379

10 ΕΤ. Εἴ τις, ὦ Σώκρατες οἶμαι ὀρθῶς λαμβάνοι τὸν
d φιλοκερδῆ. ὀρθῶς δ᾿ ἐστὶ τοῦτον ἡγεῖσθαι φιλοκερδῆ, ὃς ἂν
σπουδάζῃ ἐπὶ τούτοις καὶ ἀξιοῖ κερδαίνειν ἀπ᾿ αὐτῶν, ἀφ᾿ ὧν
οἱ χρηστοὶ οὐ τολμῶσι κερδαίνειν.

ΣΩ. Ἀλλ᾿ ὁρᾷς, ὦ γλυκύτατε, τὸ κερδαίνειν ἄρτι ὡμολογή-
5 σαμεν εἶναι ὠφελεῖσθαι.

ΕΤ. Τί οὖν δὴ τοῦτο;

ΣΩ. Ὅτι καὶ τόδε αὐτῷ προσωμολογήσαμεν, βούλεσθαι
τὰ ἀγαθὰ πάντας καὶ ἀεί.

ΕΤ. Ναί.

10 ΣΩ. Οὐκοῦν καὶ οἱ ἀγαθοὶ πάντα τὰ κέρδη βούλονται
ἔχειν, εἴπερ ἀγαθά γέ ἐστιν.

e ΕΤ. Οὐκ ἀφ᾿ ὧν γε μέλλουσιν, ὦ Σώκρατες, βλαβήσεσθαι
τῶν κερδῶν.

ΣΩ. Βλαβήσεσθαι δὲ λέγεις ζημιώσεσθαι ἢ ἄλλο τι;

ΕΤ. Οὔκ, ἀλλὰ ζημιώσεσθαι λέγω.

5 ΣΩ. Ὑπὸ τοῦ κέρδους οὖν ζημιοῦνται ἢ ὑπὸ τῆς ζημίας
ἄνθρωποι;

ΕΤ. Ὑπὸ ἀμφοτέρων· καὶ γὰρ ὑπὸ τῆς ζημίας ζημιοῦνται
καὶ ὑπὸ τοῦ κέρδους τοῦ πονηροῦ.

ΣΩ. Ἦ δοκεῖ οὖν τί σοι χρηστὸν καὶ ἀγαθὸν πρᾶγμα
10 πονηρὸν εἶναι;

ΕΤ. Οὐκ ἔμοιγε.

228 ΣΩ. Οὐκοῦν ὡμολογήσαμεν ὀλίγον πρότερον τὸ κέρδος
τῇ ζημίᾳ κακῷ ὄντι ἐναντίον εἶναι;

ΕΤ. Φημί.

ΣΩ. Ἐναντίον δὲ ὂν κακῷ ἀγαθὸν εἶναι;

5 ΕΤ. Ὡμολογήσαμεν γάρ.

ΣΩ. Ὁρᾷς οὖν, ἐπιχειρεῖς με ἐξαπατᾶν, ἐπίτηδες ἐναντία
λέγων οἷς ἄρτι ὡμολογήσαμεν.

---

d 2 ἀπ᾿ αὐτῶν] ἀπὸ τῶν Naber   d 5 εἶναι ... d 7 προσωμολογή-
σαμεν Tb : om. pr. B   d 7 αὐτῷ b : αὐτὸ Β Τ   d 8 πάντας Β :
ἅπαντας Τ   e 1 γε Τ b : σε Β (ut videtur)   e 4 ζημιώσεσθαι Β :
ζημιωθήσεσθαι Τ

ΕΤ. Οὐ μὰ Δία, ὦ Σώκρατες, ἀλλὰ τοὐναντίον σύ με
ἐξαπατᾷς καὶ οὐκ οἶδα ὅπῃ ἐν τοῖς λόγοις ἄνω καὶ κάτω
στρέφεις. 10

ΣΩ. Εὐφήμει· οὐ μεντᾶν καλῶς ποιοίην οὐ πειθόμενος b
ἀνδρὶ ἀγαθῷ καὶ σοφῷ.

ΕΤ. Τίνι τούτῳ; καὶ τί μάλιστα;

ΣΩ. Πολίτῃ μὲν ἐμῷ τε καὶ σῷ, Πεισιστράτου δὲ ὑεῖ
τοῦ ἐκ Φιλαϊδῶν, Ἱππάρχῳ, ὃς τῶν Πεισιστράτου παίδων 5
ἦν πρεσβύτατος καὶ σοφώτατος, ὃς ἄλλα τε πολλὰ καὶ καλὰ
ἔργα σοφίας ἀπεδείξατο, καὶ τὰ Ὁμήρου ἔπη πρῶτος ἐκόμισεν
εἰς τὴν γῆν ταυτηνί, καὶ ἠνάγκασε τοὺς ῥαψῳδοὺς Πανα-
θηναίοις ἐξ ὑπολήψεως ἐφεξῆς αὐτὰ διιέναι, ὥσπερ νῦν ἔτι
οἵδε ποιοῦσιν, καὶ ἐπ᾽ Ἀνακρέοντα τὸν Τήιον πεντηκόντερον c
στείλας ἐκόμισεν εἰς τὴν πόλιν, Σιμωνίδην δὲ τὸν Κεῖον
ἀεὶ περὶ αὐτὸν εἶχεν, μεγάλοις μισθοῖς καὶ δώροις πείθων·
ταῦτα δ᾽ ἐποίει βουλόμενος παιδεύειν τοὺς πολίτας, ἵν᾽ ὡς
βελτίστων ὄντων αὐτῶν ἄρχοι, οὐκ οἰόμενος δεῖν οὐδενὶ 5
σοφίας φθονεῖν, ἅτε ὢν καλός τε κἀγαθός. ἐπειδὴ δὲ αὐτῷ
οἱ περὶ τὸ ἄστυ τῶν πολιτῶν πεπαιδευμένοι ἦσαν καὶ
ἐθαύμαζον αὐτὸν ἐπὶ σοφίᾳ, ἐπιβουλεύων αὖ τοὺς ἐν τοῖς d
ἀγροῖς παιδεῦσαι ἔστησεν αὐτοῖς Ἑρμᾶς κατὰ τὰς ὁδοὺς ἐν
μέσῳ τοῦ ἄστεος καὶ τῶν δήμων ἑκάστων, κἄπειτα τῆς
σοφίας τῆς αὑτοῦ, ἥν τ᾽ ἔμαθεν καὶ ἣν αὐτὸς ἐξηῦρεν, ἐκλεξά-
μενος ἃ ἡγεῖτο σοφώτατα εἶναι, ταῦτα αὐτὸς ἐντείνας εἰς 5
ἐλεγεῖον αὑτοῦ ποιήματα καὶ ἐπιδείγματα τῆς σοφίας ἐπ-
έγραψεν, ἵνα πρῶτον μὲν τὰ ἐν Δελφοῖς γράμματα τὰ σοφὰ e
ταῦτα μὴ θαυμάζοιεν οἱ πολῖται αὐτοῦ, τό τε "Γνῶθι σαυτόν"
καὶ τὸ "Μηδὲν ἄγαν" καὶ τἆλλα τὰ τοιαῦτα, ἀλλὰ τὰ
Ἱππάρχου ῥήματα μᾶλλον σοφὰ ἡγοῖντο, ἔπειτα παριόντες
ἄνω καὶ κάτω καὶ ἀναγιγνώσκοντες καὶ γεῦμα λαμβάνοντες 5

a 8 σύ με B: σὺ ἐμὲ T   b 7 ἀπεδείξατο B T (sed ἀ ex emend. T):
ὑπεδείξατο Coisl.: ἐπεδείξατο W   ἔπη B: om. T W   c 4 παιδεύειν
B· πείθειν T W   c 5 ὄντων αὐτῶν B: αὐτῶν ὄντων T   d 1 αὖ
τοὺς T: αὐτοὺς B   d 3 ἄστεως Schanz (et mox)   τῆς σοφίας B:
ὑπὸ σοφίας T   d 5 ἃ T: om. B

αὐτοῦ τῆς σοφίας φοιτῷεν ἐκ τῶν ἀγρῶν καὶ ἐπὶ τὰ λοιπὰ
παιδευθησόμενοι. ἐστὸν δὲ δύο τὠπιγράμματε· ἐν μὲν τοῖς
229 ἐπ᾽ ἀριστερὰ τοῦ Ἑρμοῦ ἑκάστου ἐπιγέγραπται λέγων ὁ
Ἑρμῆς ὅτι ἐν μέσῳ τοῦ ἄστεος καὶ τοῦ δήμου ἕστηκεν, ἐν
δὲ τοῖς ἐπὶ δεξιά—

μνῆμα τόδ᾽ Ἱππάρχου· στεῖχε δίκαια φρονῶν

5 φησίν. ἔστι δὲ τῶν ποιημάτων καὶ ἄλλα ἐν ἄλλοις Ἑρμαῖς
πολλὰ καὶ καλὰ ἐπιγεγραμμένα· ἔστι δὲ δὴ καὶ τοῦτο ἐπὶ τῇ
Στειριακῇ ὁδῷ, ἐν ᾧ λέγει—

b   μνῆμα τόδ᾽ Ἱππάρχου· μὴ φίλον ἐξαπάτα.

ἐγὼ οὖν σὲ ἐμοὶ ὄντα φίλον οὐ δήπου τολμῴην ἂν ἐξαπατᾶν
καὶ ἐκείνῳ τοιούτῳ ὄντι ἀπιστεῖν, οὗ καὶ ἀποθανόντος τρία
ἔτη ἐτυραννεύθησαν Ἀθηναῖοι ὑπὸ τοῦ ἀδελφοῦ αὐτοῦ Ἱππίου,
5 καὶ πάντων ἂν τῶν παλαιῶν ἤκουσας ὅτι ταῦτα μόνον τὰ
ἔτη τυραννὶς ἐγένετο ἐν Ἀθήναις, τὸν δ᾽ ἄλλον χρόνον ἐγγύς
τι ἔζων Ἀθηναῖοι ὥσπερ ἐπὶ Κρόνου βασιλεύοντος. λέγεται
δὲ ὑπὸ τῶν χαριεστέρων ἀνθρώπων καὶ ὁ θάνατος αὐτοῦ
c γενέσθαι οὐ δι᾽ ἃ οἱ πολλοὶ ᾠήθησαν, διὰ τὴν τῆς ἀδελφῆς
ἀτιμίαν τῆς κανηφορίας—ἐπεὶ τοῦτό γε εὔηθες—ἀλλὰ τὸν μὲν
Ἁρμόδιον γεγονέναι παιδικὰ τοῦ Ἀριστογείτονος καὶ πεπαι-
δεῦσθαι ὑπ᾽ ἐκείνου, μέγα δ᾽ ἐφρόνει ἄρα καὶ ὁ Ἀριστο-
5 γείτων ἐπὶ τῷ παιδεῦσαι ἄνθρωπον, καὶ ἀνταγωνιστὴν ἡγεῖτο
εἶναι τὸν Ἵππαρχον. ἐν ἐκείνῳ δὲ τῷ χρόνῳ αὐτὸν τὸν
d Ἁρμόδιον τυγχάνειν ἐρῶντά τινος τῶν νέων τε καὶ καλῶν
καὶ γενναίων τῶν τότε—καὶ λέγουσι τοὔνομα αὐτοῦ, ἐγὼ δὲ
οὐ μέμνημαι—τὸν οὖν νεανίσκον τοῦτον τέως μὲν θαυμάζειν
τόν τε Ἁρμόδιον καὶ τὸν Ἀριστογείτονα ὡς σοφούς, ἔπειτα
5 συγγενόμενον τῷ Ἱππάρχῳ καταφρονῆσαι ἐκείνων, καὶ τοὺς
περιαλγήσαντας ταύτῃ τῇ ἀτιμίᾳ οὕτως ἀποκτεῖναι τὸν
Ἵππαρχον.

a 1 ἐπαριστερᾷ BT   ἐπιγέγραπται B : ὃ ἐπιγέγραπται TW
a 2 ὅτι B : ὅτι ὁ T   a 3 ἐπιδεξιᾷ BT   a 5 δὲ τῶν ποιημάτων
B : τῶν ποιημάτων δὲ T   b 5 πάντων ἂν] πάντως δὴ Cobet   μόνον
B : μόνα T   d 1 καλῶν καὶ γενναίων B : γενναίων καὶ καλῶν T

ΕΤ. Κινδυνεύεις τοίνυν, ὦ Σώκρατες, ἢ οὐ φίλον με
ἡγεῖσθαι ἤ, εἰ ἡγῇ φίλον, οὐ πείθεσθαι Ἱππάρχῳ· ἐγὼ γὰρ
ὅπως οὐ σὺ ἐμὲ ἐξαπατᾷς—οὐκ οἶδ᾽ ὅντινα μέντοι τρόπον— e
ἐν τοῖς λόγοις, οὐ δύναμαι πεισθῆναι.

ΣΩ. Ἀλλὰ μὴν καὶ ὥσπερ πεττεύων ἐθέλω σοι ἐν τοῖς
λόγοις ἀναθέσθαι ὅτι βούλει τῶν εἰρημένων, ἵνα μὴ οἴῃ
ἐξαπατᾶσθαι. πότερον γὰρ τοῦτό σοι ἀναθῶμαι, ὡς οὐχὶ τῶν 5
ἀγαθῶν πάντες ἐπιθυμοῦσιν ἄνθρωποι;

ΕΤ. Μή μοί γε.

ΣΩ. Ἀλλ᾽ ὡς τὸ ζημιοῦσθαι καὶ ἡ ζημία οὐ κακόν;

ΕΤ. Μή μοί γε.

ΣΩ. Ἀλλ᾽ ὡς οὐ τῇ ζημίᾳ καὶ τῷ ζημιοῦσθαι τὸ κέρδος 10
καὶ τὸ κερδαίνειν ἐναντίον;

ΕΤ. Μηδὲ τοῦτο. 230

ΣΩ. Ἀλλ᾽ ὡς ἐναντίον ὂν τῷ κακῷ οὐκ ἀγαθόν ἐστι τὸ
κερδαίνειν;

ΕΤ. Οὔτι πᾶν γε·τουτί μοι ἀνάθου.

ΣΩ. Δοκεῖ ἄρα σοι, ὡς ἔοικε, τοῦ κέρδους τὸ μέν τι 5
ἀγαθὸν εἶναι, τὸ δέ τι κακόν.

ΕΤ. Ἔμοιγε.

ΣΩ. Ἀνατίθεμαι τοίνυν σοὶ τοῦτο· ἔστω γὰρ δὴ κέρδος
τι ἀγαθὸν καὶ ἕτερον κέρδος τι κακόν. κέρδος δέ γε οὐδὲν
μᾶλλόν ἐστιν αὐτῶν τὸ ἀγαθὸν ἢ τὸ κακόν· ἢ γάρ; 10

ΕΤ. Πῶς με ἐρωτᾷς;

ΣΩ. Ἐγὼ φράσω. σιτίον ἐστίν τι ἀγαθόν τε καὶ κακόν;

ΕΤ. Ναί. b

ΣΩ. Ἆρ᾽ οὖν μᾶλλόν τι αὐτῶν ἐστι τὸ ἕτερον τοῦ ἑτέρου
σιτίον, ἢ ὁμοίως τοῦτό γε, σιτία, ἐστὸν ἀμφότερα καὶ ταύτῃ
γε οὐδὲν διαφέρει τὸ ἕτερον τοῦ ἑτέρου, κατὰ τὸ σιτίον εἶναι,
ἀλλὰ ᾗ τὸ μὲν αὐτῶν ἀγαθόν, τὸ δὲ κακόν; 5

ΕΤ. Ναί.

d 9 ἢ εἰ ἡγεῖ b : ἢ ἡγεῖ Β : ἢ εἰ γεῖ Τ   e 1 σὺ ἐμὲ W : σὺ ἐ**μὲ
Β : σύ με Τ   μέντοι Β : om. Τ   a 2 ὃν Τ : om. Β   a 12 ἐστίν
τι Τ : ἔστιν Β   b 3 τοῦτό Β : τούτῳ Τ

ΣΩ. Οὐκοῦν καὶ ποτὸν καὶ τἆλλα πάντα, ὅσα τῶν ὄντων ταὐτὰ ὄντα τὰ μὲν πέπονθεν ἀγαθὰ εἶναι, τὰ δὲ κακά, οὐδὲν ἐκείνῃ γε διαφέρει τὸ ἕτερον τοῦ ἑτέρου, ᾗ τὸ c αὐτό ἐστιν; ὥσπερ ἄνθρωπος δήπου ὁ μὲν χρηστός ἐστιν, ὁ δὲ πονηρός.

ΕΤ. Ναί.

ΣΩ. 'Αλλ' ἄνθρωπός γε οἶμαι οὐδέτερος οὐδετέρου οὔτε
5 μᾶλλον οὔτε ἧττόν ἐστιν, οὔτε ὁ χρηστὸς τοῦ πονηροῦ οὔτε ὁ πονηρὸς τοῦ χρηστοῦ.

ΕΤ. 'Αληθῆ λέγεις.

ΣΩ. Οὐκοῦν οὕτω καὶ περὶ τοῦ κέρδους διανοώμεθα, ὡς κέρδος γε ὁμοίως ἐστὶ καὶ τὸ πονηρὸν καὶ τὸ χρηστόν;
10 ΕΤ. 'Ανάγκη.

ΣΩ. Οὐδὲν ἄρα μᾶλλον κερδαίνει ὁ τὸ χρηστὸν κέρδος ἔχων ἢ τὸ πονηρόν· οὔκουν μᾶλλόν γε κέρδος φαίνεται
d οὐδέτερον ὄν, ὡς ὁμολογοῦμεν.

ΕΤ. Ναί.

ΣΩ. Οὐδετέρῳ γὰρ αὐτῶν οὔτε τὸ μᾶλλον οὔτε τὸ ἧττον πρόσεστιν.

5 ΕΤ. Οὐ γὰρ δή.

ΣΩ. Τῷ δὴ τοιούτῳ πράγματι πῶς ἄν τις μᾶλλον ἢ ἧττον ὁτιοῦν ἂν ποιοῖ ἢ πάσχοι, ᾧ μηδέτερον τούτων προσείη;

ΕΤ. 'Αδύνατον.

ΣΩ. 'Επειδὴ τοίνυν κέρδη μὲν ὁμοίως ἐστὶν ἀμφότερα
10 καὶ κερδαλέα, τουτὶ δὴ δεῖ ἡμᾶς ἐπισκέψασθαι, διὰ τί ποτε ἀμφότερα αὐτὰ κέρδος καλεῖς, τί ταὐτὸν ἐν ἀμφοτέροις ὁρῶν;
e ὥσπερ ἂν εἰ [ἂ] σύ με ἠρώτας τὰ νυνδή, διὰ τί ποτε καὶ τὸ ἀγαθὸν σιτίον καὶ τὸ κακὸν σιτίον ὁμοίως ἀμφότερα σιτία καλῶ, εἶπον ἄν σοι διότι ἀμφότερα ξηρὰ τροφὴ σώματός

c 9 τὸ πονηρὸν καὶ τὸ χρηστόν Β: τὸ χρηστὸν καὶ τὸ πονηρόν T W   c 12 ἢ ⟨ὁ⟩ τὸ Stephanus   d 3 οὔτε . . . οὔτε Β: οὐδὲ . . . οὐδὲ T   d 6 δὴ] δὲ Ast   d 7 προσείη Β: προσῇ T   d 10 τουτὶ Β: τοῦτ' ἔτι T   e 1 ἂ del. Schleiermacher   e 2 ὁμοίως Β: ὅμως T

ἐστιν, διὰ τοῦτο ἔγωγε· τοῦτο γὰρ εἶναι σιτίον κἂν σύ που
ἡμῖν ὁμολογοῖς. ἢ γάρ;   5
ΕΤ. Ἔγωγε.

ΣΩ. Καὶ περὶ ποτοῦ οὖν ὁ αὐτὸς ἂν τρόπος εἴη τῆς
ἀποκρίσεως, ὅτι τῇ τοῦ σώματος ὑγρᾷ τροφῇ, ἐάντε χρηστὴ
ἐάντε πονηρὰ ᾖ, τοῦτο τὸ ὄνομά ἐστι, ποτόν· καὶ τοῖς 231
ἄλλοις ὡσαύτως.   πειρῶ οὖν καὶ σὺ ἐμὲ μιμεῖσθαι οὕτως
ἀποκρινόμενον.   τὸ χρηστὸν κέρδος καὶ τὸ πονηρὸν κέρδος
κέρδος φῂς ἀμφότερον εἶναι τί τὸ αὐτὸ ἐν αὐτοῖς ὁρῶν, ὅτι
δὴ καὶ τοῦτο κέρδος ἐστίν; εἰ δ' αὖ μὴ αὐτὸς ἔχεις ἀποκρί- 5
νασθαι, ἀλλ' ἐμοῦ λέγοντος σκόπει· ἆρα κέρδος λέγεις πᾶν
κτῆμα ὃ ἄν τις κτήσηται ἢ μηδὲν ἀναλώσας, ἢ ἔλαττον
ἀναλώσας πλέον λάβῃ;

ΕΤ. Ἔμοιγε δοκῶ τοῦτο καλεῖν κέρδος.   b

ΣΩ. Ἆρα καὶ τὰ τοιάδε λέγεις, ἐάν τις ἑστιαθείς, μηδὲν
ἀναλώσας ἀλλ' εὐωχηθείς, νόσον κτήσηται;

ΕΤ. Μὰ Δί' οὐκ ἔγωγε.

ΣΩ. Ὑγίειαν δὲ κτησάμενος ἀπὸ ἑστιάσεως κέρδος ἂν 5
κτήσαιτο ἢ ζημίαν;

ΕΤ. Κέρδος.

ΣΩ. Οὐκ ἄρα τοῦτό γέ ἐστι κέρδος, τὸ ὁτιοῦν κτῆμα
κτήσασθαι.

ΕΤ. Οὐ μέντοι.   10

ΣΩ. Πότερον οὔκ, ἐὰν κακόν; ἢ οὐδ' ἂν ἀγαθὸν ὁτιοῦν
κτήσηται, οὐ κέρδος κτήσεται;

ΕΤ. Φαίνεται, ἐάν γε ἀγαθόν.

ΣΩ. Ἐὰν δὲ κακόν, οὐ ζημίαν κτήσεται;   c

ΕΤ. Ἔμοιγε δοκεῖ.

ΣΩ. Ὁρᾷς οὖν ὡς πάλιν αὖ περιτρέχεις εἰς τὸ αὐτό; τὸ
υεν κέρδος ἀγαθὸν φαίνεται, ἡ δὲ ζημία κακόν.

e 5 ὁμολογοῖς Τ : ὁμολογεῖς Β   a 5 δὴ b : δεῖ Β Τ   b 8 γέ
Β : om. Τ   b 9 κτήσασθαι Τ b : κτήσεσθαι pr. Β (ut videtur)
b 12 κτήσεται Τ : κτήσηται Β

5   ΕΤ. Ἀπορῶ ἔγωγε ὅτι εἴπω.

ΣΩ. Οὐκ ἀδίκως γε σὺ ἀπορῶν. ἔτι γὰρ καὶ τόδε ἀπό-
κριναι· ἐάν τις ἔλαττον ἀναλώσας πλέον κτήσηται, φῂς
κέρδος εἶναι;

ΕΤ. Οὔτι κακόν γε λέγω, ἀλλ' ἐὰν χρυσίον ἢ ἀργύριον
10 ἔλαττον ἀναλώσας πλέον λάβῃ.

d   ΣΩ. Καὶ ἐγὼ μέλλω τοῦτο ἐρήσεσθαι. φέρε γάρ, ἐάν τις
χρυσίου σταθμὸν ἥμισυν ἀναλώσας διπλάσιον λάβῃ ἀργυρίου,
κέρδος ἢ ζημίαν εἴληφεν;

ΕΤ. Ζημίαν δήπου, ὦ Σώκρατες· ἀντὶ δωδεκαστασίου
5   γὰρ διστάσιον αὐτῷ καθίσταται τὸ χρυσίον.

ΣΩ. Καὶ μὴν πλέον γ' εἴληφεν· ἢ οὐ πλέον ἐστὶ τὸ
διπλάσιον τοῦ ἡμίσεος;

ΕΤ. Οὔτι τῇ ἀξίᾳ γε ἀργύριον χρυσίου.

ΣΩ. Δεῖ ἄρα, ὡς ἔοικε, τῷ κέρδει τοῦτο προσεῖναι, τὴν
10 ἀξίαν. νῦν γοῦν τὸ μὲν ἀργύριον πλέον ὂν τοῦ χρυσίου οὐ
φῂς ἄξιον εἶναι, τὸ δὲ χρυσίον ἔλαττον ὂν ἄξιον φῂς εἶναι.

e   ΕΤ. Σφόδρα· ἔχει γὰρ οὕτως.

ΣΩ. Τὸ μὲν ἄξιον ἄρα κερδαλέον ἐστίν, ἐάντε σμικρὸν
ᾖ ἐάντε μέγα, τὸ δὲ ἀνάξιον ἀκερδές.

ΕΤ. Ναί.

5   ΣΩ. Τὸ δὲ ἄξιον λέγεις ἄξιον εἶναι ἄλλο τι ἢ κεκτῆσθαι;

ΕΤ. Ναί, κεκτῆσθαι.

ΣΩ. Τὸ δὲ ἄξιον αὖ λέγεις κεκτῆσθαι τὸ ἀνωφελὲς ἢ τὸ
ὠφέλιμον;

ΕΤ. Τὸ ὠφέλιμον δήπου.

232 ΣΩ. Οὐκοῦν τὸ ὠφέλιμον ἀγαθόν ἐστιν;

ΕΤ. Ναί.

ΣΩ. Οὐκοῦν, ὦ ἀνδρειότατε πάντων, οὐ τὸ κερδαλέον
ἀγαθὸν αὖ πάλιν τρίτον ἢ τέταρτον ἥκει ἡμῖν ὁμολογούμενον;

5   ΕΤ. Ἔοικεν.

c 6 γὰρ B : δὲ T   c 7 πλέον κτήσηται t : κτήσηται B : πλεονεκτή-
σηται T   d 1 μέλλω τοῦτο B : τοῦτο μέλλω T   d 5 διστάσιον T :
διστάσιιον B   d 10 χρυσίου οὐ W : χρυσίου οὗ σὺ B : χρυσίου T

ΣΩ. Μνημονεύεις οὖν ὅθεν ἡμῖν οὗτος ὁ λόγος γέγονεν;
ΕΤ. Οἶμαί γε.

ΣΩ. Εἰ δὲ μή, ἐγώ σε ὑπομνήσω. ἠμφεσβήτησάς μοι
τοὺς ἀγαθοὺς μὴ πάντα τὰ κέρδη βούλεσθαι κερδαίνειν,
ἀλλὰ τῶν κερδῶν τἀγαθά, τὰ δὲ πονηρὰ μή.   10

ΕΤ. Ναίχι.

ΣΩ. Οὐκοῦν νῦν πάντα τὰ κέρδη ὁ λόγος ἡμᾶς ἠνάγκακε b
καὶ σμικρὰ καὶ μεγάλα ὁμολογεῖν ἀγαθὰ εἶναι;

ΕΤ. Ἠνάγκακε γάρ, ὦ Σώκρατες, μᾶλλον ἐμέ γε ἢ
πέπεικεν.

ΣΩ. Ἀλλ' ἴσως μετὰ τοῦτο καὶ πείσειεν ἄν· νῦν δ' οὖν, 5
εἴτε πέπεισαι εἴτε ὁπωσδὴ ἔχεις, σύμφῃς γοῦν ἡμῖν πάντα
τὰ κέρδη ἀγαθὰ εἶναι, καὶ σμικρὰ καὶ μεγάλα.

ΕΤ. Ὁμολογῶ γὰρ οὖν.

ΣΩ. Τοὺς δὲ χρηστοὺς ἀνθρώπους βούλεσθαι τἀγαθὰ
ὁμολογεῖς ἅπαντα ἅπαντας· ἢ οὔ;   10

ΕΤ. Ὁμολογῶ.

ΣΩ. Ἀλλὰ μὲν δὴ τούς γε πονηροὺς αὐτὸς εἶπες ὅτι καὶ c
σμικρὰ καὶ μεγάλα κέρδη φιλοῦσιν.

ΕΤ. Εἶπον.

ΣΩ. Οὐκοῦν κατὰ τὸν σὸν λόγον πάντες ἄνθρωποι
φιλοκερδεῖς ἂν εἶεν, καὶ οἱ χρηστοὶ καὶ οἱ πονηροί.   5

ΕΤ. Φαίνεται.

ΣΩ. Οὐκ ἄρα ὀρθῶς ὀνειδίζει, εἴ τίς τῳ ὀνειδίζει φιλο-
κερδεῖ εἶναι· τυγχάνει γὰρ καὶ ὁ ταῦτα ὀνειδίζων αὐτὸς
τοιοῦτος ὤν.

a 6 νῦν B : γ᾽ οὖν T   a 8 ἠμφισβήτησας BW : ἢ ἀμφισβητήσας T
b 4 πέπεικε T : πεπείκει B   c 1 αὐτὸς Bekker : αὐτοὺς B T : om.
vulg.   c 4 πάντες B : ἅπαντες T

ΕΡΑΣΤΑΙ

a   Εἰς Διονυσίου τοῦ γραμματιστοῦ εἰσῆλθον, καὶ εἶδον
αὐτόθι τῶν τε νέων τοὺς ἐπιεικεστάτους δοκοῦντας εἶναι τὴν
ἰδέαν καὶ πατέρων εὐδοκίμων, καὶ τούτων ἐραστάς. ἐτυγ-
χανέτην οὖν δύο τῶν μειρακίων ἐρίζοντε, περὶ ὅτου δέ, οὐ
5   σφόδρα κατήκουον. ἐφαινέσθην μέντοι ἢ περὶ Ἀναξαγόρου
b   ἢ περὶ Οἰνοπίδου ἐρίζειν· κύκλους γοῦν γράφειν ἐφαινέσθην
καὶ ἐγκλίσεις τινὰς ἐμιμοῦντο τοῖν χεροῖν ἐπικλίνοντε καὶ
μάλ' ἐσπουδακότε. κἀγώ—καθήμην γὰρ παρὰ τὸν ἐραστὴν
τοῦ ἑτέρου αὐτοῖν—κινήσας οὖν αὐτὸν τῷ ἀγκῶνι ἠρόμην
5   ὅτι ποτὲ οὕτως ἐσπουδακότε τὼ μειρακίω εἴτην, καὶ εἶπον·
Ἦ που μέγα τι καὶ καλόν ἐστι περὶ ὃ τοσαύτην σπουδὴν
πεποιημένω ἐστόν;

Ὁ δ' εἶπε, Ποῖον, ἔφη, μέγα καὶ καλόν; ἀδολεσχοῦσι
μὲν οὖν οὗτοί γε περὶ τῶν μετεώρων καὶ φλυαροῦσι
10   φιλοσοφοῦντες.

c   Καὶ ἐγὼ θαυμάσας αὐτοῦ τὴν ἀπόκρισιν εἶπον· Ὦ νεανία,
αἰσχρὸν δοκεῖ σοι εἶναι τὸ φιλοσοφεῖν; ἢ τί οὕτως χαλεπῶς
λέγεις;

Καὶ ὁ ἕτερος—πλησίον γὰρ καθήμενος ἐτύγχανεν αὐτοῦ,
5   ἀντεραστὴς ὤν—ἀκούσας ἐμοῦ τε ἐρομένου κἀκείνου ἀπο-

ΕΡΑΣΤΑΙ Β Τ : ΑΝΤΕΡΑΣΤΑΙ in marg. b   b 1 γράφειν Β :
γράφοντες Τ W ἐφαινέσθην Β : ἐφαίνεσθον ex ἐφαίνοντο Τ   b 6 μέγα
τι Β : τι μέγα Τ   δ Τ : ὅτου Β   b α νε Τ : om. Β

388

κρινομένου, Οὐ πρὸς σοῦ γε, ἔφη, ὦ Σώκρατες, ποιεῖς τὸ
καὶ ἀνερέσθαι τοῦτον εἰ αἰσχρὸν ἡγεῖται φιλοσοφίαν εἶναι.
ἢ οὐκ οἶσθα τοῦτον ὅτι τραχηλιζόμενος καὶ ἐμπιμπλάμενος
καὶ καθεύδων πάντα τὸν βίον διατετέλεκεν; ὥστε σὺ τί
αὐτὸν ᾤου ἀποκρινεῖσθαι ἀλλ᾽ ἢ ὅτι αἰσχρόν ἐστι φιλοσοφία; 10
Ἦν δὲ οὗτος μὲν τοῖν ἐρασταῖν περὶ μουσικὴν δια- d
τετριφώς, ὁ δ᾽ ἕτερος, ὃν ἐλοιδόρει, περὶ γυμναστικήν. καί
μοι ἔδοξε χρῆναι τὸν μὲν ἕτερον ἀφιέναι, τὸν ἐρωτώμενον,
ὅτι οὐδ᾽ αὐτὸς προσεποιεῖτο περὶ λόγων ἔμπειρος εἶναι ἀλλὰ
περὶ ἔργων, τὸν δὲ σοφώτερον προσποιούμενον εἶναι διε- 5
ρωτῆσαι, ἵνα καὶ εἴ τι δυναίμην παρ᾽ αὐτοῦ ὠφεληθείην.
εἶπον οὖν ὅτι Εἰς κοινὸν μὲν τὸ ἐρώτημα ἠρόμην· εἰ δὲ σὺ
οἴει τοῦδε κάλλιον ἂν ἀποκρίνασθαι, σὲ ἐρωτῶ τὸ αὐτὸ ὅπερ
καὶ τοῦτον, εἰ δοκεῖ σοι τὸ φιλοσοφεῖν καλὸν εἶναι ἢ οὔ.

Σχεδὸν οὖν ταῦτα λεγόντων ἡμῶν ἐπακούσαντε τὼ μει- 133
ρακίω ἐσιγησάτην, καὶ αὐτὼ παυσαμένω τῆς ἔριδος ἡμῶν
ἀκροαταὶ ἐγενέσθην. καὶ ὅτι μὲν οἱ ἐρασταὶ ἔπαθον οὐκ
οἶδα, αὐτὸς δ᾽ οὖν ἐξεπλάγην· ἀεὶ γάρ ποτε ὑπὸ τῶν νέων
τε καὶ καλῶν ἐκπλήττομαι. ἐδόκει μέντοι μοι καὶ ὁ ἕτερος 5
οὐχ ἧττον ἐμοῦ ἀγωνιᾶν· οὐ μὴν ἀλλ᾽ ἀπεκρίνατό γέ μοι
καὶ μάλα φιλοτίμως. Ὁπότε γάρ τοι, ἔφη, ὦ Σώκρατες,
τὸ φιλοσοφεῖν αἰσχρὸν ἡγησαίμην εἶναι, οὐδ᾽ ἂν ἄνθρωπον b
νομίσαιμι ἐμαυτὸν εἶναι, οὐδ᾽ ἄλλον τὸν οὕτω διακείμενον,
ἐνδεικνύμενος εἰς τὸν ἀντεραστήν, καὶ λέγων μεγάλῃ τῇ
φωνῇ, ἵν᾽ αὐτοῦ κατακούοι τὰ παιδικά.

Καὶ ἐγὼ εἶπον, Καλὸν ἄρα δοκεῖ σοι τὸ φιλοσοφεῖν; 5
Πάνυ μὲν οὖν, ἔφη.

c 7 φιλοσοφίαν εἶναι B : εἶναι φιλοσοφίαν T   c 8 τοῦτον B : αὐ-
τὸν T   c 9 σὺ τί αὐτὸν ᾤου B : ὥστε τί σοι οἴει αὐτὸν T W   c 10 ἀπο-
κρινεῖσθαι B : ἀποκρίνεσθαι T W   ἀλλ᾽ ἢ B : ἄλλο ἢ T W   d 3 τὸν
ἐρωτώμενον Schleiermacher (quem prius interrogaveram Ficinus) : τὸν
ἐρόμενον b : τὸν ἐρώμενον B Γ   d 5 σοφώτερον T : σοφώτατον B
d 7 οὖν T : γ᾽ οὖν B   d 8 ἂν ἀποκρίνασθαι Laur. lxxxv. 14 : ἂν ἀπο-
κρίνεσθαι T : ἀποκρίνεσθαι B : ἀποκρινεῖσθαι b   a 4 δ᾽ οὖν T : γ᾽ οὖν B
b 3 μεγάλῃ B W : μέγα T   b 5 σοι T W : σοι οἷόν τ᾽ εἶναι B

Τί οὖν, ἐγὼ ἔφην· ἢ δοκεῖ σοι οἷόν τ' εἶναι εἰδέναι
πρᾶγμα ὁτιοῦν εἴτε καλὸν εἴτε αἰσχρόν ἐστιν, ὃ μὴ εἰδείη
τις τὴν ἀρχὴν ὅτι ἔστιν;

10 Οὐκ ἔφη.

c Οἶσθ' ἄρα, ἦν δ' ἐγώ, ὅτι ἔστιν τὸ φιλοσοφεῖν;

Πάνυ γε, ἔφη.

Τί οὖν ἔστιν; ἔφην ἐγώ.

Τί δ' ἄλλο γε ἢ κατὰ τὸ Σόλωνος; Σόλων γάρ που
5 εἶπε—

γηράσκω δ' αἰεὶ πολλὰ διδασκόμενος·

καὶ ἐμοὶ δοκεῖ οὕτως ἀεὶ χρῆναι ἕν γέ τι μανθάνειν τὸν
μέλλοντα φιλοσοφήσειν, καὶ νεώτερον ὄντα καὶ πρεσβύ-
τερον, ἵν' ὡς πλεῖστα ἐν τῷ βίῳ μάθῃ. καί μοι τὸ μὲν
10 πρῶτον ἔδοξε τὶ εἰπεῖν, ἔπειτά πως ἐννοήσας ἠρόμην αὐτὸν
εἰ τὴν φιλοσοφίαν πολυμαθίαν ἡγοῖτο.

d Κἀκεῖνος, Πάνυ, ἔφη.

Ἡγῇ δὲ δὴ καλὸν εἶναι μόνον τὴν φιλοσοφίαν ἢ καὶ
ἀγαθόν; ἦν δ' ἐγώ.

Καὶ ἀγαθόν, ἔφη, πάνυ.

5 Πότερον οὖν ἐν φιλοσοφίᾳ τι τοῦτο ἴδιον ἐνορᾷς, ἢ καὶ
ἐν τοῖς ἄλλοις οὕτω σοι δοκεῖ ἔχειν; οἷον φιλογυμναστίαν
οὐ μόνον ἡγῇ καλὸν εἶναι, ἀλλὰ καὶ ἀγαθόν; ἢ οὔ;

Ὁ δὲ καὶ μάλα εἰρωνικῶς εἶπε δύο· Πρὸς μὲν τόνδε
μοι εἰρήσθω ὅτι οὐδέτερα· πρὸς μέντοι σέ, ὦ Σώκρατες,

e ὁμολογῶ καὶ καλὸν εἶναι καὶ ἀγαθόν· ἡγοῦμαι γὰρ ὀρθῶς.

Ἠρώτησα οὖν ἐγώ, Ἆρ' οὖν καὶ ἐν τοῖς γυμνασίοις τὴν
πολυπονίαν φιλογυμναστίαν ἡγῇ εἶναι;

---

c 1 τὸ b : τι ΒΤ   c 2 πάνυ γε Β : καὶ μάλα ἔφη ΤW   c 4 τὸ
b : τοῦ ΒΤ : τὸ τοῦ t   c 6 δ' αἰεὶ Solo : αἰεὶ Β : δ' ἀεὶ Τ   διδασκό-
μενος Τ : δὴ διδασκόμενος Β   c 10 ἔπειτά Β : εἶτά Τ   c 11 ἡγοῖτο
Τ : ἡγεῖτο εἶναι Β   d 6 τοῖς Β : om. Τ   d 7 ἡγεῖ καλὸν Β :
καλὸν ἡγεῖ Τ   d 8 εἶπε Τ : ἔφη Β   d 9 μέντοι Τ : δὲ Β
e 1 ὁμολογῶ καὶ καλὸν εἶναι καὶ ἀγαθόν Β : καὶ καλὸν καγαθὸν ὁμολογῶ
εἶναι Τ   ἡγοῦμαι...e 2 ἐγώ Β : om. ΤW   e 2 ἆρ' οὖν ΤW : om. Β
e 3 εἶναι Τ : τι εἶναι Β

Κἀκεῖνος ἔφη, Πάνυ γε, ὥσπερ γε καὶ ἐν τῷ φιλοσοφεῖν τὴν πολυμαθίαν φιλοσοφίαν ἡγοῦμαι εἶναι. 5

Κἀγὼ εἶπον, Ἡγῇ δὲ δὴ τοὺς φιλογυμναστοῦντας ἄλλου του ἐπιθυμεῖν ἢ τούτου, ὅτι ποιήσει αὐτοὺς εὖ ἔχειν τὸ σῶμα;

Τούτου, ἔφη.

Ἦ οὖν οἱ πολλοὶ πόνοι τὸ σῶμα, ἦν δ' ἐγώ, ποιοῦσιν 10 εὖ ἔχειν;

Πῶς γὰρ ἄν, ἔφη, ἀπό γε ὀλίγων πόνων τὸ σῶμά τις εὖ 134 ἔχοι;

Καί μοι ἔδοξεν ἤδη ἐνταῦθα κινητέος εἶναι ὁ φιλογυμναστής, ἵνα μοι βοηθήσῃ διὰ τὴν ἐμπειρίαν τῆς γυμναστικῆς· κἄπειτα ἠρόμην αὐτόν, Σὺ δὲ δὴ τί σιγᾷς ἡμῖν, ὦ λῷστε, 5 τούτου ταῦτα λέγοντος; ἢ καὶ σοὶ δοκοῦσιν οἱ ἄνθρωποι εὖ τὰ σώματα ἔχειν ἀπὸ τῶν πολλῶν πόνων, ἢ ἀπὸ τῶν μετρίων;

Ἐγὼ μέν, ὦ Σώκρατες, ἔφη, ᾤμην τὸ λεγόμενον δὴ τοῦτο κἂν ὗν γνῶναι ὅτι οἱ μέτριοι πόνοι εὖ ποιοῦσιν ἔχειν τὰ 10 σώματα, πόθεν δὴ οὐχὶ ἄνδρα γε ἄγρυπνόν τε καὶ ἄσιτον b καὶ ἀτριβῆ τὸν τράχηλον ἔχοντα καὶ λεπτὸν ὑπὸ μεριμνῶν; καὶ αὐτοῦ ταῦτα εἰπόντος ἥσθη τὰ μειράκια καὶ ἐπεγέλασεν, ὁ δ' ἕτερος ἠρυθρίασε.

Καὶ ἐγὼ εἶπον, Τί οὖν; σὺ ἤδη συγχωρεῖς μήτε πολλοὺς 5 μήτε ὀλίγους πόνους εὖ ποιεῖν ἔχειν τὰ σώματα τοὺς ἀνθρώπους, ἀλλὰ τοὺς μετρίους; ἢ διαμάχῃ δυοῖν ὄντοιν νῷν περὶ τοῦ λόγου;

Κἀκεῖνος, Πρὸς μὲν τοῦτον, ἔφη, κἂν πάνυ ἡδέως δια- c γωνισαίμην, καὶ εὖ οἶδ' ὅτι ἱκανὸς ἂν γενοίμην βοηθῆσαι τῇ ὑποθέσει ἣν ὑπεθέμην, καὶ εἰ ταύτης ἔτι φαυλοτέραν ὑπεθέμην—οὐδὲν γάρ ἐστι—πρὸς μέντοι σὲ οὐδὲν δέομαι

e 4 γε Β : om. Τ   e 6 δὲ δὴ recc. : δὲ δεῖ Τ : δὲ Β   a 1 ἀπό γε ὀλίγων Β : ἀπ' ὀλίγων γε Τ   a 4 βοηθήσῃ Β : βοηθήσειε Τ   a 6 τούτου ταῦτα Β : ταῦτα τούτου Τ   a 10 κἂν ὗν Hermann : καὶ νῦν Β Τ   b 3 ἐπεγέλασε Β : ἐγέλασεν Τ

5 παρὰ δόξαν φιλονικεῖν, ἀλλ᾽ ὁμολογῶ μὴ τὰ πολλὰ ἀλλὰ
τὰ μέτρια γυμνάσια τὴν εὐεξίαν ἐμποιεῖν τοῖς ἀνθρώποις.
Τί δὲ τὰ σιτία; τὰ μέτρια ἢ τὰ πολλά; ἔφην ἐγώ.
Καὶ τὰ σιτία ὡμολόγει.

d Ἔτι δὲ κἀγὼ προσηνάγκαζον αὐτὸν ὁμολογεῖν καὶ τἆλλα
πάντα τὰ περὶ τὸ σῶμα ὠφελιμώτατα εἶναι τὰ μέτρια ἀλλὰ
μὴ τὰ πολλὰ μηδὲ τὰ ὀλίγα· καί μοι ὡμολόγει τὰ μέτρια.
Τί δ᾽, ἔφην, τὰ περὶ τὴν ψυχήν; τὰ μέτρια ὠφελεῖ ἢ
5 τὰ ἄμετρα τῶν προσφερομένων;
Τὰ μέτρια, ἔφη.
Οὐκοῦν ἓν τῶν προσφερομένων ψυχῇ ἐστι καὶ τὰ μαθή-
ματα;
Ὡμολόγει.
10 Καὶ τούτων ἄρα τὰ μέτρια ὠφελεῖ ἀλλ᾽ οὐ τὰ πολλά;
Συνέφη.

e Τίνα οὖν ἐρόμενοι ἂν δικαίως ἐροίμεθα ὁποῖοι μέτριοι
πόνοι καὶ σιτία πρὸς τὸ σῶμά ἐστιν;
Ὡμολογοῦμεν μὲν τρεῖς ὄντες, ὅτι ἰατρὸν ἢ παιδοτρίβην.
Τίνα δ᾽ ἂν περὶ σπερμάτων σπορᾶς ὁπόσον μέτριον;
5 Καὶ τούτου τὸν γεωργὸν ὡμολογοῦμεν.
Τίνα δὲ περὶ μαθημάτων εἰς ψυχὴν φυτεύσεώς τε καὶ
σπορᾶς ἐρωτῶντες δικαίως ἂν ἐροίμεθα ὁπόσα καὶ ὁποῖα
μέτρια;

135 Τοὐντεῦθεν ἤδη ἀπορίας μεστοὶ ἦμεν ἅπαντες· κἀγὼ
προσπαίζων αὐτοὺς ἠρόμην, Βούλεσθε, ἔφην, ἐπειδὴ ἡμεῖς
ἐν ἀπορίᾳ ἐσμέν, ἐρώμεθα ταυτὶ τὰ μειράκια; ἢ ἴσως
αἰσχυνόμεθα, ὥσπερ ἔφη τοὺς μνηστῆρας Ὅμηρος, μὴ
5 ἀξιούντων εἶναί τινα ἄλλον ὅστις ἐντενεῖ τὸ τόξον;

d 2 ὠφελιμώτατα εἶναι τὰ μέτρια Schanz : ὠφελιμώτατα εἶναι μέτρια
Β : τὰ μέτρια μάλιστα ὠφελεῖν Τ   d 4 ὠφελεῖ Stephanus : ὠφελεῖν
Β Τ   e 1 μέτριοι πόνοι Β : πόνοι μέτριοι Τ   e 3 ὡμολογοῦμεν
Β : ὁμολογοῦμεν Τ   μὲν Β Τ : om. al.   ὅτι Β : ἢ Τ W (sed ὅτι s v.)
e 4 σπερμάτων Β : σπέρματος Τ   e 5 καὶ τούτου Β Τ : κἂν τούτῳ
ci. Schanz   ὁμολογοῦμεν pr. Β Τ   e 6 περὶ Β : om. Τ W
a 5 ἀξιούντων Β Τ : ἀξιοῦντας b : ἀξιοῦντες Cobet

Ἐπειδὴ οὖν μοι ἐδόκουν ἀθυμεῖν πρὸς τὸν λόγον, ἄλλῃ
ἐπειρώμην σκοπεῖν, καὶ εἶπον, Ποῖα δὲ μάλιστα ἄττα το-
πάζομεν εἶναι τῶν μαθημάτων ἃ δεῖ τὸν φιλοσοφοῦντα
μανθάνειν, ἐπειδὴ οὐχὶ πάντα οὐδὲ πολλά;

Ὑπολαβὼν οὖν ὁ σοφώτερος εἶπεν ὅτι Κάλλιστα ταῦτ᾿ b
εἴη τῶν μαθημάτων καὶ προσήκοντα ἀφ᾿ ὧν ἂν πλείστην
δόξαν ἔχοι τις εἰς φιλοσοφίαν· πλείστην δ᾿ ἂν ἔχοι δόξαν,
εἰ δοκοίη τῶν τεχνῶν ἔμπειρος εἶναι πασῶν, εἰ δὲ μή, ὡς
πλείστων γε καὶ μάλιστα τῶν ἀξιολόγων, μαθὼν αὐτῶν 5
ταῦτα ἃ προσήκει τοῖς ἐλευθέροις μαθεῖν, ὅσα συνέσεως
ἔχεται, μὴ ὅσα χειρουργίας.

Ἆρ᾿ οὖν οὕτω λέγεις, ἔφην ἐγώ, ὥσπερ ἐν τῇ τεκτονικῇ;
καὶ γὰρ ἐκεῖ τέκτονα μὲν ἂν πρίαιο πέντε ἢ ἓξ μνῶν, ἄκρον c
ἀρχιτέκτονα δὲ οὐδ᾿ ἂν μυρίων δραχμῶν· ὀλίγοι γε μὴν κἂν
ἐν πᾶσι τοῖς Ἕλλησι γίγνοιντο. ἆρα μή τι τοιοῦτον λέγεις;
Καὶ ὃς ἀκούσας μου συνεχώρει καὶ αὐτὸς λέγειν τοιοῦτον.

Ἠρόμην δ᾿ αὐτὸν εἰ οὐκ ἀδύνατον εἴη δύο μόνας τέχνας 5
οὕτω μαθεῖν τὸν αὐτόν, μὴ ὅτι πολλὰς καὶ μεγάλας· ὁ δέ,
Μὴ οὕτως μου, ἔφη, ὑπολάβῃς, ὦ Σώκρατες, ὡς λέγοντος
ὅτι δεῖ ἑκάστην τῶν τεχνῶν τὸν φιλοσοφοῦντα ἐπίστασθαι
ἀκριβῶς ὥσπερ αὐτὸν τὸν τὴν τέχνην ἔχοντα, ἀλλ᾿ ὡς d
εἰκὸς ἄνδρα ἐλεύθερόν τε καὶ πεπαιδευμένον, ἐπακολουθῆσαί
τε τοῖς λεγομένοις ὑπὸ τοῦ δημιουργοῦ οἷόν τ᾿ εἶναι δια-
φερόντως τῶν παρόντων, καὶ αὐτὸν ξυμβάλλεσθαι γνώμην,
ὥστε δοκεῖν χαριέστατον εἶναι καὶ σοφώτατον τῶν ἀεὶ 5
παρόντων ἐν τοῖς λεγομένοις τε καὶ πραττομένοις περὶ τὰς
τέχνας.

Κἀγώ, ἔτι γὰρ αὐτοῦ ἠμφεγνόουν τὸν λόγον ὅτι ἐβούλετο,

a 7 μάλιστα αὐτὰ τοπάζομεν Β: μάλιστα τοπάζομεν ἄττα Τ
a 8 φιλοσοφοῦντα Β: φιλόσοφον Τ   a 9 ἐπειδὴ Β: ἐπεὶ Τ
b 3 δ᾿ ἂν Β Τ: δ᾿ Schanz   b 5 γε Β: τε Τ   μάλιστα Τ: μάλα
Β   c 2 κἂν . . . c 3 γίγνοιντο Schanz: καὶ . . . γίγνοιντο Β: καὶ
. . . γίγνονται Τ   c 3 μή τι Τ: μὴ Β   c 4 αὐτὸς Τ: αὐτοῦ Β
λέγειν τοιοῦτον Β: τοιοῦτον λέγειν Τ   c 5 μόνας Β: μόνον Τ
c 6 μαθεῖν Β Τ: λαβεῖν ex emend. Τ   d 5 τῶν αἰεὶ Β: αἰεὶ τῶν Τ

e Ἆρ' ἐννοῶ, ἔφην, οἷον λέγεις τὸν φιλόσοφον ἄνδρα; δοκεῖς
γάρ μοι λέγειν οἷοι ἐν τῇ ἀγωνίᾳ εἰσὶν οἱ πένταθλοι πρὸς
τοὺς δρομέας ἢ τοὺς παλαιστάς. καὶ γὰρ ἐκεῖνοι τούτων
μὲν λείπονται κατὰ τὰ τούτων ἆθλα καὶ δεύτεροί εἰσι πρὸς
5 τούτους, τῶν δ' ἄλλων ἀθλητῶν πρῶτοι καὶ νικῶσιν αὐτούς.
τάχ' ἂν ἴσως τοιοῦτόν τι λέγοις καὶ τὸ φιλοσοφεῖν ἀπερ-
γάζεσθαι τοὺς ἐπιτηδεύοντας τοῦτο τὸ ἐπιτήδευμα· τῶν μὲν
136 πρώτων εἰς σύνεσιν περὶ τὰς τέχνας ἐλλείπεσθαι, τὰ δευ-
τερεῖα δ' ἔχοντας τῶν ἄλλων περιεῖναι, καὶ οὕτως γίγνεσθαι
περὶ πάντα ὕπακρόν τινα ἄνδρα τὸν πεφιλοσοφηκότα·
τοιοῦτόν τινά μοι δοκεῖς ἐνδείκνυσθαι.

5 Καλῶς γέ μοι, ἔφη, ὦ Σώκρατες, φαίνῃ ὑπολαμβάνειν
τὰ περὶ τοῦ φιλοσόφου, ἀπεικάσας αὐτὸν τῷ πεντάθλῳ.
ἔστιν γὰρ ἀτεχνῶς τοιοῦτος οἷος μὴ δουλεύειν μηδενὶ πρά-
γματι, μηδ' εἰς τὴν ἀκρίβειαν μηδὲν διαπεπονηκέναι, ὥστε
διὰ τὴν τοῦ ἑνὸς τούτου ἐπιμέλειαν τῶν ἄλλων ἁπάντων
b ἀπολελεῖφθαι, ὥσπερ οἱ δημιουργοί, ἀλλὰ πάντων μετρίως
ἐφῆφθαι.

Μετὰ ταύτην δὴ τὴν ἀπόκρισιν ἐγὼ προθυμούμενος σαφῶς
εἰδέναι ὅτι λέγοι, ἐπυνθανόμην αὐτοῦ τοὺς ἀγαθοὺς πότερον
5 χρησίμους ἢ ἀχρήστους εἶναι ὑπολαμβάνοι.

Χρησίμους δήπου, ὦ Σώκρατες, ἔφη.

Ἆρ' οὖν, εἴπερ οἱ ἀγαθοὶ χρήσιμοι, οἱ πονηροὶ
ἄχρηστοι;

Ὡμολόγει.

10 Τί δέ; τοὺς φιλοσόφους ἄνδρας χρησίμους ἡγῇ ἢ οὔ;
c Ὁ δὲ ὡμολόγει χρησίμους, καὶ πρός γε ἔφη χρησιμω-
τάτους εἶναι ἡγεῖσθαι.

Φέρε δὴ γνῶμεν, εἰ σὺ ἀληθῆ λέγεις, ποῦ καὶ χρήσιμοι

---

e 2 οἷοι corr. Coisl. : οἷον BT   e 4 κατὰ τὰ T : κατὰ B
e 6 λέγοις T : λέγεις B   a 1 πρώτων T : πρῶτον B   a 4 δοκεῖς
T : δοκεῖ B   a 5 φαίνει B : δοκεῖς T   ὑπολαμβάνειν B : ὑπο-
λαβεῖν T   a 7 οἷος TW : om. B   b 1 ὥσπερ οἱ δημιουργοὶ ἀλλὰ
T : ἀλλ' ὥσπερ οἱ δημιουργοί B   b 7 χρήσιμοι T : οἱ χρήσιμοι B
c 3 σὺ T : om. B

ἡμῖν εἰσιν οἱ ὕπακροι οὗτοι; δῆλον γὰρ ὅτι ἑκάστου γε τῶν
τὰς τέχνας ἐχόντων φαυλότερός ἐστιν ὁ φιλόσοφος.   5

Ὡμολόγει.

Φέρε δὴ σύ, ἦν δ' ἐγώ, εἰ τύχοις ἢ αὐτὸς ἀσθενήσας ἢ
τῶν φίλων τις τῶν σῶν περὶ ὧν σὺ σπουδὴν μεγάλην ἔχεις,
πότερον ὑγείαν βουλόμενος κτήσασθαι τὸν ὕπακρον ἐκεῖνον
[τὸν φιλόσοφον] εἰσάγοις ἂν εἰς τὴν οἰκίαν ἢ τὸν ἰατρὸν 10
λάβοις;

Ἀμφοτέρους ἔγωγ' ἄν, ἔφη.   d

Μή μοι, εἶπον ἐγώ, ἀμφοτέρους λέγε, ἀλλ' ὁπότερον
μᾶλλόν τε καὶ πρότερον.

Οὐδεὶς ἄν, ἔφη, τοῦτό γε ἀμφισβητήσειεν, ὡς οὐχὶ τὸν
ἰατρὸν καὶ μᾶλλον καὶ πρότερον.   5

Τί δ'; ἐν νηὶ χειμαζομένῃ ποτέρῳ ἂν μᾶλλον ἐπιτρέποις
σαυτόν τε καὶ τὰ σεαυτοῦ, τῷ κυβερνήτῃ ἢ τῷ φιλοσόφῳ;

Τῷ κυβερνήτῃ ἔγωγε.

Οὐκοῦν καὶ τἆλλα πάνθ' οὕτως, ἕως ἄν τις δημιουργὸς ᾖ,
οὐ χρήσιμός ἐστιν ὁ φιλόσοφος;   10

Φαίνεται, ἔφη.

Οὐκοῦν νῦν ἄχρηστός τις ἡμῖν ἐστιν ὁ φιλόσοφος; εἰσὶ e
γὰρ ἡμῖν ἀεί που δημιουργοί· ὡμολογήσαμεν δὲ τοὺς μὲν
ἀγαθοὺς χρησίμους εἶναι, τοὺς δὲ μοχθηροὺς ἀχρήστους.

Ἠναγκάζετο ὁμολογεῖν.

Τί οὖν μετὰ τοῦτο; ἔρωμαί σε ἢ ἀγροικότερόν ἐστιν 5
ἐρέσθαι—

Ἐροῦ ὅτι βούλει.

Οὐδὲν δή, ἔφην ἐγώ, ζητῶ ἄλλο ἢ ἀνομολογήσασθαι τὰ

c 4 γε Τ : τε Β   c 7 δὴ Β : δὲ Τ   c 8 ὧν Β : οὗ Τ
c 9 βουλόμενος κτήσασθαι Β : κτήσασθαι βουλόμενος Τ   c 10 τὸν
φιλόσοφον Τ : τὸν σοφὸν Β : φιλόσοφον Stephanus : secl. Cobet   εἰσ-
άγοις Β Τ : εἰσαγάγοις b   c 11 λάβοις Β : ἂν λάβοις Τ : secl. Cobet
d 1 ἔφη recc. : ἔφην Β Τ   d 2 ἐγὼ * Β : ἔγωγ' Τ   d 3 τε Β : γε Τ
d 7 σαυτόν recc. : ἑαυτόν Β : αὐτόν Τ   τὰ σεαυτοῦ Β : τὰς ἑαυτοῦ Τ
d 10 ὁ Β : om. Τ   e 1 ἐστὶν ὁ φιλόσοφος Β : ὁ φιλόσοφος ἐστίν Τ
e 2 ἡμῖν Β : om. Τ   ἀεί Hermann : δή Β Τ   e 3 ἀχρήστους
Β γρ. Τ : ἀχρείους Τ   e 5 τί Β Τ : τὸ Baiter   e 8 ζητῶ Τ : ζητῶν Β

137 εἰρημένα. ἔχει δέ πως ὡδί. ὡμολογήσαμεν καλὸν εἶναι
τὴν φιλοσοφίαν καὶ αὐτοὶ φιλόσοφοι εἶναι, τοὺς δὲ φιλοσό-
φους ἀγαθούς, τοὺς δὲ ἀγαθοὺς χρησίμους, τοὺς δὲ πονηροὺς
ἀχρήστους· αὖθις δ' αὖ τοὺς φιλοσόφους ὡμολογήσαμεν, ἕως
5 ἂν οἱ δημιουργοὶ ὦσιν, ἀχρήστους εἶναι, δημιουργοὺς δὲ ἀεὶ
εἶναι. οὐ γὰρ ταῦτα ὡμολόγηται;

Πάνυ γε, ἦ δ' ὅς.

Ὡμολογοῦμεν ἄρα, ὡς ἔοικε, κατά γε τὸν σὸν λόγον,
εἴπερ τὸ φιλοσοφεῖν ἐστι περὶ τὰς τέχνας ἐπιστήμονας
10 εἶναι ὃν σὺ λέγεις τὸν τρόπον, πονηροὺς αὐτοὺς εἶναι καὶ
b ἀχρήστους, ἕως ἂν ἐν ἀνθρώποις τέχναι ὦσιν. ἀλλὰ μὴ
οὐχ οὕτως, ὦ φίλε, ἔχωσι, μηδ' ᾖ τοῦτο φιλοσοφεῖν, περὶ
τὰς τέχνας ἐσπουδακέναι, οὐδὲ πολυπραγμονοῦντα κυπτά-
ζοντα ζῆν οὐδὲ πολυμαθοῦντα, ἀλλ' ἄλλο τι, ἐπεὶ ἐγὼ ᾤμην
5 καὶ ὄνειδος εἶναι τοῦτο καὶ βαναύσους καλεῖσθαι τοὺς περὶ τὰς
τέχνας ἐσπουδακότας. ὧδε δὲ σαφέστερον εἰσόμεθα εἰ ἄρα
ἀληθῆ λέγω, ἐὰν τοῦτο ἀποκρίνῃ· τίνες ἵππους ἐπίστανται
c κολάζειν ὀρθῶς; πότερον οἵπερ βελτίστους ποιοῦσιν ἢ ἄλλοι;

Οἵπερ βελτίστους.

Τί δέ; κύνας οὐχ οἱ βελτίστους ἐπίστανται ποιεῖν, οὗτοι
καὶ κολάζειν ὀρθῶς ἐπίστανται;

5 Ναί.

Ἡ αὐτὴ ἄρα τέχνη βελτίστους τε ποιεῖ καὶ κολάζει
ὀρθῶς;

Φαίνεταί μοι, ἦ δ' ὅς.

Τί δέ; πότερον ᾗπερ βελτίστους τε ποιεῖ καὶ κολάζει

---

a 1 καλὸν εἶναι B : εἶναι καλὸν T   a 2 καὶ αὐτοὶ φιλόσοφοι εἶναι
secl. Schanz auctore Forster   a 5 οἱ del. Heusde   a 7 γε
B : om. T   ἦ δ' ὅς B : ἔφη T   a 8 ὡμολογοῦμεν T : ὁμολογοῦμεν
B   a 10 ὃν σὺ corr. Coisl. : ὃν ὡς σὺ B T : ὡς σὺ vulg.   καὶ
ἀχρήστους . . . b 1 ὦσιν secl. Schanz   b 2 ἔχωσι B : ἔχουσι T
μηδ' ᾖ Mudge : μὴ δὴ B T   b 3 ἐσπουδακέναι . . . πολυπραγμον-
οῦντα secl. Cobet   κυπτάζοντα B : κτυπάζοντα T   b 4 ἐγὼ B :
γ' T   c 1 πότερον B : πρότερον T   βελτίστους B T : βελτίους al.
c 3, 6, 9 βελτίστους B : βελτίους T   c 8 φαίνεταί μοι B et in marg.
γρ. T : φημὶ T W   c 9 ᾗπερ] ᾗπερ T : om. B

ὀρθῶς, ἡ αὐτὴ δὲ καὶ γιγνώσκει τοὺς χρηστοὺς καὶ τοὺς 10
μοχθηρούς, ἢ ἑτέρα τις;
  Ἡ αὐτή, ἔφη.

  Ἐθελήσεις οὖν καὶ κατ' ἀνθρώπους τοῦτο ὁμολογεῖν,
ἥπερ βελτίστους ἀνθρώπους ποιεῖ, ταύτην εἶναι καὶ τὴν d
κολάζουσαν ὀρθῶς καὶ διαγιγνώσκουσαν τοὺς χρηστούς τε
καὶ μοχθηρούς;
  Πάνυ γ', ἔφη.

  Οὐκοῦν καὶ ἥτις ἕνα, καὶ πολλούς, καὶ ἥτις πολλούς, καὶ 5
ἕνα;
  Ναί.

  Καὶ καθ' ἵππων δὴ καὶ τῶν ἄλλων ἁπάντων οὕτως;
  Φημί.

  Τίς οὖν ἐστιν ἡ ἐπιστήμη, ἥτις τοὺς ἐν ταῖς πόλεσιν 10
ἀκολασταίνοντας καὶ παρανομοῦντας ὀρθῶς κολάζει; οὐχ ἡ
δικαστική;
  Ναί.

  Ἢ ἄλλην οὖν τινα καλεῖς καὶ δικαιοσύνην ἢ ταύτην;
  Οὐκ, ἀλλὰ ταύτην.   15

  Οὐκοῦν ᾗπερ κολάζουσιν ὀρθῶς, ταύτῃ καὶ γιγνώσκουσι e
τοὺς χρηστοὺς καὶ μοχθηρούς;
  Ταύτῃ.

  Ὅστις δὲ ἕνα γιγνώσκει, καὶ πολλοὺς γνώσεται;
  Ναί.   5

  Καὶ ὅστις γε πολλοὺς ἀγνοεῖ, καὶ ἕνα;
  Φημί.

  Εἰ ἄρα ἵππος ὢν ἀγνοοῖ τοὺς χρηστοὺς καὶ πονηροὺς
ἵππους, κἂν ἑαυτὸν ἀγνοοῖ ποῖός τίς ἐστιν;

c 10 ἡ αὐτὴ δὲ B : αὕτη T : αὐτὴ Schanz   c 11 ἑτέρα τις
B et γρ. T : ἄλλη T   c 13 ἀνθρώπους] ἀνθρώπων Stephanus
d 1 βελτίστους Β T : βελτίους al.   d 3 καὶ T : καὶ τοὺς B   d 5 οὐκοῦν
καὶ B : οὐκοῦν T   ἥτις... ἥτις T : εἴ τις... εἴ τις B   d 14 καὶ B :
om. T   d 15 ἀλλὰ ταύτην B : ἄλλην T W   e 2 τοὺς μοχθηροὺς
B : πονηρούς T   e 8 ἀγνοοῖ B : ἀγνοεῖ T   τοὺς χρηστοὺς καὶ
πονηροὺς ἵππους B : τοὺς πονηροὺς καὶ τοὺς χρηστοὺς T W

10   Φημί.

Καὶ εἰ βοῦς ὢν ἀγνοοῖ τοὺς πονηροὺς καὶ χρηστοὺς ⟨βοῦς⟩, κἂν αὑτὸν ἀγνοοῖ ποῖός τίς ἐστιν;

Ναί, ἔφη.

Οὕτω δὴ καὶ εἰ κύων;

15   Ὡμολόγει.

138   Τί δ'; ἐπειδὰν ἄνθρωπός τις ὢν ἀγνοῇ τοὺς χρηστοὺς καὶ μοχθηροὺς ἀνθρώπους, ἆρ' οὐχ αὑτὸν ἀγνοεῖ πότερον χρηστός ἐστιν ἢ πονηρός, ἐπειδὴ καὶ αὐτὸς ἄνθρωπός ἐστιν;

Συνεχώρει.

5   Τὸ δὲ αὑτὸν ἀγνοεῖν σωφρονεῖν ἐστιν ἢ μὴ σωφρονεῖν;

Μὴ σωφρονεῖν.

Τὸ ἑαυτὸν ἄρα γιγνώσκειν ἐστὶ σωφρονεῖν;

Φημί, ἔφη.

Τοῦτ' ἄρα, ὡς ἔοικε, τὸ ἐν Δελφοῖς γράμμα παρακελεύεται,

10 σωφροσύνην ἀσκεῖν καὶ δικαιοσύνην.

Ἔοικεν.

Τῇ αὐτῇ δὲ ταύτῃ καὶ κολάζειν ὀρθῶς ἐπιστάμεθα;

Ναί.

b   Οὐκοῦν ᾗ μὲν κολάζειν ὀρθῶς ἐπιστάμεθα, δικαιοσύνη αὕτη ἐστίν, ᾗ δὲ διαγιγνώσκειν καὶ ἑαυτὸν καὶ ἄλλους, σωφροσύνη;

Ἔοικεν, ἔφη.

5   Ταὐτὸν ἄρα ἐστὶ καὶ δικαιοσύνη καὶ σωφροσύνη;

Φαίνεται.

Καὶ μὴν οὕτω γε καὶ αἱ πόλεις εὖ οἰκοῦνται, ὅταν οἱ ἀδικοῦντες δίκην διδῶσιν.

---

e 11 ἀγνοεῖ Β Τ : ἀγνοοίη recc.   χρηστοὺς Β Τ : τοὺς χρηστοὺς al. e 12 βοῦς add. Bekker   ἀγνοοῖ Β : ἀγνοοίη Τ   ποῖός τις Β : ποῖος Τ   a 1 τις ὢν Β : ὢν τις Τ   a 2 μοχθηροὺς Β : τοὺς μοχθηροὺς Stobaeus : πονηροὺς Τ   ἀγνοεῖ Τ Stobaeus : ἀγνοοῖ Τ a 3 πονηρός Β Τ : μοχθηρός Stobaeus   a 5 ἐστὶν ἢ μὴ σωφρονεῖν; μὴ σωφρονεῖν Β : ἢ οὐ σωφρονεῖν ἐστιν; οὐ σωφρονεῖν Τ Stobaeus a 13 ναί Β : φημί Τ W Stobaeus   b 2 ἄλλους Β : ἄλλον Τ Stobaeus   b 5 καὶ δικαιοσύνη καὶ σωφροσύνη Β : δικαιοσύνη σωφροσύνη Τ   b 7 καὶ αἱ Β : καὶ Τ

Ἀληθῆ λέγεις, ἔφη.

Καὶ πολιτικὴ ἄρα αὕτη ἐστιν.   10

Συνεδόκει.

Τί δὲ ὅταν εἷς ἀνὴρ ὀρθῶς πόλιν διοικῇ, ὄνομά γε
τούτῳ οὐ τύραννός τε καὶ βασιλεύς;

Φημί.

Οὐκοῦν βασιλικῇ τε καὶ τυραννικῇ τέχνῃ διοικεῖ;   15
Οὕτως.

Καὶ αὗται ἄρ᾽ αἱ αὐταὶ τέχναι εἰσὶν ἐκείναις;

Φαίνονται.

Τί δ᾽ ὅταν εἷς ὢν ἀνὴρ οἰκίαν οιοικῇ ὀρθῶς, τί ὄνομα c
τούτῳ ἐστίν; οὐκ οἰκονόμος τε καὶ δεσπότης;

Ναί.

Πότερον οὖν καὶ οὗτος δικαιοσύνῃ εὖ ἂν τὴν οἰκίαν
διοικοῖ ἢ κάλλῃ τινὶ τέχνῃ;   5

Δικαιοσύνῃ.

Ἔστιν ἄρα ταὐτόν, ὡς ἔοικε, βασιλεύς, τύραννος, πολι-
τικός, οἰκονόμος, δεσπότης, σώφρων, δίκαιος. καὶ μία
τέχνη ἐστὶν βασιλική, τυραννική, πολιτική, δεσποτική, οἰκο-
νομική, δικαιοσύνη, σωφροσύνη.   10

Φαίνεται, ἔφη, οὕτως.

Πότερον οὖν τῷ φιλοσόφῳ, ὅταν μὲν ἰατρὸς περὶ τῶν d
καμνόντων τι λέγῃ, αἰσχρὸν μήθ᾽ ἕπεσθαι τοῖς λεγομένοις
δύνασθαι μήτε συμβάλλεσθαι μηδὲν περὶ τῶν λεγομένων
ἢ πραττομένων, καὶ ὁπόταν ἄλλος τις τῶν δημιουργῶν,
ὡσαύτως· ὅταν δὲ δικαστὴς ἢ βασιλεὺς ἢ ἄλλος τις ὢν 5
νυνδὴ διεληλύθαμεν, οὐκ αἰσχρὸν περὶ τούτων μήτε ἕπεσθαι
δύνασθαι μήτε συμβάλλεσθαι περὶ αὐτῶν;

b 10 αὐτή Schanz : ἡ αὐτὴ B : αὔτη T   b 12 γε B : om. T
b 17 εἰσὶν ἐκείναις B : ἐκείναις εἰσίν T   c 2 οὐκ T : om. B
c 5 κάλλῃ B : ἄλλῃ T   c 7 ταὐτόν] ταὐτὸ B : τοῦτο T
c 9 δεσποτικὴ TW : om. B   c 11 ἔφη οὕτως B : om. TW
d 1 πότερον B : τί T   ἰατρὸς B : ὁ ἰατρὸς T   d 2 λεγομένοις
Tb : δυναμένοις pr. B (ut videtur)   d 3 περὶ . . . d 4 πραττομένων
B : om. TW   d 6 διεληλύθαμεν B : διῆλθομεν T

Πῶς δ' οὐκ αἰσχρόν, ὦ Σώκρατες, περί γε τοσούτων
πραγμάτων μηδὲν ἔχειν συμβάλλεσθαι;

e Πότερον οὖν καὶ περὶ ταῦτα λέγωμεν, ἔφην, πένταθλον
αὐτὸν δεῖν εἶναι καὶ ὕπακρον, καὶ ταύτης μὲν τὰ δευτερεῖα
ἔχοντα πάντων τὸν φιλόσοφον, καὶ ἀχρεῖον εἶναι ἕως ἂν
τούτων τις ᾖ, ἢ πρῶτον μὲν τὴν αὑτοῦ οἰκίαν οὐκ ἄλλῳ
5 ἐπιτρεπτέον οὐδὲ τὰ δευτερεῖα ἐν τούτῳ ἑκτέον, ἀλλ' αὐτὸν
κολαστέον δικάζοντα ὀρθῶς, εἰ μέλλει εὖ οἰκεῖσθαι αὐτοῦ
ἡ οἰκία;

Συνεχώρει δή μοι.

Ἔπειτά γε δήπου ἐάντε οἱ φίλοι αὐτῷ διαίτας ἐπιτρέ-
10 πωσιν, ἐάντε ἡ πόλις τι προστάττῃ διακρίνειν ἢ δικάζειν,
139 αἰσχρὸν ἐν τούτοις, ὦ ἑταῖρε, δεύτερον φαίνεσθαι ἢ τρίτον
καὶ μὴ οὐχ ἡγεῖσθαι;

Δοκεῖ μοι.

Πολλοῦ ἄρα δεῖ ἡμῖν, ὦ βέλτιστε, τὸ φιλοσοφεῖν πολυ-
5 μαθία τε εἶναι καὶ ἡ περὶ τὰς τέχνας πραγματεία.

Εἰπόντος δ' ἐμοῦ ταῦτα ὁ μὲν σοφὸς αἰσχυνθεὶς τοῖς
προειρημένοις ἐσίγησεν, ὁ δὲ ἀμαθὴς ἔφη ἐκείνως εἶναι·
καὶ οἱ ἄλλοι ἐπῄνεσαν τὰ εἰρημένα.

e1 ἔφην T: ἔφη B   e2 καὶ ταύτης μὲν τὰ δευτερεῖα B: τὰ
δευτερεῖα δ' TW: καὶ ἐν τούτοις τὰ δευτερεῖα Hermann   καὶ...e4 ᾖ
secl. Schanz   e3 ἕως ἂν B: ἕως T   e4 ᾖ ἢ T: ᾖ B
a4 δεῖ TW: om. B   π πολυμαθία B: φιλομαθία T   a5 ἡ del.
Schanz   a7 ἐκείνως b: ἐκεῖνος BT